Bildungsbrücken bauen

Ursula Boos-Nünning

Bildungsbrücken bauen

Stärkung der Bildungschancen von Kindern mit Migrationshintergrund

Ein Handbuch für die Elternbildung

in Zusammenarbeit mit
Sait Başkaya, Kemal Bozay, Rabia Daoudi, Eberhard Diepgen,
Emine Ertan, Hans-Georg Hiesserich, Emine Kahraman, Anja Leist-Villis,
Birol Mertol, Elena Reifenröther, Margit Stein, Umut Ali Öksüz,
Rainer Georg Siefen, Tülay Usta

herausgegeben von der
Otto Benecke Stiftung e.V.

Waxmann 2016
Münster • New York

Gefördert vom:

Bibliografische Informationen der Deutschen Nationalbibliothek
Die Deutsche Nationalbibliothek verzeichnet diese Publikation in der Deutschen Nationalbibliografie; detaillierte bibliografische Daten sind im Internet über http://dnb.dnb.de abrufbar.

Print-ISBN 978-3-8309-3380-9
E-Book-ISBN 978-3-8309-8380-4

Steinfurter Straße 555, 48159 Münster
www.waxmann.com
info@waxmann.com

Umschlaggestaltung: Inna Ponomareva, Jena
Umschlagfoto: © klosfoto, Home für Bücher, iStock by Getty Images™
Satz: Stoddart Satz- und Layoutservice, Münster
Druck: Těšínská tiskárna, a.s., Český Těšín, Czech Republic
Gedruckt auf alterungsbeständigem Papier, säurefrei gemäß ISO 9706

Inhalt

Modul 3 Der Umgang mit den Bildungseinrichtungen

Vorwort

Eltern sind der wichtigste Bildungsträger. Von ihnen hängt vielfach der Verlauf von Lebensbiografien ihrer Kinder ab. Aus diesem Verständnis heraus entwickelte sich das Modellprojekt *Bildungs-Brücken: Aufstieg!* der Otto Benecke Stiftung e.V. (OBS) mit einer besonderen Zielvorgabe: es richtete sich an Eltern mit Migrationshintergrund, die bisher nur selten oder nie Angebote von Bildungseinrichtungen in Anspruch genommen haben. Bundesweit wurden Elternforen durchgeführt, um Eltern zu informieren über das deutsche Bildungssystem, die Bildungsübergänge, Unterstützungsangebote, Erziehungsfragen und Konfliktlösungsstrategien. Die Veranstaltungen erfolgten zweisprachig. Sie fanden ganz bewusst in den Räumlichkeiten lokaler Migranten- und Moscheevereine, in Kirchengemeinden sowie in interkulturellen Zentren statt.

Das Modellprojekt *Bildungs-Brücken: Aufstieg!* wurde gefördert vom Bundesministerium für Familie, Senioren, Frauen und Jugend (BMFSFJ). Es entwickelte in Zusammenarbeit mit fünf Migrantenverbänden Bildungsangebote für Eltern mit Arabisch, Russisch oder Türkisch als Herkunftssprachen.

Im Zuge des Projekts wurden die beteiligen Verbände mit fachlichen und methodischen Kenntnissen ausgestattet, damit sie ihre Bildungsangebote auch nach Ende des Projekts anbieten können. Hierfür ist das vorliegende *Handbuch für die Elternbildung* unentbehrlich.

Wir danken insbesondere Professorin Dr. Ursula Boos-Nünning, dass sie das Erscheinen dieses Handbuches möglich gemacht hat. Unser Dank gilt ebenfalls den übrigen Autorinnen und Autoren des Handbuchs. Hervorzuheben ist die exzellente Zusammenarbeit mit dem Bundesfamilienministerium, mit dem damaligen Abteilungsleiter Familie und heutigen Abteilungsleiter Europa und Internationales im Bundesgesundheitsministerium, Ingo Behnel, und dem zuständigen Referatsleiter Familienbildung und -beratung, Erziehungskompetenz, Ulrich Paschold.

Eberhard Diepgen, Regierender Bürgermeister von Berlin a.D.
Vorsitzender des Kuratoriums sowie
der Steuerungsgruppe „Bildungs-Brücken“

Dr. Lothar Theodor Lemper
Vorsitzender des Vorstandes
der Otto Benecke Stiftung e.V.

1. Das Modellprojekt und seine Partner

Das Projekt „Bildungs-Brücken: Aufstieg!“

Ursula Boos-Nünning

Im Auftrag des Bundesministeriums für Familie, Senioren, Frauen und Jugend (BMFSFJ) entwickelte und erprobte die Otto Benecke Stiftung e.V. (OBS) im Zeitraum von 2011 bis 2014 im Rahmen des Modellprojekts „Bildungs-Brücken: Aufstieg!“ bundesweit Bildungsmaßnahmen (Elternforen) für mehrere Tausend eingewanderte Eltern mit Arabisch, Russisch oder Türkisch als Herkunftssprache. Das Modellprojekt wurde in enger Zusammenarbeit mit fünf Migrantenorganisationen (Phönix e.V., DITIB, VIKZ, FÖTED und DMK) durchgeführt, die durch ihre Netzwerke weitreichende Verbindungen in die Migrantencommunities haben.

Das Projekt „Bildungs-Brücken: Aufstieg!“ hatte sich das Ziel gesetzt – und es im Projektzeitraum verwirklicht –, Eltern mit Migrationshintergrund, die bisher bei Bildungsaktivitäten nicht in Erscheinung getreten sind und die eindeutig den bildungsfernen Eltern zugeordnet werden können, anzusprechen und zu motivieren, sich mit Aspekten der Bildung ihrer Kinder qualifiziert auseinanderzusetzen. Die Zielgruppen wurden für einige Verbände deutlich erweitert, so durch die Einbeziehung von Flüchtlingsgruppen und evangelikalen Gemeinden sowie ausgesprochen bildungsferner Gruppen. Den türkisch-, arabisch- oder russischsprachigen Eltern wurden Inhalte, die den Lernerfolg ihrer Kinder verbessern sollten und konnten, methodisch und inhaltlich adäquat vermittelt.

Um dieses Ziel zu erreichen, wurden zweisprachige Moderatorinnen und Moderatoren mit (organisatorischen und planerischen) Kompetenzen ausgestattet, Elternforen zu organisieren, teilweise zu leiten, und damit Brückenköpfe zur Verbesserung von Bildung in den ethnischen Gemeinschaften zu schaffen. Darüber hinaus wurden Kooperationsformen zwischen der Trägerorganisation OBS und vielfältigen Ebenen der Migrantenorganisationen modellhaft gestaltet.

Insgesamt haben 7.115 Eltern an 455 Elternforen teilgenommen. Ein erheblicher Teil davon hat sich zuvor nie in dieser oder ähnlicher Form mit Fragen der Erziehung und Bildung ihrer Kinder beschäftigt. Die Eltern konnten nur erreicht und zur Mitarbeit animiert und aktiviert werden, weil sie über die Migrantenverbände angesprochen wurden. Es kann davon ausgegangen werden, dass ein erheblicher Teil der Eltern sonst nicht zur Teilnahme hätten bewogen werden können. Das Projekt „Bildungs-Brücken: Aufstieg!“ kann es sich zuschreiben, einen Weg gefunden zu haben, eine ungewöhnlich große Zahl ansonsten eher kaum erreichbarer Eltern angesprochen und für die aktive Mitarbeit gewonnen zu haben. Die Antworten auf die in den Elternforen ausgefüllten Evaluationsbögen belegen zudem, dass die Eltern nicht nur mit den Elternforen zufrieden waren, sondern auch einen Kompetenzgewinn vermeldeten.

Die Inhalte der Elternforen, die einem im Rahmen des Projekts entwickelten Curriculum folgen, wurden von allen Beteiligten (Eltern, Moderatorinnen und Moderatoren, Bildungsreferentinnen und Bildungsreferenten sowie Vertretungen der Verbände) angenommen. Die schriftliche Ausarbeitung der einzelnen Themenbereiche führte zu einer Steigerung der Qualität der Inhalte in den Elternforen, wie von allen Beteiligtengruppen bestätigt wurde. Der Wechsel von einer bedürfnisorientierten zu einer bedarfsorientierten Elternbildung (von familiär belastenden Erziehungsfragen zu Problemen der Bildung und der Zusammenarbeit mit Bildungseinrichtungen) ist im letzten Projektjahr gelungen und wird im Nachhinein von allen Beteiligten positiv bewertet. Methodisch wurde in den Elternforen ein guter Standard erreicht und gehalten.

Das Vorhaben, die familiären Lern- und Bildungsbedingungen benachteiligter Kinder aus Familien mit Migrationshintergrund zu verbessern, kann nur realisiert werden, wenn es gelingt, aus den ethnischen Gemeinschaften pädagogische Fachkräfte zu rekrutieren und diese für die Aufgaben der Bildungsberatung zu professionalisieren. Dieses am Anfang eher implizite Ziel wurde durch die Qualifizierung eines Teils der Bildungsreferentinnen in dem Projekt und eines größeren Teils der Moderatorinnen und Moderatoren in den spezifischen Themen der Unterstützung von Familien beim Lern- und Bildungsprozess ihrer Kinder erreicht. Die beteiligten Migrantenorganisationen, aber auch die Kommunen, können auf deutlich erweiterte Kompetenzen von Pädagoginnen und Pädagogen im Bereich der Elternbildung zurückgreifen.

Das Projekt, das von einer Steuerungsgruppe unter Leitung von Eberhard Diepgen, Regierender Bürgermeister von Berlin a.D. und Vorsitzender des Kuratoriums der Otto Benecke Stiftung e.V., begleitet wurde, war so angelegt, dass eine gleichberechtigte Kommunikation (wie es heißt „auf Augenhöhe") möglich war. Bedeutsam dafür war die Zuordnung der Bildungsreferentinnen und Bildungsreferenten bei den jeweiligen Verbänden. Trotz Diskussionen und manchmal Auseinandersetzungen im Einzelnen hat das Projekt mehr als die meisten anderen Elternprojekte den Migrantenorganisationen vielfältige und auf allen Ebenen angesiedelte Optionen eröffnet, ihre Vorstellungen gleichberechtigt zu thematisieren und ihren konzeptionellen Überlegungen Geltung zu verschaffen.

Insofern war und ist das Projekt „Bildungs-Brücken: Aufstieg!" inhaltlich und strukturell ein Modellprojekt, das als Beispiel einer Zusammenarbeit mit Migrantenorganisationen für andere Projekte und Modelle in der Bildung von Eltern mit Migrationshintergrund dienen kann. Ein wesentliches Ergebnis des Projekts stellt die Erarbeitung des Modulhandbuchs dar. Dieses präsentiert in drei Modulen mit insgesamt 19 Texten Wissen, das Eltern mit Migrationshintergrund benötigen, um ihre Kinder in der Erziehung und Bildung unterstützen zu können. Es ist speziell für den Einsatz von Seiten zweisprachiger und interkulturell kompetenter Moderatorinnen und Moderatoren konzipiert. Durch das Handbuch, das – so wird angestrebt – die Inhalte auf hohem fachlichem Niveau aber in verständlicher Darstellungsform präsentiert, sollen Elternforen oder -seminare begleitet werden können. Die Texte und die sich an sie anschließenden didaktischen Vorschläge dienen der Qualitätssicherung der Seminare ebenso wie der Einarbeitung neuer Moderatorinnen und Moderatoren. Sie sollen darüber hinaus einen Beitrag zur Professionalisierung der Elternbildung in Migrantenorganisationen und -vereinen leisten. Nicht zuletzt können sie einen Beitrag zur Qualifizierung der Moderatorinnen und Moderatoren aus den Migrantenorganisationen leisten.

Der Projektträger

Die Otto Benecke Stiftung e.V.

Hans-Georg Hiesserich

Seit mehr als fünfzig Jahren unterstützen die im In- und Ausland angebotenen Programme der Otto Benecke Stiftung e.V. (OBS) die Aus- und Weiterbildung von Zuwanderern und Flüchtlingen, erleichtern ihre Integration in den Arbeitsmarkt und fördern das gesellschaftliche Zusammenleben von Einheimischen und Zugewanderten.

Überblick

Die OBS ist als Teil der studentischen Selbsthilfe und Selbstverwaltung der Deutschen Studentenschaft entstanden. Sie wurde 1965 aus dem damaligen Sozialamt des Deutschen Bundesstudentenrings gegründet, das bereits seit 1953 Flüchtlingsstudenten aus der späteren DDR und Mittel- und Osteuropa betreute. Benannt wurde sie nach dem Wegbereiter der studentischen Selbstverwaltung und ersten Vorsitzenden der Deutschen Studentenschaft nach dem Ersten Weltkrieg. Der politisch neutrale Verein mit Sitz in Bonn hat seitdem über 400.000 Zuwanderer, Flüchtlinge, Angehörige von Minderheiten und junge Menschen in besonderen Problemlagen in Ausbildungs-, Beratungs-, Austausch- und Stipendienprogramme in Deutschland, Mittel- und Osteuropa, Zentralasien, Palästina und Afrika aufgenommen, ihre schulisch-berufliche und gesellschaftliche Integration gefördert und ihnen eine berufliche Zukunft eröffnet. Die Stiftung hat damit eine internationale Arbeit fortgesetzt, die in der Zeit der Apartheid mit der Unterstützung von Studenten aus Südafrika auch für die deutsche Außenpolitik von besonderer Bedeutung war. Die OBS arbeitet eng mit Bund, Ländern und Kommunen sowie mit Sozial- und Migrationsverbänden vor Ort zusammen. Die Qualifizierungsprogramme werden ergänzt durch eine Vielzahl von Projekten, die jugendlichen und erwachsenen Zuwanderinnen und Zuwanderern Zugang zu unterschiedlichen Lebens- und Arbeitsbereichen in Deutschland eröffnen, Initiativen zur gesellschaftlichen Integration unterstützen sowie gemeinsames Handeln von Zugewanderten und Einheimischen initiieren. Sie werden durch Programme internationalen Zuschnitts erweitert, die eng mit Migrations- und Integrationsfragen verbunden sind. Konzeptionelle Impulse der Integrationspolitik bündelt die OBS auf dem von ihr seit 1995 durchgeführten „Forum Migration". Jährlich wird ein aktuelles Thema aus dem Arbeitsfeld Migration und Integration behandelt und aus unterschiedlichen Perspektiven diskutiert. Die zentralen Beiträge jeder Jahrestagung werden in der eigenen Reihe „Beiträge der Akademie für Migration und Integration" veröffentlicht.

Beratungs- und Qualifizierungsprogramme

Den Schwerpunkt dieses Arbeitsbereichs bildet ein seit 1965 bestehendes Programm für akademisch orientierte Zuwanderinnen und Zuwanderer, die als Spätaussiedler, jüdische Immigranten oder Asylberechtigte in Deutschland leben und ein Studium anstreben oder fortsetzen möchten, um eine angemessene Berufstätigkeit in Deutschland aufnehmen zu können. Das vom Bundesministerium für Familie, Senioren, Frauen und Jugend (BMFSFJ) geförderte Programm „**Garantiefonds-Hochschule (GF-H)**" zielt auf die Gruppe der bis zu 30-jährigen Studienbewerber und Studenten, die sprachliche, schulische und studienbegleitende Angebote in Anspruch nehmen können. Das Garantiefonds-Programm bietet dem förderberechtigten Personenkreis Stipendien zur Teilnahme an unterschiedlichen Ausbildungsgängen an (sechsmonatige Deutsch-Kurse mit Abschlussniveau C1, Englischkurse und Fachsprachkurse zur Vorbereitung auf ein Studium, Sonderlehrgänge oder Studienkollegs zur Erlangung der Hochschulreife, Praktika). In OBS-Seminaren werden überfachliche und fachspezifische Kenntnisse vermittelt, die für den Arbeitsmarkt erforderlich sind. Das Angebot besteht aus einem Grundprogramm mit den Seminartypen „Englisch", „Informationstechnik", „Studieneinführung", „Testvorbereitung" und „Leben in Deutschland – Interkulturelles Kompetenztraining" sowie einem Aufbauprogramm mit den Seminartypen „Einstieg in Beruf und Arbeitswelt", „CAD" und „Wege in die Selbstständigkeit".

Ein integraler Bestandteil aller Seminare ist, die Teilnehmenden zu motivieren, sich ehrenamtlich in der Zivilgesellschaft zu engagieren, zu einem gedeihlichen Zusammenleben innerhalb der Einwanderungsgesellschaft beizutragen und zu aktiven Förderern gesellschaftlicher Entwicklungsprozesse zu werden. Dies kann beispielsweise durch ein Engagement als Betreuerstudent oder Betreuerstudentin im Hochschulprogramm der OBS erfolgen. Mit ihrem Hochschulprogramm stellt die OBS den Stipendiatinnen und Stipendiaten während des Studiums ein Betreuungsangebot zur Seite. Das Hochschulprogramm unterstützt den Übergang in das Studium und das Studium selbst. Es fördert eigenständiges Handeln, hilft bei der Integration in Hochschule und Gesellschaft und bereitet auf den Berufseinstieg vor. An vielen Hochschulorten im Bundesgebiet sind Teams von Betreuerstudierenden und Vertrauensdozentinnen bzw. Vertrauensdozenten etabliert, die den kontinuierlichen Kontakt mit den zugewanderten Studentinnen und Studenten pflegen und bedarfsgerechte Maßnahmen zur Förderung der fachlichen und gesellschaftlichen Integration in Kooperation mit universitären Einrichtungen sowie mit dem Seminarprogramm und dem Alumniverein der OBS organisieren. Die Betreuerstudentinnen und -studenten haben die Gelegenheit, an Fortbildungsveranstaltungen und am Jahrestreffen des OBS-Hochschulprogramms teilzunehmen.

In einem weiteren vom Bundesministerium für Arbeit und Soziales (BMAS) und vom Europäischen Sozialfonds (ESF) geförderten Programm, dem Programm „**Integration durch Qualifizierung (IQ)**", können Zuwanderer mit einem im Herkunftsland erworbenen akademischen Abschluss in Nordrhein-Westfalen an Weiterbildungsangeboten teilnehmen, die in Kooperation mit Hochschulen entwickelt und durchgeführt werden. In Berlin betreibt die OBS die Zentrale Erstanlaufstelle Anerkennung (ZEA) des IQ-Programms, die allen Zugewanderten für Fragen im Vorfeld der Anerkennung ihrer ausländischen Vorbildung offen steht. Darüber hinaus bietet die OBS im Auftrag und mit Förderung einzelner Bundesländer bei Bedarf Weiterbildungsangebote für Akademikerinnen und Akademiker ausgewählter Berufsgruppen an.

In allen diesen Qualifizierungsprogrammen geht es darum, den Teilnehmerinnen und Teilnehmern eine individuelle Möglichkeit zur Fortsetzung oder Ergänzung der im Herkunftsland erworbenen Vorbildung zu eröffnen. Die Ansprechpartner der OBS analysieren den Bedarf, beraten hinsichtlich Ausbildungs- und Fördermöglichkeiten und entwickeln zeitnah Angebote, die nachgefragte fachliche und überfachliche Qualifikationen vermitteln. Über 70 % der Absolventinnen und Absolventen finden anschließend einen qualifizierten Arbeitsplatz. Begründet ist dieser Erfolg vor allem im speziellen Zuschnitt der Angebote auf die Bedürfnisse der Teilnehmerinnen und Teilnehmer sowie auf die Erfordernisse des Arbeitsmarktes.

Eine wichtige Funktion zur Förderung des Ausbildungsangebots auf regionaler Ebene hat das vom Bundesministerium für Bildung und Wissenschaft (BMBF) geförderte **JOBSTARTER**-Programm. Hierin ist die OBS Trägerin der „KAUSA Servicestelle Bonn/ Rhein-Sieg". KAUSA steht für „Koordinierungsstelle Ausbildung und Migration: Ausbildung jetzt!" und hat das Ziel, mehr Unternehmerinnen und Unternehmer, insbesondere solche mit Migrationshintergrund, für die Berufsausbildung zu gewinnen, die Ausbildungsbeteiligung von Jugendlichen mit Zuwanderungshintergrund zu erhöhen und deren Eltern bei der beruflichen Orientierung und Ausbildung ihrer Kinder verstärkt mit einzubinden. Ein Schwerpunkt der KAUSA-Servicestelle liegt darin, die notwendigen Schnittstellen zwischen Migrantenorganisationen und den vielfältigen Maßnahmen und Programmen der Akteure der beruflichen Bildung zu stärken und nachhaltig zu verankern. Der Fokus wird dabei auf die Sensibilisierung sowie auf die interkulturelle Öffnung und Ermöglichung von Partizipation in Bezug auf die migrantischen Zielgruppen durch die bestehenden Netzwerke gelegt. Die KAUSA-Servicestelle fungiert ferner als flexible Beratungs- und Informationsstelle: Jugendliche werden individuell und passgenau an geeignete Unternehmen, Vermittlungsstellen, Bildungseinrichtungen usw. in der Region vermittelt. Die Potenziale von jugendlichen Ausbildungsplatzsuchenden mit Migrationshintergrund werden durch Schnuppertage, Kurzpraktika und Tage der offenen Tür bewusst gemacht und, wodurch auch das Knüpfen persönlicher Kontakte zu Ausbildungsbetrieben ermöglicht wird. Die Eltern werden durch Informationsveranstaltungen mit den Kammern, den Schulen und der Arbeitsagentur informiert und beraten. Die Migrantenorganisationen werden als wichtiger Partner im Bereich der beruflichen Bildung gestärkt, indem Multiplikatoren gewonnen und Möglichkeiten aufgezeigt werden, die Themen der beruflichen Bildung nachhaltig in den Vereinsstrukturen zu implementieren.

Die OBS-Programme zielen nicht nur auf berufliche Qualifizierung, sondern vermitteln auch Fähigkeiten und Fertigkeiten, die zur Übernahme von Funktionen im Bereich der ehrenamtlichen Jugend- und außerschulischen Bildungsarbeit wichtig sind. Beispiele hierfür sind JUMPin.NRW und YOU.PA. „**Jugendliche mit Potenzial in NRW – JUMPin.NRW**" ist ein von der Landesregierung gefördertes Programm, in dem ehrenamtlich engagierte Jugendliche mit Migrationshintergrund ein Fortbildungsangebot der politischen Bildung erhalten. Das Programm bietet Studienfahrten, Seminare, Praktika und Begegnungen mit Persönlichkeiten des öffentlichen Lebens. Im Gegenzug sollen sich die Jugendlichen ehrenamtlich engagieren und eine Vorbildfunktion einnehmen.

In der vom Bundesministerium des Innern (BMI) geförderten „**YOUNG POTENTIALS ACADEMY – YOU.PA**" werden junge Menschen aus Rumänien, Polen, Ungarn sowie der Tschechischen und der Slowakischen Republik gefördert, die sich für Themen ethnischer Minderheiten engagieren. In drei Ausbildungsmodulen werden Kenntnisse und Methoden für Tätigkeiten in der Jugend- und Bildungsarbeit vermittelt und erprobt. Das Programm beruht auf dem Konzept des Blended Learning: Die Teilnehmenden erhalten über das Internet Zugang zu den Lernmaterialien und werden bei der Bearbeitung der Lehrbriefe von erfahrenen Trainern online betreut. In Präsenzseminaren wird das Gelernte vertieft und praktisch geübt. Praktika im Heimatland und in Deutschland bieten Gelegenheit, die erworbenen Kenntnisse anzuwenden und Neues zu lernen. Die Jugendlichen verpflichten sich zur ehrenamtlichen Mitarbeit in Organisationen der deutschen Minderheit im Heimatland.

Mit ihren Inhalten und Zielen stehen die beiden Programme JUMPin.NRW und YOU.PA an der Schnittstelle zu einem weiteren Arbeitsbereich der OBS, in dem nicht die individuelle Qualifizierung sondern die gesellschaftliche Vielfalt im Vordergrund steht.

Projekte zur Förderung der gesellschaftlichen Partizipation

Im 2010 vom Bundesamt für Migration und Flüchtlinge (BAMF) veröffentlichten „Bundesweiten Integrationsprogramm" wird der Zusammenarbeit mit Migrantenorganisationen ein hoher Stellenwert eingeräumt. Ziel ist, die Sichtweisen von Migrantinnen und Migranten in Entscheidungsprozesse einzubeziehen und mit ihnen als Akteuren in Integrationsprozessen zu kooperieren. Die OBS hat bereits seit Mitte der 1990er Jahre die Kooperation mit Migrantenorganisationen gesucht und diese Zusammenarbeit im Rahmen vieler gemeinsamer Projekte zu einer Partnerschaft „auf Augenhöhe" entwickelt. Dazu gehört, dass die OBS den Partnern eigene Projektbudgets zur Verfügung stellt, mit denen sie Fachkräfte für die Projektarbeit beschäftigen können. Diese partnerschaftliche Zusammenarbeit ist eine unerlässliche Voraussetzung für die Erreichung der Zielgruppe und sie sichert zudem die Nachhaltigkeit der Ergebnisse, da die Projektpartner durch die Projektstruktur ‚Eigentümer' des Projektwissens werden. Auch das Projekt „**Bildungsbrücken: Aufstieg!**", aus dem die vorliegende Publikation hervorgegangen ist, war diesem Grundsatz verpflichtet.

Ein wichtiger Wegbereiter in der Entwicklung geeigneter Formen partnerschaftlicher Zusammenarbeit war das Projekt „**MIGELO: Migranten – Eltern – Lotsen**", das von 2009–2011 im Rahmen des Xenos-Programms des ESF und mit Förderung des BMFSFJ, des BMAS sowie der Bundeszentrale für politische Bildung (BpB) bundesweit durchgeführt wurde. Projektpartner war PHOENIX-Köln e.V., der sich als Kultur- und Integrationszentrum an die russischsprachige Einwanderergruppe richtet. Neben dem Ziel, die Bildungs- und Berufschancen von Jugendlichen mit Migrationshintergrund durch die Ausbildung ihrer Eltern zu Bildungslotsen zu verbessern, hatte sich das Projekt in Absprache mit den Zuwendungsgebern die Aufgabe gestellt, die Grundlage für den Aufbau eines neuen migrantischen, bundesweit agierenden Trägers der politischen Bildung für die russischsprachige Zielgruppe zu legen, da ein solcher bisher nicht am Markt präsent war. Beide Ziele sind erreicht worden: In 7 Bundesländern und 16 Städten wurden 3.600 Eltern für das Projekt gewonnen und viele von ihnen als Bildungslotsen geschult. Noch während der Projektlaufzeit wurde der „**Bundesverband russischsprachiger Eltern (BVRE)**" gegründet, der heute „die erste bundesweite Organisation russischsprachiger Migranten [ist], die die politische Bildung frühzeitig zum strategischen Ziel erklärt hat"[1]. Er bietet „Trainings von Multiplikatoren und Förderung von Initiativen vor Ort (sowie) innovative Bildungsprojekte auf Bundesebene in Form von Seminaren, Feriencamps und anderen Bildungsmaßnahmen"[2] an. In diesem Projekt wurde als strukturelle Erweiterung der partnerschaftlichen Zusammenarbeit auch die Arbeitsform des „gemeinsamen Projektbüros" entwickelt, in das die Projektpartner ihre jeweiligen Projektmitarbeiter, die zwar alle aus dem Projektbudget finanziert werden, aber unterschiedliche Arbeitgeber haben, entsenden. Daraus ist ein funktionierendes arbeitsteiliges Projektmanagement entstanden, das heute nach Möglichkeit in allen Kooperationsprojekten praktiziert wird.

---

1 URL: http://www.bvre.de/politische-bildung.html [Zugriff am 28.08.2015].
2 ebd.

Aktuelle Beispiele sind die Projekte „**Junge Roma aktiv – JUROMA**" und „**Ma'an – Miteinander**". Das vom BMFSFJ und der BpB geförderte und in Kooperation mit Amaro Drom e.V. in den Jahren 2015 und 2016 bundesweit laufende Projekt JUROMA will die (Erst)Integrationschancen von jungen Zuwanderern, insbesondere aus der Community der Roma, und deren derzeitige soziale Lage deutlich verbessern. Der Zugang zu den zentralen gesellschaftlichen Teilhabebereichen Bildung und Arbeit soll erleichtert werden. Lokale Roma-Organisationen sollen gestärkt und in die Lage versetzt werden, passgenaue Angebote für Jugendliche zu entwickeln. Neue Organisationen sollen dort, wo sie fehlen, initiiert werden. Die Zusammenarbeit zwischen etablierten Migranten- und Jugendorganisationen, Bildungs- und Beratungseinrichtungen, Roma-Jugendlichen und deren Familien soll verbessert werden. Wichtige Teilziele sind Information, Abbau von Vorurteilen, Verringerung von Fehlzeiten und Sonderschulquoten und ein erfolgreicher Übergang in den Beruf.

Im neuen Bundesprogramm „Demokratie leben" des BMFSFJ ist das in Bonn durchgeführte Projekt „Ma'an – Miteinander" angesiedelt, das von der Stadt Bonn und der BpB kofinanziert wird. Kooperationspartner in Bonn sind die Al-Muhajirin-Moschee und das Haus der Generationen e.V. In diesem Projekt, das von 2015 bis 2018 laufen wird, sollen jugendliche „Mentoren gegen Radikalisierung" geschult werden, die in Peergroups einen Beitrag zu einer nachhaltigen Radikalisierungsprävention auf lokaler Ebene leisten sollen. Hauptziele sind die Mobilisierung muslimischer Peergroups gegen Tendenzen der Radikalisierung, die Förderung der gesellschaftlichen Partizipation junger Muslime, ihre Einbindung in interessenorientierte gemeinschaftliche Aktivitäten, die Entwicklung von Verantwortungsbewusstsein für das Gemeinwesen und der Aufbau von Zukunftsperspektiven im lokalen gesellschaftlichen Umfeld. Als Ergebnis wird die Ausbildung von Mentoren aus dem Kreis der Zielgruppe des Projekts angestrebt. Sie sollen in der intellektuellen Auseinandersetzung mit Argumentationen der Radikalisierung gestärkt werden, um muslimische Jugendliche zu gesellschaftlicher Partizipation in Form von Mitgliedschaft in Vereinen, der Beteiligung an Aktivitäten der Jugend- und Kulturarbeit unterschiedlicher lokaler Träger der Jugendarbeit sowie zu ehrenamtlichem Engagement zu motivieren.

Perspektive

Aktuelle Prozesse des Wandels im Feld von Migration und Integration machen es erforderlich, das Tätigkeitsfeld der OBS ständig zu aktualisieren. Zu nennen sind insbesondere die quantitativen Unterschiede der jeweiligen Neuzuwanderung mit unterschiedlichen Personengruppen und Bedarfen, die demografische Entwicklung der Bevölkerung insgesamt, die anhaltenden Ungleichheiten in der Bildungsbeteiligung und in der Ausbildung von Jugendlichen mit Migrationshintergrund, aber auch die zunehmende soziale Differenzierung der Bevölkerung mit Migrationshintergrund, die erkennbare Neuorientierung vieler Migrantenorganisationen und die unterschiedlichen Einstellungen der altansässigen einheimischen Bevölkerung gegenüber Zuwanderern. Die OBS stellt sich diesen Herausforderungen und passt ihre Programme und Projekte an den sich wandelnden Bedarf an.

Die Kooperationspartner

Die Türkisch-Islamische Union der Anstalt für Religion DITIB e.V.

Emine Kahraman

Was leistet die Türkisch-Islamische Union der Anstalt für Religion (DITIB e.V.) für Eltern?

Der DITIB-Dachverband vereint bundesweit 904 Ortsgemeinden. In den jeweiligen Gemeindezentren können Muslime ihre Religion praktizieren. Darüber hinaus werden eine Vielzahl an Bildungs-, Sport- und Kulturangeboten zur Verfügung gestellt. DITIB engagiert sich in den Bereichen Familie, Jugend-, Senioren- und Integrationsarbeit.

In den Ortsgemeinden werden verschiedene Angebote in Bezug auf die Elternarbeit durchgeführt; diese sind vor allem:

- Regelmäßige Elternseminare von deutsch- bzw. türkischsprachigen Sozialpädagoginnen und -pädagogen, Lehrkräften, Psychologinnen und Psychologen und anderen Akteuren aus den Bereichen Bildung, Erziehung und Psychologie
- Hausaufgabenbetreuung, Nachhilfe, Förderung von Schulkindern
- Regelmäßige Gespräche mit den Eltern der Kinder aus den Hausaufgabenbetreuungen und der Nachhilfe (hierbei werden Eltern auf den Kenntnisstand ihrer Kinder angesprochen und es wird bei Defiziten gemeinsam nach Lösungen gesucht)
- Projekte, die insbesondere in Kooperation mit anderen Trägern durchgeführt werden: Vorträge, Informationsabende, Seminare, Workshops für Familien
- Familientage, die in unterschiedlichen Abständen stattfinden
- Elternkurse und Elterntrainings
- Familienberatung in Form von Einzelberatung oder Hausbesuchen
- Familienexkursionen, Familienreisen, Bildungsreisen für Familien und einzelne Familienmitglieder
- Generationsübergreifende Angebote, z.B. Angebote für Kinder und Jugendliche und ihre Eltern

Die Angebote werden in verschiedenen Städten je nach Größe und Ressourcen der einzelnen Gemeinden angeboten. Die DITIB bemüht sich, einen Beitrag zur Integration und zur Förderung des sozialen Engagements zu leisten. Sie bietet seit 1985 allen Bürgerinnen und Bürgern mit und ohne Migrationshintergrund ein umfangreiches Programm an, um ein besseres und harmonisches Miteinander in der Gesellschaft zu fördern. Es werden nicht nur religiöse, sondern vor allem soziale, kulturelle, sportliche und andere Aktivitäten für alle Altersgruppen angeboten.

Einen Schwerpunkt in der Kinder- und Jugendarbeit stellt die Vermittlung und Akzeptanz der eigenen sowie der deutschen Kultur dar. Um eine Stärkung der individuellen und sozialen Persönlichkeits- und Identitätsentwicklung zu erzielen, werden Kinder und Jugendliche in ihrer Selbstständigkeit und Kommunikationsfähigkeit gefördert. Die Verbesserung der Bildungschancen der Kinder soll durch eine frühe und gute Bildung erreicht werden.

Das Hauptziel der Bildungsangebote der DITIB ist die Erleichterung der Integration von Kindern mit Migrationshintergrund, um deren Teilhabe an der deutschen Gesellschaft und Kultur zu gewährleisten. Um dieses Ziel zu erreichen, soll den Kindern und ihren Eltern die deutsche Kultur nahegebracht werden. Des Weiteren werden Elemente der Herkunftskultur der Eltern vermittelt. Die Akzeptanz beider Kulturen ist das Ziel, weshalb den Kindern und Jugendlichen ein breit gefächertes und abwechslungsreiches

Freizeitangebot zur Verfügung gestellt wird. Angeboten werden unter anderem Schach, Theater, Tanz, Malen, Singen im Chor, musikalische Frühförderung und das Erlernen von Musikinstrumenten. Außerdem werden die Eltern in ihren Erziehungskompetenzen durch Seminarangebote zu Themen wie z.B. Gesundheit, Bildung und Soziales gestärkt.

Wenn auch die primäre Erziehungs- und Bildungsaufgabe bei den Eltern liegt, so findet die Förderung junger Menschen heute in einer Verschränkung öffentlicher und privater Verantwortung statt. Darum sieht sich auch die DITIB in der Verantwortung, zu einem gelingenden Aufwachsen der jungen Menschen in unserer Gesellschaft beizutragen.

Die Arbeit der DITIB im Sinne der offenen, interkulturellen und interreligiösen Kinder- und Jugendarbeit zielt darauf ab, das Selbstbewusstsein und das Selbstwertgefühl zu stärken sowie Kindern das Bewusstsein zu vermitteln, ein Teil der Gesellschaft zu sein. Sie sollen befähigt werden, aktiv am gesellschaftlichen Leben teilzuhaben. DITIB liegt daher nicht nur ein interkultureller, sondern auch – bezogen auf die deutsche Gesellschaft – ein integrativer Ansatz zugrunde. Kinder- und Jugendarbeit, insbesondere für Migrantinnen und Migranten, erfordert gleichzeitig die Schaffung einer vertrauensvollen Basis für die Elternarbeit.

Der erste muslimische Kindergarten „Lalezar“ des „Vereins zur Errichtung und Erhaltung muslimischer Kindergärten e.V.“, der zum DITIB-Dachverband gehört, feierte am 4. Dezember 2013 in Mannheim die Eröffnung. Weitere Kindergärten sind in den Städten Dortmund, Hannover und Köln im Aufbau.

Was kann die DITIB in diesem Bereich weiterhin tun?

Die Ziele der DITIB-Kinder- und Jugendarbeit sind:

- Bei Kindern die Kenntnisse und Akzeptanz des eigenen sowie des anderen kulturellen Hintergrunds zu fördern;
- Kinder und Jugendliche in ihrer Selbstständigkeit und Kommunikationsfähigkeit zu unterstützen und sie in ihrer individuellen und sozialen Persönlichkeitsentwicklung bzw. Identitätsentwicklung zu stärken.

Der Kinder- und Jugendbereich in der Jugendbegegnungsstätte in Köln (wie auch in anderen Ortsvereinen) unterstützt diesen Bildungsauftrag durch außerschulische und bildungsfördernde Inhalte. Die gesellschaftliche Teilhabe durch Förderung des sozialen Engagements, Mitbestimmung und Mitgestaltung des Gemeinwesens wird als Querschnittsaufgabe für alle Bereiche der Bildungs- und Jugendarbeit verstanden.

Auf der einen Seite soll auf die spezifischen kulturellen Wurzeln bzw. auf den soziokulturellen Hintergrund der Besucherinnen und Besucher, im Speziellen auf den der Kinder und Jugendlichen mit Migrationshintergrund, eingegangen werden, um deren Identität und Selbstbewusstsein zu stärken. Auf der anderen Seite soll der Kinder- und Jugendbereich für Kinder und Jugendliche unterschiedlicher Herkunftsländer und unabhängig von ihrem soziokulturellen Hintergrund offen sein. Deshalb sind das „interkulturelle Lernen“ und der „Bildungsauftrag“ ein wesentlicher Bestandteil unserer Einrichtungen.

Warum werden Migrantenorganisationen wie DITIB in der Bildungsarbeit gebraucht?

Die Strukturen des Erziehungs- und Bildungssystems gestalten sich in den Herkunftsländern der Eltern mit Migrationshintergrund anders als in Deutschland. Aufgrund der mangelhaften Kenntnis des deutschen Bildungssystems sind Eltern, die ihre Schulbildung beispielsweise in der Türkei absolviert haben, häufig nicht in der Lage, ihre Kinder auf deren Bildungswegen optimal zu begleiten. Durch die Vermittlung von Informationen über das deutsche Bildungssystem mittels der Aufklärung über Schulpläne und -materialien sowie der Information über die inhaltlichen und organisatorischen Besonderheiten der Erziehungs- und Bildungseinrichtungen können die Eltern in die Lage versetzt werden, ihre Kinder zu unterstützen, ohne einen zu hohen Leistungsdruck zu erzeugen.

Familien mit Migrationshintergrund sehen in den Migrantenorganisationen eine erste Anlaufstelle, wo sie ihre Probleme in der eigenen Sprache kommunizieren können und Hilfe erhalten. Das Gefühl, aufgrund des gemeinsamen kulturellen Hintergrunds verstanden zu werden und Hilfe zu erhalten, ist aufgrund der Empathie seitens der Beraterinnen und Berater in den Migrantenorganisationen sehr hoch.

Die meisten Eltern mit Migrationshintergrund sehen die Bildung als einzige Möglichkeit für den Erfolg und den sozialen Aufstieg ihrer Kinder. Dadurch stellen sie sehr hohe Leistungsansprüche an ihre Kinder.

PHOENIX-Köln e.V.

Elena Reifenröther

Was leistet PHOENIX-Köln e.V. für Eltern?

Russischsprachige Migrantenorganisationen sind zum größten Teil Zentren der zusätzlichen Bildung für Kinder, Jugendliche, Eltern und Familien mit Entwicklungs-, Bildungs-, Kultur-, Sport-, Aufklärungs- und Nachhilfeangeboten. Das Angebot ergänzt in erster Linie die Kenntnisse und Kompetenzen von Kindern und Jugendlichen, die in der Schule vermittelt werden. Diese Organisationen und Vereine entstanden in den letzten 15 Jahren nach der dritten großen Welle der Migration aus den Ländern der ehemaligen Sowjetunion in den 90er Jahren. Die ersten Zentren und Organisationen wurden zum größten Teil von Pädagoginnen und Pädagogen gegründet und entwickelt, die nach Deutschland eingewandert sind und deren pädagogische Abschlüsse hier häufig nicht anerkannt wurden. Sie haben die Rechtsform des Vereins für sich entdeckt, um ihre Arbeit und Kompetenzen in Zentren der zusätzlichen Bildung und Nachhilfe anzubieten.

Jede ethnische Community schöpft ihr Wissen aus dem ehemaligen Heimatland. Viele russischsprachige Zuwanderer haben ihre pädagogischen und/oder elterlichen Erfahrungen vor der Einwanderung nach Deutschland gesammelt und verfügen über Wissen, das sich aus dem Erziehungs- und Bildungssystem der Herkunftsländer speist. Aus der sowjetischen Erfahrung heraus übernahmen die Vereine die Rolle des Mittlers zwischen Familie und Schule.

Wie viele Kinder und Jugendliche genau von den Aktivitäten der russischsprachigen Migrantenorganisationen erreicht werden, ist nicht bekannt. Das Potenzial ist aber sehr groß. In den letzten drei bis fünf Jahren entstanden neue Organisationen und Vereine, die häufig ähnliche Angebote für die Zielgruppe zur Verfügung stellen. Sie sind „Brückeneinrichtungen" zwischen Familie und Schule oder Kita, die im Idealfall in das Konzept und die Struktur einer konkreten Stadt oder eines Stadtviertels passen sollten. Häufig fehlen den Vereinen die Kooperationsfähigkeiten und möglichkeiten, um mit Bildungs- und Erziehungseinrichtungen und soziopolitischen Gremien zusammenzuarbeiten. Auch eine professionelle Öffentlichkeitsarbeit oder eine interkulturelle Öffnung sind selten möglich.

Heute können die drei folgenden Bereiche als Schwerpunkte der russischsprachigen Organisationen angesehen werden:

- Nachhilfe-, Bildungs-, Kunst-, Sport- und Frühförderungsangebote
- Information, Aufklärung, Beratung und Begleitung von Familien, Eltern, Kindern und Jugendlichen, insbesondere als Interessenvertretung im Umgang mit den Bildungseinrichtungen
- (Teilweise) Orientierung am Arbeitsmarkt und Arbeitsvermittlung.

Das Kultur- und Integrationszentrum PHOENIX-Köln e.V. ist in allen obengenannten Bereichen tätig und bietet den Eltern und Familien folgende Angebote in deutscher und/oder russischer Sprache u.a. in Kooperation mit Erziehungs- und Bildungseinrichtungen an:

- Migrationsberatung für erwachsene Zuwanderer
- Regelmäßige Elterntreffen in Form von Eltern- bzw. Müttercafés zur Gewinnung von Multiplikatorinnen und Multiplikatoren und zur vertieften Information der Eltern im Dschungel des Erziehungs- und Schulsystems

- Elterntrainings, Bildungsseminare und Weiterbildungskurse für Eltern, die sie befähigen, sich selbst und anderen in Fragen der Erziehung und Bildung weiterzuhelfen
- Psychologische und soziale Einzelfallberatung für Eltern
- Interkulturelle themenspezifische Elternabende für ganze Jahrgänge
- Begleitung und Interessenvertretung der Eltern im Umgang mit den Bildungseinrichtungen, u.a. in Konfliktsituationen
- Unterstützung und Professionalisierung von Elterninitiativen und netzwerken, u.a. im Umgang und in der Kooperation mit Erziehungs- und Bildungseinrichtungen

Das PHOENIX-Netzwerk umfasst 40 Organisationen und Zentren der zusätzlichen Bildung, die bundesweit in den Bereichen der Kinder-, Jugend- und Elternarbeit tätig sind. Von diesen 40 gehören 26 Organisationen zu einer Dachorganisation, dem Bundesverband russischsprachiger Eltern e.V., der ihre Interessen nach außen vertritt. PHOENIX-Köln e.V. war Mitgründer dieser Dachorganisation und beteiligte sich aktiv an der Entwicklung des Verbandes und des Managements.

Mehrere Organisationen des bundesweiten Netzwerks haben in den letzten Jahren an verschiedenen Elternprojekten teilgenommen, solchen wie:

- Projekt MIGELO (Migranten-Eltern-Lotsen) mit dem Schwerpunkt „Arbeit mit und für russischsprachige Eltern im Bereich Bildung und Erziehung sowie Professionalisierung der Elternvereine und Initiativen“ in Kooperation mit der Otto Benecke Stiftung e.V.
- Projekt MIGELO Plus (Fortsetzung des Projekts MIGELO aufgrund eines Beschlusses des Deutschen Bundestages von der Beauftragten der Bundesregierung für Migration, Flüchtlinge und Integration Maria Böhmer)
- Projekt „Mehrsprachigkeit als Brücke und Ressource zur Integration in Bildung und Beruf“ mit dem Schwerpunkt „Unterstützung der russischsprachigen Eltern, Erzieherinnen und Erzieher und Grundschullehrkräfte im Umgang mit der bilingualen Entwicklung der Kinder“. Das Projekt wird vom Europäischen Integrationsfond (EIF) gefördert
- Projekt „Bildungs-Brücken: Aufstieg!“ mit der Zielgruppe zugewanderter Mütter und Väter, Alleinerziehender und Familienangehöriger mit Kindern im Alter von 0–12 Jahren in Kooperation mit der Otto Benecke Stiftung e.V.

Auf der lokalen Ebene finden zahlreiche Elternprojekte statt. So wurde in zwei Stadtteilen Kölns - Ostheim und Neubrück –, wo viele russischsprachige Familien leben, das Elternprojekt „KOMPASS“ in den Jahren 2010–2013 erfolgreich durchgeführt. Im Rahmen des durch das Bundesamt für Migration und Flüchtlinge (BAMF) geförderten Projekts wurden regelmäßige Beratungen für russischsprachige Eltern und Schulkinder sowie Elterntreffen mit Informationen und Diskussionen zu allen Fragen der Erziehung, Schule und Ausbildung aufgebaut. Solche Projekte zeigen, dass die Nachfrage seitens der Eltern vor Ort sehr groß ist.

Was kann PHOENIX in diesem Bereich weiterhin tun?

Die Finanzierung der gesamten Arbeit von russischsprachigen Migrantenselbstorganisationen (MSO) findet überwiegend durch Elternbeiträge statt. Allerdings sind die Hälfte ihrer Mitglieder benachteiligte Familien, die Beiträge und insbesondere deren Erhöhung bei Wegfall von Drittmitteln nicht bewältigen können. Die Qualität der Aktivitäten von Migrantenorganisationen hängt von ihrer Fähigkeit zur Professionalisierung ihrer Arbeit ab. Der vielfach bestehende Professionalisierungsmangel könnte vor allem durch Strukturförderung überwunden werden. Wenn die Förderungsprobleme, z.B. durch institutionelle Förderung, gelöst werden können, ist es möglich, die Professionalisierung weiter voranzutreiben. Das Angebotsspektrum würde noch vielfältiger, weil die Finanzierung nicht von den Elternbeiträgen abhängig wäre. Eine fundierte Arbeitsbasis ist bereits vorhanden, aber für die weitere Entwicklung ist es zentral, die Kontinuität der Arbeit zu sichern, bspw. durch länger laufende Projekte.

Die Kooperationen mit Kitas und Schulen sollten durch Partnerschaften auf Augenhöhe und auf ein prinzipiell neues Niveau ansteigen. Das Thema der bilingualen Bildungseinrichtungen, vor allem im vorschulischen Bereich, wurde von Migrantenorganisationen mit ausgearbeitet und ins Leben gerufen. Auf diese Weise initiierten einige Migrantenorganisationen bundesweit bilinguale Konzepte für Mutter-Kind-Gruppen und Kitas. Solche Angebote und Einrichtungen ermöglichen die weitere professionelle Entwicklung der Vereine und ihrer pädagogischen Mitarbeiterinnen und Mitarbeiter.

Für die Akquise von Dozentinnen, Dozenten, Referentinnen und Referenten, die mit den Eltern Informationsangebote durchführen, z.B. im Rahmen der Elternveranstaltungen, sind Migrantenorganisationen auf die Finanzierung aus unterschiedlichen Projekten und häufig kurzfristigen Initiativen angewiesen. Dies betrifft auch die Gestaltung und Organisation der Elternforen. Die Ausbildung und Qualifizierung der Mitarbeiterinnen und Mitarbeiter in unterschiedlichen Bereichen der Erziehung und Bildung sowie die Anerkennung dieser Qualifikationen könnten die Nachhaltigkeit der Projekte im Bereich der Elternarbeit sichern und den Nachwuchs, bspw. von mehrsprachigen Fachleuten, sicherstellen.

Warum wird PHOENIX für die Bildungsarbeit gebraucht?

Viele Eltern mit Migrationshintergrund sehen die Bildung als einzige Möglichkeit für den Erfolg und den sozialen Aufstieg ihrer Kinder. Dadurch werden die Leistungsansprüche an die Kinder sehr hoch gestellt. Russischsprachige Eltern sind hierbei keine Ausnahme. In der Mentalität und in den Vorstellungen der Menschen aus den ehemaligen Sowjetländern hat sich die Untrennbarkeit des Bildungserfolgs von hoher Leistungs- und Zielorientierung gefestigt.

Die Grundstrukturen des Erziehungs- und Bildungssystems und des Arbeitslebens gestalteten sich in den Heimatländern der Eltern mit Migrationshintergrund vollkommen anders als in Deutschland. Aufgrund der mangelhaften Kenntnisse über das hiesige Bildungssystem sind sie häufig nicht dazu in der Lage, ihre Kinder optimal zu begleiten. Sie benötigen Informationen über Schulunterricht und Fördermöglichkeiten sowie über inhaltliche und organisatorische Besonderheiten der deutschen Erziehungs- und Bildungseinrichtungen. Dadurch können die Eltern in die Lage versetzt werden, ihre Kinder ohne zu hohen Leistungsdruck zu unterstützen.

Eltern über die Primar-, Sekundar- und Hochschule, über den vorschulischen Bereich sowie über eine professionelle Anleitung zu informieren, ist die grundsätzliche Voraussetzung für den Bildungserfolg der Kinder. Die Aufklärungsarbeit sollte weiterhin in diesem Bereich entwickelt und gefördert werden. Allerdings haben die Migrantenorganisationen die Rolle des Vermittlers zwischen den Eltern und den Bildungseinrichtungen in gewissem Maße bereits übernommen.

Verband der Islamischen Kulturzentren (VIKZ)

Sait Başkaya

Was leistet der VIKZ für Eltern?

Die Angebote des VIKZ orientieren sich immer am Bedarf der Gemeindemitglieder und damit an dem der Familien mit überwiegend türkischem Migrationshintergrund. Der VIKZ bietet einerseits religiöse Dienste an und ist Ansprechpartner was die allumfassende Religionsausübung wie Gebet, Religionsunterricht usw. angeht. Andererseits liegt ein wichtiger Schwerpunkt des Verbandes in der Bildungs- und Jugendarbeit. Auf diesem Gebiet engagiert sich der Verband in der schulischen Förderung und bietet verstärkt Hausaufgabenbetreuung, Nachhilfe und auch Förderunterricht an.

Die Expertise und die Erfahrungen aus dem Projekt PARTIMO, das der Verband gemeinsam mit der OBS durchgeführt hat, fließen schrittweise in die Bildungsarbeit in den Gemeinden ein.

Durch derartige Angebote für Schülerinnen und Schüler ist ein Kontakt mit den Eltern vorhanden. Sie nehmen an Infoabenden bzw. Elternabenden teil, um sich besser über die Bildungschancen ihrer Kinder und Jugendlichen zu informieren. Eltern können dort auch Hilfe bei schulischen Problemen in Anspruch nehmen. Diese „hausinternen" Elternabende sollen die Eltern zur Partizipation in schulischen Belangen ihrer Kinder motivieren. Gemeindemitglieder (auch Eltern von Kindern, die keine Angebote in der Gemeinde wahrnehmen) können bei Problemen mit Bildungseinrichtungen oder Korrespondenz mit Ämtern jederzeit Rat suchen. Hier sollte auch darauf aufmerksam gemacht werden, dass der VIKZ nicht nur zu Eltern Kontakt hat, welche Kinder im Schulalter haben, sondern auch zu Eltern, deren Kinder in der vorschulischen Phase sind. Diese kontaktieren den VIKZ in Belangen der Kita- und Grundschulwahl.

Mittlerweile ist die Gemeinde auch zu einem Ort geworden, an dem Jugendliche ihre Freizeit verbringen und verstärkt ihr soziales Umfeld aufbauen.

Was kann der VIKZ in diesem Bereich weiterhin tun?

Der VIKZ ist Dachverband von bundesweit ca. 300 Gemeinden. Durch das Know-how aus dem Projekt „Bildungs-Brücken: Aufstieg!" besteht für den VIKZ die Möglichkeit, dieses Wissen in seinen Gemeinden zu verbreiten und äquivalente Programme und Angebote für Eltern zu etablieren.

Hierbei sind einerseits Angebote – äquivalent zu den Elternforen im Projekt – denkbar, die Mitgliedern unterbreitet werden und diese zur Teilnahme einladen. Andererseits kann mit dieser angeeigneten Expertise eigenes Personal auf die speziellen Hilfestellungen hin geschult werden.

Es ist vorstellbar, dass durch die Zusammenarbeit mehrerer Migrantenorganisationen im Netzwerk des Projektes und darüber hinaus die Kluft zwischen hohen Bildungserwartungen der Eltern mit Migrationshintergrund und dem geringen Bildungserfolg der Kinder verringert werden kann.

Wie in vielen Bereichen bedarf es auch für die oben genannten Aufgaben finanzieller und personeller Ressourcen. Hier könnte eine bessere Ausstattung der Migrantenorganisationen für Bildungsaufgaben Abhilfe schaffen und eine Professionalisierung der Mitarbeiter und Mitarbeiterinnen in den Organisationen in Bezug auf diese Thematik erreicht werden.

Von besonderer Bedeutung ist die Schaffung von Voraussetzungen für eine verstärkte Kooperation zwischen öffentlichen Bildungseinrichtungen und Migrantenorganisationen. Die öffentlichen Bildungseinrichtungen wollen Eltern mit Migrationshintergrund erreichen und streben an, mit ihnen enger zusammenzuarbeiten. Die Migrantenorganisationen vor Ort können hierbei eine Brückenfunktion übernehmen und einen besseren Kontakt zwischen Eltern und öffentlichen Bildungseinrichtungen gewährleisten.

Durch Kooperationen der öffentlichen Bildungseinrichtungen mit den Migrantenorganisationen und ihren Strukturen, wie vor allem mit den Gemeinden vor Ort, könnte eine stetige Kontaktbindung zwischen den öffentlichen Bildungseinrichtungen und den Elterngruppen gewährleistet werden.

Warum wird der VIKZ für die Bildungsarbeit gebraucht?

Der VIKZ als Migrantenorganisation kann bei bestimmten Themen oder Bereichen als „objektiver" Vermittler zwischen Kindern und Eltern agieren. Oftmals können die Mitarbeiter und Mitarbeiterinnen in den Gemeinden die Bildungssituation der Schülerinnen und Schüler aufgrund ihrer Erfahrung besser einschätzen als es die Eltern der Kinder vermögen.

Wenn die Vorstellungen der Eltern von der Leistungsfähigkeit und den Kompetenzen des Kindes und die Bewertungen der Bildungseinrichtungen deutlich voneinander abweichen, können durch die Nachhilfe oder den Förderunterricht in kleinen Gruppen und damit auf Grundlage einer intensiven Beschäftigung mit dem einzelnen Kind zusätzliche Kenntnisse gewonnen werden. Die Erwartungen der Eltern müssen in manchen Fällen an das Potenzial des Kindes angepasst und korrigiert werden. In anderen Fällen muss der Bildungseinrichtung vermittelt werden, dass das Kind weitaus leistungsfähiger ist als es sich im Unterricht darstellt. Das in der Nachhilfe oder dem Förderunterricht eingesetzte Betreuungspersonal findet zudem eher einen Ansatz, um Eltern adäquat zu beraten, ohne dass es zu Vertrauensverlusten kommt.

Falls Kinder Bedarf an Angeboten haben, die für einige Familien nicht zu bezahlen sind, können diese bei einem Teil der Migrantenorganisationen „kostenlose" Unterstützung oder eventuell Hilfen zum Selbstkostenpreis erhalten. Dieses wird durch einen relativ hohen Anteil an ehrenamtlich Tätigen möglich.

Deutsch-Marokkanisches Kompetenzennetzwerk e.V. (DMK)

Rabia Daoudi

Was leistet das DMK für Eltern?

Die Akteure des DMK nehmen die Aufgabe von Botschaftern zweier Kulturen wahr. Zum einen leistet das DMK Entwicklungsarbeit für Marokko und zum anderen Integrationsarbeit für die hier lebenden Marokkaner. Gerade in der Information, Beratung und Interessenvertretung von Eltern mit marokkanischem Migrationshintergrund hat sich das DMK in den letzten zwei Jahren besonders engagiert. So wurde in Kooperation mit Oum el Banine e.V. das Jugendmentoring-Projekt ins Leben gerufen, welches in erster Linie marokkanische Jugendliche auf den Übergang von der Schule ins Berufsleben vorbereitet. Ziel des Projektes war es, ein Netzwerk von individuellen Patenschaften und Kooperationen aus Mentorinnen und Mentoren mit Migrationshintergrund zu schaffen, die dazu beitragen, dass Jugendliche frühzeitig – also noch während der allgemeinbildenden Schulzeit – hinsichtlich ihrer Berufsorientierung gefördert und beraten werden. Das Mentoring Projekt basiert auf der Zusammenarbeit mehrerer Partner, die für den schulischen und beruflichen Werdegang des Jugendlichen eine Rolle spielen: Familien, Schulen, Kultur-, Sport- und Moscheevereine, Berufsberatungsstellen- und Migrantenunternehmen. Die Eltern wurden von Anfang an einbezogen. Sie wurden beraten, motiviert und unterstützt, um sich für die berufliche Entwicklung ihrer Kinder einzusetzen.

Ein weiteres Projekt widmet sich dem Bereich der Hausaufgabenhilfe und des Förderunterrichtes für Schüler und Schülerinnen mit marokkanischem Hintergrund ab der dritten Klasse. Es wurde im März 2012 in Nordrhein-Westfalen und in Hessen entwickelt und sieht es als Ziel an, Schüler und Schülerinnen bei der Ausführung der Hausaufgaben zu unterstützen und darüber hinaus eine individuelle Förderung und Unterstützung bei solchen Lerninhalten anzubieten, die ihnen Schwierigkeiten bereiten. Das Projekt wird in Hessen in Kooperation mit dem Islamischen-Sozialdienst-Deutschland e.V. durchgeführt. Von diesem Angebot profitieren Schüler und Schülerinnen, die Probleme in der Schule haben oder sogar vom Wiederholen einer Klasse oder vom Schulwechsel bedroht sind. Alle diese Kinder stammen aus Familien, die bildungsfern sind oder denen hinreichendes Wissen über das deutsche Bildungssystem fehlt. Im Rahmen dieses Projektes besteht die Möglichkeit, Eltern zu beraten und zu informieren. Die Zeit vor oder nach der Hausaufgabenhilfe nutzen die Eltern, um offene Fragen im Umgang mit den Bildungseinrichtungen zu besprechen. Elternabende bieten den Eltern darüber hinaus die Möglichkeit, sich über die Fortschritte ihrer Kinder zu informieren und sich mit den Betreuern und Betreuerinnen über mögliche Entwicklungen der Kinder in der Schule auszutauschen.

Was kann das DMK in diesem Bereich weiterhin tun?

Das DMK könnte seine Information und Beratung der Eltern qualitativ und quantitativ ausbauen, etwa in Form von Workshops, Informationsveranstaltungen oder in Angeboten für eine individuellere Beratung der Familien. Für eine solche Erweiterung oder Verbesserung des Aufgabenspektrums steht zwar eine genügende Zahl kompetenter Fachkräfte zur Verfügung, aber es ist notwendig, die erforderlichen räumlichen und organisatorischen Rahmenbedingungen zu schaffen. Die Gestaltung und Durchführung der Informationsveranstaltungen und Beratungsstunden sollte fachmännisch organisiert werden, wozu es einer zusätzlichen Finanzierung bedarf. Auf der Ebene der Elternforen muss die Akquise der Eltern sowie die inhaltliche und pädagogische Planung der Elternbildung durch qualifiziertes Personal vorgenommen werden, um ein zielgruppenorientiertes Angebot zu sichern. Außerdem sollten Eltern intensiver bei der Wahrnehmung von Aufgaben in den Bildungseinrichtungen unterstützt werden.

Das DMK als Kooperations- oder Ansprechpartner kann die Kontinuität der Unterstützung sichern. Eine kontinuierliche Qualifizierung von Moderatoren und Moderatorinnen in den Bereichen der Erziehung und Bildung sichert die Nachhaltigkeit der Elternarbeit sowie die Anerkennung seitens der Bildungseinrichtungen und der Eltern selbst.

Warum werden Migrantenorganisationen wie das DMK gebraucht?

Gerade in der Zusammenarbeit mit Familien mit Migrationshintergrund besteht ein hoher Bedarf an unterstützendem Einfluss durch die Migrantenorganisationen, da diese eine Mittlerfunktion zwischen den Bildungseinrichtungen auf der einen und Eltern und den Kindern auf der anderen Seite einnehmen. Diese Funktion können die Mitarbeiter und Mitarbeiterinnen in den Bildungseinrichtungen nicht wahrnehmen, schon allein deswegen nicht, weil sprachliche Barrieren bestehen. Hier haben die Migrantenorganisationen die Aufgabe, durch Information, Beratung, aber auch Aufklärung daran mitzuwirken, dass ein Gleichgewicht zwischen dem hohen Leistungsanspruch der Familien und den von den Kindern erbrachten Leistungen hergestellt wird und die Nöte der Eltern verringert werden. Dieses ist möglich, weil dem DMK seitens der Eltern mit marokkanischem Migrationshintergrund Vertrauen entgegen gebracht wird.

Wichtige Aufgaben sind dabei:

- die Erläuterung der Strukturen des Bildungssystems in Deutschland sowie der Erziehungsvorstellungen wie sie in der deutschen Gesellschaft und in der Schule vertreten werden;
- die Aufklärung über Fördermöglichkeiten in Schulen und kommunalen Einrichtungen sowie in anderen Organisationen, wie z.B. Kultur- und Sportvereinen;
- den Familien Angebote für Eltern und Kinder nahezubringen, die die Eltern-Kind-Beziehungen stärken. Eltern lernen dadurch, ihr Kind ganzheitlich zu verstehen und ihre eigene Rolle als Eltern besser wahrnehmen zu können.

Darüber hinaus erwerben Eltern Wissen und Kompetenzen, wie sie die Defizite und Stärken ihres Kindes besser einschätzen können. Dadurch schaffen sie es, ihre Kinder besser in ihrer Bildungslaufbahn zu begleiten und ihre Förderung an die Fähigkeiten und Bedürfnisse des Kindes anzupassen.

Föderation Türkischer Elternvereine in Deutschland (FÖTED)

Tülay Usta

Was leistet FÖTED für Eltern?

1995 gründeten türkische Elternvereine aus verschiedenen Bundesländern die Föderation Türkischer Elternvereine in Deutschland (FÖTED). Seitdem sind mehr als 80 lokale, regionale und landesweit organisierte Elternvereine Mitglied geworden.

Die Arbeit der FÖTED zielt darauf ab, die Chancen türkischstämmiger Kinder im Erziehungs- und Bildungsbereich zu verbessern und ihren Eltern eine Stimme zu geben. Die Föderation handelt überparteilich, bundesweit und ist religiös ungebunden. Die föderalistische Struktur im deutschen Bildungssystem veranlasste die FÖTED, schrittweise Landesverbände einzurichten. Diese beteiligen sich länderspezifisch an Diskussionen, z.B. im Hinblick auf die Entwicklung von Kindertagesstätten und Schulen. Der direkte Kontakt zu den Eltern wird über Elternvereine organisiert, die sich in den Städten und Landkreisen gegründet haben.

Die FÖTED bietet den Mitgliedsorganisationen Beratung sowie verschiedene Veranstaltungsprogramme an, damit diese ihre jeweiligen Mitglieder und Eltern motivieren können, sich vor Ort zu beteiligen und bei Problemlösungen aktiv mitzuwirken. Dieses erweist sich als notwendig, weil ein großer Teil der Eltern nach wie vor keine ausreichenden Informationen über das deutsche Gesellschafts- und Bildungssystem besitzt, mit denen sie ihre Kinder unterstützen und sich selbst mit einer eigenen Meinung und aktiven Haltung an Diskussionen in Kindertagesstätte oder Schule beteiligen können. Eltern erhalten über die FÖTED oder ihre lokalen, regionalen Elternvereine sowie die Landesverbände Unterstützung bei schwierigen Erziehungsfragen. Besonderen Wert legen die Mitgliederorganisationen auf ein breites Hilfeangebot, das Eltern vor Ort erreicht. Dieses bundesweite Hilfeangebot wird regelmäßig in der Föderation diskutiert und wo immer möglich dem Bedarf an Unterstützung angepasst und methodisch weiterentwickelt.

Beispielhafte Vor-Ort-Projekte sind:

- In Hannover und Berlin: Die Projektmitarbeiter und Ehrenamtlichen von „Bildungs-Brücken" suchen Eltern vor Ort auf und sprechen sie direkt und gezielt an, z.B. in Bildungseinrichtungen oder Nachbarschafts- und Stadtteilläden.
- In Berlin und Brandenburg: „Veli Aktif" – Türkische Eltern gehen in die Schule. Treff, Beratungs- und Kommunikationszentrum für türkische Eltern und Schülerinnen und Schüler des Türkischen Elternvereins in Berlin-Brandenburg (TEVBB). In diesem Projekt werden an Grund- und Oberschulen Eltern und das pädagogische Personal beraten, um die Zusammenarbeit zwischen Elternhaus und Schule zu fördern. Eltern sollen auch motiviert werden, sich aktiv an der Elternvertreterwahl zu beteiligen. In den Elterncafés wie in Elternberatungsstunden der Schulen stehen Beraterinnen und Berater des TEVBB für Eltern und Pädagogen ein- bis zweimal pro Woche zur Verfügung. 24 Beratungsmodule, die gemeinsam mit Eltern und Einrichtungen entwickelt worden sind, bilden die Grundlage der Arbeit. Die Module berücksichtigen unterschiedliche Schularten, nehmen thematisch jährlich wiederkehrende Schultermine auf und berücksichtigen auch die Zusammenarbeit unterschiedlicher Kulturen in einer Einrichtung. Die Schule, schulische Gremien oder Gruppen von Eltern können Themen auch in Informationsveranstaltungen oder Seminaren behandeln.

- In Nordrhein-Westfalen: Eltern können in der Elternakademie Fortbildungsangebote in türkischer Sprache nutzen. Die Themen reichen von „Das Bildungssystem in NRW" über „Gesunde Ernährung" bis zur „Medienerziehung von Kindern und Jugendlichen".
- Weitere Angebote in verschiedenen Bundesländern: Vor allem im schulischen Bereich werden regelmäßig Beratungen angeboten und Eltern fortgebildet: Wie können sie mit der Schule zusammenarbeiten? Wie können sie die schulischen Leistungen ihrer Kinder fördern? Viele FÖTED-Mitglieder – wie z.B. der Mitgliedverband „Einwandererbund e.V." (EWB) in Schleswig-Holstein – bieten auch für Kinder und Jugendliche Begleitungs-, Betreuungs-, und Freizeitprogramme an.
- Zusammenarbeit zwischen Bildungseinrichtungen und Eltern: Entscheidend für Erfolg und Chancen der Kinder ist es aus Sicht der FÖTED, dass gerade die Zusammenarbeit zwischen Elternhaus und Bildungseinrichtung gestärkt wird. Einige Landesverbände kooperieren daher direkt mit Einrichtungen – mit wachsendem Erfolg. Ambitionierte Eltern werden auf ihre Rolle als Elternvertretung vorbereitet und Eltern lernen, sich an der Gremienarbeit zu beteiligen. Oft werden an einer Einrichtung alle über einen gemeinsamen Studientag angesprochen. Eltern und pädagogisches Personal arbeiten in Workshops an einem Thema, z.B. wie eine kultursensible Elternarbeit gemeinsam entwickelt werden kann.

Was kann die FÖTED in Zukunft tun?

Die Ziele der FÖTED und ihrer Mitgliedsorganisation sind auch in Zukunft
- die elterlichen Kompetenzen zu stärken,
- die Elternarbeit vor Ort und die Elternvertretungen zu unterstützen
- und so die Zusammenarbeit zwischen Elternhaus und Bildungseinrichtungen im Interesse der Kinder zu fördern.

Die damit verbundenen Aufgaben sind nur durch langfristige Aktivitäten in Kooperation mit verschiedenen Partnern vor Ort zu erreichen. Dies ist nicht immer leicht, denn die Arbeit in den Mitgliedsorganisationen ist überwiegend ehrenamtlich oder wird über befristete Projekte abgesichert. Dies erschwert oft den „langen Atem", den Elternarbeit nun einmal erfordert. Eltern wachsen gewissermaßen aus ihrer Einrichtung heraus. Jede Elterngeneration erfordert einen gewissen „Neustart". Bildungseinrichtungen sind aber vor allem an langfristigen Partnerschaften und Kooperationen interessiert. Dem versucht die FÖTED vor allem durch niederschwellige Angebote der Elternbildung – oft in Kooperation mit Partnern – zu begegnen. „Niederschwelligkeit" bedeutet für die Arbeit vor allem, möglichst alle Faktoren zu beseitigen oder wenigsten zu minimieren, die Eltern den Zugang zu Information, Meinungsbildung und Partizipation erschweren.

Prinzipien dieser niederschwelligen Arbeit sind:
- Verortung im unmittelbaren Lebensumfeld der Familie,
- Offenheit für alle (statt restriktiver Teilnahmevorgaben),
- Kostenfreiheit für die Teilnehmer und Teilnehmerinnen,
- Bedarfsorientierung und Flexibilität bei der Wahl der Themen.

Auf dieser Basis wird die Zusammenarbeit mit Partnern organisiert. Ressourcen können in Partnerschaften zusammengelegt und Ziele gemeinsam realisiert werden.

Warum wird die FÖTED in der Elternbildung gebraucht?

Eine der Zielsetzungen der FÖTED ist es, die Selbsthilfekompetenz der Eltern mit Migrationshintergrund zu fordern *und* zu fördern. Dies ist eine generationenübergreifende Aufgabenstellung. In der Öffentlichkeit wurde Eltern mit Migrationshintergrund in den letzten Jahren das schlechte Abschneiden ihrer Kinder bei schulischen Leistungen oft als persönliches Versagen vorgeworfen. Bildung und Erziehung haben aber einen hohen Stellenwert in den meisten Familien. Insbesondere bildungsambitionierte Eltern haben häufig große Erwartungen an den Bildungserfolg. In den Bildungseinrichtungen finden Eltern oft nicht die erwartete Hilfe und Unterstützung. Als Migrantenorganisation nutzt die FÖTED den Vorteil des leichteren Zugangs zu ihren Zielgruppen. Die Hemmschwelle, Hilfe und Rat entgegenzunehmen, ist meistens um einiges niedriger, wenn das Angebot von einer Migrantenorganisation kommt. Eltern fühlen sich verstanden, denn sie können sich in ihrer Herkunftssprache gerade bei schwierigen oder emotionalen Themen der Erziehung besser ausdrücken. Dies betrifft auch Eltern, die in der deutschen Sprache sehr gute Kompetenzen besitzen.

Eltern können ihren Kindern nur Orientierung für ihren Bildungsweg vermitteln, wenn sie selbst eine Orientierung haben. Nach wie vor stehen Familien mit Migrationshintergrund vor besonderen Herausforderungen. Sie müssen eine Balance zwischen der Bewahrung ihrer Herkunftskultur und den Anforderungen der Mehrheitsgesellschaft finden. Diese Balance muss immer wieder neu hergestellt werden. Hier setzt die FÖTED mit ihrer Elternbildung an und stärkt mit unterschiedlichen Angeboten die Erziehungskompetenzen von Eltern mit Migrationshintergrund.

2. Stellenwert des Modellprojekts „Bildungs-Brücken: Aufstieg!" im Rahmen der Bildung für Migranteneltern

Ursula Boos-Nünning/Eberhard Diepgen

2.1 Die Zusammenarbeit mit Familien mit Migrationshintergrund – kein neues aber ein neu akzentuiertes Thema

Die Betonung der Notwendigkeit einer Zusammenarbeit mit Familien mit Migrationshintergrund ist keineswegs neu. Es wurde und wird in wissenschaftlichen Arbeiten und in Praxisberichten auf die Bedeutung der Zusammenarbeit von Bildungseinrichtigungen mit Eltern mit Migrationshintergrund hingewiesen, wobei ähnliche Probleme der sogenannten „bildungsfernen" Familien ohne Migrationshintergrund nicht übersehen werden. Vor dem Hintergrund unterschiedlicher sozialer, regionaler und auch religiöser Sozialisation zeigen sich jedoch mit der verstärkten Einwanderung von Familien und Kindern seit den 70er Jahren des letzten Jahrhunderts besondere Herausforderungen. Vor allem seit der Zunahme der Zahl der Schülerinnen und Schüler mit Migrationshintergrund wird das Thema Familie für diesen Personenkreis unter folgenden erweiterten Gesichtspunkten betrachtet:

- die Bedeutung der Familie für das Lernen und für den Schulerfolg der Kinder;
- die Notwendigkeit, die Familie zu gewinnen, damit die Kinder nicht unterschiedlichen Wertsystemen ausgesetzt sind, also Bildungseinrichtungen und Elternhaus an einem Strang ziehen;
- die Diskussion von Möglichkeiten der interkulturellen Öffnung der Bildungseinrichtung, damit sie der multiethnischen Elternschaft gerecht wird;
- die Schwierigkeiten, Eltern mit Migrationshintergrund oder zumindest bestimmte Gruppen von ihnen zu erreichen.

So entstanden und entstehen eine große Zahl von Projekten und Expertisen, die sich der Frage der Zusammenarbeit mit Eltern mit Migrationshintergrund widmen, manchmal auf bestimmte Altersgruppen (z.B. Kita, Grundschule, Übergang in eine berufliche Ausbildung) konzentriert, manchmal an bestimmten Gruppen wie Familien mit türkischem Migrationshintergrund oder an bestimmten Religionszugehörigkeiten und hier vor allem an muslimischen Familien orientiert. Andere sind an bestimmte Lebenssituationen gebunden, so z.B. an Familien, die in sozial benachteiligten Quartieren leben. Parallel dazu wurde und wird eine ebenso große Zahl von Projekten durchgeführt, die Eltern mit Migrationshintergrund praktisch unterstützen, das Lernen ihrer Kinder zu begleiten und ihre Bildung zu verbessern. Einige Projekte stellen die Vermittlung von Informationen über das Bildungssystem in den Mittelpunkt.

Bei der Vielzahl verschiedener Projekte ist es wenig erstaunlich, dass Vieles versucht und Manches verwirklicht wird. Dennoch wird das Projekt „Bildungsbrücken: Aufstieg!" im Rahmen der „Elternprojekte" einen spezifischen Stellenwert bekommen. Es handelt sich um ein von 2011 bis 2014 durchgeführtes Projekt der Otto Benecke Stiftung in Zusammenarbeit mit

- der Türkisch-Islamischen Anstalt für Religion DITIB e.V.,
- dem Deutsch-Marokkanischen Kompetenzennetzwerk e.V. (DMK),
- der Föderation Türkischer Elternvereine in Deutschland – FÖTED,
- PHOENIX-Köln e.V.,
- dem Verband der Islamischen Kulturzentren (VIKZ).

Es wurde vom Bundesministerium für Familie, Jugend, Senioren und Frauen gefördert.

Durch das im Projekt entwickelte und hier vorgestellte Modulhandbuch wird die Bildung der Eltern mit Migrationshintergrund auf eine neue Basis gestellt. Dies hängt mit den Intentionen, die den Entwicklungen der drei Module zugrunde liegen und mit dem Entstehungsprozess des Handbuchs zusammen. Dabei sind vor allem zu nennen:

1. Die Module und die in ihnen enthaltenen Texte wurden für Eltern mit Migrationshintergrund entwickelt, denen Informationen und Vertrautheiten mit dem Lernen und der Bildung in Deutschland, manchmal auch nur in Teilbereichen, fehlen. Gedacht wird an Eltern mit anderer Muttersprache als der deutschen Sprache, manchmal mit zu geringen Kompetenzen in der deutschen Sprache, um in ein Gespräch mit pädagogischen Kräften in der Kita oder in der Schule einzutreten.
2. Die Module und die einzelnen Ausführungen orientieren sich durchgängig an einem Bild von Eltern mit Migrationshintergrund, die Verantwortung für die Bildung ihres Kindes oder ihrer Kinder übernehmen wollen und können und die über hohe Kompetenzen in diesem Bereich verfügen, denen aber durch das Projekt zusätzliche Kompetenzen und daraus resultierend weitere Handlungsfähigkeit vermittelt werden kann und soll. Das Curriculum (wie auch das gesamte Projekt „Bildungs-Brücken: Aufstieg!") ist auf Teilhabe und Teilnahme der Eltern mit Migrationshintergrund, gestützt durch die Migrantenorganisationen, ausgerichtet.
3. Von Beginn des Projektes „Bildungs-Brücken: Aufstieg!" an war intendiert, die inhaltliche Qualität der Elternforen durch ein Curriculum und darauf aufbauend durch Begleitmaterial zu unterstützen. Dabei konnte nicht auf Material zurückgegriffen werden, das in anderen Projekten entwickelt worden ist. Es lag für die Zielgruppe schwer erreichbarer Eltern mit Migrationshintergrund, vermittelt durch Moderatorinnen und Moderatoren bzw. Referentinnen und Referenten mit gleichem ethnischem Hintergrund, nicht vor. Die Texte wurden in allgemeinverständlicher Sprache, aber einem guten wissenschaftlichen Standard verpflichtet, zielgenau für diese Gruppe von Eltern entwickelt.
4. „Bildungs-Brücken: Aufstieg!" und die aus dem Projekt und in dem Projekt entwickelten Module sowie die Bearbeitung der einzelnen Themenbereiche wurden konsequent aus der Sichtweise und den Bedürfnissen der Eltern heraus entwickelt. Es wurde gefragt, was Eltern mit Migrationshintergrund tun können, um die Lern- und Bildungssituation ihres Kindes zu verbessern. So wurden z.B. die Zusammenarbeit mit den Bildungseinrichtungen und Vorschläge zur Verbesserung der Zusammenarbeit unter der Perspektive formuliert, wie Eltern diese Situation gestalten und verbessern können und was sie von den pädagogischen Fachkräften einfordern können. Eltern wurden als Experten des Bildungsprozesses ihrer Kinder ernst genommen. Auch in der Fortsetzung des Projektes kommt es darauf an, die Eltern stark zu machen, ihre Interessen, die im Einzelnen unterschiedlich sein können, zu erkennen und für sie einzutreten.
5. Eltern mit Migrationshintergrund wünschen und brauchen zur Unterstützung ihres Kindes beim Lernen und in seiner Bildungslaufbahn:
   - erstens Wissen in den Bereichen, in denen sie – sei es aufgrund fehlender Vertrautheit und Erfahrung mit dem deutschen Bildungssystem oder aufgrund unzureichender Einbindung in das lokale oder regionale Umfeld in Deutschland – Wissenslücken besitzen;
   - zweitens Handlungskompetenzen, um den Lern- und Bildungsalltag ihres Kindes gestalten zu können;
   - drittens emotionale Unterstützung, damit sie es schaffen, auch unter schwierigen Umständen ihr Kind in seiner Bildungslaufbahn zu begleiten.

6. In den einzelnen Themenbereichen der Module werden sowohl die inhaltlichen Bedürfnisse der Eltern als auch der Qualifizierungsbedarf berücksichtigt. Die curriculare Entwicklung (Festlegung der Themen) und die organisatorisch-didaktische Struktur wurden durch eine Eingangsbefragung der Bildungsreferentinnen und -referenten sowie der Moderatorinnen und Moderatoren im Rahmen einer Tagung im November 2011 eingeleitet und in den laufenden Befragungen der Eltern mit standardisiertem Instrument fortgeführt. Durch Leitfaden-Interviews von Verbänden, Bildungsreferentinnen und Bildungsreferenten sowie Moderatorinnen und Moderatoren wurde der Prozess abgeschlossen. Unterschieden wurde zwischen den Wünschen und Bedürfnissen der Eltern einerseits, ermittelt durch die Befragungen dieser Gruppe selbst, und andererseits durch Erhebungen bei den pädagogischen Kräften im Projekt und dem Bedarf an Qualifizierung, der sich aus fachlicher Sicht ergab. Durch das gemeinsam entwickelte Curriculum und die Module werden die Bedürfnisse der Eltern aufgegriffen, aber mit dem Ziel der Kompetenzerweiterung verbunden. So gelingt es, das Interesse der Eltern, welches sich zunächst an den unmittelbaren Bedürfnissen des Kindes oder an ihren Erziehungsschwierigkeiten orientierte, auf ein breites Themenspektrum auszurichten.
7. „Bildungs-Brücken: Aufstieg!" war nicht nur bei der Projektdurchführung auf die gleichberechtigte Zusammenarbeit mit den Migrantenorganisationen angewiesen, sondern hat auch die Module mit ihnen gemeinsam erstellt und die Inhalte der einzelnen Themenbereiche mit ihnen diskutiert und u.U. verändert. Aktiv mitgearbeitet haben die Bildungsreferentinnen und -referenten, die – räumlich bei den Verbänden angesiedelt – an allen Schritten beteiligt waren. Sie haben alle Texte gegengelesen und haben sie in die Elternforen eingebracht, aber auch selbst an der Textgestaltung in einigen Bereichen mitgewirkt.

Die Module von „Bildungs-Brücken: Aufstieg!" und die zugehörigen Texte sind für Moderatorinnen und Moderatoren entwickelt und geschrieben worden, die über einen Migrationshintergrund und über zwei- oder mehrsprachige und interkulturelle Kompetenzen sowie über eine gute pädagogische Qualifikation verfügen, die in Deutschland oder im Auswanderungsland erworben sein kann. Die Texte sollen die Moderatorinnen und Moderatoren aus den beteiligten Migrantenverbänden in den behandelten Themenbereichen in den allgemeinen Diskussionsstand einführen und sie darüber hinaus mit den spezifischen Überlegungen, die Familien mit Migrationshintergrund betreffen, vertraut machen.

Es gibt viele Themen, die einheimische deutsche Kinder und ihre Familien und Kinder aus Familien mit Migrationshintergrund in gleicher Weise betreffen und in denen es um gleiche, manchmal auch um gemeinsame Problemlösungen geht. Nicht selten gibt es aber migrationsspezifische Aspekte, entstehend aus Orientierungen, die in den Familien tradiert werden, oder aus spezifischen Konstellationen, wie z.B. Inanspruchnahmebarrieren. Wo es spezifische Wertehaltungen, aber auch Ressourcen, manchmal auch Ängste gibt, müssen sie thematisiert werden. Das wird mit den vorliegenden Materialien versucht. Allerdings sind die Moderatorinnen und Moderatoren aufgerufen, mit ihrer jeweiligen Elterngruppe in den Elternforen stets neu zu erarbeiten, wie die Eltern denken und fühlen und wo sie in Bezug auf die angesprochenen Themenbereiche stehen.

2.2 Weiterbildung statt Beratung und die Rollen der Moderatorinnen und Moderatoren sowie der Migrantenorganisationen

Das Projekt „Bildungs-Brücken: Aufstieg!“ und die hier vorgestellten Module folgen nicht – wie ein Teil der Praxisprojekte für und mit Eltern – dem Ansatz der Beratung der Eltern oder Mütter mit Migrationshintergrund in Bezug auf Erziehung, Lernen und Bildung ihres Kindes, sondern ordnen sich in die Gruppe von Vorhaben ein, die eine Elternbildung anstreben. Eltern sollen durch Elternforen Kompetenzen erwerben, damit sie das leisten können, was das Bildungssystem von ihnen erwartet: Ihr Kind in seinem Lern- und Bildungsprozess über einen längeren Zeitraum zu unterstützen. Väter und Mütter mit Migrationshintergrund erfahren, wie sie den Bildungsort Familie bewusst gestalten können und wie sie ihre Vorstellungen im Interesse der Bildung ihres Kindes in die verschiedenen Bildungseinrichtungen einbringen und mit ihnen kooperieren können.

Vermittelndes Glied zwischen den Eltern und dem Material stellten die Moderatorinnen und Moderatoren dar. Sie sollten nicht nur mit den Modulen und den Themenbereichen vertraut gemacht werden, sondern die Fragestellungen in Schulungen bearbeiten und eine jeweils entsprechende Didaktik und Methodik entwickeln. Das Material soll den Moderatorinnen und Moderatoren Hilfen geben, ihre Einheiten in den Elternforen für ihre jeweilige Gruppe gezielt vorzubereiten.

Das Vorhaben, die familiären Lern- und Bildungsbedingungen benachteiligter Kinder aus Familien mit Migrationshintergrund zu verbessern, kann nur realisiert werden, wenn es gelingt, aus den ethnischen Gemeinschaften pädagogische Fachkräfte zu rekrutieren und diese für die Aufgaben der Bildungsberatung zu professionalisieren. Dieses am Anfang eher implizite Ziel wurde durch die Qualifizierung eines Teils der mitwirkenden Pädagogen und Pädagoginnen in dem Projekt erreicht. Die beteiligten Migrantenorganisationen, aber auch die Kommunen, können auf deutlich erweiterte Kompetenzen einer beachtlichen Zahl von zweisprachigen Pädagoginnen und Pädagogen im Bereich der Elternbildung zurückgreifen.

Das Gesamtpaket der Module kann unter Einbeziehung erwachsenenpädagogischer und methodischer Elemente zu einem Weiterbildungskonzept für Moderatorinnen und Moderatoren (möglichst mit Zertifizierung) aus den Migrantenorganisationen genutzt werden und damit der Professionalisierung der Elternbildung in den Verbänden dienen.

Das Projekt basierte auf einer gleichberechtigten Kommunikation mit den fünf beteiligten Migrantenorganisationen, deren Beschreibung unter Berücksichtigung der Bildungsarbeit in den Verbänden in Kapitel 1 nachzulesen ist. Bedeutsam für eine gleichberechtigte Zusammenarbeit war die Zuordnung der Bildungsreferentinnen und -referenten zu den jeweiligen Verbänden. Für die Entwicklung des Curriculums war deren Mitarbeit unabdingbar. Ihre Unterstützung bei der Erarbeitung der einzelnen Texte der drei Module und ihre Leistungen bei der kritischen Durchsicht sicherten die Qualität der Texte wie auch die Qualität der Anwendung in den Elternforen. Dieses gilt ebenso für die Mitarbeiterinnen und die Mitarbeiter der Otto Benecke Stiftung e.V.

3. Ein Leitfaden zum Umgang mit dem Handbuch

Ursula Boos-Nünning

3.1 Die Ausgangslage

Eltern mit Migrationshintergrund sind für Fragen der Bildung ihrer Kinder motiviert. Frühere und neuere empirische Untersuchungen belegen die hohen Bildungsvorstellungen und die hohen beruflichen Erwartungen sowohl der Eltern als auch der Kinder und Jugendlichen selbst. Dieses gilt für einen großen Teil der Familien. Leistungserwartungen spielen in der Erziehung eine erhebliche Rolle und sind auf schulische Erfolge und das Erreichen einer guten beruflichen Tätigkeit ausgerichtet. Eltern mit Migrationshintergrund wünschen sich entgegen vieler Vorurteile auch für ihre Töchter eine gute Schul- und Berufsausbildung. Vor allem Mütter vermitteln ihren Töchtern die Bedeutung von Bildung und Berufstätigkeit zur Wahrung ihrer Autonomie. Auch neuere Untersuchungen, die Eltern, insbesondere mit türkischem Migrationshintergrund befragten, kommen zu dem Ergebnis, dass Leistungs- und Aufstiegsorientierungen als für die Erziehung der Kinder äußerst bedeutsam angesehen werden.

Die größtenteils sehr hohen Bildungserwartungen in Familien mit Migrationshintergrund schlagen sich in den meisten Fällen aber nicht in schulischen Erfolgen nieder. Weder bei der Wahl der Schulform noch bei den Schulabschlüssen der Kinder sehen Eltern mit Migrationshintergrund ihre Bildungserwartungen realisiert. Migrationsfamilien verfügen oft nicht über die Möglichkeiten, ihre Bildungsansprüche auf den Bildungsgang und Schul- und Ausbildungserfolge anzupassen. Für Deutschland (aber auch für viele andere Vergleichsländer) lassen sich familiäre Bedingungen beschreiben, die dazu führen, dass ein erheblicher Teil der Kinder aus Migrationsfamilien seine Schullaufbahn mit schlechteren Voraussetzungen als einheimisch deutsche Mittelschichtskinder beginnt. So ist belegbar, dass junge Menschen mit Migrationshintergrund häufiger in Familien mit geringem kulturellen (Buchbestand im Haushalt) und sozialen Kapital (die sozialen Netzwerke begrenzen sich häufiger auf die ethnische Eigengruppe) aufwachsen und weniger elterliche Unterstützung bei der Bewältigung der schulischen Anforderungen erfahren. Die Bildungsansprüche der Familien werden zudem nicht begleitet durch konkrete Unterstützungen der Kinder beim Lernen. Mittelschichteltern ohne einen aktuellen Migrationshintergrund fördern hingegen ihre Kinder nicht nur über abstrakte hohe Bildungsorientierungen. Die Bildungslaufbahn von Kindern und Enkelkindern wird durch vielfältige bildungsfördernde Aktivitäten unterstützt. Das zeigt sich vor allem an den Übergängen zwischen den verschiedenen Bildungseinrichtungen. Eltern mit Migrationshintergrund erwarten dagegen, dass Kindertagesstätten und später die Schulen die Lücken in der familialen Sozialisation kompensieren. Das betrifft sowohl Schwächen in der deutschen Sprache als auch die Übergänge im deutschen Bildungssystem.

Die Schule fordert sehr viel: Die erwarteten Unterstützungsleistungen der Eltern umfassen nicht nur die Kontrolle der Kleidung und der Schultasche und die Einbeziehung außerschulischer Bildungsangebote, nicht nur das Sprechen über den Unterricht und Zeit für schulische Belange, sondern darüber hinaus das Wissen um die Anforderungen von Schule in den einzelnen Fächern sowie die Beschaffung von Material (wie Lernspiele), die Organisation von Nachhilfe (bei Bedarf), die Wahl angemessener Schulen. Das Ausmaß an Hilfen und Unterstützungen, die erwartet werden, damit die Schüler und die Schülerinnen im Schulsystem erfolgreich sind, ist in Deutschland hoch.

Insbesondere begleitend zum Gymnasialbesuch, teils aber schon in der Grundschule, glauben manche Eltern, das Vor- und Nachbearbeiten des Lernstoffes leisten zu müssen, und setzen damit auch Standards für das Erwartungsniveau der Lehrkräfte.

Eltern müssen nicht nur für eine generelle Unterstützung ihrer Kinder im Bildungsprozess gewonnen werden – was bei vielen Eltern mit Migrationshintergrund nicht grundsätzlich schwierig ist – sondern auch über das notwendige Wissen verfügen, das für ihr Kind Richtige oder Angemessene zu tun. Für Letzteres brauchen Eltern Wissen über Lernprozesse im Familienbereich und die Möglichkeit, ihr Erziehungshandeln und ihre Erziehungseinstellungen zu reflektieren. Dieses zu erreichen ist besonders wichtig, da der Einfluss der Eltern und der Familien auf den Schulerfolg der Kinder weitaus größer ist als das, was Lehrkräfte und Unterrichtsgestaltung bewirken.

3.2 Das Handbuch

Die Herstellung des vorliegenden Materials im Rahmen des Projektes „Bildungs-Brücken: Aufstieg!" wurde für notwendig erachtet

- als Hilfe zur Qualitätssicherung durch Herbeiführung eines gleichen Wissenstandes und gleicher Kompetenzen der Nutzerinnen und Nutzer;
- als Hilfe zur Einarbeitung neuer Moderatorinnen oder Moderatoren sowie Referentinnen und Referenten in die Themenbereiche;
- als Hilfe zur Professionalisierung der Elternbildung in den fünf Verbänden;
- als Hilfe für andere Migrantenorganisationen oder Migrantenvereine, die sich der Elternbildung widmen wollen.

Modulare Weiterbildung

Die Weiterbildung der Bildungsreferentinnen und -referenten sowie der Moderatorinnen und Moderatoren erfolgt auf der Grundlage eines offenen Curriculums. Offen bedeutet erstens, dass die Zahl von zurzeit drei Modulen bei Bedarf erweitert werden sollte, aber auch zweitens, dass innerhalb der Module thematische Ergänzungen und Ausdifferenzierungen vorgenommen werden können. Drittens können für infrage kommende Themenbereiche Querschnittkategorien wie vor allem das Alter der Kinder, Genderaspekte oder ethnischer bzw. nationaler Migrationshintergrund berücksichtigt werden.

Themenbereiche innerhalb der Module werden als selbstständige Einheiten entwickelt. Daher ist es möglich, je nach Vorwissen, Bedürfnissen oder Interessen der Teilnehmerinnen und Teilnehmer die Reihenfolge der Module oder der Themen zu verändern. Es können Themen weggelassen oder neue Themen hinzugefügt werden.

Modulinhalte

Die Inhalte der drei zunächst festgelegten Module und die ihnen zugeordneten Themenbereiche sind aus einem Gruppeninterview aller Bildungsreferentinnen und Bildungsreferenten der Migrantenorganisationen sowie der Moderatorinnen und Moderatoren, unter Anwesenheit der Leitung und der Mitarbeiterinnen des Projektes und unter Einbeziehung vorhandener Ansätze und Materialien anderer Projekte und der Fachliteratur, entstanden. Es wurden die Themen ausgewählt, die Migrationsfamilien Kompetenzen vermitteln sollen und können, um ihre Kinder im Erziehungs- und Bildungsprozess im familiären Kontext zu unterstützen. Alle Module setzen an den Fähigkeiten der Eltern an und greifen deren Erziehungskompetenzen auf. Gleichzeitig sollen sie Eltern zeigen, in welchen Bereichen sie mehr tun und wo und wie sie neue Fertigkeiten erwerben können, um die Bildungssituation ihrer Kinder zu verbessern. Bildungsreferentinnen und Bildungsreferenten und Moderatorinnen und Moderatoren lernen von den Eltern, wie die Erziehung und das Lernen wahrgenommen, welche Unterstützung gewünscht wird und welche Ressourcen eingebracht werden.

Folgende drei Module wurden entwickelt:
1. Wie kann die Kompetenz von Eltern mit Migrationshintergrund gestärkt werden, ihre Kinder in den zentralen Entwicklungsphasen so zu unterstützen, dass informelles und alltägliches Lernen im familiären Kontext gefördert und vor allem nicht beeinträchtigt wird? In einem eigenen Punkt wird darauf eingegangen, wie Eltern mit Lernschwierigkeiten und Lernstörungen umgehen können und welche Hilfen ihnen zur Verfügung stehen.
2. Was können Eltern mit Migrationshintergrund tun, um das Lernverhalten und die Bildung ihrer Kinder positiv zu beeinflussen und zu unterstützen?
3. Wie können Eltern mit Migrationshintergrund den Umgang mit den Bildungseinrichtungen so gestalten, dass ihre Kinder in den Lernprozessen unterstützt werden?

Schriftliches Begleitmaterial

Für die einzelnen Themenbereiche wurde schriftliches Begleitmaterial entwickelt. Dieses wurde mit den Bildungsreferentinnen und Bildungsreferenten sowie den Moderatorinnen und Moderatoren durchgesprochen, ergänzt oder korrigiert. Es dient als Hilfe zur Vergewisserung und zur Unterstützung. Zur Orientierung sind die Elemente jedes Themas durch die unten aufgeführten Symbole gekennzeichnet.
Das Begleitmaterial enthält zu jedem Themenbereich:
1. einen Basistext im Umfang von acht bis zwölf Seiten;
2. einen bis zwei prägnante und gehaltvolle Fachtexte;
3. didaktische Vorschläge (z.B. Filme, Fallbeispiele, die sich zum Einstieg in das Thema eignen, Leitfäden mit Eingangsfragen, kurze Tests), um Hilfen und Anregungen für die Elternforen zu geben; außerdem werden – wenn möglich – in den Elternforen erprobte (didaktische) Einstiege hinzugefügt;
4. gezielt ausgewählte Quellen (Elternbriefe, Praxisbeispiele) zur Weitergabe an die Eltern;
5. eventuell Literatur zur Vertiefung, insbesondere für die Bildungsreferentinnen und Bildungsreferenten sowie für die Moderatorinnen und Moderatoren.

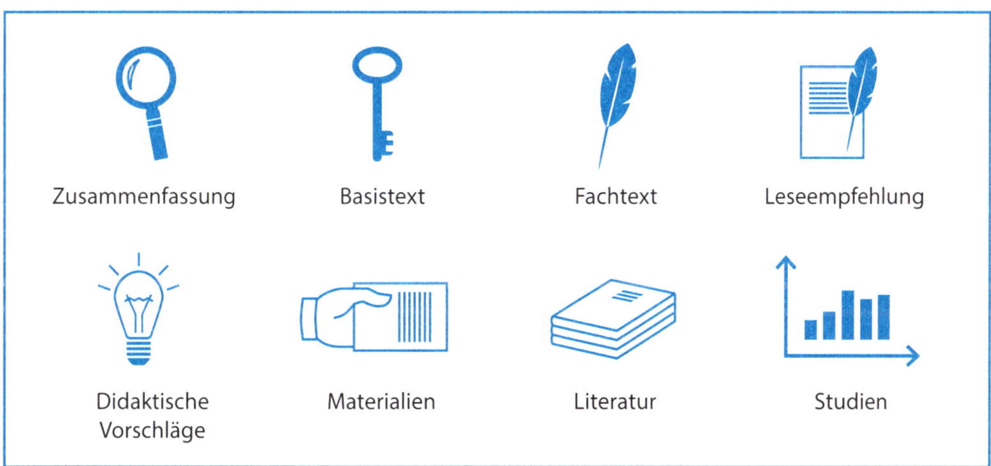

3.3 Die Module und ihre Themenbereiche

Modul 1: Unterstützung der Kinder in zentralen Entwicklungsbereichen

Inhalt des Moduls: Vermittlung von Kompetenzen an Eltern mit Migrationshintergrund, damit sie ihre Kinder in zentralen Entwicklungsbereichen unterstützen können, indem sie sowohl Entwicklungsschwierigkeiten wahrnehmen und Förderung einleiten als auch positive Akzente setzen können. Diese Entwicklungsbereiche werden als wesentlich für die Förderung der Lernfähigkeiten und damit für den Bildungserfolg der Kinder angesehen.

Themenbereiche:
1.1 Voraussetzungen für das Lernen schaffen: Frühkindliche Förderung der Sinne und der kognitiven Entwicklung
1.2 Sprach(en)entwicklung und Zweisprachigkeit
1.3 Vermittlung von Schlüsselqualifikationen
1.4 Entwicklung von Werten und Werthaltungen
1.5 Umgang mit Lernstörungen

Modul 2: Verbesserung der Lernbedingungen für Kinder

Inhalt des Moduls: Vermittlung von Wissen darüber, von welchen Bedingungen Lernprozesse von Kindern in der Familie abhängig sind. Im Schwerpunkt geht es um die Stärkung der Kompetenzen der Eltern, ihre Kinder in ihrem Lernverhalten zu unterstützen.

Themenbereiche:
2.1 Herstellung eines Lernklimas
2.2 Erziehungskompetenzen stärken
2.3 Nutzung familiärer Ressourcen
2.4 Nutzung außerfamiliärer Lernorte
2.5 Medien als Mittel von Erziehung und Bildung

Modul 3: Der Umgang mit den Bildungseinrichtungen

Inhalt des Moduls: Eltern sollen die Möglichkeiten haben, ihre Erfahrungen und ihr Verhältnis zu den Bildungseinrichtungen darzustellen. Diesen Erfahrungen soll die Sichtweise des pädagogischen Personals in den Einrichtungen gegenübergestellt werden. Daraus können Eltern Kenntnisse schöpfen, wie durch eine gelungene Kooperation Bildungslaufbahnen der Kinder unterstützt werden können und wie eine Partizipation von Eltern oder von Elterngruppen möglich ist.

Themenbereiche:
3.1 Bildungseinrichtungen und Bildungswege
3.2 Kooperation von Eltern und Bildungseinrichtungen
3.3 Übergänge allgemein
3.4 Übergänge in die Kita
3.5 Übergänge in die Grundschule
3.6 Übergänge in die weiterführende Schule
3.7 Belastende Übergänge
3.8 Lösungen bei Konflikten
3.9 Einbeziehung von Migrantenorganisationen

Modul 1

Unterstützung der Kinder in zentralen Entwicklungsbereichen

Thema 1: Frühkindliche Förderung der Sinne und der kognitiven Entwicklung

Umut Ali Öksüz

Eltern mit Migrationshintergrund sind interessiert und bestrebt, die Entwicklung ihrer Kinder zu fördern, aber sie verfügen nicht immer über die Kenntnisse und die Mittel, die Sinne und die Wahrnehmung sowie die kognitive Entwicklung ihrer Kinder früh und systematisch zu trainieren. In diesem Beitrag werden mögliche Barrieren einer frühkindlichen Förderung zur Diskussion gestellt und Möglichkeiten von Initiativen im familiären Bereich aufgezeigt.

1.1 Basistext

Die Bedeutung der Kindheit für die Entwicklung der Sinne und der kognitiven Fähigkeiten

Alle Eltern – Eltern mit Migrationshintergrund ebenso wie einheimisch deutsche – sind nicht nur daran interessiert, dass ihr Kind gesund aufwächst, sondern auch daran, dass es sich im Hinblick auf seine kognitiven Fähigkeiten (oft als Intelligenz bezeichnet) positiv entwickelt. Die fünf Sinne des Menschen sind schon bei neugeborenen Kindern mehr oder weniger gut ausgebildet. Sie und die dazu gehörenden Sinnesorgane sind: der Sehsinn (Augen), der Gehörsinn (Ohren), der Geruchssinn (Nase), der Geschmackssinn (Zunge), der Haut- oder Tastsinn (Haut). Hinzu kommt der Muskel- und Stellungssinn, der zusammen mit dem Gleichgewichtssinn die Körperwahrnehmung und Körperbewegung entscheidend beeinflusst. Alle Sinne müssen sich in den ersten Lebensjahren weiterentwickeln und ausdifferenzieren und die Verarbeitung von Reizen durch die Sinnesorgane muss im Gehirn umgesetzt werden. Diese Verknüpfung zu einem sinnvollen Ganzen verschiedener Sinneseindrücke wird als Wahrnehmung bezeichnet. Für die gesunde oder normale Entwicklung des Kindes ist es notwendig, dass die Sinne intakt sind und dass die Koordinierung gelingt. Erst mit der Verarbeitung der Sinneseindrücke im Gehirn wird z.B. ein Bild gesehen oder ein Ton gehört. Für die Entwicklung von Kindern ist es demnach sowohl bedeutsam, dass die Sinnesorgane nicht beeinträchtigt sind, als auch, dass sich die Wahrnehmung (altersgemäß) entwickelt.

Entwicklung der fünf Sinne

Fachwissenschaftlicher Einschub: Entwicklung des Gehirns

Sobald ein Baby auf der Welt ist, kann es sehen, hören und auf Berührungen reagieren. Seine Gehirnentwicklung verläuft in starker Abhängigkeit von der natürlichen, kulturellen und sozialen Umwelt, wie sie zunächst über die Sinne wahrgenommen und später motorisch erkundet wird. Die Nervenzellen des Gehirns, die beim Neugeborenen noch nicht voll ausgebildet und wenig vernetzt sind, entwickeln sich in den ersten drei Lebensjahren in einem rasanten Tempo.

„Die im dritten Lebensjahr erreichte Anzahl von Synapsen bleibt bis zum Ende des ersten Lebensjahrzehnts relativ konstant. *Bis zum Jugendalter wird dann rund die Hälfte der Synapsen wieder abgebaut*, bis die für Erwachsene typische Anzahl von 100 Billionen erreicht wird.

Die Ausbildung von doppelt so vielen Synapsen wie letztlich benötigt ist ein Zeichen für die große *Plastizität* des Gehirns – und die enorme *Lern- und Anpassungsfähigkeit* des Säuglings bzw. Kleinkinds. Das Neugeborene fängt geistig praktisch bei null an: Abgesehen von ein paar angeborenen Verhaltensweisen ist es weitgehend auf Wahrnehmung und Reaktion beschränkt. Die Regionen des Gehirns, die später für komplexe Funktionen wie Sprechen oder Denken zuständig sind, liegen weitgehend brach. Aber das genau ist die große Chance des Menschen: Das Neugeborene ist praktisch für ganz unterschiedliche Kulturen und Milieus offen – für einen Indianerstamm, bestehend aus Jägern und Sammlern in den Tiefen der Dschungel Brasiliens, für eine Bauern- und Hirtengemeinschaft in Westafrika oder Ostasien. Die Überproduktion von Synapsen in den ersten wenigen Lebensjahren ermöglicht das schnelle Erlernen ganz unterschiedlicher Verhaltensweisen, Sprachen, Lebensstile usw.

Ein großer Teil der weiteren Gehirnentwicklung bei Kindern besteht dann darin, die für ihre Lebenswelt nicht relevanten Synapsen abzubauen und die benötigten Bahnen zwischen Neuronen zu intensivieren. So bestimmt letztlich die Umwelt – das in ihr Erfahrene, Gelernte, Erlebte, Aufgenommene – zu einem großen Teil die Struktur des Gehirns."[1]

Werden Intelligenz und Fähigkeiten vererbt?

Säuglinge und Kleinkinder können Entwicklungsangebote gut annehmen, wenn sie starke Bindungen in der Familie erfahren. Die frühe Eltern-Kind-Interaktion (oder die Interaktion des Kindes mit anderen Bezugspersonen), die durch enge affektive Beziehung geprägt ist, fördert auch die kognitive Entwicklung des Kindes.[2] Untersuchungen zeigen, dass „Säuglinge fähig sind, schon im ersten Lebensjahr sehr schnell Informationen aus der Umwelt zu nutzen […] Die Gehirnstrukturen werden bereits in den ersten Lebensmonaten durch erfahrungsabhängige Lernprozesse angereichert und differenziert."[3] Eltern fragen häufig, ob die Intelligenz und die Fähigkeiten des Kindes vererbt sind und ob daher die Entwicklung vorgegeben ist oder ob sie zu einer Verbesserung der Fähigkeiten beitragen können. Es gibt zwar einen genetischen Faktor, aber die Entwicklung des Kindes ist keineswegs festgelegt: Sie resultiert aus einer kausal nicht trennbaren Interaktion genetischer Dispositionen und Umwelterfahrungen.[4] Erbanlagen als Prädispositionen werden durch Umweltanregungen, z.B. durch Lernen verändert, insbesondere in der frühen Kindheit.

Die ersten Lebensjahre haben eine besonders große Bedeutung für die Entwicklung eines Kindes und daher einen größeren Einfluss auf dessen weiteren Lebenslauf als spätere Lebensphasen: Das Kind entwickelt in der frühen Kindheit seine Bewegungsfähigkeit, lernt zu sprechen, baut seine kognitiven Fähigkeiten aus und ebenso seine sozialen

1 Zitiert nach: Textor, Martin R. (2010, überarbeitet): Gehirnentwicklung im Kleinkindalter – Konsequenzen für die frühkindliche Bildung. In: Textor, Martin R. (Hrsg.): Kindergartenpädagogik-Online-Handbuch; http://www.kindergartenpaedagogik.de/779.html [Zugriff am 12.11.2014].

2 Zitiert nach: Meier-Gräwe, Uta (2014): Lebensbedingungen von Kleinkindern in Deutschland. In: Frühe Kindheit 05/2014, S. 10. Siehe auch: Melhuish, Edward (2013): Die frühkindliche Umgebung: Langfristige Wirkungen frühkindlicher Bildung und Erziehung. In: Kompetenzteam Wissenschaft des Bundesprogramms „Elternchance ist Kinderchance"; Correll, Lena/Lepperhoff, Julia (Hrsg.): Frühe Bildung in der Familie. Perspektiven der Familienbildung. Weinheim und Basel, S. 209–222.

3 A.a.O., S. 10

4 Siehe dazu: Deutsche Akademie der Naturforscher Leopoldina e.V. – Nationale Akademie der Wissenschaften (Hrsg.) (2014): Frühkindliche Sozialisation, biologische, psychologische, linguistische, soziologische und ökonomische Perspektiven. Berlin, S. 22; http://www.akademienunion.de/files/_Stellungnahme_Leopoldina/2014_Stellungnahme_Sozialisation.pdf [Zugriff am 12.11.2014].

Kompetenzen. Eine große Zahl an Untersuchungen belegt Unterschiede zwischen Schülerinnen und Schülern mit Migrationshintergrund und einheimisch deutschen nicht nur in Bezug auf den Schulerfolg, sondern auch in Bezug auf für die Schule relevante Kompetenzen. Die meisten Erhebungen werden bei Kindern und Jugendlichen im Grundschulalter oder in einem Alter, in dem die Sekundarstufe I besucht wird, durchgeführt.[5] Die wenigen Untersuchungen, die jüngere Kinder einbeziehen, belegen deutliche Differenzen schon im Vorschulalter. Stets schneiden Kinder mit Migrationshintergrund, häufig nur untersucht bei Kindern mit türkischem Hintergrund, deutlich schlechter ab als einheimisch deutsche Kinder.[6] Wenn solche Differenzen erfasst werden, werden nicht nur Unterschiede in den Kompetenzen in der deutschen Sprache, sondern auch in den Bereichen der Kognition und der Wahrnehmung bei drei- bis vierjährigen Kindern festgestellt – auch hier stets mit einem deutlich schlechteren Abschneiden der Kinder mit Migrationshintergrund, vor allem bei Kindern mit türkischem Hintergrund. Demnach lassen sich deutliche Entwicklungsnachteile schon in dieser Altersgruppe bei einem Teil der Kinder belegen. Sie werden durch die niedrigere sozioökonomische Herkunft und durch geringere von den Eltern getätigte Investitionen in das häusliche Umfeld erklärt. Allerdings muss berücksichtigt werden, dass viele Aussagen auf spontanen und wissenschaftlich nicht belegten Vergleichen von einheimisch deutschen Familien und Familien mit Migrationshintergrund beruhen. Insbesondere solche Aussagen, die auf den Einsatz der Eltern in Bezug auf die Förderung der Kinder eingehen, beziehen sich auf Familien in unterschiedlichen sozialen Situationen. Das Bild von Familien mit Migrationshintergrund entsteht durch den Blick auf Eltern mit sehr niedrigem sozioökonomischem Status und geringer Bildung; das Bild von den zum Vergleich herangezogenen einheimisch deutschen Familien wird bestimmt durch Kenntnisse über Angehörige der sozialen Mittelschicht. Beide Sichtweisen sind verzerrt bzw. lassen beachtliche Anteile an Eltern unberücksichtigt: die nicht bildungsorientierten einheimisch deutschen Familien der sozialen Unterschicht ebenso wie die wachsende Zahl der Eltern mit Migrationshintergrund mit guter Schulbildung und guter beruflicher Position.[7] Für alle Familien gilt aber: Vor allem die Investition der Eltern in die – wie es heißt – „Qualität der Kinder" in Form von fördernden Aktivitäten gibt eine Chance, die kindliche Entwicklung früh zu beeinflussen.[8] Dazu zählen anregungsreiche Materialien und Spiele wie auch die Schaffung eines bildungsfördernden Umfeldes außerhalb der Wohnung. Der relativ geringe Erklärungswert aller bisher in Untersuchungen erfassten Variablen macht es notwendig, andere zusätzliche Variablen, wie die elterlichen Erziehungs- und Entwicklungsvorstellungen, aber auch den familiären alltäglichen Stress, Anpassungsprobleme, Diskriminierungserfahrungen u.a., einzubeziehen.[9]

Verzerrtes Bild vom Entwicklungsstand von Kindern unterschiedlicher Herkunft

Kindliche Entwicklung wird durch Umfeld und Engagement mitbestimmt

5 Siehe dazu: Kirsten, Cornelia/Dollmann Jörg (2011): Migration und Schulerfolg: Zur Erklärung ungleicher Bildungsmuster. In: Matzner, Michael (Hrsg.): Handbuch Migration und Bildung. Weinheim, S. 102–117.

6 Siehe dazu die auf derselben Untersuchung beruhenden Daten bei Becker, Birgit (2006): Der Einfluss des Kindergartens als Kontext zum Erwerb der deutschen Sprache bei Migrantenkindern. In: Zeitschrift für Soziologie 35, S. 449–464 und Biedinger, Nicole (2010): Der Einfluss von elterlichen Investitionen auf die Entwicklung von deutschen und türkischen Kindern. In: Berliner Journal für Soziologie, 19 (2) 2003, S. 268–294; auch in: Biedinger, Nicole (Hrsg.): Ethnische und soziale Ungleichheit im Vorschulbereich. Leipzig, S. 85–132.

7 Siehe dazu: Boos-Nünning, Ursula (2013): Aufstieg durch Bildung? Bildungsansprüche und deren Realisierung. Migrationsfamilien und einheimische Familien im Vergleich. In: Boos-Nünning, Ursula/Stein, Margit (Hrsg.): Familie als Ort von Erziehung, Bildung und Sozialisation. Münster, S. 215–245.

8 Biedinger, Nicole, a.a.O.; hier S. 115.

9 Eine Erweiterung des Spektrums an möglichen Ursachen bieten Leyendecker, Birgit/Schölmerich, Axel (2005): Familie und kindliche Entwicklung im Vorschulalter: Der Einfluss von Kultur und sozioökonomischen Faktoren. In: Fuhrer, Urs/Uslucan, Haci-Halil (Hrsg.): Familie, Akkulturation und Erziehung. Migration zwischen Eigen- und Fremdkultur. Stuttgart, S. 17–39.

zentrale Aspekte der Erziehung

Darüber hinaus sind Ziele, wie sie Programmen für Kinder aus benachteiligten Familien zugrunde liegen, für einen erheblichen Teil der Eltern mit Migrationshintergrund ebenfalls von Bedeutung, und es gilt, diese Ziele jenen Eltern mit Migrationshintergrund zu vermitteln, die andere Konzepte verfolgen. Zentrale Aspekte sind:

- die Steigerung des Wissens über frühkindliche Entwicklung und dadurch die Verbesserung der Möglichkeiten, den Lern- und Bildungsprozess des Kindes von Anfang an zu unterstützen. Dabei soll sich Wissen und Handlungskompetenz auf die motorische, kognitive, sprachliche und sozioemotionale Entwicklung des Kindes richten und
- die Stärkung der Fähigkeit der Eltern, mögliche Entwicklungsverzögerungen und -störungen frühzeitig zu erkennen.

Elterliche Konzepte zum frühkindlichen Lernen

Alle vorliegenden Untersuchungen zu fachlichen und schulischen Kompetenzen weisen nach, dass Kinder mit Migrationshintergrund, insbesondere wenn sie aus niedrigeren sozialen Schichten stammen, deutlich schlechtere Ergebnisse als einheimisch deutsche Kinder und hier wiederum insbesondere als Kinder aus den sozial gehobenen Schichten aufweisen.[10] Ohne dass der entscheidende Anteil verkannt wird, den die Bildungseinrichtungen an dem schlechten Abschneiden dieser Gruppe von Kindern haben, muss und soll ein wesentlicher Teil der Verantwortung für die frühkindliche Entwicklung weiterhin bei der Familie und damit bei den Eltern liegen; aber mit der Intention, ihnen die Unterstützung anzubieten, die sie für die Erziehung des Kindes brauchen. Keineswegs handelt es sich bei Familien mit Migrationshintergrund zum größten Teil um Familien mit besonderen Risiken oder um psychosozial belastete Familien. Aber Untersuchungsergebnisse sprechen dafür, dass es spezifische Erwartungen und Vorstellungen von Familien mit Migrationshintergrund zu frühkindlicher Bildung zu berücksichtigen gilt, und zwar sowohl im Hinblick auf Entwicklungsprozesse im frühen Kindesalter als auch zu Entwicklungsverzögerungen oder Behinderungen. Allerdings liegen nur wenige Untersuchungen zu der Entwicklungsumwelt in Familien mit Migrationshintergrund vor; noch weniger ist über die Entwicklungsvorstellungen der Eltern bezüglich ihrer Kinder bekannt, etwa über deren Einsicht über Förderungsnotwendigkeiten von Kindern in den ersten Lebensjahren.[11]

kulturell verschiedene Erziehungsvorstellungen

Wenn auch für Deutschland keine abgesicherten Ergebnisse vorliegen, so lässt sich aus zahlreichen internationalen Untersuchungen schließen, dass elterliche Überzeugungen vom Aufwachsen eines Kindes in verschiedenen Kulturen variieren. Sie unterscheiden sich sowohl zwischen verschiedenen Kulturen als auch zwischen verschiedenen kulturellen Gruppen innerhalb einer Gesellschaft: in den Vorstellungen über die Natur des Kindes und über seine Entwicklung, in den Einschätzungen, welche seiner Eigenschaften als besonders wichtig und als förderungswürdig angesehen werden, wie auch in den Erwartungen, wann welche Entwicklungsschritte eingeleitet und wann welche Fähigkeiten erreicht werden sollten sowie ob und wie ein Kind beim Erlernen von Fähigkeiten unterstützt werden sollte.[12]

---

10 Zur Diskussion um die Abhängigkeit von Bildungsorientierungen und Bildungserfolgen vom Migrationshintergrund oder der sozialen Schicht siehe: Boos-Nünning, Ursula (2013): Aufstieg durch Bildung? Bildungsansprüche und deren Realisierung. Migrationsfamilien und einheimische Familien im Vergleich. In: Boos-Nünning, Ursula/Stein, Margit (Hrsg.): Familie als Ort von Erziehung, Bildung und Sozialisation. München, S. 217–245.

11 So Otyakmaz, Berrin Özlem (2013): Entwicklungserwartungen deutscher und türkisch-deutscher Mütter von Vorschulkindern. In: Frühe Bildung 2 (1), S. 28–34; hier S. 28.

12 Ebd.

Entwicklungserwartungen von Müttern

In einer Studie, in der die Entwicklungserwartungen von Müttern mit türkischem Migrationshintergrund und einheimisch deutschen Müttern mit Kindern im Vorschulalter verglichen werden, wird festgestellt, dass Mütter mit türkischem Migrationshintergrund die Entwicklung von Kindern in fast allen Entwicklungsbereichen später erwarten als einheimisch deutsche Mütter.[13] Dieses gilt vor allem für den kognitiven Bereich, aber nicht für den Bereich der motorischen Entwicklung. Im Bereich der kognitiven Fähigkeiten sind die schulbezogenen Inhalte ausgenommen. Dem entspricht, dass ein Teil der Mütter mit türkischem Migrationshintergrund ihre Kinder bis zu einem Alter von etwa drei Jahren permissiv[14] erziehen. Ein solcher Erziehungsstil lässt gezielte Aktivitäten zur Förderung zurücktreten. Die elterlichen Erwartungen hinsichtlich der Entwicklung ihrer Kinder prägen nicht nur ihr Erziehungshandeln, sondern auch ihre Anstrengungen zur Förderung des Kindes, gerade in den ersten Lebensjahren.

Bildungsorientierung vs. permissive Erziehung

Einheimisch deutsche Eltern, die der sozialen Mittelschicht angehören, sind - so kann überspitzt formuliert werden - von Geburt des Kindes an interessiert, die Fähigkeiten oder Kompetenzen des Kindes zu entdecken und zu fördern, aber auch allgemein ein räumliches und soziales Umfeld für das Kind zu schaffen, innerhalb dessen seine Potenziale ausgeschöpft werden. Dieses gilt etwa für die Entwicklung der Sinne. Eltern hängen Mobiles über das Bett des Säuglings, damit er Bewegungen und Farben wahrnehmen kann, spielen Musikstücke speziell für Kinder, führen Spielzeug ein, das auf ein Ertasten ausgerichtet ist. Alle Sinne des Kindes, das Sehen, Hören, Tasten, Riechen und Schmecken, werden einbezogen. Dieselben Eltern sind auch von Geburt des Kindes an auf die Förderung seiner kognitiven Fähigkeiten bedacht. Es wird pädagogisch auf diesen Zweck hin ein bestimmtes Spielzeug, insbesondere in Form von Lernspielen, ausgewählt. Ein liebevolles permissives Erziehungshandeln steht - wie schon ausgeführt - solchen Vorstellungen der Kompetenzförderung und Potenzialausschöpfung eher entgegen.

den Entwicklungsstand überprüfen

Es ist wenig darüber bekannt, wie Eltern mit Migrationshintergrund auf vermeintliche oder tatsächliche Entwicklungsverzögerungen oder -störungen reagieren. Zunächst ist es für Eltern schwierig zu erkennen, wie weit das Kind entwickelt ist. Zwar gibt es eine gewisse Normierung in Bezug auf altersgemäße Entwicklungsschritte, aber die Normen gelten nicht für jedes Kind in gleicher Form. Daher ist es wenig sinnvoll, den Entwicklungsstand auf Grundlage einer Tabelle abzufragen und ängstlich zu sein, wenn eine Norm nicht im vorgegebenen Alter erreicht wird. Längst nicht in jedem Fall lassen sich daraus Entwicklungsverzögerungen ableiten. Dennoch lassen sich Grenzsteine der Entwicklung festlegen, die sich daran orientieren, was die meisten oder fast alle Kinder z.B. in Altersschritten von jeweils 12 Monaten können sollten oder müssten. In einem in Bayern verwendeten Verfahren für Kinder von eins bis sechs Jahren werden z.B. die Entwicklungsbereiche Körpermotorik, Hand-Finger-Motorik, kognitive Entwicklung, Sprachentwicklung und soziale Kompetenzen ermittelt.[15] Instrumente wie dieses können beispielsweise über die Kindertagesstätte oder die Kinderärztin bzw. den Kinderarzt in die Hände der Eltern gelangen.

Überwiegend werden sich Eltern mit Migrationshintergrund auf die Regeluntersuchungen U 1 bis U 7, U 7a und U 8 bis U 11[16] beim Kinderarzt verlassen. Die Vorsorgeuntersuchungen im frühen Kindesalter (U 1 bis U 6) werden mittlerweile von ihnen

13 Ebd., S. 32f.

14 Eine ausführliche Erläuterung unterschiedlicher Erziehungsstile erfolgt in Modul 2, Thema 2.

15 Siehe dazu: Nennstiel-Ratzel, Uta u.a. (2013): Elternfragebögen zu Grenzsteinen der kindlichen Entwicklung im Alter von 1 bis 6 Jahren. In: Kinderärztliche Praxis 84, S. 106–114; http://www.kinderaerztlichepraxis.de/fileadmin/KiPra/Artikel_des_Monats/OR_Nennstiel_Fragebogennormierung.pdf [Zugriff am 12.11.2014].

16 Siehe dazu eine kurze Beschreibung der einzelnen Phasen in: Allgemeinmedizinische Praxis Blumenthal, Salecenko, Alexander und Hashem, Azimi, Fachärzte für Allgemeinmedizin http://hausarztpraxisblumenthal.de/kinder-untersuchungspass.html [Zugriff am 12.11.2014].

U1–U9-Untersuchungen

im gleichen Maß angenommen wie von einheimisch deutschen Eltern. Bei den späteren Untersuchungen sind Kinder mit Migrationshintergrund unterrepräsentiert. Daher hat die Bundeszentrale für gesundheitliche Aufklärung (BZgA) Projekte entwickelt, um die Beteiligung von Kindern mit Migrationshintergrund an Früherkennungsuntersuchungen zu erhöhen. Exemplarisch wird das Projekt „Ich geh' zur U! Und Du?" (www.ich-geh-zur-u.de) genannt, das u.a. zum Ziel hat, die Inanspruchnahme der U 7 bis U 9 zu steigern und den Impfstatus von Kindern zu vervollständigen.[17] Das gleiche Ziel wird mit dem „verbindlichen Einladewesen" verfolgt, auf dass die Bundesländer sich seit 2010 verständigt haben. Eltern oder die gesetzlichen Vertreter aller in dem jeweiligen Bundesland lebenden Kinder werden von der zuständigen Stelle zu den Früherkennungsuntersuchungen U5 bis U8 eingeladen. Besser noch als „kontrollierende Einladungswesen" sind die in nicht wenigen Städten eingeführten Maßnahmen zur Prävention und frühen Förderung für alle Kinder, so z.B. Begrüßungsbesuche, kontinuierliche Begleitung hilfebedürftiger Eltern von Anfang an und flächendeckende Angebote in der Elternbildung, die – um unsere Zielgruppe hervorzuheben – sich an den Bedürfnissen und Bedarfen der Eltern mit Migrationshintergrund orientieren. Funktioniert diese Form der kinderärztlichen Diagnostik nicht oder nicht zureichend, werden Entwicklungsverzögerungen oder -störungen häufig erst von der Erzieherin oder dem Erzieher in der Kindertagesstätte oder von der Lehrkraft in der Grundschule wahrgenommen. In manchen Fällen wäre es für die Entwicklung des Kindes gut, wenn außerfamiliäre fördernde Maßnahmen, wie vor allem Logopädie oder Ergotherapie, früher einsetzen könnten oder wenn die Eltern innerfamiliär spezifische, nämlich ihnen zugängige und für sie durchführbare, Fördermöglichkeiten nutzen würden.

Zwar ist die frühkindliche Lebensphase für eine zielgerichtete Förderung besonders wichtig, aber auch später, vor allem im Grundschulalter, sollten Eltern bereit und fähig sein, Entwicklungsschritte ihres Kindes zu beobachten und – falls es sich als notwendig erweist – besondere Formen der Förderung außerhalb und innerhalb der Familie einzuleiten.

Förderung der Entwicklung des Kindes in der Familie

In den ersten Lebensjahren werden wichtige Voraussetzungen für eine gesunde körperliche und psychische Entwicklung des Kindes geschaffen. Dieses gilt für Kinder aus Familien mit Migrationshintergrund in gleicher Weise wie für Kinder aus einheimisch deutschen Familien. Je jünger das Kind ist, desto bedeutsamer ist der Anteil, den die Familie an der Entwicklung besitzt und den vor allem die primären Bezugspersonen haben. Wenn auch familienergänzende Erziehungseinrichtungen für eine wachsende Zahl an Kindern an Bedeutung gewinnen, ist es dennoch weiterhin der Erziehungs- und Bildungsort Familie, in dem die Potenziale von Kindern in der frühen Kindheit gefördert werden können und müssen. Es sind zu einem erheblichen Teil die Eltern – die, von ihren Entwicklungs- und Erziehungsvorstellungen ausgehend – die physische und soziale Umwelt organisieren und darüber die Erfahrungswelt des Kindes, in deren Rahmen die kognitive, emotionale und soziale Entwicklung stattfindet, gestalten. Daher sollte Eltern nahegelegt werden, dass es sinnvoll und notwendig ist, die kindliche Entwicklung frühzeitig und vielseitig zu fördern und zu unterstützen.

17 Nach Robert Koch Institut (2008): Migration und Gesundheit. Berlin, S. 89 http://www.rki.de/DE/Content/Gesundheitsmonitoring/Gesundheitsberichterstattung/GBEDownloadsT/migration.pdf?__blob=publicationFile [Zugriff am 12.11.2014].

Lernvoraussetzungen in der Familie

Wesentliche, für Erzieherinnen und Erzieher entwickelte Grundsätze lassen sich auf das Lernen von Kleinkindern in der Familie übertragen:[18]

- Kinder lernen am besten in einer Umgebung, in der sie sich sicher fühlen, eine enge Beziehung zu ihren Bezugspersonen haben (Vertrauen, Zuneigung usw.), in der man sie weder lächerlich bzw. verlegen macht noch anklagt oder anschreit und in der sie entspannt und nur einem geringen bis mittleren Maß an Stress ausgesetzt sind.
- Die kindliche Entwicklung sollte allseitig gefördert werden, indem Wissenserwerb, kognitive, soziale, emotionale und motorische Kompetenzen, Sprachfertigkeiten, ästhetisches Tun, Fantasie und Kreativität gleichermaßen berücksichtigt werden. Die Lernsituationen sollten stimulieren, indem sie Lerninhalte vielfältig präsentieren. Möglichst sollten immer mehrere Sinne gleichzeitig angesprochen werden.
- Eine optimale Lernumgebung konfrontiert und schafft für Kinder lebensnahe Situationen (z.B. durch viele Ausflüge in die Natur, in den Ort, zu Geschäften).
- Je mehr neue Dinge untersucht werden können, je mehr selbstständiges Forschen und Experimentieren möglich sind, je mehr Strategien beim Lösen von Problemen oder beim Bewältigen von Aufgaben ausprobiert werden können, je mehr neue Erfahrungen und Aha-Erlebnisse im Verlauf eines Tages gemacht werden, umso intensiver ist das Lernen.
- Gespräche über die Beobachtungen des Kindes und über seine Erfahrungen, über Gegenstände und Prozesse, Handlungsstrategien und Problemlösungsmethoden sind besonders wichtig, da Kleinkinder dabei neue Begriffe lernen, zum Nachdenken angeregt werden und gerade Gelerntes einsetzen können (besseres Abspeichern im Gedächtnis).
- Kinder brauchen auch Zeit zum Wiederholen, Memorieren und Üben: Zu viel Neues ist kontraproduktiv, wenn nicht genügend Gelegenheiten geboten werden, um gerade erworbenes Wissen einzusetzen und neu erworbene Fertigkeiten anzuwenden.
- Kinder lernen besser, wenn Neugier und Forschergeist gefördert werden, wenn sie eigenständig nach Problemlösungen oder Antworten auf Fragen suchen können, wenn sie für die eigene Leistung selbst verantwortlich sind und wenn sie viel Anerkennung und Lob erfahren.
- Außerdem sollten Eltern sicherstellen, dass ihre Kinder vitamin- und mineralstoffreich ernährt werden, genügend Schlaf bekommen und nicht allzu viel Zeit mit Fernsehen oder Computerspielen verbringen (überlastet das Kurzzeitgedächtnis).

Wandel der Entwicklungserwartungen

Es ist notwendig, sich mit der Frage auseinanderzusetzen, ob Eltern mit Migrationshintergrund dieses leisten wollen und können. Zunächst gilt es also, mit ihnen zusammen zu erörtern und zu erarbeiten, ob ein Modell frühkindlicher Förderung mit ihren Vorstellungen vom Aufwachsen von Kindern und von der Erziehung von Kleinkindern vereinbar ist. Nun ändern sich die Vorstellungen von jungen Müttern und Vätern mit Migrationshintergrund, die in Deutschland aufgewachsen sind, im Hinblick auf die Entwicklungserwartungen für ihr Kind in einigen Bereichen in Richtung der Erwartungen der einheimisch deutschen Mütter,[19] wenn auch weniger im Bereich der kognitiven Entwicklung. Dieses zeigt, dass die mütterlichen Vorstellungen nicht nachhaltig kulturell tradiert und unreflektiert übernommen werden, sondern dass neue Informationen in die Wissensstände integriert werden und Erfordernisse, die aus dem Aufwachsen in Deutschland entstanden sind, einbezogen werden. Eltern mit anderem Hintergrund, etwa russischsprachige Eltern aus der ehemaligen Sowjetunion, sind u.U. von vornherein auf ein hohes Maß an frühkindlicher Förderung orientiert, jedoch wird diese Auf-

18 nach Textor, Martin, a.a.O., S. 8f.

19 So Otyakmaz, Berrin Özlem (2013): Entwicklungserwartungen deutscher und türkisch-deutscher Mütter von Vorschulkindern. In: Frühe Bildung 2 (1), S. 32f.

gabe in vielen Familien der Kinderkrippe oder der Kindertagesstätte zugewiesen. Allerdings fehlen hierzu bisher empirische Untersuchungen.

Vorschläge für die Beratung von Eltern

Allen Elterngruppen können folgende Hilfen angeboten werden:

- Mit den Eltern den Verlauf kindlicher Entwicklung insbesondere unter Berücksichtigung der frühkindlichen Phase des Aufwachsens durchsprechen und auf der Grundlage ihrer Vorstellungen und Theorien vom Aufwachsen von Kindern die Notwendigkeiten von Förderung thematisieren.
- Einen Elternfragebogen zur kindlichen Entwicklung durcharbeiten, damit Eltern wichtige Entwicklungsschritte kennenlernen, aber auch Grenzsteine und damit Entwicklungsverzögerungen wahrnehmen. Gleichzeitig sind zwei Dinge zu leisten, nämlich erstens, Eltern zu vermitteln, dass Entwicklungsverläufe individuell sind und dass es keine gleichbleibenden Abläufe von Entwicklungsstufen gibt, dass es aber zweitens Verzögerungen gibt, die auf die Notwendigkeit besonderer Förderung verweisen. Eltern brauchen Hilfe, um zu erkennen, wo ihr Kind in der Entwicklung steht und gegebenenfalls Hilfe mit der Erkenntnis umzugehen, dass sich ihr Kind langsamer oder anders entwickelt.
- Mit Eltern Förderungsmöglichkeiten, die selbstverständlich im Familienalltag eingebracht werden können, aber auch spezielle Lernspiele, die für die Entwicklung und Ausdifferenzierung der Sinne, für das Training von Wahrnehmung und für die Förderung der kognitiven Fälligkeiten sinnvoll sind, durchsprechen und in Rollenspielen üben.
- Eltern Programme vorstellen, die sie in der frühkindlichen Erziehung unterstützen und die in vielen Städten angeboten werden, so vor allem Opstapje, HIPPY, Rucksack Kita[20] sowie PAT.[21]

Es sollte geprüft werden, welche dieser Programme oder eventuell auch welche anderen, hier nicht aufgeführten Programme für Eltern in der Stadt oder in der Region erreichbar sind. Diese sollten ausführlich mit den Eltern besprochen werden. Hingewiesen werden soll darüber hinaus auf lokale Programme, die es zu ermitteln und zu erkunden gilt, so z.B. in Berlin das Projekt „Brücken im Kiez“: Bildungspartnerschaften zwischen muslimischen Gemeinden, Familien und Schulen.

Eltern motivieren

Es bleibt die Auseinandersetzung mit der Frage, wie es gelingen kann, Eltern das Thema „frühkindliche Entwicklung des Kindes“ und „Entwicklungsverzögerungen oder -störungen“ näher zu bringen. Müttern und/oder Vätern mit Migrationshintergrund, vor allem denjenigen, die im Erwachsenenalter eingewandert sind, sollte vermittelt werden, dass eine frühkindliche Förderung in vielen Familien erfolgt und in allen Familien erfolgen könnte. Es handelt sich nicht um eine besondere Maßnahme für ihr Kind und der Hinweis auf Förderung in der Familie spricht nicht gegen dessen Intelligenz oder Begabung. Vielmehr soll erreicht werden, dem Kind Unterstützung anzubieten und seine Anlagen zu entfalten. Eltern mit einem Kind mit Entwicklungsverzögerungen sollte vermittelt werden, dass durch pädagogische oder therapeutische Maßnahmen Entwicklung nachgeholt oder Fehlentwicklungen korrigiert werden können. Die eingeschränkten Fähigkeiten der Eltern mit Migrationshintergrund, die über geringe deutsche Sprach-

20 Siehe dazu die Beschreibungen dieser und anderer Programme bei Springer, Monika (2011): Elterntraining und Familienbildung. In: Fischer, Veronika/Springer, Monika (Hrsg.): Handbuch Migration und Familie. Schwalbach/TS, S. 473–501.

21 Siehe dazu z.B. das Programm „PAT – Mit Eltern lernen“; innerhalb dessen als Elterntrainerinnen weitergebildete Mütterberaterinnen Familien zu Hause besuchen; siehe dazu: Lanfranchi, Andrea/Neuhauser, Alex (2013): Zeppelin 0–3. Theoretische Grundlagen, Konzept und Implementation des frühkindlichen Förderprogramms „PAT – Mit Eltern lernen“. In: Frühe Bildung 2 (1), S. 3–11.

kenntnissen verfügen, mit dem Kinderarzt und mit dem pädagogischen Personal in der Kita zu kommunizieren, können eine Blockade darstellen, insbesondere im Hinblick auf genauere und tiefere Fragen nach dem Entwicklungsstand des Kindes. Besonders schwer fällt es diesen, aber auch manchen gut Deutsch sprechenden Eltern, Entwicklungsverzögerungen oder -störungen des Kindes anzusprechen. Ein weiteres Problem kann die Einordnung und das Verständnis der Aufgaben von Arzt oder Bildungseinrichtungen bezüglich der Entwicklung und der Fördermöglichkeiten innerhalb und außerhalb der Einrichtungen sein. Auch die Bedeutung der einzelnen Vorsorgeuntersuchungen ist nicht allen Eltern verständlich. Aus beiden Sachverhalten, erstens der Schwierigkeit im Umgang mit Entwicklungsproblemen des Kindes und zweitens dem fehlenden Verständnis für die aufgenommenen Informationen, resultiert Ratlosigkeit und u.U. Angst. Bei Schwierigkeiten im schulischen Bereich suchen Eltern Unterstützung bei Nachhilfeeinrichtungen, die aber für den Umgang mit Entwicklungsverzögerungen keine Hilfe bieten können.

Wünsche und Bedenken berücksichtigen

Es ist wichtig, ein Klima zu schaffen, in dem Eltern ihre Wünsche und Vorstellungen, aber auch ihre Bedenken und Vorbehalte äußern können. Es sollte Raum und Zeit gegeben werden, mit den Eltern über ihre Einstellung zu einer frühkindlichen Förderung und zu einer eventuell vorhandenen Entwicklungsverzögerung zu sprechen, bevor Vorschläge unterbreitet werden.

Dennoch muss in den Gesprächen mit Eltern stets deutlich werden, dass die frühkindliche Förderung der Sinne und der kognitiven Fähigkeiten des Kindes nur eines unter mehreren Zielen darstellt; die Erziehung zur Zwei- oder Mehrsprachigkeit sowie die Vermittlung sozialer Kompetenzen und von Werten sind gleichbedeutend. Eltern sollten mit Fördermöglichkeiten vertraut gemacht werden, die sich in ihren Familienalltag einbinden lassen, ohne dass sie den Eindruck mitnehmen, dass eine kognitive Förderung insgesamt das wichtigste und vor allem das einzige Element ihrer Erziehung ausmachen sollte.

Leseempfehlung

Nennstiel-Ratzel, Uta u.a. (2013): Elternfragebögen zu Grenzsteinen der kindlichen Entwicklung im Alter von 1 bis 6 Jahren. In: Kinderärztliche Praxis 84, S. 106–114; http://www.kinderaerztlichepraxis.de/fileadmin/KiPra/Artikel_des_Monats/OR_Nennstiel_Fragebogennormierung.pdf [Zugriff am 12.11.2014].

Otyakmaz, Berrin Özlem (2013): Entwicklungserwartungen deutscher und türkisch-deutscher Mütter von Vorschulkindern. In: Frühe Bildung 2 (1), S. 28–34.

1.2 Didaktische Vorschläge

Erster Vorschlag: Diskussion von Grenzsteinen der Entwicklung

Elternbogen zu Grenzsteinen der kindlichen Entwicklung im Alter von 1 bis 6 Jahren auf der Grundlage von Nennstiel-Ratzel u.a. (2013), S. 110–114; hier jeweils Körpermotorik, Hand/Fingermotorik, Kognitive Entwicklung; jeweils das Alter von 12 Monaten, 24 Monaten, 36 Monaten, 48 Monaten, 60 Monaten. Zusätzliche Fragen:

- Gibt es bei Ihren Kindern weitere Entwicklungsfragen?
- Haben Sie Entwicklungsverzögerungen schon einmal mit anderen Personen besprochen?
  - Wenn ja, mit wem?
  - Wenn nein, warum nicht?

Die einzelnen Bogen zu Grenzsteinen der Entwicklung im Alter vom 1. bis 6. Lebensjahr finden sie hier: **http://www.kinderaerztlichepraxis.de/fileadmin/KiPra/Artikel_des_Monats/OR_Nennstiel_Fragebogennormierung.pdf**

1. Lebensjahr **(http://www.lgl.bayern.de/downloads/gesundheit/praevention/doc/entwicklung_fb1.pdf)**

2. Lebensjahr **(http://www.lgl.bayern.de/downloads/gesundheit/praevention/doc/entwicklung_fb2.pdf)**

3. Lebensjahr **(http://www.lgl.bayern.de/downloads/gesundheit/praevention/doc/entwicklung_fb3.pdf)**

4. Lebensjahr **(http://www.lgl.bayern.de/downloads/gesundheit/praevention/doc/entwicklung_fb4.pdf)**

5. Lebensjahr **(http://www.lgl.bayern.de/downloads/gesundheit/praevention/doc/entwicklung_fb5.pdf)**

6. Lebensjahr **(http://www.lgl.bayern.de/downloads/gesundheit/praevention/doc/entwicklung_fb6.pdf)**

Zweiter Vorschlag: Entwicklungstagebuch für Eltern

Für eine genauere Analyse der Entwicklung ihrer Kinder können Eltern den folgenden Bogen als Werkzeug ihrer häuslichen Unterstützung nutzen. Der Bogen stärkt auch die Interaktion zwischen den Eltern und der außerschulischen Förderung.

Entwicklungstagebuch für mein Kind:

Einbeziehung von Hilfen (Außenstehende Institutionen/Familienmitglieder)

Altersstufe	Was fällt mir an der Entwicklung auf?	Worauf führe ich das Wahrgenommene zurück?	Wen habe ich um Hilfe gebeten?	Wie wurde der Sachverhalt eingeordnet?	Was wurde mir empfohlen?	Was habe ich getan?
6 Monate						
12 Monate						
1 1/2 Jahre						
2 Jahre						
2 1/2 Jahre						
3 Jahre						
3 1/2 Jahre						
4 Jahre						
4 1/2 Jahre						
5 Jahre						
5 1/2 Jahre						
6 Jahre						

1.3 Quellen/Materialien zur Weitergabe an Eltern

Die Entwicklungsstufen der ersten Lebensjahre (in türkischer Sprache)

Durch eine lebendige Präsentation werden den Eltern mit türkischem Migrationshintergrund in kurzen und verständlichen Schritten die einzelnen Entwicklungsstufen dargestellt. Anhand von verschiedenen Beispielen, Fragen und Tabellen können sich die Eltern in die Thematik einarbeiten: **http://www.aep.gov.tr/wp-content/uploads/2012/10/01_01_hayatin_ilk_ceyregi.pdf**, bis S. 56.

Die insgesamt 46 Elternbriefe des Arbeitskreises Neue Erziehung e.V. (ANE) begleiten Sie bei der Erziehung Ihres Kindes und zwar von seiner Geburt bis zum 8. Lebensjahr. Die ANE-Elternmedien sprechen die Sprache der Eltern: Sie sind klar und verständlich geschrieben; **http://www.ane.de/bestellservice/elternbrief-abo/Eltern** [Zugriff am 24.11.2014].

Sie sind außerdem in vielen anderen Sprachen außer Deutsch verfügbar; z.B. zum Thema Sprachentwicklung: **http://www.ane.de/bestellservice/sprachentwicklung/** [Zugriff am 24.11.2014].

Weitere Materialien gibt es z.B. in türkischer Sprache: **http://www.ane.de/bestellservice/tuerkisch-deutsche-elternbriefe/** [Zugriff am 24.11.2014].

Einige Erziehungstipps liegen auch in arabischer Sprache vor: **http://www.a4k.de/arabische-medien/**.

Unter dem Titel „Wie Babys sich entwickeln" bietet der ANE zudem Kurzfilme für junge Eltern an. Sie beleuchten den Alltag mit Kind, vom winzigen Neugeborenen bis zum selbstbestimmten Kindergartenkind. Die Filme dauern jeweils 9 bis 15 Minuten und sind in den Sprachen Deutsch, Türkisch, Arabisch, Englisch, Französisch, Polnisch und Russisch verfügbar: **http://www.a4k.de/presse/wie-babys-sich-entwickeln-6-filme-fuer-eltern/** [Zugriff am 24.11.2014].

Filmmaterial „Benim Dünyam" (Mein Leben, mit deutschem Untertitel)

Filmbeschreibung: In diesem Film geht es um das kleine Mädchen Ela, dass blind und taub geboren wurde. Dies haben die Eltern sehr spät akzeptiert und waren sehr ratlos, so dass sie das Kind von der Öffentlichkeit isolierten. Durch eine spezielle außerschulische Förderung gelang es dem Kind und vor allem der Familie, eine normale Entwicklung zu sichern.

Genauere Filmbeschreibung: **http://www.moviepilot.de/movies/benim-dunyam-meine-welt**

Filmtrailer: **https://www.youtube.com/watch?v=XeymE1O_t_s**

1.4 Literatur zur Vertiefung

Krombholz, Heinz (1999): Körperliche und motorische Entwicklung im Säuglings- und Kleinkindalter. Überarbeitete Version eines Beitrages aus: Deutscher Familienverband (Hrsg.): Handbuch Elternbildung, Band 1. Opladen, S. 533–557; https://www.familienhandbuch.de/cms/Kindheitsforschung-Koerperentwicklung.pdf.

Leyendecker, Birgit (2011): Bildungsziele von türkischen und deutschen Eltern – Was wird unter Bildung verstanden und wer ist für die Vermittlung von Bildung zuständig? In: Neumann, Ursula/Schneider, Jens (Hrsg.): Schule mit Migrationshintergrund. Münster, S. 276–284.

Leyendecker, Birgit u.a. (2009): Langfristige Sozialisationsziele von migrierten Müttern in der Türkei und Deutschland. In: Dirim, Inci/Mecheril, Paul (Hrsg.): Migration und Bildung. Soziologische und erziehungswissenschaftliche Schlaglichter. Münster, S. 169–181

Otyakmaz, Berrin Özlem (2007): Familiale Entwicklungskontexte im Kulturvergleich. Berlin u.a.

Thema 2: Sprachentwicklung und Zweisprachigkeit in den ersten Lebensjahren mit einem Ausblick auf den Erwerb der Schriftsprache

Anja Leist-Villis

Sprache ist eine wesentliche Fähigkeit des Menschen: Durch sie werden Gedanken innerlich geordnet und gespeichert, Handlungen geplant, in ihr findet Austausch mit anderen Menschen statt. Sprache ist *das* zentrale Kommunikationsmittel in Schule und Gesellschaft: Wer die Sprache nicht gut beherrscht, dessen Teilhabe ist eingeschränkt.

Eltern mit einem mehr- oder anderssprachigen Hintergrund haben in der Regel sehr konkrete Vorstellungen davon, welche Sprache oder Sprachen ihre Kinder erwerben sollen. Bei der Frage, wie sie ihr Kind in der gewünschten Sprachentwicklung unterstützen können, sind sie aber manchmal verunsichert. Konkretes Wissen darüber, wie ein Kind die Sprache erwirbt, welche Besonderheiten es in zwei- oder dreisprachigen Entwicklungen zu berücksichtigen gilt und wie mit Argumenten gegen eine zwei- oder mehrsprachige Erziehung umgegangen werden kann, vermag ihnen mehr Sicherheit zu geben. Der Themenbereich endet mit ersten Überlegungen zum Erwerb der Schriftsprache.

2.1 Basistext[1]

Untersuchungen, die die Wünsche von Eltern oder jungen Menschen mit Migrationshintergrund hinsichtlich der sprachlichen Sozialisation ihrer (zukünftigen) Kinder erheben, zeigen, dass die meisten von ihnen an einer zwei- oder mehrsprachigen Erziehung ihrer Kinder interessiert sind.[2] Zum einen ist es ihnen wichtig, dass ihre Kinder die deutsche Sprache ebenso gut wie einsprachige deutsche Kinder beherrschen. Sie wissen, dass ihre Kinder in der deutschen Schule und danach im Beruf nur unter dieser Voraussetzung gute Chancen haben. Zum anderen ist es selbstverständlich auch für Eltern, die eine andere als die deutsche Sprache als Muttersprache haben, ganz natürlich, dass sie diese Sprache mit ihren Kindern sprechen. Auch möchten sie, dass ihre Kinder die Sprache der Eltern und Großeltern – die Herkunftssprache – behalten. Manchmal sind es auch zwei, seltener drei Herkunftssprachen. Dieses gilt für verschiedensprachige Eltern, aber auch, wenn aus den Herkunftsländern mehrere Sprachen mitgebracht wurden, z.B. Türkisch und Kurdisch oder eine Berbersprache, Arabisch und Französisch. Vielfach haben Migrantinnen und Migranten auch zwei oder mehr Generationen nach ihrer Einwanderung ein Interesse daran, die Sprache der Eltern und Großeltern als Teil des kulturellen Kapitals (in erster Linie als Teil der eigenen Persönlichkeit) an die nächste Gene-

Herkunftssprache = kulturelles Kapital

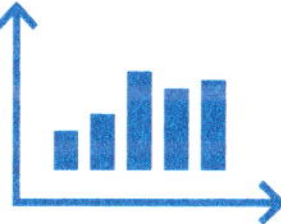

Mehrsprachige Erziehung

1 Dieser Basistext besteht aus Teilstücken, die z.T. leicht abgewandelt entnommen sind aus: Leist-Villis, Anja (2014[6]): Elternratgeber Zweisprachigkeit. Informationen und Tipps zur zweisprachigen Entwicklung und Erziehung von Kindern. Tübingen. Mit freundlicher Genehmigung durch den Stauffenburg Verlag.

2 Z.B. wünschen sich 81 Prozent junger Frauen mit Migrationshintergrund eine zwei- oder mehrsprachige Erziehung ihrer Kinder, vgl. Boos-Nünning, Ursula (2005): Zuhause in zwei Sprachen: Sprachkompetenzen von Mädchen mit Migrationshintergrund. In: Gogolin, Ingrid/Krüger-Potratz, Marianne/Kuhs, Katharina/Neumann, Ursula/Wittek, Fritz (Hrsg.): Migration und sprachliche Bildung. Münster, S. 111–127; Reich, Hans H. (2003): Entwicklungsweg türkisch-deutscher Zweisprachigkeit. In: Neumann, Ursula/Reich, Hans H. (Hrsg.) Erwerb des Türkischen in einsprachigen und mehrsprachigen Situationen. Münster, S.63–92; hier S. 66.

ration weiterzugeben; vor allem sollen die Kinder mit den Verwandten kommunizieren können. Obgleich es somit der Wunsch der meisten Eltern mit einer nichtdeutschen Muttersprache ist, dass ihre Kinder Kompetenzen in beiden Sprachen entwickeln und obgleich sicher ist, dass Kinder grundsätzlich imstande sind, sich zwei oder auch drei Sprachen anzueignen, ohne dadurch überfordert zu sein, bilden diese Kinder oft keine Zweisprachigkeit aus. Vor allem bei in Deutschland geborenen und aufgewachsenen Kindern lassen sich Verluste in der Herkunftssprache oder in den Herkunftssprachen der Eltern feststellen. Für Deutsch als Zweitsprache sind neben dem sozialen Raum vor allem die Bildungseinrichtungen bedeutsam. Die Aneignung der Muttersprache erfolgt vor allem in der Familie und durch die Familienmitglieder. Nun gelten Prinzipien, nach denen Kinder eine Sprache erwerben, auch für Kinder, die in den ersten Lebensjahren zwei- oder mehrsprachig aufwachsen. Daher ist es sinnvoll für die Eltern, sich mit den Grundlagen des ein- oder mehrsprachigen Spracherwerbs vertraut zu machen.[3]

Fachwissenschaftlicher Einschub zum allgemeinen Sprachenlernen[4]

Mit fortschreitender Entwicklung ersetzen Kinder Gesten und Schreie zunehmend durch Wörter und Sätze. Es geht verblüffend schnell, dass Kinder Sätze wie „Ich will das Auto haben!“ und „Ich möchte auf den Arm!“ sagen. Dazu müssen sie sich erstens einen Wortschatz aneignen und zweitens die Grammatik, die das Verhältnis der Wörter untereinander regelt. Aussprache, Gestik, Mimik, Sprachmelodie, Worte, Grammatik – Kinder erwerben all dies mit ihrer Muttersprache; zweisprachig aufwachsende Kinder entsprechend mit ihren zwei Muttersprachen.
Kinder erwerben Sprache(n) in den ersten Lebensjahren

- durch Spaß an der Produktion von Lauten,
- durch Nachahmung der Sprache(n) ihrer Umwelt, deren Sprecherinnen und Sprecher (meist Eltern und Großeltern) positiv verstärkend wirken,
- durch das eigenständige Bilden von Formen und das Entwickeln eigener Regeln. Kinder sind offensichtlich mit der angeborenen Fähigkeit ausgestattet, Grammatik zu erwerben, d.h. Regeln aus der Sprache ihrer Umgebung abzuleiten, auszuprobieren und so lange zu verbessern und zu verfeinern, bis sie diese korrekt beherrschen – und zwar unbewusst intuitiv,
- in Interaktion mit Bezugspersonen, die sich auf das Sprachniveau des Kindes einstellen, in deren Rahmen das Kind sich aktiv einbringen und das Geschehen beeinflussen kann.

Für Eltern ist es hilfreich, sich die Bedeutung der Interaktion für den kindlichen Spracherwerb bewusst zu machen und sich so viel Zeit wie möglich dafür zu nehmen, Sprache als wichtiges Moment im Alltag zu etablieren. Kinder lernen in den ersten Lebensjahren sprachliche Kompetenzen scheinbar mühelos. Allerdings setzt die Entwicklung der Sprache(n) voraus, dass das Kind über das Gehör, die Stimme und Atmung sowie die Fähigkeiten zur Lautbildung und der Verarbeitung des Ge-

3 Siehe Reich, Hans H. (2009): Zweisprachige Kinder. Sprachaneignung und sprachliche Fortschritte im Kindergartenalter. Münster; siehe vor allem die Folgerungen S. 236ff.

4 Wie Kinder Sprache(n) erwerben und wie Eltern sie darin unterstützen können, ist ausführlicher nachzulesen in Leist-Villis, Anja (2014[6]): Elternratgeber Zweisprachigkeit. Informationen und Tipps zur zweisprachigen Entwicklung und Erziehung von Kindern. Tübingen. Mit freundlicher Genehmigung durch den Stauffenburg Verlag. Siehe auch Ahrenholz, Bernt/Oomen-Welke, Ingelore (Hrsg.) (2008): Deutsch als Zweitsprache. Hohengehren sowie mit Ehlich, Konrad/Bredel, Ursula/Reich, Hans H. (Hrsg.) (2008): Referenzrahmen zur altersspezifischen Sprachaneignung. Schriftenreihe des Bundesministerium für Bildung und Forschung. Berlin.

hörten im Gehirn verfügt. Verzögerungen oder Störungen in einem dieser Bereiche können sich auf die Sprachentwicklung auswirken.

Der zeitliche Verlauf der kindlichen Sprachentwicklung ist von großen individuellen Unterschieden geprägt. Er wird u.a. von der Persönlichkeit des Kindes, dem Tempo seiner Gesamtentwicklung, der Art, wie es Sprache verarbeitet und der sprachlichen Gestaltung seines Umfeldes beeinflusst. Die Unterschiede in der Sprachentwicklung können bis zu einem Jahr betragen – d.h., es ist möglich, dass ein zweijähriges Kind dieselben Sprachfähigkeiten haben kann wie ein anderes dreijähriges Kind und dies völlig unabhängig davon, mit welchen und mit wie vielen Sprachen es aufwächst.[5]

Zur Bedeutung der Muttersprache(n) bei mehrsprachig aufwachsenden Kindern

Die sprachliche Entwicklung des Kindes ist eng verwoben mit allen anderen Entwicklungsbereichen. Erfahrungen werden in ersten Wörtern ausgedrückt, Beziehungen werden durch Sprache gestaltet. Die Laute und Sätze, die das Kind schon im Mutterleib und dann nach seiner Geburt wahrnimmt und die es aufgreift, werden mit dem Begriff Muttersprache verbunden. Es ist die Sprache der engsten Umgebung, der Familie, und der Gemeinschaft, in der das Kind lebt. Bei einem Teil der Kinder ist die Sprache der Mutter und des Vaters sowie der anderen Familienangehörigen mit der Sprache der Personen der näheren Umgebung und des Landes, in dem die Familie lebt, identisch. Die Muttersprache ist dann die Sprache, die das Kind von der Kindheit über die Bildungseinrichtungen in den Beruf begleitet und welche zugleich die offizielle Staatssprache ist. Immer mehr Kinder kommen aber von Geburt an mit mehreren Sprachen in Kontakt oder ihre Familiensprache oder Familiensprachen sind nicht die Umgebungssprache. Dieses gilt für Kinder aus binationalen bzw. gemischtsprachlichen Ehen ebenso wie für Kinder mit zwei Elternteilen mit anderer Muttersprache als der Landessprache. Erwähnt werden soll, dass Kinder in vielen Ländern mehrsprachig aufwachsen, weil ihre engere Umgebung und das Staatengebilde multilingual sind.

Mehrsprachigkeit ist der Normalfall

Vor diesem Hintergrund ist auf drei mögliche Fehldeutungen hinzuweisen: Ein Kind kann erstens sehr wohl mit zwei oder sogar drei Muttersprachen aufwachsen, ohne dass seine sprachliche Entwicklung Schaden nimmt. Weltweit ist nicht die Einsprachigkeit, also eine Muttersprache, sondern die Mehrsprachigkeit normal. Es ist zweitens nicht richtig, dass die Muttersprache zuerst gut erworben worden sein sollte, bevor eine zweite Sprache hinzukommt. Im Gegenteil: Eltern mit Migrationshintergrund sollten ihren Kindern so früh wie möglich den intensiven Zugang zur deutschen Sprache ermöglichen, indem sie z.B. Kontakte zu deutschsprachigen Kindern herstellen, das Kind in den Kindergarten bringen, deutschsprachige Eltern-Kind-Gruppen besuchen, einen deutschsprachigen Babysitter engagieren o.Ä. So können die Kinder auch diese Sprache zusätzlich intuitiv, spielerisch, ohne bewusste Anstrengung erwerben. Es schadet drittens der zweisprachlichen Entwicklung des Kindes nicht, wenn es zunächst in der Familie nur die Muttersprache lernt, wenn dieses auch von den deutschen Bezugspersonen oft kritisch gesehen wird. Kinder können auch mit zwei oder drei Jahren mit der zweiten (oder dritten) Sprache beginnen und diese dennoch wie eine Muttersprache beherrschen lernen.

Präferenz einer Sprache

Der Erwerb zweier Sprachen von Geburt an, ohne dass es im Umfeld eine dominante Sprache gibt (als frühkindliche Zweisprachigkeit bezeichnet), oder das Lernen der Zweitsprache nach Etablierung der Erstsprache (sukzessive Zweisprachigkeit) stellen

5 Szagun, Gisela/Stumper, Barbara/Schramm, Satyam Antonio (2009): Fragebogen zur frühkindlichen Sprachentwicklung (FRAKIS) und FRAKIS-K (Kurzform). Frankfurt.

mögliche Konstellationen des Erwerbs zweier (oder mehrerer) Sprachen dar. Die Sprachen Zweisprachiger stehen miteinander in Kontakt, d.h., sie beeinflussen sich gegenseitig, und sie stehen in einem dynamischen Verhältnis zueinander. Selten beherrschen Zweisprachige beide Sprachen gleich gut, meistens besitzen sie eine stärkere und eine schwächere Sprache. Welche Sprache stärker und welche schwächer ausgebildet ist, das hängt von ganz verschiedenen Faktoren ab – von dem Land, in dem die Person gerade lebt, von den Kontakten, die sie hat, von dem Thema, über das sie spricht. All das kann im Laufe des Lebens variieren. Eltern sollten also nicht erwarten, dass ihr Kind beide Sprachen „perfekt" beherrschen wird, sondern sie sollten jede Sprachfähigkeit des Kindes als Wert schätzen.

Besonderheiten in der zweisprachigen Entwicklung und Erziehung

Sprachphänomene bei Mehrsprachigkeit

Kinder erwerben Sprache durch Imitation und angeborene Fähigkeiten, unbewusst-intuitiv, in sozialer Interaktion, durch konkrete Erfahrungen und in Wechselwirkung mit der kognitiven Entwicklung. Eltern können ihre Kinder am besten unterstützen, indem sie genau an diesen Prinzipien ansetzen. Dabei spielt es keine Rolle, ob ein Kind mit einer, zwei oder mehr Sprachen aufwächst – die Prozesse des Spracherwerbs sind dieselben. In der mehrsprachigen Entwicklung ergeben sich aber darüber hinaus einige spezifische sprachliche Phänomene: Das Umschalten zwischen den Sprachen (Codeswitching), das Einmischen einzelner Wörter der einen Sprache in die andere (Sprachmischung) und die Übertragung von Regeln einer Sprache in die andere (Interferenz). Die Beschäftigung mit diesen Phänomenen hilft Eltern, den Umgang ihrer zweisprachigen Kinder mit ihren Sprachen besser verstehen zu lernen.

1. Codeswitching und Sprachverweigerung

Wechsel zwischen Sprachen

Zweisprachig aufwachsende Kinder sind von klein auf mit Menschen umgeben, die unterschiedliche Sprachen sprechen – manche sind mit mehreren und manche nur mit einer anderen Sprache konfrontiert. Es gehört zum Alltag der Kinder herauszufinden, wer welche Sprache oder Sprachen versteht, um sich dann in der Wahl der eigenen Sprache danach zu richten. Diese – für ein Leben in und mit zwei Sprachen zentrale – Fähigkeit bezeichnet der Begriff Codeswitching, wörtlich: das Hin- und Herschalten zwischen zwei oder mehr Sprachen. Kinder, die mehrsprachig aufwachsen, wissen oft schon im Alter von ca. zwei bis drei Jahren genau, welche Person welche Sprache(n) versteht und reagieren darauf. Das bedeutet allerdings auch, dass sie nicht immer in der Sprache antworten, in der sie angesprochen werden. Wenn sie wissen, dass eine Person mehrere Sprachen versteht, folgen sie oft ihren eigenen Vorlieben, unabhängig davon, welche Sprache ihr Gegenüber gerade verwendet. Dies ist eine der größten Herausforderungen für die meisten Eltern: Die Mutter spricht mit ihrem Kind Türkisch und das Kind antwortet auf Deutsch.

Verweigerung der Muttersprache

Generell scheint für zweisprachig aufwachsende Kinder der Gebrauch der Sprache des Landes, in dem sie leben, selbstverständlich zu sein. Die deutsche Sprache ist allgegenwärtig – in der Öffentlichkeit, in Kindergarten und Schule, in den Medien. Zwar wird auch sie von manchen Kindern zuweilen abgelehnt, dieses geschieht jedoch eher in speziellen Situationen. Die Verweigerung der Muttersprache ist hingegen innerhalb der zweisprachigen Entwicklung von Kindern weit verbreitet. Dieses kann indirekt geschehen, z.B. wenn eine türkische Mutter mit ihrem Kind Türkisch spricht, das Kind der Mutter jedoch auf Deutsch antwortet. Oftmals formulieren Kinder auch direkt, dass sie eine Sprache nicht sprechen wollen. Eine solche direkte Verweigerung kann zunächst einmal als positives Zeichen fortschreitender Entwicklung gesehen werden: Das Kind unterscheidet seine beiden Sprachen und ist sich seiner Zweisprachigkeit voll bewusst.

Dennoch sind die meisten Eltern enttäuscht, wenn ihr Kind plötzlich eine der Sprachen verweigert. Sie fühlen sich tief getroffen und verunsichert, wenn das Kind seine Muttersprache – und damit einen ganz wesentlichen Bestandteil seiner Persönlichkeit – direkt oder indirekt abzulehnen scheint. Das Kind indes sieht die Frage der Sprachwahl meist unter einem ökonomischen Blickwinkel: Welchen Sinn macht es, dass jemand mit mir diese Sprache spricht und ich mit ihm? Welche Bedeutung/welchen Stellenwert hat die Sprache für mich? Lohnt es sich überhaupt, diese Sprache zu sprechen? Schon kleine Kinder gehen mitunter recht ökonomisch mit ihren Sprachen um. Wissen sie, dass ihr Gegenüber sie versteht, werden sie sich häufig weigern, das Gesagte in der anderen Sprache zu wiederholen.

Gründe für Sprachverweigerung

Folgende Faktoren beeinflussen die Bedeutung der Muttersprache(n) und haben damit Einfluss auf eine eventuelle Verweigerung:

- Praktizieren die Eltern konsequent eine zwei- oder mehrsprachige Erziehung? Dann wird (werden) die Sprache(n) der Eltern einen großen Stellenwert im Leben des Kindes erhalten. Machen die Eltern dagegen viele Ausnahmen, wird dadurch insbesondere die Bedeutung der Muttersprache(n) infrage gestellt.
- Falls es Geschwisterkinder gibt: Welche Sprache(n) sprechen die Kinder untereinander und mit den Eltern?
- Wie verbreitet ist (sind) die Muttersprache(n) in der Welt des Kindes? Je mehr muttersprachige Personen sich im Umfeld des Kindes befinden, desto mehr Möglichkeiten hat das Kind, diese Sprache(n) zu hören und zu sprechen. Damit steigt auch die Bedeutung dieser Sprache(n) für das Kind.
- Besucht das Kind einen ein- oder einen mehrsprachigen Kindergarten? Viele Kinder beginnen mit der Verweigerung bei Eintritt in den Kindergarten. In einem einsprachigen Kindergarten machen sie die Erfahrung, dass nur die deutsche Sprache präsent und gefragt ist. In zweisprachigen Kindergärten dagegen ist Zweisprachigkeit Normalität – und entsprechend geringer ist der Anteil der Kinder, die die Muttersprache verweigern. Andererseits kann sich der einsprachige deutsche Kindergarten positiv auf die Entwicklung der deutschen Sprache auswirken.
- Welches Ansehen hat die Muttersprache im Umfeld der Familie und in der Gesellschaft? Wenn diese hoch angesehen ist, dann bekommt das Kind viel Anerkennung, wenn es die Sprache verwendet. Dann ist die Wahrscheinlichkeit groß, dass auch das Kind selbst seine Muttersprache und seine Zweisprachigkeit als etwas Wertvolles wahrnimmt.

Für Eltern stellt die Verweigerung der Muttersprache(n) durch das Kind eine große Herausforderung dar. Sie müssen sich überlegen, wie sie damit umgehen können. Da Verweigerungen mitunter zu einem Kampf zwischen Eltern und Kindern führen können, der nicht selten das (vorläufige) Ende der zweisprachigen Erziehung zur Folge hat, ist es wichtig, den Umgang damit von Anfang an bewusst zu gestalten. Ein erster Schritt wäre, über die Beweggründe des Kindes für dieses Verhalten nachzudenken. Ein weiterer Schritt ist, zu überprüfen, welche Möglichkeiten Eltern haben, die oben aufgeführten Faktoren zu verändern, die Einfluss auf das Verweigerungsverhalten des Kindes haben.

2. Sprachmischung

Das Einmischen einzelner Wörter der einen Sprache in die andere wird Sprachmischung genannt. Sprachmischungen werden zuweilen fälschlicherweise als Zeichen der Überforderung im Umgang mit zwei Sprachen gedeutet. Bei genauerer Betrachtung zeigt sich jedoch, dass es gute Gründe dafür geben kann, die Sprachen zu vermischen, z.B. dann, wenn bestimmte Wörter in der gerade gesprochenen Sprache nicht existieren oder in der anderen Sprache vertrauter sind.

sprachübergreifender Wortschatz

Der häufigste Grund für Sprachmischungen bei Kindern zwischen drei bis fünf Jahren ist, dass deren Wortschatz teilweise sprachübergreifend ist und sich aus Wörtern beider Sprachen zusammensetzt. Kinder in diesem Alter können noch nicht jedes einzelne Wort seiner jeweiligen Sprache zuordnen. Sie haben zudem noch nicht alle Wörter in beiden Sprachen erworben und haben anders als einsprachig aufwachsende Kinder die Möglichkeit, sich ein Wort aus der anderen Sprache zu „borgen". Sprachmischungen, die auf einer noch nicht vollständig entwickelten Bewusstheit für Zweisprachigkeit beruhen, stellen eine normale Phase der zweisprachigen Entwicklung dar, die die Mehrheit zweisprachig aufwachsender Kinder durchläuft. Durch fortschreitende Bewusstwerdung der Zweisprachigkeit und durch die stetige Vergrößerung des Wortschatzes in beiden Sprachen werden diese unbewussten Sprachmischungen immer seltener. Bewusste Sprachmischungen gehören jedoch weiterhin zum Sprachgebrauch.

Eltern können durch ihr Sprachverhalten zur Überwindung der kindlichen Sprachmischungen beitragen, indem sie als Vorbilder wirken, die die Sprachen in der Kommunikation mit dem Kind trennen.

3. Interferenz

Mit Interferenz wird die Übertragung von grammatikalischen Regeln oder anderen Elementen der einen Sprache in die andere bezeichnet. So ist es denkbar, dass ein Kind, das mit der türkischen Sprache aufgewachsen ist, eine Frage auf Deutsch entsprechend dem türkischen Satzbau formuliert. Bei Äußerungen zweisprachiger Kinder, die von der Norm der jeweiligen Sprache abweichen, ist es schwer zu unterscheiden, ob sie auf eine Beeinflussung durch die Regeln der anderen Sprache beruhen oder aber Ausdruck eines ganz normalen Sprachentwicklungsprozesses sind, im Rahmen dessen gewisse Regeln noch nicht erworben wurden oder falsch angewendet werden.

Codeswitching, Sprachmischung und Interferenz sind keine Fehler

Für Eltern zwei- oder mehrsprachig aufwachsender Kinder ist es in diesem Zusammenhang von Bedeutung, sich bewusst zu machen, dass von ihnen und dem Umfeld und nach der Sprachnorm „falsch" eingeordneten Worten und Wendungen Codeswitching, Sprachmischungen und Inferenzen zugrunde liegen können, die – zunächst – nicht als Fehler und mangelnde Sprachkompetenzen bewertet werden sollten, sondern als Ausdruck

- ganz normaler Sprachentwicklungsprozesse, die zweisprachige Kinder ebenso wie einsprachige durchlaufen;
- eines entstehenden Bewusstseins des Kindes für die eigene Zweisprachigkeit;
- des Sprachkontaktes innerhalb der zweisprachigen Person;
- eines lebendigen und kreativen Umgangs mit mehreren Sprachen;
- des „Aus-dem-Vollen-Schöpfens" eines Kindes, das mit mehr als einer Sprache vertraut ist.

Sprach(en)wahl in der Eltern-Kinder-Kommunikation

Muttersprache ist meist Wahlsprache

Was nahezu alle mehrsprachig erziehenden Eltern sehr beschäftigt und bewegt, ist die Frage, in welcher Sprache sie mit ihrem Kind sprechen sollen. Dabei können Eltern die Antwort am besten selbst geben, und die meisten tun dies auch ganz spontan: diejenige Sprache, die sie selbst am besten können, in der sie sich am wohlsten und mit der sie sich am engsten verbunden fühlen. Dieses ist zumeist ihre eigene Muttersprache. Es ist wenig förderlich, wenn Eltern in einer Sprache, die sie selbst nicht gut beherrschen und der sie sich nicht emotional verbunden fühlen, mit ihren Kindern sprechen. Im Erziehungsalltag einer mehrsprachigen Familie stellt sich die Situation aber komplizierter und vielfältiger dar. Nicht wenige Eltern besitzen verschiedene Optionen und sie wollen den Sprachlernprozess für ihr Kind bewusst gestalten. Neben der Sprachverteilung in der Familie wirken sich folgende Bedingungen auf die Sprachwahl der Eltern aus:

äußere Einflussfaktoren

- Die sprachliche Zusammensetzung des sozialen Umfeldes kann die deutsche Sprache oder die Muttersprache zurücktreten lassen.
- Negative Grundeinstellungen, wie Vorurteile oder Skepsis gegenüber Zweisprachigkeit oder dem Gebrauch der Muttersprache, können einen Einfluss zu Lasten einer zweisprachigen Erziehung ausüben.
- Zahlreiche Kontakte zu Menschen, die selbst zwei- oder mehrsprachig sind und die Zweisprachigkeit als etwas völlig Normales ansehen, können die zweisprachige Entwicklung fördern.
- Positiver oder ablehnender Umgang mit Zwei- oder Mehrsprachigkeit im Kindergarten und in der Schule wirkt zurück in die Familie, da es für Eltern zermürbend ist, gegen negative Meinungen der Pädagoginnen und Pädagogen in den Bildungseinrichtungen anzukämpfen.

Unterstützung und Beratung für mehrsprachig erziehende Eltern

Es hilft Eltern, wenn sie die Möglichkeit erhalten, ihre Sprachkonzepte zu diskutieren, damit sie die von ihnen häufig gewünschte zweisprachige Erziehung vor dem Hintergrund ihrer individuellen Möglichkeiten und unter Berücksichtigung der oben genannten Rahmenbedingungen bewusst gestalten. In der Fachdiskussion wird eine „durchgängige Sprachbildung" gefordert, die als Sprachförderung von Anfang an unter Einbeziehung der Eltern an die zweisprachigen Kompetenzen des Kindes anknüpft.[6] Ein solches Konzept verlangt,

- dass mehrsprachige Familien mit ihren spezifischen Kompetenzen in den Prozess der Vermittlung von Bildungssprachen einbezogen werden, und dass es Überlegungen bedarf, wie der Gedanke der Sprachenförderung von den Bildungsinstitutionen in diese Familien getragen werden kann. Dabei reicht es nicht aus, die Verbesserung der deutschen Sprachkompetenzen in den Blick zu nehmen, sondern die praktizierte Zwei- oder Mehrsprachigkeit muss berücksichtigt werden.
- dass mit den Eltern die Optionen, die bilinguale Erziehungs- und Bildungseinrichtungen bieten, ausführlich angesprochen werden und bestehende Kindertagesstätten mit einem solchen Konzept dargestellt und eventuell aufgesucht werden. Eltern interessieren sich dafür, wie zwei- oder mehrsprachige Einrichtungen funktionieren, wie andere (nicht auf sprachliche Förderung bezogene) Qualitätsstandards verwirklicht werden, u.a.m. Von besonderem Interesse sind Informationen über die Durchführung und die Praxis eines muttersprachlichen Unterrichts in der Grundschule, die das Kind besuchen soll.
- dass das Bewusstsein, dass nicht nur die Familien Einfluss auf den Sprachlernprozess des Kindes nehmen, sondern dass die Grundlagen für eine emotionale Bindung zu den Sprachen in der frühkindlichen Kommunikation gelegt werden. Die Wertschätzung der Zwei- oder Mehrsprachigkeit in der Gesellschaft würde es den Eltern erleichtern, ihren Wunsch nach zweisprachiger Erziehung den Kindern so zu vermitteln, dass auch die deutsche Sprache emotional angenommen wird.
- dass Eltern vom Zeitpunkt der Geburt an die Möglichkeit haben, sich hinsichtlich einer durchgängigen Sprachbildung zu informieren und beraten zu lassen.

Deutsch und Muttersprache sind gleichermaßen wichtig

In Familien, die in Deutschland leben, spielt die deutsche Sprache eine wichtige Rolle. Eltern sollten ihre Kinder von früh an motivieren, Deutsch zu lernen, und ihnen vermitteln, wie wichtig das Lernen und Beherrschen der deutschen Sprache ist. Sie können

6 Siehe Salem, Tanja (2010): Das Konzept der „Durchgängigen Sprachbildung". In: Friedrich-Ebert-Stiftung (Hrsg.): Sprache ist der Schlüssel zur Integration. Bedingungen von Menschen mit Migrationshintergrund. Bonn, S. 8–18.

sich selbst von ihren Kindern (spielerisch) etwas beibringen lassen, oder – falls sie selbst Kenntnisse in der deutschen Sprache haben – diese in ausgewählten Situationen in den Familienalltag einfließen lassen. Zugleich sollten sie aber immer wieder reflektieren, was mit der anderen Sprache passiert. Sie sollten bewusst darauf achten, dass dies die Muttersprache, die Sprache zwischen Mutter, Vater und Kind bleibt, oder aber – falls dieser Weg nicht länger praktikabel erscheint – bewusst entscheiden, beide Sprachen mit dem Kind zu sprechen.

In der zweisprachigen Erziehung geht es letztendlich darum, zwischen einem lebendig-natürlichen und alltagstauglichen Umgang mit beiden Sprachen einerseits und der konsequenten Verwendung der Muttersprache andererseits abzuwägen. Manche Eltern werden diese beiden Pole gar nicht als gegensätzlich empfinden, für andere liegen feine Nuancen dazwischen, für wieder andere sind sie fast unvereinbar. Genau deshalb kann es kein Patentrezept für das Maß an Konsequenz innerhalb der zweisprachigen Erziehung geben. Es liegt vielmehr an den Eltern selbst, den Sprachengebrauch in der Familie entsprechend ihrer Persönlichkeit und ihrer Rahmenbedingungen eigenaktiv und bewusst zu gestalten. Wenn beide Eltern, oder wenn die Person, die das Kind überwiegend betreut, die deutsche Sprache nicht ausreichend beherrscht, ist es von großer Bedeutung, relativ früh (z.B. durch einen Kitabesuch) Kontakte zur deutschen Sprache herzustellen. Genauso wichtig kann es sein, die Muttersprache zu stärken: durch Besuche (Kontakte) in der Verwandtengruppe, die die Muttersprache der Eltern pflegt, durch Urlaubsbesuche im Herkunftsland der Eltern oder der Großeltern, durch die Teilnahme an Festen in der sprachlichen Gemeinschaft. Auch die Teilnahme an Angeboten der Migrantenorganisationen, wie z.B. an muttersprachlich orientierten Mutter-Kind-Gruppen, an Vorlesegruppen für Kinder, an Frühförderunterricht sowie an Bildungs-, Kultur- und Sportangeboten in der Muttersprache, können dazu beitragen, die muttersprachlichen Kompetenzen zu stärken.

Umgang mit Zwei- oder Mehrsprachigkeit in einer einsprachigen Gesellschaft

geringe Akzeptanz der Herkunftssprache

In den öffentlichen Debatten verläuft die Diskussion über die sprachlichen Kompetenzen der Kinder aus Migrantenfamilien häufig einseitig. Während stets das Unstrittige betont wird, nämlich wie wichtig gute Kenntnisse in der Verkehrssprache Deutsch sind, wird den anderen Sprachkompetenzen mehrsprachiger Familien wenig Aufmerksamkeit gewidmet. Allerdings werden bei der Thematisierung der sprachlichen Förderung zwei- oder mehrsprachiger Kinder in neuerer Zeit die Muttersprachen wieder stärker einbezogen.[7] Empirische Untersuchungen[8] weisen auf wahrgenommene Sprachverluste

---

7 Einen Überblick in Bezug auf türkisch-deutsche Zweisprachigkeit bietet: Neumann, Ursula/Reich, Hans H. (Hrsg.) (2009): Erwerb des Türkischen in einsprachigen und mehrsprachigen Situationen. Münster. Zur russisch-deutschen Zweisprachigkeit siehe: Anstatt, Tanja/Dieser, Elena (2007): Sprachmischung und Sprachtrennung bei zweisprachigen Kindern (am Beispiel des russisch-deutschen Spracherwerbs). In: Anstatt, Tanja (Hrsg.): Mehrsprachigkeit bei Kindern und Erwachsenen. Erwerb, Formen, Förderung. Tübingen, S. 139–162. Für weitere Literaturhinweise siehe Literaturverzeichnis dieses Beitrags. Aussagen zur Zweisprachigkeit von Kindern mit marokkanischen Migrationshintergrund liegen vor bei: Mehlem, Ulrich (1998): Zweisprachigkeit marokkanischer Kinder in Deutschland. Untersuchungen zu Sprachgebrauch, Spracheinstellungen und Sprachkompetenzen marokkanischer Kinder in Deutschland. Frankfurt/Berlin/Bern sowie bei Maas, Utz/Mehlem, Ulrich (2003): Schriftkulturelle Ressourcen und Barrieren bei marokkanischen Kindern in Deutschland. http://www.mvtks.de/pdf-verein/IMIS_Osnabrueck_2003.pdf [Zugriff am 21.11.2014].

8 Eine 2001/02 durchgeführte Untersuchung bei jungen Frauen mit Migrationshintergrund ermittelt auf Grundlage der Selbsteinstufung folgende Sprachkompetenzen bei Aussiedlerinnen und Frauen mit türkischem Migrationshintergrund: bilingual: Aussiedlerinnen 23 %, mit türkischen Migrationshintergrund 28 %; geringe Fähigkeiten in beiden Sprachen: 15 % bzw. 24 %; dominant

in den Muttersprachen hin. Besonders schwierig ist der Umgang mit dem Wunsch der Eltern, ihre Kinder zwei- oder mehrsprachig aufwachsen zu lassen und insbesondere die Muttersprache(n) zu erhalten.[9] Bis heute nehmen längst nicht alle Fachkräfte in den Bildungseinrichtungen Zwei-/Mehrsprachigkeit als selbstverständlich wahr. Immer noch wird der Gebrauch der Mutter- oder Familiensprache tendenziell negativ, als Belastung für das Kind und als Störung beim Lernen der deutschen Sprache eingestuft. Den Eltern wird dann abgesprochen, dass ihr Bildungsziel Zwei- oder Mehrsprachigkeit legitim und dem Aufwachsen des Kindes förderlich sei.

Vorurteile

Eltern haben sich mit folgenden Vorwürfen auseinanderzusetzen:

- „Zweisprachigkeit stellt eine Überforderung für das Kind dar." Kinder erwerben Sprachen – wie oben gezeigt – spielerisch, ganz von selbst, ohne bewusste Anstrengung. Auch der Erwerb zweier Sprachen stellt keine Überforderung für ein Kind dar. Allerdings können ungünstige Rahmenbedingungen ein Kind in seiner zweisprachigen Entwicklung überfordern.
- „In Deutschland ist nur die deutsche Sprache wichtig." Das ist nur teilweise richtig. Alle in Deutschland lebenden Kinder und Jugendlichen sollten der deutschen Sprache mächtig sein. Die Muttersprache(n) und eventuell weitere Sprachen zu beherrschen, ist aber für das Kind und für die Gesellschaft ein Gewinn. Außerdem wird, wenn ausschließlich die deutsche Sprachkompetenz in den Blick genommen wird, die zweisprachige Lebenssituation der Familien mit Migrationshintergrund ignoriert.
- „Russisch, Türkisch oder Arabisch nutzen weder dem Kind noch der Gesellschaft." Das ist nicht einmal dann richtig, wenn allein der ökonomische Aspekt des Nutzens von Sprachkompetenzen in Betracht gezogen wird.

Erkennen von und Hilfen bei Sprachproblemen

Sprachentwicklungsstörungen kommen bei zweisprachigen Kindern nicht häufiger vor als bei einsprachigen. Zweisprachigkeit ist nicht die Ursache für Stottern oder Stammeln. Mehrsprachig erziehende Eltern sollten – wie einsprachige deutsche Eltern auch – den Sprachenentwicklungsprozess ihres Kindes beobachten und falls sie es für notwendig erachten, fachkundige Hilfe hinzuziehen, möglichst einen Kinderarzt oder eine Kinderärztin bzw. einen Logopäden oder eine Logopädin, die mit Fragen zwei- oder mehrsprachigen Aufwachsens vertraut ist.[10]

herkunftssprachig: 45 % bzw. 12 %; dominant deutschsprachig: 17 % bzw. 36 %. Siehe Boos-Nünning, Ursula/Karakaşoğlu, Yasemin (2005): Viele Welten leben. Zur Lebenssituation von Mädchen und jungen Frauen mit Migrationshintergrund. Münster, S. 214ff.

9 Leist-Villis, Anja (2004): Zweisprachigkeit im Kontext sozialer Netzwerke – Unterstützende Rahmenbedingungen zweisprachiger Entwicklung und Erziehung am Beispiel griechisch-deutsch. Münster.

10 Einen Einstieg in das Thema bietet Chilla, Solveig/Rothweiler, Monika/Babur, Ezel (2010): Kindliche Mehrsprachigkeit. Grundlagen – Störungen – Diagnostik. Basel; sowie Scharff Rethfeld, Wiebke (2013): Kindliche Mehrsprachigkeit. Grundlagen und Praxis der sprachtherapeutischen Intervention. Stuttgart.

Zum Erwerb der Schriftsprache

Parallel zum Erwerb der mündlichen Sprache findet das Herantasten an die Schriftsprache statt (im Folgenden auch Literacy genannt). Kinder sind von Geburt an von Schrift umgeben: Auf Verpackungen, Kleidung, Schildern, im Supermarkt – überall steht Geschriebenes. Auch im familiären Kontext machen sie von klein auf konkrete Erfahrungen mit der Schriftsprache:

- Ihnen wird vorgelesen und sie hören eine Sprache, die sich deutlich von der im Alltag gesprochenen unterscheidet; dieses besonders beim Vorlesen von Märchen oder Gedichten.
- Sie erleben, dass die Mutter ein Rezept (vor-)liest und wie aus den geschriebenen Anweisungen ein Kuchen entsteht.
- Sie beobachten ihre Eltern oder größeren Geschwister, wie diese Briefe, Notizen, Hausarbeiten, SMS oder E-Mails schreiben.
- Sie werden beim Schreiben eines Einkaufszettels einbezogen.

Früher und häufiger Kontakt zur Schriftsprache

Anhand dieser Beispiele wird deutlich, dass die Qualität und Quantität der Literacy-Erfahrungen eines Kindes in hohem Maße abhängig sind von dem Stellenwert, den die Schriftsprache in seinem Elternhaus besitzt. Sind dort Zeitungen und Bücher präsent? Wird regelmäßig vorgelesen? Sind Lesen und Schreiben selbstverständliche Tätigkeiten im Familienalltag? Frühe Erfahrungen mit geschriebener Sprache fördern die Sprachkompetenzen eines Kindes, sein Wissen um die Funktion von Schrift und sein Interesse am Lesen und Schreiben. Folgende Tätigkeiten deuten darauf hin und zeigen sich bei Kindern mit früher Literacy-Erfahrung lange vor Schuleintritt:

- Kinder fragen: „Was steht da?“,
- sie integrieren Lesen und Schreiben in ihr Spiel (etwa, indem sie den Lego-Automechaniker nach getaner Arbeit eine Rechnung schreiben lassen),
- sie kritzeln etwas auf ein Blatt Papier und sagen, dort stünde „Mama“,
- sie versuchen, ihren eigenen Namen zu schreiben,
- sie fragmentieren Sprache, machen sich Gedanken, wie die Worte aufgebaut sind (Reime, Rhythmik, aber auch ganz konkret: „Wenn man bitte schreiben will, muss man Bi-hi-t-t-e schreiben.“).

Schriftsprache fördert kognitive Entwicklung

Kinder, die bereits vor Schuleintritt eine Vorstellung von Bedeutung und Funktion der Schriftsprache entwickelt haben und deren Interesse an Schriftsprache geweckt ist, werden es wesentlich leichter haben, Lesen und Schreiben zu lernen als diejenigen Kinder, die diese frühen Erfahrungen nicht haben. Hinzu kommt, dass Kindern durch den Umgang mit geschriebener Sprache auch eine andere Art von Sprache nahegebracht wird. Geschriebenes ist meistens kontextgebunden, die Inhalte müssen expliziter, deutlicher und oftmals abstrakter ausgedrückt werden. Geschriebene Texte weisen meist einen reichhaltigen Wortschatz und komplexen Satzbau auf. Dies alles sind Eigenschaften der Bildungssprache[11], die in der Schule einen immer größeren Raum einnehmen wird. Auch aus dieser Perspektive stellen frühe Erfahrungen mit der Schriftsprache eine gute Vorbereitung auf schulisches Lernen dar. Für Kinder, die mit mehr als einer Sprache aufwachsen, ist es wünschenswert, dass sie auch in beiden Sprachen Lesen und Schreiben lernen, denn so

- ist auch die Muttersprache im schulischen Kontext präsent und wird weiter entwickelt,

---

11 Zu einer Auseinandersetzung mit Fragen der Bildungssprache sei hingewiesen auf: Gogolin, Ingrid/Lange, Imke/Michel, Ute/Reich, Hans H. (Hrsg.) (2013): Herausforderungen der Bildungssprache – und wie man sie meistert. Münster.

- wird den Kindern die Bildungssprache in beiden Sprachen nahegebracht und sie erreichen so in beiden Sprachen ein Niveau, das über die Alltagssprache hinausgeht,
- können sie sich an Prozessen in beiden Sprachgesellschaften beteiligen.

Untersuchungen[12] zeigen, dass der Erwerb der Schriftsprache in der Muttersprache die schriftlichen Fähigkeiten im Deutschen nicht beeinträchtigt – eine verbreitete Sorge von Eltern. Im Gegenteil werden dem Kind die Fähigkeiten und Kenntnisse, die es hier erwirbt – z.B. wie eine Geschichte aufgebaut werden kann oder auch die Beschäftigung mit verschiedenen Grammatiksystemen – auch für den Erwerb der deutschen Sprache nützlich sein (und umgekehrt). Auch für den Schriftspracherwerb gilt also, was oben für die gesprochene Sprache ausgeführt wurde: Die Sprachen sind nicht in Konkurrenz zueinander zu sehen, sondern in Kombination. Es ist daher empfehlenswert, dass Eltern ihrem Kind Märchen und Geschichten in mehreren Sprachen vorlesen oder zweisprachige Kinderbücher anschaffen. In einer 2010 durchgeführten Studie der Stiftung Lesen[13] zeigte sich, dass Kindern, die in Familien mit Migrationshintergrund aufwachsen, weniger vorgelesen wird als Kindern in deutschen Familien; besonders selten wird in Familien mit türkischem Hintergrund vorgelesen. Niedrige formale Bildung erklärt die geringe Vorleseaktivität in Familien mit türkischem Migrationshintergrund nicht hinreichend; auch wird das Vorlesen nicht durch das Erzählen von Geschichten kompensiert. Eltern mit russischer Muttersprache lesen dagegen häufiger vor und erzählen häufiger Geschichten. In einer früheren Untersuchung[14] nennen Eltern mit Migrationshintergrund häufiger als deutsche Familien Zeitmangel und fehlende Kompetenzen als Gründe für die geringe Bedeutung des Vorlesens, vor allem aber betonen die Eltern, dass die Kinder elektronische Medien dem Vorlese-Erlebnis vorzögen. In den Vorlesekulturen der Familien werden Bildungschancen der Kinder gefördert oder ihnen werden Bildungschancen vorenthalten. Es gilt, die Erziehungs- und Bildungskompetenz aller Familien im Bereich des Lesens (wie auch im Bereich des Umgangs mit Medien) zu stärken.

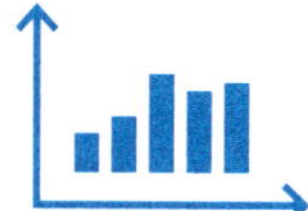

(Vor-)Lesen in Familien mit Migrationshintergrund

Leseempfehlung

Rothweiler, Monika/Ruberg, Tobias (2011): Der Erwerb des Deutschen bei Kindern mit nichtdeutscher Erstsprache. Sprachliche und außersprachliche Einflussfaktoren. Expertise für das Projekt Weiterbildungsinitiative Frühpädagogische Fachkräfte (WIFF). München.

12 Reich, Hans H. (2011): Schriftsprachliche Fähigkeiten türkisch-deutscher Grundschülerinnen und Grundschüler in Köln. Ein Untersuchungsbericht, herausgegeben von der Bezirksregierung Köln; http://www.gew-online.de/dms_extern/download.php?id=231754 [Zugriff am 31.08.2015].

13 Siehe Ehmig, Simone C./Reuter, Timo (2013): Vorlesen im Kinderalltag. Bedeutung des Vorlesens für die Entwicklung von Kindern und Jugendlichen und Vorlesepraxis in den Familien. Mainz, S. 43ff.

14 Siehe Ehmig, Simone C./Reuter, Timo, siehe oben, S. 39.

2.2 Didaktische Hinweise

Zum Thema: Wie erwerben Kinder Sprache(n) und wie können Eltern sie unterstützen?
Welche Besonderheiten gibt es in der zweisprachigen Entwicklung?
Ziele: Hier geht es im Wesentlichen darum, den Eltern zu vermitteln, wie Kinder Sprache erwerben und wie sie den Spracherwerbsprozess unterstützen können.

Vorschläge:

Die einzelnen Prinzipien des Spracherwerbs vorstellen, Eltern nach Beispielen aus den ersten Lebensjahren fragen: Wem fällt ein Beispiel zur Nachahmung ein? Wem fällt ein Beispiel zu der (falschen) Anwendung von Grammatik ein? Oder: Achten Sie auf solche Fehler, schreiben Sie Beispiele dafür auf.

Gleiches gilt für den zweisprachigen Sprachenerwerb: Vermischt das Kind die Sprachen? Beispiele dafür geben lassen.

Großen Gesprächsbedarf wird es hinsichtlich der Verweigerungen geben. Lassen Sie die Eltern von ihren Erfahrungen berichten und versuchen Sie, einen Austausch herzustellen mit den Zielen: 1. Es geht nicht nur mir so; 2. Das werde ich einmal ausprobieren.

- Spricht das Kind manchmal in der anderen Sprache mit den Eltern?
- Fühlen sich die Eltern gestört? Und wenn ja, warum; wenn nein, warum nicht? Wie reagieren die Eltern auf die Sprachwahl des Kindes?

Durchsprechen/Anknüpfen an Abschnitt 2.3 Materialien zur Weitergabe an Eltern/Tipps zum Umgang mit Verweigerungen

Zum Thema: Welche Sprache sollten Eltern mit ihrem Kind sprechen?
Ziele: Eltern sollten darin bestärkt werden, dass sie selbst am besten wissen, in welcher Sprache sie mit dem Kind reden können, aber auch, dass sie den Spracherziehungsprozess bewusst gestalten können und vor allem, dass sie die wichtigsten Personen innerhalb des Sprach(en)erwerbs des Kindes sind!

Mögliche Fragen finden Sie in Abschnitt 2.3 Materialien zur Weitergabe an Eltern.

Zum Thema: Was ist beim Erwerb der Schriftsprache zu beachten?
Ziele: Vor allem wenn Eltern der Meinung sind, dass „Lesen und Schreiben lernen“ eine Sache der Schule sei, ist es wichtig zu vermitteln, dass Vorlesen zu Hause und von klein auf eine gute Voraussetzung auch für schulisches Lernen ist. Anhand von Lesebeispielen kann gezeigt werden, wie sich geschriebene Sprache von der Alltagssprache unterscheidet.

Zum Thema: „Schuleintritt und Zweisprachigkeit“
Ein Erfahrungsaustausch hierzu kann mit folgenden Fragen/Themen angeregt werden:

- Ist das Thema Zweisprachigkeit hier für Eltern relevant? Machen sie sich Gedanken über die zweisprachige Entwicklung? Welche?
- Wie schaffen es Eltern, die nichtdeutsche Sprache nach Schuleintritt des Kindes in der Familie zu pflegen (als Gegengewicht zur Dominanz der deutschen Sprache)?
- Wie können die Kinder motiviert werden, den muttersprachlichen Ergänzungsunterricht zu besuchen?
- Was können Eltern tun, wenn kein muttersprachlicher Ergänzungsunterricht/herkunftssprachlicher Unterricht angeboten wird? (Hinweis: Sie können ihn selbst beantragen!)

2.3 Quellen/Materialien zur Weitergabe an Eltern

Elternbriefe Arbeitskreis Neue Erziehung e.V. (ANE)

Nr. 11	11 Monate	Miteinander im Gespräch	Zweisprachigkeit
Nr. 14	1 Jahr, 4 Monate	Sprechen lernen	Allgemein
Nr. 18	2 Jahre	Zweisprachige Erziehung	Zweisprachigkeit
Nr. 21	2 Jahre, 6 Monate	Sprechen und Denken	Allgemein
			Schimpfworte
Nr. 26	3 Jahre, 6 Monate	Sprache und Denken	Allgemein
		Probleme mit dem Sprechen	Allgemein
		Zweisprachig aufwachsen	Zweisprachigkeit

Elternbriefe in türkischer Sprache: Nr. 2: Canans Zunge löst sich
Zwei Extrabriefe zur Sprachentwicklung von Kindern (0–3 und 3–6 Jahre) u.a. in arabisch-deutsch, russisch-deutsch, türkisch-deutsch, siehe unter www.ane.de

Elternbrief: Wie lernt mein Kind zwei Sprachen, Deutsch und die Familiensprache?
http://www.ifp.bayern.de/imperia/md/content/stmas/ifp/elternbriefdeutsch.pdf (deutsch)
http://www.ifp.bayern.de/imperia/md/content/stmas/ifp/elternbriefarabisch.pdf (arabisch)
http://www.ifp.bayern.de/imperia/md/content/stmas/ifp/elternbrief_russisch.pdf (russisch)
http://www.ifp.bayern.de/imperia/md/content/stmas/ifp/elternbrieftuerkisch.pdf (türkisch)

Alle Elternbriefe [Zugriff am 21.11.2014]
Verband binationaler Familien und Partnerschaften (2013): In vielen Sprachen zu Hause. Elternbroschüre in 5 verschiedenen Sprachen. Bonn, http://www.verband-binationaler.de/index.php?id=456 [Zugriff am 21.11.2014]

Tipps zum Umgang mit Verweigerungen[15]

- Analysieren Sie einmal die Umstände, unter denen Ihr Kind zweisprachig aufwächst. Haben beide Sprachen in seiner Lebenswelt eine klare und große Bedeutung? Ist es für Ihr Kind klar ersichtlich, welchen Sinn es hat, beide Sprachen zu sprechen? Oder hat die Nichtumgebungssprache eher einen geringen Stellenwert?
- Sind Sie die einzige Person, die mit Ihrem Kind diese Sprache spricht? Versuchen Sie auf jede erdenkliche Weise die Präsenz der Sprache im Leben Ihres Kindes zu erhöhen. Spielen Sie Musik in der Sprache, versuchen Sie, Reisen in das Land zu ermöglichen, Kontakte zu anderen Menschen dieser Sprache aufzubauen.
- Die Frage, ob Ihr Kind eine Sprache verweigert, hängt natürlich auch von seiner Persönlichkeit ab: Wie stark ist das Bedürfnis, nicht „anders" sein zu wollen als andere Kinder? Oder ist vielleicht der Stolz größer, etwas Besonderes zu können? Welche persönlichen sprachlichen Vorlieben sind vorhanden? Versuchen Sie, die persönliche Sichtweise und das daraus resultierende Verhalten Ihres Kindes zu verstehen und zu akzeptieren. Sie können wenig daran ändern.
- Üben Sie keinen Druck aus. Bestehen Sie nicht darauf, dass Ihr Kind in der von Ihnen gewollten Sprache spricht.
- Tun Sie niemals so, als ob Sie das Kind nicht verstehen, wenn es die – aus Ihrer Sicht – „falsche" Sprache spricht. Ihr Kind merkt und weiß genau, was Sie verstehen und

15 Leist-Villis, Anja (2014[6]): Elternratgeber Zweisprachigkeit. Informationen und Tipps zur zweisprachigen Entwicklung und Erziehung von Kindern. Tübingen, S. 124f.

was nicht. Das Gefühl, nicht ernst genommen zu werden, wird sich auf keine Ebene der Entwicklung Ihres Kindes positiv auswirken.

- Vermitteln Sie Ihrem Kind aber, dass Sie bei Ihrer Sprache bleiben werden, indem Sie sie weiterhin sprechen, egal, welche Sprache Ihr Kind Ihnen gegenüber verwendet. Das ist nicht leicht – versuchen Sie es dennoch, es wird sich lohnen. Erklären Sie ihm auch ganz direkt: Das ist meine Sprache, sie ist mir wichtig, ich spreche sie besser als die andere.

Tipps zur bewussten Gestaltung der zweisprachigen Erziehung[16]

Die Umsetzung des Prinzips, dass jeder Elternteil mit dem Kind in seiner Muttersprache spricht, kann eine Reihe von Schwierigkeiten mit sich bringen. Viele Eltern denken rückblickend, dass sie es hätten besser machen sollen. Diese Unzufriedenheit ist oft darin begründet, dass Eltern ungewollt inkonsequent werden. Vor diesem Hintergrund erscheint es wichtig, dass Sie die zweisprachige Erziehung eigenaktiv gestalten, indem Sie frühzeitig bewusste Entscheidungen fällen:

- Entscheiden Sie, welche Sprache Sie am liebsten mit Ihrem Kind sprechen können und möchten. Es wird diejenige Sprache sein, der Sie sich am tiefsten verbunden fühlen und die Sie am besten beherrschen – vermutlich Ihre eigene Muttersprache.
- Formulieren Sie Ihre Erwartungen an die zweisprachige Entwicklung Ihres Kindes: Möchten Sie, dass es sich beide Sprachen möglichst gut aneignet, oder würde es Ihnen reichen, wenn es in einer der Sprachen nur Grundlagen erwirbt?
- Stellen Sie Ihre Erwartungen auf eine realistische Basis: Selten erwerben Menschen zwei oder drei Sprachen perfekt. Der Erwerb einer Nichtumgebungssprache kann mitunter ein anstrengender Prozess sein, in dem der Elternteil, der diese Sprache vertritt, eine zentrale Rolle spielt – die Erfüllung Ihrer Erwartungen hängt in hohem Maße von ihm ab.
- Überlegen Sie, wie wichtig Ihnen ganz persönlich Konsequenz in der zweisprachigen Erziehung ist. Wägen Sie ab zwischen der konsequenten Verwendung Ihrer Muttersprache einerseits und einem lebendig-natürlichen/alltagstauglichen Umgang mit beiden Sprachen andererseits.
- Analysieren Sie die Situationen, in denen Sie inkonsequent werden. Wann empfinden Sie es als gut und richtig, von Ihrer eigentlichen Sprachwahl abzuweichen? In welchen Situationen ist der Sprachwechsel eigentlich nicht unbedingt nötig?
- Werben Sie in Ihrem sozialen Umfeld um Verständnis. Sprechen Sie mit ihren Freunden, Verwandten, Nachbarn über die Bedeutung, die Ihre Muttersprache und die Zweisprachigkeit Ihres Kindes für Sie haben. Formulieren Sie den Wunsch, auch in ihrer Gegenwart ohne schlechtes Gewissen mit Ihrem Kind diese Sprache sprechen zu können.
- Sprechen Sie eine Nichtumgebungssprache und Ihr Partner/Ihre Partnerin die Umgebungssprache? Bitten Sie ihn/sie, zumindest Grundkenntnisse in Ihrer Sprache zu erwerben.
- Ermöglichen Sie Ihrem Kind von früh an möglichst viel Kontakt zur deutschen Sprache, motivieren Sie es, diese Sprache zu sprechen, vermitteln Sie ihm die Wichtigkeit.

16 Leist-Villis, Anja (2014[6]), S. 158f.

2.4 Literatur zur Vertiefung

Anstatt, Tanja (2011): Sprachattrition. Abbau der Erstsprache bei russisch-deutschen Jugendlichen. In: Wiener Slawistischer Almanach 67, S. 7–31; http://download.e-bookshelf.de/download/0000/7475/54/L-G-0000747554-0002327204.pdf [Zugriff am 21.11.2014].

Anstatt, Tanja (2009): Der Erwerb der Familiensprache: Zur Entwicklung des Russischen bei bilingualen Kindern in Deutschland. In: Gogolin, Ingrid/Neumann, Ursula (Hrsg.): Streitfall Zweisprachigkeit – The Bilingualism Controversy. Wiesbaden, S. 111–131.

Anstatt, Tanja/Rubcov, Oxana (2012): Gemischter Input – einsprachiger Output? Familiensprache und Entwicklung der Sprachtrennung bei bilingualen Kleinkindern. In: Weydt, Harald/Jungblut, Konstanze/Janczak, Barbara (Hrsg.): Mehrsprachigkeit aus deutscher Perspektive. Tübingen, S. 73–94.

Leist-Villis, Anja (2014, 6. Auflage): Elternratgeber Zweisprachigkeit. Informationen und Tipps zur zweisprachigen Entwicklung und Erziehung von Kindern. Tübingen.

Maas, Utz (2008): Sprache und Sprachen in der Migrationsgesellschaft: Die schriftkulturelle Dimension. Osnabrück.

Oksaar, Els (2003): Zweispracherwerb. Wege zur Mehrsprachigkeit und zur interkulturellen Verständigung. Stuttgart.

Reich, Hans H. (2011): Schriftsprachliche Fähigkeiten türkisch-deutscher Grundschülerinnen und Grundschüler in Köln. Ein Untersuchungsbericht, herausgegeben von der Bezirksregierung Köln; http://www.gew-online.de/dms_extern/download.php?id=231754 [Zugriff am 31.08.2015].

Reich, Hans H. (2008): Sprachförderung im Kindergarten. Grundlagen, Konzepte und Materialien. Berlin.

Szagun, Gisela (2007): Das Wunder des Spracherwerbs. So lernt Ihr Kind sprechen. Weinheim.

Tracy, Rosemarie (2007): Wie Kinder Sprachen lernen. Und wie wir sie dabei unterstützen können. Tübingen.

Thema 3: Vermittlung von Schlüsselqualifikationen sowie Hilfen bei der Identitäts- und Persönlichkeitsentwicklung

Ursula Boos-Nünning

Selbstständigkeit, Frustrationstoleranz und Belastbarkeit stellen lernfördernde Eigenschaften dar. Im Mittelpunkt steht die Erhöhung der Kompetenz der Eltern, diese Eigenschaften ihrer Kinder in der familiären Erziehung zu stärken. Berücksichtigt wird auch die Förderung weiterer Schlüsselqualifikationen wie Team-/Gruppenfähigkeit, interkulturelle Kompetenz, Empathie sowie die Vermittlung solcher Eigenschaften an Kinder.

3.1 Basistext

Der Erwerb von Schlüsselqualifikationen als Voraussetzung erfolgreichen Lernens

Wenn eine Erklärung dafür gesucht wird, dass ein Kind – mit oder ohne Migrationshintergrund – trotz vorhandener Intelligenz und hoher Bildungsansprüche nur schlechte Schulnoten erreicht, so kann ein möglicher Grund in Faktoren und Eigenschaften liegen, die mit der *Persönlichkeit* des Kindes verbunden sind. Es gibt Eigenschaften, die das Lernen oder das Erbringen von Leistungen fördern, und andere, die Lernen oder Leistungserbringung beeinträchtigen oder verhindern. Wieder andere Eigenschaften stärken die Position in der Gruppe oder bewirken besondere Akzeptanz von Seiten des pädagogischen Personals. Auch diese wirken sich auf den Lernerfolg, gemessen in Schulnoten, aus.

Funktionen von Schlüsselkompetenzen

Alle diese Kompetenzen werden in der Literatur als *Schlüsselqualifikationen* oder auch als extrafunktionale Fähigkeiten bezeichnet. Im beruflichen Bereich wird dafür der Begriff *soft skills* verwendet. Stets handelt es sich um Befähigungen und Eignungen, die außerhalb der fachlichen Kompetenzen stehen. Es sind allgemeine, stoffübergreifende und langfristig verwertbare Fähigkeiten, die es der Schülerin oder dem Schüler ermöglichen,

- selbstständig zu arbeiten und sich neue Inhalte eigenverantwortlich zu erschließen,
- belastbar zu werden, d.h. unter Zeitdruck in Stresssituationen (z.B. Prüfungen) gute Leistungen zu zeigen,
- selbstkritisch mit dem eigenen Lernverhalten und mit der eigenen Kommunikation umzugehen,
- bei Enttäuschungen nicht aufzugeben und sich zurückzuziehen, sondern neue Kräfte zu aktivieren, also Frustration zu verarbeiten,
- Empathie zu zeigen, d.h. sich in das Gegenüber hineinversetzen zu könen und so Gedanken und Gefühle nachzuvollziehen und dies in die Kommunikation einzubinden,
- so zu kommunizieren und zu kooperieren, dass sie selbst und die anderen Beteiligten zufrieden sind. Dazu zählt auch die Fähigkeit zur Kommunikation mit Menschen anderer kultureller und religiöser Orientierungen.

Schlüsselqualifikationen lassen sich in *Selbstkompetenz* (Fähigkeiten) und *Sozialkompetenz* unterscheiden. Wird die fachliche Diskussion berücksichtigt, so werden – allerdings auch nicht einheitlich – häufig die Schlüsselqualifikationen Selbstständigkeit, Frustrationstoleranz, Interkulturelle Kompetenz, Teamfähigkeit, Empathie und Ambiguitätstoleranz genannt. Es ist möglich, drei weitere Kompetenzen, die Methodenkompetenz, die Handlungskompetenz und die Medienkompetenz, hinzuzufügen. Weniger thematisiert wird, dass auch die Fähigkeit, die Identität auszubalancieren, zu den Schlüsselqualifikationen gezählt wird. Gerade diese Fähigkeit ist für Kinder mit Migrationshintergrund von großer Wichtigkeit. Schlüsselqualifikationen unterstützen oder bewirken nicht nur Lernerfolge in den Bildungseinrichtungen, hier vor allem die auf Selbstkompetenz ausgerichteten Qualifikationen. Auch im beruflichen und gesellschaftlichen Kontext – dort sind es eher die sozialen Kompetenzen wie Kooperations- Team- und (soziale) Konfliktfähigkeit – werden sie positiv bewertet und sind sehr gefragt.

Schlüsselkompetenzen und Identität

Schlüsselqualifikationen sollen in der Schule vermittelt werden; so werden zum Beispiel in Berlin die Bildungs- und Erziehungsziele von Schule wie folgt formuliert:
„Die Schülerinnen und Schüler sollen insbesondere lernen,

Schlüsselkompetenzen in der Schule

1. für sich und gemeinsam mit anderen zu lernen und Leistungen zu erbringen sowie ein aktives soziales Handeln zu entwickeln,
2. sich Informationen selbstständig zu verschaffen und sich ihrer kritisch zu bedienen, eine eigenständige Meinung zu vertreten und sich mit den Meinungen anderer vorurteilsfrei auseinander zu setzen,
3. aufrichtig und selbstkritisch zu sein und das als richtig und notwendig Erkannte selbstbewusst zu tun,
4. die eigenen Wahrnehmungs-, Empfindungs- und Ausdrucksfähigkeiten sowie musisch-künstlerischen Fähigkeiten zu entfalten und mit Medien sachgerecht, kritisch und produktiv umzugehen,
5. logisches Denken, Kreativität und Eigeninitiative zu entwickeln,
6. Konflikte zu erkennen, vernünftig und gewaltfrei zu lösen, sie aber auch zu ertragen,
7. Freude an der Bewegung und am gemeinsamen Sporttreiben zu entwickeln.“[1]

Die Vermittlung identitätsstützender Hilfen sieht die Schule – wie auch andere Bildungseinrichtungen – weniger als ihre Aufgabe an. Hier sind die Familien mit Migrationshintergrund und darüber hinaus die ethnischen Gemeinschaften auf sich allein gestellt.

Familie ist der wichtigste Ort für die Persönlichkeitsentwicklung

Zwar haben auch Bildungseinrichtungen, vor allem die Kindertagesstätte und die Grundschule, daneben die Gleichaltrigengruppen und das Milieu des Stadtteils, in dem ein Kind aufwächst, Einfluss auf die Entwicklung der „weichen“ Faktoren, die sich auf Lernen und Lernerfolg auswirken, aber auch und gerade das Elternhaus spielt eine bedeutsame Rolle. Dieses gilt insbesondere, weil das deutsche Bildungssystem ungleiche Voraussetzungen nicht ausgleicht. Daher muss das Augenmerk auf die Persönlichkeitsentwicklung der Kinder und auf die Entwicklung entsprechender Eigenschaften in der Familie gerichtet werden.

Bei günstigen Voraussetzungen – häufig gebunden an entsprechende familiäre Rahmenbedingungen – bringen Kinder nicht nur Wissen und Kenntnisse in die Bildungseinrichtungen mit, sondern sie verfügen darüber hinaus über die Selbstkompetenzen und (eventuell) über die Sozialkompetenzen, die ihnen das Lernen insgesamt erleichtern. Da es wahrscheinlich auch manchen oder vielen Kindern aus einheimisch deutschen sozialen Mittelschichten an solchen Kompetenzen mangelt, werden Ratgeber für Eltern nicht nur zur Stärkung der Kompetenzen in Deutsch und Mathematik, sondern auch für die Verbesserung der Schüsselqualifikationen erstellt.

1 Schulgesetz für das Land Berlin, § 3 Abs. 2 SchulG, Verkündungsstand: 06.11.2014, in Kraft ab: 06.04.2014 http://gesetze.berlin.de/default.aspx?vpath=bibdata%2Fges%2FBlnSchulG%2Fcont%2FBlnSchulG.P3.htm [Zugriff am 26.11.2014].

Der Erwerb von Schlüsselqualifikationen sowie Identitäts- und Persönlichkeitsentwicklung von Kindern mit Migrationshintergrund

Traditionsbewusstsein und Individualität

Ob ein Kind selbstständig wird, seine Person selbstkritisch einordnen kann, über eine hohe Frustrationstoleranz verfügt und soziale Kompetenzen ausbildet – wie die Fähigkeiten, in einer Gruppe zu agieren, Empathie zu zeigen oder mit Mehrdeutigkeiten umzugehen und sie in den Kommunikationsprozess einzubeziehen – ist eng mit der Persönlichkeitsentwicklung und hier mit der psychischen Stärke und Identität verbunden.[2] Bei der Suche nach möglichen *persönlichkeitsbedingten Ursachen für geringere Bildungserfolge* wird im öffentlichen Diskurs so auch nicht selten auf Persönlichkeits- oder Identitätsprobleme als Folge spezieller *Erziehungsvorstellungen* in Familien mit Migrationshintergrund verwiesen. Allerdings werden diesbezüglich zwei unterschiedliche Auffassungen vertreten: Während auf der einen Seite die Vorstellung von einer wertgebundeneren Erziehung vor allem im Hinblick auf religiöse und traditionelle Werte besteht, herrscht auf der anderen Seite die Auffassung vor, dass in Familien mit Migrationshintergrund, unabhängig von Herkunftsland, Geschlecht und Bildungsniveau, ein ähnliches Spektrum an Erziehungsvorstellungen besteht wie bei einheimisch deutschen Familien. Von den Eltern selbst, und zwar von allen Elterngruppen, wie auch von Jugendlichen mit Migrationshintergrund, werden als Erziehungsziele „Selbstständigkeit und Selbstbewusstsein sowie Durchsetzungsfähigkeit, soziale Kompetenzen wie Hilfsbereitschaft, Respekt vor anderen Menschen sowie Charakteraspekte wie Ehrlichkeit, Offenheit, Verantwortungsbewusstsein, Fähigkeit zur Selbstkritik“ genannt.[3] Diese angestrebten Kompetenzen dürften eigentlich einem erfolgreichen Bildungsverlauf nicht im Wege stehen.

hybride Identität

Ein weiterer verbreiteter Erklärungsansatz dafür, dass Kinder mit Migrationshintergrund in den Bildungseinrichtungen tendenziell größere Probleme haben, verweist auf besondere psychische Belastungen, die sich aus dem Leben in oder *zwischen zwei Kulturen* ergäben, und es werden daraus resultierende Identitätsprobleme oder sogar Identitätsstörungen als Ursache für Schwierigkeiten benannt. Diese populäre Alltagstheorie kann jedoch nicht als belegt gelten. Die Erfahrung mit unterschiedlichen kulturellen Praktiken und Vorstellungen muss nicht zwangsläufig zu Identitätsproblemen führen, sondern kann ebenso gut den eigenen Horizont erweitern und einen reflektierten Umgang mit kulturellen Orientierungen (den eigenen und denen anderer Menschen) – also die Interkulturelle Kompetenz – schulen oder sogar eine besonders gute Voraussetzung für den Erwerb einer hybriden oder transkulturellen Identität darstellen. In solchen Fällen übernehmen Kinder und Jugendliche – nicht nur diejenigen mit Migrationshintergrund – aktiv unterschiedliche kulturelle Elemente und entwickeln in der sich globalisierenden Gesellschaft eigene Formen von Identität, mit unterschiedlichen Zugehörigkeitsanteilen. Diese werden als *„hybride Identitäten“* bezeichnet. Wie der Prozess der Identitätsbildung verläuft und ob das Ergebnis eine hybride Identität und damit eine Mehrfachzugehörigkeit ist, hängt von vielen Faktoren ab: von der Einbindung in eine Jugendkultur, von den Freunden im Kindesalter, von den Personen, die das Kind erlebt, aber auch davon, ob und in welcher Form in der Familie eine hybride Identität gefördert wird.[4]

2 Siehe dazu Modul 1, Thema 4: Entwicklung von Werten und Wertehaltungen und Modul 2, Thema 2: Erziehungskompetenzen stärken.

3 Siehe dazu für die Gruppe der Eltern Farrokhzad, Schahrzad u.a. (2011): Verschieden – Gleich – Anders? Geschlechterarrangements im intergenerativen und interkulturellen Vergleich. Wiesbaden, hier S. 156.

4 Vgl. zu näheren Ausführungen dieser Konzepte den nachfolgenden fachwissenschaftlichen Einschub.

Fachwissenschaftlicher Einschub

Aufwachsen in zwei Kulturen

Kindern mit Migrationshintergrund wird im öffentlichen Diskurs, aber auch im pädagogischen Kontext, häufig zugeschrieben, sie „säßen zwischen den Stühlen" oder „wüchsen *zwischen zwei Kulturen* auf". Mit einer solchen Beschreibung geht die Vorstellung einher, dass die Kinder Kulturkonflikten ausgesetzt seien, die durch widersprüchliche Normen und Werte entständen, die in der Ethnie oder der Minderheitenkultur auf der einen Seite und der Kultur der Majorität auf der anderen Seite vertreten würden und die jeweils Loyalität forderten. Sehr schnell münden solche Vorstellungen in Behauptungen über Kulturkonflikte, unter denen die jungen Menschen mit Migrationshintergrund zu leiden hätten. Dabei wird unterstellt, dass bei dem Kind oder dem Jugendlichen zwei unterschiedliche Kulturen mit unterschiedlichen Wertmaßstäben aufeinandertreffen, die sich unvereinbar und unveränderbar gegenüberstehen und dass es daher zu einem Entscheidungskonflikt z.B. zwischen erstrebter und verhafteter Kultur kommen muss.

Als Konsequenz auseinandergehender kultureller Werte und Normen werden auf psychischer Ebene Identitätskonflikte und -krisen sowie psychische Instabilität vermutet und vielfach unterstellt. Junge Menschen mit Migrationshintergrund werden damit als den divergierenden kulturellen Einflüssen hilflos ausgelieferte „typische Opfer" dargestellt, die über keine aktive Handlungsstrategien verfügen, die es ihnen erlaubten, mit dieser Situation umzugehen. Diese Vorstellung von Identitätskonflikten aufgrund des Aufwachsens zwischen zwei Kulturen und daraus resultierender psychischer Störungen ist auch heute noch eine der Kernthesen mancher Beratungshandbücher und bestimmt nicht selten Beratung und Therapie von Kindern und Jugendlichen mit Migrationshintergrund in der Praxis. Es handelt sich aber auch um eine verbreitete Vorstellung unter Pädagogen und Pädagoginnen. Manche Eltern mit Migrationshintergrund sind ebenfalls schnell (zu schnell?) bereit, psychische Probleme der Kinder für Lernschwierigkeiten verantwortlich zu machen. Lernprobleme werden dann auch von ihnen auf das Aufwachsen in zwei Kulturen – verstanden als Aufwachsen *zwischen* zwei Kulturen – zurückgeführt. Die Vorstellungen über den Zusammenhang zwischen Lernschwierigkeiten, psychischen Problemen und der Migrationssituation, die Eltern der öffentlichen Diskussion entnehmen, sind wissenschaftlich jedoch nicht belegt oder müssen zumindest wesentlich differenzierter betrachtet werden. Sicherlich gibt es in der Gruppe der Kinder mit Migrationshintergrund auch eine gewisse Zahl, deren Lernschwierigkeiten oder -störungen auf psychische Problemlagen zurückgeführt werden können. Aber inwiefern sie sich diesbezüglich von Kindern ohne Migrationshintergrund unterscheiden, ist bislang ungeklärt, denn die Forschungslage ist uneinheitlich. Während einige Studien erhöhte (Prävalenz-)Raten psychischer Störungen bei Kindern (und Jugendlichen) mit Migrationshintergrund belegten, fanden andere keine höhere Belastung. Ebenso wenig ist belegt, inwiefern das Phänomen Einwanderung an sich psychische Faktoren beeinflusst. Ansätze, die Migration als kritisches Lebensereignis in den Mittelpunkt stellen, greifen zu kurz. Berücksichtigt werden muss vielmehr das Zusammenwirken von migrationsspezifischen Erfahrungen und anderen psychosozialen Belastungen.[5] Das bedeutet für Eltern, dass sie Aussagen wie Kinder mit Migrationshintergrund

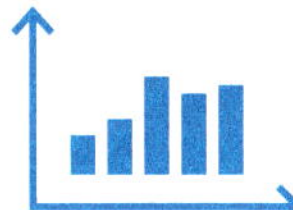

psychische Störungen bei Kindern mit Migrationshintergrund nicht belegt

5 Nachzusehen vor allem in Arbeiten der Transkulturellen Kinder- und Jugendpsychiatrie, so z.B. Schepker, Renate/Toker Mehmet (2009): Transkulturelle Kinder- und Jugendpsychiatrie. Grundlagen und Praxis. Berlin, hier S. 16–22; Erim, Yesim u.a. (2009): Klinische Interkulturelle Psychotherapie. Ein Lehr- und Praxisbuch. Stuttgart, hier: S. 23–28; Machleidt, Wielant/Heinz, Andreas (Hrsg.) (2011): Praxis der interkulturellen Psychiatrie und Psychotherapie. Migration und psychische Gesundheit. München, hier: S. 43–53.

seien besonders häufig psychisch belastet und dies sei auf die Migration oder die Anforderung in bzw. zwischen zwei Kulturen zu leben zurückzuführen, nicht folgen sollten.

Migrations-jugendkultur

Neuere Beobachtungen geben vielmehr Hinweise darauf, dass sich in den letzten 20 Jahren eine spezifische *Migrationsjugendkultur* herausgebildet hat, die jugendkulturelle Elemente der Mehrheitskultur aufgreift, aber in kreativer Verknüpfung mit migrationsbezogenen Erfahrungen und Orientierungen eigene Inhalte und Formen entwickelt hat.[6] Die ethnischen Gemeinschaften, aber auch interkulturelle Migrantensubkulturen, an denen sich häufig auch Jugendliche ohne Migrationshintergrund derselben sozialen Schicht und/oder Nachbarschaft beteiligen, weisen inzwischen sehr ausdifferenzierte Erscheinungsformen auf. Bisher sind diese bei Jugendlichen erkennbaren Formen bei Kindern nicht untersucht und nicht in die Kindheit zurückverfolgt worden. Es ist aber zu vermuten, dass sie in dieser Lebensphase entstehen, ohne dass es schon zu Formen einer eigenen Kultur kommt.

Im späteren Kindesalter entstehen Identitätskonstruktionen, die es später dem Jugendlichen und dem Erwachsenen erlauben, mit einer globalen (Jugend-)Kultur, der lokalen Kultur und der Kultur der familiären Herkunft zu balancieren. Diese so genannten *„hybriden" oder Mehrfachidentitäten* bei Kindern und Jugendlichen in der Migrationsgesellschaft können als äußerst funktional bezeichnet werden: Sie passen sich an die Erfordernisse der Postmoderne als sich selbst immer wieder neu entwerfende Individuen an. Viele Jugendliche mit Migrationshintergrund entwickeln individuelle Strategien des Identitätsmanagements und bedienen sich hierbei aus einer Fülle verschiedener nationaler, ethnischer, religiöser und nicht zuletzt globaler kultureller Angebote. Sie balancieren nicht nur eine soziale mit einer persönlichen Identität aus, sondern haben verschiedene soziokulturelle Systeme, zu denen sie ihre persönliche Identität in Bezug setzen. Sie sind aber in gleicher Weise auch *Teil der deutschen Gesellschaft*, eben Deutsche mit zusätzlichen erweiterten Erfahrungswelten, die sie in bestimmten Kontexten, in ihren sprachlichen, kognitiven und emotionalen Bezügen partiell an die Migrationskultur der Eltern und Großeltern rückbinden. Dabei besitzen sie die Fähigkeiten, traditionelle Zugehörigkeit infrage zu stellen und Identität zu delokalisieren. Die hier aufgezeigten Persönlichkeitsmuster entziehen sich Anforderungen, wie sie mit dem Begriff und den Konzepten der *Integration* vertreten werden. Desintegrationserfahrungen – insbesondere erlebt durch Verweigerung von Anerkennung von Seiten der Mehrheitsgesellschaft aber auch durch fehlende Akzeptanz der Menschen der Migrations(sub)kultur – können zu dem Verlust einer „ethnischen Identität", aber auch zu dem Entwickeln und Erstarken neuer Identitäten führen.

Dieser Ansatz der hybriden Identität verlangt einen *Perspektivwechsel* in der öffentlichen Wahrnehmung. Um diesen zu vollziehen, ist es erforderlich, Kinder und Jugendliche als handelnde und kreative Individuen zu erkennen, ausgestattet mit der

---

6 Dies entspricht auch neueren (allerdings nur in Einzelfällen belegten) Ergebnissen von Untersuchungen; vgl. dazu die Untersuchungen bei: Boos-Nünning, Ursula/Karakaşoğlu, Yasemin (2012): Partizipation von Jugendlichen mit Migrationshintergrund. In: Krüger-Potratz, Marianne/Reich, Hans H. (Hrsg.): Familien- und Jugendpolitik in der Einwanderungsgesellschaft. OBS, Göttingen, S. 53–78, hier: S. 66f.; dieser Teil ist aus diesem Text entnommen; siehe auch Foroutan, Naika/Schäfer, Isabel (2009): Hybride Identitäten – muslimische Migrantinnen und Migranten in Deutschland und Europa. In: Aus Politik und Zeitgeschichte 5, S. 11–18, hier: S. 11, 12 und 17; Mecheril, Paul (2003): Prekäre Verhältnisse. Über natio-ethno-kulturelle (Mehrfach-)Zugehörigkeit. Münster; wer sich wiederum kritisch mit der Übernahme von Hybriditätsansätzen auseinandersetzen will, sei verwiesen auf: Sahin-Klinserer, Nurcan (2009): Kulturelle Grenzüberschreitungen: Selbstbestimmte Lebensführung jenseits von Identitätszwängen im deutsch-türkischen Raum. München, hier: S. 140–154, S. 285–307.

Fähigkeit, die eigene Biografie mitzugestalten. Zudem sollte der Migrationshintergrund nicht *per se* (nur) mit Defiziten assoziiert werden, denn er birgt besondere Potenziale (z.B. die Flexibilität der hybriden Identität, Mehrsprachigkeit usw.), die allerdings häufig eine gesellschaftliche Wertschätzung vermissen lassen.

In dem oben dargestellten Spektrum von erweiterten Erziehungszielen, Schlüsselqualifikationen und Identitätsmustern können Ursachen für Lernerfolge wie auch Lernprobleme ausgemacht werden, die weitaus weniger offen zutage liegen als beispielsweise das häusliche Lernklima oder die fehlende Bewältigung von Übergängen.

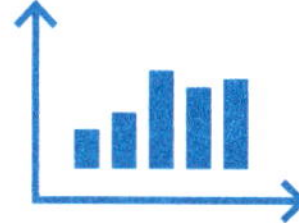

Zufriedenheit Jugendlicher

Untersuchungen belegen seit langem, dass im Hinblick auf zentrale Merkmale des psychosozialen Wohlbefindens keine oder kaum Unterschiede zwischen Kindern und Jugendlichen mit Migrationshintergrund und einheimisch deutschen nachgewiesen werden können. Bis heute wird ermittelt, dass sowohl Jungen als auch Mädchen mit Migrationshintergrund tendenziell zufriedener als ihre einheimisch deutschen Altersgenossinnen und Altersgenossen sind.[7] Die subjektive Überzeugung, durch eigenes Handeln schwierige Anforderungen bewältigen zu können, ist bei ihnen – nach einer Untersuchungen in den 90er Jahren – stärker ausgeprägt als bei einheimischen deutschen Kindern und Jugendlichen. Eine Gruppe mit hohen Risiken für die psychische Gesundheit sind Kinder und Jugendliche aus Flüchtlingsfamilien.[8]

Erwerb von Schlüsselqualifikationen und Persönlichkeitsfaktoren im familiären Kontext

Softskills finden mehr Beachtung

Schlüsselqualifikationen werden in Lern- und Berufszusammenhängen stets als positive Eigenschaften angeführt. Ihre Erfassung ist allerdings schwierig. In die Zeugnisnoten gehen sie kaum ein und sie werden selten gesondert und explizit bewertet, obgleich unstrittig ist, dass Schlüsselqualifikationen, also Selbst- und Sozialkompetenzen, Lernen und Lernerfolge nicht nur erleichtern, sondern eine notwendige *Bedingung für nachhaltige Erfolge* sind. Auch die Persönlichkeit eines Kindes, die ebenfalls Einfluss auf den Lernprozess besitzt, wird nur implizit in der institutionellen Bildung berücksichtigt und findet ebenso selten Eingang in Bewertungen. Die Vermittlung von Schlüsselqualifikationen ebenso wie die Herausbildung von wesentlichen Elementen der Persönlichkeit – sicherlich verbundene, aber hier getrennt dargestellte Aufgaben – werden, wie vorne angesprochen, auch im familiären Kontext geleistet. Ebenso wie in der Kindertagesstätte und in der Schule stehen nicht selten auch in der Familie die „harten" Bildungsergebnisse im Mittelpunkt des Interesses von Eltern: Ob das Kind Buchstaben oder Worte erkennt, zählen kann, Wissen über Natur und Kultur besitzt oder aber Fähigkeiten in einer anderen Sprache und auch der Muttersprache entwickelt oder auch eine besondere musikalische, künstlerische oder sportliche Begabung aufweist, wird mehr beachtet und hervorgehoben als Selbst- oder Sozialkompetenz. Erst in neuerer Zeit wird der Stellenwert der „weichen" Bildungsergebnisse stärker betont und es werden z.B. Elternratgeber mit Vorschlägen zur Steigerung der Leistungsbereitschaft und der Frustrationstoleranz angeboten.[9]

Im Folgenden wird davon ausgegangen, dass viele, wahrscheinlich die meisten Eltern mit Migrationshintergrund – wie auch Familien insgesamt – ihre Kinder so erziehen,

7 Siehe die Zusammenstellung einiger Untersuchungen in: Robert-Koch-Institut (2008): Migration und Gesundheit. Berlin, S. 84–86.

8 A.a.O.

9 So z.B. Burnett, Garry/Jarvis, Kay (2005): So helfe ich meinem Kind … beim Lernen. Kinder zu Hause motivieren und unterstützen. Mülheim an der Ruhr.

dass sie auch im Hinblick auf die emotionale, soziale und personale Entwicklung gefördert werden.[10] Auf Eltern mit Migrationshintergrund treffen aber zwei Besonderheiten zu:

- Sie werden durch an sie herangetragene Anforderungen an ihre Erziehungsziele und ihren Erziehungsstil und insbesondere durch eine teils heftig geäußerte Kritik an ihrem Erziehungshandeln verunsichert.
- Sie können ihren Kindern in besonderer Stärke gesellschaftlich hoch bewertete und für berufliche Erfolge wichtige Haltungen und Eigenschaften vermitteln, wie sie in den Schlüsselqualifikationen und in dem Konstrukt einer hybriden Persönlichkeit beschrieben werden.

Potenziale

Kinder mit Migrationshintergrund besitzen aufgrund ihres i.d.R. zweisprachigen und mehrkulturellen Aufwachsens über besondere Potenziale, die es im Familienkontext zu unterstützen und zu stärken gilt. Deswegen ist es sinnvoll, Eltern mit Migrationshintergrund mit der recht theoretischen Materie der Schlüsselqualifikationen vertraut zu machen und ihnen Möglichkeiten aufzuzeigen, ihr Kind in diesen Bereichen zu fördern. Kinder mit Migrationshintergrund benötigen aber auch einen Teil der Schlüsselqualifikationen im besonderen Maße, da sie häufiger als einheimisch deutsche Kinder mit ambivalenten Situationen umgehen müssen.

Was Schlüsselqualifikationen sind und wie Eltern ihr Kind beim Erwerb unterstützen können

Während in fachlichen wie im Alltagsdiskurs die Bedeutung von Schlüsselqualifikationen für Lernerfolge von Kindern unstrittig ist und es sich um Selbst- und Sozialkompetenzen, manchmal auch ausdifferenziert um emotionale, soziale und kommunikative Kompetenzen handelt, besteht weniger Übereinstimmung, welche Fähigkeiten und Kompetenzen konkret darunter fallen. Es werden unterschiedliche Kompetenzen genannt und manche werden unterschiedlich beschrieben. In Bezug auf einige Schlüsselqualifikationen kann auf ein Vorverständnis von Eltern aufgebaut werden, so z.B. in Bezug auf Selbstständigkeit, Teamfähigkeit und eventuell auch Frustrationstoleranz; andere sind weder begrifflich noch inhaltlich in die Lebenswelt und die Erziehungsvorstellungen vieler Eltern einbezogen, so z.B. Ambiguitätstoleranz und Empathie. Daher soll der Auseinandersetzung mit den Begriffen oder Konzepten Raum gegeben werden. Ähnliches gilt für die Auseinandersetzung mit der Ausbildung einer hybriden Persönlichkeit.

Wird allerdings der Versuch unternommen, die Schlüsselqualifikationen in konkrete Erziehungsziele umzusetzen, werden Grenzen erkennbar. Das Kind soll lernen, selbstständig seinen Alltag zu organisieren, Konflikte mit anderen sozialverträglich auszuhandeln und auf Gefühle und Stimmungen anderer Rücksicht zu nehmen, aber es soll auch Regeln einhalten können; lernen, in der Gruppe zu kooperieren, aber sich auch gleichzeitig behaupten zu können; es soll Disziplin zeigen, ohne aber überheblich zu sein. Nicht immer lassen sich diese widersprüchlichen Anforderungen miteinander vereinbaren.

Bei einer Beschreibung von Schlüsselqualifikationen werden Fachbegriffe oder alltagstaugliche Beschreibungen verwendet, die sich als Erziehungsziele oder als vom Kind sinnvollerweise zu erwerbende Kompetenzen darstellen. Auf einige wichtige soll hier eingegangen werden.

10 Siehe dazu für Familien insgesamt Textor, Martin R.: Kita, Schule, Familie – in gemeinsamer Verantwortung http://www.ipzf.de/Kita_Schule_Familie.html [Zugriff am 12.11.2014].

Selbstständigkeit

Selbstständigkeit wird von allen Eltern, auch von Eltern mit Migrationshintergrund, positiv bewertet.

Die „neue Selbstständigkeit" von Kindern wird vielfach thematisiert als soziale Forderung zur Selbststeuerung des eigenen Lebens unter den Bedingungen gesellschaftlicher Individualisierung.[11] Die (post-)moderne Gesellschaft mit dem Verlust an traditionellen Bindungen (so von sozialen Schichten, regionalen Verbänden und Familien) schafft Handlungs- und Entscheidungsspielräume, die ein Kind durch selbstständiges Handeln gestalten soll und muss.[12] Selbstständigkeit kann in den Kontext Eigenverantwortung eingeordnet werden und damit als die Möglichkeit und die Fähigkeit, die Bereitschaft und die Pflicht verstanden werden, für das eigene Handeln oder Unterlassen Verantwortung zu übernehmen. Selbstständigkeit kann auch im obigen Sinne als Selbstbestimmung und Unabhängigkeit verstanden werden. Unter Selbstständigkeit fällt auch die Eigenverantwortung und damit die Fähigkeit und Bereitschaft, für das eigene Reden, Handeln und Unterlassen Verantwortung zu übernehmen. Im Mittelpunkt stehen dann das eigenständig entscheidende Individuum und seine individuelle Planungskompetenz. Selbstständigkeit kann aber auch im Zusammenhang mit der Aufrechterhaltung der Alltagsorganisation des Familienhaushaltes oder als Entlastung der Eltern gesehen werden. Kinder werden dann dazu angehalten, sich selbst anzuziehen und zu waschen, Frühstück und Mittagessen zu bereiten, die Hausaufgaben alleine (selbstständig) zu bewältigen.

Wird die Lebenswirklichkeit von Kindern beobachtet, lassen sich sehr unterschiedliche Konzepte von einer Erziehung zur Selbstständigkeit aufzeigen. An drei Kindern einer Grundschulklasse wird dieses in einem Beitrag belegt. Während die achtjährige Akademikertochter alleine zu Verwandten nach Kanada fliegt, aber ihren Schulweg noch nie ohne Erwachsenenbegleitung zurückgelegt hat, bewegt sich ein Kind aus einer Arbeiterfamilie derselben Klasse seit dem Vorschulalter alleine durch ganz Berlin und eine Klassenkameradin aus einer Familie mit arabischem Migrationshintergrund berichtet, dass sie bislang noch nie im Wald war (und sich wahrscheinlich nicht alleine in der Stadt bewegt), aber ihre drei jüngeren Geschwister selbstständig versorgt.[13] Es sollte mit den Eltern thematisiert werden, dass unter Selbstständigkeit von Kindern in solchen wie in anderen Beispielen ganz Unterschiedliches verstanden wird: sich in einem kontrollierten Schonraum bewegen, ohne Aufsicht Orte erobern oder große Verantwortung im begrenzten Raum der Familie übernehmen.

---

11 Siehe dazu Drieschner, Eiman (2007): Erziehungsziel „Selbstständigkeit". Grundlagen, Theorien und Probleme eines Leitbildes der Pädagogik. Wiesbaden, S. 13f., S. 65.

12 A.a.O.

13 Das Beispiel wird beschrieben in Rauschenbach, Brigitte (1990): Hänschen klein ging allein … Wege in die Selbstständigkeit. In: Preuss-Lausitz, Ulf/Rücker, Tobias/Zeiher, Helga (Hrsg.): Selbstständigkeit für Kinder – die große Freiheit?, S. 161–177, hier S. 162f.

Frustrationstoleranz

Eine zweite im persönlichen Bereich verortete Schlüsselqualifikation ist die Frustrationstoleranz.

„Unter Frustrationstoleranz versteht man in der Psychologie die individuelle Fähigkeit, mit Enttäuschungen oder Frustrationen umzugehen, wobei Menschen mit geringer Frustrationstoleranz eine Aufgabe rasch abbrechen, wenn sie ihnen nicht wie erwartet oder nicht so schnell gelingt, wie sie es möchten. Dann geraten sie aus der Fassung, werden ärgerlich oder reagieren entmutigt oder deprimiert, während Menschen mit hoher Frustrationstoleranz auch in kritischen Situationen geduldig darauf warten, bis sie das Ziel ihrer Aufgabe erreichen, indem sie auch kleine Fortschritte registrieren. Die Frustrationstoleranz ist somit eine überdauernde Persönlichkeitseigenschaft, die die individuelle Fähigkeit beschreibt, eine frustrierende Situation über längere Zeit auszuhalten, ohne die objektiven Faktoren der Situation zu verzerren. […] Frustrationstoleranz wird vor allem in der Kindheit erlernt und ist deshalb bis zu einem gewissen Ausmaß auch später noch trainierbar. […] Individuen mit niedriger Frustrationstoleranz neigen zu erhöhten Anstrengungs- sowie Vermeidungsverhalten. […] Neuere Untersuchungen zeigen, dass gute Lerner eine deutlich größere Frustrationstoleranz an den Tag legen, und sich länger und dauerhafter mit einem Lerngegenstand auseinandersetzen können und auch ausgeprägtere Interessen haben.“[14]

Empathie

Die dritte Schlüsselqualifikation, die Empathie, ist zwar wie die beiden vorhergenannten eine Selbstkompetenz, richtet sich aber auf die Beziehung zu anderen Personen.

„Empathie bedeutet Einfühlungsvermögen; die Fähigkeit sich in die Gefühls- und Stimmungslage anderer Personen hineinzuversetzen, sodass sich das Gegenüber verstanden und angenommen fühlt. Voraussetzung für die Entwicklung von Empathie ist, dass die Kinder ein Selbstkonzept entwickelt haben, um in der Lage zu sein, zwischen sich und anderen, zwischen eigenen Emotionen und den Emotionen anderer zu unterscheiden. Haben Kinder diese Fähigkeit entwickelt, so sind sie zu prosozialem (helfendem) Handeln fähig.“[15]

Ambiguitätstoleranz

Stärker noch als Empathie ist die vierte Schlüsselqualifikation, die Ambiguitätstoleranz, auf soziale Beziehungen ausgerichtet:

„Der Begriff Ambiguitätstoleranz (lat. ambiguitas = Zweideutigkeit, Doppelsinn) kommt aus der Vorurteilsforschung und beschreibt den duldsamen Umgang mit Mehr- oder Doppeldeutigkeit. Menschen mit hoher Ambiguitätstoleranz fällt es leicht, religiöse, ethisch-soziale, politische, wissenschaftliche oder philosophische

---

14 Auszug aus http://lexikon.stangl.eu/2149/frustrationstoleranz/ [Zugriff am 26.11.2014].

15 Zitiert aus: http://www.kindergarten-heute.de/artikel/fachbegriffe/fachbegriffe_detail.html?k_beitrag=2439354 [Zugriff am 26.11.2014].

Überzeugungen, Normen und Wertesysteme anderer und die ihnen entsprechenden Handlungen gelten zu lassen. Sie können auf unterschiedliche Erwartungen anderer eingehen, sehen darin eine Bereicherung für den eigenen Handlungsspielraum und entwickeln bzw. erhalten trotzdem die eigene Persönlichkeit. Ambiguitätstoleranz als Fähigkeit, Widersprüche im persönlichen Erleben zu ertragen und widersprüchliche Rollen und Rollenbedürfnisse bei sich selbst und anderen zu dulden, ist Grundvoraussetzung für die Entwicklung von Selbstidentität und sozialer Kompetenz. Sie entwickelt sich, wenn Kinder in der Auseinandersetzung mit unterschiedlichen Personen erleben, dass diese Verschiedenheit anerkennen und trotzdem eine Koalition eingehen können, indem mal der eine, mal der andere Partner seine Haltung hintanstellt. Das bunte Miteinander in Kindertageseinrichtungen ist für viele Kinder die Chance, Beziehungen als interpretationsbedürftiges, kooperatives Aushandeln von Situationen mit Diskrepanz zu erleben und Toleranz zu üben.“[16]

Interkulturelle Kompetenz

Damit eng verbunden ist die fünfte Schlüsselqualifikation, die als interkulturelle Kompetenz bezeichnet wird.

Lange Zeit wurde interkulturelle Kompetenz als notwendige Fähigkeit von pädagogischen Fachkräften herausgestellt, die in Einrichtungen mit einer multiethnischen Kindergruppe tätig sind. Heute brauchen auch Kinder interkulturelle Kompetenzen, damit sie mit der multikulturellen und multiethnischen Vielfalt in ihrer Nachbarschaft, ihrer Stadt oder Region, in der Kita oder in der Schule umzugehen vermögen und damit sie auf Mobilität im heutigen und zukünftigen Europa und auf ein Leben in einer globalisierten Welt vorbereitet sind.[17] Interkulturelle Kompetenz ist dann die Fähigkeit, mit Menschen anderer Kulturen so zu interagieren, dass die Barrieren, die einer Begegnung möglicherweise im Wege stehen, beseitigt werden und es zu einem kulturellen Austausch kommt. Dabei handelt es sich vor allem darum, kulturelle Aufgeschlossenheit und Neugierde auf andere Kulturen und Ethnien zu entwickeln, aber auch darum, Distanz und Abwehrhaltungen abzubauen; Zwei- oder Mehrsprachigkeit als Normalfall zu betrachten und mehrsprachigem Aufwachsen positiv und mit Interesse zu begegnen und selbst den Wunsch auszubilden, andere Sprachen kennenzulernen; sich Kindern mit anderen kulturellen Vorstellungen neugierig und interessiert zu nähern und alles verstehen können zu wollen; Sensibilität gegenüber Ausgrenzungen aufgrund anderer ethnischer oder kultureller Zugehörigkeiten zu entwickeln, wie auch gegenüber subtilen oder offenen Formen der Diskriminierung.[18]

16 Kobelt Neuhaus, Daniela aus TPS 3/2002, zitiert aus: http://www.friedrich-verlag.de/?action=ShowArticle&art_uuid=85C809FE77B248B79F0E6B2CA74F495A&continue=FFSearch [Zugriff am 26.11.2014].

17 Siehe dazu Boos-Nünning, Ursula (2011): Interkulturelle Erziehung als Sozialerziehung. In: Limbourg, Maria/Steins, Gisela (Hrsg.): Sozialerziehung in der Schule. Wiesbaden, S. 377–397.

18 Inhaltlich nach Ulich, Michaela (2000): Interkulturelle Kompetenz – Erziehungziele und pädagogischer Alltag. In: Frühe Kindheit 1/2000, http://www.liga-kind.de/fruehe/100_uli.php [Zugriff am 17.11.2014].

Teamfähigkeit

Die sechste und letzte Schlüsselqualifikation, die ausführlich dargestellt werden soll, ist die Teamfähigkeit.

„Was Teamfähigkeit ausmacht: Wer über Teamfähigkeit verfügt, ist bereit, mit anderen zusammenzuarbeiten, versteht andere oder versucht zumindest, sich in sie einzufühlen. Ein teamfähiger Mensch weiß, dass Zusammenarbeit nicht nur nützlich sein kann, sondern auch Spaß macht. Das bedeutet auch, dass das teamfähige Kind sich auf andere Kinder einlassen, sie akzeptieren lernen und ihr Handeln in das eigene Vorhaben einbeziehen muss. Es ist bereit, Verantwortung für das eigene Handeln und das anderer Kinder zu übernehmen und kann eigene Interessen aufschieben oder zurückstecken. Es kennt kooperative Verhaltensformen und erkennt, wann andere Menschen Hilfe benötigen und bietet diese dann auch an. Teamgeist bedeutet aber nicht, Unterordnung, Verlust der Individualität, oder Gleichmacherei. Die eigenen Ziele behält der ‚Teamarbeiter' durchaus im Auge. Sie werden dazu genutzt, die Zusammenarbeit zu verbessern und ein gemeinsames Ziel zu verfolgen."[19]

Schlüsselqualifikationen stärken

Im Großen und Ganzen wird in Wissenschaft und Praxis die Vorstellung vertreten, dass diese sechs Schlüsselqualifikationen, in manchen Fällen ergänzt durch weitere wie Konfliktfähigkeit, Kreativität und Medienkompetenz, sich nicht nur auf den Lernerfolg des Kindes in der Schule positiv auswirken, sondern auch eine hervorgehobene Bedeutung für die berufliche Laufbahn sowie für berufliche und gesellschaftliche Erfolge besitzen. So verwundert es nicht, dass sich die Fachliteratur diesen Fragen intensiv widmet, und dass immer häufiger Erziehungsratgeber angeboten werden, die Eltern Hilfe leisten wollen. Viele Eltern überlegen und manche Eltern versuchen, nicht nur die fachlichen Kompetenzen ihrer Kinder zu stärken, sondern auch die überfachlichen, „weichen" Kompetenzen wie die oben genannten. Damit soll auch eventuell auftretenden negativen Eigenschaften des Kindes wie mangelnder Verantwortungsbereitschaft, fehlender Motivation, unzureichender Teamfähigkeit u.a.m. entgegengearbeitet, besser „entgegenerzogen" werden. Nun hängen diese weichen Faktoren für Lernen und Bildung eng mit der Persönlichkeit des Kindes zusammen; sie werden noch stärker als Wissen und Kenntnisse nicht an formalen Bildungsorten und mit abschätzbaren Methoden und Didaktiken sondern an informalen Bildungsorten und mit einer in den Wirkungen wenig berechenbaren Pädagogik vermittelt.

Wichtig ist, dass Eltern ihr Erziehungshandeln auch gegenüber Kleinkindern und auch im Hinblick auf die Schlüsselqualifikationen reflektieren und dass es für sie eine Möglichkeit gibt, sich mit ihnen – etwa in einem Elternforum oder in einer Elterngruppe – auseinanderzusetzen. Dann lassen sich Rahmenbedingungen für die Entwicklung von Schlüsselqualifikationen herausarbeiten:

Tipps für den Alltag

- Das richtige Verhältnis von Schutz, Fürsorge und Loslassen sowie Hilfen anzubieten und zu geben, so dass Kind sich nicht alleine gelassen fühlt, sowie stetig größere Freiräume geben, kann das Kind bei seinem Weg in die Selbstständigkeit unterstützen. Wenn Eltern ihren Kindern die Verantwortung für altersgemäße Aufgaben überlassen, sich nur auf den Wunsch der Kinder helfend einbringen und auch Fehler der Kinder beim Ausprobieren (*trial and error*) zulassen, fördert dies die kindliche

19 So nach Stamer-Brandt, Petra (2013): Teamfähigkeit – gemeinsam sind wir stark und erfolgreich. In: Familienhandbuch/Sozialerziehung http://www.familienhandbuch.de/erziehungsbereiche/sozialerziehung/teamgeist-gemeinsam-sind-wir-stark-und-erfolgreich [Zugriff am 17.11.2014].

Entwicklung von Selbstständigkeit und die Übernahme von Verantwortung für das eigene Tun. Wenn Eltern es zusätzlich schaffen, Handeln und Verhalten des Kindes mit dem Kind zu reflektieren und dabei dem Kind zu ermöglichen, Positives wie Problematisches z.B. im Verhalten gegenüber dem Freund/der Freundin, den Großeltern, den Eltern usw. zu benennen, ohne dass von Seiten des Erwachsenen ein Urteil ausgesprochen wird, wird das Kind bestärkt, eigene Entscheidungen zu fällen. Wichtig ist, dass auch die Eltern ihrem eigenen Verhalten gegenüber dem Kind selbstkritisch gegenüberstehen und ihre Selbstkritik in Form von Bedauern oder Entschuldigungen äußern.

- Teamfähigkeit kann sich am ehesten im gemeinsamen Spiel mit anderen Kindern entwickeln, vor allem dann, wenn die Kinder unter sich – möglichst ohne (pädagogisches) Eingreifen von Erwachsenen – Absprachen treffen und Regeln entwickeln. Eltern können Vorbild sein und Anreize für kooperatives Verhalten bieten.[20]
- Die Frustrationstoleranz kann durch Lernprozesse gestärkt werden, in denen das Kind ermutigt wird, schwierige Aufgaben immer wieder zu versuchen und in denen Anreize geschaffen werden – beispielsweise durch einen Belohnungsaufschub – auch längerfristige Aufgaben weiterzuführen. Wichtig ist, nicht aus den Augen zu verlieren, wie realistisch die Bewältigung einer Aufgabe für das jeweilige Kind ist und das Kind nicht mit (zu hohen) Leistungserwartungen unter Druck zu setzen. Ein (zu) häufiges Belohnen und ständiges Loben kann dazu führen, dass das Kind sein Agieren auf äußere Anerkennung hin ausrichtet und vor allem nicht den Wunsch entwickelt, durch das Lösen schwieriger oder langwieriger Aufgaben eigene Freude zu entfalten.
- Auch Empathie ist erlernbar oder kann zumindest gestärkt werden, indem Eltern mit ihrem Kind darüber sprechen, wie Kinder anderer sozialer Schicht, Kultur, Ethnie oder Religion denken, fühlen und handeln und warum sie es tun. Ähnliches gilt für die Stärkung der interkulturellen Kompetenz: Sie wird größer, wenn Unterschiede nicht geleugnet oder ignoriert, sondern zum Thema in den Gesprächen mit dem Kind, seinem jeweiligen Alter entsprechend, gemacht werden.

Ein Prospekt für neue Eltern-Ratgeber ist auf der ersten Seite übertitelt: „Mich gibt's jetzt mit Gebrauchsanleitung!" – es gibt aber weder Gebrauchsanleitungen für die Hervorbringung von Schlüsselqualifikationen noch allgemein für die Erziehung von Kindern. Es gilt für Eltern, sich mit den Anforderungen vertraut zu machen und zu überlegen, was in der Familie geleistet werden kann und soll. Für alle Schlüsselqualifikationen gilt: Sie werden vornehmlich in der Kindheit erlernt. Eltern sind Beispiel und Vorbild, daher ist wichtig, wie sie mit Enttäuschungen umgehen, Empathie zeigen u.a.m.

Unterstützung beim Aufbau einer „hybriden" oder transkulturellen Persönlichkeit

Zu Beginn dieses Beitrags wurde dargestellt, dass Kinder (und auch Jugendliche) mit Migrationshintergrund keineswegs durchgehend wegen der Einwanderung und wegen ihres Aufwachsens in einer Minderheitensituation psychisch belastet sind. Sie haben vielmehr die Chance, eine Identität zu entwickeln, die ihnen das Lernen und Leben in einer globalisierten Welt erleichtert. Es muss ihnen dann aber gelingen, ein Selbstbild

20 Siehe dazu die Vorschläge von Stamer-Brandt, Petra (2003), S. 3f.

zu entwickeln, das nicht an traditionellen Zugehörigkeiten ausgerichtet ist und das es erlaubt, scheinbar widersprüchliche Orientierungen zu vereinbaren. Es ist für Eltern schwierig, ihr Kind bei der Entwicklung einer „hybriden" oder Mehrfachidentität zu unterstützen, da das soziale Umfeld in Deutschland dem häufig entgegensteht – das Leitbild Integration als kulturelle Anpassung ist immer noch im öffentlichen Diskurs bedeutsam. Kindern, die wegen ihres Aussehens als Fremde definiert werden, wird zudem nicht selten in Kommunikationen abgesprochen, dass sie sich als Deutsche bezeichnen und fühlen dürfen.[21] Kindern, die sich der Selbstzuordnung als Deutsche verweigern und sich mit ihrer Heimatstadt (Kölner, Berlinerin ...) identifizieren, wird die Integrationsbereitschaft abgesprochen.

besondere Chancen für Kinder mit Migrationshintergrund

Kinder lernen durch Nachmachen und Mittun, aber auch durch die Aneignung von Routinen. Von Kindern, und hier insbesondere von denen mit Migrationshintergrund, wird aber auch erwartet, dass sie die Routinen, Gewohnheiten und Werte ihrer ethnischen Gemeinschaften und eventuell ihrer (Minderheiten-)Religion in Bezug zu den Routinen der Mehrheitsgesellschaft setzen. Kinder mit Migrationshintergrund haben, was den Erwerb von Schlüsselqualifikationen und die Ausbildung einer hybriden Persönlichkeit angeht, besondere Optionen. Ihre Zugehörigkeit zu zwei oder mehr unterschiedlichen kulturellen Räumen (auch „Zweiheimischkeit" genannt) verhilft ihnen zu Kompetenzen wie Mehrsprachigkeit und Interkultureller Kompetenz, die sie sowohl in einem trotz aktueller Probleme immer enger verbundenen Europa als auch in einer globalisierten Welt nutzen können. Ihnen werden sich, wenn sie schulisch erfolgreich sind, *besondere Chancen* öffnen. In ihrer Familie kann durch die Eltern thematisiert und gelebt werden, wie positiv und bereichernd es ist, aus zwei (oder mehr) Kulturen Elemente auszuwählen und in unterschiedlichen Mustern zusammenzusetzen.

Leseempfehlung

Foroutan, Naika/Schäfer, Isabel (2009): Hybride Identität – muslimische Migrantinnen und Migranten in Deutschland und Europa. In: Aus Politik und Zeitgeschichte 5, S. 11–18.

21 Siehe dazu das durchaus nicht seltene Beispiel in: http://www.migazin.de/2014/11/13/woher-kommst-du-ich-meine-wirklich/ [Zugriff am 13.11.2014].

3.2 Didaktischer Vorschlag

	Was bedeutet das bei Kindern?	**Wie kann die Familie das Kind unterstützen? Einige (vorsichtige) Ansätze**
Selbstkompetenzen		
Erhöhung der Frustrationstoleranz		Motivation, Schwieriges erneut zu versuchen; Anstoß zu längerfristigen Aufgaben mit Anreizen, sie weiterzuführen – auch bei Misserfolg; Ablehnung von Wünschen (möglichst mit Erklärung)
Entwicklung von Selbstständigkeit und Selbstverantwortung		Übernahme und Durchführung von Aufgaben (altersgemäß); Irrtum zulassen; Aufgaben alleine bewältigen lassen; Ermutigen zum Ausprobieren
Stärkung der Fähigkeit zur Selbstkritik		Handeln oder Verhalten gemeinsam mit dem Kind reflektieren; dem Kind ermöglichen, Positives und Problematisches zu benennen (z.B. Verhalten gegenüber dem Freund/der Freundin, den Großeltern)
Entwicklung von Empathie		Rollenwechsel initiieren: Wie hat der andere die Situation wahrgenommen? Was denkt der andere darüber, was ich fühle? Diskussionen und Rollenspiele im Kleinen
Sozialkompetenzen		
Erwerb von Teamfähigkeit		Aufgabe: sich in eine Gruppenarbeit mit seinen spezifischen Kompetenzen einbringen zu können; Kooperation in ausgewählten Aufgaben auf Augenhöhe durchführen
Erhöhung der Ambiguitätstoleranz		Mehrdeutige Situationen besprechen; erklären, dass auch Eltern und Lehrkräfte anders denken und fühlen können und dass dennoch Freundschaft möglich ist
Stärkung der Interkulturellen Kompetenz		Beziehung zu Kindern anderer Ethnie (und Kultur), insbesondere zu einheimisch deutschen Kindern herstellen; Gleichheiten und Unterschiede thematisieren und erklären; vermitteln, dass jedes Kind ein Recht darauf hat, dass seine Kultur respektiert wird
Persönlichkeitsbildung		
Ausbildung einer hybriden Identität		Positive Aspekte des Lebens in zwei oder mehr Kulturen an konkreten Beispielen beschreiben; Ermunterung zu einem Wechsel zwischen verschiedenen kulturellen Vorstellungen

3.3 Quellen/Materialien zur Weitergabe an Eltern

Arbeitskreis Neue Erziehung (ANE): Elternbriefe zum Thema Selbstständigkeit: Brief 13, 14; Konzentration/Ausdauer: Brief 41.

3.4 Literatur zur Vertiefung

Boos-Nünning, Ursula (2011): Interkulturelle Erziehung als Sozialerziehung. In: Limbourg, Maria/Steins, Gisela (Hrsg.): Sozialerziehung in der Schule. Wiesbaden, S. 377–397.

Dimitrova, Vasilena/Lüdmann, Mike (2011): Die Entwicklung sozial-emotionaler Kompetenzen. In: Limbourg, Maria/Steins, Gisela (Hrsg.): Sozialerziehung in der Schule. Wiesbaden, S. 115–130.

Focali, Ergin (2009): Sprachen und Kulturen sichtbar machen. Interkulturelle Kompetenzen bei Kleinstkindern. Troisdorf.

Rohlfs, Carsten/Harring, Marius/Palentien, Christian (Hrsg.) (2008): Kompetenz-Bildung: Soziale, emotionale und kommunikative Kompetenzen von Kindern und Jugendlichen. Wiesbaden.

Thema 4: Unterstützung in der Entwicklung von Werten und Wertehaltungen zur Förderung der Bildung des Kindes

Margit Stein

Die Bedeutung von Werten in der Erziehung, die Bindung der Kinder an Werte sowie die Auseinandersetzung mit familiären Werten, die zu der deutsch geprägten Umgebung Widersprüche aufweisen können, werden in diesem Beitrag thematisiert. Dabei wird das Ziel verfolgt, dass Eltern erkennen, wie sich unterschiedliche Anforderungen in diesem Bereich auf die Bildung ihrer Kinder auswirken, und dass sie Wege finden, ihre Kinder in der Ausbildung und Festigung von Werten zu unterstützen, die sich auf die Bildung positiv auswirken.

4.1 Basistext

Werte in ihrer Bedeutung für den Bildungsprozess

Wird danach gefragt, was Eltern ihren Kindern vermitteln sollen, dann fällt schnell der Begriff „Werte“ – unabhängig vom Alter und der Herkunft der Befragten. Es ist ebenfalls unstrittig, dass Werte, wie sie in der Familie vertreten werden, den Lern- und Bildungsprozess des Kindes im Hinblick auf Bildungserfolge unterstützen oder behindern können.

Was sind Werte?

In der wissenschaftlichen Diskussion gelten Werte zum einen als Kriterien oder Richtschnüre, anhand derer Menschen Handlungen und Ereignisse beurteilen: Ein Film ist spannend, eine Begegnung mit einem Menschen ergreifend, eine Handlung egoistisch, eine Reaktion unangemessen etc. Das Leben ist sehr komplex und in jeder Minute müssen viele unterschiedliche (Handlungs-)Entscheidungen getroffen werden. Da nicht jede einzelne Situation und Handlung rational völlig durchdacht werden kann und nicht jede (Handlungs-)Alternative abgewogen werden kann – bei einem solchen zeitintensiven Vorgehen wären wir bald im wahrsten Sinne des Wortes handlungsunfähig –, dienen Werte neben Routinen als Hilfestellung. Zum anderen sind Werte die Ziele, nach denen Menschen streben. In der Erziehung setzen Eltern direkte Ziele (Beispiel: Eltern erziehen zu Toleranz oder zu Selbstständigkeit). Auch Pädagoginnen und Pädagogen orientieren ihr Erziehungshandeln an Werten. Davon abzugrenzen sind die Mittel zur Erreichung der Ziele (Beispiel: Eltern möchten die Erziehungsziele auf gewaltfreiem Wege erreichen) sowie indirekte Ziele in Form von Persönlichkeitsbildung (Beispiel: Erziehung zu einer hohen Frustrationstoleranz oder zu Empathie).

Konventionen

Von den Werten abzugrenzen sind zudem Konventionen. Sie sind gesellschaftlich konstruierte Regeln, die sich eingebürgert haben, wie etwa die von Gesellschaft zu Gesellschaft unterschiedlichen Konventionen der Begrüßung, der Formen des Umgangs im öffentlichen Raum und des Umgangs zwischen jüngeren und älteren Personen, zwischen den Geschlechtern usw.

An einem Beispiel konkretisiert, könnte etwa der Wert des Respekts so ausgelegt werden, dass Personen, denen man begegnet, taktvoll entgegengetreten wird. Dies kann sich in bestimmten Höflichkeitskonventionen, wie bestimmten Grußformeln oder einer bestimmten Bekleidung ausdrücken. Wie diese Konventionen jedoch genau ausgeführt werden, ist verhandelbar.

universale Werte

Stets interessierte die Frage, ob es allgemein gültige Werte gibt, also Werte, die in allen Ländern, bei allen Bevölkerungsgruppen eines Landes und bei Angehörigen aller Religionen eine hohe Bedeutung haben. Dies kann man heute klar bejahen: Es gibt einen allgemein gültigen Kanon an gemeinsamen Werten, die unabhängig von Kultur und Religion sind. Dieser Katalog an Grundwerten ist nicht einfach willkürlich festgelegt, sondern es sind bestimmte Werte, die sich bei allen Gruppen von Personen in mehr oder minder starker Ausprägung finden. Internationale Studien[1] – in bis zu 81 verschiedenen Ländern – belegen, dass in allen Bevölkerungsgruppen Mildtätigkeit/soziales Verhalten in der Familie und im Freundeskreis, Universalismus/soziales Verhalten in Form einer weltweiten Solidarität sowie Sicherheitsstreben die drei wichtigsten Werte sind. Dies trifft für alle Gruppen gleichermaßen zu, für Männer wie Frauen, junge wie alte Menschen, Einheimische wie Migrantinnen und Migranten.

zentrale Werte sind kulturunabhängig

Allerdings zeigen sich auch Werteunterschiede zwischen Menschen; auch zwischen Menschen, die im selben Staat leben. Zu unterscheiden sind jeweils der Grad der Zustimmung zu einem Wert sowie die Wichtigkeit, die einem Wert im Vergleich zu anderen Werten beigemessen wird. Werteunterschiede sind in pluralistischen, das heißt offenen und demokratischen Gesellschaften normal.

Auch konkrete Fragen ermitteln kaum Unterschiede zwischen den Wertevorstellungen von einheimischen Deutschen und Personen mit Migrationshintergrund. Grundlegende gesellschaftliche Werte, wie familiärer Zusammenhalt, Respekt gegenüber der Natur, Leistung im Berufsleben, aber auch Respekt gegenüber anderen Kulturen und Religionen, Respektierung von Gesetz und Ordnung, Rechtsstaatlichkeit und Freiheit, werden von 90 Prozent und mehr der Befragten, unabhängig von der nationalen oder ethnischen Herkunft, positiv bewertet. Bei der Frage der Toleranz gegenüber anderen Meinungen sinkt die Zahl der Zustimmungen auf 64 Prozent, sowohl bei den einheimisch Deutschen als auch bei den Personen mit Migrationshintergrund.[2]

Gesellschaftliche Werte oder aber auch Werte von Teilgruppen in der Gesellschaft finden ihren Ausdruck in den Erziehungszielen, die ihrerseits großen Einfluss auf den Bildungsprozess der Kinder besitzen. Familien mit Migrationshintergrund werden traditionellere Erziehungsziele (und auch Werte) zugeschrieben, und nicht selten werden diese als hinderlich für einen Bildungserfolg bewertet.

Ganz andere oder gleiche Erziehungsziele?

Verbleibt die Analyse auf einer eher oberflächlichen Ebene, wünschen sich Väter und Mütter aller Gruppen persönliches Glück, eine gute Bildung und eine solide Berufsausbildung für die Kinder. Genannt werden von allen Elterngruppen die Erziehungsziele Selbstständigkeit, Respekt vor anderen Menschen, Ehrlichkeit, Offenheit, Verantwortungsbewusstsein und Fähigkeit zur Selbstkritik.[3] Wird aber genauer gefragt, so lassen sich in den Erziehungszielen oder in den Werten, die Eltern ihren Kindern vermitteln wollen, Unterschiede zwischen Eltern mit Migrationshintergrund und einheimisch deutschen Eltern feststellen. Allerdings handelt es sich nicht um grundsätzlich andere Mus-

1 Die Ergebnisse der Studie sind nachzulesen in: Stein, Margit (2008): Wie können wir Kindern Werte vermitteln? Werteerziehung in Familie und Schule. München.

2 Siehe die Ergebnisse aus der Studie Wertewelten von Deutschen und Migranten/innen – Migration zwischen Integration und Ausgrenzung vom Mai 2010: http://www.infogmbh.de/images/downloads/Wertewelten%20Deutsche%20und%20Migranten%202010_Studie%20in%20Auszgen.pdf [Zugriff am 09.07.2013].

3 So in der Untersuchung Farrokhzad, Schahrzad u.a. (2011): Verschieden – Gleich – Anders? Geschlechterarrangements im intergenerativen und interkulturellen Vergleich. Wiesbaden, S. 156.

ter, nach denen die diskutierten Wertehaltungen für wichtig erachtet oder sie als weniger wichtig eingestuft werden.

unterschiedliche Wertvorstellungen

Werden Familien mit Migrationshintergrund mit einheimisch deutschen Familien in Bezug auf die vertretenen Werte und Orientierung verglichen, so gibt es in folgenden Bereichen Unterschiede: So sind Familien mit Migrationshintergrund tendenziell[4]

- häufiger an einer guten Bildung und beruflichen Position für die Kinder interessiert. Sie wollen, dass das Kind ein Gymnasium besucht und studiert. Das Argument, dass für das Kind eine gute Position in der Gesellschaft gewünscht wird, wird dabei weniger stark als in einheimisch deutschen Familien mit der individuellen Selbstentfaltung für das Kind begründet, sondern unter anderem auch mit dem Wunsch, durch die berufliche Position des Kindes den sozialen Aufstieg der Familie zu dokumentieren.
- stärker an einer zwei- oder mehrsprachigen Erziehung der Kinder orientiert. Über drei Viertel der Eltern mit Migrationshintergrund wünschen sich eine mindestens zweisprachige Erziehung für die Kinder. Eltern wünschen sich, dass das Kind die deutsche Sprache wie ein deutsches Kind lernt, um dem Kind privat und beruflich in Deutschland alle Chancen zu öffnen; aber auch, dass es die Muttersprache beherrscht, um mit der Familie und der ethnischen Gemeinschaft kommunizieren zu können.
- familialistischer eingestellt: Familien mit Migrationshintergrund sind sich stärker sowohl der Hilfe durch die Familie als auch der Pflichten und Rücksichtnahmen gegenüber der Familie bewusst. Dies spiegelt sich etwa darin, dass erwartet wird, dass die erwachsenen Kinder eine enge familiäre Bindung an die Eltern aufweisen, diese besuchen etc. Andererseits wissen die Kinder, dass sie stets einen engen Rückhalt in der Familie erwarten dürfen.
- stärker religiös und an einer dezidiert religiösen Erziehung interessiert. Während etwa einheimisch deutsche Eltern das Ziel, das Kind religiös zu erziehen, als wenig bedeutsam einstufen, ist dieses für etwa die Hälfte der muslimischen Familien von entscheidender Bedeutung. Auch in Familien mit Migrationshintergrund etwa aus dem Aussiedlerbereich, die sich der christlichen Religion zuordnen – insbesondere freikirchlichen oder mennonitischen konfessionellen Gruppen – ist die religiöse Erziehung wichtiger als in einheimisch deutschen Familien.
- häufiger auf eine eher konventionell ausgerichtete Sexualmoral hin orientiert. Auch wenn in muslimischen Familien mit Migrationshintergrund häufig noch das Ideal der Virginität bis zur Eheschließung gilt, wird dies – im Sinne einer Gleichbehandlung der Geschlechter – zunehmend in der jüngeren Generation auch von den Jungen eingefordert. Die Geschlechtertrennung wird nicht prinzipiell betont, sondern auf unterschiedliche Bereiche bezogen. Die überwiegende Mehrheit der Eltern mit Migrationshintergrund akzeptiert einen gemeinsamen Unterricht für Mädchen und Jungen, auch wenn gerade in religiösen Gruppen teilweise für eine Geschlechtertrennung im Sportbereich plädiert wird.
- eher auf konventionelle Werte wie Respekt, Achtung und Disziplin hin orientiert. Dies zeigt sich beispielsweise darin, dass von Kindern eher Disziplin gegenüber höher gestellten Personen, Autoritäten und den Eltern sowie höfliches Benehmen gegenüber Älteren eingefordert wird.

In den *Geschlechterrollen* unterscheiden sich junge Menschen mit Migrationshintergrund deutlich weniger als es im deutschen Kontext häufig unterstellt wird. Auch die

4 Vgl. hierzu insbesondere das Kapitel 3 (Aufwachsen in Migrationsfamilien: Erziehungsziele und Erziehungsstile) in Boos-Nünning, Ursula (2011): Migrationsfamilien als Partner von Erziehung und Bildung. Expertise im Auftrag der Abteilung Wirtschafts- und Sozialpolitik der Friedrich-Ebert-Stiftung. Bonn, S. 22–33.

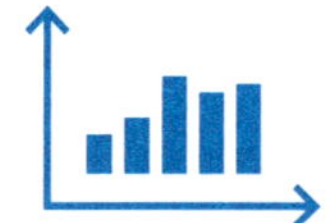

Geschlechterrollen in türkischen Familien

Töchter fühlen sich bezüglich ihrer Schul- und Berufsausbildung in ihrer Familie überwiegend gefördert und mental unterstützt. Die Eltern machen, bezogen auf das Ziel eines guten formalen Schulabschlusses und einer Berufsausbildung, keinen Unterschied zwischen Mädchen und Jungen.[5] Kein Befund entspricht dem Bild vom Mädchen, das von den Eltern daran gehindert wird, die Schule zu besuchen. Gleichwohl verhalten sich die Eltern gegenüber dem Mädchen deutlich behütender, und diese sind (das ist bei deutschen Mädchen tendenziell auch so, wenn auch im Vergleich zu den Mädchen mit Migrationshintergrund deutlich weniger) stärker in den Haushalt und die Betreuung der Geschwister eingebunden, was ihren Aktionsradius einschränkt. Darüber hinaus mangelt es an der konkreten Unterstützungsfähigkeit der Eltern, die in der Regel einen deutlich niedrigeren Bildungsgrad als ihre Töchter aufweisen, was insbesondere für die Mütter der Töchter mit türkischem (und italienischem) Hintergrund gilt.

Auch in Bezug auf die Vorstellungen über die Rollenverteilung in der Familie und die Arbeitsteilung zwischen den Geschlechtern weisen Frauen und Männer nach den vorliegenden Untersuchungen[6] in ihrem Rollenverständnis und in ihren gelebten Familienmodellen mehr Gemeinsamkeiten als Unterschiede auf.

geringe Unterschiede bei Rollenbildern

Ein erheblicher Teil der jungen Frauen mit Migrationshintergrund entspricht dem Bild der modernen Frau, die einen Beruf und Familie haben möchte und die Vorstellung vertritt, selbst Geld zu verdienen. Dieses Bild steht im Einklang mit vielen neuen Erhebungen, die die Vereinbarkeit von Beruf und Familie als weibliches Lebenskonzept von Frauen mit Migrationshintergrund beschreiben und egalitäre Strukturen auch in Familien mit Migrationshintergrund ermitteln. Dies gilt bereits für die Müttergeneration der jungen Frauen als vielfach geprüft und bestätigt und ist auch durch Erhebungen mittels quantitativer und qualitativer Verfahren für die Töchter belegt.

Wertebezogene Fragen in einer multiethnischen Gesellschaft

Welche Werte und welche Erziehungsziele sind für ein Leben in Deutschland die richtigen und gibt es Werte, die für alle Kinder gelten? Welche Werte und Erziehungsziele unterstützen den Bildungsprozess des Kindes? Ist das Verbindlichmachen bestimmter Werte mit den Prinzipien einer pluralistischen Gesellschaft vereinbar? Solche und weitere Fragen tauchen in den familiären Diskussionen und in den ethnischen Gemeinschaften immer wieder auf. Grundsätzlich ist dazu Folgendes festzuhalten:

- Werte regeln zwar das Zusammenleben in einer Gesellschaft und geben Eltern und Kindern einen Orientierungsrahmen, aber mit einer Gesellschaft, die von weltanschaulicher und religiöser Vielfalt geprägt wird, gibt es auch eine Pluralität an Werten. Dabei stehen oft traditionelle Werte wie Ehrlichkeit, Verlässlichkeit und Hilfsbereitschaft neben modernen Werten wie Selbstständigkeit, Selbstbestimmung, Toleranz und Kontaktfähigkeit. Kinder verstehen es häufig, beide Wertdimensionen zu verbinden.
- Durch die Familien mit Migrationshintergrund wird, wie zuvor beschrieben, das Spektrum an für die Erziehung als bedeutsam angesehenen Werten erweitert. Dies geschieht weniger dadurch, dass ganz neue Werte als Erziehungsziele eingeführt werden, als vielmehr dadurch, dass Werte wie religiöse Orientierung, Familialismus und eine konventionelle Sexualmoral häufiger als wichtige Ziele von Erziehung angesehen werden als in einheimisch deutschen Familien.

---

5 Nauck, Bernhard (1985): „Heimliches Matriarchat“ in Familien türkischer Arbeitsmigranten? Empirische Ergebnisse zu Veränderungen der Entscheidungsmacht und Aufgabenallokation. In: Zeitschrift für Soziologie 14/6, S. 450–465.

6 Eine Auflistung der Untersuchung siehe Boos-Nünning, Ursula (2011), S. 20–22.

- Von Eltern mit Migrationshintergrund wird eine besondere Vermittlungsleistung erwartet: Sie sind gefordert, zwischen den in ihrer Familie und ihrer ethnischen oder religiösen Gemeinschaft gültigen Werten und den Werten, wie sie in der deutschen Gesellschaft mehrheitlich gelten, zu vermitteln. Das verlangt von ihnen eine Auseinandersetzung mit den Werten, wie sie sie in ihrem Herkunftsland – oder dem ihrer Eltern und manchmal heute schon ihrer Großeltern – wahrnehmen, unter Berücksichtigung der Veränderungen durch die und mit der Einwanderung. Sie sollen ihren Kindern vermitteln, dass eine Balance gefunden werden kann: zwischen dem Respekt vor den Werten (und damit der Kultur) der Herkunftsfamilie und dem Land, aus dem sie (oder ihre Vorfahren) stammen, einerseits, und der Einbindung in die Werte des Einwanderungslandes, durch die der Familie insgesamt Optionen eröffnet werden, andererseits.

Tradition oder Emanzipation?

In manchen Familien mit Migrationshintergrund wird Wert darauf gelegt, dass traditionelle Inhalte und Formen von den Kindern übernommen und gewahrt werden. Das gilt z.B. im (traditionellen) türkischen Migrationskontext für Aufrichtigkeit gegenüber Freunden, Respekt verbunden mit Höflichkeit, gutes Benehmen vor allem gegenüber Älteren sowie Disziplin. Respekt wird von Familien mit Migrationshintergrund häufiger als Erziehungsziel hervorgehoben als in einheimisch deutschen Familien. Respekt kann in das Bedeutungsfeld Toleranz, Rücksichtnahme, Fairness und Gemeinsinn eingebunden werden, aber auch in den Wertekanon von Ordnungsliebe, Gehorsam und Unterordnung. Letztere Erziehungsziele wurden in Deutschland bereits in den 1980er Jahren durch Selbstständigkeit und Selbstbestimmung abgelöst. Selbstständigkeit wird als eine wichtige Schlüsselqualifikation in der modernen individualisierten Kindheit angesehen. Respekt verbunden mit Gehorsam ist ein in einheimisch deutschen Vorstellungen kaum mehr formuliertes Erziehungsziel. In der traditionellen türkischen Erziehung reguliert Achtung oder Respekt allerdings korrespondierend mit Liebe das Verhältnis zwischen Älteren und Jüngeren und daher auch zwischen Eltern und Kindern. Verlangt werden Verhaltensformen (Begrüßung, Anreden, Vermeidung von unangemessener Kleidung), welche eine wertschätzende Einstellung zu den Eltern und zu Älteren im Allgemeinen ausdrücken. Eltern mit Migrationshintergrund verstehen unter Respekt häufig sowohl Achtung und Wohlverhalten als auch Toleranz und Rücksichtnahme. Diese Werte zu akzeptieren und zu vermitteln, bedeutet aber keineswegs die Befürwortung von unkritischem Gehorsam. Vielmehr wollen die Eltern bei ihren Kindern erreichen, dass diese in den familiären Bereich eingebunden bleiben und Familienmitgliedern, wie aber auch anderen Menschen, Respekt entgegenbringen, gleichzeitig aber selbstständig und autonom handeln.

Bildung oder Religiosität?

Eltern mit Migrationshintergrund sind häufiger als einheimische deutsche Eltern daran interessiert, dass ihre Kinder zu religiösen Menschen werden, was bedeutet, dass sie an Gott glauben und nach den Regeln der Religion leben.[7] Dies gilt für einen Teil der muslimischen Familien ebenso wie für evangelikale Gruppen. Daneben – in vielen Familien sogar in erster Linie – stellen Bildung und Bildungserfolg das dominante Erziehungsziel dar, auch in religiösen Familien und in solchen, die einer religiösen Erziehung einen besonderen Stellenwert geben. Eltern sehen keinen Widerspruch zwischen dem Erziehungsziel Bildung und dem Erziehungsziel Religiosität. Sie wollen, dass ihr Kind beides erreicht und glauben, dass sich Religiosität und Lernen verbinden lassen, ja

7 Nach: Schäfer, Arne (2010): Zwiespältige Lebenswelten. Jugendliche in evangelikalen Aussiedlergemeinden. Wiesbaden/Karakaşoğlu, Yasemin/Öztürk, Halit (2007): Erziehung und Aufwachsen junger Muslime in Deutschland. Islamisches Erziehungsideal und empirische Wirklichkeit in der Migrationsgesellschaft. In: von Wensierski, Hans-Jürgen/Lübcke, Claudia (Hrsg.): Junge Muslime in Deutschland. Lebenslagen, Aufwachsprozesse und Jugendkulturen. Opladen & Farmington Hills, S. 157–172.

sogar einander verstärken können. Durch die religiösen Migrantenorganisationen – vor allem, aber nicht ausschließlich, durch die muslimischen Organisationen – wird, neben der religiösen Unterweisung, in einem umfassenden Sinne Bildung in Form von Kinder- und Jugendarbeit und in Form von Bildungsarbeit (Hausaufgabenhilfe, Nachhilfe oder Förderunterricht) angeboten. Durch die Bildungsarbeit soll eine Verbesserung der Bildungsniveaus von Kindern mit Migrationshintergrund erreicht werden. Die angestrebte Hebung des Bildungsniveaus des einzelnen Kindes wie auch der Gruppe wird aber auch religiös begründet, da – so dezidiert von den Vertretern der Gülen-Bewegung vertreten – die Religion die Bekämpfung der Unwissenheit verlange. Die Unwissenheit bezieht sich sowohl auf schulisch vermitteltes Wissen als auch auf die Unkenntnis der göttlichen Offenbarung. Bildung kann so zu einer religiös motivierten Pflicht werden. Keinesfalls aber verhindert das Erziehungsziel Religiosität das Streben nach Bildung (und so kann ergänzt werden: nach beruflichem Erfolg).[8]

Arten der Wertevermittlung

Werte werden in der Familie vermittelt

Wesentlichen Einfluss auf die Herausbildung von Werthaltungen, wie z.B. die Entwicklung religiöser Überzeugungen, der Geschlechterrollen und der Bildungsorientierung haben die Eltern und die Herkunftsfamilie. Es finden sich innerhalb der Familien sowohl zwischen den Eltern als auch zwischen Eltern und Kindern hohe Übereinstimmungen. Daneben spielen aber auch die Gruppe der Gleichaltrigen sowie, in immer stärkeren Masse, die Medien eine ganz wichtige Rolle bei der Werteentwicklung. Sowohl die Auswahl der gleichaltrigen Spielkameradinnen und -kameraden als auch der Zugang, die Art und die Inhalte von Medien sind jedoch ebenfalls u.a. vom Elternhaus des Kindes abhängig. Werte werden demnach in erster Linie durch familiäre Erziehung tradiert. Eine religiöse Erziehung im Elternhaus übt beispielsweise einen besonders starken Einfluss auf die Religiosität von Kindern und Jugendlichen aus. Kinder werden nur selten religiös, wenn religiöse Werte nicht im Elternhaus vermittelt werden. Aber auch Eltern, die Religiosität als Wert vertreten, vermögen es längst nicht immer, ihre Werte auf ihre Kinder zu übertragen, denn die Wertorientierung kann sich – veranlasst durch biografische Ereignisse – im Laufe des Lebens verändern. So lassen sich für einen erheblichen Teil von als religiös einzustufenden jungen Menschen mit Migrationshintergrund gemessen zu den Eltern Veränderungen im Glauben und im religiös bedingten Handeln feststellen. Ähnliches gilt für alle anderen Werte.

Ob es den Eltern gelingt, ihre Wertvorstellungen und Haltungen weiterzugeben, hängt in entscheidender Weise davon ab, auf welche Art und Weise sie die Erziehung gestalten, also davon, welchen Erziehungsstil sie haben (siehe auch das Modul zu Erziehungskompetenzen).

---

8 Nachzulesen bei: Boos-Nünning, Ursula (2010): Beten und Lernen. Eine Untersuchung der pädagogischen Arbeit in den Wohnheimen des Verbandes der Islamischen Kulturzentren (VIKZ). Kurzfassung abrufbar unter: http://www.vikz.de/index.php/publikationen.html [Zugriff am 21.11.2014].

Wird nachgefragt, wie (d.h. durch welche Erziehungsart) Werte in der Familie übertragen werden, so lassen sich drei Formen unterscheiden:[9] Werte werden vermittelt durch

Werte und Erziehungsarten

- ... eine intentionale (direkte) Erziehung. Dabei erklären Eltern ganz bewusst und belohnen und bestrafen gewünschtes bzw. ungewünschtes Verhalten oder (un-)gewünschte Einstellungen; mit dem Ziel, dem Kind bestimmte Werte zu vermitteln. Die Eltern sprechen offen und transparent über ihre Werte (z.B. ihren Wunsch nach einer guten Bildung der Kinder, ihre religiöse Überzeugung oder die Geschlechterrollen) und erklären dem Kind, warum es ihnen wichtig ist, dass es diesen Werten folgt und sich nach diesen Werten verhält.
- ... eine funktionale (indirekte) Erziehung. Hierbei beeinflussen Eltern das Kind nicht direkt und bewusst, sondern dienen als Vorbild und wirken so auf das Kind ein. Das Kind erlebt beispielsweise ein bestimmtes Familienklima sowie den Umgang der Eltern miteinander und wie diese eigene Werte und Überzeugungen umsetzen (z.B. eine Orientierung am Lernen und den Bildungsaktivitäten der Eltern, Beten und Fasten oder den gleichberechtigten Umgang von Vater und Mutter).
- ... eine extensionale Erziehung (als Settinggestaltung). Dabei gestalten Eltern bewusst den Lebensraum des Kindes und wirken auf diese Weise auf die Werte ein. Die Eltern gestalten etwa das Zimmer, suchen Bücher und Spiele aus und wählen für die Freizeit des Kindes bestimmte Vereine oder Umgebungen aus.

Zur Konkretisierung sollen die drei Erziehungsarten mit verschiedenen Werten (Erziehungszielen) in Bezug gesetzt werden:

Intentionale Erziehung Direkte Erziehung	**Funktionale Erziehung** Indirekte Erziehung	**Extensionale Erziehung** Settinggestaltung/indirekt
Beispiel Bildung Eltern erklären dem Kind, wie wichtig es ihnen ist, dass das Kind eine gute Schulbildung, einen hoch bewerteten Abschluss und eine gehobene berufliche Position erhält.	*Beispiel Bildung* Vater und Mutter investieren einen Teil ihrer Freizeit in allgemeine, berufliche oder politische (Weiter-)Bildung. Sie sehen mit ihrem Kind bildungsorientierte Sendungen und/oder besuchen mit ihm Vorstellungen im Kindertheater, eine Werkstatt oder Büchereien und Museen.	*Beispiel Bildung* Eltern wählen für ihr Kind Bildungseinrichtungen mit hohem Anspruch oder melden es in Lerngruppen oder Studienkreisen an.
Beispiel Hilfsbereitschaft Die Eltern loben die Kinder, wenn diese einen Teil ihrer Schokolade an einen Spielkameraden abgeben und erklären, warum es gut ist, anderen gegenüber hilfsbereit zu sein.	*Beispiel Hilfsbereitschaft* Die Kinder beobachten, dass die Eltern einen Teil ihres Geldes für wohltätige Zwecke spenden und sich um eine kürzlich verwitwete Nachbarin kümmern.	*Beispiel Hilfsbereitschaft* Die Eltern melden die Kinder in einem Verein an, der den Wert der Hilfsbereitschaft vermittelt, und schaffen für das Kinderzimmer Bücher an, in welchen Hilfsbereitschaft positiv gezeigt wird.
Beispiel Religiosität Die Eltern beten mit den Kindern, erzählen ihnen Gleichnisse aus den Evangelien oder sprechen über die Taten des Propheten.	*Beispiel Religiosität* Die Kinder sehen, dass die Eltern beten und in der Fastenzeit oder im Ramadan fasten bzw. Fastenopfer bringen und wie sie religiöse Vorschriften einhalten.	*Beispiel Religiosität* Die Eltern schicken die Kinder in die konfessionell gebundene Jugendgruppe der Pfarrgemeinde oder in die religiöse Unterweisung der örtlichen Moscheegemeinde.

9 Vgl. zum Themenbereich der unterschiedlichen Erziehungsarten auch das entsprechende Kapitel „Erziehung" in Stein, Margit (2009): Allgemeine Pädagogik. UTB-basic. 1. Auflage. München. Zur Vertiefung ist zu diesem Buch auch die App „Allgemeine Pädagogik" (2013) vom Ernst Reinhardt Verlag verfügbar.

Eltern sind die wichtigsten Vorbilder

Die direkte Erziehung hat einen weniger gewichtigen Einfluss auf die Werteentwicklung von Kindern und Jugendlichen als die indirekte Erziehung oder die Schaffung von Rahmenbedingungen. Teilweise kann es zwischen den Erziehungsarten auch zu einer Konterkarierung kommen, und zwar – in Bezug auf Werte – immer dann, wenn sich die dezidiert gegebenen Botschaften der direkten (intentionalen) Erziehung und die Botschaften der indirekten Erziehungsarten (funktionale und extensionale Erziehung) widersprechen. Dies ist beispielsweise dann der Fall, wenn die Eltern den Kindern erklären, dass Ehrlichkeit als Wert von hoher Bedeutung sei, aber selbst durch Lügen Vorteile erlangen möchten; wenn sie z.B. für Gleichberechtigung plädieren, aber immer nur die Mutter zusätzlich zur Berufsarbeit die Hausarbeit übernimmt; wenn sie die Kinder vor einem übermäßigen Konsum von Süßigkeiten warnen, selbst aber viele Süßigkeiten essen; wenn sie gegen PC-Spiele wettern, aber selbst täglich den Fernseher laufen lassen; wenn sie für Toleranz werben, aber schlecht über die Kultur und Religion anderer Gruppen sprechen. Es lassen sich viele Beispiele aus der Erziehungspraxis benennen, in welchen die Ermahnungen und Erklärungen der Eltern durch deren schlechtes Vorbild nichtig gemacht werden.

Für das Erziehungsziel Bildung ist es notwendig, nicht nur den Besuch des Gymnasiums, die Aufnahme eines Studiums und eines guten (akademischen) Berufs als Wunsch an die Kinder heranzutragen. Es ist ebenfalls notwendig, dass Eltern bildungsfördernde Rahmenbedingungen in der Familie schaffen, Bildung im Alltag einen Raum geben sowie außerfamiliäre Bildungserlebnisse anregen und dem Kind nahebringen.

4.2 Didaktische Vorschläge

Um ihr Kind bei der Herausbildung einer eigenständigen Wertorientierung zu unterstützen, ist es unabdingbar, dass die Eltern ihre eigenen Überzeugungen reflektieren und die Erziehungsmaßnahmen überdenken, die herangezogen werden, um Werte zu vermitteln. Die didaktischen Hinweise sind als Hilfestellung zur Selbstreflexion der eigenen Wertorientierung und damit der Erziehungsziele zu verstehen.

Selbstreflexion der eigenen Werte und der Erziehungsziele

Zu Werten allgemein:
- Welche Werte sind mir selbst wichtig?
- Welche Werte haben mir meine Eltern vermittelt?
- Welche Werte habe ich von ihnen übernommen?
- Welche Werte habe ich wegen der Anforderungen in Deutschland verändert/verändern müssen?
- Bei welchen Werten oder Erziehungszielen unterscheiden sich meine Vorstellungen von denen, die ich bei deutschen Eltern vorfinde?

Zu dem Erziehungsziel Bildung:
- Welche Bedeutung spielt Bildung in unserer Familie?
- Wie oft und in welchem Zusammenhang reden wir unter den Erwachsenen oder mit den Kindern über die Bildung der Kinder?
- Welches Verhalten in unserer Familie hilft/schadet den Kindern im Hinblick auf die Bildungsorientierung?
- Welche außerfamiliären Bildungsaktivitäten stärken die Bildungsorientierung des Kindes?

- Gibt es in unserer Familie Erziehungsziele, die sich positiv/negativ auf den Wert Bildung auswirken?

Auseinandersetzung mit in Deutschland vertretenen Werten

Frage 1: Im Folgenden finden Sie eine Liste mit unterschiedlichen Werten und Tugenden. Welche dieser Werte sind aus Ihrer Sicht für unsere Gesellschaft am wichtigsten? Wählen Sie bitte aus der Liste maximal fünf Werte, die Ihnen besonders wichtig erscheinen!

- Ehrlichkeit
- Zuverlässigkeit
- Treue
- Pünktlichkeit
- Hilfsbereitschaft
- Fleiß
- Aufrichtigkeit
- Vertrauen
- Toleranz
- Freundlichkeit
- Freundschaft
- Loyalität
- Familie
- Gerechtigkeit
- Höflichkeit
- Respekt
- Tradition
- Offenheit

Frage 2: Fehlen Ihnen in der Liste (siehe Frage 1) Werte, die Sie für die Erziehung für wichtig halten? Was sagen Sie zu der nachfolgend wiedergegebenen Rangfolge der obigen Werte?

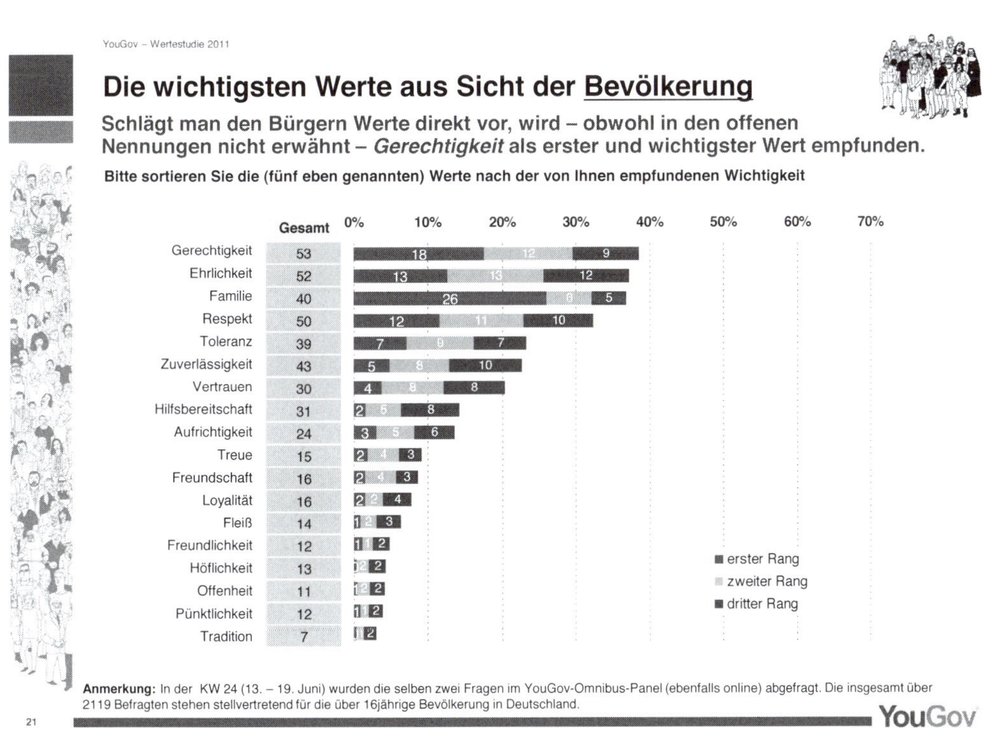

Abb. 1: YouGov-Wertestudie 2011, S. 21

Projekte zur Werteerziehung

Ein großes Spektrum an Projekten und didaktischen Vorschlägen für Elternforen findet sich im Projekt „Wertebildung in Familien" des Bundesministeriums für Familie, Senioren, Frauen und Jugend in Kooperation mit dem Deutschen Roten Kreuz: **http://www.wertebildunginfamilien.de/** [Zugriff am 21.11.2014]; Flyer auch in Türkisch; Angebote wertesensibler pädagogischer Arbeit u.a. für Eltern, Kinder, Großeltern und Familien.

4.3 Quellen/Materialien zur Weitergabe an die Eltern

Online-Familienhandbuch; Eltern im Netz; Zentrum Bayern Familie und Soziales – Bayerisches Landesjugendamt; insbesondere die Stichworte Manieren/Umgangsformen, religiöse/weltanschauliche Erziehung, Umwelterziehung, Konsumerziehung.

Die Texte berücksichtigen Familien mit Migrationshintergrund mit eventuellen Besonderheiten nicht. **http://www.familienhandbuch.de/** [Zugriff am 21.11.2014], **http://www.elternimnetz.de/** [Zugriff am 21.11.2014], **www.blja.bayern.de** [Zugriff am 21.11.2014]

4.4 Literatur zur Vertiefung

Allgemeine Werteerziehung:

Stein, Margit (2008): Wie können wir Kindern Werte vermitteln? Werteerziehung in Familie und Schule. München.

Werte und Werteerziehung in Migrationsfamilien:

Deutsches Rotes Kreuz (Hrsg.) (2013): Handbuch Werte und Familienbildung. Berlin: DRK; (hierin vor allem: Stein, Margit: Werteerziehung als Aufgabe der Familie).

Leyendecker, Birgit u.a. (2009): Langfristige Sozialisationsziele von migrierten und nicht-migrierten Müttern in der Türkei und in Deutschland – der Einfluss von Bildung, Kultur und Migrationserfahrungen. In: Dirim, İnci/Mecheril, Paul (Hrsg.): Migration und Bildung. Soziologische und erziehungswissenschaftliche Schlaglichter. Münster, S. 169–181.

Prognos AG (2010): Familien mit Migrationshintergrund. Lebenssituation, Erwerbsbeteiligung und Vereinbarkeit von Familie und Beruf (Bundesministerium für Familie, Senioren, Frauen und Jugend), Berlin; http://www.bmfsfj.de/RedaktionBMFSFJ/Broschuerenstelle/Pdf-Anlagen/Familien-mit-Migrationshintergrund,property=pdf,bereich=bmfsfj,sprache=de,rwb=tr [Zugriff am 21.11.2014].

Uslucan, Haci-Halil (2008): Religiöse Werteerziehung in islamischen Familien, herausgegeben vom Bundesministerium für Familie, Senioren, Frauen und Jugend; http://www.bmfsfj.de/RedaktionBMFSFJ/Abteilung2/Pdf-Anlagen/expertise-religioese-werteerziehung,property=pdf,bereich=bmfsfj,sprache=de,rwb=true.pdf%20%283.10.2011%29 [Zugriff am 17.07.2013]

Westphal, Manuela/Grünheid Irina (2013): Kulturelle Werte und Erziehung in Migrantenfamilien aus den Nachfolgestaaten der ehemaligen Sowjetunion (zusammen mit I. Grünheid). In: Keller, Heidi (Hrsg.): Interkulturelle Praxis in der Kita. Wissen – Haltung – Können. Freiburg, S. 37–53.

Thema 5: Umgang mit Lernstörungen

Rainer Georg Siefen

Schwierigkeiten eines Kindes beim Lernen, bei der Mitarbeit im Unterricht oder bei der Hausaufgabenerledigung haben vielfältige Ursachen. Dazu gehören Teilleistungsstörungen (wie z.B. Lese- und Rechtschreibstörungen oder Dyskalkulie), die u.U. bei Kindern mit Migrationshintergrund noch zu selten erkannt werden. Aber auch Hyperaktivität und andere Emotional- und Verhaltensstörungen können Lernen be- oder verhindern. In diesem Beitrag sollen Eltern Informationen über einige häufiger vorkommende Lernstörungen erhalten und erfahren, wie sie sich mit vermuteten oder vorhandenen Lernstörungen ihres Kindes auseinandersetzen können sowie bei wem und wie sie Hilfe suchen und finden können.

5.1 Basistext

Wenn Eltern über eine längere Zeit hinweg Schwierigkeiten ihres Kindes in der Schule wahrnehmen, spricht die Lehrkraft eventuell von einer Lernstörung. Lernstörung ist jedoch ein unscharfer Begriff; oftmals werden auch Lernschwäche, Lernschwierigkeiten oder Leistungsversagen angegeben. Stets handelt es sich um das Versagen von Schülerinnen oder Schülern bei der Bewältigung von Leistungsanforderungen, die sie eigentlich erbringen können müssten. In diesen Fällen liegen die Leistungen sowohl unter dem Klassendurchschnitt als auch unter dem Standard, der ihr oder ihm aufgrund der Intelligenz oder der sonstigen Fähigkeiten zugetraut wird.

Lernstörungen müssen als solche erkannt werden

Für Eltern, aber auch für die pädagogischen Fachkräfte in der Kita und in der Grundschule, ist es nicht einfach, eine Lernstörung als solche zu erkennen. Sowohl in der Familie als auch in der Schule werden in manchen Fällen Lernstörungen als mangelnde Lernbereitschaft eingeordnet. Geschieht dies, so werden die Kinder unter Druck gesetzt, obgleich sie ihre Leistungen nicht ohne gezielte Hilfe verbessern können.

Fachwissenschaftlicher Einschub

Eine Lernstörung als umschriebene Entwicklungsstörung schulischer Fertigkeiten wird häufig erst im Schulalter wahrgenommen. Sie wird an Diskrepanzkriterien festgemacht: Lernstörungen liegen vor, wenn in spezifischen Bereichen (vor allem Lesen, Rechtschreibung oder Rechnen) Leistungsmängel zu erkennen sind, die nicht durch ein geringeres Intelligenzniveau erklärbar sind.

Es gibt verschiedene Klassifikationen von Lernstörungen. Die Learning Disabilities Association (LDA) of America beschreibt acht spezifische Lernstörungen:[1]

---

1 Petermann, F./Knievel, J./Tischler, L. (2010): Nichtsprachliche Lernstörung – Erscheinungsformen, Ursachen und Interventionsmöglichkeiten. Göttingen, S. 15f. Neben Schulleistungsstörungen werden auch Beeinträchtigungen berücksichtigt, die als Störungen in den Basisfunktionen bezeichnet werden können.

Lernstörungen nach der Einteilung der Learning Disabilities Association (LDA)

- *„Lesestörung (Dyslexie)*: Diese geht mit einem eingeschränkten Verständnis gelesener Texte und vermehrten Rechtschreibfehlern einher,
- *Rechenstörung (Dyskalkulie)*: Es treten Schwierigkeiten im Verständnis von Mengen, Zahlen oder im Lösen von Textaufgaben auf. Das Erkennen von Lösungsmustern beim Addieren, Subtrahieren, Multiplizieren und Dividieren gelingt kaum,
- *Sprachstörung:* Hier bestehen Schwierigkeiten im Verstehen von gesprochener Sprache und ein geringes Textverständnis. Das Kind tut sich schwer, (Ober-)Begriffe zu finden (Worte liegen häufig „auf der Zunge") und hat Schwierigkeiten, seine Gedanken sprachlich auszudrücken. Es fühlt sich dadurch häufig missverstanden und frustriert,
- *Dyspraxie*: Das Kind wirkt tollpatschig, stolpert häufig, hat Probleme bei der Balance und Schwierigkeiten bei feinmotorischen Aufgaben (genaues Ausmalen, Puzzeln, Ausschneiden),
- *Schreibstörung (Dysgraphie)*: Hier zeichnen sich eine verkrampfte Stifthaltung und ein inkonsistentes Schriftbild mit unterschiedlichen Schriftgrößen und Lücken zwischen Wörtern sowie mit einer willkürlichen Mischung aus Druck- und Schreibschrift. Das Abschreiben gelingt nur sehr langsam und unter großer Mühe; Denken und Schreiben ist kaum gleichzeitig möglich (z.B. beim Notizen machen),
- *Nichtsprachliche Lernstörung (NSL)*: Es bestehen Schwierigkeiten im Verstehen von nonverbalen Hinweisen (Körpersprache, Gesichtsausdrücke). Das Kind ist tollpatschig und stößt häufig gegen Menschen und Gegenstände. Feinmotorische Aufgaben (Ausschneiden, Schuhe zubinden) fallen dem Kind sehr schwer, vieles muss es sprachlich benennen, um Situationen zu verstehen. Im Schulunterricht zeigt sich ein häufiges und wiederholtes Stellen von Fragen,
- *Visuelle Wahrnehmungsstörung:* Das Kind vertauscht Buchstaben (p-q, b-d) und kann nicht fehlerfrei abschreiben, klagt über Augenschmerzen und – stechen und verliert beim Lesen die Zeile. Es liest und schreibt in merkwürdigem Winkel und schließt ein Auge beim Lesen/Schreiben,
- *Auditive Verarbeitungsstörung*: Das Kind drückt Gedanken und Ideen verlangsamt aus und zeigt große Schwierigkeiten beim Erklären. Es vertauscht ähnlich klingende Wörter, versteht Wortspiele/Witze nicht und kann Hintergrundgeräusche schlecht herausfiltern."

LRS und Dyskalkulie

Neben oder statt diesem Klassifikationsschema werden andere verwendet, so das Schema nach ICD-10, das mit einer in Teilen abweichenden Begrifflichkeit die Lese- und Rechtschreibstörung, die isolierte Rechtschreibstörung, die Rechenstörung (Dyskalkulie), die kombinierten Störungen schulischer Fähigkeiten, die sonstigen Entwicklungsstörungen schulischer Fähigkeiten und eine Restkategorie benennt. Eltern sollten sich die Störung nicht nur nennen, sondern darüber hinaus erklären lassen. Von besonderer Bedeutung sind in der Schule die Lese- und Rechtschreibstörung sowie die Rechenstörung. Die Kombination aus Lese- und Rechtschreibstörung (LRS) wird im deutschsprachigen Raum bei 4 bis 8 % der Kinder registriert; Jungen sind häufiger betroffen als Mädchen.[2] Von der Rechenstörung (Dyskalkulie) sind 4 bis 6 % aller Kinder betroffen; nach einigen Darstellungen Mädchen geringfügig häufiger als Jungen. Sie tritt unabhängig von der sozialen oder bildungsmäßigen Herkunft des Kindes auf.

2 Ebd., S. 16.

ADS und ADHS

Die von Schule und Eltern häufig thematisierte ADS oder ADHS (Aufmerksamkeitsdefizitstörung mit oder ohne Hyperaktivitätsstörung) betrifft Jungen häufiger als Mädchen. Unaufmerksamkeit, motorische Unruhe und impulsives Verhalten, also die Kernsymptome der beschriebenen Störungen, können schon an sich den Lernerfolg stark beeinträchtigen. Dieser nimmt weiter ab, wenn Teilleistungsstörungen, wie etwa eine Rechtschreibschwäche, hinzukommen. Die Symptome treten häufig vor Schulanfang auf, werden aber erst im Laufe der ersten Schuljahre diagnostiziert, da Schule und Unterricht von Kindern Aufmerksamkeit über einen längeren Zeitraum, Konzentration auf eine Aufgabe u.a. verlangen.

Es gibt zahlreiche weitere Störungen, die sich negativ auf das Lernverhalten und Leistungsvermögen von Kindern und Jugendlichen auswirken können. Hierzu gehören Angststörungen, soziale Phobien und Depressionen ebenso wie Störungen des Sozialverhaltens. Auch psychosomatische Erkrankungen können zu Lernstörungen beitragen – und umgekehrt. Nicht immer wissen Eltern wirklich, welchen ungünstigen Einflüssen ihre Kinder ausgesetzt sind. Mobbing in der Schule oder die Zugehörigkeit zu einer problematischen Gruppe von Gleichaltrigen können der Lernfreude ebenso abträglich sein, wie Übergriffe durch andere Kinder und Jugendliche auf dem Schulweg oder im Wohnumfeld.

Mit Lernstörungen sollen hier spezifische Störungen wie die oben beschriebenen bezeichnet werden und nicht alle Faktoren, die Lernen fördern und beeinträchtigen können. Was Lernstörungen in diesem engeren Sinn anbetrifft, fehlen weitgehend Untersuchungsdaten, ob und in welchem Maße Kinder mit Migrationshintergrund betroffen sind.

ADHS; emotionale und soziale Auffälligkeiten bei Kindern

Differenzierte Auswertungen liegen allerdings mit dem Kinder und Jugendgesundheitssurvey (KiGGS) des Robert-Koch-Instituts (2008) vor, das Kinder und Jugendliche mit Migrationshintergrund entsprechend ihrem Anteil an der Bevölkerung in Deutschland einbezieht. Bei vielen Gesundheitsfragen sind Kinder mit Migrationshintergrund genau so viel oder genau so wenig belastet wie einheimisch deutsche Kinder. Die Zahl der Prävalenz von ADHS-Fällen beträgt bei beiden Gruppen 1,5 %, die der Verdachtsfälle 6 %. In letztere ist die Zahl der Kinder einbezogen, die von ihren Eltern als auffällig eingeschätzt werden, bei denen aber noch keine ärztliche oder psychologische ADHS-Diagnose gestellt wurde. Dabei werden Kinder im Alter von 0 bis 6 Jahren erfasst.[3]

Anderes geben die erhobenen Daten bei 7- bis 10-jährigen Kindern wieder. Nach dem eingesetzten Instrument,[4] in dem in Subskalen emotionale Probleme, Verhaltensprobleme, Hyperaktivitätsprobleme, Probleme im Umgang mit Gleichaltrigen und prosoziales Verhalten erfasst werden, wurden insgesamt 9 % der Grundschulkinder als auffällig ermittelt. Kinder aus Familien mit Migrationshintergrund und Kinder aus Familien mit niedrigem Sozialstatus sind verstärkt im Bereich der Verhaltensprobleme betroffen (etwas häufiger 16,7 % gegenüber 15,6 %) und deutlich stärker im Bereich der Hyperaktivität (10,7 % gegenüber 7,8 %) und dem prosozialen Verhalten (4,9 % gegenüber 2,6 %). Insbesondere aber wurden deutlich höhere Problembelastungen im Umgang mit Gleichaltrigen (19,5 % gegenüber 9,1 %) ermittelt.

Werden die Eltern nach von ärztlicher oder psychologischer Seite festgestellter ADHS ihrer Kinder befragt, erfolgt eine solche Einschätzung für Kinder mit Migrationshintergrund signifikant seltener (2,9 %) als für einheimisch deutsche Kinder

3 Siehe dazu Robert-Koch-Institut (2008): Beiträge zur Gesundheitsberichterstattung des Bundes. Lebensphasenspezifische Gesundheit von Kindern und Jugendlichen in Deutschland. Berlin, S. 88.

4 Der Strengths and Difficulties Questionnaire (SDQ) zur Erfassung kindlicher und jugendlicher Verhaltensauffälligkeit, nach: Robert-Koch-Institut (2008), S. 123ff.

widersprüchliche Daten zu Kindern mit Migrationshintergrund

(5,7 %). Als Grund dafür „wird auch ein unterschiedliches Inanspruchnahmeverhalten von Familien mit und ohne Migrationshintergrund diskutiert, das die Möglichkeit der Diagnosestellung beeinflussen würde. Außerdem könnte eine kulturell bedingt unterschiedliche Symptomtoleranz eine Rolle spielen“[5]. Auch bei älteren Kindern und Jugendlichen bleibt bei niedrigeren Prävalenzraten die geringere Belastung von Kindern aus Familien mit Migrationshintergrund erhalten.[6]

Werden – längst nicht immer verfügbare – Daten auf Stadtteilebene einbezogen, so lassen sich z.B. in Berlin-Friedrichshain-Kreuzberg deutliche Entwicklungsrückstände von Kindern mit arabischem und weniger starke, aber immer noch nachweisbare Rückstände von Kindern mit türkischem und osteuropäischem Hintergrund gegenüber einheimisch deutschen Kindern in Hinblick auf motorische und kognitive Fähigkeiten zum Einschulungszeitpunkt belegen. Gleiches gilt für Kinder, die in Familien mit geringem sozialem Status aufwachsen.[7]

Die Darstellungen lassen sich auch in anderer Hinsicht als widersprüchlich bezeichnen: Nach der Kinder- und Jugendgesundheitsstudie des Robert-Koch-Instituts gibt es keine signifikanten Unterschiede zwischen einheimischen Kindern und Kindern mit Migrationshintergrund hinsichtlich der Prävalenz von Lernbehinderungen. Deutlich anders wird das Bild, wenn die Übergangsquoten an Förderschulen für Lernbehinderte einbezogen werden. Ausländische Kinder (Kinder mit Migrationshintergrund werden nicht erfasst) sind in den Förderschulen für Lernbehinderte deutlich überrepräsentiert – ihre Förderschulbesuchsquote liegt 2009 etwa doppelt so hoch wie bei deutschen Schülerinnen und Schülern. Besonders hoch sind die Quoten in Baden-Württemberg, Niedersachsen und im Saarland. Betroffen sind häufig Kinder mit italienischem, portugiesischem oder türkischem Hintergrund. Noch höhere Anteile haben Kinder, die aus den Kriegsgebieten des Balkans geflüchtet sind.[8]

Für die Bewertung von Entwicklungsstörungen ist besonders wichtig: „Alle Entwicklungsstörungen schulischer Fähigkeiten haben gemeinsam, dass die betroffenen Kinder bei der Bewältigung ihrer schulischen Aufgaben auffällige Schwierigkeiten zeigen und deshalb oftmals bereits vor Eintritt in die weiterführenden Schulen in therapeutischen Einrichtungen vorgestellt werden. In der Anamnese zeigt sich jedoch sehr häufig, dass diese Schwierigkeiten in ähnlicher Form bereits vor dem Eintritt ins Schulalter aufgetreten sind. Oft haben betroffene Kinder bereits im Kindergarten große Mühe Aufgaben zu bewältigen, die bestimmte kognitive Fähigkeiten voraussetzen. Schon früh äußert sich dies in einer Abneigung gegen feinmotorische Tätigkeiten (wie Basteln) oder räumlich-konstruktive Beschäftigungen (wie etwa Malen oder Zeichnen). Zunächst scheint es in solchen Fällen so, als hätten die Kinder lediglich keine Freude an solchen Aktivitäten.

5 Robert-Koch-Institut (2008), S. 125.

6 Schlack, R./Hölling, B./Huss, M. (2007): Die Prävalenz der Aufmerksamkeitsdefizit-/Hyperaktivitätsstörung (ADHS) bei Kindern und Jugendlichen in Deutschland. Erste Ergebnisse aus dem Kinder- und Jugendgesundheitssurvey (KiGGS). In: Bundesgesundheitsblatt – Gesundheitsforschung – Gesundheitsschutz, 50 (5/6), S. 827–835.

7 Bezirksamt Friedrichshain-Kreuzberg von Berlin, Abteilung Familie, Gesundheit und Personal, Planungs- und Koordinierungsstelle Gesundheit (Hrsg.) (2014): Gesundheits- und Sozialbericht für Friedrichshain- Kreuzberg 2014. Darstellung ausgewählter Zielgruppen und Handlungsfelder. Berlin; https://www.berlin.de/ba-friedrichshain-kreuzberg/politik-und-verwaltung/service-und-organisationseinheiten/qualitaetsentwicklung-planung-und-koordination-des-oeffentlichen-gesundheitsdienstes/aktuelles/aktuell_gessozbericht_druckversion_neu.pdf [Zugriff am 09.12.2014].

8 Siehe dazu Autorengruppe Bildungsberichterstattung (2010): Bildung in Deutschland 2010. Ein indikatorengestützter Bericht mit einer Analyse zu Perspektiven des Bildungssystems im demographischen Wandel. Bielefeld, hier S. 72, 253–254.

Später, insbesondere nach der Einschulung, tritt dann jedoch die dieser vermeintlichen Unlust zugrunde liegende Störung bestimmter nichtsprachlicher Funktionen immer deutlicher zu Tage."[9]

wenig Beratung für Kinder mit Migrationshintergrund

In Deutschland wird die frühe Entwicklung von Kindern dem privaten Raum der Familie zugeordnet und damit der Familie eine hohe Verantwortung übertragen.[10] Gleichzeitig ist aber eine „gesundheitliche Chancengleichheit" als gleicher Zugang zu Information, Beratung und Behandlung für Familien mit Migrationshintergrund im Vergleich zu den einheimisch deutschen Familien nicht gegeben.[11] Immer noch zeigen Daten zur Inanspruchnahme, dass Familien und damit auch Kinder mit Migrationshintergrund in allen Beratungs- und psychosozialen Versorgungseinrichtungen unterrepräsentiert sind.

Lernstörungen können viele Ursachen haben

individuelle Diagnose von Lernstörungen

Lernschwierigkeiten oder Lernstörungen sind vorhanden, wenn Lernende hinter ihren Möglichkeiten bleiben. Aber nicht jede Lernstörung in diesem Sinn ist in der Person oder Persönlichkeit des Kindes verankert. Vielmehr lassen sich förderliche oder hemmende Bedingungen von Lernen in Faktoren personaler und situativer Art unterscheiden und es müssen neben den familiären und soziokulturellen Umfeldvariablen auch die schulischen Lernbedingungen berücksichtigt werden.[12] Ein Kind mit einer Störung der neurologischen Entwicklung lernt möglicherweise später Laufen und Sprechen. Dass es auch Probleme mit dem Erlernen von Schreiben und Lesen hat, zeigt sich allerdings erst, wenn dieses Kind zur Schule geht. Ebenso wichtig sind *psychologische und gefühlsbezogene Einflüsse.* Manche Kinder haben Angst vor ungewohnten Situationen. Die Lehrkraft oder die anderen Kinder in der Klasse können sie so einschüchtern, dass sie dem Unterricht schlechter folgen können. Ängstliches und depressives Verhalten treten oft nebeneinander auf. Lernstörungen hängen auch mit *sozialen Situationen* zusammen. Kinder mit Lernproblemen verstehen die sozialen Signale Gleichaltriger möglicherweise nicht so genau. Dann fällt es ihnen schwer, auf andere Kinder zuzugehen. Einige Kinder lernen Regeln des sozialen Miteinanders in der Schule nur sehr langsam. Andere Kinder hingegen bestehen darauf, dass Regeln immer eingehalten werden und Abläufe immer gleich bleiben. Beides kann Lehrerkräfte wie Mitschülerinnen und Mitschüler stärker irritieren als die Familienmitglieder. Soziales Verhalten wird zwar in der Familie gelernt, aber die Eltern und Geschwister stellen sich auf ein nicht altersgemäßes Sozialverhalten nachsichtiger ein als Kindergarten oder Schule.

Migrationshintergrund wohl kein Grund für Lernstörungen

Nicht selten wird von Seiten des sozialen Umfeldes des Kindes der Migrationshintergrund oder aber das zwei- oder mehrsprachige Aufwachsen für Lernstörungen verantwortlich gemacht. Die wenigen vorliegenden epidemiologischen Daten, häufig nicht auf repräsentativen Stichproben beruhend und daher nicht verallgemeinerungsfähig, sind teilweise widersprüchlich, weisen aber mit Ausnahme eines belegbaren höheren Risikos für die Gruppe der Flüchtlingskinder keine höheren Prävalenzdaten für Verhaltensauffälligkeiten oder psychische Störungen auf.[13] Eltern mit Migrationshintergrund sollten daher den (vorschnellen) Verweisen auf diese Ursache nicht folgen.

---

9 Petermann, F./Knievel J./Tischler, L. (2010), S. 11.

10 Schepker, Renate (2009): Beiträge aus der Kinder- und Jugendpsychiatrie zur Prävention und Integration bei Kindern in Zuwandererfamilien. Praxis der Kinderpsychologie und Kinderpsychiatrie 58 (4), S. 263–277, hier S. 270f.

11 Ebd., S. 266f.

12 Siehe dazu Kretschmann, Rudolf (2007): Lernschwierigkeiten, Lernstörungen und Lernbehinderungen. In: Walter, Jürgen/Wember, Franz. B. (Hrsg.): Sonderpädagogik des Lernens. Göttingen, S. 4–32, hier S. 13ff.

13 Siehe dazu die Auswertung vorhandener Untersuchungen bei Schepker, Renate/Toker, Mehmet (2009): Transkulturelle Kinder- und Jugendpsychiatrie. Grundlagen und Praxis. Berlin, S. 16–23.

Eltern mit Migrationshintergrund im Umgang mit Lernstörungen

Frühzeitig auf Anzeichen für eine Lernstörung achten

Wenn die Lehrkraft an der Grundschule mit Eltern (mit Migrationshintergrund) von einer vermuteten oder eventuellen Lernstörung ihres Kindes spricht, werden Ängste hervorgerufen. Ohne dass es ausgesprochen zu werden braucht, verbinden Eltern mit einer solchen Aussage die Drohung einer Klassenwiederholung oder den fehlenden Zugang zu der gewünschten Schulform Gymnasium, vor allem aber die Überweisung auf eine Förderschule für Lernbehinderte. Allein die Kennzeichnung des Kindes als lernbehindert macht vielen Eltern Angst. Sobald Eltern Verzögerungen in der Entwicklung ihres Kindes wahrnehmen, sollten sie jedoch ihre Ängste zurückstellen und abzuklären versuchen, ob es sich um eine Lernstörung handelt und wenn ja, um welche. Dazu ist eine Diagnostik notwendig.

Es ist äußerst bedeutsam, dass Eltern mit Migrationshintergrund (wie einheimisch deutsche Eltern auch) nicht erst im Schulalter des Kindes auf auftauchende Lernprobleme achten. Es ist belegt, dass sich die individuellen Merkmale der Kinder (lernfördernde wie lernhemmende) sowie die Umfeldbedingungen im Alter von vier Jahren auf die Schulleistungen im achten Lebensjahr auswirken[14] – und zwar in erheblichem Maße. Für das Vorschul- wie für das Schulalter gilt, dass die häuslichen Lebensbedingungen etwa doppelt so großen Einfluss auf die kindliche Entwicklung haben wie die Qualität der institutionellen (vor-)schulischen Angebote.[15] Eine möglichst frühe Entdeckung von Lernstörungen im familiären Rahmen bedeutet die Chance einer frühzeitigen Therapie mit großer Wirksamkeit.

Diagnostik von Lernstörungen

Diagnose = Hilfe

Wenn die Erzieherin oder der Erzieher in der Kita oder die Lehrkraft in der Schule die Mutter oder den Vater auf Lernprobleme ihres Kindes hinweist, sollten Eltern das Kind in den angesprochenen Bereichen beobachten. Wenn vorgeschlagen wird, einen Experten oder eine Expertin hinzuzuziehen, sollten Eltern sich nicht dagegen wehren, sondern sich inhaltlich mit den Vorschlägen auseinandersetzen. Eine diagnostische Klärung hilft allen Beteiligten: den Eltern, um die Schwierigkeiten des Sohnes oder der Tochter einordnen und familiäre Hilfe leisten zu können, der Lehrkraft, um im Rahmen von Schule und Unterricht reagieren zu können und eventuell notwendige Fördermaßnahmen einleiten zu können. Und natürlich hilft sie dem Kind, weil es sich auf ganz anderer Grundlage mit seinen Schwächen und seinen Optionen auseinandersetzen kann.

Es wäre demnach gut, wenn Eltern mit Migrationshintergrund vermittelt wird, dass die Früherkennung von Entwicklungsstörungen eine gezielte Prävention ermöglicht, durch die spätere Lernstörungen verhindert oder verringert werden können. Vorläuferfähigkeiten in Bezug auf das Schreiben und das Rechnen werden bereits in der Kita oder sogar in der Familie erworben. Testkundige Eltern können sich über Verfahren, die für das Kind im Kindergartenalter entwickelt wurden, informieren.[16] Eltern mit Migrationshintergrund haben allerdings nicht selten die Sorge, dass ihr Kind bei der Diagnostik schlecht abschneidet und somit benachteiligt wird. In den ethnischen Gemeinschaften wird über (nach Meinung der betroffenen Eltern) unberechtigte Zuweisung von Kindern der eigenen Gruppe zu Förderschulen diskutiert. Es wird sich über ungerechtfertigte und ungerechte Zuweisung an eine Hauptschule ausgetauscht und darüber, welche

14 So Kretschmann, Rudolf (2007), S. 23. Kretschmann bezieht sich hier auf eine europaweite Studie.

15 Ebd.

16 Eine Übersicht über die Verfahren bietet das Buch von Barth, Karlheinz (2012): Lernschwächen früh erkennen im Vorschul- und Grundschulalter. München/Basel, 6. Auflage.

unheilvolle Rolle die Diagnostik dabei gespielt hätte. Manche Eltern mit Migrationshintergrund versuchen sich dann an einer „Selbstdiagnose" ihres Kindes, weil sie die Aussagen der Fachkräfte absichern wollen. Aber so einfach, wie es manche Internetbeiträge glauben machen wollen, ist die „Selbstdiagnose" durch Eltern nicht.

Zukunftschancen vs. Stigmatisierung

Aus diesen und vielen anderen Gründen gilt: Falls Eltern die (begründete) Vermutung haben, dass ihr Kind sich in bestimmten Bereichen langsamer oder anders als andere Kinder entwickelt, sollten sie sich – falls die Kita es ihnen nicht schon nahelegt – selbst um eine Diagnostik bemühen. Im Zweifel sollte die Angst vor einer Etikettierung des Kindes zugunsten der Chance einer frühen Förderung zurückgestellt werden. Je früher eine Hilfe einsetzt, desto eher kann den Auswirkungen einer Störung entgegengearbeitet werden.

Diagnoseverfahren lassen Migrationshintergrund unberücksichtigt

Ein Problem für Eltern (wie auch für die Personen, die die Diagnostik vornehmen) bleibt: Es ist auch heute in vielen Fällen zweifelhaft, ob die Diagnoseverfahren die Besonderheiten von Kindern mit Migrationshintergrund berücksichtigen. Screeninginstrumente zur Erfassung individueller Auffälligkeiten sind u.U. mit einer höheren Fehlerquote behaftet. Die Anwendung von Tests, die in einer einheimisch deutschen Population normiert wurden, sichert weder die inhaltliche noch die konstruktbezogene kulturelle Äquivalenz.[17] Möglicherweise einseitig oder unvollständig wird die Diagnose, wenn z.B. bei einem zweisprachig aufwachsenden und in zwei Sprachen alphabetisierten Kind Lese-Rechtschreib-Schwächen nur aufgrund von Erhebungen in der deutschen Sprache ermittelt werden, da geeignete Tests für die Muttersprache nicht zur Verfügung stehen. Auch im Bereich der Lernstörungen ist es notwendig, eine ethnien- oder kulturspezifische Diagnostik zu entwickeln, da Kinder auch in diesem Bereich – wie Migranten und Migrantinnen in der psychosozialen Diagnostik allgemein – ansonsten einem höheren Risiko psychologischer oder psychiatrischer Fehldiagnose ausgesetzt sind.[18]

Lernstörungen als Herausforderung für Eltern: Hilfe suchen und finden

Eltern haben unterschiedliche Möglichkeiten, Rat einzuholen, wenn sie eine Verzögerung oder Störung des Lernverhaltens vermuten.

Kinderärztin und Kinderarzt

Wichtigste Person ist *der Kinderarzt oder die Kinderärztin*. Sie klären im Rahmen der Früherkennungsuntersuchungen Sachverhalte ab und spielen für die Koordination der Diagnostik und für die Abstimmung von Therapiemaßnahmen eine zentrale Rolle. Sie können z.B. Ergotherapie oder Logopädie verordnen und zu einer Kinderpsychiaterin oder einem Kinderpsychiater oder einer Kinderpsychologin bzw. einem Kinderpsychologen überweisen. Mit diesen arbeiten sie eng zusammen und sie sind einzeln oder gemeinsam für die Entwicklung eines Gesamtbehandlungsplans zuständig. Der Kinderarzt oder die Kinderärztin veranlasst auch notwendige ergänzende ärztliche Untersuchungen. Wird eine der oben beschriebenen Lernstörungen festgestellt, muss geklärt werden, dass die niedrigere Leistung des Kindes nicht auf körperlichen oder biologischen Faktoren beruht (z.B. bei der Lese-Rechtschreibstörung auf Mängel im Hören oder Sehen oder auf neurologischen Störungen). Wenn der Kinderarzt oder die Kinderärztin dies nicht aufgrund seiner eigenen Untersuchungen entscheiden kann, überweist er oder sie das Kind zu anderen Fachleuten.

17 Siehe dazu Schepker, Renate/Toker, Mehmet (2009), s. oben, S. 87ff.

18 Siehe dazu allgemein: Siefen, Georg/Glaesmer, Heide/Brähler, Elmar (2011): Interkulturelle psychogische Testdiagnostik. In: Wielant, Machleidt/Andreas, Heinz (Hrsg.): Praxis der interkulturellen Psychiatrie und Psychotherapie. Migration und psychische Gesundheit. München, S. 199–208, hier S. 200.

Kinderpsychologie und -psychiatrie

Zur Überprüfung und Erhärtung des Verdachts auf Lernstörungen werden demnach *kinderpsychologische oder kinderpsychiatrische Einschätzungen* einbezogen. Diese Expertinnen und Experten werden die spezifischen Diagnostiken durchführen, die Überweisung zu anderen Stellen veranlassen und eventuell den Therapieplan entwickeln.

Eltern sollten eine Ansprechperson haben, der sie vertrauen und die mit ihnen die Gesamtsituation des Kindes abklärt. Es ist ihnen möglich, den Arzt oder die Ärztin bei fehlendem Vertrauen oder bei dem Eindruck fehlenden Verständnisses zu wechseln. Ein durch Vertrauen und Offenheit bestimmtes Verhältnis zur behandelnden Ärztin oder zum Arzt ist besonders wichtig, wenn es – nach der Diagnostik – um die Therapie geht.

Medizin

Medikamentöse Behandlung: Alle Eltern sind vorsichtig und ängstlich, wenn ihre Kinder Medikamente von Arzt oder Ärztin verordnet bekommen. Das kann aber notwendig werden, etwa bei ausgeprägtem ADHS. Wenn ein ausreichend begabtes Kind sich so schlecht konzentrieren kann, dass es unnötigerweise eine Klasse wiederholen oder sogar die Schule wechseln müsste, kann eine medikamentöse Behandlung sehr hilfreich sein. Gerade Eltern aus Migrantenfamilien haben Bedenken gegenüber einer medikamentösen Behandlung. Solche Sorgen sind einerseits zu respektieren. Andererseits sollten sich Eltern entsprechende medizinische Aufklärung aufmerksam anhören. Auch hilft es ihnen, sich aus seriösen Quellen weitere Informationen zu besorgen, bevor sie diese Therapiemöglichkeit endgültig ablehnen, obwohl sie ihrem Kind eigentlich helfen würde. Im Internet zu findende Informationen können sehr widersprüchlich sein. Hierüber sollte unbedingt das Gespräch mit dem Arzt oder der Ärztin gesucht werden. Bei Zweifeln kann die Meinung eines anderen Arztes oder einer anderen Ärztin eingeholt werden. Manchmal brauchen Eltern auch etwas Bedenkzeit, bevor sie einer medikamentösen Behandlung zustimmen. Wenn sie das so mitteilen, versteht der Arzt bzw. die Ärztin ihre Zurückhaltung richtig.

Pädagoginnen und Pädagogen

Manches Mal sind es die pädagogischen *Fachkräfte* in der Kita oder in der Schule, die auf Lernschwierigkeiten oder Lernstörungen erstmals aufmerksam machen. Wenn Eltern sie als erste selbst bei ihrem Kind wahrnehmen, sollten und können sie ihre Beobachtungen mit diesen Fachkräften besprechen. Die Fachkräfte sollten von den Eltern fortlaufend über Ergebnisse der Diagnostik und empfohlener Therapien informiert werden. In manchen Fällen kann es sinnvoll sein, dass Kinder- und Jugendpsychiater oder -psychiaterin sich – nach einer Entbindung von der Schweigepflicht – mit der Fachkraft austauscht. Ärztinnen und Ärzte oder Psychologinnen und Psychologen filtern die Informationen über das Kind, die sie an Dritte, wie etwa auch an die Lehrer und Lehrerinnen weitergeben, sorgfältig aus. Die Fachkräfte gehen dann u.U. geduldiger und nachsichtiger mit dem Kind um, da sie wissen, dass die Familie professionelle Unterstützung gesucht hat.

Sozialpädiatrie

Falls Eltern Grund zur Annahme haben, dass ihr Kind eine ernsthafte Entwicklungsstörung oder -behinderung haben könnte, können sie mit dem Kinderarzt oder der Kinderärztin über eine Vorstellung in einem *sozialpädiatrischen Zentrum* sprechen. Dieses verfügt – ähnlich wie die Kinder- und Jugendpsychiatrie – über Möglichkeiten einer umfangreichen und spezialisierten Diagnostik unter einem Dach und macht danach Vorschläge für eine Therapie.

Es wurde mit den Kontaktpersonen begonnen, weil Eltern mit Migrationshintergrund sich bei der Wahrnehmung von Schwierigkeiten oder bei Hinweisen in den Bildungseinrichtungen als erstes fragen, an wen sie sich wenden können und sollen. Erst in zweiter Linie folgt die Frage danach, was für das Kind getan werden könnte. Dazwischen geschaltet ist, wie ausgeführt, die Diagnostik der Lernstörung. Der Diagnostik- und der Therapieplan werden von Expertinnen und Experten entwickelt. Beides muss den Eltern aber ausführlich erläutert werden und die Familie sollte die Therapie unterstützen können.

Die Eltern tragen die zentrale Verantwortung. Sie kennen ihr Kind am besten. Wenn sie Lernstörungen wahrnehmen, sollten sie möglichst bald einen Termin beim Kinderarzt oder der Kinderärztin planen und wahrnehmen; diese werden u.U. andere Fachstellen einbeziehen. Falls die Eltern – sei es aufgrund nicht ausreichender deutscher Sprachkenntnisse, sei es, weil sie Befürchtungen vor Zurückweisung haben – die Termine nicht alleine wahrnehmen wollen, sollten sie in einer Einrichtung in ihrem Stadtteil oder ihrer Region nach Sprach- und Kulturvermittlern fragen und suchen.

gezielte Beratung für Familien mit Migrationshintergrund

Der Einsatz von Sprach- und Kulturvermittlern wirft (neue) Fragen auf und auch für Eltern gilt es, sich mit deren Rolle auseinanderzusetzen.[19] Der Einsatz eines Sprach- und Kulturvermittlers ist dann positiv, wenn es Therapeuten, Dolmetschern und Patienten gelingt, einen Raum zu schaffen, „in dem über Bedeutungen, Symbole und kulturelle Differenzen reflektiert wird. Dazu ist es notwendig, dass die dolmetschende Person die Bedeutung der Akzeptanz und Nutzbarmachung von Differenz erkennt und sich nicht als harmonisierender Mediator versteht, der Missverständnisse und Konflikte zwischen Patient und Therapeut zu minimieren versucht. Ihr kulturelles Wissen kann für das Sichtbarmachen von Differenz und Fremdheit genutzt werden."[20]

Eltern mit Migrationshintergrund müssen sich umsehen, ob es in ihrem Stadtteil oder in ihrer Stadt bzw. in der Region eine Einrichtung gibt, die – neben den aufgeführten traditionellen Anlaufstellen – spezifische Hilfe bieten kann, so z.B.:

- Erziehungs- und Familienberatungsstellen, die interkulturelle Arbeit leisten wie z.B. das Internationale Familienzentrum in Frankfurt mit muttersprachlicher Beratung in verschiedenen Sprachen. Zu den häufigsten Fragen gehören Lernstörungen oder Rahmenbedingungen und Verhaltensmuster, die zu Lernstörungen führen können,[21]
- Angebote für Eltern mit Migrationshintergrund im schulpsychologischen Dienst oder im Rahmen einer interkulturellen Schulsozialarbeit,
- Psychosoziale Beratungsstellen in den Städten oder Kreisen,
- noch selten, aber zunehmend, Beratung durch Migrationsorganisationen, auch in Bildungsfragen von Kindern und im Zusammenhang mit Lernstörungen.

wichtige Beratungsbedingungen

Es gibt Beratungssettings, die Eltern mit Migrationshintergrund einfordern können sollten (je nach ihren Bedürfnissen):

- die Möglichkeit, in ihrer Muttersprache beraten zu werden oder die Unterstützung durch eine Sprach- und Kulturvermittlung zu erhalten; eventuell durch die Teilnahme eines kulturellen oder sprachlichen Vermittlers oder einer Vermittlerin an den Gesprächen;
- die Einbeziehung der Migrationsgeschichte in die diagnostische Arbeit sowie die Möglichkeit, ihre erfüllten und enttäuschten Erwartungen, ihre Zukunftsplanungen und Perspektiven anzusprechen. Dieses bedeutet, dass die Anamnese darauf schließen lassen muss, dass neben den fachlichen Standards Besonderheiten des Migrationshintergrundes berücksichtigt werden, die ein „Routinevorgehen" nicht erlauben;[22]

19 Für das psychotherapeutische Setting ist dieses beschrieben in Kluge, Ulrike/Kassim, Nadja (2006): Chancen und Schwierigkeiten in der Zusammenarbeit mit Sprach- und Kulturmittlern in einem interkulturellen psychotherapeutischen Setting. In: Wohlfart, Ernestine/Zaumseil, Manfred (Hrsg.): Transkulturelle Psychiatrie – Interkulturelle Psychotherapie. Interdisziplinäre Theorie und Praxis. Heidelberg, S. 178–198.

20 Ebd., S. 196.

21 Demmer-Gaite, Eleonore/Friese, Paul (2004): Interkulturelle Aufgaben in der Erziehungsberatung. In: von Wogau, Janine Radice/Eimmermacher, Hanna/Lanfranchi, Andrea (Hrsg.): Therapie und Beratung von Migranten, Systemisch- interkulturell denken und handeln. Weinheim/Basel, S. 190–204.

22 So Schepker, Renate (2011): Jugendliche in der Migration. In: Machleidt, Wielant/Heinz, Andreas (Hrsg.): Praxis der interkulturellen Psychiatrie und Psychotherapie. Migration und psychische Gesundheit. München, S. 219–227, hier S. 221.

- die Möglichkeit, die Grenzen einer Diagnostik zu besprechen, die auf bei einheimisch deutschen Kindern geprüften Verfahren beruht;
- die Chance, eigene und Erfahrungen des Kindes mit Diskriminierung und Stereotypisierung in Bildungs- und Beratungseinrichtungen sowie Formen der Benachteiligung zu thematisieren.

Bei der Diskussion aller dieser Forderungen darf nicht untergehen, dass auch von Eltern mit einem Kind mit einer Lernstörung viel verlangt wird: Sie haben dafür Sorge zu tragen, dass die verordneten und besprochenen Therapien durchgeführt werden, dass Termine eingehalten werden und u.U. dass das Lernumfeld des Kindes anders gestaltet wird.

Leseempfehlung

Gün, Ali Kemal (2008): Interkulturelle Kompetenz in der Frühförderung. In: Leyendecker, Christoph (Hrsg.): Gemeinsam Handeln statt Behandeln. Aufgaben und Perspektiven der Komplexleistung Frühförderung. München.

5.2 Didaktischer Vorschlag/Fallbeispiel

E.M. ist 9,5 Jahre alt, als seine Lernprobleme nicht mehr zu übersehen sind. Er geht zu diesem Zeitpunkt in die dritte Klasse der Grundschule. Der Schulbesuch hat ihm früher deutlich mehr Spaß gemacht. Jetzt erledigt er seine Hausaufgaben unvollständig, wie die Eltern von der Klassenlehrerin erfahren. In manchen Stunden wirkt er wie abwesend. Er meldet sich dann auch nicht. Der Vater ist mit der Lehrerin unzufrieden. Dass sein Sohn Probleme mit Mathematik haben soll, kann er nicht nachvollziehen. Wenn der Vater sich mit dem Jungen hinsetzt und ihm die Aufgaben genau erklärt, versteht dieser auch, was er tun soll. Er rechne dann ganz normal, wie der Vater findet. Leider ist er beruflich sehr beansprucht. Wenn die Mutter E. bei den Hausaufgaben unterstützen will, dauert alles viel länger als beim Lernen mit dem Vater. Mit den Rechenaufgaben wolle E. dann oft erst nach mehreren Ermahnungen der Mutter überhaupt anfangen.

Der Kinderarzt hat das Kind aktuell untersucht. Gesundheitliche Belastungen waren dabei nicht festzustellen. Die Mutter hatte vermutet, dass E. vielleicht nicht gut sieht und deshalb dem Unterricht nicht folgen kann. Der Augenarzt konnte das aber nicht bestätigen. Schließlich überwies der Kinderarzt E. zum Kinder- und Jugendpsychiater. Der befragte die Eltern genau zur Entwicklung des Kindes von Geburt an. Eine Psychologin in seiner Praxis führte außerdem Tests bei E. durch. Auch die Eltern beantworteten einen langen Fragebogen. Im Intelligenztest zeigte sich E. in allen Bereichen durchschnittlich begabt. In Untertests, die mit dem logischen Denken und dem räumlichen Vorstellungsvermögen zu tun haben, schnitt er sogar besonders gut ab. Hier war er besser als in den stärker sprachabhängigen Tests. An diesem Punkt der Diagnostik fühlte sich der Vater in seiner Vermutung bestätigt, dass E. einfach „etwas faul" sei. Der Vater selbst habe sich als Kind in der Schule auch nicht immer angestrengt. Das bedaure er jetzt. Sein Sohn solle es in der Schule und im Beruf unbedingt besser haben als er selbst. Allerdings sei auch die Lehrerin an den Problemen schuld. Mit kleinen Hilfen – so wie wenn er mit dem Jungen Hausaufgaben mache – käme E. auch im Unterricht besser mit. Die Lehrerin aber erzähle immer, dass sie sich bei 26 anderen Schülerinnen und Schülern in der Klasse nicht nur um E. kümmern könne. In den Lese- und Rechtschreibtests zeigte der Junge ebenfalls durchschnittliche Leistungen. Anders sah es in den Rechentests aus. Schon ohne Zeitbegrenzung waren die Rechenleistungen deutlich unterdurchschnittlich. Noch schlechter fiel das Ergebnis aus, wenn nur begrenzte Zeit zum Lösen der Aufgaben gegeben wurde. E. litt eindeutig unter einer Dyskalkulie (Rechenschwäche): Die Rechenleistungen lagen weit unter seinem Intelligenzniveau. Das bestätigte auch die Rücksprache mit der Lehrerin. Gerade im Mathematikunterricht hatte E. zunehmend unkonzentriert und unmotiviert gewirkt. Die Eltern legten in der Schule und beim Jugendamt eine Bescheinigung des Kinder- und Jugendpsychiaters vor. Darin waren die Testergebnisse aufgelistet. Außerdem wurde beschrieben wie sehr E., aufgrund seiner Probleme mit dem Rechnen, die Freude am Lernen überhaupt verloren hatte und dass er deshalb unbedingt gezielte Hilfen brauche.

Die Schule bot Förderunterricht an. Außerdem bekam E. bei Tests mehr Zeit. Gleichzeitig besuchte er – finanziert durch das Jugendamt – ein Förderangebot in einer Beratungsstelle. Nach einigen Monaten zeigten sich deutliche Fortschritte. E. ging wieder gerne zur Schule. Er und die Eltern waren sehr zufrieden, als er die Empfehlung zum Besuch der Realschule oder der Gesamtschule erhielt. Nun standen ihm wieder alle Möglichkeiten offen.

Anhand dieses Beispiels lassen sich in Elternforen folgende Fragen stellen und diskutieren:

- Prozess des Erkennens der Lernstörung des Jungen in der Familie
- Woran wurde die Dyskalkulie erkannt?
- Bedeutung des Kinder- und Jugendpsychiaters und der Zugang der Eltern zu ihm
- Veränderungen aufgrund der Diagnose Dyskalkulie

5.3 Quellen/Materialien zur Weitergabe an die Eltern

Legasthenie, LRS und Dyskalkulie/30 Fragen; **http://www.30fragen.com** [Zugriff am 09.12.2014].

5.4 Literatur zur Vertiefung

Schepker, Renate/Siefen, Rainer G. (2008): Therapiefragen in Migrantenfamilien. In: Remschmidt, Helmut/Mattejat, Fritz/Warnke, Andreas (Hrsg.): Therapie psychischer Störungen bei Kindern und Jugendlichen. Ein integratives Lehrbuch für die Praxis. Stuttgart/New York, S. 493–502.

Schepker, Renate/Toker, Mehmet (2009): Transkulturelle Kinder- und Jugendpsychiatrie. Grundlagen und Praxis. Berlin.

Siefen, Rainer G./Glaesmer, Heide/Brähler, Elmar (2011): Interkulturelle psychologische Testdiagnostik. In: Machleidt, Wielant/Heinze, Andreas (Hrsg): Praxis der interkulturellen Psychiatrie und Psychotherapie. München, Elsevier, S. 199–208.

Modul 2

Verbesserung der Lernbedingungen für Kinder

Thema 1: Schaffung eines positiven Lernklimas in der Familie

Ursula Boos-Nünning

Zu einem positiven Lernklima zählt auch, das Lernen außerhalb der Bildungseinrichtung und vor allem in den Familien zu erleichtern. Eltern mit Migrationshintergrund benötigen Wissen darüber, von welchen Bedingungen in der Familie Lernprozesse von Kindern abhängig sind. Im Schwerpunkt geht es um die Stärkung der Kompetenzen der Eltern, ihre Kinder in ihrem Lernverhalten zu unterstützen. Dies kann durch motivationale Anreize wie dem Umgang mit Hausaufgaben, Sprechen über die Bildungseinrichtung oder dem Austausch über Erlebnisse des Kindes in der Kindertagesstätte oder der Schule geschehen. Des Weiteren beeinflusst auch der Umgang der Eltern mit den Leistungen des Kindes in den Bildungseinrichtungen, insbesondere in der Schule, das familiäre Lernklima.

1.1 Basistext

Was gehört zu einem optimalen Lernklima?

Der Begriff „Lernklima" richtet sich auf die Gesamtheit der Rahmenbedingungen und auf die Atmosphäre in der Familie, die dazu beitragen, den besten Lernerfolg zu erzielen. Für Bildungseinrichtungen wird die Schaffung eines dazu optimalen Arrangements seit Langem diskutiert. So wird von Schulklima oder Klassenklima gesprochen. Ein optimales Lernklima als Voraussetzung für die Förderung des Bildungsprozesses und für die Begleitung des schulischen Lernprozesses des Kindes kann aber auch durch einen entsprechenden familiären Kontext hergestellt werden.

Zu einem guten Lernklima in der Familie gehören:
- die Schaffung lernfördernder Räume,
- die Einplanung und Einübung ausreichender Schlafzeiten,
- die Festlegung von Lernzeiten und die Einplanung von Lernpausen,
- das Aufgreifen von Erfahrungen aus den Bildungseinrichtungen und Hilfe bei der Verarbeitung dieser Erfahrungen,
- die Unterstützung beim Aufbau von Selbstvertrauen und von Selbstwertgefühl im Zusammenhang mit Bildungsleistungen.

Fachwissenschaftlicher Einschub: Kulturelles und soziales Kapital

Unstrittig ist, dass Kinder mit Migrationshintergrund im Bildungssystem schlechter abschneiden als einheimisch deutsche Kinder. Als ein wichtiger Grund für die geringeren Bildungserfolge werden die Lern- und Entwicklungsmilieus im Rahmen der Familie genannt.[1] Erklärt werden die Unterschiede durch die Teilhabe an ver-

1 Auf zwei weitere, ebenso wichtige Gründe, nämlich die Lebens- und Lernbedingungen außerhalb und begleitend zur Schule und auf die Bedeutung der Übergänge, wird in anderen Modulen dieses Weiterbildungs-Handbuchs eingegangen. Die dem Schulsystem und dem Unterricht zuzuordnenden Gründe bleiben ausgeklammert, obgleich sie das Lernklima in der Familie mittelbar beeinflussen können.

schiedenen Arten von Kapital, das in den Familien vorhanden oder auch nicht vorhanden ist. In der Literatur wird dabei insbesondere unterschieden nach

- dem kulturellen Kapital,
- dem sozialen Kapital,
- dem ökonomischen Kapital.

Diesem theoretischen Rahmen Pierre Bourdieus folgend wird häufig aufgeführt, die Familie leiste die Vermittlung des kulturellen und sozialen Kapitals nicht in einem für die Absicherung von Bildungserfolgen der Kinder ausreichenden Maße. Dies wird im Hinblick auf die Erziehung und Bildung in sozialen (einheimisch deutschen) Unterschichten ebenso festgestellt wie im Hinblick auf Familien mit Migrationshintergrund. Der Familie wird damit ein unmittelbarer und ein mittelbarer Einfluss auf den Bildungserfolg ihres Kindes oder ihrer Kinder zugewiesen.

kulturelles Kapital

Das *„kulturelle Kapital"* umfasst nach Bourdieu im *inkorporierten*, also verinnerlichten Zustand (im „Bildungskapital") die von einer Person aufgenommene Bildung und ist damit etwas, das zum festen Bestandteil der Person geworden ist. Die im Zeitablauf früheste Aneignung beginnt in der Familie. Familien verfügen über unterschiedlich hohes Maß an kulturellem Kapital, das sie an ihre Kinder weitergeben. Das kulturelle Kapital der Eltern, wie etwa deren Wissen über die Anforderungen des deutschen Bildungssystems, wirkt sich somit stark auf den Bildungserfolg der Kinder aus. *Objektiviertes* Kulturkapital existiert, laut Bourdieu, in Form von kulturellen Gütern, wie z.B. Kunstwerken, Büchern, Lexika, Instrumenten oder Maschinen. Es geht aber nicht nur darum, dass Kapitalien, z.B. Bücher und Lexika, in der Wohnung vorhanden sind, sondern auch darum, dass sie sinnentsprechend genutzt werden. Selbstverständlich können die konkreten Gegenstände ausgetauscht werden: Statt eines Lexikons ist u.U. heute der Gebrauch von Wikipedia ein adäquates zeitgemäßes Muster und bei den Maschinen kann es sich um den bildungsfördernden Gebrauch von Notebooks oder Tablet-PCs handeln.

soziales Kapital

Das *„soziale Kapital"* bezeichnet den Gewinn, der aus der Zugehörigkeit zu einem Netz sozialer Beziehungen hervorgeht. Es handelt sich um die aus dem gegenseitigen Kennen und Anerkennen resultierenden (aktuellen und potenziellen) Ressourcen, die einer Person zur Verfügung stehen können; also beispielsweise um den Zugang zu Wissen, Unterstützung und Hilfeleistungen durch „Kontakte". Kinder, die einer gehobenen Schicht zugehören und überwiegend Kontakte mit Kindern aus eben diesen Schichten pflegen, erwerben von Kindheit an über die Zugehörigkeiten ihrer Eltern für sie nützliches soziales Kapital. Die Ressourcen, die Kindern beim Aufwachsen in einem „gehobenen" Stadtteil einerseits oder in einem sozial benachteiligten Stadtteil andererseits zur Verfügung gestellt werden, sind unterschiedlich.

ökonomisches Kapital

Das *„ökonomische Kapital"* kann in kulturelles und soziales Kapital umgewandelt werden. Wirtschaftlich gut gestellte Familien können Wohnungen in Stadtteilen mit guter Infrastruktur bezahlen, exklusive Freizeiteinrichtungen wählen wie auch für eine Ausstattung der Kinder mit Bildungsgütern Sorge tragen.

Familien mit Migrationshintergrund haben weniger Möglichkeiten als einheimisch deutsche Familien, ihre Kinder mit dem kulturellen und sozialen Kapital auszustatten, das den Kindern im Bildungssystem gleiche Chancen verschaffen könnte. Nicht nur haben die Familien größere Schwierigkeiten in der Akkumulation von sozialem und kulturellem Kapital, auch das deutsche Bildungssystem ist bislang nicht in der Lage, ungleiches Kapital auszugleichen.[2]

2 Untersuchungsergebnisse dazu bei Biedinger, Nicole (2010): Ethnische und soziale Ungleichheit im Vorschulbereich, Leipzig.

Die Sichtweise, dass Familien mit Migrationshintergrund in Form der Vermittlung von Mehrsprachigkeit, interkultureller Kompetenz und Hybridität (d.h. in unterschiedlichen Kontexten adäquat handlungsfähige Personen) ihren Nachwuchs mit *spezifischen Ressourcen* ausstatten, wird bisher kaum vertreten. Noch weniger geraten Bildungs- und Lebenserfahrungen in den Blick, die Eltern mit Migrationshintergrund aus ihrem Herkunftsland mitgebracht haben oder aus der ethnischen Gemeinschaft schöpfen. Auch diese stellen Ressourcen und damit kulturelles und soziales Kapital dar.

Die Herstellung eines bildungsfördernden Lernklimas

Die Bildungseinrichtungen, die Kindertagesstätten und stärker noch die Schulen erwarten, dass Kinder kulturelles und soziales Kapital aus der Familienerziehung mitbringen. Oder anders ausgedrückt: Kinder, die über ein solches Kapital verfügen, haben es deutlich leichter, die Schullaufbahn erfolgreich zu bewältigen. Daher ist es notwendig, in allen Elternhäusern – und so auch in Familien mit Migrationshintergrund – ein lernförderndes Umfeld zu schaffen. Die Diskussion mit den Eltern, wie ein förderndes Lernklima in der Familie hergestellt werden kann, stellt die aktiven (Mit-)Gestaltungsmöglichkeiten der Eltern in den Mittelpunkt und versucht auf einer konkreten Ebene den Eltern Wege und Mittel aufzuzeigen, ihre Kinder im Bildungsprozess zu unterstützen.

Dabei sind drei Formen von Unterstützungsleistungen zu unterscheiden:

Lernhilfe in der Familie

- Die Familie und hier in der Praxis vor allem die Mutter, in einigen Fällen aber auch die ältere Schwester, hat die Aufgabe übernommen, „Schulbegleiterin“ zu sein. Diese hat im engeren Sinne Bedingungen zu schaffen, die dem schulischen Lernen förderlich sind und die den schulischen Lernprozess unterstützen. Die erwarteten Unterstützungsleistungen der Eltern umfassen die Kontrolle der äußeren Erscheinung und der Schultasche, die Einbeziehung außerschulischer Bildungsangebote, das Sprechen über den Unterricht und Zeit für schulische Belange. Darüber hinaus werden das Wissen um die Anforderungen von Schule in den einzelnen Fächern sowie die Beschaffung von Material (wie Lernspiele), die Organisation von Nachhilfe (bei Bedarf) und die Wahl angemessener Schulen als Aufgaben angesehen. Insbesondere begleitend zum Gymnasialbesuch, teils aber schon in der Grundschule, glauben manche Eltern, das Vor- und Nacharbeiten des Lernstoffes leisten zu müssen und setzen damit Standards für das Erwartungsniveau der Lehrkräfte. Studien ermitteln, dass für die Bildungsverläufe weitere familiäre Faktoren eine Rolle spielen: die Unterstützung bei den Hausaufgaben durch Eltern oder Geschwister, das Sprechen über die Schule, die Anteilnahme an schulischen Erlebnissen sowie das zur Verfügung stellen eines ruhigen Arbeitsplatzes für die Hausaufgaben. Beispielsweise in der Grundschule geht es zusätzlich um das Lernen mit den Eltern für Klassenarbeiten. Zudem sollen lernbeeinträchtigende oder gar verhindernde Vorkommnisse oder eine lernhemmende Atmosphäre vom Kinde ferngehalten werden.

Kontakt zur Bildungseinrichtung

- Eine zweite Aufgabe besteht in der Unterstützung schulischer Aktivitäten. Eltern können ihr Kind durch eine Teilnahme an der Kita oder der Schule und durch Kooperation mit der Leitung und dem Personal unterstützen. Es ist von sehr großer Bedeutung, dass die Eltern mit der Bildungseinrichtung, die ihr Kind besucht, vertraut sind: mit dem Gebäude und den Zimmern (z.B. Klassenraum), in dem sich das Kind aufhält, den Erzieherinnen und Erziehern oder dem Lehrpersonal, dem Spielzeug oder den Unterrichtsmaterialien. Es gibt nicht wenige Eltern mit Migrationshintergrund, die den Kontakt scheuen, weil sie meinen, dass ihre deutschen Sprachkompetenzen für Gespräche nicht ausreichen oder weil negative Erfahrungen ihnen den Mut zu erneuten Kontakten nehmen. Eltern sollten solche Bedenken zurückstellen und so viel Kontakt wie möglich und nötig zu den Bildungseinrichtungen suchen und aufrechterhalten.

Lernen außerhalb der Schule

- Eine dritte Aufgabe – für Familien mit Migrationshintergrund am schwierigsten zu erfüllen – ist, Bildung in den familiären Alltag einzubringen. Hier geht es um die Bereiche und um die Aktivitäten, die den Kindern kulturelles Kapital verschaffen.[3] Gemeint ist hierbei nicht die direkte Unterstützung, wie Hausaufgabenbetreuung, sondern die Schaffung von Rahmenbedingungen, die sich mittelbar auf den Bildungsprozess des Kindes auswirken, wie z.B. ein Regal mit Büchern in der Wohnung oder der häufige Besuch der Stadtbibliothek.

hohe Bildungserwartungen in Familien mit Migrationshintergrund

In einem Punkt erfüllt ein erheblicher Teil der Eltern mit Migrationshintergrund die Voraussetzungen für die Schaffung von kulturellem Kapital. Frühere und neuere empirische Untersuchungen belegen die hohen Bildungsvorstellungen und die hohen beruflichen Erwartungen der Eltern. Dieses gilt für nahezu alle Familien mit Migrationshintergrund. Leistungserwartungen spielen in der Erziehung eine erhebliche Rolle und sie sind auf schulische Erfolge und das Erreichen einer guten beruflichen Tätigkeit ausgerichtet. Auch neuere Untersuchungen, die Eltern insbesondere mit türkischem Migrationshintergrund befragen, kommen zu dem Ergebnis, dass Leistungs- und Aufstiegsorientierungen als äußerst bedeutsam angesehen werden. Das Erziehungsziel „Erbringung von Leistung“ wird in allen themenbezogenen Untersuchungen genannt; dieses gilt für frühere Erhebungen ebenso wie für aktuelle und wird an Jungen in gleicher Weise gestellt wie an Mädchen. Über Lernen und Leistungsstreben sollen die Kinder einen höheren Bildungsstand und darüber wiederum berufliche Karrierechancen erlangen. Die Eltern mit Migrationshintergrund sind mit der Hoffnung, ihre Lebensbedingungen und die ihrer Kinder zu verbessern, in die westlichen Industrieregionen eingewandert. Sie haben nicht nur ihre familialistischen Haltungen mitgebracht, sondern auch den Wunsch nach Bildung und wirtschaftlichem Erfolg der Kinder. Die berufliche Position wird aber bei den zugewanderten Familien häufig nicht mit Unabhängigkeit assoziiert, sondern im Kontext von Familie gesehen – der zukünftige Arzt soll sich nicht durch seine Bildung von den Eltern und ihren kulturellen Wurzeln entfernen, sondern vielmehr ein Leben lang mit ihnen verbunden bleiben. Einheimisch deutsche Eltern mit mittlerem oder höherem Bildungsabschluss wollen zwar auch Bildungserfolge für ihre Kinder, betonen aber die Bedeutung von Bildung für individuelle Zufriedenheit, während Eltern mit Migrationshintergrund stärker die Bildung und den Beruf des Kindes in Bezug auf die Stellung der Familie in der Gesellschaft sehen.[4] In individualistischen Gesellschaften investieren Eltern in die Bildung ihrer Kinder, damit diese ihren individuellen Lebensentwurf verwirklichen und die Voraussetzungen für das Ergreifen eines Berufs geschaffen werden, der den persönlichen Ambitionen des Sohnes oder der Tochter entspricht. Anders ist die Sichtweise eines Teils der Familien mit Migrationshintergrund, die mit der Bildung des Sohnes oder der Tochter die Vorstellung von einem Aufstieg der Familie verbinden. Eltern haben keine Angst, ihre Kinder durch Bildung und Aufstieg zu verlieren, aber sie wissen zu wenig darüber, was ihrem Kind in der frühen Kindheit und auch später nützt (z.B. Vorlesen, das Vorhandensein von Büchern im Familienhaushalt, Strukturierung des Tagesablaufes) und was ihm scha-

3 Vgl. den fachwissenschaftlichen Einschub zu kulturellem und sozialem Kapital in diesem Kapitel.

4 So nach Leyendecker, Birgit (2011): Bildungsziele von türkischen und deutschen Eltern – was wird unter Bildung verstanden und wer ist für die Vermittlung von Bildung zuständig? In: Neumann, Ursula/Schneider, Jens (Hrsg.): Schule mit Migrationshintergrund. Münster, S. 276–284, hier: S. 278f.

det (z.B. ungesteuerter Medienkonsum, „Rumhängen"). Die Eltern kommen zudem häufig aus Ländern, in denen die Schulen mehr Verantwortung für den Lernerfolg der Kinder übernehmen und deshalb den Eltern weniger Aufgaben zugewiesen wurden und werden. Da aber die Schule in Deutschland darauf baut, dass die Eltern entscheidende Verantwortung für die Bildung der Kinder und für die Vertiefung des in der Schule Gelernten übernehmen, kommt es zu beträchtlichen wechselseitigen Missverständnissen.[5]

Was Eltern konkret leisten können

1. Lernfördernde Räume schaffen

Das Kinderzimmer und seine Einrichtung oder – falls kein eigenes Zimmer vorhanden ist – die Nische, der Platz in der Familienwohnung kann lernfördernd oder lernbeeinträchtigend wirken. Notwendig ist ein fester Platz zum Arbeiten vor allem für die Ausführung der Hausarbeiten. Gibt es ein eigenes Kinderzimmer für das Kind, das ihm alleine zur Verfügung steht, so sollten ab dem Zeitpunkt des Schulbesuchs ein eigener Schreibtisch und ein Stuhl, auf dem das Kind gut sitzen kann, vorhanden sein. Eine Lampe sollte insbesondere im Herbst und Winter den Arbeitsplatz gut beleuchten. Wichtig ist es, ein Regal möglichst ausschließlich für Schulbücher oder Bücher, die für das Lernen Bedeutung haben, sowie für Schulmaterialien vorzusehen.

eigener Arbeitsplatz für das Kind

Teilen sich zwei oder mehrere Geschwister ein Kinderzimmer, so sollte es dennoch für jedes Kind einen ungestörten Arbeitsplatz mit Licht und Regal geben. Gibt es kein separates Kinderzimmer oder ist dieses zu klein oder will das Kind (vor allem im Grundschulalter) seine Hausaufgaben nicht in diesem Zimmer machen, sondern im Gegenwart eines Elternteils, so wäre es gut, wenn in der Wohnung ein Arbeitsbereich mit einem der Größe des Kindes entsprechenden Tisch und guter Beleuchtung zu Verfügung steht. Es wäre noch besser, wenn dieser Bereich nicht von den Geschwistern besetzt werden darf, die Unterlagen (Bücher, Hefte etc.) liegen gelassen werden könnten und eine ungestörte Arbeitsatmosphäre hergestellt werden kann. Zu Beeinträchtigungen kann es durch beengte Wohnverhältnisse und fehlende Mittel für die eigentlich sinnvolle oder sogar notwendige Ausstattung kommen. Da Familien mit Migrationshintergrund im Durchschnitt über weniger Raum pro Familienmitglied verfügen, wird es nicht in allen Fällen möglich sein, dem Kind einen eigenen Arbeitsplatz zu reservieren. Schulbücher, Hefte und Schreibzeug sollten dann in einer Kiste Platz haben und bei Bedarf auf dem Wohnzimmer- oder Küchentisch ausgebreitet werden können. Wichtig ist vor allem, dass die Eltern die Bedeutung eines möglichst ruhigen Platzes für die Hausaufgaben und für darüber hinausgehendes Lernen erkennen und überlegen, was unter den gegebenen räumlichen Bedingungen der Familie möglich ist.

2. Sorgetragen für ausreichende Schlafzeiten

Zeitplan und Rituale

Sicherlich ist das Schlafbedürfnis bei Kindern wie bei Erwachsenen unterschiedlich groß; sicherlich wollen aber viele Kinder vor allem abends und nachts weniger schlafen als es ihnen gut tut oder erforderlich ist. Während der Woche und während der Schulzeit sind feste Schlafzeiten, ja sogar ein recht starrer Zeitplan durchaus förderlich: Abendessen, Spielen, Gute-Nacht-Rituale (Waschen, Zähneputzen und eine Geschichte vorlesen oder erzählen) mit Gelegenheit für das Kind, wichtige Ereignisse des Tages aufzugreifen und den Eltern (meistens einem Elternteil) mitzuteilen. Dadurch wird Raum für das Gefühl von Geborgenheit und zum Abschalten geschaffen. Fernseher und Com-

5 Ebd., S. 282.

puterspiele sollten in dieser letzten Phase vor dem Einschlafen keine Bedeutung mehr haben.

Diese starren Regelungen gelten nur oder überwiegend für das Kind im Grundschulalter, bei älteren Kindern wird der Rahmen Stück für Stück erweitert – überwiegend auf der Grundlage von Verhandlungen mit dem Kind. Aber auch bei 12-jährigen (und älteren) Kindern sollten noch Regeln vorhanden sein und eingehalten werden.

3. Den Tagesablauf einschließlich der Lernzeiten strukturieren

Umfang der Hausaufgaben

Eltern bildungserfolgreicher Kinder nehmen eine aktive Rolle im Bildungsprozess ein. Sie strukturieren schon im frühen Alter den Tagesablauf ihrer Nachkommen. Dabei geht es in erster Linie, aber nicht ausschließlich, um die Lernzeiten, oft verengt als Zeit für die Hausaufgabenbewältigung gesehen. Mit dem Kind sollten feste Lernzeiten festgelegt werden und zwar am besten in gemeinsamer Absprache. Dabei geht es vorrangig um die Zeit für die Hausaufgaben, für deren Gesamtdauer pro Tag

bei den Klassen 1 und 2	nicht länger als 30 Minuten,
bei den Klassen 3 und 4	nicht länger als 60 Minuten,
bei den Klassen 5 und 6	nicht länger als 90 Minuten

eingeplant werden sollten. Zwischen verschiedenen Teilaufgaben könnten kurze Lernpausen verankert werden, um ein Glas Milch oder Wasser zu trinken, einen Apfel zu essen.

Es wäre sicherlich günstig, wenn über die fremdbestimmten Lernzeiten noch Zeit und Kraft für selbstbestimmtes Lernen bliebe, etwa für die Durchführung eines Computerlernspieles, für das Lesen eines Buches, das den Unterrichtsstoff ergänzt oder erweitert o.a. Ausdrücklich soll betont werden, dass die Herstellung und Beibehaltung eines positiven Lernklimas fordert, dass neben der Bewältigung der Hausaufgaben und dem formellen und informellen Lernen genügend Zeit zum zweckfreien Spielen bleibt.

4. Erlebnisse aus Kindergarten und Schule aufgreifen

Interesse zeigen; Konflikte thematisieren

Erlebnisse aus der Kindertagesstätte und aus der Schule werden in das Elternhaus getragen. Sie können sich auf das, was in der Einrichtung gelernt wurde, ebenso beziehen wie auf positive oder negative Erfahrungen mit der Erzieherin (selten: dem Erzieher), dem Lehrpersonal oder aber – bei jüngeren Kindern häufiger – mit den anderen Kindern der Gruppe oder der Klasse. Es ist äußerst bedeutsam, auf welche Weise Eltern auf die Berichte und Erzählungen ihres Kindes reagieren. Es ist aber genauso bedeutsam, ob und in welcher Form Eltern ein Lernklima im familiären Bereich herstellen können, das den Lern- und den Bildungsprozess des Kindes unterstützt und fördert. Nichts, was in der Bildungseinrichtung vom Kind wahrgenommen und in die Familie getragen wird, ist unwichtig, alles muss aufgearbeitet werden können: positive und negative Erlebnisse mit den Erzieherinnen, den Erziehern oder dem Lehrpersonal, Bestätigung oder Abweisung durch die Spiel- oder Klassenkameradinnen und kameraden ebenso wie gute oder schlechte Ergebnisse in der Schule. Es ist sinnvoll, vom Kind wahrgenommene negative Einstellungen gegenüber seiner ethnisch-kulturellen und religiösen Zugehörigkeit wie auch Abgrenzungen des Kindes von anderen ethnischen Gruppen aufzugreifen und zu besprechen.

5. Selbstwertgefühl aufbauen und stärken

Zuneigung und Unterstützung

Eine der schwierigsten Erziehungsleistungen stellt die Herstellung einer Balance zwischen Forderungen im Hinblick auf Leistungserbringung bei gleichzeitigen uneingeschränkten Vertrauensbekundungen, nicht nur in die Leistungsfähigkeit, sondern auch in die Person des Kindes dar. Eltern mit Migrationshintergrund – wie einheimisch deutsche Eltern auch – können und sollten ihre Wünsche nach Bildungserfolgen ihres Kindes benennen und deren Verwirklichung mit dem Kind besprechen. Sie sollten aber stets deutlich machen, dass ihre Zuneigung und Liebe zu dem Kind nicht auf den schulischen (oder sonstigen) Leistungen beruht. Das Kind muss nicht nur den Eindruck haben, sondern im Alltag und in den Gesprächen erfahren, dass die Eltern – Vater wie Mutter – hinter ihm stehen und dass die Bewältigung von Schwierigkeiten im Lernen oder in der Bildungseinrichtung als gemeinsame Aufgabe angesehen wird. Eine Beschimpfung des Kindes oder Reaktionen, die das Kind beschämen („wie konntest du mir das antun"), aber auch das Zeigen von Traurigkeit und Angst helfen nicht weiter. Es geht darum, mit dem Kind gemeinsam eine Lösung zu finden, die sein Selbstwertgefühl vielmehr stärkt und seine Leistungen verbessert.

6. Den Lernprozess des Kindes beobachten und begleiten

gezielte Förderung

Aus Erzählungen des Kindes und aus den Gesprächen über Bildungserfolge und misserfolge können Eltern ermitteln, *was* ihm Freude bereitet und in welchen Bereichen Lernblockaden vorhanden oder entstanden sind. Ermittelt werden kann ebenso, *wie* das Kind lernt und wo seine Stärken und Schwächen liegen.

Bei den Lerninhalten ist es sinnvoll, die Stärken weiter zu fördern und die Schwächen zu verringern. Das bedeutet, dem Kind zusätzliches Lernmaterial, ein unterrichtsbegleitendes Buch oder ein Übungsspiel auch für seine „starken" Gebiete anzubieten, aber mit ihm stets zu besprechen, wie „schwache" Gebiete oder Fähigkeiten gestärkt werden können. Aber ebenso wichtig ist ein Blick darauf, wie das Kind lernt und auf seine Konzentration, sein Gedächtnis, seine Motivation zu achten, um daraus Lernstrategien abzuleiten, wie z.B. die Vorbereitung durch eine visuelle oder akustische Einstimmung, Pausen mit Unterbrechungen einzuplanen oder das Gedächtnis zu schulen.

Über den Umgang mit Krisen

Es gibt Umstände und Situationen, in denen das Lernklima in der Familie nachhaltig gestört werden kann. Drei solcher sehr häufig vorkommender Situationen sollen hier vorgestellt und Lösungen angesprochen werden.

Wenn die Fertigstellung der Hausaufgaben zum familiären Problem wird

Mit dem Übergang in die Grundschule, verstärkt beim Übergang in die weiterführende Schule, beginnt in vielen Familien die Diskussion, die Auseinandersetzung oder sogar der Kampf um die Hausaufgaben. Eher wenige Kinder machen sie freiwillig, zügig und ordentlich, bei vielen kommt es zur Auseinandersetzung darum,

- dass die Hausarbeiten in Angriff genommen werden,
- dass sie unter angemessenen Rahmenbedingungen ausgeführt werden (negativ formuliert: nicht auf dem Boden oder dem Bett liegend, ohne Ablenkung durch Fernsehen oder andere Medien, nicht unterbrochen durch hausaufgabenfremde Beschäftigungen z.B. Videospiele),
- dass sie möglichst zügig bewältigt werden, d.h. in einem begrenzten Zeitraum vollständig abgeschlossen werden.

Das Kind braucht demnach einen ruhigen Arbeitsplatz (Sitz, Stuhl und möglichst ein Regal für Bücher und Materialien; siehe oben), andere Gründe sind aber zentraler für Ärger und Stress bei der Hausaufgabenbewältigung in den Familien. Schwierigkeiten gibt es insbesondere:

- Wenn die Hausaufgaben für das Kind zu schwierig sind und die Eltern – häufig die Mütter – die notwendigen Hilfen nicht geben können. Dieses gilt insbesondere dann, wenn Lücken und Schwächen aus vorhergehenden Zeiten vorhanden sind, die in der

zu schwierige Hausaufgaben

Familie nicht aufgearbeitet werden können. Nicht allein, aber insbesondere in Familien mit Migrationshintergrund können Eltern die von der Schule (teilweise) erwartete direkte Unterstützung nicht leisten. Familien brauchen Hilfen in den Bereichen, in denen das Kind die Hausaufgaben nicht alleine ausführen kann und in denen die Eltern nicht unterstützen können. Zumeist – so ist durch Untersuchungen belegt[6] – beschränkt sich die „Förderung" auf Ermahnungen zu lernen und auf Geschenke bei guten Noten. Dieses reicht aber nicht aus.

uninteressante Hausaufgaben

- Wenn die Hausaufgaben nicht den Vorstellungen und Interessen des Kindes entsprechen und es keine Lust hat, (hier und jetzt) die Aufgaben zu erledigen. Allgemeine Abwehrhaltungen können damit zusammenhängen, dass sich das Kind durch den Unterricht am Morgen gefordert und vielleicht überfordert gefühlt hat und eine Pause bekommen will und sie auch braucht. Auch wenn der Sinn und Zweck der konkreten Hausaufgaben vom Kind nicht eingesehen wird oder er dem Kind nicht vermittelt wird, nimmt es eine widerstrebende Haltung ein. Hier geht es um Fehler und Unzulänglichkeiten der Schule oder des Unterrichts bzw. von Seiten des Lehrpersonals. Oft wird weder den Kindern noch den Eltern vermittelt, warum das Lernen oder gerade das geforderte Lernen zu Hause notwendig und sinnvoll ist, und beide quälen sich dann am Nachmittag mit den Hausaufgaben. Damit und dadurch wird sicher keine Freude daran und auch am Lernen allgemein vermittelt. So heißt es beim SOS-Kinderdorf zum Thema „Wenn Hausaufgaben zur Bedrohung werden": „Ein Kind arbeitet nur effektiv in einer Umgebung, in der es sich wohl fühlt. Es kann sich nur dann wohl fühlen, wenn es akzeptiert wird, wenn es nicht überfordert wird, Hilfe bekommt, wo es Hilfe braucht, und wenn fundamentale Bedürfnisse nicht missachtet werden. Dazu gehören das Bedürfnis nach sozialer Anerkennung, ein gewisses Maß an Entscheidungsfreiheit, die Möglichkeit zu Eigeninitiative und eine klare, durchschaubare Ordnung, in der Konsequenzen der Eltern vorhersehbar sind, und ein gewisses Maß an Stabilität garantiert ist."[7]

Störung der Eltern-Kind-Beziehung durch Hausaufgaben

- Wenn die Beziehung zwischen Eltern und Kind aufgrund der Anforderungen im Hinblick auf die Hausaufgaben immer mehr gestört wird. Bestrafungen können das Verhältnis immer mehr strapazieren. Ein verhängnisvoller Kreislauf droht: Das Kind blockt bei der Erledigung der Hausaufgaben, die Eltern drohen mit Sanktionen wie Medienverbot oder Spielverbot mit Freunden. Das Kind blockt nicht nur, sondern wird bockig und überträgt die Aversion auf die Erledigung der Hausaufgaben. Beim nächsten Anlauf beginnt das gleiche Spiel auf deutlich schlechterem Stand: erhöhte Ablehnung von Seiten des Kindes und Angst vor Auseinandersetzungen und Widerwillen von Seiten des zuständigen Elternteils.

Gelingensbedingungen

Eine selbstständige Bearbeitung der Hausaufgaben verlangt drei Dinge als Voraussetzung für das Gelingen:

- Das Kind versteht und akzeptiert den Sinn von Hausaufgaben. Dieser liegt zum einen in der Chance, den Unterrichtsstoff nochmals zu üben und zu verstehen und zum anderen darin, selbstständiges Arbeiten einzuüben.
- Das Kind wird in der Durchführung der Hausaufgaben immer häufiger und immer stärker in die Selbstständigkeit entlassen.
- Dem Kind sollte die Möglichkeit gegeben sein, Fragen zu stellen und Hilfen anzufordern. Dabei geht es in erster Linie um die Bewältigung der Hausaufgaben und um das Lernen vor Klassenarbeiten; erweitert aber auch – und in immer stärkerem

---

6 So nachzulesen bei Ofner, Ulrike S. (2003): Akademikerinnen türkischer Herkunft: Narrative Interviews mit Töchtern aus zugewanderten Familien, Berlin, S. 244.

7 http://www.sos-kinderdorf.de/beratungsstelle-landsberg/unser-angebot/erziehungstipps/wenn-hausaufgaben-zur-bedrohung-werden-119834 [Zugriff am 24.10.2014].

Maße – um die Nachbereitung des Unterrichts. In nicht wenigen Familien wird zudem der Stoff des kommenden Unterrichts vorbereitet.

Eltern haben sich in dieser Übergangsphase verstärkt mit zwei Überlegungen auseinanderzusetzen, nämlich
- ob sie ihr Kind gezielt durch Arbeitshefte, Lernspiele u.a. auf den Übergang in das Gymnasium vorbereiten, aber auch für Klassenarbeiten fit machen wollen,
- ob sie und – wenn sie sich selbst nicht die Kompetenzen zuschreiben – ab wann sie auf außerfamiliäre Hilfen zurückgreifen wollen: auf Hausaufgabenhilfe oder Nachhilfe, wie sie von kommerziellen Anbietern, aber auch von Migrantenorganisationen angeboten werden (s. dazu Modul 2 Thema 4: Nutzung außerschulischer Lernorte).

Wenn die Noten in den Klassenarbeiten und Tests immer schlechter werden
Eltern spüren den Druck zum Erfolg, dem ihr Kind in der Schule ausgesetzt ist. Erfolg und Misserfolg schlagen sich in den Noten nieder. Eine Eins oder eine Zwei in der Arbeit ist nicht nur ein Ausdruck einer guten Leistung, sondern entlastet Kind und Eltern auch vor der Angst des Scheiterns. Eine Vier oder Fünf oder sogar eine Sechs führt zu Ängsten und verstärkt diese.

Eine Konzentration allein auf Noten in Klassenarbeiten oder Tests wie auch auf Zeugnisnoten, gleich, ob gute Ergebnisse belohnt oder schlechtere bestraft werden, ist ein schlechtes oder zumindest unzureichendes Mittel, um ein gutes Lernklima in der Familie herzustellen. Damit würde das Kind auf eine Schulnote und auf seine Leistung reduziert. Zudem lassen sich schlechte Noten nicht einfach auf Faulheit zurückführen. Es ist notwendig, dass sich die Eltern (möglichst wiederum im Gespräch mit dem Kind und wünschenswerterweise mit der Lehrperson) über das schlechte Abschneiden Gedanken machen:[8]

Ursachen für schlechte Zensuren

- Hat das Kind Angst vor Klassenarbeiten und ist deshalb blockiert? Warum hat es Angst? Hat sich die Angst verfestigt?
- Arbeitet das Kind unkonzentriert, nur bei Klassenarbeiten oder auch sonst?
- Fehlen dem Kind die notwendigen deutschen Sprachkompetenzen? Ist es aufgrund seines zweisprachigen Aufwachsens langsamer als einsprachige Kinder?
- Geht das Kind (eventuell durch Vorerfahrungen bedingt) lustlos und mit Misserfolgserwartung an die Bewältigung der Klassenarbeit?
- Ist das Kind von vornherein nicht motiviert, weil es sich von der Lehrkraft aufgrund ethnischer Zugehörigkeit schlechter angesehen und als weniger fähig eingeschätzt fühlt?
- Fehlen dem Kind Lernstrategien in der Vorbereitung auf die Klassenarbeit; fängt es systematisch und frühzeitig genug mit dem Lernen an?
- Hat das Kind Lücken in dem Fach/den Fächern, die einen Misserfolg hoch wahrscheinlich machen?
- Vergisst (oder verdrängt) das Kind, dass eine Klassenarbeit geschrieben wird und hat deswegen das Üben unterlassen?

Eltern sollten sich zunächst mit den Ursachen für das schlechte Abschneiden des Kindes befassen und dann mit dem Kind zusammen Strategien/Überlegungen entwickeln, wie eine Änderung erreicht werden kann.[9] Es erleichtert die Erziehung, wenn schulische

8 Ein Teil der Gründe folgt: http://www.eltern.de/schulkind/grundschule/lernprobleme-kinder.html?special=printA [Zugriff am 3.12.2012].

9 Zu Coachingstrategien siehe Küster, Marion Johanna (2006, geändert 2010): Schulprobleme – was hilft? In: Bayerisches Staatsministerium für Arbeit und Sozialordnung, Familie und Frauen (Hrsg.), Familienhandbuch. Online abrufbar unter https://www.familienhandbuch.de/schule/schulprobleme/schulprobleme-%E2%80%93-was-hilft [Zugriff am 20.09.2015].

Erfolge und Misserfolge auf der Basis von Vertrauen besprochen werden können, aber gleichzeitig klar ist, dass Regeln entwickelt und eingehalten werden müssen. Wenn es ständig Auseinandersetzungen um die Hausaufgaben gibt, wenn Eltern keine Unterstützung leisten können, wenn die Klassenarbeiten aufgrund von Lücken schlecht ausfallen; spätestens dann sollten sich die Eltern nach einer Hausaufgabenbetreuung oder Nachhilfe, besser noch nach einem Förderunterricht umsehen.

Wenn das Kind keine Lust mehr hat, in die Kita oder in die Schule zu gehen

Schulunlust

Kinder freuen sich überwiegend auf den Kindergarten, auf den Besuch der Schule und häufig auf den Wechsel in die weiterführende Schule. Aber die Motivation nimmt relativ schnell ab, auch bedingt durch Enttäuschungen, die im Alltag der Bildungseinrichtung erfahren werden. Während in der Kita-Zeit noch die Möglichkeit besteht, das Kind zu Hause zu lassen, ist es für Eltern eine große Last, wenn das Kind sich weigert, in die Schule zu gehen oder wenn es jeden Morgen Streit gibt. Schulunlust ist ein deutliches Signal, dass entweder in der Schule oder aber in der Familie (mit dem Lernklima) entscheidende Probleme aufgetreten sind. Am besten ist es, wenn es Eltern gelingt, im Vorfeld, z.B. wenn es zu ersten Zeichen von Ängsten kommt, zu reagieren und das Kind aufzufangen. Falls dieses nicht gelingt, sollten in Zusammenarbeit mit dem Personal der Bildungseinrichtungen, eventuell der Nachhilfe- und Beratungsstellen oder dem schulpsychologischen Dienst, Hilfen erarbeitet werden.

Leseempfehlung

Träbert, Detlef (2003, geändert 2015): Schulangst. Wie können wir die Lernmotivation von Kindern fördern? In: Bayerisches Staatsministerium für Arbeit und Sozialordnung, Familie und Frauen (Hrsg.), Familienhandbuch. Online abrufbar unter: https://www.familienhandbuch.de/schule/schulprobleme/wie-koennen-wir-die-lernmotivation-von-kindern-foerdern [Zugriff am 20.09.2015].

1.2 Didaktische Vorschläge

Erster Vorschlag: Möglicher Aufbau einer Sitzung

1. Vortrag im Plenum (15 Minuten)
   - 1.1 Begriff „Lernklima in Familien“
   - 1.2 Positives Lernklima schaffen
   - 1.3 Arbeitsaufträge

2. Gruppenarbeit (1 ¾ Stunde)
   - 2.1 Darstellung eines „idealen Lernklimas“ in einer der Migrationsfamilien
     - Was gehört dazu?
     - Wie lassen sich die Voraussetzungen schaffen?
   - 2.2 Welche Hindernisse/Probleme können vorhanden sein/auftreten?
     - Allgemeine Hindernisse
     - Spezifische Hindernisse für Migrationsfamilien
   - 2.3 Handlungsempfehlungen anhand <u>eines</u> konkreten Problems (Problem vorweg beschreiben), jedoch unter Berücksichtigung unterschiedlicher familiärer Gegebenheiten erarbeiten

3. Präsentation im Plenum (Metaplankärtchen)
   - Idealbild, vorgestellt durch eine Gruppe, Ergänzung oder Veränderung durch die anderen Gruppen
   - Liste tatsächlich auftretender Probleme, vorgestellt durch eine andere Gruppe, Ergänzung oder Veränderung durch die anderen Gruppen
   - Präsentation des Beispiels mit Handlungsempfehlungen, jede Gruppe stellt ihr Beispiel mit eventuellen Variationen dar, jeweils Diskussion im Plenum

4. Dokumentation der Präsentationsergebnisse

Zweiter Vorschlag: Schaffung eines positiven Lernklimas
– Leitfaden –

- Konsequente Erziehung auf Lernen hin, auch über die Hausaufgaben hinaus
- Belohnung und Bestrafung von Kindern bei schulischen Erfolgen/Misserfolgen
  - Beschämung vermeiden
  - Kein Tadel ohne Hilfsangebot
- Richtige Unterstützung bei den Hausaufgaben
- Gespräche über Bildungseinrichtungen, insbesondere über Schule
  - (Schulische) Inhalte
  - Mobbing und Cybermobbing
  - Verhältnis zum Lehrpersonal
  - Verhältnis zu Klassenkameradinnen/-kameraden
  - Berücksichtigung der ethnischen Herkunft
  - Umgang mit Mehrsprachigkeit

1.3 Quellen/Materialien zur Weitergabe an Eltern

Özdemir, Leyla/Saarmann, Nicole/Öksüz, Umut Ali (2014): Lernzentrum Novaesium Neuss e.V. Wegweiser. Lernmethoden ganz einfach gemacht. Eigenverlag Düsseldorf, mit Material u.a. zu den Themen Lernumfeld, Heftführung, Hausaufgaben für Schülerinnen und Schüler, aber auch für ihre Eltern.

Bundesministerium für Familie, Senioren, Frauen und Jugend: Familien-Wegweiser. Schule: Schulmüdigkeit und Schulverweigerung **http://www.familien-wegweiser.de/wegweiser/stichwortverzeichnis,did=125796.html** [Zugriff am 03.12.2012].

Arbeitskreis Neue Erziehung e.V.: Elternbriefe 41, 45; zu bestellen unter **http://www.ane.de/bestellservice/elternbriefe-einzeln/** [Zugriff am 24.10.2014].

1.4 Literatur zur Vertiefung

Allgemein

Träbert, Detlef (2010): Null Bock auf Lernen? So fördern Eltern die schulische Leistung ihrer Kinder. Weinheim. Ergänzende Kopiervorlagen zu diesem Buch stehen zum kostenfreien Download auf www.schulberatungsservice.de in der Rubrik „Infos/Download" bereit.

Familien mit Migrationshintergrund

Biedinger, Nicole (2009): Der Einfluss von elterlichen Investitionen auf die Entwicklung von deutschen und türkischen Kindern. Berliner Journal für Soziologie, 19 (2), S. 268–294. Auch in Biedinger, Nicole (2010): Ethnische und soziale Ungleichheit im Vorschulbereich. Leipzig; hier insbesondere S. 85–132.

Leyendecker, Birgit (2011): Bildungsziele von türkischen und deutschen Eltern – Was wird unter Bildung verstanden und wer ist für die Vermittlung von Bildung zuständig? In: Neumann, Ursula/Schneider, Jens (Hrsg.): Schule mit Migrationshintergrund. Münster, S. 276–284.

Thema 2: Erziehungskompetenzen stärken: Über die Auswirkungen des Erziehungsstils auf Lernen und Bildung

Ursula Boos-Nünning

Der Erziehungsstil in der Familie hat mittelbaren Einfluss auf das Lernen und das Lernverhalten der Kinder: Eltern gewinnen an Erziehungskompetenz, wenn sie sich mit ihren Erziehungsvorstellungen und ihrem (oft unbewussten) Erziehungsverhalten auch im Hinblick auf die Wirkungen auseinandersetzen. Im Erziehungsalltag passieren immer wieder Fehler. Wichtig ist die Offenheit der Eltern, Erziehungsverhalten zu verändern und dennoch eine feste Bindung zu den Kindern zu behalten.

2.1 Basistext

Während viele Eltern mit Migrationshintergrund sich mit den Werten und Haltungen auseinandersetzen, die sie ihrem Kind vermitteln wollen (z.B. Religiosität, Respekt, Familienbindung, Bildung), werden die in der Erziehung verwendeten Methoden und Praktiken seltener thematisiert. Eine Auseinandersetzung mit dem Erziehungsstil findet kaum statt. Mit „Erziehungsstil" sind Grundhaltungen gemeint, die bei der Kindererziehung bewusst oder unbewusst eingenommen werden. Diese werden konkret in Erziehungspraktiken ausgedrückt (das sind Verfahren zur Erreichung von Sozialisationszielen, wie z.B. Belohnungen und Bestrafungen). Die Beschäftigung mit den Erziehungsstilen ist wichtig, weil Erziehungswissenschaft und Entwicklungspsychologie einen Zusammenhang zwischen den Erziehungsstilen und der Entwicklung des Kindes sowie seines Lernverhaltens sehen. Internationale Studien weisen darauf hin, dass es sowohl kultur- als auch schichtspezifische Unterschiede in den familiären Erziehungsstilen gibt. Auch im Generationenverlauf ändern sich die Erziehungsstile entscheidend.

Fachwissenschaftlicher Einschub: Erziehungsstile

Die Erziehungsstilforschung begann in den 1930er Jahren mit der Analyse, inwiefern sich Führungsstile auf das Verhalten von Gruppenmitgliedern auswirken. Bei der Übertragung auf elterliches Erziehungsverhalten orientieren sich auch heute noch viele Autoren und Autorinnen an der Typologie von Baumrind,[1] die Erziehung in zwei Dimensionen analysiert, nämlich als

- *Herausforderung oder Lenkung* – als Ausmaß, in dem Eltern von Kindern verantwortungsvolles Verhalten erwarten oder fordern,
- *Zuwendung* – als Ausmaß, in dem Eltern auf Bedürfnisse ihrer Kinder eingehen, diese akzeptieren und unterstützen.

Aus der Kombination dieser zwei Dimensionen ergeben sich vier mögliche Erziehungsstile:[2]

1 So nach Baumrind, Diana (1991): Effective parenting during the early adolescent transition. In: Cowan, Philip A. and Hetherington, Eileen Marvis (Eds.): Family transitions. Advances in family research, Vol. 2. Hillsdale, NJ, S. 111–163.

2 Vgl. Baumrind, Diana (1991).

		Zuwendung	
		hoch	*niedrig*
Herausforderung	*hoch*	autoritativ	autoritär
	niedrig	permissiv	indifferent

4 Erziehungsstile

Die vier Erziehungsstile unterscheiden sich stark:

Der **autoritative oder demokratische Erziehungsstil** wird bestimmt von der Vorstellung, dass Kinder eine eigenständige Persönlichkeit ausbilden und dass dieser mit Respekt zu begegnen ist. Gleichzeitig brauchen Kinder Grenzen und Regeln, die ihnen allerdings vermittelt werden müssen und nicht aufgezwungen werden dürfen. Regeln und gefordertes Verhalten müssen nachvollziehbar begründet werden. Die Kommunikation ist offen. Begründete Verhaltensregeln müssen aber eingehalten werden und werden auch durch Befehle und Sanktionen durchgesetzt.

Der **autoritäre Erziehungsstil** wird von Regeln und Verboten bestimmt. Von den Kindern werden Gehorsam und Disziplin erwartet. Die freien Meinungsäußerungen des Kindes werden deutlich eingeschränkt. Die Einhaltung der Regeln wird durch harte Strafen, seltener durch positive Verstärkung bewirkt.

Eltern mit einem **permissiven Erziehungsstil** verhalten sich gegenüber dem Kind nachgiebig, warm und interessiert und unterstützen seine Selbstständigkeit, markieren aber wenig Verhaltenserwartungen, stellen kaum Regeln auf und erwarten kaum eine Einhaltung von Regeln.

Der **indifferente** Erziehungsstil (häufig als *laissez-faire* bezeichnet) lässt das Kind ohne Eingreifen gewähren. Verbunden damit ist ein geringes Interesse der Eltern an der Erziehung (und in nicht wenigen Fällen an dem Kind selbst).

Nun sind diese der Typologie von Baumrind entnommenen Erziehungsstile keineswegs die einzigen Begrifflichkeiten in der Fach- und Alltagsdiskussion. Dem autoritären Erziehungsstil wird ein antiautoritärer Stil, einem autokratischen ein egalitärer Erziehungsstil gegenüber gestellt. Noch weitere Begriffe werden in der Pädagogik benutzt. So verwendet der Elternkurs des deutschen Kinderschutzbundes im Rahmen des Programmes „Starke Eltern – Starke Kinder“ statt des autoritativen den Begriff des „anleitenden Erziehungsstils“, oder der Arbeitskreis Neue Erziehung thematisiert im Rahmen der Forderung nach gewaltfreier Erziehung eine „Erziehung mit Respekt“.

Kommunikation in der Familie

Ein anderer Ansatz konzentriert sich auf die **Formen der Kommunikation** in der Familie. In jeder Familie sind Absprachen und Arrangements notwendig: zwischen Vater und Mutter bzw. zwischen dem jeweiligen Elternteil oder den Eltern gemeinsam und dem Kind. In jeder Familie kommt es auch zu Konflikten oder mindestens zu Interessensgegensätzen: z.B. in Bezug auf das Lernen, das Verhalten gegenüber dem Onkel oder der Tante, die Freizeitgestaltung und vieles andere mehr. Familien unterscheiden sich in der Art und Weise, wie Übereinstimmungen hergestellt, Interessen eingebracht und Konflikte gelöst werden. Abstrakt wird zwischen dem *Befehlshaushalt* auf der einen und dem *Verhandlungshaushalt* auf der anderen Seite unterschieden. Im Befehlshaushalt haben die Eltern die Autorität und das Sagen; die Kinder (manchmal auch ein Elternteil) haben zu gehorchen. Im Verhandlungshaushalt werden Argumente und damit Interessen ausgetauscht und es kommt zu einem Abwägen unterschiedlicher Gesichtspunkte. Damit verbindet sich ein permanenter Begründungs- und Rechtfertigungszwang für die Eltern. Vieles, wenn nicht alles, muss ausgehandelt und begründet werden: Schlafenszeiten, Hausaufgaben, Aufräumen des Zimmers. Aber nicht alles ist verhandlungsfähig. So ist das Erledigen von Hausaufgaben notwendig, bei der Gestaltung der Rahmenbedingungen besteht aber ein (gewisser) Verhandlungsspielraum. Es wird schnell deutlich, dass der Befehlshaushalt viel mit dem autoritären, der Verhandlungshaushalt viel mit dem autoritativen Erziehungsstil gemeinsam hat.

Die Beschäftigung mit der Erziehungsstilforschung hilft Eltern allerdings kaum bei der Bewältigung des Erziehungsalltags. Eltern müssen sich nicht mit den Begriffen für Erziehungsstile auseinandersetzen, sondern sollten sich fragen, welches Erziehungshandeln für das Aufwachsen ihrer Kinder und auch für die Förderung von Bildung im familiären Kontext besonders geeignet ist, oder besser: wie Eltern Erziehung und Bildung vermitteln. Dazu bedarf es einer Auseinandersetzung mit dem eigenen Erziehungsstil und dessen Wirkungen. Konkret und im Erziehungsalltag geht es auch um die Art und Weise, wie kindliche Interessen akzeptiert, Wünsche der Eltern ausgedrückt und Konflikte gelöst werden können: Setzen die Eltern beispielsweise Gewalt ein, sind sie häufig gekränkt, machen sie stille Vorwürfe oder sprechen sie Konflikte offen an?

Erziehungsstile in Familien mit Migrationshintergrund

Wenige, teils unreflektierte Studien

Es gibt kaum Untersuchungen zu den Erziehungsstilen in Familien mit Migrationshintergrund. Fehlendes exaktes Wissen wird durch Meinungsbildung in der Öffentlichkeit und Alltagsdeutungen ersetzt. Auch in der Fachliteratur lassen sich stereotype und nicht belegbare Darstellungen finden. Eltern mit Migrationshintergrund praktizierten – so heißt es häufig – seit Beginn der Einwanderung bis heute einen autoritären Erziehungsstil mit harten Strafen.[3] Manchmal werden Erziehungsmuster in den heutigen Familien mit Migrationshintergrund aus den Sozialisationsbedingungen der Eltern oder Großeltern in ihrem Herkunftsland abgeleitet[4] oder es werden Untersuchungsergebnisse aus den 1970er Jahren als für die Gegenwart gültig zitiert.[5] Die in wissenschaftlichen Arbeiten angeführten Ursachen werden in einigen Medien dann nochmals vereinfachend dargestellt und es werden Autoritätshörigkeit der Kinder und harte Strafen neben geringer frühkindlicher Bildung als Ursachen für das Schulversagen vieler Migrantenkinder verantwortlich gemacht.[6]

Erziehungsstile in Familien mit türkischem Hintergrund

Differenzierter wird das Bild, wenn die wenigen neueren empirischen Untersuchungen zugrunde gelegt werden, die sich überwiegend auf **Familien mit türkischem Migrationshintergrund** richten. Wenn Erziehungsstile (oder auch Erziehungsverhalten) empirisch erhoben werden, muss zunächst zwischen einer *Selbsteinschätzung von Eltern* auf der einen Seite (selbstberichtetes Erziehungsverhalten) und der *Einschätzung des Kindes* auf der anderen Seite (*perzipiertes* Erziehungsverhalten) unterschieden werden. Selten wird Erziehungsverhalten wissenschaftlich beobachtet.

3 Dieses lässt sich unreflektiert beschrieben nachlesen bei El-Mafaalani, Aladin/Toprak, Ahmet (2011): Muslimische Kinder und Jugendliche in Deutschland. Lebenswelten – Denkmuster – Herausforderungen. Konrad-Adenauer-Stiftung. Sankt Augustin/Berlin, S. 42ff.

4 Es werden z.T. die wirtschaftlichen und sozialen Verhältnisse, wie sie bei Ausreise der Arbeitskräfte z.B. im Osten der Türkei bestanden, als Erklärung für heutige Familienstrukturen, familiäre Orientierungen wie auch Erziehungsziele und -stile herangezogen, so z.B. von Pfaller-Rott, Monika (2010): Migrationsspezifische Elternarbeit beim Transitionsprozess vom Elementar- zum Primarbereich. Eine explorative Studie an ausgewählten Kindertagesstätten und Grundschulen mit hohem Migrationsanteil. Berlin, S. 52ff.

5 So eben in der obigen Studie von El-Mafaalani, Aladin/Toprak, Ahmet (2011), S. 42ff.

6 So im Artikel „Irritierendes Verhalten von Migrantenkindern" der Online-Ausgabe der FAZ vom 03.10.2011; http://www.faz.net/aktuell/politik/studie-irritierendes-verhalten-vieler-migrantenkinder-11481053.html [Zugriff am 01.09.2015].

permissiv oder autoritär?

Die wenigen Ergebnisse aus wissenschaftlichen Untersuchungen vermitteln ein vordergründig widersprüchliches Bild. Anders als vielfach behauptet sprechen die Ergebnisse eher dafür, dass viele aus der Türkei stammende Eltern in Deutschland Kinder in den ersten Lebensjahren als noch nicht lernfähig ansehen und dass sie sich daher der systematischen Förderung der kognitiven Fähigkeiten ihrer Kinder entziehen.[7] Der Erziehungsstil ist durch eine zärtlich-affektive Bindung, Schutz und Entlastung sowie Überbehütung gekennzeichnet; erst später folgt (eventuell) eine autoritäre Kontrolle. In einer Untersuchung, in der Mütter von Kleinkindern mit türkischem Migrationshintergrund beobachtet wurden, stellt sich ebenfalls eine sehr liebevolle und nachgiebige (permissive) Erziehung heraus.[8]

Bildungshintergrund der Eltern ist entscheidend

Eine weitere Untersuchung ermittelt hingegen, dass der Erziehungsstil „aggressive Strenge“ bei Müttern und Vätern mit türkischem Migrationshintergrund etwas häufiger vertreten ist als bei einheimisch deutschen Eltern.[9] Wird jedoch der Bildungshintergrund der Eltern parallelisiert bzw. werden nur Eltern mit dem höchsten Abschluss Hauptschule einbezogen, ist aggressive Strenge bei einheimisch deutschen Müttern ein häufiger genutztes Disziplinierungsmittel als bei Müttern mit türkischem Migrationshintergrund, während sich die Väter in dieser Erziehungsform nicht mehr unterscheiden. Deutlich stärker ausgeprägt sind dagegen die Forderungen nach Verhaltensdisziplin: Hier zeigt sich, dass in beiden Gruppen Mütter mehr Wert auf diszipliniertes Verhalten legen als Väter. Eltern mit türkischem Migrationshintergrund verlangen aber von ihren Kindern in deutlich stärkerem Maße ein diszipliniertes Verhalten in der Öffentlichkeit.

Erziehungsstile in Aussiedlerfamilien

Ebenso ambivalent werden die Erziehungsstile in **Aussiedlerfamilien** beschrieben. Eine Untersuchung nennt das Erziehungskonzept der Aussiedlereltern moralisch kontrollierend und emotional nachgiebig und warm.[10] Die Selbstständigkeit der Kinder werde weniger angestrebt als üblicherweise in einheimisch deutschen Familien. Im Rahmen einer anderen Untersuchung stimmen von einem Forschungsteam befragte Aussiedlerinnen hingegen einer sogenannten „kontrollierenden Erziehungseinstellung“ (unter der autoritär-bestimmende Verhaltensweisen mit erfasst sind) stark zu, befürworten aber zugleich den entgegengesetzten Stil der Permissivität (Nachgiebigkeit).[11] Beide Erziehungsstile werden miteinander verbunden. Eine Studie über die Erziehungseinstellungen von jungen Aussiedlerinnen aus Russland – wohl überwiegend durchgeführt im freikirchlichen Milieu – mit geringer Fallzahl (4) verweist bei Zustimmung zu traditionellen Werten auf einen tendenziell „unsicheren Erziehungsstil“. [12] Damit führen die Autorinnen einen neuen Begriff ein, der sich auf den Umgang der Eltern mit den Bildungseinrichtungen bezieht. Durch wahrgenommene Veränderungsnotwendigkeiten im Einwanderungsland wird von einem eher autoritären (bestimmenden) Erzie-

7 Otyakmaz, Berrin Özlem (2007): Familiale Entwicklungskonzepte im Kulturvergleich. Berlin u.a., S. 74–178, hier insbesondere S. 92. Kulturspezifische elterliche Überzeugungssysteme, Konzepte, Werte, Vorstellungen und Wissen über die Natur kindlicher Entwicklung werden auch als „parentale Ethnotheorien“ bezeichnet.

8 Leyendecker, Birgit (2003): Die frühe Kindheit in Migrantenfamilien. In: Keller, Heidi (Hrsg.): Handbuch der Kleinkindforschung. Bern, S. 385–435.

9 Ebenfalls 2003 durchgeführt von: Uslucan, Hacı-Halil (2010): Erziehungsstile und Integrationsorientierungen türkischer Familien. In: Hunner-Kreisel, Christine/Andresen, Sabine (Hrsg.): Kindheit und Jugend in muslimischen Lebenswelten. Aufwachsen und Bildung in deutscher und internationaler Perspektive. Wiesbaden, S. 195–210.

10 So Dietz, Barbara (1997): Jugendliche Aussiedler: Ausreise, Aufnahme, Integration. Berlin, S. 67; so auch in Dietz, Barbara/Roll, Heike (1998): Jugendliche Aussiedler – Porträt einer Zuwanderergeneration. Frankfurt/Main, S. 91–98.

11 Herwartz-Emden, Leonie (1997): Erziehung und Sozialisation in Aussiedlerfamilien: Einwanderungskontext, familiäre Situation und elterliche Orientierungen. In: Aus Politik und Zeitgeschichte. Beilage zur Wochenzeitschrift Das Parlament, B 7–8, S. 3–9; hier: S. 5.

12 So Dietz, Barbara (1997): Jugendliche Aussiedler: Ausreise, Aufnahme, Integration. Berlin, S. 67; so auch in Dietz, Barbara/Roll, Heike (1998): Jugendliche Aussiedler – Porträt einer Zuwanderergeneration. Frankfurt/Main, S. 91–98.

hungsstil, wie er im Herkunftsland angewendet wurde, oftmals eher inkonsequent auf einen permissiv-nachgiebigen Stil gewechselt, allerdings bei Aufrechterhaltung der Weisungshoheit der Eltern sowie starker Kontrolle des Kindes. Kontrolle, Nachgiebigkeit und (Über-)Behütung stellen parallel verwendete Erziehungsmuster dar.

Erziehung in Familien mit marokkanischem Hintergrund

Abgesicherte Ergebnisse zum vorherrschenden Erziehungsstil in **Familien mit marokkanischem Hintergrund**, die in Deutschland leben, liegen nicht vor. Die wenigen Ergebnisse aus den Niederlanden und aus Frankreich sprechen für einen geringeren Einfluss des Erziehungsverhaltens auf die Sozialisation bei deutlich größerem Einfluss der Qualität der Eltern-Kind-Beziehung. In einer allgemeinen Studie über die Sozialisation in der Familie werden Überzeugungsarbeit und Lob, aber auch latenter Druck, Zwang oder die Einschränkung des Handlungsspielraumes und letztlich auch Gewalt – bislang nur in einzelnen Fallstudien belegt – als Erziehungsmittel genannt. Interessant sind Aussagen über die Veränderung des Erziehungsstils unter Einwanderungsbedingungen: Es kann sowohl zu einer Annäherung an die Konzepte der Mehrheitsgesellschaft als auch zu einer Aktivierung von Vorstellungen aus dem Herkunftsland der Eltern oder zu einer Verschränkung beider Konzepte kommen. Letzteres wird vom Autor als *hybridisierte Erziehungspraktik* bezeichnet.[13]

abweichende Einschätzung Jugendlicher

Werden nicht die Eltern, sondern die **Jugendlichen** nach dem Erziehungsstil in ihren Elternhäusern befragt, so wird – ausschließlich untersucht in Familien mit türkischem Migrationshintergrund – ein leistungsorientierter und empathischer (warmer) oder ein permissiv-nachsichtiger Erziehungsstil als kennzeichnend für die Familie genannt.[14] Erst an dritter Stelle folgt die Nennung eines autoritären Stils. Nach einer Untersuchung bei Mädchen und jungen Frauen mit Migrationshintergrund,[15] in der Personen mit **türkischem Hintergrund** und Personen aus **Aussiedlerfamilien** einbezogen sind, hat der überwiegende Teil der Mädchen und jungen Frauen ein Elternhaus erlebt, das ihnen gegenüber ein hohes Anspruchsniveau besitzt (Hoffnung in die Person setzen, stolz auf sie sein, auf die Schulnoten achten), gleichzeitig aber auch unterstützende Elemente bietet (Zusammenhalt in der Familie, große Bedeutung der Eltern für das Mädchen). Hoffnungen und Ansprüche verbinden sich mit Familienbezug und dem Wunsch nach familiärem Zusammenhalt. Mädchen und junge Frauen mit türkischem, jugoslawischem und griechischem Hintergrund haben deutlich höhere Kohäsionswerte als diejenigen mit italienischem Hintergrund. Am wenigsten findet sich dieses Erziehungsmuster im Elternhaus junger Aussiedlerinnen, wenn auch hier die Zahl der Mädchen und jungen Frauen aus einem Elternhaus mit hohem Anspruchsniveau überwiegt. In allen Herkunftsgruppen wird die Erziehung eher als verständnisvoll wahrgenommen. So fühlt sich der weitaus größte Teil der Mädchen aller Herkunftsgruppen „streng, aber liebevoll" erzogen (53 % mit türkischem, 62 % mit Aussiedlerhintergrund). Auffällig ist wiederum der geringe Anteil aller Herkunftsgruppen, der sich „streng" oder „zu streng" erzogen fühlt. Bemerkenswert ist der mit ca. einem Drittel relativ große Teil, der die Erziehung als „locker" bezeichnet (38 % und 27 %).

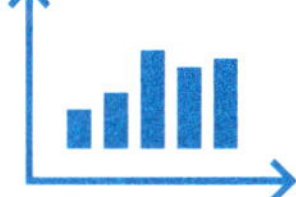

Umfrage unter Mädchen und jungen Frauen mit Migrationshintergrund

Das Stereotyp, Väter seien in ihrem Erziehungsstil autoritärer, wird durch eine der wenigen Untersuchungen, die nach Vater und Mutter differenziert befragen (hier mit muslimisch-türkischem Hintergrund), nicht bestätigt. Jugendliche mit türkischem Migrationshintergrund schätzen die Erziehung durch ihren Vater wie durch ihre Mutter zugleich als autoritär und als einfühlsam ein.

13 So referiert von Hajji, Rahim (2009): Sozialisationsprozesse in Familien mit marokkanischem Migrationshintergrund. Opladen, vor allem S. 39 sowie S. 97–108.

14 Alamdar-Niemann, Monika (1990): Die Wahrnehmung elterlicher Erziehungsstile in türkischen Familien. In: IZA – Zeitschrift für Migration und soziale Arbeit, 1, S. 75–78.

15 Boos-Nünning, Ursula/Karakaşoğlu, Yasemin (2006): Viele Welten leben. Zur Lebenssituation von Mädchen und jungen Frauen mit Migrationshintergrund. 2. Auflage. Münster, S. 107–115.

Jugendliche mit türkischem Hintergrund wollen Erziehungsstil ihrer Eltern nachahmen

Die Untersuchung der *antizipierten* Erziehungsdimensionen (das sind die Vorstellungen, nach denen die Jugendlichen die eigenen Kinder erziehen wollen) zeigt, dass Jugendliche mit türkischem Migrationshintergrund ihre Kinder ebenso einfühlsam und nachsichtig erziehen wollen wie einheimisch deutsche Jugendliche, aber gleichzeitig autoritärer, und zwar in gleichem Maße, wie sie es von ihren Eltern erfahren haben. Als Ergebnis der Studie wird herausgestellt, dass türkische Eltern in ihrer Erziehung keineswegs als so autoritär empfunden werden wie es stereotyp angenommen wird.[16] Zum anderen wird aber auch deutlich, dass die elterliche Sozialisation offensichtlich die Erziehungsvorstellungen der Jugendlichen nachhaltig beeinflusst. Unterschiede zwischen deutschen und aus der Türkei stammenden Jugendlichen, sowohl in den antizipierten als auch den perzipierten Erziehungsdimensionen, sind zwar vorhanden, aber in beiden Gruppen wird Autorität in der Erziehung gegenüber Einfühlsamkeit, Nachsichtigkeit und Bildung weniger erlebt und als weniger wichtig eingestuft. Es besteht also in der Grundhaltung zur Erziehung bei beiden Gruppen durchaus eine Ähnlichkeit, die auch generationsübergreifend gilt.

Kulturelle Unterschiede in den Erziehungsvorstellungen

Ein Blick auf internationale Untersuchungen zu Erziehungsüberzeugungen öffnet den Blick für das Spektrum an Möglichkeiten für eine angemessene förderliche Erziehung.[17] Dabei werden unterschiedliche Vorstellungen darüber vertreten, ab welchem Alter Kinder fähig sind zu lernen, und ab wann es daher sinnvoll ist, sie gezielt beim Lernen zu unterstützen. Darüber hinaus geht es um die Erziehungspraktiken, mit denen eine gewünschte Haltung der Kinder – so auch schulische Leistungsbereitschaft und Lernmotivation – angestrebt wird. Elterliche Überzeugungen verändern sich im Einwanderungskontext, sind aber auch kulturübergreifend abhängig von der sozialen Schicht oder dem Bildungsstand. Eine Untersuchung im Ruhrgebiet, die einheimisch deutsche Mütter mit türkisch-deutschen Müttern der ersten und der zweiten Generation unter Kontrolle des Bildungshintergrundes und des Alters der Mütter verglich, ermittelte vor allem im Bereich innerfamiliärer Prozesse wie Gehorsam und Familienorientierung Unterschiede zwischen den drei Gruppen, kaum aber im Bereich der schulbezogenen kognitiven Prozesse.

Erziehungsstile werden unterschiedlich interpretiert

Frühere kulturvergleichende Studien zeigen zudem, dass die Einschätzung eines Erziehungsstils als „streng" oder „warmherzig" kulturell unterschiedlich vorgenommen wird. Eltern mit türkischem Migrationshintergrund in Deutschland empfinden es häufig als lieblos, wenn kleine Kinder Regeln beachten sollen, weil sie annehmen, dass Kleinkinder diese nicht verstehen können. Darum werden kleine Kinder liebevoll und nachgiebig behandelt. Wenn von älteren Kindern Respekt erwartet wird, so sehen die Eltern eine solche Anforderung nicht als autoritär an, weil sie nicht emotional kalt reagieren und nicht rigide durchgreifen. Vielmehr erwarten sie zwar Gehorsam, verhalten sich gleichzeitig jedoch warmherzig und behüten die Kinder besorgt. In der Regel sind Eltern mit Migrationshintergrund – belegt für Eltern mit türkischem Migrationshintergrund – gegenüber ihren älteren Kindern nicht autoritär im Baumrindschen Verständnis, auch wenn sie von ihnen Gehorsam und Respekt erwarten. Baumrind zufolge prä-

16 Uslucan, Hacı-Halil (2010): Erziehungsstile und Integrationsorientierungen türkischer Familien. In: Hunner-Kreisel, Christine/Andresen, Sabine (Hrsg.): Kindheit und Jugend in muslimischen Lebenswelten. Aufwachsen und Bildung in deutscher und internationaler Perspektive. Wiesbaden, S. 195–210.

17 Eine Zusammenfassung internationaler Studien findet sich in: Otyakmaz, Berrin Özlem (2013): Entwicklungserwartungen deutscher und türkisch-deutscher Mütter von Vorschulkindern. In: Frühe Bildung, 2 (1), S. 28–34.

gen autoritäre Kontrolle und ein rigides Durchsetzen elterlicher Forderungen zusammen mit emotionaler Kälte den autoritären Erziehungsstil. Nicht emotionale Kälte, sondern ein durch zärtlich-affektive Bindungen geprägtes ängstliches Behüten ihrer Kinder begleitet jedoch die Gehorsamserwartungen vieler aus der Türkei stammender Eltern. Speziell im Bereich der schulischen Leistungsanforderungen wird die Haltung der Eltern durch empathisches Verständnis geleitet.

Der Einfluss des Erziehungsstils auf die Persönlichkeit und das Bildungsverhalten

Erziehungsstil lässt nicht auf Persönlichkeit schließen

Viele Aussagen über pädagogische Konsequenzen von Erziehungshandeln oder von Erziehungsstilen klingen nicht nur eurozentrisch, sondern sogar naiv: Der autoritäre Erziehungsstil mit Zwang könne keine selbstbestimmte Persönlichkeit hervorbringen; der demokratische Erziehungsstil führe zu einer positiven Selbstwahrnehmung sowie zur Entwicklung von Selbstvertrauen und Eigeninitiative (und zusätzlich noch zu Verantwortungsbewusstsein und Kreativität); ein permissiver Erziehungsstil bringe unreife und wenig verantwortungsbewusste Menschen hervor; und – allen voran – eine Laissez-faire-Erziehung habe Impulsivität und häufigere Delinquenz, aber auch Drogensucht zur Folge.[18] Aus der Typologie Baumrinds abgeleitete unmittelbare Konsequenzen von Erziehung lassen sich aber <u>nicht</u> festmachen. Auch andere Einteilungen erlauben es nicht, monokausal von einem Erziehungsstil auf Persönlichkeitsvariablen zu schließen, die für Bildung förderlich sind, wie z.B. Leistungsbereitschaft und Leistungsfähigkeit, Arbeitskonstanz, Entscheidungsfähigkeit, ein hohes Selbstwertgefühl und das gerade richtige Selbstbewusstsein u.v.m. Kompetente, selbstbewusste Kinder, die in den Bildungseinrichtungen und im späteren Berufsleben erfolgreich und persönlich ausgeglichen und zufrieden sind, können mit unterschiedlichen Erziehungsstilen groß geworden sein. Zudem gibt es nicht intendierte Wirkungen von Erziehungshandeln und das Vorbild der Eltern kann verbal geäußerte Erziehungsvorstellungen konterkarieren.

In den USA wurde eine nach Europa übergreifende Debatte um die Erziehungsstile ausgelöst, in der das „westliche" Muster der autoritativen oder demokratischen Erziehung gemessen an dem Erfolg außergewöhnlicher Karrieren infrage gestellt wurde. Diese Diskussion wurde durch das Buch von Amy Chua angestoßen (Battle Hymn of the Tiger Mother – deutsch: Die Mutter des Erfolgs. Wie ich meinen Kindern das Siegen beibrachte).[19] Schon drei Jahre vorher wurden auch in Deutschland Eltern aufgefordert, ihren Kindern gegenüber strenger zu sein.[20] Sicher ist, dass Kinder ein internalisiertes Belohnungssystem brauchen, d.h. dass der Aufbau von internen Kontrollüberzeugungen mit Selbstregulierung, Innenlenkung und Autonomie notwendig ist, um in der modernen Gesellschaft erfolgreich zu sein. Ältere und neuere Untersuchungen belegen, dass Jugendliche mit Migrationshintergrund (Kinder wurden bisher nicht befragt) überwiegend eine hohe Bereitschaft zur Übernahme von Selbstverantwortung aufweisen.[21] Der Aufbau eines internalisierten Anreizsystems wie auch die Entwicklung von Selbstständigkeit und Autonomie „funktionieren" bei den meisten Kindern mit wie ohne Migrationshintergrund. Sicher ist auch, dass Personen, die eine (u.a. von Chua beschriebene) „chinesische" Form einer eher restriktiven, autoritären Erziehung mit einer hohen Be-

18 So ungeschützt vertreten bei Grob, Alexander/Jaschinski, Uta (2003): Erwachsen werden: Entwicklungspsychologie des Jugendalters. Weinheim.
19 In deutscher Sprache erschienen: Zürich 2011.
20 Von Winterhoff, Michael (2008): Warum unsere Kinder Tyrannen werden. Oder: Die Abschaffung der Kindheit. Gütersloh.
21 So im Einzelnen belegt in der Literaturanalyse von Boos-Nünning, Ursula/Karakaşoğlu, Yasemin (2006): Viele Welten leben. Zur Lebenssituation von Mädchen und jungen Frauen mit Migrationshintergrund. 2. Auflage. Münster, S. 346–350.

tonung von Leistungen erlebt haben, in den Einwanderungsgesellschaften einen großen Anteil der höchst erfolgreichen jungen Menschen ausmachen, sei es im Bereich der beruflichen Karriere oder durch hervorragende Leistungen in Kunst oder Musik. Ob diese Ergebnisse nur mit dem Erziehungsstil zusammenhängen, bleibt allerdings unklar. Daraus kann abgeleitet werden, dass es Grundregeln einer bildungsfördernden Erziehung in der und für die moderne Gesellschaft gibt, dass sich aber eine „gute" Erziehung nicht einfach nur mit einem Erziehungsstil erreichen lässt.

Voraussetzungen und Regeln für einen bildungsfördernden Erziehungsstil

Obgleich von Pädagoginnen und Pädagogen für das Aufbrechen starrer Regeln plädiert wird, sind Erziehung und Erziehungsstil nicht beliebig. Es gibt einige Rahmenbedingungen und Regeln zu berücksichtigen:

persönlichkeitsbezogen, reflektiert

- Erziehung zur Bildung hat alle Personen zu berücksichtigen, die beteiligt sind. Menschen sind Individuen, und so sind auch Kinder *individuelle Persönlichkeiten*, die sich beispielsweise darin unterscheiden, inwiefern sie sich an Anforderungen in Bildungsinstitutionen anpassen oder dagegen rebellieren. Daher brauchen unterschiedliche Kinder auch verschiedene Erziehungsverhalten von Seiten der Eltern. Es gibt nicht ein einziges richtiges Erziehungskonzept für alle Kinder. Hinzu kommt, dass das *Kind als Akteur* seine Erziehung von Geburt an mitgestaltet. Berücksichtigt werden müssen also auch der wechselseitige Einfluss von elterlichem Erziehungsverhalten und Reaktionen des Kindes. Eltern suchen daher nach Möglichkeiten, ihr Erziehungshandeln gegenüber dem (einzelnen) Kind zu reflektieren und sind gezwungen, sich auch mit wechselseitigen Zuspitzungen auseinanderzusetzen, häufig sinnvollerweise in Diskussionen mit anderen Eltern, insbesondere dann, wenn sie Erziehung als besondere Schwierigkeit wahrnehmen.

situationsbezogen

- Nicht jeder gewünschte Erziehungsstil ist für Eltern realisierbar oder durchhaltbar. Eltern mit Migrationshintergrund – wie einheimische Deutsche manchmal auch – können den von ihnen als richtig empfundenen Erziehungsstil nicht immer verwirklichen. Es gibt äußere Hindernisse oder Risikofaktoren für elterliches Erziehungshandeln, wie wirtschaftliche Sorgen, beengte Wohnverhältnisse, Schichtarbeit eines Elternteils oder beider Eltern oder in anderer Hinsicht einen geringeren Zugang zu (bildungsfördernden) Ressourcen. Darüber hinaus gibt es Faktoren, die – unabhängig vom Migrationshintergrund – in der Person des Vaters oder der Mutter liegen, wie geringes Alter, wenig Vorwissen über Erziehung oder Ängstlichkeit im Erziehungshandeln. Auch familiäre Konstellationen wie fehlende Einbindung in ein Familiennetzwerk oder in eine Unterstützung leistende Nachbarschaft, eine große Kinderzahl, die Rolle als Alleinerziehende oder hohe Erziehungsanforderungen durch ein (vielleicht behindertes) Geschwisterkind sind zu bewältigen. Und letztlich ist auch nicht jedes Kind „leicht" zu erziehen: Ein hyperaktives Kind, ein hochbegabtes Kind, ein „Schreikind", ein Kind mit Wahrnehmungsstörungen können Eltern bis an ihre (Erziehungs-)Grenzen fordern.

Kind erfährt unterschiedliche Erziehungsstile

- Kinder können damit umgehen, dass verschiedene Familienmitglieder unterschiedlich erziehen. Es ist sehr selten, dass Vater und Mutter weitestgehend gleich erziehen, und auch Großeltern folgen anderen Erziehungsvorstellungen – wie auch etwa der Onkel oder die Tante. In der Kita und in der Schule erfährt das Kind ebenfalls einen anderen Erziehungsstil. Kinder verstehen sehr früh, nach dem jeweiligen Muster, das eine Person anwendet, zu differenzieren. Sie können durchaus vergleichen und kommen mit Unterschieden zurecht (nebenbei auch mit einem unterschiedlichen Erziehungsverhalten ein- und derselben Person in verschiedenen Kontexten).

Klarheit und Grenzen

Allerdings sollte im familiären Bereich in einigen Punkten Konsens bestehen:

- Klarheit und Einigkeit über Grenzen, Regeln und Rituale sind wichtig. Das Kind muss in entscheidenden Punkten wissen, woran es ist: Wann und in welcher Form die Hausaufgaben gemacht werden sollen und gelernt wird, wann Zeit zum Schlafengehen ist und welche Rituale genutzt werden usw. Es sollte Einigkeit bestehen, dass Grenzen und Regeln notwendig sind. Die Erziehungspraxis der anderen Familienmitglieder sollte gekannt werden, aber es sollte gleichzeitig berücksichtigt werden, dass die Grenzen und Regeln unterschiedlich ausgelegt werden können. Allerdings müssen Kinder wissen, woran sie bei der Mutter und dem Vater, bei den Großmüttern und bei den Großvätern jeweils sind.
- An der Erziehung beteiligte Personen dürfen zwar tendenziell unterschiedliche Erziehungsstile verwenden, aber nicht zulassen, dass sie sich gegenseitig beeinträchtigen oder dass gar das Kind die Erwachsenen gegeneinander ausspielt: Bemerkungen wie z.B. „bei mir darfst du das" oder „sage aber dem Papa (der Mama) nichts" sind inakzeptabel.
- Während Unterschiede in den Erziehungsstilen von dem Kind recht unproblematisch verarbeitet werden, hat ein wechselseitig von Vater und Mutter nicht akzeptiertes Erziehungsverhalten negative Auswirkungen.

Vereinbarkeit unterschiedlicher Stile

Konsens der Eltern

Notwendige Regeln für Erziehungshandeln

Wenn auch eine große Variabilität an Erziehungsstilen festgestellt werden kann und akzeptiert werden sollte, gibt es Verhaltensformen, die zum Nutzen der Kinder und deren Bildungsprozesse zu fordern sind:

Gewaltfreie Erziehung

Gewaltfreie Erziehung – vor zwei Generationen in Deutschland ein nur von wenigen akzeptierter Erziehungsstil – wird heute von fast allen Familien positiv eingeschätzt. Das Recht auf gewaltfreie Erziehung ist seit dem Jahr 2000 im Bundesgesetz verankert: „Kinder haben ein Recht auf gewaltfreie Erziehung. Körperliche Bestrafungen, seelische Verletzungen und andere entwürdigende Maßnahmen sind unzulässig".[22] Bei der Gesetzesänderung ging es stärker darum, gewaltfreie Erziehung als Leitbild zu verankern, als darum, Eltern mit dem Strafrecht zu drohen. Erhalten staatliche Stellen Kenntnis von Gewalt in einer Familie, müssen sie eingreifen, aber zugleich Hilfe anbieten (z.B. sozialpädagogische Familienhilfe), um bei künftigen Konflikten gewalttätiges Verhalten zu verhindern. Im Rahmen der Familienbildung sollten entsprechend auffällig gewordene Eltern hinsichtlich gewaltfreier Erziehungsmethoden aufgeklärt und geschult werden.

Die Diskussion um die Erziehungsstile in Familien mit Migrationshintergrund ist belastet, da die Öffentlichkeit, aber auch Pädagoginnen und Pädagogen (Lehrkräfte sowie Wissenschaftlerinnen und Wissenschaftler) häufig Familien mit Migrationshintergrund einen autoritären Erziehungsstil, der mit Gewaltausübung verbunden ist, vorwerfen. Eine Konsequenz daraus ist, dass sich die Familienmitglieder, aus dem Bestreben diese Vorwürfe zurückzuweisen, häufig gar nicht auf die Diskussion um Gewalt in Familien einlassen. Gerade wegen der Problematik beim Ansprechen dieses Bereiches ist eine Auseinandersetzung mit dem Wissen um Gewalt gegen Kinder in Familien allgemein und in Familien mit Migrationshintergrund speziell notwendig.

22 Vgl. Bürgerliches Gesetzbuch in der Fassung der Bekanntmachung vom 2. Januar 2002 (BGB) § 1631 (2).

Fachwissenschaftlicher Einschub: Gewalt in Familien

Gewalt in der Erziehung

Es lässt sich – vor allem durch eine 2005 veröffentlichte Untersuchung[23] – belegen, dass immer mehr Eltern eine gewaltfreie Erziehung möchten – und dies unabhängig vom Bildungsstand und dem sozialen Status. Während 1996 noch 83 % der Eltern glaubten, „eine Ohrfeige" und 84 % „ein Klaps auf den Po" seien zulässig, teilten 2001 nur noch 61 % bzw. 68 % der Eltern diese Einschätzung und 2005 sank sie weiter auf 48 % bzw. 57 %. Unter allen Eltern – einheimisch deutschen wie Eltern mit Migrationshintergrund – gibt es wahrscheinlich aber auch heute noch eine nicht geringe Zahl, die körperliche Strafen für akzeptabel hält. Zwischen dem angestrebten Ideal und dem tatsächlichen Verhalten im Erziehungsalltag kann zudem eine Diskrepanz bestehen. Die Zahl der Eltern, die als gewaltbelastet angesehen werden können, also häufiger körperliche Strafen anwenden, wird 2005 nach Angaben der Eltern auf 12 % und nach Berichten der Jugendlichen auf 21 % geschätzt. Die Zahlen sind auch wegen der begrifflichen Unschärfe nicht wirklich belastbar.

Auch die Ergebnisse einer neueren weltweiten Studie belegen einen Rückgang körperlicher Strafen in Deutschland.[24] Die Mehrheit der befragten Mädchen und Jungen im Alter von 8 bis 11 Jahren nannte verbale Formen der Bestrafung wie mahnende Worte und Schimpfen. Ohrfeigen erhalten zu haben gaben 12 % der befragten Kinder mit „manchmal" und 1 % mit „oft" an. Über eine „Tracht Prügel" berichteten 3 % mit „manchmal" und weniger als 1 % mit „oft". Insgesamt gaben 14 % der Kinder – davon 19 % Jungen und 10 % Mädchen – an, Ohrfeigen oder Schläge erhalten zu haben. Häufiger betroffen sind Kinder aus der sozialen Unterschicht (37 %). In der untersten Schicht war mit 48 % jeder zweite Junge betroffen, ebenso waren Mädchen mit 21 % häufiger als in höheren sozialen Schichten betroffen.[25] Bei Betrachtung des Migrationshintergrundes zeigt sich, dass im Vergleich Jungen mit einheimisch deutschen Eltern zu 16 % angaben, „manchmal" eine Ohrfeige oder Schläge erhalten zu haben, während Jungen mit Migrationshintergrund zu 27 % über Ohrfeigen und Schläge berichteten. Mädchen mit Migrationshintergrund gaben dagegen ebenso wie Mädchen mit einheimisch deutschen Eltern wesentlich seltener an, geschlagen zu werden (10 %). Die Tatsache, dass Jungen mit Migrationshintergrund häufiger als einheimisch deutsche Jungen Ohrfeigen erhalten, führen die Autoren der Studie darauf zurück, dass Kinder mit Migrationshintergrund im Vergleich häufiger als einheimische deutsche Kinder zur untersten Sozialschicht gehören.

Relevanz des sozialen Umfelds

Die öffentliche Meinung über Gewalt gegen Kinder in Familien mit Migrationshintergrund in Deutschland wird durch Studien des Kriminologischen Instituts in Hannover geprägt. Dort werden auf der Grundlage von schriftlichen Befragungen in Schulklassen (Dunkelfelduntersuchungen) deutlich höhere Zahlen von Jugendlichen mit südeuropäischem, türkischem und jugoslawischem Migrationshintergrund ermittelt, die in der Kindheit schwere Züchtigungen oder Misshandlungen durch die Eltern erlebt haben, geschlagen oder verprügelt wurden. Die Quote liegt fast doppelt so hoch wie bei einheimisch Deutschen. Auch zum Zeitpunkt der Befragung (2005) gibt fast jeder fünf-

23 Bussmann, Kai (2005): Report über die Auswirkungen des Gesetzes zur Ächtung der Gewalt in der Erziehung. Vergleich der Studien von 2001/2002 und 2005 – Eltern-, Jugend- und Expertenbefragung – Zusammenfassung für die Homepage des BMJ, S. 6.

24 World Vision Deutschland e.V. (Hrsg.) (2007): Kinder in Deutschland 2007. 1. World Vision Kinderstudie. Konzeption & Koordination: Hurrelmann, Klaus/Andresen, Sabina: TNS Infratest Sozialforschung. Frankfurt a.M.

25 Zitiert nach Hellbernd, Hilde (2007): Elternbriefe – Stärkung elterlicher Kompetenz. In: Gesundheit Berlin (Hrsg.): Dokumentation 13. Bundesweiter Kongress Armut und Gesundheit, Berlin 2007, S. 7.

te Jugendliche dieser Gruppe an, in den letzten Monaten Gewalt von Seiten der Eltern erfahren zu haben.[26] Diese Studien und das aus ihnen resultierende Bild von Kindern und Jugendlichen mit Migrationshintergrund, die aufgrund kultureller Wertvorstellungen der Eltern besonders von Gewalt betroffen seien und die als Jugendliche selbst wieder in hoher Zahl gewalttätig würden, ist seit den 1970er Jahren zentrales Themenfeld der kriminologischen Forschung und wird – nahezu wirkungslos – kritisiert.[27] Die Hauptkritikpunkte richten sich darauf, dass sich Gewalt in Familien eher aus prekärer Lebenssituation und aus dem sozialen Umfeld als aus kulturellen Mustern erklären lässt. Zudem bleiben Schutzfaktoren ausgeblendet. Solche Schutz- oder protektive Faktoren können in Form einer Bindung an die ethnische Gemeinschaft, aber auch an den Familienverband wirksam werden. Es müsste untersucht werden, ob und wie etwa ethnische Communities mit den Delinquenz hemmenden Potenzialen informeller sozialer Muster oder des sozialen Kapitals einhergehen. Darüber hinaus wird Kritik an der Methodik der Studien geübt.[28]

Hilfe bei Gewalt

Der weitaus größte Teil der Eltern mit Migrationshintergrund erzieht die Kinder gewaltfrei. Ein kleinerer Teil wendet bei Kindern körperliche Strafen an – Ohrfeigen oder Schläge – und zwar bei Jungen häufiger als einheimisch deutsche Eltern dies tun. Dieses Erziehungsverhalten ist nicht zu akzeptieren. Das Bestreben muss sein, dieser Gruppe von Eltern Hilfen nahezubringen und ihnen einen Ort oder einen Raum anzubieten, der es ihnen ermöglicht, sich angstfrei mit ihren Erziehungsmustern auseinanderzusetzen und sie zu verändern. Solange unzutreffende Vormeinungen über überwiegend gewalttätige Familien mit Migrationshintergrund (vor allem über Väter) und über die besondere Gewaltaffinität dieser Gruppe das Bild in der Öffentlichkeit prägen, werden Familien mit Migrationshintergrund, in denen Gewalt ausgeübt wird, schwer erreichbar sein. Spätestens wenn Eltern (mit Migrationshintergrund wie einheimisch deutsche) mit Bildungs- und Erziehungsanforderungen nicht mehr zurecht kommen, wenn sie zu Erziehungsmitteln greifen, die sie eigentlich ablehnen oder ablehnen müssten, dann sollten sie Hilfe von außen erbeten (können).

Kindern Orientierung geben

Eltern sollen für ihre Kinder authentische und verlässliche Vorbilder sein. Wie es in dem Elternkurs „Starke Eltern – Starke Kinder" des Deutschen Kinderschutzbundes in dem dort befürworteten „anleitenden Erziehungsstil" beschrieben wird, sollen Eltern Kindern eine liebevolle und aufmerksame Haltung zeigen, den Kindern aber gleichzeitig die Sicherheit klarer Regeln, Werte und Normen bieten.[29] Zu der notwendigen Orientierung gehört auch, dass Grenzen gesetzt werden und die Einhaltung von Regeln gefordert wird.

Erwartungen an die Kinder

Es gibt keine Grenzen, die für alle Kinder oder für alle Familien gelten. Jede Familie muss für sich festlegen, was innerhalb der Wohnung und des Hauses, im und außerhalb des Kinderzimmers akzeptabel ist. Was von Kindern erwartet werden kann und muss, hängt vom Alter des Kindes, aber auch von den Rahmenbedingungen ab.

26 Baier, Dirk/Pfeiffer, Christian/Windzio, Michael (2006): Jugendliche mit Migrationshintergrund als Opfer und Täter. Fachwissenschaftliche Analyse. In: Heitmeyer, Wilhelm/Schröttle, Monika (Hrsg.): Gewalt. Beschreibungen, Analysen, Prävention. Bonn, S. 240–268; hier: S. 255.

27 Halm, Dirk (2000): Alternative Erklärungen für Jugendgewalt bei männlichen Zuwanderern. In: Apitzsch, Ursula/Halm, Dirk/Pfeiffer, Christian u.a.: Junge Türken als Täter und Opfer von Gewalt – Tagungsdokumentation. WissenschaftlerInnen und ExpertInnen aus Verwaltung und Praxis im Gespräch über die Gewaltbelastung junger Migranten türkischer Herkunft. Weinheim, S. 16–26.

28 Vgl. Halm, Dirk (2000).

29 Starke Eltern – Starke Kinder®; vgl. www.sesk.de/content/start.aspx [Zugriff am 10.03.2013].

Beispielsweise kann ein Grundschulkind den Ranzen selbst packen, aber nicht genau wissen, welche Hausaufgaben zu erledigen sind und bei deren Erledigung trödeln. Ein zwölfjähriges Kind sollte die Hausaufgaben zügig erledigen. Eine gute Schülerin oder ein guter Schüler kann das Kleine und Große Einmaleins sowie die Vokabeln auch nach dem Abendessen lernen. In einer Fremdsprache mäßige Schülerinnen oder Schüler sollten nachmittags lernen und nach dem Abendessen wiederholen.

Gute Erziehung fordert also, gemeinsam mit dem Kind Regeln aufzustellen oder die Regeln mit dem Kind zu besprechen und auf deren Einhaltung zu achten und zu dringen. Sie fordert aber auch, Zusagen und Versprechen einzuhalten oder – in Ausnahmefällen – zu begründen, warum die Einhaltung jetzt und hier nicht möglich ist und wie das Versprochene nachgeholt werden kann.

Kinder zu selbstständigem Handeln anleiten

Der anleitende (oder auch autoritative) Erziehungsstil und die Pflege eines Verhandlungshaushaltes werden als besonders geeignet angesehen, um Kinder zur Selbstständigkeit zu erziehen. Das gewünschte Ergebnis einer solchen Erziehung wird auf vielfältige Weise beschrieben: Einem Kind, das auf der Grundlage internalisierter Normen handelt, über interne Kontrollüberzeugungen oder eine intrinsische Motivation verfügt, das innen- und nicht außengeleitet ist, ist es ein eigenes Bedürfnis zu lernen. Eine selbstständige Persönlichkeit wird vermutlich unterstützt, wenn die Eltern dem Kind z.B. dem Alter und dem Themenfeld entsprechend Freiraum für eigene Entscheidung geben und mit ihm früh (unter Aufzeigen von Grenzen) Handlungsspielräume diskutieren.

Potenziale des Kindes erkennen und ausschöpfen

Vieles, was dem Kind – manchmal nur langfristig – hilft, seine Fähigkeiten zu entwickeln, erfordert Übung, harte Arbeit und Training. Nicht alles macht dem Kind Spaß und längst nicht immer sind unmittelbar Erfolge zu verzeichnen. Während es akzeptiert wird, dass sportliche und musikalische Begabungen ständig durch Üben oder Training verbessert werden können, fällt es schwerer, einzusehen, dass auch andere Begabungen ausdauernde Beschäftigung und Förderung verlangen. Auch Bereiche, für die weniger Talent vorhanden ist, müssen mitunter geübt und im möglichen Umgang gefördert werden. Neben dem Erwerb von Kompetenzen – unter Ausschöpfung des eigenen Potenzials – werden beim Kind die Belastbarkeit und die Ausdauer gestärkt. Allerdings sollten Eltern stets die Grenzen ihrer Kinder berücksichtigen. Nicht jedes Kind kann in den gewünschten Gebieten ein Superstar werden. Wenn das Kind die Hausaugaben nicht ordentlich ausführen, die Vokabeln nicht lernen, Mathematik nicht üben will, tadeln manche Eltern schnell oder verteilen Strafen. Strafen, die angekündigt sind, begründet werden und nicht mit Gewalt verbunden sind, sind ein mögliches (und manchmal notwendiges) Erziehungsmittel. Ein nachhaltigeres Erziehungsmittel sind allerdings Belohnungen, die gewünschtes Verhalten verstärken. Eltern sollten nicht mit *Lob und Belohnung* sparen, wenn das Kind seine Hausaufgaben ordentlich macht, übt etc. Kinder wollen aber getröstet werden, wenn trotz intensiven Lernens die Klassenarbeit nicht gelungen ist.

Erziehungsverhalten – was Ratgeber sagen und Elternbildungskurse anbieten

Die Elternaufgaben bestehen darin, Kinder in ihrem Bildungsprozess zu unterstützen, ihnen emotionale Wärme zu geben, sie zu fördern und die Persönlichkeit der Kinder zu akzeptieren, aber auch die Charakterbildung zu begleiten und Werte zu vermitteln. Viele Eltern fühlen sich verunsichert, wie sie diese Aufgaben gestalten sollen und suchen nach Unterstützung. Erziehungsratgeber und Elternbildungsangebote stehen im Trend. Einige Bücher propagieren das „Lob der Disziplin", damit Kinder keine „Tyrannen" und im beruflichen Leben erfolgreich werden. Andere plädieren für mehr Gelassenheit in der Erziehung. In den letzten zehn Jahren gab es immer wieder Diskussionen um „das richtige Angebot für die Elternbildung". Die meisten Kurse wollen die Elternkompetenzen stärken und vermitteln Überlegungen zu einem gewaltfreien Umgang in Konfliktsituationen im Erziehungsalltag, basierend auf kommunikationstheoretischen, systemischen oder lernpsychologischen Konzepten. Aber nicht alle Angebote sind für alle Eltern sinnvoll.

Kurs „Starke Eltern – starke Kinder®"

Einen möglichen Zugang bietet der o.g. Kurs „Starke Eltern – starke Kinder®". In diesem geht es nicht darum, Rezepte für den Erziehungsalltag zu bieten, sondern Theorievermittlung mit Selbsterfahrung und Wochenaufgaben für die Eltern zu kombinieren. Dieses Programm liegt auch in einer türkischen und russischen Version vor. Die Konzepte sind ressourcenorientiert und ermutigen Eltern, „gut genug" statt „perfekt" zu sein.

Das Programm wurde evaluiert und die Elternkurse werden wissenschaftlich begleitet. Nun bestätigt die Evaluation des Kurses, dass die Teilnehmenden von Elternkursen (und wahrscheinlich auch die Leserinnen und Leser von Elternratgebern) vorwiegend bildungsgewohnte Eltern sind. Sie gehören wohl weitgehend nicht zu den sogenannten gewaltgefährdeten oder gewaltbelasteten Multiproblemfamilien, die durch Arbeitslosigkeit, soziale Isolation, Kinderreichtum, Armut, deprivierende Wohnverhältnisse, also durch ihre Biografie, ihr Lebensmilieu und ihre Schichtzugehörigkeit von (struktureller) Gewalt betroffen sind und die auf vielfältige Weise unterstützt werden müssten.[30] Auch Familien mit Migrationshintergrund sind – so kann nur vermutet werden – deutlich unterrepräsentiert.

Eltern-Kind-Trainings

Wenn allerdings ein zielgruppenspezifisches Konzept zur Anwendung kommt, können Eltern-Kind-Trainings äußerst wirkungsvoll sein. Dieses wird durch eine Evaluationsstudie mit türkischen Eltern nachgewiesen.[31] Es wurde ermittelt, dass ein Elterntraining mit sechs Einheiten zu den Themen

1. Grundregeln positiver Erziehung
2. Spielregeln in der Familie
3. Grenzen setzen, schwierige Erziehungssituationen
4. Überforderung in der Erziehung (Stress, Verhaltensprobleme)
5. Zweisprachigkeit/Werte und Normen im Wandel der Zeit
6. Soziale Beziehungen in der Familie, Freundschaften des Kindes

sowie ein soziales Kompetenztraining für Kinder mit 15 Sitzungen in der Kindertagesstätte zu Veränderungen im Kinderverhalten wie auch in der Erziehung durch die Eltern führte. Sowohl das soziale Kompetenztraining für Kinder wie auch das Erziehungskompetenztraining für Eltern wurden aus dem Englischen ins Deutsche

30 So Tschöpe-Scheffler, Sigrid (2005): Menschenbilder, Qualität und Perspektiven von Elternbildung. http://www.berlin.de/imperia/md/content/lb-lkbgg/bfg/nummer19/13_tschoepe_scheffler.pdf?start&ts=1182332279&file=13_tschoepe_scheffler.pdf [Zugriff am 11.03.2013], S. 58f. Wer mehr wissen möchte: Tschöpe-Scheffler, Sigrid (2003): Elternkurse auf dem Prüfstand. Wie Erziehung wieder Freude macht. Opladen. Oder auch: Berliner Forum Gewaltprävention (BFG) (2005): „Erziehen fürs Leben – Eltern in der Verantwortung". Schwerpunkt: Elternkurse. Dokumentation der Konferenz am 30. November 2004.

31 Kabakcı-Kara, Funda (2009): Eltern und Kindertraining für Familien türkischer Herkunft. Evaluation einer selektiven Präventionsmaßnahme. Erlangen.

übersetzt sowie für die Zielgruppe der Eltern mit türkischem Migrationshintergrund adaptiert.

Auch die Evaluationen anderer Programme der Eltern- und Familienbildung belegen im Großen und Ganzen relevante Wirkungen.[32] Ein flächendeckendes Angebot von spezifisch auf die unterschiedlichen Zielgruppen zugeschnittener Elternbildung verspricht eine Stärkung der elterlichen Erziehungskompetenzen.

Leseempfehlung

Otyakmaz, Berrin Özlem (2013): Entwicklungserwartungen deutscher und türkisch-deutscher Mütter von Vorschulkindern. In: Frühe Bildung, 2 (1), S. 28–34.

2.2 Didaktische Vorschläge

Erster Vorschlag: Diskussion möglicher Erziehungsmethoden

In Büchern und im Internet machen Erziehungsratgeber mit Methoden vertraut, die vielen Eltern unbekannt sind. Diese Methoden werden häufig erfolgreich in Gruppen (auch in Schulen und Kindertageseinrichtungen) angewendet.

- **Das aktive Zuhören**
  Eine der Erziehungsmethoden, die dem Kind dabei helfen, sich und sein Verhalten zu reflektieren und selbst Lösungen für seine Probleme zu finden, ist das aktive Zuhören, verbunden mit Ich-Botschaften von Seiten der Erwachsenen. Wenn das Kind durch eine Ich-Botschaft darauf aufmerksam gemacht wird, was sein Fehlverhalten bei einem anderen Menschen auslöst, fühlt es sich nicht als Mensch abgewertet, sondern kann nachvollziehen, dass die negativen Gefühle des anderen auf sein Verhalten zurückzuführen sind. So eine Ich-Botschaft könnte zum Beispiel lauten: „Ich bin traurig, wenn du deinen Bruder beleidigst." Neben den Ich-Botschaften muss das aktive Zuhören von vielen Eltern erst gelernt werden. Erwachsene sollten dem Kind gut zuhören und mit den eigenen Worten das wiederholen, was das Kind gesagt hat. Dadurch fühlt sich das Kind mit all seinen Ängsten und Problemen verstanden und angenommen und sein Selbstwertgefühl wird gestärkt. Darüber hinaus fördert es die soziale Kompetenz, wenn ein Kind öfter dazu angeregt wird, selbstständig mit einem Problem umzugehen.

- **Erziehungsmaßnahme „stiller Stuhl"**
  Eine ebenfalls weit verbreitete Erziehungsmaßnahme, die auch in vielen Kindergärten angewendet wird, ist der sogenannte stille Stuhl, die stille Bank oder die stille Treppe. Je nachdem, ob gerade ein Stuhl oder eine Bank oder Treppe verfügbar ist, soll sich das Kind, welches sich schlecht benimmt, für einige Minuten dort hinsetzen. Erst, wenn es sich beruhigt hat und verspricht, sich besser zu benehmen, darf es wieder am Geschehen teilnehmen.[33]

32 Vgl. z.B. Bundesamt für Migration und Flüchtlinge (Hrsg.) (2009): Förderung des Bildungserfolgs von Migranten: Effekte familienorientierter Projekte. Abschlussbericht zum Projekt Bildungserfolge bei Kindern und Jugendlichen mit Migrationshintergrund durch Zusammenarbeit mit den Eltern, Working Paper 24. http://www.bamf.de/SharedDocs/Anlagen/DE/Publikationen/WorkingPapers/wp24-foerderung-bildungserfolge.pdf;jsessionid=3571C5F8E48BD3F3DCA6F987FCBCA1E7.1_cid368?__blob=publicationFile [Zugriff am 06.09.2013].

33 Alle Beispiele: http://www.fitundgesund.at/kinder-erziehung/erziehungsmassnahmen.132.htm.

Zweiter Vorschlag: Reflexion des familiären Erziehungsstils

In der Evaluation eines Eltern- und Kindertrainings für Familien türkischer Herkunft lassen sich zwei Instrumente ableiten, die Eltern

- bei der Selbsteinschätzung ihres Erziehungsstils (wie ich mit meinem Kind umgehe) und
- in der Auseinandersetzung mit ihrem Belohnungs- und Bestrafungsverfahren (wenn mein Kind ungezogen ist)

helfen können.[34]

2.3 Quellen/Materialien zur Weitergabe an Eltern

Elternbriefe Arbeitskreis Neue Erziehung e.V.
http://www.ane.de/bestellservice/elternbriefe-einzeln/ [Zugriff am 24.10.2014]

Grenzen setzen
Nr. 9 Grenzen setzen kostet Geduld; 9 Monate
Nr. 31 Grenzen setzen/Verbote; 4 Jahre 9 Monate
Nr. 35 Grenzen setzen/Lob und Strafe; 5 Jahre 6 Monate

Regeln aufstellen
Nr. 39 Regeln fürs Zusammenleben; 6 Jahre 3 Monate
Nr. 42 Konflikte lösen in der Familie; 7 Jahre

Gewaltfreie Erziehung
Nr. 10 Wenn Eltern ausrasten; 10 Monate
Extrabrief: Mit Respekt geht's besser – Kinder gewaltfrei erziehen

Starke Eltern – Starke Kinder
Handbuch in deutscher, türkischer oder russischer Sprache, herausgegeben vom Deutschen Kinderschutzbund, Berlin. *Starke Eltern – Starke Kinder®*
Startseite: www.sesk.de/content/start.aspx [Zugriff am: 10.03.2013]

2.4 Literatur zur Vertiefung

Kabakcı-Kara, Funda (2009): Eltern und Kindertraining für Familien türkischer Herkunft: Evaluation einer selektiven Präventionsmaßnahme. Dissertation Universität Erlangen.
URN: urn:nbn:de:bvb:29-opus-14481
URL: http://opus4.kobv.de/opus4-fau/frontdoor/index/index/docId/945 [Zugriff am 24.10.2014]

34 Diese Instrumente finden sich in Kabakcı-Kara, Funda (2009): Eltern und Kindertraining für Familien türkischer Herkunft: Evaluation einer selektiven Präventionsmaßnahme. Erlangen, hier insbesondere S. 203–204, S. 205–206. Vgl. auch Lösel, Friederich/Ott, Christine: Evaluation des Projektes Wertebildung in Familien, S. 186–187; http://www.wertebildunginfamilien.de/tl_files/fotos/Dokumente/Projektdokumentation%20Phase%20I/Abschlussbericht_Evaluation.pdf – Gefördert durch das Bundesministerium für Familie, Senioren, Frauen und Jugend (BMFSFJ) [Zugriff am 28.07.2014].

Thema 3: Nutzung familiärer Ressourcen für die Erziehung und Bildung des Kindes

Birol Mertol

Mütter und Väter haben ein gemeinsames Interesse am Bildungserfolg ihrer Söhne und Töchter, wie zahlreiche Studien belegen, die sich mit Bildungsansprüchen von Eltern mit Migrationshintergrund beschäftigen. Sollen die Bildungsansprüche realisiert werden, müssen häufig alle Mitglieder der Kernfamilie (Mutter, Vater und Geschwister), aber auch der erweiterten Familie – vor allem die Großeltern, aber auch Onkel und Tanten – spezifische Ressourcen einbringen. Eltern sollten diese Ressourcen kennen und ihre Nutzung als Förderung für das Lernen der Kinder schätzen lernen.

3.1 Basistext

Familiäre Ressourcen von Familien mit Migrationshintergrund in der Diskussion

Bildungsmotivation durch die Familie

Familie und Verwandtschaft werden in der Migrationsforschung als ein Unterstützungssystem bewertet, in dem für das Leben in der Migrationsgesellschaft notwendige Bestände an Alltagswissen und Kompetenzen zum Aufbau und zur Pflege sozialer Beziehungen gesammelt und jedem Mitglied zur Verfügung gestellt werden. Sozialer Zusammenhalt im Rahmen von Familien- und Verwandtschaftsbeziehungen wird als wesentlicher motivationaler Faktor für das erfolgreiche Durchlaufen individueller Eingliederungskarrieren[1] und – so könnte der Ansatz erweitert werden – von Bildungslaufbahnen herausgestellt. Im Zeitverlauf tritt die Anforderung, den Zusammenhang der Familie durch Rückbindung an herkunftskulturelle Elemente (wie Sprache, Religion, Werte, emotionale Zugehörigkeit) zu sichern, als gleichrangige Aufgabe hinzu. Nach wie vor gilt, dass es kulturelle Unterschiede in der Ausgestaltung der Generationenbeziehungen gibt – das gilt für alle ethnischen (nationalen) Gruppen in unterschiedlichen Ausprägungen. Die Kinder in Familien mit Migrationshintergrund haben die Erwartungen der Eltern in hohem Maße internalisiert – ohne geschlechtsspezifische Unterschiede. Ihre antizipierten Erziehungserwartungen entsprechen daher weitgehenden denen ihrer Eltern. Die empirischen Befunde früher[2] wie heute[3] liefern keine Anhaltspunkte, dass viele Migrantinnen und Migranten der zweiten Generation – die heutigen Eltern – die von ihnen erwarteten Solidarleistungen für ihre Eltern nicht erbringen werden und umgekehrt. Allerdings muss berücksichtigt werden, dass es eine nicht benennbare, vielleicht größer werdende Zahl von (Groß-)Eltern gibt, die wenig Zeit, finanzielle Unterstützung und Interesse für die junge Familie aufbringen. Das Modell einer optimalen Bildungsförderung durch Einbeziehung familiärer Potenziale verlangt aber, dass alle beteiligten Familienmitglieder ähnliche Ziele und Interessen vertreten.

---

1 Nauck, Bernhard (2002): Solidarpotenziale von Migrationsfamilien. Expertise [Electronic ed.] – Bonn: FES Library, http://library.fes.de/fulltext/asfo/01389toc.htm, hier Teil 1, S. 2 [Zugriff am 23.07.2014].

2 So Nauck (2001), Teil 3, hier insbesondere S. 27.

3 Boos-Nünning, Ursula/Karakaşoğlu Yasemin (2005): Familialismus und Individualismus. Zur Bedeutung der Familie in der Erziehung von Mädchen mit Migrationshintergrund. In: Fuhrer, Urs/Uslucan, Haci-Halil (Hrsg.): Familie, Akkulturation und Erziehung. Migration zwischen Eigen- und Fremdkultur. Stuttgart, S. 126–149.

Kontinuität

Verwandtschaftsbeziehungen weisen (nachgewiesen bei Familien mit türkischem Migrationshintergrund) eine bemerkenswerte Kontinuität im Lebensverlauf auf. Zwar machen Familien mit Migrationshintergrund ihre Entscheidungen für einen Wohnort oder ein Stadtviertel nicht von der Nähe der Eltern oder Verwandten abhängig, sondern von der Qualität der Wohnung oder der Wohnumgebung. Nichtsdestotrotz zeigen die Befunde bei Jugendlichen, dass Verwandtschaftsbeziehungen in ihren sozialen Netzwerken eine große Rolle spielen und zwar sowohl bezüglich des Kontakts zu Großeltern, Tanten und Onkeln (auch über weite Entfernung und insbesondere bei Jungen) als auch bezüglich der Geschwisterbeziehungen. Es ist wegen der lebenslangen Kontinuität in den Geschwister- und Verwandtschaftsbeziehungen zu erwarten, dass diese auch dauerhaft als primäre Ressource für die Bildung von sozialem Kapital herangezogen werden können. Auch bei Familien mit anderen Herkunftsnationalitäten stellen soziale Beziehungen zu Verwandten eine zentrale Ressource dar.[4] Die Solidarpotenziale intergenerativer Beziehungen, also die Unterstützungsleistungen im Familienverbund, waren die wichtigste soziale Ressource zur Bewältigung des Eingliederungsprozesses der Eltern und stellen heute noch eine der wichtigsten Ressourcen der Familien mit Migrationshintergrund dar. Vor allem in qualitativen Studien wird die Bedeutung der Familie für die Bildungslaufbahn erfolgreicher junger Menschen mit Migrationshintergrund in den Mittelpunkt gestellt.[5] In diesen Untersuchungen wird die trotz vorübergehender Diskrepanzen und Brüche den beruflichen Aufstieg überdauernde Solidarität beschrieben. Allerdings gibt es auch Untersuchungen, die eine Entfernung der Aufgestiegenen von ihrem Herkunftsmilieu ermitteln.[6]

Solidarität

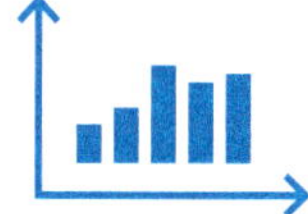

Studie: „Viele Welten leben"

Auch nach den Ergebnissen der Untersuchung „Viele Welten leben", in der Mädchen mit unterschiedlichem Migrationshintergrund verglichen wurden, wird deutlich, wie wichtig die Familie als Hilfe (auch) in schulischen Angelegenheiten ist. Wenn die Familie anderen Instanzen wie Freundschaften und der organisierten Hausaufgabenhilfe gegenüber gestellt wird, wird offen gelegt, dass allein die Familie in 32 % mit Aussiedlungserfahrungen und in 21–25 % der Familien mit anderen Migrationshintergründen die helfende Instanz bei den Hausaufgaben ist. Häufiger kommt es jedoch vor, dass weder ein Familienmitglied oder Freundinnen und Freunde noch professionelle Hilfen genutzt werden können. Bei den Mädchen ist die Zahl derer, die keine Hilfe bekommen, mit 42 % ebenso hoch wie die Zahl der Mädchen, die Unterstützung durch die Familie erhalten. Die Leistung der Familie erschöpft sich aber nicht nur in einer moralischen Unterstützung. Ein Teil ist durchaus bereit, sich finanziell für das schulische Fortkommen ihrer Töchter durch organisierte Hilfe von Dritten einzusetzen. Bei der organisierten Hilfe wird zwischen bezahlter Hausaufgabenhilfe (9 %) und Angeboten von Beratungsstellen oder den Schulen (6 %) unterschieden.[7]

Bildungsgrundlage in Familien

In den Familien – mit Migrationshintergrund wie in deutschen Familien ohne Migrationshintergrund – werden in zweierlei Hinsicht Voraussetzungen für das Lernen des Kindes und damit für eine erfolgreiche Bildungslaufbahn geschaffen: Die Familie stellt erstens das kulturelle und soziale Kapital zur Verfügung, auf dem andere Bildungs-

4 So Nauck (2002), Teil 4, S. 15ff.

5 Vor allem Tepecik, Ebru (2011): Bildungserfolge mit Migrationshintergrund. Biografien bildungserfolgreicher Migrantinnen türkischer Herkunft. Wiesbaden; Ofner, Ulrike Selma (2003): Akademikerinnen türkischer Herkunft. Narrative Interviews mit Töchtern aus zugewanderten Familien. Berlin; Raiser, Ulrich (2007): Erfolgreiche Migranten im deutschen Bildungssystem – es gibt sie doch: Lebensläufe von Bildungsaufsteigern türkischer und griechischer Herkunft. Berlin.

6 So Pott, Andreas (2007): Ethnizität und Raum im Aufstiegsprozess. Eine Untersuchung zum Bildungsaufstieg in der zweiten türkischen Migrantengeneration. Opladen; El-Mafaalani, Aladin (2012): BildungsaufsteigerInnen aus benachteiligten Milieus. Habitustransformation und soziale Mobilität bei Einheimischen und Türkeistämmigen. Wiesbaden.

7 Boos-Nünning, Ursula/Karakaşoğlu, Yasemin (2006): Viele Welten leben. Zur Lebenssituation von Mädchen und jungen Frauen mit Migrationshintergrund. Münster, (2.Aufl.), S.197, S. 199f.

instanzen – vor allem die Kita und die Schule – aufbauen können. In der Familie wird zweitens vor allem bei der Eltern-Kind-Konstellation durch Beziehungsintensität und Bindungserfahrung die Persönlichkeitsentwicklung des Kindes so beeinflusst, dass es zu einer im kognitiven wie im sozialen Bereich „lernfähigen" Person wird. So ist belegt, dass sicher gebundene Kinder sich in kognitiven Anforderungssituationen als emotional und motivational stabiler erweisen.[8]

Familienbindung schafft Ressourcen

Es kann davon ausgegangen werden, dass ein erheblicher Teil der Kinder mit Migrationshintergrund in einem Familienklima aufwächst, das durch Wärme und Zuneigung bestimmt ist, und dass dies eine starke Bindungsfähigkeit des Kindes hervorruft. Es wird in der Fachliteratur hingegen häufig problematisiert, dass die Familien nicht durchgängig über ausreichendes kulturelles und soziales Kapital verfügen, das Lernerfolge der Kinder sichert. Längst nicht alle Haushalte verfügen über Bücher, Lernspiele und Musikinstrumente, und längst nicht alle Eltern mit Migrationshintergrund melden ihre Kinder in Vereinen an oder schaffen ein für das Lernen und die Bildung günstiges Umfeld. Allerdings besitzen Familien mit Migrationshintergrund spezifische Ressourcen und damit besondere Möglichkeiten, den Lernprozess ihrer Kinder zu unterstützen und zu fördern, z.B.

- ist ihr Handeln vom Wunsch nach schulischem Erfolg und beruflichem Aufstieg ihrer Kinder bestimmt. Dieser Gedanke und die damit verbundenen Einstellungen werden in die ganze Familie getragen und den Kindern vermittelt.
- lassen sich in der erweiterten Familie deutlich mehr Helferinnen und Helfer finden und kann aus den Interaktionen zwischen den Familienmitgliedern mehr praktische und emotionale Unterstützung gewonnen werden.
- wird als gemeinsames familiäres Bildungsziel vermittelt, dass sich die Werte und Normen aus der Herkunftskultur der Großeltern und Eltern mit denen „der deutschen Gesellschaft" verbinden lassen. Gleichzeitig soll im Kontext der Familie das aus der Herkunftskultur zu Bewahrende tradiert werden und in die Erziehung und Bildung der Kinder und Enkelkinder einfließen.
- können Familienmitglieder, die selbst eingewandert oder als „Fremde" in Deutschland aufgewachsen sind, ihre biografisch gewonnen Erfahrungen an die Kinder und Enkelkinder weitergeben, indem sie in Form von Geschichten erzählen, vor welchen Herausforderungen sie selbst stehen oder standen und wie sie diese bewältigt haben.
- kann über das Einbringen der Muttersprache der Großeltern und Eltern bei gleichzeitiger Betonung der Wertigkeit des Lernens der deutschen Sprache die Öffnung des Kindes zu beiden (manchmal auch drei) Sprachen und Kulturen unterstützt werden.[9]

Spezifische Unterstützungspotenziale von Familienmitgliedern für die Bildungsförderung der Kinder

Familien mit Migrationshintergrund leben – wie deutsche Familien ohne Migrationshintergrund auch – in einer Kernfamilie, die sich aus Vater und Mutter sowie den minderjährigen Kindern zusammensetzt. Die Großeltern und die ferneren Verwandten wie

8 Siehe dazu den Überblick über die Forschung: Aschersleben, Gina (2008): Der Einfluss der frühen Mutter-Kind-Interaktion auf die sozial-kognitive Entwicklung. In: Brisch, Karl-Heinz/Hellbrügge, Theodor (Hrsg.): Der Säugling – Bindung, Neurobiologie und Gene. Stuttgart, S. 298–312.

9 Für eine intensive Beschäftigung mit diesen Fragen siehe Nauck, Bernhard/Kohlmann, Annette (1998): Verwandtschaft als soziales Kapital – Netzwerkbeziehungen in türkischen Migrantenfamilien. In: Wagner, Michael/Schütze, Yvonne (Hrsg.): Verwandtschaft. Sozialwissenschaftliche Beiträge zu einem vernachlässigten Thema. Stuttgart, S. 203–235.

Onkel und Tanten sowie volljährige Kinder haben eigene Wohnungen und haben sich nur teilweise in räumlicher Nähe niedergelassen. In einigen Bereichen aber lassen sich Besonderheiten herausstellen.

Fachwissenschaftlicher Einschub

Daten des Mikrozensus erlauben es, Besonderheiten von Familien mit Migrationshintergrund zu beschreiben. Bedeutsam für innerfamiliäre Netzwerke sind folgende Sachverhalte:

- Familien mit Migrationshintergrund haben häufiger als deutsche Familien ohne Migrationshintergrund traditionelle Familienbindungen: 84 % der Kinder leben bei einem Elternpaar (allerdings auch 75 % der deutschen Kinder ohne Migrationshintergrund); 13 % der Kinder mit Migrationshintergrund wachsen in einer Ein-Eltern-Familie auf (deutsche Kinder ohne Migrationshintergrund: 19 %) und nur eine Minderheit von 3 % (6 %) in einer nicht ehelichen Lebensgemeinschaft. Die Familienstrukturen der Migrationspopulation mit türkischem Hintergrund sind tendenziell traditioneller: 88 % wachsen bei einem Ehepaar auf (Familien aus dem mittlerem Osten 87 %).
- Eheschließungen erfolgen im Migrationskontext tendenziell häufiger, vor allem bei Personen mit türkischem Migrationshintergrund und altersmäßig früher. So sind auch Mütter mit Migrationshintergrund bei der Geburt des ersten Kindes jünger (Durchschnittsalter 26 Jahre; türkischer Hintergrund 24 Jahre) als deutsche Mütter ohne Migrationshintergrund (28 Jahre). Väter mit Migrationshintergrund leben ebenfalls insgesamt häufiger in jüngerem Alter in einer Familie mit Kindern als deutsche Väter ohne Migrationshintergrund.
- In Haushalten mit Migrationshintergrund leben geringfügig mehr Kinder als in deutschen Haushalten ohne Migrationshintergrund; Familien mit drei oder vier Kindern (bei deutschen Familien ohne Migrationshintergrund in 9 % bzw. 2 %) kommen häufiger vor (13 % bzw. 5 %). Türkische Haushalte mit Migrationshintergrund und Familien aus dem mittleren Osten leben häufiger als andere Einwanderungsgruppen mit drei (21 % vs. 18 %) und vier Kindern (9 % vs. 16 %) im Familienhaushalt.[10]

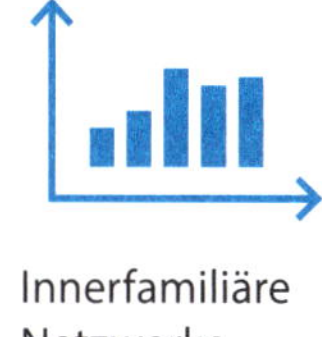

Innerfamiliäre Netzwerke

Heiratsmigration

Für den familiären Kontext und damit für das Aufwachsen von Kindern ist von großer Bedeutung, dass ein zahlenmäßig nicht unerheblicher Teil der Ehen mit einem Partner oder einer Partnerin aus dem Herkunftsland der Eltern oder Großeltern geschlossen wird. Wie verbreitet solche als transnational bezeichnete Ehen sind, lässt sich nicht verlässlich ermitteln. Schätzungen gehen davon aus, dass von den Ehen in der türkischen Gemeinschaft mehr als ein Viertel einem transnationalen Muster folgt.[11] Ob der derzeitige Rückgang an erteilten Visa mit einem Rückgang transnationaler Ehen zusammenhängt, ist unklar. Neben der Türkei, von woher 2006 ca. 5.900 Frauen und ca. 4.300 Männer zum Zwecke der Heirat eingewandert sind, sind weitere quantitativ bedeutsame Herkunftsländer für Heiratsmigranten und -migran-

10 Diese und die folgenden Daten nach BMFSFJ (Bundesministerium für Familie, Senioren, Frauen und Jugend) (Hrsg.) (2009): Der Mikrozensus im Schnittpunkt von Geschlecht und Migration. Möglichkeiten und Grenzen einer sekundäranalytischen Auswertung des Mikrozensus 2005. Baden-Baden.

11 So nach Straßburger, Gaby (2011): Heiratswünsche und Heiratsverhalten der zweiten Generation türkischer Herkunft. In: Fischer, Veronika/Springer, Monika (Hrsg.): Handbuch, Migration und Familie. Grundlagen für die Soziale Arbeit mit Familien. Schwalbach, S. 217–230; hier S. 224f.

tinnen die GUS-Staaten, Serbien, Montenegro sowie Thailand (überwiegend Frauen zu deutschen Ehemännern).

Für die Familien mit Migrationshintergrund in Deutschland bedeutet dieses, dass ein nicht unerheblicher Teil der Kinder einen Elternteil hat, der im Rahmen der Heiratsmigration nach Deutschland eingewandert ist. Von 1996 bis 2006 waren es nahezu 570.000 Personen. Die größte Einzelgruppe kommt zwar aus der Türkei, aber der hohe Anteil an „Sonstigen" weist auf ein sehr großes Spektrum an Herkunftsstaaten hin. Neben möglichen Unterschieden im ethnischen sowie bildungs- und beruflichen Hintergrund, besitzen die Eltern daher einen unterschiedlichen Sozialisationshintergrund.

Als zweite Besonderheit ist zu vermerken, dass ein wahrscheinlich erheblicher Teil der Großeltern endgültig oder zeitweise in ihr Herkunftsland zurückgekehrt ist. Zeitweise bedeutet, dass sie mehrere Monate im Jahr in ihrem Herkunftsland und die anderen Monate in Deutschland verbringen und somit zwei Wohnsitze haben. Sie stehen dann der jungen Familie in Deutschland nur partiell für eine Unterstützung zur Verfügung.

Unterstützungspotenziale von Eltern

Eltern sind die primären Bezugspersonen eines Kindes. Ihnen obliegt nicht nur der Hauptteil der Betreuung und Erziehung in den ersten Lebensjahren, sondern sie sind auch maßgebend dafür verantwortlich, Grundlagen für die Bildung zu legen. Die ersten Monate können anregungsreich oder auch anregungsarm, in emotionaler Wärme oder in emotionaler Kälte verlaufen.

In der öffentlichen Wahrnehmung wird die Familie häufig als Einheit gesehen, es ist aber sinnvoll, zwischen dem Einfluss der Mutter und dem des Vaters zu differenzieren. Im Zwölften Kinder- und Jugendbericht 2005 wird darauf hingewiesen, dass sich die Umgangs- und Verhaltensweisen von Vater und Mutter bezüglich ihrer Söhne einerseits und ihrer Töchter andererseits unterscheiden. Dies wird sowohl mit der gegengeschlechtlichen (Vater/Tochter bzw. Mutter/Sohn) aber auch mit der gleichgeschlechtlichen Beziehungskonstellation begründet,[12] wobei der Ursprung aus den Machtverhältnissen zwischen den Geschlechtern und daraus resultierenden Interaktionen und Zuschreibungen zwischen diesen herzuleiten ist.

Der Beitrag der Mutter

In Deutschland wird die Aufgabe der Erziehung und Bildung des Kindes in den ersten drei Lebensjahren – auch wenn sie aushäusig berufstätig ist – überwiegend von der Mutter wahrgenommen. Damit wird ihr der größte Teil der Verantwortung für das frühe Aufwachsen des Kindes zugewiesen.

Eine qualitative Studie (Befragungen im Dezember 2008 und im März 2009), die Familien mit türkischem Migrationshintergrund und Familien mit Aussiedlungserfahrung aus der ehemaligen Sowjetunion verglich und diese Gruppen mit deutschen Familien ohne Migrationshintergrund in Bezug setzte, bestätigte Ergebnisse früherer Studien. Befragt wurden „Tandems" aus Müttern mit 20–28-jährigen Töchtern und Väter mit 18–26-jährigen Söhnen. Über ethnische Unterschiede hinaus

---

12 Deutscher Bundestag (2005): Bericht über die Lebenssituation junger Menschen und die Leistungen der Kinder- und Jugendhilfe in Deutschland – Zwölfter Kinder- und Jugendbericht und Stellungnahme der Bundesregierung. Berlin, S. 115.

„weisen die befragten Frauen und Männer in ihrem Rollenverständnis und den gelebten Familienmodellen mehr Gemeinsamkeiten als Unterschiede auf. Die Befragten der älteren Generation bevorzugen eine traditionelle Rollenaufteilung zwischen Männern und Frauen in der Familie. Demgegenüber favorisiert die jüngere Generation gleichberechtigte oder zumindest eingeschränkt gleichberechtigte Modelle. Die Studie zeigt, dass es die jeweiligen aktuellen sozialen Rahmenbedingungen sind, die das geschlechtsspezifische Rollenverständnis von Frauen und Männern prägen. Kulturelle Einflüsse und Traditionen der Herkunftsländer spielen eine untergeordnete Rolle für die Gestaltung des eigenen Familienlebens."[13]

Wandel im Rollenverständnis

Junge Frauen und junge Männer haben, was die Aufgabenverteilung im Haushalt und die Berufstätigkeit anbetrifft, häufiger egalitäre Muster als ihre Eltern – gleich ob sie einen Migrationshintergrund besitzen oder nicht. Nach der Geburt des ersten Kindes folgen sie in der alltäglichen Lebensführung häufig dem Modell der (gelegentlichen) männlichen Mithilfe bei der Haus- und Familienarbeit und keinem gleichberechtigten Modell. Junge Frauen sehen den Widerspruch zwischen dem Ideal der gleichberechtigten Rollen und der davon verschiedenen Rollenpraxis – anders als die jungen Männer – kritisch. Gleichberechtigung in der Aufgabenverteilung im Haushalt, das belegen Einzelbeispiele, lässt sich aufrechterhalten, wenn beide Eheleute berufstätig sind und gemeinsam das Familieneinkommen erwirtschaften. Ansonsten kommt es zu der gewohnten (traditionellen) Aufgabenverteilung zwischen den Geschlechtern. Weitaus bedeutsamer als ein Migrationshintergrund ist daher für die innerfamiliale Rollenverteilung die konkrete Familiensituation nach der Eheschließung und insbesondere nach der Geburt des ersten Kindes. Nach der Geburt des zweiten Kindes verfestigen sich die innerfamilialen Rollen.[14]

Frühkindliche Bildung

Für die frühkindliche Bildung leisten Mütter (bei entsprechender Rollenverteilung auch Väter) vor allem folgendes:

- Beziehungsarbeit auch mittels Körperkontakt, Austausch von Blicken und Sprechen mit dem Baby, um eine emotionale Bindung zwischen Kind und Mutter aufzubauen, die ihrerseits Grundlage der Bindungsfähigkeit des Kindes darstellt. Liebe und Vermittlung von Geborgenheit ist so auch nach einer Untersuchung[15] die wichtigste Basis von Erziehung für Eltern (ausdrücklich nicht nur für Mütter).
- Strukturierung des Alltags in der Familie und die Aufstellung oder (bei älteren Kindern) das Aushandeln von Regeln. Es ist günstig für Kinder, wenn es in der Familie geregelte Abläufe wie z.B. Esszeiten und Zeit für Hausaufgaben und Schlafzeiten gibt, aber auch Zeit zum Vorlesen, Spielen, Sport, Fernsehen u.a. Je älter das Kind ist, desto mehr selbst strukturierter und gestalteter Zeiträume bedarf es, in denen es sich selbst erproben. Sie sind sinnvoll und müssen zur Verfügung stehen.

Die Mutter, von der angenommen wird, dass sie – wie es der häufigen Rollenverteilung entspricht – in den ersten Lebensjahren des Kindes zu Hause ist und einen großen Teil

13 MGEPA (Ministerium für Gesundheit, Emanzipation, Pflege und Alter des Landes Nordrhein-Westfalen)/BMFSFJ (Bundesministerium für Familie, Senioren, Frauen und Jugend) (2010): Die Rolle annehmen? In der Rolle bleiben? Neue Rolle leben? Einstellungen und Vorstellungen von Frauen und Männern mit und ohne Zuwanderungsgeschichte zur Gleichberechtigung. Düsseldorf/Berlin; hier S. 8.

14 Fthenakis, Wassilios E. (2010): „Werte-Wandel in Familie und Paarbeziehungen – die makro- und mikrosoziale Ebene des Wandels der Geschlechter". In: FUMA Fachstelle Gender NRW (Hrsg.): Geschlechterrollen im Wandel gesellschaftlicher Prozesse – Chancen und Anforderungen für Mädchen und Jungen, S. 34–52, S. 43f.

15 Farrokhzad, Scharzad u.a. (2011): Verschieden – Gleich – Anders? Geschlechterarrangements im intergenerativen und interkulturellen Vergleich. Wiesbaden; hier S. 156.

Sozialisation des Kindes

des Tages mit dem Kind oder den Kindern verbringt, hat in Familien mit Migrationshintergrund zwar nicht die alleinige, aber eine besondere Verantwortung für die sprachliche und (inter-)kulturelle Sozialisation des Kindes. Je nachdem, für welches Sprachkonzept sich die Familie entschieden hat,[16] ist sie Vermittlerin der Herkunftssprache oder der deutschen Sprache oder – wahrscheinlich seltener – sie verwendet beide Sprachen parallel. Wichtig ist, dass sie in Anwesenheit des Kindes viel spricht – und zwar in der Sprache, die sie am besten beherrscht und zu der sie eine emotionale Bindung hat. Jedes Zusammensein mit dem Kind und jede Handlung bietet Sprechanlässe: Windelwechsel, Stillen oder Füttern, Hinzukommen einer neuen Person u.a.m. Auch Lieder oder Reime können vorgetragen werden. Später kommen das Erklären von Bilderbüchern und noch später das Vorlesen hinzu.

Werte und Rituale

Auch das Nahebringen von kulturellen Mustern, wie Begrüßungsformen, Verzehr oder Nicht-Verzehr von bestimmten Lebensmitteln, Umgang innerhalb und zwischen den Geschlechtern u.a., wird in den ersten Lebensjahren überwiegend der Mutter zugeschrieben. Hinter den erwarteten Verhaltensformen und Ritualen stehen Werte, die in diesem Zusammenhang vermittelt werden. So ist z.B. das heute noch häufig praktizierte Begrüßungsritual, bezogen auf die Großeltern, den Onkel oder die Tante, Ausdruck von „Respekt vor älteren Familienmitgliedern" oder Älteren allgemein. Wie für die Vermittlung von Sprache(n) ausgeführt, gilt auch hier der Grundsatz, dass die Mutter ihrem Kind die kulturellen Formen und Werte nahebringen sollte, die sie kennt und schätzt. Sie sollte es jedoch vermeiden, eine der beiden Kulturen negativ zu bewerten oder von Dritten negativ bewerten zu lassen. Vielmehr ist sie aufgefordert, dem jüngeren Kind zu vermitteln und dem älteren Kind zu erklären, wann es gegebenenfalls unterschiedliche Werte und Verhaltensmuster gibt und wie mit unterschiedlichen Anforderungen umgegangen werden kann. Vor allem kann die Mutter das Kind ermuntern, sich den Erwartungshaltungen aus der einen wie aus der anderen kulturellen Wertvorstellung und Praxis nicht zu verschließen, sondern beide ernst zu nehmen und sich mit ihnen auseinanderzusetzen. Dadurch wird der Aufbau einer Persönlichkeit vorbereitet, die nicht nur unterschiedliche Anforderungen an ihre Person wahrzunehmen vermag, sondern darüber hinaus flexibel damit umzugehen versteht.

Der Beitrag des Vaters

Die Diskussion um die Rolle des Vaters in den Familien wird, was die Zahl der Veröffentlichungen anbetrifft, immer bedeutsamer und ausdifferenzierter, oft verbunden mit dem Wunsch oder der Forderung nach einem neuen Vatertyp. Wenig untersucht ist der Einfluss des Väterverhaltens auf die Entwicklung des Kindes und auf seinen Beitrag zum Lernen und zur Bildung. Noch weniger gesichertes Wissen gibt es über die Rolle des Vaters in Familien mit Migrationshintergrund und hier die Bedeutung des Vaters für die Bildung der Kinder. Untersuchungsergebnisse zu Familien mit türkischem Migrationshintergrund bieten Hinweise darauf, dass die kognitive Entwicklung des Kindes – obwohl die Mütter dem Kind am meisten vorlesen – mit dem Leseverhalten des Vaters zusammenhängt. Allerdings könnte die eigentliche Ursache auch das Bildungsniveau und die bessere finanzielle Ausstattung der Familie sein.[17] Vor allem bei einer tendenziell traditionellen Rollenaufteilung in der Familie kann der Vater andere Fähigkeiten

16 Siehe hier den Text im Modul 1, Thema 2: Sprache(n) – Entwicklung und Zweisprachigkeit in den ersten Lebensjahren mit einem Ausblick auf den Erwerb Schriftsprache.

17 Zum Stand der Diskussion bis 2002 siehe Fthenakis, Wassilios E./Minsel, Beate (2002): Die Rolle des Vaters in den Familien. Bundesministerium für Familie, Senioren, Frauen und Jugend. Stuttgart/Berlin/Köln; danach Jurczyk, Karin/Lange Andreas (2010): Vaterwerden und Vatersein heute. Neue Wege – neue Chancen! Bielefeld.

und andere Unterstützungspotenziale für die Bildung als die Mutter einbringen. Väter können z.B. die umweltbezogene Explorationsfähigkeit und -freude der Kinder anregen, indem sie „riskantere" Spiele einführen.[18] Festzuhalten ist auch, dass der Vater eine wichtige Identifikationsfigur für den Sohn als zukünftigen Mann darstellt und für die Tochter die ersten Kontakte und Beziehungsformen zum anderen Geschlecht bietet. Daher hat nicht nur die Mutter, sondern auch der Vater eine bedeutsame Funktion bei der Entwicklung der geschlechtlichen Identität von Jungen und von Mädchen.

Exploration, Spiel und Identität

Ein neuer Vatertyp?

Die Ansprüche, die heute resultierend aus der Verwirklichung eines modernen Vaterbildes an Männer mit Migrationshintergrund gestellt werden, sind groß. Sie verlangen eine aktive und engagierte Beteiligung an der Erziehung und Bildung der Kinder. Neben der Reflexion von Männlichkeitskonzepten und der Auseinandersetzung mit den eigenen Barrieren wird vom Mann und Vater erwartet, dass er sich in Erziehungsfragen engagiert und an Weiterbildung in diesem Bereich interessiert ist. Alle Projekte, die Erziehungskompetenzen von Eltern stärken, wollen implizit oder explizit die Väter einbeziehen und benennen – falls sie Probleme offen ansprechen – die Schwierigkeit, Väter zu erreichen.

Zeit und Interaktion

Konkret geht es darum, den Vater zu gewinnen,

- seinen (spezifischen Part) in der Beziehungsarbeit – gemeinsam mit seiner Frau und Partnerin – mit dem Kind zu leisten und von Geburt an durch Körperkontakte und Sprechen eine Verbindung aufzubauen;
- Zeit für das Kind oder die Kinder zu reservieren. Befragungen von Jungen mit (türkischem) Migrationshintergrund belegen, dass sie sich ihre Väter präsenter in ihrem Alltag gewünscht hätten;[19]
- auf der einen Seite Aktivitäten mit dem Kind oder den Kindern alleine durchzuführen, auf der anderen Seite insbesondere in der arbeitsfreien Zeit am Wochenende bildungsaffine Aktivitäten mit der gesamten Familie zu planen (wie z.B. einen Zoobesuch, den Besuch eines Museums oder eines Kindertheaters), eventuell unter Einbindung weiterer Familienmitglieder;
- mit dem Kind über seine positiven und negativen Erlebnisse in den Bildungseinrichtungen zu sprechen, vor allem über die Erfahrungen in der Schule,
- mit dem Kind in der Sprache zu sprechen, zu erzählen und vorzulesen, die bei manchen Familien die Mutter weniger gut beherrscht und z.B. dem Kind die Abendgeschichte in der Muttersprache oder aber in Deutsch vorzulesen (migrationsspezifisch);
- mit der Mutter zusammen an den Elternversammlungen der Bildungseinrichtungen teilzunehmen und sich selbst zu engagieren (z.B. als Klassenpflegschaftsvorsitzender) oder seine Frau in eher konservativen Geschlechterbeziehungen zu ermutigen, sich für solche Funktionen zur Verfügung zu stellen.

Vätern können noch weitere Aufgaben zugeschrieben werden. Falls einseitig bei der Mutter Sprachbarrieren existieren, sind sie es, die die Welt von außen, des Wohnviertels und der Gesellschaft in die Familie bringen und so die Erlebnisse und Erfahrungen den Kindern – auch aus deutschen Medien – kommentieren und einordnen helfen.

18 So: Uslucan, Haci-Halil (2011): Väter mit Migrationshintergrund. Kindheit, Familie und Erziehung: Zentrale Themen bei Familien mit Migrationshintergrund. In: Ministerium für Arbeit, Integration und Soziales NRW: Väter mit Migrationshintergrund. Düsseldorf, S 6–7; hier S. 7.

19 Z.B. Mertol, Birol (2008): Männlichkeitsbilder von Jungen mit türkischem Migrationshintergrund. Ansätze interkultureller Jugendarbeit. Berlin; hier S. 160ff.; Koch-Priewe, u.a. (2009): Jungen – Sorgenkinder oder Sieger? Ergebnisse einer quantitativen Studie und ihre pädagogischen Implikationen. Wiesbaden; hier S. 74ff.; Leyendecker, Birgit (2011): Sozialisation und Erziehung – der Stellenwert der Familie. In: Fischer, Veronika/Springer, Monika (Hrsg.): Handbuch Migration und Familie. Schwalbach/Ts., S. 240–249; hier S. 247.

Unterstützungspotenziale von (älteren) Geschwistern

Nähe und Vorbildfunktion

Ältere Geschwister – Brüder wie Schwestern – haben aufgrund ihrer eigenen Erfahrungen und wegen ihrer altersmäßigen Nähe besonders gute Möglichkeiten, ihre jüngeren Geschwister zu unterstützen. In traditionellen Familien genießen sie zudem aufgrund ihrer sozialen Rolle bei den Jüngeren hohes Ansehen – so gibt es in der türkischen Sprache spezielle Begriffe für den älteren Bruder (abi) und die ältere Schwester (abla). Auch der jüngere Bruder und die jüngere Schwester werden spezifisch benannt. Die Beziehung zwischen den Geschwistern wird asymmetrisch verstanden und fordert Respekt (vor den Älteren) sowie Schutz, Liebe und Zuneigung (für die Jüngeren).

In wenigen Untersuchungen wird auf den Anteil der Geschwister an einer erfolgreichen Bildungslaufbahn eingegangen. Ältere Geschwister können bei den Hausaufgaben oder bei schulischen Lücken unterstützend wirken und im Zusammenhang mit Übergängen beraten, aber auch als Vorbild dienen. Eine weitere Bedeutung können sie als Vermittlerinnen und Vermittler zwischen den Leistungserwartungen der Eltern und den Bedürfnissen der jüngeren Geschwister haben.[20] Zu einem Teil leisten ältere Geschwister die von ihnen erwartete Hilfe. So geben in einer früheren Untersuchung mehr als ein Fünftel der Töchter und Söhne in Familien mit einem türkischem Migrationshintergrund an, dass sie von dem Bruder oder der Schwester Hilfe erhalten haben, über 40 % nennen eigene Hilfeleistungen für ihre Geschwister. Wird nur berücksichtigt, von wem Jugendliche Hilfe erhalten haben, so stehen bei den Jungen in der Familie die Geschwister und hier wiederum mit 33 % die Schwestern an erster Stelle, dicht gefolgt von der deutschen Freundin/Nachbarin/Schulkameradin. Von den Mädchen nennen 20 % den Bruder und ebenso viele die Schwester, gefolgt vom türkischen Freund/Nachbar/Schulkamerad mit 18 %.[21] Andere Befragungen zu elterlichen Erwartungen an Söhne und Töchter im Hinblick auf Hilfeleistungen (hier fokussiert auf „jüngere Geschwister in der Schullaufbahn zu unterstützen“) machen deutlich, dass geschlechtsspezifisch Mütter mit griechischem, italienischem, türkischem und vietnamesischem Migrationshintergrund mehr ihre Söhne als Töchter für diesen Bereich zuständig sehen. Jedoch variieren die Zahlen von 38,9 % (Zustimmung italienische Mütter) bis 71,9 % (Zustimmung vietnamesische Mütter). Bei den Vätern verhält sich die Erwartungshaltung ähnlich wie bei Müttern. Ausgenommen sind Väter mit türkischem Migrationshintergrund, die die Unterstützung der jüngeren Geschwister in der Schullaufbahn eher den Töchtern (50,2 %) als den Söhnen (39 %) zuschreiben.[22] Aus den Zahlen wird die Bedeutung der Geschwisterunterstützung – insbesondere bei bildungsorientierten Aufgaben – für alle Eltern mit Migrationshintergrund deutlich. Dies wird auch in einer später durchgeführten repräsentativen Befragung aus Perspektive von jungen Frauen mit Migrationshintergrund im Hinblick auf die Rolle der Geschwister als Unterstützende im Hausaufgabenbereich deutlich.[23] Die Ergebnisse aller Untersuchungen bestätigen den Stellenwert der Geschwister für die Bildungsunterstützung im schulischen Bereich sehr deutlich und weisen darauf hin, dass eine stärkere Aktivierung von Hilfeleistungen weiterer Familienangehöriger positive Auswirkungen auf die Bildungsprozesse haben kann.

Lernhilfe durch Geschwister

20 Zu der Bedeutung von Geschwistern siehe Tepecik, Ebru (2011): Bildungserfolge mit Migrationshintergrund. Biografien bildungserfolgreicher MigrantInnen türkischer Herkunft. Wiesbaden; hier S. 270–280.

21 Nauck, Bernhard (2002): Solidarpotenziale von Migrationsfamilien. Expertise [Electronic ed.] – Bonn: FES Library, http://library.fes.de/fulltext/asfo/01389toc.htm, S. 1 [Zugriff am 23.07.2014].

22 Sachverständigenkommission 6. Familienbericht 2000 (Hrsg.): Materialien zum 6. Familienbericht. Familien ausländischer Herkunft in Deutschland. Empirische Beiträge zur Familienentwicklung und Akkulturation. Opladen. S. 368.

23 Siehe Boos-Nünning, Ursula/Karakaşoğlu, Yasemin (2006): Viele Welten leben. Zur Lebenssituation von Mädchen und jungen Frauen mit Migrationshintergrund. Münster, S. 128f.

Im Hinblick auf die Übernahme von Aufgaben älterer Geschwister gilt es, Eltern zu sensibilisieren, den Kindern angemessene altersgemäße Aufgaben zu übertragen. So würde es z.B. einen achtjährigen Bruder überfordern, wenn er die Aufgabe bekäme, sich um seinen vierjährigen Bruder allein über mehrere Stunden zu kümmern. Eltern können und sollen ihre Kinder ermutigen, ihrem Alter entsprechend hin und wieder verantwortungsvolle Aufgaben zu übernehmen. Fördernd (im Sinne von motivierend) und wertschätzend wäre es z.B., wenn Eltern (Vater und Mutter) oder andere Familienmitglieder bei der Durchführung von Hausaufgaben anwesend sind und sich – sofern es geht – beteiligen würden.

Unterstützungspotenziale von Großeltern

Betreuungsintensität

Großeltern werden relativ selten im Zusammenhang mit der Bildung von Kindern mit Migrationshintergrund genannt. Dabei können sie neben den Eltern und Geschwistern Aufgaben übernehmen, die den Bildungsprozess der Kinder unterstützen. Betreuungshäufigkeit und Umfang der Betreuungsleistung hängen nach einer Untersuchung in Baden-Württemberg mit der Wohnentfernung[24] zusammen. Weite Entfernungen schränken zwar die Betreuungshäufigkeit ein; jedoch muss aber die Qualität nicht darunter leiden, wenn Großeltern sensibilisiert werden können, ihre Betreuung – und damit bildungsfördernde Einheiten – effektiv zu gestalten. Aus einer vergleichenden Studie mit Großmüttern der deutschen Mittelschicht sowie Großmüttern mit türkischem Migrationshintergrund mit niedrigem sozioökonomischem Status im Hinblick auf ihre Rolle und Erziehungsverantwortung für bis zu fünfjährige Enkelkinder wird deutlich, dass türkische Großmütter mehr an der Erziehung ihrer Enkelkinder teilhaben.[25] Einer weiteren Untersuchung zufolge unterstützen Großmütter mit türkischem Migrationshintergrund Mütter vor allem beim Baden, Wickeln und Kochen, während deutsche Großmütter mit den Enkelkindern mehr Ausflüge machen und ins Kino, Theater und Museum gehen.[26]

In der Bereitschaft der Großmütter und – nicht untersucht – auch der Großväter, die Enkelkinder in der Bildung unterstützen, und getragen von den meistens engen familialen Beziehungen zwischen Großeltern, Eltern und Enkelkindern (intergenerative Beziehungen) können Ressourcen gewonnen werden. Es gilt, die Lebens-, Berufs- und Migrationserfahrungen der Großeltern an die Enkelkinder weiterzugeben. Konkrete Ressourcen von Großeltern, die sich positiv auf die Enkelkinder auswirken können, sind z.B.

Aufgaben

- die Rolle als Vermittelnde zwischen Eltern und Kindern bei Konflikten (neutrale und distanzierte Positionen) zu übernehmen;
- emotionale und soziale Unterstützung (als Zuhörende und Ratgebende) zu bieten, um dadurch das Selbstwertgefühl und das Selbstbewusstsein der Enkelkinder durch Zuspruch und motivierende Gespräche zu stärken;

---

24 Hohe Wohnentfernungen betreffen z.B. laut Ergebnissen des Beziehungs- und Familienpanels pairfam Baden-Württemberg 2011 häufiger Personen mit Migrationshintergrund. 36 % der Erwachsenen mit Kindern und Migrationshintergrund leben demnach weiter als eine Stunde von den eigenen Eltern entfernt (ohne Migrationshintergrund 23 %). Vgl. Ministerium für Arbeit und Sozialordnung, Familie, Frauen und Senioren Baden-Württemberg (2012): Generationenbeziehungen: Kinder-Eltern-Großeltern, S. 5.

25 Vgl. Lamm, Bettina/Teiser, Johanna (2013): Intergenerationeller Wandel. In: Jüttemann, Gerd (Hrsg.): Die Entwicklung der Psyche in der Geschichte der Menschheit. Lengerich/Berlin/Bremen u.a., S. 159.

26 Vgl. Spiewak, Martin (2011): http://www.zeit.de/2011/52/Grosseltern/seite-3 (Die Zeit, Nr. 52/2011).

- zu gemeinsamen (Bildungs-)Ausflügen und spielerischen Aktivitäten zu animieren, die Bildungsthemen auf andere Weise nahebringen.

Aufgaben von Großeltern mit Migrationshintergrund

Dieses Aufgabenspektrum obliegt auch deutschen Großeltern. Für Großeltern mit Migrationshintergrund kommen spezifische Aufgabenbereiche hinzu:
- die biografischen Lebenserfahrungen (Wissen zu schulischen, beruflichen und Alltags-Erfahrungen) durch Gespräche und Geschichten auf die Enkelkinder zu übertragen;
- die Muttersprache der Großeltern und Eltern durch Erzählen und Vorlesen von Kinderbüchern wie auch das gemeinsame Anschauen von Kindersendungen in dieser Sprache zu vermitteln;
- Wertvorstellungen, durch welche Kinder familiale und herkunftsorientierte Werte und Traditionen erlernen und umsetzen können, damit die Nähe zur Herkunftskultur erhalten bleibt, weiterzugeben, um das Aufwachsen in mehreren Kulturen zu fördern;
- Inhalte der eigenen Religion durch Geschichten und Erzählungen zu vermitteln.

Für die Aktivierung der oben genannten Ressourcen der Großeltern müssen Eltern und Großeltern ein Bewusstsein dafür entwickeln, was die Großeltern leisten können und wollen. Dazu bedarf es gemeinsamer Absprachen, um den Anteil der Großeltern am Alltag der Familie festzulegen.

Lernfördernde Aktivitäten im Familienkontext

Bei der Darstellung der Unterstützungspotenziale der einzelnen Familienmitglieder wurden verschiedene Aktivitäten angeführt, durch die die Familie das Kind in seinem Lernprozess unterstützen kann. Nunmehr sollen nicht die Personen, sondern die Ressourcen im Mittelpunkt stehen, die innerhalb der Familie je nach konkreter Konstellation von unterschiedlichen Personen eingebracht werden können.

1. Zeit für das Lernen mit Kindern

Zeit, die von den Familienmitgliedern speziell für die Kinderbetreuung und Pflege des Nachwuchses aufgewendet wird, ist relativ knapp – zumindest nach der letzten Zeitbudgeterhebung in Deutschland 2001/2002.[27] Das Lernen und die Bildung von Kindern in Form von Erzählen und Erklären werden nicht als etwas Besonderes erhoben. Zeit für den Beruf, die Hausarbeit und die Freizeit bestimmt den Alltag der Familien. In Familien mit Klein- und Schulkindern steigt die Notwendigkeit von Zeitarrangements; verstärkt mit der Erwerbstätigkeit beider Elternteile und mit einer größeren Zahl an Kindern. Von den älteren Geschwistern oder den Großeltern eingebrachte Zeit wird selten berücksichtigt. Zeit für Bildung heißt, dass (Zeit-)Räume für die aktive Auseinandersetzung mit dem Kind – sei es im Spiel, in Gesprächen oder bei gemeinsamen anderen Aktivitäten – eröffnet werden und sich die Konzentration ausschließlich auf das Kind richtet. Je nach beruflicher Eingebundenheit wird es unterschiedliche Zeitfenster geben, die zur Verfügung stehen. Wichtiger in diesem Zusammenhang ist nicht die Quantität, son-

27 Bundesministerium für Familie, Senioren, Frauen und Jugend (2012) (Hrsg.): Zeit für Familie. Familienzeitpolitik als Chance einer nachhaltigen Familienpolitik. Achter Familienbericht. Berlin, S. 23f., S. 68ff., S. 130f.

dern die Qualität der zur Verfügung stehenden Zeit. Wenn nur wenige Zeitressourcen von Seiten der Elternteile vorhanden sind, sollte die wertvolle Zeit gut genutzt werden.[28]

2. Aktive Beschäftigung mit dem Kind

Über das gemeinsame Spielen mit einem oder mehreren Familienmitgliedern bekommt das Kind bereits im Kleinkindalter motorische und kognitive Anregungen. Es lernt z.B., Gegenstände mithilfe der Hand-Auge-Koordination zu (be-)greifen oder physikalische Eigenschaften (der Bauklotz fällt auf den Boden, wenn er fallen gelassen wird) in immer wiederkehrenden (unzähligen) Abläufen zu beobachten. Zudem wird die Sprache (Zuordnungen von Begriffen zu Gegenständen) von Kleinkindern aktiviert, wenn Eltern/Familienmitglieder sich während des Spielens aktiv kommunizierend dem Kind zuwenden. Bei älteren Kindern kann über das Spielen und Experimentieren in tiefere thematische Zusammenhänge eingetaucht und z.B. über fachspezifische Wörter der Wortschatz des Kindes erweitert werden. Auch können Lernspiele eingeführt werden, oder Unterhaltungsspiele können Lernen im kognitiven oder sozialen Bereich unterstützen.

3. Vorlesen und Anschauen von (Bilder-)Büchern

Das Anschauen, das Vorlesen oder das gemeinsame Lesen von Büchern, die dem Alter des Kindes entsprechen, trägt ebenfalls dazu bei, Lernen und Bildung in den Tagesablauf der Familie einzuführen. Je nach ihren eigenen Sprachkompetenzen und nach dem Sprachkonzept der Familie können die einzelnen Familienmitglieder beim Sprechen über die Bilderbücher oder beim Vorlesen die Muttersprache oder auch die deutsche Sprache wählen. Wenn die simultane Zweisprachigkeit das gewählte Sprachlernkonzept ist, helfen zweisprachige Kinderbücher dem Kind, beide Sprachen gleichzeitig zu lernen. Familienmitglieder, die beide Sprachen beherrschen, werden dem Kind nicht nur Kompetenzen vermitteln, sondern auch Vorstellungen über die Wertigkeit von Zweisprachigkeit vermitteln. Wichtig ist das Wiederholen von Geschichten und Vorgelesenem.

Einen Aspekt für die Förderung des Leseinteresses bei älteren Kindern können die Themen der Bücher bilden. Wie aktuelle Diskussionen zeigen, gibt es neben vielen Gemeinsamkeiten auch unterschiedliche geschlechtertypische[29] Interessensbereiche bei Mädchen und Jungen, die in den ersten Sozialisationsinstanzen (Familie, Kita, Grundschule) u.a. durch geschlechterstereotype Erziehung und (unbewusste) Verhaltensweisen sowie unterschiedliche Erwartungshaltungen von Seiten Erwachsener an Mädchen und Jungen entstehen. Geschlechtertypische Interessen von Jungen sind fokussiert auf Bilder von Männlichkeit. Hier können z.B. Comics, Fantasygeschichten oder Abenteuerbücher der Entwicklung des Leseinteresses dienen.[30] Jedoch soll ausdrücklich angemerkt werden, dass hierdurch auch die Gefahr besteht, geschlechterstereotype Rollenbilder (Männer müssen stark, durchsetzungsfähig, leistungsorientiert u.a. sein) zu re-produzieren. Entsprechend gibt es bei Mädchen Interessen, die angelehnt sein können an Bilder von Weiblichkeit. Hierzu dienen Bücher, die sich z.B. mit Beziehungs-, Tier- und Liebes-

28 Siehe hierzu auch BMFSFJ (2013): Politischer Bericht zur Gesamtevaluation der ehe- und familienbezogenen Leistungen: http://www.bmfsfj.de/RedaktionBMFSFJ/Abteilung2/Pdf-Anlagen/familienbezogene-leistungen,property=pdf,bereich=bmfsfj,sprache=de,rwb=true.pdf, S. 15.

29 Der Begriff bezieht sich auf Sachverhalte, Eigenschaften und Verhaltensweisen, die für die Geschlechter entweder typisch sind (im Sinne eines häufigeren Auftretens, das empirisch überprüfbar ist), oder die ihnen typischerweise zugeschrieben werden (Geschlechterstereotype). Siehe hierzu: Rohrmann, Tim (2012): Starke Mädchen – starke Jungen! Geschlechterbewusste Pädagogik als Schlüssel für Bildungsprozesse in der Kita. Ausgabe NRW. Praxishandreichung für Fachkräfte in Kindertageseinrichtungen – im Auftrag des SFBB, 5. Auflage, S. 8.

30 Vgl. z.B. Gesterkamp, Thomas (2009): Krise der Jungen, Krise der Kerle? In: Cwik, Gabriele (Hrsg.): Jungen besser fördern. Denkanstöße, Praxisideen. Für die Klassen 1–4, S. 10–19; hier S. 13.

geschichten beschäftigen.[31] Jenseits von geschlechtertypischen Interessen sollten Eltern, Großeltern und Geschwister darauf achten, dass sie trotz des Eingehens auf spezifische Interessen und Vorlieben ein breites Interesse bei ihren Kindern fördern. Falls Familienmitglieder nicht gerne vorlesen, können sie auch Erzählungen über Hörspiele vermitteln. Es wäre gut, wenn das Kind nicht mit dem Gehörten alleine gelassen wird, sondern wenn die Geschichten gemeinsam angehört werden und mit dem Kind über sie gesprochen wird. Auch wählt das Familienmitglied die Sprache, bei älteren Kindern unter Berücksichtigung ihrer Wünsche.

4. Gemeinsame Beschäftigung mit Musik

Familienmitglieder können einen Zugang zu Kindern über gemeinsam gehörte oder gesungene Lieder finden. CDs mit Kinderliedern stehen in vielen Sprachen zur Verfügung. Diese, aber auch andere Musikstücke, sind geeignet, den Kindern Elemente der Kulturen der Großeltern (und Eltern) vorzustellen. Sprache in Verbindung mit rhythmischen Bewegungen und mit Musik, so in Liedern und Reimen, haben eine positive Wirkung auf die Sprachkompetenz.

Leseempfehlung

Tepecik, Ebru (2011): Migrationshintergrund – und doch erfolgreich: Die Bedeutung von familialen Ressourcen im Bildungsaufstieg. Heinrich-Böll-Stiftung. Heimatkunde. Migrationspolitisches Portal http://heimatkunde.boell.de/2011/12/01/migrationshintergrund-und-doch-erfolgreich- [Zugriff am 16.07.2014].

31 Vgl. Holzmann-Witschas, Dagmar (o.J.): Geschlechtersensible Leseförderung, S. 2 oder mit Blick auf geschlechtertypische Themeninteressen: Kim Studie 2008, S. 24.

3.2 Didaktische Vorschläge

Erster Vorschlag: Erstellung eines Zeitbudgets

Wieviel Zeit wurde in der vergangenen Woche mit welchen Tätigkeiten mit dem Kind verbracht? (in Minuten)

Name des Kindes

	Vater	Mutter	Großvater	Großmutter	Geschwister
Körperpflege und Beaufsichtigung					
Hausaufgabenbetreuung					
Vorlesen					
Spielen/Basteln					
Gespräche					
Singen/Musizieren					
Mit dem Kind schmusen					
Gemeinsames Fernsehen					
Gemeinsames Spielen am Computer					
Andere Tätigkeiten					

Wo fanden Aktivitäten mit dem Kind außerhalb der Wohnung/des Hauses statt? Welche waren es?

	Vater	Mutter	Großvater	Großmutter	Geschwister
Kinobesuch/ Theater/Konzerte					
Bibliothekbesuch					
Besuch von Sportstätten					
Ausflüge					
Ausgehen (Eiscafé …)					
Sport (auch Schwimmen)					
Kind zur Kita/Schule begleiten					
Sonstiges					

Die Listen können im Elternseminar besprochen werden.

Zweiter Vorschlag: Planung für eine Unterstützung des Kindes: Wer kann was übernehmen?

	Mutter	Vater	Großeltern	Geschwister
Lernspiele				
In der Muttersprache erzählen				
In deutscher Sprache erzählen				
In der Muttersprache vorlesen				
In deutscher Sprache vorlesen				
Hausaufgabenbetreuung				
Spielen/Basteln				
Singen/Musizieren in der Muttersprache				
Singen/Musizieren in deutscher oder anderer Sprache				
Gemeinsames Fernsehen in der Muttersprache				
Gemeinsames Fernsehen in deutscher Sprache				
Gemeinsames Spielen am Computer				
Sport				
Vermittlung religiöser Inhalte				
Vermittlung von Wissen über das Herkunftsland der Großeltern (bzw. der Eltern oder eines Elternteils)				
Kind zur Kita/Schule begleiten				
Andere Tätigkeiten				

3.3 Quellen/Materialien zur Weitergabe an Eltern

Informationen über zwei- und mehrsprachige Kinderbücher insbesondere bei

- Elmar und seine Freunde (Deutsch-Türkisch) von McKee, D.
- „Die kleine Raupe Nimmersatt" von Carle, E. (Türkisch, Russisch, Englisch, Spanisch)
- „Leyla und Linda feiern Ramadan" von Gürz Abay, A./Demirtaş, S. (Deutsch-Türkisch) Talisa-verlag
- „Mein allererstes Wörterbuch Türkisch-Deutsch-Türkisch" vom Otus-Verlag
- „Das kleine Museum" von LeSaux, A./Solotareff, G. Moritz Verlag. (Deutsch-Englisch-Französisch-Spanisch-Türkisch)
- „Reise in die Zauberwelt" von Albersdörfer, H. (Deutsch-Englisch, Deutsch-Französisch, Deutsch-Italienisch, Deutsch-Spanisch, Deutsch-Türkisch, Deutsch-Griechisch)
- „Rund um mein Haus" von Albersdörfer, H. (Deutsch Englisch, Deutsch-Französisch, Deutsch-Italienisch, Deutsch-Spanisch, Deutsch-Türkisch, Deutsch-Griechisch, Deutsch-Russisch) Edition bilibri.
- „1,2,3, im Kindergarten" von Dinter, I./Böse, S. (Deutsch-Türkisch, Deutsch-Russisch, Deutsch-Italienisch, Deutsch-Griechisch, Deutsch-Spanisch, Deutsch-Englisch, Deutsch-Französisch)
- Weitere Bücher vom Anadolu Verlag (Kinderbücher, Deutsch, Russisch, Türkisch, Arabisch, etc.).
  z.B. „Hallo, liebe Maus! Zu Hause. Ein Sprachlern-Bilderbuch ab 2 Jahren" von Engin, H., Redding-Korn, B./ Weiß, B., Anadolu Verlag, 2012.
  „Mein zweisprachiges Aufdeckspiel: Obst und Gemüse. Spiel zur Sprachförderung" von Celik, T. und Isik, S. (Deutsch-Arabisch, Deutsch-Türkisch, Deutsch-Englisch, Deutsch-Russisch, Deutsch-Polnisch)
- Weitere Bücher des Kinderbuch-Verlags Talisa (Kinderbücher in 8 Sprachen)

Vorurteilsbewusste Kinderbücher

- Bücherkiste für Kinder von 0-3 Jahren
  http://www.situationsansatz.de/files/texte%20ista/fachstelle%20kinderwelten/kiwe%20pdf/KIWE%20Buecher%20Handr_2014_0%20bis%203.pdf
- Bücherkiste für Kinder von 3-6 Jahren
  http://www.situationsansatz.de/files/texte%20ista/fachstelle%20kinderwelten/kiwe%20pdf/Handreichung1_2014_3%20bis%206.pdf
- Bücherkiste für Grundschulkinder von 6-9 Jahren
  http://www.situationsansatz.de/files/texte%20ista/fachstelle%20kinderwelten/kiwe%20pdf/Handreichung1_2014_3%20bis%206.pdf
- Weitere empfehlenswerte Bücher aus der Kategorie „Vorurteilsbewusste Bücher"
  http://www.situationsansatz.de/files/texte%20ista/fachstelle%20kinderwelten/kiwe%20pdf/KINDERWELTEN%20...%20noch%20mehr%20Kinderbuecher%20 2014_3%20bis%206.pdf

Weitere Materialien

- Interkulturelle Väterarbeit NRW Väter mit Migrationshintergrund. Film „Mein Papa ist cool!"
- „Die Papa-Liste" literarisch – amüsant – informativ
  300 Bücher-Tipps und andere Medien für aktive Väter und Großväter: Damit die neuen Väter von Anfang an das richtige Buch (vor-)lesen
  http://www.vaeterbildung.de/images/doc/papa-liste_vatertag_2013.pdf

Informationen über Tonträger kimuk.de – Das Musikkinderkaufhaus und Hörbücher/Hörspiele und Kinderlieder auf Türkisch

- Keloğlan masalları. Beziehbar über www.amazon.de
- Sincapkardes masal dizisi 1. Von Müşvik Kenter. Beziehbar über www.turkkitap.de
- Altın çocuklara şarkılar ve masallar. Von Yavuz Asöcal. Beziehbar über www.yavuzburcplak.com
- Çocuk şarkılari şarkıları von Ateş Müzik Verlag beziehbar über www.turkkitap.de

Es sind zahlreiche weitere Materialien des
Edition Bilibri (http://www.edition-bilibri.com/buecher-katalog.html) und
Anadolu Verlags (http://www.anadolu-verlag.de/ChildrenBook) erhältlich.

Film zum Thema: Aktive Unterstützung von Vätern mit Migrationshintergrund

http://www.mags.nrw.de/03_Integration/001_aktuelles/002_video_vaeter_kind_aktion/index.php (29.10.14)

Kurse:

http://www.elternkurs-schulung.de/elternkurs/grosseltern-kurs.pdf
http://www.aachen.de/de/stadt_buerger/familie/buendnis_familie/flyer_grosselternkurse.pdf
http://www.landesweiterbildungspreis-bw.de/media/Kinderschutzbund_Endversion.pdf
Eltern AG Das Empowerment Programm: http://www.eltern-ag.de/elternag/programm/konzept

3.4 Literatur zur Vertiefung

Leyendecker, Birgit (2011): Sozialisation und Erziehung – der Stellenwert der Familie. In: Fischer, Veronika/Springer, Monika (Hrsg.): Handbuch Migration und Familie. Schwalbach/ Ts., S. 240–249; hier S. 247.

Nauck, Bernhard (2002): Solidarpotenziale von Migrationsfamilien: Expertise [Electronic ed.] – Bonn: FES Library, http://library.fes.de/fulltext/asfo/01389toc.htm [Zugriff am 23.07.2014].

Thema 4: Nutzung von Lernorten außerhalb von Familie und Bildungseinrichtungen

Elena Reifenröther

Viele für das Lernen wichtige Kompetenzen werden in Lernorten außerhalb der Familie und der Bildungseinrichtungen erworben. Es ist für das Aufwachsen der Kinder sehr bedeutsam, dass ihnen ein Zugang zu Lernorten eröffnet wird, die ein großes Spektrum verschiedener Tätigkeiten abdecken – von musisch-ästhetischen über sportliche bis zu umweltbezogenen Aktivitäten – und von vielen Trägern angeboten werden. Am Beispiel der deutsch-russischen Zusatzbildungszentren wird dargestellt, wie Migrantenorganisationen ein ausgefächertes Angebot an Lernmöglichkeiten zur Verfügung stellen können.

4.1 Basistext

Bedeutung außerfamiliärer und außerschulischer Lernorte

Lernen beginnt für Kinder schon vor und verstärkt sich mit der Geburt und zunächst ist die Familie und hier insbesondere der Vater und die Mutter zuständig. In der frühen Kindheit werden die Grundlagen für die Persönlichkeitsentwicklung und für den Aufbau von Kompetenzen gelegt. Später, wenn das Kind eine Kita und danach eine Schule besucht, treten neue Lernerfahrungen hinzu. Lernen wird für Kinder immer formaler an Lernziele und Curricula gebunden und Inhalte werden gezielt vermittelt. Aber viele für das Lernen und auch für die Bildung wichtige Kompetenzen werden weder in der Familie noch in der Kita oder in der Schule ausgebildet. Kinder lernen auf der Straße, im Gespräch, aber auch im Freundeskreis, im Verein, durch Medien. An diesen Lernorten erfolgt Bildung nicht durch curricular gestaltete Lehr- und Lernprozesse, sondern ungeplant, im Vollzug und durch konkretes Handeln. Dabei werden nicht nur Schlüsselqualifikationen erworben, sondern auch andere Fähigkeiten, die in den offiziellen Lehrplänen der Bildungseinrichtungen lediglich eine untergeordnete Rolle spielen.[1]

Fachwissenschaftlicher Einschub: kulturelles und soziales Kapital

Wenn von kulturellem und sozialem Kapital gesprochen wird, das Kindern den Zugang zu Bildung erleichtert und ihre Bildungslaufbahn unterstützt, so werden zwei Lernorte in den Mittelpunkt gestellt. Den ersten stellt die Familie und das häusliche Umfeld des Kindes dar, welches Lernen begünstigen oder beeinträchtigen kann. Als zweites geraten die Bildungseinrichtungen in den Blick. Erst seit den 1990er Jahren und mit der Aufnahme von Überlegungen zum informellen Lernen gewannen Lernorte außerhalb der Familie und außerhalb der Bildungseinrichtungen in vielen pädagogischen Bereichen an Bedeutung. Zwar findet informelles Lernen auch in der Familie und in den Bildungseinrichtungen statt, aber weitaus mehr und häufiger in der Nachbarschaft, im Verein usw. Die zunehmende Beachtung solcher Lernprozesse lässt sich daran ablesen, dass sich der 12. Kinder- und Jugendbericht der Bundes-

1 Thomas Rauschenbach (2009): Zukunftschance Bildung, Familie, Jugendhilfe und Schule in neuer Allianz. Weinheim.

regierung 2005 der Bildung, Betreuung und Erziehung vor und neben der Schule widmet und der Bildungsbericht 2012 einen wesentlichen Aspekt daraus, nämlich die kulturelle einschließlich der musisch-ästhetischen Bildung von Kindern, aufgreift.[2] Diese Bildungsbereiche stellen einen unverzichtbaren Bestandteil der Persönlichkeitsentwicklung im Kanon der Allgemeinbildung dar. Erweitert lässt sich festhalten, dass die Einbindung in Lernräume außerhalb von Familien und Bildungseinrichtungen für das Aufwachsen, das Lernen und die Bildung von Kindern nicht nur bedeutsam, sondern unverzichtbar ist. Kinder beschäftigen sich in der Musikschule mit Musizieren oder Singen auf einem Niveau, das ihnen i.d.R. in der Familie nicht angeboten werden kann. Sie treiben durch Trainerinnen oder Trainer angeleitet Sport. Sie lernen und üben den Umgang mit Literatur oder Kunst. Sie erwerben also kulturelles Kapital in einem Umfang, wie sie es weder in der Familie noch in den Bildungseinrichtungen erwerben könnten.

Musik und Sport

Die Nutzung solcher Lernräume ermöglicht aber auch den Erwerb des sozialen Kapitals über die Ressourcen der Familie und der Bildungseinrichtungen hinaus: Die Teilnahme an einer Sportart im Verein, an einem Musikkurs oder an einem Kurs zum Schachlernen oder -spielen vermittelt neue und andere Kontakte. Daraus können sich sowohl interethnische oder sozialräumliche als auch ethnische Netzwerke entwickeln.

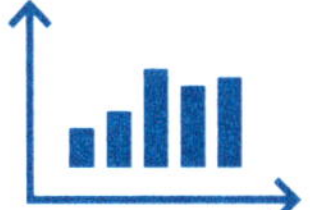

Vereins- und Gruppenaktivitäten außerhalb von Schule und Familie

Eltern geben nicht nur selbst entwicklungsfördernde Impulse und gestalten damit ein positives Lernmilieu, sondern sie sind auch Wegbereiter für außerfamiliäre Bildungsangebote. Laut „Bildung in Deutschland 2012“[3] nutzen 62 % der Eltern von Kindern unter 2 Jahren organisierte Förderangebote wie Babyschwimmen oder Eltern-Kind-Aktivitäten, um die Entwicklung ihrer Kinder möglichst früh zu fördern. Von Eltern mit Migrationshintergrund werden diese Angebote deutlich seltener genutzt.

Der außerfamiliäre und außerschulische Bereich von Kindern wird durch Freizeitaktivitäten gestaltet. Das Spektrum ist bei Kindern mit Migrationshintergrund breit. Wie bei einheimischen deutschen Kindern sind die beliebtesten Tätigkeiten Sport treiben, Fernsehen, Freunde treffen und Musik hören. Vor allem Jungen widmen elektronischen Medien mehr Zeit, während bei Mädchen kulturelle und musische Tätigkeiten bevorzugt werden. Widersprüchlich sind die Ergebnisse zu migrationsspezifischen Unterschieden bei der Nutzung institutioneller Angebote. So belegen Daten des DJI Kinderpanels, das 8- und 9-Jährige mit türkischem und russischem Migrationshintergrund mit einheimisch deutschen vergleicht, nur geringe Unterschiede.[4] Hingegen stellt die World Vision Kinderstudie 2010, die Eltern von 6- bis 11-Jährigen befragt, fest, dass Kinder mit Migrationshintergrund seltener an Vereins- und Gruppenaktivitäten (69 % gegenüber 81 %) teilnehmen und auch seltener in einem Sportverein aktiv sind (54 % gegenüber 65 %).[5]

Viele bildungsfördernde Aktivitäten lassen sich innerhalb von Familien und Bildungseinrichtungen ausführen, werden aber auch an Lernorten außerhalb dieser

2 Deutscher Bundestag (2005): Bericht über die Lebenssituation junger Menschen und die Leistung der Kinder und Jugendhilfe in Deutschland – Zwölfter Kinder- und Jugendbericht. Berlin; Autorengruppe Bildungsberichtserstattung (2012): Bildung in Deutschland 2012. Ein indikatorengestützter Bericht mit einer Analyse zur kulturellen Bildung in Deutschland. Bielefeld.

3 Autorengruppe Bildungsberichtserstattung (2012), S. 48–49.

4 Cinar, Melihan/Otremba, Katrin/Stürzer, Monika/Bruhns, Kirsten (2013): Kinder-Migrationsreport. Ein Daten- und Forschungsüberblick zu Lebenslagen und Lebenswelten von Kindern mit Migrationshintergrund. München, S. 237ff. www.dji.de/fileadmin/user_upload/bibs/Kinder-Migrationsreport.pdf.

5 World Vision Deutschland e.V. (Hrsg.) (2010): Kinder in Deutschland. 2. World Vision Kinderstudie. Frankfurt a.M.

angeboten. So findet z.B. kulturelle Bildung formell und informell in spezifischen Einrichtungen und außerhalb sowie im öffentlichen Bereich und im privaten Raum statt. Veranstaltungen, Events u.a. können öffentlich gefördert oder privatwirtschaftlich organisiert und mit Kosten verbunden sein. Kinder und Jugendliche sind als Teilnehmende oder als (Mit-)Gestaltende einbezogen. Die Verwobenheit der unterschiedlichen Zugänge soll am Beispiel der Musikerziehung dargestellt werden.[6]

kulturelle Bildung

Verbreitet ist die Teilnahme an einer frühkindlichen Musikerziehung (außerhalb der Familie). Über ein Viertel der 2- bis 6-jährigen Kinder erhält eine musikalische Förderung (30 % der Mädchen und 24 % der Jungen). Deutlich mehr Kinder aus Familien mit hohem Bildungsstandard der Eltern und aus hohen Einkommensklassen nehmen teil. Kinder aus Familien mit Migrationshintergrund sind, sofern beide Eltern nicht in Deutschland geboren sind, seltener in der Musikschule, musizieren aber häufiger in der Familie.[7] Dabei muss berücksichtigt werden, dass die Teilnahme an der musikalischen Unterweisung kostenpflichtig ist und das Geld von den Eltern aufgebracht werden muss. Bei den 9- bis 13-Jährigen sind künstlerische Tätigkeiten wie Malen und Basteln aber auch musikalische Aktivitäten (Spielen eines Instruments und Singen) recht häufig[8] – auch hier mit geringerem Engagement von Kindern aus Familien mit niedrigem sozioökonomischem Status, aber keinen Unterschieden nach Migrationshintergrund. Größer werden die Unterschiede bei über 13-Jährigen und wenn es um den Besuch von Theatern, Konzerten oder Museen geht: Hier sind junge Menschen mit Migrationshintergrund weniger vertreten. Für alle sind Vereine und Organisationen wichtige Träger kultureller und musisch-ästhetischer Angebote. Daneben entwickeln sich selbstorganisierte Szenen, vor allem im Musikbereich (z.B. Hip-Hop, Punk).

Es ist wichtig, dass Eltern die Bedeutung dieser außerfamiliären und außerschulischen Lernorte für das Aufwachsen und das Lernen des Kindes erkennen und dass sie diese nutzen. Dieses ist schon im frühen Kindesalter möglich, wenn es gelingt, Freizeitgestaltung für Kinder und deren Bildung zu verbinden. Formen einer bildungsorientierten Gestaltung von Freizeit sind vom Kleinkindalter an im familiären Kontext möglich in Form von Malen/Basteln, Geschichten vorlesen/erzählen, Bilderbücher anschauen, zusammen musizieren, gemeinsam Lieder singen. Solche Aktivitäten bestimmen die Entwicklung der Lese- und Sprachkompetenzen sowie die kulturelle und ästhetische Orientierung des Kindes: „Dieser Prozess der Bildung beginnt im Informellen: In der frühen Kindheit ist die Familie der zentrale Ausgangspunkt für musisch-ästhetische Aktivitäten des Kindes, für die Vermittlung von kulturellen Praxen und der lebensweltlichen Bedeutung von Musik, Kunst und Literatur“.[9] Schon früh und mit steigendem Alter des Kindes kommen immer häufiger bedeutsame außerfamiliäre Lernorte hinzu.

Außerfamiliäre Lernorte zur Schaffung besserer Lern- und Bildungsbedingungen

Es gibt ein großes Spektrum an Lernorten außerhalb der Familie und außerhalb der Bildungseinrichtungen, die nach dem Grad und dem Umfang, in dem sie formal organisiert sind und nach dem Inhalt ihrer Bildungsangebote differenziert werden können:

6 Siehe dazu Bundeszentrale für Politische Bildung (2009): Was ist kulturelle Bildung? http://www.bpb.de/gesellschaft/kultur/kulturelle-bildung/59910/was-ist-kulturelle-bildung?p=all [Zugriff am 23.07.2014].

7 Autorengruppe Bildungsberichtserstattung (2012): Bildung in Deutschland 2012. Ein indikatorengestützter Bericht mit einer Analyse zur kulturellen Bildung in Deutschland. Bielefeld, S. 162f.

8 Autorengruppe Bildungsberichtserstattung (2012), S. 164ff.

9 Autorengruppe Bildungsberichtserstattung (2012), S. 161.

Formalitätsgrad außerschulischer und außerfamiliärer Lernorte

- **Wenig strukturierte** und inhaltlich unspezifische Orte stellen der Spielplatz und der Park im Wohnviertel dar. Ansätze für ungesteuerte Lernprozesse bieten auch das Spielen im Wald, auf der Wiese oder im Garten, an Bächen oder auf der Straße. Lern- und Erfahrungsmöglichkeiten werden durch die sinnvolle Gestaltung von Freizeit ermöglicht. Freizeitaktivitäten können Freizeit und Bildung verbinden.
- **Kaum strukturiert** und inhaltlich wenig festgelegt sind Stadtteil- oder Dorffeste mit einem Kinderprogramm.
- **Stärker strukturiert** sind Besuche im Zoo oder im Botanischen Garten, im Kindertheater oder im Museum. Solche öffentlichen Freizeiteinrichtungen bieten eine breite Infrastruktur für Bildungs- und Lernprozesse an. Die Einrichtungen haben Bildungsangebote für Kinder und ganze Familien beispielweise in Form einer Bildungsexkursion, eines Kinderworkshops oder mediengestalteter Erzählungen entwickelt. Die überwiegende Mehrzahl der Museen, Theater und Bibliotheken realisiert pädagogische Angebote und Programme, die das Erleben von Kultur ermöglichen.[10] Eltern können sich über das gesamte Angebot auf Internetseiten der jeweiligen Einrichtung oder auf dem Webportal der Gemeinde oder Stadt informieren, wie z.B. durch das Programm der Veranstaltungen für Kinder und Familien auf der Internetseite der Stadt Köln.[11] Interkulturelle Bibliotheken stellen in vielen Großstädten ein Angebot an Kinderbüchern in verschiedenen Sprachen sowie Vorleseangebote z.B. in Arabisch, Russisch und Türkisch bereit. In diesem Zusammenhang soll ein weiterer Bereich genannt werden, der oft hinter die Diskussion der musisch-ästhetischen oder sportlichen Erziehung zurücktritt. Ausflüge in die Natur, den Zoo und in botanische Gärten, auch geführt, vermitteln Erkenntnisse über die Natur und Naturbegegnungen und erweitern die kindlichen Erfahrungs-, Erlebnis- und Spielmöglichkeiten. Die positive Wirkung von Kontakten mit der Natur ist in den unterschiedlichen Bereichen der Persönlichkeitsentwicklung, der psychischen Gesundheit, der geistigen Bildung und der körperlichen Gesundheit zu beobachten.[12]
- **Auf Zeit strukturiert** sind Angebote zu spezifischen Aktivitäten, häufig am Wochenende oder in den Ferien: z.B. Fußballcamps oder Malkurse, für die eine Anmeldung notwendig ist und für die Kosten entstehen.
- **Hoch strukturiert** sind Lernorte mit dem Ziel der künstlerischen/musisch-ästhetischen Erziehung oder der sportlichen Betätigung, die eine Anmeldung mit Kostenübernahme für eine gewisse Zeit erfordern. Hierzu gehören z.B. Musik-, Tanz- und Ballettschulen, Sportclubs oder Kunstschulen.
- **Hoch strukturiert** sind auch Bildungszentren und Nachhilfeeinrichtungen, an denen Eltern ihre Kinder bei Schwierigkeiten in der Schule anmelden, oft mit dem Ziel, schulische Lücken zu kompensieren.

Traditionsgemeinschaften

Das breite Spektrum an außerfamiliären und außerschulischen Institutionen wird durch „alternative" Lernorte ergänzt, nämlich durch Traditionsgemeinschaften und -vereine, wie beispielsweise Karnevals-, Schützen- oder Kirmesvereine. Die Mitgliedschaft in diesen Strukturen wird überwiegend von den Eltern geprägt und initiiert. Sie fördert aber die Entwicklung und den Aufbau sozialer Kontakte und Kompetenzen sowie der sozialen informellen Netzwerke. Diese Lernorte und Netzwerke werden von Kindern mit Migrationshintergrund nur in sehr geringem Maße in Anspruch genommen, da ihre Eltern selten eine Verbindung und einen Zugang zu diesen Traditionsgemeinschaften haben.

10 Vgl. Autorengruppe Bildungsberichtserstattung (2012), S. 175.
11 www.koeln.de/koeln/freizeit/kinder, www.museenkoeln.de/home/.
12 Hermsen, Miriam/Kravcova, Larisa (2013): Born to be wild. Manfred Hermsen Stiftung, für weitere Informationen siehe Homepage der Stiftung www.m-h-s.org.

Im Folgenden soll – als Beispiel für viele andere Bereiche – auf Segmente eingegangen werden, die für das außerfamiliäre Lernen von Kindern und hier insbesondere von Kindern mit Migrationshintergrund wichtig sind: auf den großen Komplex der kulturellen Bildung und auf Bildungszentren und Nachhilfeeinrichtungen sowie auf Sporteinrichtungen für Kinder.

Orte für kulturelle Bildung

Mit dem Begriff der kulturellen Bildung verbindet sich die passive oder aktive Teilnahme an Theater und/oder Tanz, an visueller und bildender Kunst, an Filmen, Musik und Literatur oder auch die Beschäftigung mit Architektur und Raum.

Zugangsbarrieren

Die Orte, an denen kulturelle Bildung auch und insbesondere für Kinder mit Migrationshintergrund vermittelt werden kann, sind zahlreich und vielfältig. Dazu gehören: Kulturzentren und kulturpädagogische Einrichtungen wie Musikschulen, Jugendkunstschulen, soziokulturelle Zentren, theaterpädagogische Einrichtungen, Kinderzirkusse, Spielmobile und Medienzentren. Hinzu kommen Initiativen für Kinderkulturarbeit von Theatern, Konzerthäusern und Museen sowie der Bibliotheken, die Kinder und Jugendliche durch spezielle Programme ansprechen und in vielen Fällen auch erreichen. Die Angebote stehen grundsätzlich allen Familien und damit allen Kindern offen. Viele Einrichtungen, vor allem Stadt- oder Stadtteilbibliotheken und Sprechtheater, bieten Spezielles für Kinder mit zwei Muttersprachen an. Ohne dass Zahlen vorliegen, kann angenommen werden, dass die Einrichtungen von Familien aus bildungsfernen Schichten und von Familien mit Migrationshintergrund deutlich seltener genutzt werden und dass viele dieser Familien überhaupt keinen Zugang gefunden haben. Diskutiert werden die in allen Bereichen genannten Barrieren für die Inanspruchnahme auf Seiten der Familien mit Migrationshintergrund wie Sprachbarrieren, Unkenntnis über Angebote, fehlende Identifikation mit den Inhalten und mit den Organisationsformen, kulturelle Distanz zum Personal der Einrichtungen bis hin zur fehlenden Erreichbarkeit. Von Seiten der Kultur- und Bildungsorte werden die fehlende interkulturelle Öffnung in Form der Professionalisierung des Personals, die fehlende Einbeziehung spezifischer Zielgruppen und die zu geringen finanziellen Mittel für die Entwicklung und das Anbieten vielseitiger und interkulturell ausgerichteter Programme und selbst für eine zielgruppenorientierte Werbung als Mängel benannt.[13] Auch wenige fest verankerte Kulturinitiativen, Stadtteil- und Heimatfeste bieten Kulturelles für Kinder und Jugendliche an. Kinder mit Migrationshintergrund werden in den interkulturellen Festen häufig im Rahmen der interkulturellen Wochen ausdrücklich einbezogen. Es gibt keine Daten dazu, ob Kinder mit Migrationshintergrund allgemeine kinderkulturelle Angebote annehmen und wie viele von ihnen auf interkulturellen Festen aktiv oder passiv mitwirken.

Trägerschaft

Die Träger der an diesen Lernorten stattfindenden Aktivitäten sind breit gestreut: Orte der kulturellen Bildung werden überwiegend von öffentlichen Trägern eingerichtet und werden staatlich (von Bund, Land oder Kommunen bzw. Landkreisen) finanziert. Daneben gibt es freie und private Träger. Auch Vereine und Organisationen sind Träger solcher Lernorte. In neuerer Zeit treten verstärkt Migrantenorganisationen als Träger für lernbezogene Aktivitäten auf.

Einige Migrantenorganisationen bieten Freizeitbildungsangebote in unterschiedlichen Variationen an. Bildungsausflüge werden in der Regel in Kooperation mit öffentlichen Einrichtungen wie Museen oder Theatern organisiert. Sie werden häufig mit Hilfe

13 Deutscher Kulturrat (2011): Lernort interkultureller Bildung. http://www.kulturrat.de/detail.php?detail=2169&rubrik=4. In dem Text werden umfangreiche Empfehlungen an die Kultur- und Bildungseinrichtungen in Zusammenarbeit mit den Migrantenorganisationen sowie an die Politik in Bund, Ländern und Kommunen angeschlossen.

von muttersprachlichen Begleiterinnen und Begleitern oder Referentinnen und Referenten durchgeführt. Häufig gelingt es, solche Angebote kostenfrei zu gestalten und dadurch den Zugang für Familien mit Migrationshintergrund zu erleichtern.

Bildungszentren, Nachhilfeeinrichtungen und Vereine zur Bildungsförderung

außerschulische Bildungsförderung für Familien mit Migrationshintergrund

Ein erheblicher Teil der Eltern mit Migrationshintergrund wünscht, dass ihre Kinder als weiterführende Schule das Gymnasium besuchen. Sie wissen aber auch, dass dieser Weg für das Kind mühsam ist und vor allem, dass sie häufig in der Familie die Hilfestellungen nicht bieten können, die die Schule in vielen Fällen von Eltern erwartet. Schon in der Grundschule geht es nicht nur um formale Kontrolle der Hausaufgaben (d.h. die Aufsicht darüber, dass diese angefertigt wurden), sondern um das Erklären von Inhalten, die das Kind in der Schule nicht verstanden hat und um das gemeinsame Lernen von Kind und Eltern für Klassenarbeiten.[14] Von den Eltern wird somit erwartet (oder Eltern nehmen solche Erwartungen wahr), dass sie ihren Kindern substantiell bei den Hausaufgaben helfen und mit ihm Lücken aufarbeiten können. Viele Eltern mit Migrationshintergrund fühlen sich damit überfordert und suchen gezielt Hilfe außerhalb der Familie.

Professionelle nonformale Nachhilfe- und Bildungsangebote in Deutschland werden von zahlreichen Einrichtungen angeboten. Bildungszentren stellen Nachhilfe- und Förderangebote neben der Schule zur Verfügung. Allerdings sind solche Angebote häufig sehr kostenaufwändig und für einkommensschwache Familien nicht bezahlbar. Dieses gilt für den größten Teil der Familien mit Migrationshintergrund, von denen eine große Zahl der einkommensschwachen Gruppe zugerechnet werden muss. Diese Familien können häufig das Nachhilfeangebot nicht in Anspruch nehmen und beeinträchtigen damit – in gewissem Maße – den Bildungserfolg ihrer Kinder. Andererseits sehen viele Migranteneltern die Bildung als einzige Möglichkeit für den Erfolg und den sozialen Aufstieg ihrer Kinder. Sie sind sehr daran interessiert und suchen nach Bildungsangeboten im außerschulischen Bereich, die sie sich auch leisten können.

Im lokalen Raum sind sowohl monoethnische als auch multiethnische Bildungszentren entstanden, die privat, aber nicht kommerziell (d.h. nicht gewinnorientiert) ausgerichtet sind und in denen ein beachtlicher Teil von Eltern mit Migrationshintergrund Unterstützung sucht. Migrantenorganisationen, Kultur- und Bildungszentren übernehmen immer häufiger die Funktion der außerfamiliären und außerschulischen Lernorte. Sie treten als Anbieter von außerschulischen Angeboten, Kultur- und Freizeitkursen sowie von Nachhilfe- und Förderunterricht für ihre ethnische Gemeinschaft auf. Dadurch versuchen sie bei den Migrantenkindern Defizite auszugleichen, die durch Lücken im Bildungssystem entstanden sind:

> „Migrantenorganisationen sind zu wichtigen gesellschaftlichen und sozialstaatlichen Akteuren, aber auch zu Ansprechpartnern der Politik geworden. Besonders bedeutsam ist ihr Engagement in der außerschulischen Bildung: Mit der kooperativen Elternarbeit haben Migrantenorganisationen hier einen Tätigkeitsschwerpunkt, der die Bildungsverläufe von Kindern und Jugendlichen aus Zuwandererfamilien entscheidend beeinflussen kann.“[15]

---

14 Siehe dazu Boos-Nünning, Ursula (2011): Migrationsfamilien als Partner von Erziehung und Bildung, Friedrich-Ebert-Stiftung. Bonn, S. 36–39.

15 Sachverständigenrat deutscher Stiftungen für Integration und Migration (2014): Migrantenorganisationen in der kooperativen Elternarbeit: Potenziale, Strukturbedingungen, Entwicklungsmöglichkeiten, S. 3.

Sportliche Einrichtungen

Am häufigsten werden Lernorte außerhalb von Familie und Bildungseinrichtungen zum Sporttreiben in Anspruch genommen. In Studien wird vermittelt, dass 32 % der jungen Menschen mit Migrationshintergrund (einheimische Jugendliche 43 %) Mitglieder in einem Sportverein sind.[16] Umfangreiche Programme wie vor allem „Integration durch Sport" haben Ansätze zur interkulturellen Öffnung der Sportvereine, aber auch zur stärkeren Gewinnung dieser Zielgruppe entwickelt. Eltern und Kinder können zwischen vielen Sportarten wählen. In manchen Regionen haben sie auch die Auswahl nach dem Träger des Vereins oder nach den Teilnehmenden: Neben den zahlenmäßig stärksten Vereinen mit einheimisch deutscher Trägerschaft und multiethnischer Zusammensetzung sind sogenannte ethnische Vereine entstanden wie auch Vereine mit einer Teilnehmerschaft, die ausschließlich oder überwiegend über einen Migrationshintergrund verfügt.[17] Auch Migrantenorganisationen haben im Rahmen ihrer Kinder- und Jugendarbeit Sportabteilungen gegründet.

Barrieren im Zugang zu Lernorten und ihre Überwindung

Ein Angebot an Freizeitaktivitäten, die Lernen ermöglichen, wie auch der Zugang zu außerfamiliären und außerschulischen Lernorten sind für Kinder mit Migrationshintergrund besonders wichtig, da darüber kulturelles und soziales Kapital erworben wird. Kinder mit Migrationshintergrund wachsen häufiger als einheimisch deutsche Kinder in Familien mit geringem kulturellen und sozialen Kapital auf. Eine Kompensation geringer familiärer Versorgung durch besondere Förderung und Unterstützung in anderen Lernorten erfolgt aber nicht. Im Gegenteil lässt sich belegen, dass der Zugang der Kinder mit Migrationshintergrund (wie auch von Kindern aus Elternhäusern mit niedrigem Bildungsstand) zu vielen organisierten Freizeitaktivitäten und damit zu Lernorten gegenüber Kindern aus höheren Bildungsschichten und damit häufig einheimisch deutschen Kindern eingeschränkt ist.

persönliche Barrieren

Motive und Überlegungen bzw. Rahmenbedingungen, die Eltern mit Migrationshintergrund hindern, solche Lernorte mit ihren Kindern aufzusuchen oder – in höherem Alter des Kindes – dieses anzumelden oder für die Teilnahme zu motivieren, sind vor allem:

- fehlende Zeit des Vaters oder der Mutter oder aber beider Eltern,
- die räumliche Entfernung oder die schwierige Erreichbarkeit des Lernortes,
- die soziale Distanz zum Lernort oder zu den angebotenen Aktivitäten oder fehlende Gewohnheit im Zugang,
- fehlendes Wissen oder unzureichende deutsche Sprachkompetenzen, um das Kind anzumelden oder zu begleiten und – sicher für mache Familien bedeutsam – um die Angebote zu finanzieren.

Ein erheblicher Teil der Familien ist aber an zusätzlichen Bildungsangeboten im außerschulischen Bereich interessiert und sucht nach Angeboten, die sie sich leisten können

16 Fussan, N./Nobis, T. (2007): Zur Partizipation von Jugendlichen mit Migrationshintergrund in Sportverein. In: T. Nobis/J. Baur (Hrsg.): Soziale Integration vereinsorganisierter Jugendlicher. Köln, S 277–297, S. 286.

17 Wenn auch die Daten überholt sind, lohnt es, sich bei Interesse an dem Thema Sport als Lernort für Kinder mit Migrationshintergrund mit den zentralen Argumenten zu beschäftigen: Boos-Nünning, Ursula/Karakaşoğlu, Yasemin (2003): Kinder und Jugendliche mit Migrationshintergrund und Sport. In: Schmidt, Werner/Hartmann-Tews, Ilse/Brettschneider, Wolf-Dietrich (Hrsg.): Erster Deutscher Kinder- und Jugendsportbericht. Schorndorf, S. 319–338.

und die sie für den Bildungserfolg ihrer Kinder für förderlich halten. Das Interesse gilt bei Schwierigkeiten in der Schule in erster Linie professionellen Nachhilfeangeboten. Allerdings sind solche Nachhilfekurse sehr kostenaufwändig und daher für einkommensschwache Familien nicht bezahlbar. Das Interesse richtet sich auch auf andere Lernmöglichkeiten, wie z.B. auf das Lernen von Musik oder Schachspielen.

Bildungspaket

Familien mit geringem Einkommen können finanzielle Unterstützung für Sport- und Freizeitmaßnahmen sowie Lernförderung durch das staatliche *Bildungspaket bekommen. Das Bildungspaket* ermöglicht Kindern von Eltern, die Arbeitslosengeld II oder Sozialgeld, Sozialhilfe, den Kinderzuschlag oder Wohngeld beziehen, einen Sportverein zu besuchen, bei anderen Aktivitäten dabei zu sein, am gemeinsamen Mittagessen in Schule, Kita oder Hort sowie bei Schulausflügen teilzunehmen und ganz gezielt Unterstützung durch Lernförderung zu bekommen, wenn die Versetzung gefährdet ist.[18] Stehen Eltern nicht ausreichende finanzielle Mittel zur Verfügung, sollten sie in jedem Fall einen Antrag auf das Bildungspaket stellen. Häufig wird der Rechtsanspruch auf solche Leistung den Eltern leider nicht bekannt gemacht.

Werden statt der Barrieren der Familien die Barrieren der Kultureinrichtungen allgemein und derjenigen für Kinder und Jugendliche insbesondere in den Mittelpunkt gestellt, so werden die stets gleichen Mängel genannt: die Werbung, das Programm und damit die Inhalte sind auf die einheimisch deutsche Gruppe (und hier auf die mit gehobener Bildung) ausgerichtet. Eine interkulturelle Öffnung der Kinderkultureinrichtungen – mittlerweile in der Literatur breit thematisiert – ist nicht wirklich erfolgt.

interkulturelle Kulturangebote

Es gibt – in mehr oder weniger großen zeitlichen Abständen – Anstrengungen, den Stand der interkulturellen Öffnung in den Kulturverbänden zu ermitteln.[19] Erhoben wird, ob Personen mit Migrationshintergrund an den kulturellen Angeboten teilhaben und welche Stellenwerte ihre eigenen Ausdrucksformen im kulturellen Leben haben. Letztlich sollte festgestellt werden, ob und in welcher Form Menschen mit Migrationshintergrund als Personen eigeninitiativ oder über die Migrantenorganisationen am Kulturgeschehen partizipieren. Die Ergebnisse werden so verschleiernd beschrieben, dass qualifizierte Aussagen über Repräsentanz der Personen mit Migrationshintergrund und über den Grad der interkulturellen Öffnung nicht möglich sind. Deutlich wird der geringe Umfang der Zusammenarbeit mit Migrantenorganisationen.[20] Eine frühere Befragung der Kulturämter in den Städten Nordrhein-Westfalens legte offen, dass nur 20 % der Ämter konzeptionelle Grundlagen einer interkulturellen Kultur- und Bildungsarbeit vorzuweisen hatten.[21] Allerdings deuten neueste Entwicklungen neben einer steigenden Bedeutung, die dem Thema „Teilnahme und Teilhabe von Menschen mit Migrationshintergrund" beigemessen wird, auf ein Bewusstsein für die Einbeziehung von Migran-

18 Wenn Eltern Beiträge zum Beispiel für den Sportverein, die Musikschule, die Teilnahme an Kursen oder für gemeinschaftliche Freizeitangebote zahlen müssen, können monatlich bis zu 10 Euro übernommen werden. Wenn Jahresbeiträge oder Kosten für Ferienfreizeiten anfallen, können bis zu 120 Euro pro Jahr übernommen werden. Näheres unter www.bmas.de/DE/Themen/Arbeitsmarkt/Grundsicherung/Bildungspaket/inhalt.html [Zugriff am 14.08.2014], www.stadt-koeln.de/leben-in-koeln/bildung-und-schule/bildungspaket/ [Zugriff am 14.08.2014].

19 Bäßler, Kirstin (2010): Interkulturelle Öffnung der Bundeskulturverbände. Auswertung einer Befragung des Deutschen Kulturrates zum Themenfeld „Integration und interkulturelle Bildung" im Rahmen des vom Bundesministerium für Bildung und Forschung geförderten Projektes „Strukturbedingungen für eine nachhaltige interkulturelle Bildung"; Bundesministerium für Bildung und Forschung. Bonn/Berlin.

20 Siehe dazu Bäßler, Kirstin (2010): Interkulturelle Öffnung der Bundeskulturverbände, siehe oben, S. 32.

21 Siehe dazu die Untersuchungen in NRW, dargestellt bei Meyer, Christian (2006): Konsequenzen des demografischen Wandels für die kulturelle Infrastruktur. Ergebnisse aus Nordrhein-Westfalen. In: Stiftung Niedersachsen (Hrsg.): älter, bunter, weniger. Die demographische Herausforderung an die Kultur. Bielefeld, S. 209–222.

tenorganisationen hin. Dabei kann an die Aktivitäten des Runden Tisches „Lernorte interkultureller Bildung“ angeknüpft werden, der – 2009 vom Deutschen Kulturamt ins Leben gerufen – mit verschiedenen Migrantenorganisationen zusammenarbeitet.[22]

Barrieren können am ehesten überwunden werden, wenn die kulturellen Aktivitäten an die Lebenswelten der Kinder und der Familien mit Migrationshintergrund anknüpfen und damit an Produkte und (sub-)kulturelle Formen, wie sie unter den Bedingungen von Einwanderung entstanden sind: an Literatur, die von dieser Gruppe veröffentlicht wurde, an die Filme aus dem Migrationskontext und von Regisseuren mit Migrationshintergrund, an Objekte der bildenden Kunst von Künstlern mit Migrationshintergrund und vor allem an die Musik, in der sich eigenständige Formen entwickelt haben.[23] Barrieren werden auch überwunden, wenn kulturelle Angebote von den Migrantenorganisationen entwickelt und durchgeführt werden oder aber in Zusammenarbeit mit ihnen auf Augenhöhe.

Außerfamiliäre und außerschulische Lernorte am Beispiel von deutsch-russischen Migrantenorganisationen und Zusatzbildungszentren

Viele russischsprachige Migrantenorganisationen haben in den letzten Jahren vielfältige und hochwertige Bildungsangebote für Kinder und Jugendliche aufgebaut. Im außerschulischen Bereich wurden Kurse, Clubs und Gruppen eingerichtet, die in der Regel durch niedrige Elternbeiträge finanziert werden. Durch diese Angebote werden die Leistungen des hiesigen Erziehungs- und Bildungssystem ergänzt, teilweise nach aus den Heimatländern übernommenen Mustern.

hochqualifizierte Zuwanderer

Die Entstehung von russischsprachigen Kulturschulen und Zusatzbildungszentren ist ein wichtiger Ausgangspunkt für die Entwicklung außerfamiliärer Angebote. Nach dem Zusammenbruch der Sowjetunion und der Öffnung der Grenzen sind von dort ca. 3 Millionen Menschen in die Bundesrepublik Deutschland eingewandert. Darunter befinden sich sowohl zahlreiche Pädagoginnen und Pädagogen, Erzieherinnen und Erzieher, Mitarbeiterinnen und Mitarbeiter sowie Leiterinnen und Leiter von Kinder- und Jugendbegegnungszentren als auch Künstlerinnen und Künstler sowie Sportlerinnen und Sportler. Da ihre Berufsabschlüsse und Arbeitserfahrungen in Deutschland häufig nicht anerkannt werden bzw. nicht adäquat verwertbar sind, haben nur wenige eine Arbeitsstelle im hiesigen Erziehungs- und Bildungssystem gefunden. Viele Spezialistinnen und Spezialisten standen vor der Wahl und dem Dilemma, eine Tätigkeit auf einer niedrigeren Qualifikationsstufe (z.B. im Dienstleistungssektor) aufzunehmen oder nach einer Alternative zu suchen, die es ihnen erlaubt, einen nicht reglementierten Beruf in ihrem Tätigkeitsfeld und in ihrer Qualifikationsstufe auszuüben.

Die große Zahl qualifizierten Personals – zweisprachig und mit interkulturellen Kompetenzen – die im Bildungssystem keine Anstellung finden, erklärt die zahlreichen

22 2009 hat der Deutsche Kulturrat den Runden Tisch „Lernorte interkultureller Bildung“ ins Leben gerufen, an dem verschiedene Migrantenorganisationen beteiligt sind. 2010 hat der Deutsche Kulturrat gemeinsam mit dem Bund Spanischer Elternvereine in der Bundesrepublik Deutschland e.V., der Bundesarbeitsgemeinschaft der Immigrantenverbände in Deutschland e.V., dem CGIL-Bildungswerk e.V., der Deutschen Jugend aus Russland e.V., der Föderation türkischer Elternvereine in Deutschland e.V., dem Multikulturellen Forum e.V., dem Polnischen Sozialrat e.V. sowie dem Verband binationaler Familien und Partnerschaften iaf e.V. die erste Stellungnahme „Lernorte interkulturelle Bildung im schulischen und vorschulischen Kontext“ verabschiedet. Gemeinsam mit diesen Verbänden unterbreitet der Deutsche Kulturrat zusätzlich mit dem Bundeszuwanderungs- und Integrationsrat Empfehlungen für Strukturbedingungen für eine nachhaltige interkulturelle Bildung in außerschulischen Kultur- und Bildungseinrichtungen.

23 Hierzu Wurm, Maria (2006): Musik in der Migration. Beobachtungen zur kulturellen Artikulation türkischer Jugendlicher in Deutschland. Bielefeld.

Gründungen und die Entwicklung von Zentren der Zusatzbildung, von Kulturschulen und von Sportzentren, die sich als Migrantenorganisationen positionieren. In diesen Zentren haben erfahrene Bildungsexpertinnen und -experten die Möglichkeit, Kinder in Fächern zu unterrichten, die sie und die Eltern für wichtig halten, und gleichzeitig ihren Beruf weiter zu praktizieren. Die Einbindung von professionellen und erfahrenen Pädagoginnen und Pädagogen sowie Erzieherinnen und Erziehern gewährleistet die Qualität des Angebotes. Davon wiederum profitieren sowohl die Vereine als auch die Familien mit Migrationshintergrund. Das Personal bindet Bildungsmethodik und Didaktik in seine Arbeit ein und leistet daher etwas, was sich im hiesigen Bildungsangebot der allgemeinbildenden Schulen nicht immer oder häufig nicht in der von den Eltern gewünschten Qualität wiederfindet.

breites Spektrum an Lernangeboten

In den außerfamiliären und außerschulischen Kursen werden Schulfachdisziplinen (Sprachen, Mathematik, Physik, Geografie etc.) aber auch kulturelle und künstlerische Angebote (Musik, Tanz, bildende Kunst, Theater, Rhetorik, Sport etc.) angeboten. Ein großer Teil der russischsprachigen Migrantenorganisationen bietet einen leicht zugänglichen Nachhilfe- oder Förderunterricht zur Verbesserung der schulischen Leistungen an.

Deutsch-russische Kulturzentren stellen für Kinder und Jugendliche folgende vielfältige und formenreiche Angebote in deutscher und/oder russischer Sprache bereit: Weiterbildung zur frühkindlichen Förderung, zur bilingualen oder zur mehrsprachigen Entwicklung, Nachhilfe in den Schulfächern sowie Kunst-, Sport- und Freizeitangebote. Alle diese Angebote wirken sich positiv auf die Entwicklung der Mehrsprachigkeit bei Kindern mit Migrationshintergrund aus; sie helfen, die Muttersprache zu bewahren und die deutsche Sprache zu erlernen. Sie begünstigen darüber hinaus den Wissenstransfer und die Entwicklung von kognitiven und sozialen Fähigkeiten von Kindern. Außerdem beinhalten sie Aspekte, die die Generationenbindung stärken. Bei der Gestaltung von Freizeitangeboten wird auch die Rolle der Großeltern thematisiert: sie werden als Helfer und Unterstützer ins Boot geholt.

An den russischsprachigen Kulturschulen und in den Vereinen werden Kindertheaterclubs, Schach- und Musikclubs angeboten. Diese sind auch für Kinder und Jugendliche anderer kultureller Herkunft offen und zugänglich. Öffentliche und private Musik-, Tanz- und Ballettschulen können demnach von allen Kindern, unabhängig vom persönlichen ethnischen Hintergrund, besucht werden.

netzwerk russischsprachiger Kulturschulen und Bildungszentren

Im Netzwerk der russischsprachigen Kulturschulen und Bildungszentren unter dem Dach des Bundesverbandes russischsprachiger Eltern e.V. sind 31 Organisationen vertreten, die in unterschiedlichem Umfang Bildungsangebote für Kinder und Jugendliche anbieten.[24] Das Ausmaß dieser Tätigkeit variiert nach dem Ort (von kleinen Gemeinden bis zu großen Städten) und nach der Spezialisierung der Vereine. Einige von ihnen stellen jeden Tag zahlreiche außerschulische Bildungsangebote in zahlreichen Bereichen nach festgelegten wöchentlichen Stundenplänen bereit. Das Russisch-Deutsche Kulturzentrum in Nürnberg bietet beispielweise mehr als 120 Kurse und Angebote für Kinder ab zwei Jahren bis zum Erwachsenenalter an, die von mehr als 1000 Personen pro Woche besucht werden.[25] In kleineren Gemeinden werden kleine Nachhilfegruppen organisiert; häufig in Zusammenarbeit mit den Bildungseinrichtungen vor Ort im Rahmen lokaler Kooperationsprojekte.

Kultur- und Kunstangebote, die von russischen Migrantenorganisationen angeboten werden, sind bei den Eltern traditionell beliebt und nachgefragt. Am Musikunterricht, Instrumentenspiel, Malen, Tanzen und Theaterspielen teilzunehmen, wird als wichtiges

24 Nach letzten Einschätzungen existieren in Deutschland mehr als 200 gemeinnützige Vereine, die solche Tätigkeiten durchführen. Bundesverband russischsprachiger Eltern e.V.: www.bvre.de.

25 Näheres unter www.rdkev.de.

identitäts- und orientierungsschaffendes Merkmal bewertet und als positiv für die gesamte Entwicklung des Kindes bewertet.[26]

hohe Qualität der Angebote

Die Entstehung von russischsprachigen Kulturschulen und Zusatzbildungszentren ist ein wichtiger Ausgangspunkt für die Entwicklung außerfamiliärer Angebote. Die Einbindung der nach Deutschland eingewanderten professionellen und erfahrenen Pädagoginnen und Pädagogen sichert die Qualität des Angebots, von der die Vereine und die Familien mit Migrationshintergrund profitieren. Ihnen ist der Erfolg der Zentren zu verdanken.

Schlussbemerkungen

Die Gruppe der Eltern mit Migrationshintergrund ist heterogen. Ein erheblicher Teil von ihnen sieht es als wichtiges Ziel an, ihren Kindern eine gute Bildung zu ermöglichen. Aber es gibt einen nicht geringen Teil der Eltern, die sich bei der Erziehung und Bildung alleine auf die Bildungsinstitutionen verlassen und sich daher am Bildungsprozess ihrer Kinder nicht genügend beteiligen. Sie geben ihre Begleitungs- und Unterstützungsrolle ab und verringern damit die Chancen ihrer Kinder. Deshalb ist die Aufklärungsarbeit für Eltern eine der wichtigsten Aufgaben der Migrantenorganisationen.

Es ist bedeutsam, Eltern zu vermitteln
- wie wichtig außerfamiliäre und außerschulische Lernorte für das Aufwachsen des Kindes sind,
- wie vielfältig und ausdifferenziert die Lernorte sind, die ihnen und ihren Kindern zur Verfügung stehen: vom Spaziergang im Park, der für Gespräche und damit zum Lernen des Kindes genutzt wird, über den geplanten Besuch im Zoo oder Museum, über Ferienkurse in Musik, Kunst, Sport oder Forschung, bis hin zum Besuch eines Schachkurses oder dem Lernen eines Musikinstruments,
- wie breit das Spektrum an Anbietern ist, die pädagogisch qualitätsvolle aber gleichzeitig von Kindern mit Freude besuchte Orte zur Verfügung stellen: von den Musik- und Kunstschulen in den Städten bis zu multiplen Angeboten der Migrantenorganisationen.

Positive Ergebnisse in der Bildungsentwicklung von Kindern mit Hilfe der außerschulischen Angebote zeigen den Erfolg von Migrantenorganisationen. Das pädagogische Personal und die Mitarbeiterinnen und Mitarbeiter der Vereine führen diese Aufklärungsarbeit häufig mit den Eltern vor Ort durch. Auf diese Weise werden die Eltern zu „Verbündeten", die auch die Rolle von Multiplikatoren übernehmen.

Leseempfehlung

Bäßler, Kristin (2013): Kulturelle Bildung in der Migrationsgesellschaft: Migrantenorganisationen als Akteure und Impulsgeber; www.kubi-online.de/artikel/kulturelle-bildung-migrationsgesellschaft-migrantenorganisationen-akteure-impulsgeber [Zugriff am 23.07.2014]

26 Kinder und Jugendliche mit Migrationshintergrund sind in gleichem Umfang wie Kinder ohne Migrationshintergrund musikalisch und künstlerisch aktiv. So nach: Autorengruppe Bildungsberichtserstattung (2012): Bildung in Deutschland 2012. Ein indikatorengestützter Bericht mit einer Analyse zur kulturellen Bildung in Deutschland. Bielefeld, S. 165.

4.2 Didaktische Vorschläge

Erster Vorschlag: Lernorte im Nahumfeld und im Stadtteil

Ziel ist die Gewinnung einer Übersicht über Optionen für die Nutzung von Lernorten in der näheren Umgebung der Familie.

- Erstellung einer Liste (Alter der Kinder festlegen) nach der Entfernung von der elterlichen Wohnung

  nach Tätigkeitsfeld
  - Künstlerisch-ästhetisches Lernen (Malen, Basteln, Theater, Literatur)
  - Musikalische Bildung
  - Sporttreiben
  - Naturkundliche und umweltbezogene Erfahrungen
  - Kinder- und Jugendhäuser

  nach dem Anbieter
  - Migrantenorganisationen (welche?)
  - Kommunale Kultureinrichtungen
  - Privater Träger

Beispiel für eine Liste

Für Kinder im Alter von __ bis __ Jahren gibt es bei uns

Lernfeld	Lernort	Anbieter	Bewertung

- Bewertung einzelner Möglichkeiten nach den Kriterien
  - Entfernung/Aufwand bei Inanspruchnahme
  - Kosten (für Fahrt, Teilnehmerbeiträge), Möglichkeiten für die Kostenübernahme durch das Bildungspaket
  - Positive Erlebnisse/Erfahrungen
  - Interkulturelle Öffnung
  - Qualität der pädagogischen Begleitung

- Abschließende Diskussion: Wie kann eine Übersicht über die Lernorte im Wohnumfeld gewonnen werden; sind Lernorte für mein Kind/unsere Kinder die richtigen und wichtigen; nach welchen Kriterien wählen wir Lernorte aus …

Zweiter Vorschlag: Interkulturelle Projekte vorstellen und diskutieren

Blick in die Praxis: Projekte interkultureller Bildung[27]

Eines oder zwei der beschriebenen Projekte darstellen und mit den Teilnehmerinnen und Teilnehmern nach folgenden Gesichtspunkten besprechen:

- Gibt es solche oder ähnliche Projekte auch in unserer Stadt/in unserem Stadtteil?
- Haben wir in den letzten Sommerferien interkulturelle Angebote für Kinder von 8–12 Jahren gesucht?
- Habe ich/haben wir schon einmal an einem „interkulturellen Kulturprojekt" teilgenommen?
- Wie kann ich/mein Verband dazu beitragen, dass es mehr solcher Projekte gibt?

4.3 Quellen/Materialien zur Weitergabe an Eltern

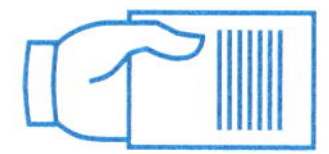

Bildungspaket: Liste der Angebote zur Teilhabe am sozialen und kulturellen Leben in der Gemeinschaft (Lernförderung, Sportangebote, kulturelle Angebote), z.B. Angebote zum Mitmachen in Köln auf der Internetseite **www.stadt-koeln.de/leben-in-koeln/bildung-und-schule/bildungspaket/**.

Bundesverband russischsprachiger Eltern e.V.: **www.bvre.de**.

Liste der russischen Vereine in Deutschland (Verbände, Freundschaftsgesellschaften, Arbeits- und Interessengemeinschaften, Städtepartnerschaften, Landsmannschaften, Fördervereine, Integrationsvereine): **www.rusweb.de/orga.html**.

4.4 Literatur zur Vertiefung

Bundeszentrale für politische Bildung: Dossier Interkulturelle kulturelle Bildung mit den Themen:

- Herzberg, Anja: „Integration ist bei uns Alltag".
- Interkulturelle kulturelle Bildung. Blick in die Praxis: Projekte interkultureller kultureller Bildung.
- Interkulturelle kulturelle Bildung. Kommentierte Linkliste.
- Interview mit Shermin Langhoff. Die Herkunft spielt keine Rolle – „Postmigrantisches" Theater im Ballhaus Naunystraße.
- Jerman, Tina/Cerci, Meral: Interkulturelle Öffnung der kulturellen Bildung.
- Kiyak, Mely: Was für ein Theater!
- Terkessidis, Mark: Elefant im Giraffenhaus.
- Witte, Rolf: Kulturelle Vielfalt erleben: Internationale Jugend-Kultur-Begegnungen.
- Zimmermann, Olaf: Interkulturelle Bildung – eigentlich eine Selbstverständlichkeit? www.bpb.de/gesellschaft/kultur/kulturelle-bildung/60109/interkulturelle-kulturelle-bildung [Zugriff am 31.07.2014]

Zimmermann, Olaf/Geißler, Theo (Hrsg.) (2012): Kulturelle Vielfalt leben: Chancen und Herausforderungen interkultureller Bildung. Aus Politik & Kultur, Nr. 8. Berlin.

27 Projektbeschreibungen finden sich unter www.bpb.de/gesellschaft/kultur/kulturelle-bildung/60146/blick-in-die-praxis [Zugriff am 02.08.2014].

Thema 5: Medieneinsatz in Erziehung und Bildung

Kemal Bozay

Eltern beschäftigen sich mit der Bedeutung von Medien für das Aufwachsen der Kinder zunächst und in erster Linie unter dem Gesichtspunkt, ihre Kinder vor zu starkem und falschem Mediengebrauch zu schützen. Ebenso wichtig ist es jedoch, den Kindern, insbesondere im familiären Kontext, Medienkompetenz zu vermitteln und Medien als Informations- und Lernmittel einzusetzen. Dabei soll das ganze Spektrum von Medien (von Printmedien bis zu digitalen Medien), aber auch der Gebrauch und der Einsatz zwei- oder mehrsprachiger Medien berücksichtigt werden.

5.1 Basistext

Vielfach nehmen an Elternabenden in Kindertagesstätten und/oder Schulen, aber auch in interkulturellen Elternvereinen und Migrantenselbstorganisationen, ratsuchende Eltern teil, die Informationen über die adäquate Mediennutzung ihrer Kinder einholen wollen. Häufig gestellte Fragen sind: *Wie schädlich sind Medien? Welche Medien darf mein Kind benutzen? Welche Medieninhalte sind gut und welche ungeeignet? Wie viel Zeit darf mein Kind mit Fernsehen und Internet verbringen? Wie kann ich mein Kind vor den Risiken des Internets schützen? Wie kann ich verhindern, dass mein Kind der Darstellung von Gewalt im Fernsehen und im Internet ausgesetzt ist?* Seltener werden Fragen danach gestellt, ob und wie sich das Fernsehen oder Internet auf das Lernen des Kindes positiv auswirken und – allgemeiner – wie die Medienkompetenz gesteigert werden könne. Dabei ist die Medienbildung oder die Medienkompetenz eines Kindes längst zum Merkmal für Chancengleichheit oder Bildungsbeteiligung geworden. Das Thema bewegt nicht allein und nicht einmal in besonderer Weise Familien mit Migrationshintergrund. Aktuelle Studien belegen, dass dem Mediengebrauch der Kinder und der Förderung der Medienkompetenz durch Eltern gegenwärtig eine hohe Relevanz für die Erziehung und Sozialisation unabhängig von kulturellen Besonderheiten der Familien gegeben wird.[1]

Medienkompetenz = Chancengleichheit

Medienerziehung stellt einen Erziehungsbereich mit wachsender Bedeutung dar, da die Medien den Alltag von Kindern zunehmend beeinflussen und da sie immer stärker mit den verschiedenen Lebensbereichen der Kinder verknüpft sind, so z.B. mit altersspezifischen Interessen, schulischen Belangen und der Pflege von Freundschaften. Parallel nimmt die familiäre Medienausstattung mit verschiedenen (mobilen) Geräten immer mehr zu.

Vermittlung von Medienkompetenz als familiäres Erziehungsziel

Alle Eltern stehen in der Erziehung vor neuen Herausforderungen beim Umgang mit Medien: Sie müssen sich in der Medienwelt ihrer Kinder auskennen, diese ihrem Al-

1 Vgl. Wagner, Ulrike/Gebel, Christa/Lampert, Claudia (Hrsg.) (2013): Zwischen Anspruch und Alltagsbewältigung: Medienerziehung in der Familie. Schriftenreihe Medienforschung der Landesanstalt für Medien NRW, Band 72. Düsseldorf/Berlin; Theunert, Helga/Lange, Andreas (2012): „Doing Family“ im Zeitalter von Mediatisierung und Pluralisierung. In: merz – Medien und Erziehung, Jg. 56, Heft 2, S. 10–21; Medienpädagogischer Forschungsverbund Südwest (2012): FIM-Studie 2011. Familie, Interaktion und Medien. Untersuchung zur Kommunikation und Mediennutzung in Familien. Stuttgart.

ter entsprechend beraten und begleiten und ihnen Medienkompetenz vermitteln oder zumindest dabei mitwirken. Medienkompetenz gilt heute als Schlüsselqualifikation, die Kinder erwerben müssen, um die Anforderungen der modernen (gegenwärtigen und noch mehr der zukünftigen) Gesellschaft erfüllen zu können. Sie bezieht sich auf alle Medien, also auf die Printmedien, Rundfunk, Fernsehen, Ton- und Videokassetten, CDs ebenso wie auf Spielkonsolen und das Internet.

Was ist Medienkompetenz?

Medienkompetenz erfasst nicht nur die technisch-manuellen Fertigkeiten, mit Medien umzugehen, sondern wird in einem umfassenden Sinne verstanden als

- Mediennutzung: Nutzung von Medien für eigene Anliegen, Fragen und für sozialen Austausch;
- Medienkritik: Reflexion des eigenen Umgangs sowie eigener Erfahrungen mit Medien;
- Mediengestaltung: Kenntnisse über und Reflexion der Machart und Funktion von Medien;
- Medienkommunikation: Lernen, innerhalb der Medien zu kommunizieren und die Kommunikation zu reflektieren.[2]

Funktionen der Medien

Die Bedeutungen oder die Funktionen der Medien sind für Familien und Kinder vielfältig. Medien dienen erstens der Unterhaltung und der Freizeitgestaltung, aber auch der Information. Wissen über Natur und Gesellschaft, über Länder und Politik wird über das Fernsehen und über das Internet vermittelt. Bedingt durch die zunehmende Relevanz sozialer Netze nimmt zweitens die Bedeutung von Medien für die Kommunikation von Kindern und Jugendlichen rapide zu. Medien können drittens dem Lernen und der Lernförderung dienen: durch Lernspiele (game based learning), Programme für bestimmte Lerninhalte und schulbezogene Lerninstrumente.

Medien, so wird seit langem diskutiert, erfüllen im Migrationskontext und damit auch bei Familien mit Migrationshintergrund zusätzliche Funktionen und erhalten besondere Bedeutungen.[3] Sie vermitteln erstens Wissen über die deutsche Gesellschaft, die den Familien aufgrund ihrer Lebens- und Wohnsituation nicht unmittelbar zugängig sind; sie unterstützen zweitens das Lernen der deutschen Sprache, sie stärken drittens die Verbindung zum Herkunftsland der Eltern oder Großeltern und zu deren Sprache(n) und sie vermitteln viertens zwischen den Vorstellungen der Aufnahmegesellschaft und denen der Familien mit Migrationshintergrund.

Eine Übersicht über Medien und den Mediengebrauch in Familien mit Migrationshintergrund

Die Anzahl der Studien zur Mediennutzung von Migrantinnen und Migranten unter Berücksichtigung digitaler Medien hat in den letzten Jahren enorm zugenommen, wobei der Schwerpunkt auf der Mediennutzung und der Medienkompetenz von Kindern und Jugendlichen mit Migrationshintergrund liegt.[4] Die bisher vorliegenden Untersuchun-

2 So nach Baacke, Dieter (1996): Medienkompetenz – Begrifflichkeit und sozialer Wandel. In: Rein, Antje von (Hrsg.): Medienkompetenz als Schlüsselbegriff. Bad Heilbrunn, S. 112–124; erweitert durch Marci-Boehncke, Gudrun/Rath, Matthias (2013): Kinder – Medien – Bildung. Eine Studie zur Medienkompetenz und vernetzter Educational Governance in der Frühen Bildung. München, S. 22f.

3 So nach Pohlschmidt, Monika (2008): Medienkompetenz bei Menschen mit Migrationshintergrund. In: Hauke, Petra/Busch, Rolf (Hrsg.): Brücken für Babylon. Interkulturelle Bibliotheksarbeit. Grundlagen, Konzepte, Erfahrungen. Bad Honnef, S. 29.

4 Vor allem Hugger, Kai-Uwe (2009): Junge Migranten online. Suche nach sozialer Anerkennung und Vergewisserung von Zugehörigkeit. Wiesbaden; Kissau, Kathrin (2008): Das Integrationspotential des Internet für Migranten. Wiesbaden; Trebbe, Joachim/Heft, Annett/Weiß, Hans-Jürgen

gen über Jugendliche mit türkischem Migrationshintergrund liefern längst nicht immer ausreichend differenzierte Daten. Noch weniger Informationen stehen über Kinder und Jugendliche aus den ehemaligen GUS-Staaten[5] oder andere Gruppen zur Verfügung. Dennoch erlauben die Studien, ein – wenn auch grobes – Bild vom Medienverhalten der Kinder mit Migrationshintergrund zu zeichnen. Allgemein lässt sich feststellen, dass es – soweit nach Mediengebrauch und bevorzugten Inhalten gefragt wird – kaum Unterschiede zwischen Kindern mit und ohne Migrationshintergrund gibt.

Mediengebrauch und bevorzugte Medien

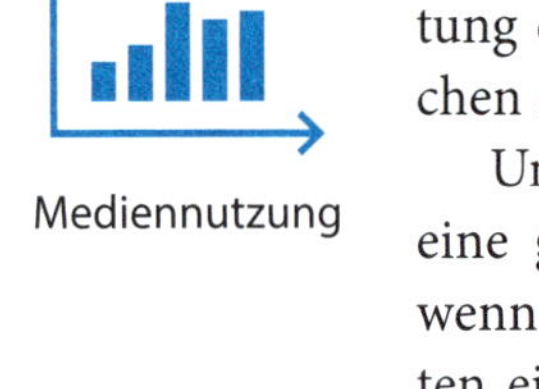

Mediennutzung

Die vom Medienpädagogischen Forschungsverbund Südwest 2012 veröffentlichte FIM-Studie, die explizit nur einheimisch deutsche Familien berücksichtigt und Familien mit Kindern zwischen 3 und 19 Jahren einbezieht, belegt die Dominanz und die Bedeutung des Fernsehens im Raum der Familie. Fast drei Viertel aller Kinder und Jugendlichen schauen mehrmals pro Woche gemeinsam mit den Eltern Fernsehsendungen an.[6]

Untersuchungen in Haushalten von Personen mit Migrationshintergrund belegen eine gleich gute (Fernsehen) oder geringfügig (DVD-Player/Computer bzw. Laptop), wenn nicht deutlich (Digitaler Fernsehempfang) bessere Ausstattung, als sie in Haushalten einheimisch Deutscher vorhanden ist. Die Nutzung des Fernsehens und des Internets ist in beiden Gruppen ähnlich – das Hören von Radiosendungen spielt allerdings in Migrantenhaushalten eine deutlich geringere Rolle.[7]

Fernsehen

Wird nicht der Mediengebrauch der Familie oder die Ausstattung der Haushalte mit Medien, sondern das Medienverhalten der Kinder fokussiert, so kann auf einige Studien zur Freizeitgestaltung sowie auf spezielle Auswertungen zur Mediennutzung von Kindern und Jugendlichen mit Migrationshintergrund zurückgegriffen werden.[8] Alle Untersuchungen zeigen, dass das Fernsehen bei Kindern mit und ohne Migrationshintergrund, bei 6- bis 8-Jährigen ebenso wie bei 9- bis 12-Jährigen oder 13- bis 14-Jährigen, nahezu unabhängig von der sozialen Schicht von über 90 % als wichtigste mediale Freizeitbeschäftigung genannt wird. Bevorzugt werden innerhalb der Familien mit Migrationshintergrund (altersunabhängig) TV-Sender – insbesondere Privatsender – mit hohen Unterhaltungsanteilen, was mit der jüngeren Altersstruktur der Migrationsgruppen zusammenhängen dürfte. Deutschsprachige öffentlich-rechtliche Programme haben zwar ein positives Image (als Informationsträger), werden aber seltener eingeschaltet.[9] Fernsehen wird als Unterhaltungsmedium angesehen, welches zum einen als Mittel zur Fami-

---

(2010): Mediennutzung junger Menschen mit Migrationshintergrund. Umfragen und Gruppendiskussionen mit Personen türkischer Herkunft und russischen Aussiedlern im Alter zwischen 12 und 29 Jahren in Nordrhein-Westfalen. Düsseldorf/Berlin; Hacke, Sebastian (2012): Medienaneignung von Jugendlichen aus deutschen und türkischen Familien. Eine qualitativ-rekonstruktive Studie. Freiburg.

5 Heft, Annett/Maurer, Torsten/Weiß, Hans-Jürgen (2010): Mediennutzung und Medienkompetenz junger russischer Aussiedler in Nordrhein-Westfalen. In: Hans-Bredow-Institut (Hrsg.): Medien & Kommunikationswissenschaft, 58. Jg., Heft 3/2010. Baden-Baden, S. 343–367; hier nach http://www.lmz-bw.de/fileadmin/user_upload/Medienbildung_MCO/fileadmin/bibliothek/heft_maurer_weiss_medienkompetenz_aussiedler/heft_maurer_weiss_medienkompetenz_aussiedler.pdf.

6 MPFS (2012): FIM-Studie 2011. Familie, Interaktion & Medien. Untersuchung zur Kommunikation und Mediennutzung in Familien. Medienpädagogischer Forschungsverbund Südwest. Stuttgart, S. 57f.

7 Pohlschmidt, Monika (2008): Medienkompetenz bei Menschen mit Migrationshintergrund. In: Hauke, Petra/Busch, Rolf (Hrsg.): Brücken für Babylon. Interkulturelle Bibliotheksarbeit. Grundlagen, Konzepte, Erfahrungen. Bad Honnef, S. 12–45; hier S. 21ff.

8 Worbs, Susanne (Hrsg.) (2010): Mediennutzung von Migranten in Deutschland. Herausgegeben vom Bundesamt für Migration und Flüchtlinge (Integrationsreport), Working Paper 34 der Forschungsgruppe des Bundesamts. Nürnberg, S. 40–45.

9 Worbs, Susanne (2010): s. oben; hier S. 5.

lienzusammenkunft im Mehrgenerationenkontext genutzt wird und zum anderen familiäre Bindungswünsche (Zusammenkommen der Familie vor dem Fernseher) bedient.[10]

Internet

Nun ist der Medienumgang Jugendlicher allgemein bei hoher Akzeptanz immer neuer Medien kontinuierlich Entwicklungen unterworfen, so dass selbst aktuelle Ergebnisse schnell überholt sein können. Die JIM-Studie des Medienpädagogischen Forschungsverbundes Südwest von 2013 weist, wie die Erhebungen vorher, auf die hervorgehobene Rolle des Internets bei den 12- bis 19-Jährigen hin. Der Zugang erfolgt in immer stärkerem Maße über das Smartphone oder das Handy. Einbezogen wurden ausschließlich deutschsprachige Jugendliche, von denen 13 % einen Migrationshintergrund hatten. Die Ergebnisse lassen zudem vermuten, dass nahezu alle Jugendlichen schon im Alter von 12 bis 13 Jahren ein Handy, über die Hälfte ein Smartphone besitzt und ca. 80 % über einen Internetzugang verfügen.[11] Medien insgesamt, und hier wiederum insbesondere das Internet, das Handy, das Fernsehen und der MP3-Player, haben durch ihre tägliche Nutzung höchste Bedeutung für die Freizeitgestaltung. Eine Nutzung ist überwiegend im eigenen Zimmer möglich; auch die 12- bis 13-Jährigen müssen nur noch zu einem Viertel die Einwilligung der Eltern einholen. Das Internet dient der Kommunikation (ca. 40 %), dem Spielen oder der Unterhaltung (beide jeweils ca. 20 %) und der Information (ca. 15 %), wird aber auch – wenn auch zu einem geringeren Zeitanteil – zur Lösung schulischer Aufgaben eingesetzt.

Online-Medien (Internetangebote) stärken und verändern die Kommunikation und Kontaktpflege. So haben sich in den letzten Jahren im social web verschiedene Netzwerkangebote speziell für die Zielgruppe der Kinder und Jugendlichen etabliert. Beispielsweise wird Facebook als Kommunikations- und Vernetzungsforum gegenwärtig von Kindern ab 8 Jahren genutzt. Dass die Nutzer immer jünger und die Internetnutzung immer häufiger und länger (pro Tag) wird, belegt eine Untersuchung von 2014, die wiederum nur die deutschsprachigen Kinder einbezieht. Demnach ist mehr als die Hälfte der 10- bis 13-Jährigen (56 %) täglich online. Bei den 6- bis 9-Jährigen ist es schon fast jedes fünfte Kind (18 %). Das sind 7 und 8 Prozentpunkte mehr als 2013. Dabei können die Kinder stärker als früher auf eigene Handys und Smartphones zurückgreifen. 57 % aller 6- bis 13-Jährigen besitzen ein eigenes Handy oder Smartphone – ein Plus von 8 Prozentpunkten auf 3,35 Millionen Kinder. Darunter fallen 80 % aller 10- bis 13-Jährigen (+11 %) und 33 % aller 6- bis 9-Jährigen (+6 %). Selbst 6 % aller 4- und 5-Jährigen haben ein Handy oder ein Smartphone.[12]

Handy und Smartphone

Bücher

Auch in Bezug auf die Nutzung von Printmedien sind zwischen Kindern mit und ohne Migrationshintergrund keine gravierenden Unterschiede auszumachen. Das Lesen von Büchern als Freizeitbeschäftigung nimmt bei beiden Gruppen mit steigendem Alter ab: von ca. 80 % bei 6- bis 8-Jährigen über 72 % bei 9- bis 12-Jährigen auf ca. 56 % bei 13- bis 14-Jährigen. Schichtspezifische Unterschiede sind in beiden Gruppen vorhanden und nehmen mit höherem Alter zu; Mädchen lesen etwas häufiger als Jungen. Die Spielkonsole wird von sehr jungen Kindern mit Migrationshintergrund etwas häufiger genutzt; insbesondere von Jungen dieser Gruppe und von Kindern aus niedrigen sozialen Schichten.

Chatten und Computerspiele

Bei den 13- bis 14-Jährigen werden das Surfen im Internet, Chatten und Computerspiele bedeutsam; dabei handelt es sich um Beschäftigungen, denen bis zu 87 % der Kinder nachgehen. Unterschiede nach Migrationshintergrund bestehen laut DJI Survey

10 WDR-Studie (2007): Zwischen den Kulturen. Fernsehen, Einstellungen und Integration junger Erwachsener mit türkischer Herkunft in Nordrhein-Westfalen. Köln.

11 Medienpädagogischer Forschungsverbund Südwest (Hrsg.): JIM 2013: Jugend, Information, (Multi-)Media. Basisstudie zum Medienumgang 12- bis 19-Jähriger in Deutschland. Stuttgart; hier insbesondere S. 8, S. 11.

12 Quelle dpa: http://www.zeit.de/news/2014-08/12/verbraucher-immer-mehr-kinder-nutzen-taeglich-das-internet-12123402 [Zugriff am 12.08.2014].

kaum. Auch die Unterschiede nach sozialer Schicht sind nicht wirklich bedeutsam. Wie häufig bei Umfragen, gibt es aber auch andere Ergebnisse; so wird in einer von 2003 bis 2006 durchgeführten Erhebung ermittelt, dass sich 11- bis 17-jährige Jungen mit Migrationshintergrund signifikant häufiger mit Fernsehen/Video, Computer, Internet und Spielkonsolen beschäftigen.[13] Auch eine Untersuchung von Schülerinnen und Schülern der vierten Klasse stellte 2005 gravierende Unterschiede fest.[14] Vor allem wird die deutlich häufigere Nutzung von nicht altersgemäßen Medien durch Viertklässler angegeben (Filme ab 16/18: mit türkischem Migrationshintergrund 37 %, mit russischem Migrationshintergrund 33 %, ohne Migrationshintergrund 16 %). Auch erst ab 16 oder 18 Jahren zugelassene Spiele werden häufiger genutzt (ca. 55 % gegenüber 33 % ohne Migrationshintergrund).

Nutzung nicht altersgemäßer Angebote

Die erhobenen Zahlen geben kein einheitliches Bild ab: So heißt es im Kinder-Migrationsreport, dass die Daten zum Umgang von Kindern mit Migrationshintergrund mit elektronischen Medien, vor allem im Vergleich mit Kindern ohne Migrationshintergrund, viele Unstimmigkeiten aufweisen, die eine Verallgemeinerung erschweren. Dazu trügen u.a. Unterschiede in den Stichproben, bei den Fragestellungen und in den Antwortkategorien bei.[15]

Bevorzugte Medieninhalte

Schon um die Jahrhundertwende veröffentlichte Untersuchungen ermittelten, dass die Interessen von Kindern in Bezug auf Fernsehsendungen ähnlich sind. Beliebt sind Zeichentrickfilme, Kindersendungen und Tierfilme. Für Jungen treten Sportsendungen und Actionfilme hinzu.[16] In Familien (diskutiert vor allem in denen mit türkischem Hintergrund) läuft oft der Fernseher, und es werden türkische Serien und Spielfilme gezeigt. Das Internet dient der Kommunikation (oft mit Familienangehörigen in der Türkei, Russland, Polen u.a.), dem Chatten mit Verwandten, Bekannten und Freunden, der Nachrichtenrezeption (oft unspezifisch über Schlagzeilen) und der Unterhaltung (Spiele, Musik etc.). Auch als Lernmedium wird das Internet seit einigen Jahren stärker eingesetzt. Zu beobachten sind in der Internet-Nutzung geschlechtsspezifische Merkmale: So ist beispielsweise die digitale Mediennutzung der Jungen mit türkischem Migrationshintergrund mehr status- und prestigeorientiert, während bei den Mädchen Selbstbehauptung und Selbstverwirklichung im Vordergrund stehen.[17]

---

13 So die im Rahmen des Kinder- und Jugendgesundheitssurveys durchgeführte Erhebung, hier nach Worbs, Susanne (Hrsg.) (2010): siehe oben, S. 40.

14 Die KFN Schülerbefragung 2005. In: Worbs, Susanne (Hrsg.) (2010): siehe oben, S. 42f.; Cinar, Melihan/Otremba, Katrin/Stürzer Monika/Bruhns, Kirsten (2010): Kinder-Migrationsreport – ein Daten- und Forschungsüberblick zu Lebenslagen und Lebenswelten von Kindern mit Migrationshintergrund. München, S. 249; http://www.kvjs.de/fileadmin/dateien/jugend/jugendhilfeplanung/aktuelle_informationen/Kinder-Migrationsreport.pdf [Zugriff am 03.11.2014].

15 Cinar u.a. (2010), S. 252.

16 Granato, Mona (2001): Freizeitgestaltung und Mediennutzung bei Kindern türkischer Herkunft. Eine Untersuchung des Presse- und Informationsamtes der Bundesregierung (BPA) zur „Mediennutzung und Integration der türkischen Bevölkerung in Deutschland" und zur „Mediennutzung und Integration türkischer Kinder 2000 in Deutschland." Endbericht. Bonn, S. 32; http://www.lmz-bw.de/fileadmin/user_upload/Medienbildung_MCO/fileadmin/bibliothek/granato_freizeit/granato_freizeit.pdf [Zugriff am 24.10.2014].

17 Siehe dazu Hacke, Sebastian (2011): Medienaneignung von Jugendlichen aus deutschen und türkischen Familien. Eine qualitativ-rekonstruktive Studie. Freiburg, S. 461ff.

Besonderheiten im Medienverhalten bei Kindern mit Migrationshintergrund

Wenn auch das Medienumfeld – sowohl was den Besitz verschiedener Medien als auch was den Mediengebrauch anbetrifft – nach allem was bekannt und erforscht ist bei Kindern (und Jugendlichen) mit Migrationshintergrund und einheimisch deutschen Kindern sehr ähnlich ist, gibt es dennoch drei wichtige Unterschiede: Der erste betrifft die Mediensprache oder besser die Mediensprachen, der zweite die Einbeziehung von Informationen aus dem Herkunftsland der Eltern/Großeltern und der dritte, der zunehmend an Bedeutung gewinnt, die virtuelle – ethnische oder religiöse – Gemeinschaft, mit der junge Menschen mit Migrationshintergrund kommunizieren.

Zugang zu muttersprachlichen Angeboten

- **Mediensprache(n):** Das für die Familien wichtigste Medium „Fernsehen" – nachgewiesen für Familien mit türkischem Migrationshintergrund – wird für den Konsum muttersprachlicher Sendungen genutzt. Das ist wahrscheinlich auch darauf zurückzuführen, dass es beim Fernsehen (wie auch bei den Printmedien) in oder für Deutschland produzierte Programme in türkischer Sprache gibt. In den Familien mit Migrationshintergrund werden deutsche und muttersprachige Medien nebeneinander verwendet. Deutsche und muttersprachige Medien haben unterschiedliche Funktionen: Deutsches Fernsehen wird z.B. vorwiegend zur Information genutzt; es wird als sachlich und kühl, aber auch als vertrauenswürdig empfunden. Türkisches Fernsehen hingegen dient eher Unterhaltungszwecken, aber auch der Information über Geschehnisse in der Türkei. Zudem hat es stärker soziale und emotionale Funktionen („Familienfernsehen") und dient als Brücke zum Herkunftsland, wodurch es auch für die jüngere Generation attraktiv bleibt.[18] Bei russischsprachigen Familien spielen zwar Medien in russischer Sprache eine untergeordnete Rolle, aber die Hälfte nutzen Medien in russischer Sprache, um sich über Ereignisse in Russland zu informieren, und auch Nachrichten über Ereignisse in Deutschland werden von nahezu ebenso vielen aus russischen Quellen verfolgt, gleichzeitig aber auch über deutsche.[19]

  Es gibt Hinweise darauf, dass russischsprachige Eltern ihre Kinder animieren, heimatsprachige Medienangebote anzunehmen, damit sie Informationen über das Herkunftsland ihrer Eltern erhalten und ihre Muttersprache pflegen und bewahren können.[20] Dies, so die Studie,[21] hat mit unterschiedlich umfangreichen Angeboten für beide Gruppen zu tun, aber auch mit unterschiedlichen Rezeptionsmustern. Aussiedlerkinder sehen vergleichsweise häufig und allein und dann auf Deutsch fern, wodurch dieses Medium eine Art „Tutor" beim Deutschlernen sein dürfte. Kinder mit türkischem Migrationshintergrund geben hingegen häufiger an, im Familienverbund oder mit Freunden fernzusehen, wobei dann mit den Eltern eher türkische Kanäle zur „familialen Vergewisserung der Herkunftskultur" geschaut werden.

junge Generation nutzt häufig deutschsprachige Internetangebote

  Deutlich anders verläuft die sprachliche Kommunikation in der Internetnutzung. Während Eltern im Internet überwiegend herkunftsbezogene Angebote in den Muttersprachen nutzen, greifen Kinder und Jugendliche auf deutschsprachige Angebote zurück. Es ist seit langem bekannt, dass die in Deutschland aufgewachsene Einwanderergeneration im Internet die deutsche Sprache bevorzugt. Vor allem Kinder, die

18 So nach Heft, Annett/Maurer, Torsten/Weiß, Hans-Jürgen (2010): siehe oben, S. 343–367; hier nach http://www.lmz.bw.de/fileadmin/user_upload/Medienbildung_MCO/fileadmin/bibliothek/heft_maurer_weiss_medienkompetenz_aussiedler/heft_maurer_weiss_medienkompetenz_aussiedler.pdf [Zugriff 24.10.2014].

19 Ebd.

20 Elias, Nelly/Lemish, Dafna (2008): Medien, Migrationserfahrungen und Adoleszenz. Die Rolle von Fernsehen und Internet für russischsprachige 6- bis 18-Jährige in Deutschland und Israel. Televizion 21 (1), S. 24–28; hier S. 25. http://www.br-online.de/jugend/izi/deutsch/publikation/televizion/21_2008_1/elias_lemish.pdf.

21 Vgl. Worbs, Susanne (Hrsg.) (2010), siehe oben.

sich (in der Selbsteinschätzung) bessere Deutsch- als Herkunftssprachenkenntnisse zuschreiben, nutzen überwiegend deutschsprachige Medien (nach einer Sonderauswertung 51 % der Kinder mit türkischem Migrationshintergrund; 62 % der Aussiedlerkinder).[22] In vielen Fällen verfügen die Kinder über eine hohe sprachliche Flexibilität und „switchen" zwischen den Sprachen.

- **Zugang zu der Herkunftskultur der Eltern oder Großeltern:** Kinder mit Migrationshintergrund können gerade über die neuen Medien vertiefte Kenntnisse über das Land ihrer Eltern und Großeltern gewinnen und nutzen diese Möglichkeit auch. Im social web (auch über E-Mail) entstehen Kontakte zu Familienangehörigen und Freunden weltweit. Gefördert werden dadurch auch die Kompetenzen in mehreren Sprachen, so auch in der Herkunftssprache. Die digitalen Medien stärken dadurch die Kontakte zu Kindern und Jugendlichen der eigenen ethnischen Gruppe und schaffen gemeinsame Identifikationen über große Entfernungen hinweg.

Ethno-Portale

- **Schaffung eines ethnischen Netzwerkes:** In neuerer Zeit nimmt die Zahl der Kinder und Jugendlichen (wahrscheinlich enorm) zu, die sich in sog. Ethno-Portale, eventuell auch in religiöse Portale speziell für Kinder und Jugendliche, einloggen.[23] Ethno-Portale, die größtenteils zweisprachig nutzbar sind, lassen Identifikationen und Nähe entstehen. Sie greifen die Interessen und Herausforderungen der verschiedenen migrantischen Jugendkulturen auf, an denen auch ältere Kinder partizipieren können. Es wird beschrieben, dass z.B. die russische Netzkultur, die über das Internet hergestellt wird, über die Nutzung der russischen Sprache hinaus der Sichtbarmachung und Selbstverortung ethnischer Zugehörigkeit dient.[24]

  Auch die Identifikation mit erfolgreichen Persönlichkeiten aus Musik, Sport und Film geschieht größtenteils über neue Medien. So entstehen Identifikationen zu bekannten Stars wie Wladimir Kaminer, Helene Fischer, Andreas Beck, Bushido, Eko Fresh, Cool Savas u.a., die auch ein Stück Identitätswelt der Jugendlichen selbst widerspiegeln. Damit prägen insbesondere neue interkulturell ausgerichtete Rap- und/oder Hip Hop-Richtungen den Alltag von Kindern und Jugendlichen.

Medienerziehung in der Familie

Zwar ist Einiges über den Mediengebrauch in Familien mit Migrationshintergrund bekannt, aber nur Weniges über das Erziehungshandeln in Bezug auf Medien.

2006: Eltern verfügen über geringe Computerkenntnisse

Kinder und Jugendliche mit Migrationshintergrund erwerben – wie einheimisch deutsche auch – die Computer- und Internetkenntnisse außerhalb der Familie, aber auch außerhalb der Bildungseinrichtungen. Während Jungen schon in recht jungem Alter die Internetangebote in Jugendclubs oder an ähnlichen Orten nutzen können, sind Mädchen auf private Möglichkeiten, schulische Angebote, Kurse in Vereinen oder Moscheen oder in privaten Schulen verwiesen, wie bei Jugendlichen mit türkischem Migrationshintergrund festgestellt wurde.[25] Über andere Herkunftsgruppen liegen keine Informationen vor. Die Familie fällt als Lernort aus, weil ein erheblicher Teil der Eltern

22 Vgl. Worbs, Susanne (Hrsg.) (2010), siehe oben, S. 5.

23 Vgl. dazu Hugger, Uwe/Kissau, Kathrin (Hrsg.) (2009): Internet und Migration. Theoretische Zugänge und empirische Befunde, Wiesbaden.

24 Vogelsang, Waldemar (2008): Jugendliche Aussiedler. Zwischen Entwurzelung, Ausgrenzung und Integration. Weinheim/München, S. 194; siehe Auch: Heft, Annett/Maurer, Torsten/Weiß, Hans-Jürgen (2010): siehe oben, S. 12; hier nach http://www.lmz-bw.de/fileadmin/user_upload/Medienbildung_MCO/fileadmin/bibliothek/heft_maurer_weiss_medienkompetenz_aussiedler/heft_maurer_weiss_medienkompetenz_aussiedler.pdf [Zugriff 24.10.2014].

25 Strotmann, Mareike (2006a): „Die wollen, dass ich mich mit dem Computer beschäftige." – Der Aufforderungs- und Unterstützungscharakter von Familie, Schule und außerschulischer Einrichtung bei der Aneignung der Neuen Medien durch Jugendliche mit türkischem Migrationshinter-

weder Computer noch Internet nutzt noch über die notwendigen Kenntnisse verfügt. So nutzen rund zwei Drittel der Eltern mit Migrationshintergrund den Computer selten oder nie. Sie räumen diesem Medium dennoch einen hohen Stellenwert ein. So haben beispielsweise befragte türkische Eltern häufig hohe Bildungserwartungen in Bezug auf die neuen Medien und ermutigen die Kinder zur Auseinandersetzung mit dem Computer. Auf eine direkte Hilfe von Seiten ihrer Eltern im Hinblick auf den Umgang mit dem Computer können allerdings nur wenige Befragte zurückgreifen. Zum Teil fungieren die Kinder und Jugendlichen für ihre Eltern umgekehrt als „Türöffner" zu neuen Medien, können ihnen Hilfestellung geben oder Informationen für sie recherchieren.[26] Es ist aber zu erwarten, dass sich mit der neuen Generation von Eltern die Rahmenbedingungen in den Familien weitgehend geändert haben. Die „affektive familiäre Einbindung" der Kinder und Jugendlichen in Familien mit Migrationshintergrund und die Motivierung und Förderung der Eltern im Hinblick auf neue Medien trägt dazu bei, dass sich Kinder und Jugendliche trotz schlechterer Ausgangsbedingungen ein gewisses Maß an Medienkompetenz erarbeiten können.[27] Gleichzeitig sehen sich Eltern häufig mit Berichten über medienbezogene Risiken und Wirkungen konfrontiert. Daraus entstehen Ängste, wenn sich Eltern z.B. aufgrund des Spielverhaltens ihrer Kinder Sorgen um deren soziale Integration machen oder wenn sie nicht abschätzen können, ob die Sendungen oder Spiele altersgerecht sind oder etwa dem Kind schaden.

2015: veränderte Rahmenbedingungen

Eine der wenigen Untersuchungen zu Kindern mit und ohne Migrationshintergrund im Alter von 4 bis 6 Jahren bestätigt das große Interesse, das dem Fernsehen entgegengebracht wird, aber auch die (steigende) Bedeutung des Computers und des Internets für diese Altersgruppe. Der Computer wird vor allem für Spiele genutzt. Eine kontinuierliche Medienbegleitung im Elternhaus, so wird ermittelt, fehlt überwiegend.[28] Allerdings werden Medienverbote als Strafe und die Erlaubnis zur Mediennutzung als Belohnung in der Erziehung eingesetzt. In welchem Umfang dies geschieht, ist bisher kaum untersucht. In einem Dortmunder Kita-Medienprojekt zählt ein Viertel der antwortenden Eltern, von denen ein erheblicher Teil einen Migrationshintergrund hat, Medienverbote zu ihren Erziehungsmitteln.[29]

Schaffung von Medienkompetenz in der Familie

Eltern mit Migrationshintergrund wollen und sollen ihre Kinder bei der Medienauswahl beraten und darüber hinaus Medienkompetenzen des Kindes hervorrufen oder stärken. Die erste Aufgabe bedeutet vor allem bei Kindern, immer das Medienverhalten in Bezug auf die Zeit, die das Kind für bestimmte Medien verwendet, in Bezug auf die Inhalte und in Bezug auf nicht gewünschte Zugänge zu kontrollieren. Die zweite Aufgabe enthält zwei Aspekte: Das Kind soll zum einen Fähigkeiten im aktiven Gebrauch von Medi-

grund. In: Treibel, Annette/Maier, Maja S./Kommer, Sven/Wetzel, Manuel (Hrsg.): Gender medienkompetent. Medienbildung in einer heterogenen Gesellschaft. Wiesbaden, S. 257–275.

26 So Strotmann, Mareike (2006a): siehe oben, hier S. 266ff.; siehe auch: Strotmann, Mareike (2006b): Die Rolle der Familie bei der Aneignung eines neuen Mediums am Beispiel von Jugendlichen mit türkischem Migrationshintergrund. In: Theunert, Helga (Hrsg.): Interkulturell mit Medien. Die Rolle der Medien für Integration und interkulturelle Verständigung. München, S. 125–139.

27 Treibel, Annette (2006): Medienkompetenz an der Hauptschule. Zur Relevanz von Migration, Gender und Individualisierung bei russlanddeutschen und türkischstämmigen Jugendlichen. In: Treibel, Annette/Maier, Maja S./Kommer, Sven/Wetzel, Manuel (Hrsg.): Gender medienkompetent. Medienbildung in einer heterogenen Gesellschaft. Wiesbaden, S. 209–233; hier S. 231ff.

28 So nach Treibel, Annette (2006): siehe oben; hier S. 156.

29 So nach Marci-Boehncke, Gudrun/Rath, Matthias (2013): Kinder-Medien-Bildung. Eine Studie zur Medienkompetenz und vernetzter Educational Governance in der Frühen Bildung. München, S. 40.

en erwerben und darüber hinaus über Kompetenzen verfügen, sich kritisch mit Medien auseinandersetzen zu können. Ein medienkompetentes Kind geht kenntnisreich, ungezwungen und neugierig mit Medien um und besitzt gleichzeitig eine kritisch-reflektierte Einstellung zu ihnen.[30]

Übersicht über das Medienverhalten des Kindes

Regeln und Risiken

Es ist wichtig, dass sehr früh in der Familie Regeln zum Mediengebrauch (Art, Zeit, Ort, Umfang) vereinbart werden, und zwar sobald es altersgemäß möglich ist und in Absprache mit dem Kind. Welche Rollen Medien in verschiedenen Altersstufen spielen und wie sie eingesetzt und verarbeitet werden, stellt sich von Kind zu Kind unterschiedlich dar. Ausschlaggebend ist die soziale, kognitive und affektive Entwicklung des Kindes, die wiederum nicht losgelöst von den familiären und sozialen Bezügen betrachtet werden kann.

Für den Mediengebrauch nach Altersstufen[31] lassen sich aber dennoch allgemeine Regeln aufstellen:

Kleinkinder

- Kleinkinder in den ersten beiden Lebensjahren brauchen in ihrer Entwicklung sehr viel medienfreie Zeit, um ihre Umwelt aktiv und spielerisch zu erfahren und zu erforschen. Medien sollten weitestgehend auf Hörkassetten/Hör-CDs und andere akustische Reize beschränkt bleiben. Mit Fernsehen oder Computer können Kinder dieses Alters sehr wenig anfangen.

bis 5 Jahre

- Für Kinder im Kindergartenalter (bis 5 Jahre) ist der Medienkonsum darauf ausgerichtet, sich den Fotoapparat, die Videokamera und den Computer spielerisch anzueignen. Dabei lieben es Kinder sehr, sich selbst oder ihre Umgebung medial zu erkunden. Dabei müssen Eltern ihr Kind in seinem Medienverhalten begleiten. Sie sollten die von dem Kind benutzten Medienformate, -inhalte und -helden kennen und mit dem Kind immer im Austausch bleiben. Einen eigenen Lerncomputer benötigen Kinder in diesem Alter noch nicht. Ebenso wenig sind Fernsehen und Spielkonsolen im Kinderzimmer ratsam. Aber es kann begonnen werden, mit dem Kind Regeln und Modalitäten zum selbstständigen Umgang mit den Medien (hier insbesondere dem Fernsehen und dem Internet) auszuhandeln.

bis 7 Jahre

- Grundschulkinder im Alter von bis zu 7 Jahren sollten Gelegenheit bekommen, mit Medien wie der Digitalkamera in Verbindung zu kommen. Sie sollten lernen, wie sie fotografieren und welche Motive sie auswählen sollten. Nach dem Fernsehkonsum sollte mit dem Kind besprochen werden, was ihm an dem Gesehenen gefallen oder missfallen hat. Eltern sollten ihrem Kind zugleich kindgerechte Webseiten im Internet zeigen (www.seitenstark.de, www.internet-abc.de).

bis 10 Jahre

- Grundschulkinder im Alter von bis zu 10 Jahren können im Internet auf kindgerechten Webseiten surfen. Dem Kind sollten interessante und sichere Webseiten gezeigt, aber es sollte auch auf die Gefahren des Internets aufmerksam gemacht werden (z.B. Gewalt, Abonnements, illegale Aktionen, Kosten für Online-Spiele). Dabei ist es wichtig, dass Eltern mit ihrem Kind im Gespräch und im engen Austausch über amüsante, informative, spielerische, aber auch über ungeeignete Webseiten bleiben. Dem Kind sollte gezeigt werden, wie mit dem Smartphone Filme, Bilder und Tonaufnahmen gemacht werden können, wie Reportagen selber aufgenommen und mediale Produkte erstellt sowie bearbeitet werden können.

30 So nach Fthenakis, Wassilios E. (Hrsg.) (2009): Natur-Wissen schaffen. Band 5: Frühe Medienbildung. Troisdorf, S. 17f.

31 Siehe Bundeszentrale für gesundheitliche Aufklärung (2009): Gut hinsehen und zuhören! Tipps für Eltern zum Thema „Mediennutzung in der Familie". Köln.

- Im Alter von 11 bis 13 Jahren entwickeln Kinder spezifische Medieninteressen, oftmals in bewusster Abgrenzung von anderen Kindern oder von Kindergruppen. Die Film- und Fernsehvorlieben differenzieren sich aus und wandeln sich. Daher ist es wichtig, dass Eltern mit dem Kind gemeinsam Filme oder Fernsehsendungen anschauen, die nicht nur die Eltern, sondern auch das Kind interessieren. Sie sollten sich mit ihrem Kind über deren Inhalte austauschen und damit auch einen Zugang zu dessen Meinungen, Erfahrungen und Empfindungen gewinnen. In dieser Altersgruppe suchen Mädchen und Jungen zunehmend auch nach geschlechtsorientierten Rollenvorbildern und Lösungsmodellen für Konflikte und entwickeln spezifische Interessen. Sie bereiten sich dadurch auf das Erwachsenenleben vor.

  Dabei spielen insbesondere die Nutzung von Computer und Internet eine große Rolle. Viele Kinder chatten mit Freunden und Bekannten, insbesondere über Facebook und WhatsApp knüpfen sie soziale Netzwerke. Eltern sollten ihrem Kind zeigen, wie es sicher im Internet surfen kann, aber auch die Risiken und Gefahren deutlich machen und dadurch für einen sicheren Medienumgang ihres Kindes sorgen. Wichtig ist, dass sich das Kind im Web vor möglichen Gefahren schützt und sich gegebenenfalls zu wehren lernt, aber auch mit diesem Medium einen sicheren Umgang entwickeln kann.

11-13 Jahre

Unterstützung des Erwerbs von Medienkompetenz

Es reicht nicht aus, Kindern Regeln zum Medienverhalten vorzugeben oder sie mit ihnen auszuhandeln. Eltern können und sollten sich aktiv beteiligen und zwar auch dann, wenn die Kindern ihnen in (Teil-)Bereichen an Fertigkeiten und Kenntnissen überlegen sind.

Eltern wird in Bezug auf das Medienverhalten ihrer Kinder große Verantwortung zugewiesen. Einerseits werden zu viel Medienkonsum sowie unangemessene (für Kinder nicht geeignete) Inhalte als negativ bewertet, andererseits sichert Medienkompetenz Chancen für Bildung und gesellschaftliche Teilhabe. Gerade hier gilt es, eine Balance herzustellen, um sowohl den Risiken der Medien entgegenzuwirken als auch die Potenziale der Medien stärker zu nutzen. Es ist unstrittig, dass die Medienkompetenz zu einer bedeutsamen Schlüsselqualifikation geworden ist und daher große Bedeutung für erfolgreiche Bildungsprozesse und für gesellschaftliche Teilhabe erlangt hat.

Balance:
Risiken und Potenziale

Die Entwicklungen im Zuge der medialen Wandlungsprozesse stellen Eltern vor neue Anforderungen: Sie müssen sich in der Medienwelt ihrer Kinder auskennen und sie erfolgreich begleiten, um sinnvolle Regeln für den kritischen Umgang mit den Medieninhalten aufstellen zu können.

Hier kann es nur um einige allgemeine Grundsätze gehen:

- Wichtig ist, dass das Kind in seinem Medienverhalten von den Eltern aktiv begleitet wird. Das bedeutet nicht, dass Eltern permanent daneben sitzen und strikte Kontrolle ausüben sollen. Sie sollten aber die Medienformate, -inhalte und -charaktere kennen und mit dem Kind im engen Gespräch/Austausch über das Gespielte und Gesehene bleiben. Wichtig ist, dass Eltern im pädagogischen Kontext auf die Altersempfehlungen und -freigaben achten.
- Daneben gibt es im Elternhaus mediale Angebote (insbesondere Filme, Fernsehprogramme, Spielkonsolen), die von Kindern und Eltern gemeinsam in Anspruch genommen werden können. Eltern sollten deshalb mit ihrem Kind zusammen Filme und Fernsehsendungen ansehen, die auch Kinder interessieren könnten. Es ist sinnvoll, sich über die Inhalte dieser Filme und Fernsehsendungen im Gespräch auszutauschen, um die Meinung, Erfahrung und Empfindung des Kindes zu erfahren.

Schwieriger wird es in der Internetwelt. Hier sind die Interessen und Affinitäten zwischen den Generationen unterschiedlich. Eltern können aber ihrem Kind interessante und sichere Seiten im Internet zeigen und mit ihnen im Gespräch über amüsante, informative und spielerische Webseiten bleiben. Wichtig ist, dass auch über die Risiken und Gefahren mit dem Kind gesprochen wird und ihm dabei vermittelt wird, wie es sicher chatten und sich auf öffentlichen Plattformen (Facebook, Twitter) vor Gefahren schützen kann und das auch mit Chaträumen oder -apps (wie WhatsApp) verantwortungsvoll umgegangen werden muss. Dabei sind der Umgang mit persönlichen Daten im Internet, sicheres Suchen und die Unterscheidung zwischen Information und Werbung von besonderer Bedeutung.

Medien als Lernmittel

- Viel zu selten werden Medien als Lernmittel eingesetzt:
  - Zum Lernen der Sprache, über die die Eltern nicht oder weniger verfügen (oder überwelche der Elternteil, der die Betreuung leistet, geringe Kenntnisse hat): Mit CDs oder DVDs in deutscher Sprache kann Kindern die neue Sprache in Form von Kindergeschichten nahegebracht werden; in der Muttersprache der Eltern kann die zweisprachige Bildung des Kindes gefördert werden.
  - Zum Aneignen der Welt außerhalb des Wohnviertels, sowohl, um Bilder von (einheimisch) deutschen Familien nahezubringen als auch um die Welt, aus der die Eltern oder Großeltern stammen, vorzustellen.
  - Zum Erarbeiten von Rechen- oder Schreibaufgaben neben und außerhalb des Unterrichts, deren Lösung dem Kind Spaß macht. So gibt es im Internet z.B. spezielle Lernprogramme, die auf das Erlernen der Rechtschreibung und Grammatik spezialisiert sind sowie auf das Erlernen von Vokabeln, oder Programme zum Trainieren rechnerischer Fähigkeiten.

Leseempfehlung

Strotmann, Mareike (2006): „Die wollen, dass ich mich mit dem Computer beschäftige.“ – Der Aufforderungs- und Unterstützungscharakter von Familie, Schule und außerschulischer Einrichtung bei der Aneignung der Neuen Medien durch Jugendliche mit türkischem Migrationshintergrund. In: Treibel, Annette/Maier, Maja S./Kommer, Sven/Weizel, Manuela (Hrsg.): Gender medienkompetent. Medienbildung in einer heterogenen Gesellschaft. Wiesbaden, S. 257–275.

Trebbe, Joachim/Heft, Annett/Weiß, Hans-Jürgen (2010): Mediennutzung junger Menschen mit Migrationshintergrund. Umfragen und Gruppendiskussionen mit Personen türkischer Herkunft und russischen Aussiedlern im Alter zwischen 12 und 29 Jahren in Nordrhein-Westfalen. Düsseldorf/Berlin.

5.2 Didaktische Vorschläge

Diskussion erfolgreicher Projektbeispiele

Good Practice: Projekte zur Medienkompetenzförderung von Familien mit Migrationshintergund

Studien und Diskussionen zeigen, wie wichtig die Förderung von Medienkompetenz insbesondere für Eltern und Familien mit Migrationshintergrund ist. Allein durch die gezielt qualifizierte Förderung kann erreicht werden, dass Ängste, die Eltern mit Migrationshintergrund in Bezug auf Computer oder Internet haben, abgebaut werden. Dafür wurden in den letzten Jahren als good practices medienpädagogische Materialien und Projekte entwickelt, welche die Besonderheiten unterschiedlicher Kulturen berücksichtigen und gleichzeitig facettenreich sind. Sie können in Elternforen – jeweils ein ausgewähltes Thema – besprochen werden. Im Folgenden werden einige Beispiele vorgestellt.

Elterntraining Sachsen-Anhalt

Beispiel 1: Elterntraining für mehr Medienkompetenz

- **Projektträger:** Deutscher Kinderschutzbund Landesverband Sachsen-Anhalt e.V.
- **Handlungsfeld:** Förderung des Selbstvertrauens der Eltern im Umgang mit den neuen Medien
- **Kurzbeschreibung:** Fernsehen, Internet und Handy sind tägliche Begleiter von Kindern und Jugendlichen. Immer mehr Eltern beobachten einen zunehmenden Medienkonsum ihrer Kinder. Eltern tun gut daran, Kinder bei der Nutzung von Medien zu begleiten und zu unterstützen. Dafür müssen sie sich selbst zum Thema fit machen und auch um die Problematik unbegrenzten Medienkonsums wissen.
- **Zielgruppe:** Eltern und Erziehende
- **Ziel:** Die Nutzung von Neuen Medien kann durchaus entwicklungsfördernd wirken. Z.B. werden Reaktionsfähigkeit & individuelles Lernen trainiert.
  Vorausgesetzt wird, dass nicht nur die technische Handhabung sondern auch die sozialen Kompetenzen ihrer Kinder begleitet und gefördert werden sollen, die wiederum für einen selbstbestimmten und kritischen Umgang mit Medien nötig sind.
  Das Elterntraining stärkt insbesondere das Selbstvertrauen der Eltern im Umgang mit den neuen Medien.
- **Inhalte:**
  - gute Entscheidungen für eine altersgerechte Mediennutzung zu treffen,
  - gemeinsam mit den Kindern mehr Spaß im Umgang mit allen Medien zu entwickeln,
  - Eltern in den Austausch mit anderen Eltern und Erziehenden zu bringen,
  - Eltern und Kinder im verantwortungsvollen Umgang mit den Medien zu fördern,
  - Im Kontext der Angebote werden auch Eltern mit Migrationshintergrund sensibilisiert und gefördert.
- **Erreichbar unter: http://dksb-lsa.de/?page_id=212 http://dksb-lsa.de/?page_id=216**

„Elterntalk“ in Bayern

Beispiel 2: ELTERNTALK

- **Projektträger:** Aktion Jugendschutz, Landesarbeitsstelle Bayern e.V.
- **Handlungsfeld:** Präventionsprojekt zur Stärkung der Erziehungskompetenz von Eltern (insbesondere mit Migrationshintergrund) in den Bereichen Mediennutzung, Konsumverhalten, gesundes Aufwachsen und Suchtprävention
- **Kurzbeschreibung:** „ELTERNTALK“ ist seit 2001 ein lebensweltorientiertes Elternbildungsprojekt der Aktion Jugendschutz, Landesarbeitsstelle Bayern e.V. Das Präventionsprojekt richtet sich an die Erziehungskompetenz von Eltern (insbesondere

auch mit Migrationshintergrund). Seit Beginn bis 2008 verzeichnet ELTERNTALK eine Teilnahme von mehr als 17.500 Eltern. Davon waren 2007 75 % Migrantinnen und Migranten und haben überwiegend einen türkischen oder russischen Kulturhintergrund.

- **Zielgruppe:** Eltern (insbesondere mit Migrationshintergrund) und Eltern in besonderen oder belasteten Lebenslagen
- **Ziel:** Das Präventionsprojekt hat das Ziel, Eltern in ihrer Erziehungskompetenz – vor allem in den Bereichen Mediennutzung, Konsumverhalten, gesundes Aufwachsen und Suchtprävention – zu stärken. Im Mittelpunkt stehen moderierte Elterngespräche. Der Erfahrungsaustausch steht bei diesen „Fachgesprächen" im Vordergrund. Die Eltern sind die Akteure, sie sind die „Expertinnen und Experten ihrer Erziehungserfahrung". Ziel ist es, die Erziehungskompetenz von Eltern durch Eltern zu stärken, damit sie den Anforderungen in der Erziehung von Kindern und Jugendlichen begegnen können.
- **Inhalt:** Zu einem ELTERNTALK lädt eine Gastgeberin oder ein Gastgeber vier bis sechs andere Eltern ein. Eine Moderatorin oder ein Moderator, selbst Mutter oder Vater, führt mit einem Impuls in das Thema ein und begleitet das Gespräch. Diese Gespräche finden bei Bedarf mutter- oder zweisprachig statt.
- **Erreichbar unter:** **http://www.elterntalk.net/**

Initiative „klicksafe"

Beispiel 3: klicksafe.de – EU-Initiative mehr Sicherheit im Netz (mehrsprachig)

- **Projektträger: Landesanstalt für Medien NRW und Landeszentrale für Medien und Kommunikation Rheinland-Pfalz**
- **Handlungsfeld:** Die Initiative klicksafe ist die deutsche Kontaktstelle im Rahmen des Safer Internet Programms der Europäischen Union und informiert über Sicherheitsthemen im Internet.
- **Kurzbeschreibung:** Medien durchdringen heute alle Lebensbereiche, auch die von Kindern und Jugendlichen, und sind damit zu einer wesentlichen Sozialisationsinstanz geworden. Während sich Kinder und Jugendliche vielfach schnell mit der Nutzung von neuen Geräten und deren Möglichkeiten vertraut machen, stehen Erwachsene diesen Techniken nicht selten ratlos gegenüber. Besonders Eltern sind hinsichtlich der Medienerziehung ihrer Kinder oft verunsichert und sehen sich alltäglich mit Fragen zu Zeitvorgaben, Altersempfehlungen oder kindgerechten Webseiten konfrontiert. Dabei stellen Eltern die Weichen dafür, wie ihre Kinder mit Medien umgehen.
- **Zielgruppe:** Kinder und Jugendliche, Eltern und Multiplikatoren
- **Ziel:** klicksafe informiert über Sicherheitsthemen im Internet. Ein Schwerpunkt von klicksafe liegt im Bereich der Förderung der Internetkompetenzen von Menschen mit Migrationshintergrund. Unter Einbindung von Fachleuten aus Wissenschaft und Praxis wird ein Arbeitskonzept entwickelt, um Menschen mit Migrationshintergrund über die Risiken im Internet aufzuklären und für Gefahren zu sensibilisieren. Es werden auch Informations- und Aufklärungsmaterialien in unterschiedlichen Sprachen (türkisch, russisch, arabisch) zur Verfügung gestellt. Weiterhin wird geprüft, ob Medien, die sich in Deutschland an die entsprechenden Zielgruppen wenden, bereit sind, sich an Sensibilisierungsmaßnahmen zu beteiligen, um die Informationen möglichst breit und effektiv zu streuen. Im Sinne der Netzwerkarbeit wird klicksafe auf Institutionen wie Migrantenverbände, entsprechende Stiftungen, Vereine, Selbstorganisationen etc. zugehen, um zu prüfen, welche Möglichkeiten der Unterstützung und Zusammenarbeit bestehen.

Parallel zu klicksafe versucht auch das Projekt „Internet-ABC" durch mehrsprachige informative und unterhaltsame Angebote die sichere und kompetente Nutzung

des Internet zu vermitteln. Kindern und Erwachsenen stehen dazu jeweils eigene Seiten zur Verfügung. Dabei soll das Internet-ABC als persönlicher Kompass zur Orientierung im weltweiten Netz dienen.
- **Erreichbar unter: http://www.klicksafe.de/** und **http://www.internet-abc.de/**

Durchführung von Elternforen zum Thema Erwerb von Medienkompetenz

Beispiel 1: Wie kann Medienkompetenz meine Arbeit mit Kindern fördern? Diskussion mit Eltern: Wie kann ich mir Basiswissen über Internet und PC verschaffen?

Medienkompetenz

Die Weiterbildung zum Basiswissen Internet und PC zeigt auf, wie Sie das Internet und den PC sinnvoll in der Arbeit mit Kindern oder in der täglichen Arbeit in der Kita einbinden können – zum Informieren, Vernetzen und Lernen. Erwerben Sie grundlegendes Wissen rund um den PC und das Internet und machen Sie sich fit für die digitalen Herausforderungen der heutigen Zeit.
- **Ziel:** Eltern und Erziehungsberechtigte in ihrem Basiswissen über Internet und PC stärken und unterstützen
- **Zielgruppe:** Eltern, Erziehungsberechtigte
- **Schritte:**
  - Erster Schritt: Lernen Sie die Bedienung des PC kennen und erkunden Sie sich über die einzelnen Funktionen und Modalitäten des PC.
  - Auf Reise durch das www: Lernen Sie den Aufbau eines Browsers kennen und erfahren sie, wie sie sich im www bewegen.
  - Suchen und Finden im Netz: Hier bekommen Sie wertvolle Tipps zur Suche in Suchmaschinen, Web-Katalogen und Online-Nachschlagewerken.
  - Sicherheit im Netz: Lernen Sie die Gefahren aus dem Internet kennen und erfahren Sie, wie Sie sich am besten davor schützen können.
  - Möglichkeiten im Netz: Das Internet bietet viele Möglichkeiten zum Informieren, Vernetzen und Weiterbilden. Lernen Sie die meist genutzten Kommunikationsanwendungen kennen.
  - Praxistipps: Unsere Praxistipps geben Ihnen Anregungen, wie Sie das Internet sinnvoll in Ihre tägliche Arbeit in der Kita einbinden können.
- **Methoden:** Wissensvermittlung (Fachvortrag), praxisbezogene Gruppen- und Einzelarbeit, Online-Kurs, Präsentation in der Gruppe
- **Unterstützt durch:**
  - Online-Kurs in: **http://www.bibernetz.de/wws/von-der-ifa-ins-kinderzimmer.html**
  - Informationen in: **http://www.internet-abc.de**
  - Informationen in: **http//www.schau-hin.info/**

Beispiel 2: „Interkulturelles Empowerment in der Arbeit mit Kindern"

Identitätsentwicklung

Der Online-Kurs „Interkulturelles Empowerment in der Arbeit mit Kindern" dient dazu, den Begriff „Empowerment" auf die praktische Ebene zu übertragen und Kinder in ihrer Identitätsfindung zu unterstützen. Dabei sind Identifikationen und die Arbeit mit Vorbildern von außergewöhnlicher Bedeutung. Hier spielen auch Mehrfachidentitäten und Mehrsprachigkeit eine große Rolle. Bei einem Online-Kurs können Sie sich auf einer virtuellen Lernplattform mit Expertinnen und Experten austauschen und hier praktische Tipps mitnehmen. Sie lernen Methoden und thematische Inhalte zum Thema „Interkulturelles Empowerment von Kinder" näher kennen.
- **Ziel:** Eltern durch neue Medien in der Identitätsbildung von Kindern stärken und fördern

- **Zielgruppe:** Eltern, Erziehungsberechtigte, Erzieherinnen und Erzieher, Pädagoginnen und Pädagogen
- **Schritte:**
  - Wissen über die Kommunikations- und Lernmöglichkeiten in einem Online-Lernraum
  - Erläuterung des Begriffs „Empowerment" und Übertrag auf die praktische Ebene
  - Stärkung von Kindern in ihren persönlichen Kompetenzen (Identitätsfindung)
  - Bedeutung von Vorbildern im Prozess der Identitätsbildung
  - Diskussion und Ideenaustausch mit Expertinnen und Experten auf der Lernplattform
- **Methoden:** Wissensvermittlung, Online-Kurs, Diskussion, Ideenaustausch, kreative Gestaltung nach freier Wahl, Präsentation
- **Materialien:** Landesanstalt für Medien NRW (2012): Mit Medien leben Lernen. Tipps für Eltern von Kindergartenkindern. Düsseldorf. Verfügbar in deutscher, russischer und türkischer Sprache: **https://broschueren.nordrheinwestfalendirekt.de/broschuerenservice/staatskanzlei**.

Beispiel 3: „Computer-, Video- und Onlinespiele"

Videospiele

Gamen, Daddeln, Zocken. Das Spielen am Computer oder an der Konsole ist oft ein heikles Thema. Verschaffen Sie sich hier einen Überblick über die vielfältige Welt der Computerspiele. Wir erklären die Sonnen- und Schattenseiten, geben Ihnen Informationen und Erklärungen an die Hand, so dass Sie auch als „Nicht-Spieler" mitreden und den mit der digitalen Spielwelt verbundenen medienerzieherischen Herausforderungen und Aufgaben gerecht werden können. Hier lernen Sie Tipps über Jugendmedienschutz und Computerspiele kennen.

- **Ziel:** Eltern über Computer-, Video- und Onlinespiele aufklären und fördern
- **Zielgruppe:** Eltern, Erziehungsberechtigte
- **Schritte:**
  - Wissen, wie es geht
  - Die Zeit am PC – wie lang darf mein Kind vor dem Bildschirm sitzen?
  - Spiele und Sucht
  - Spiele und Jugendschutz
  - Faszination und Nutzen von Computer- und Videospielen
  - Altersangaben auf Computer- und Videospielen – die USK-Kennzeichnung
- **Methoden:** Wissensvermittlung, Diskussion und Austausch, Expertengespräch, Gruppenarbeit, Arbeit mit Computer- und Videospielen, Präsentation
- **Materialien:** zum Thema „Jugendschutz, Gewalt und Computerspiele"
  - mehr in: **www.internet-abc.de** (auch in türkischer Sprache); siehe Dossier im Internet-ABC: **http://www.internet-abc.de/eltern/jugendschutz-gewalt-computerspiele.php**
  - Behrens, Peter (2012): Info zur Facebook Chronik. Leitfaden zum Schutz der Privatsphäre in Sozialen Netzwerken. Eine Handreichung von klicksafe.de. Düsseldorf/Ludwigshafen.
  - Feibel, Thomas (2008): Killerspiele im Kinderzimmer. München.

5.3 Quellen/Materialien zur Weitergabe an Eltern

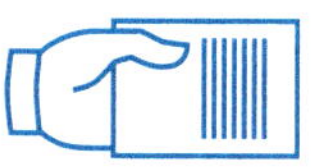

Allgemein zum Thema Kinder und Medien

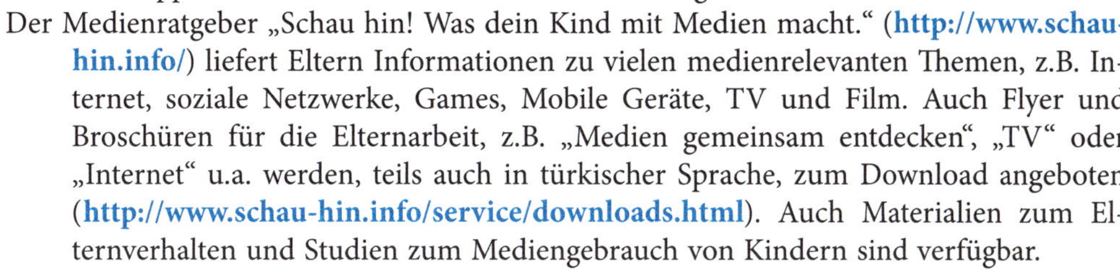

Bundeszentrale für gesundheitliche Aufklärung (Hrsg.) (2009): Anregung statt Aufregung. Neue Wege zur Förderung von Medienkompetenz in Familien. Köln.

Bundeszentrale für gesundheitliche Aufklärung (Hrsg.) (2009): Gut hinsehen und zuhören! Tipps für Eltern zum Thema „Mediennutzung in der Familie". Köln.

Der Medienratgeber „Schau hin! Was dein Kind mit Medien macht." (http://www.schau-hin.info/) liefert Eltern Informationen zu vielen medienrelevanten Themen, z.B. Internet, soziale Netzwerke, Games, Mobile Geräte, TV und Film. Auch Flyer und Broschüren für die Elternarbeit, z.B. „Medien gemeinsam entdecken", „TV" oder „Internet" u.a. werden, teils auch in türkischer Sprache, zum Download angeboten (http://www.schau-hin.info/service/downloads.html). Auch Materialien zum Elternverhalten und Studien zum Mediengebrauch von Kindern sind verfügbar.

Landesanstalt für Medien NRW (2012): Mit Medien leben Lernen. Tipps für Eltern von Kleinkindern. Düsseldorf. Broschüre unter www.mfkjks.nrw.de/publikationen.

Landesanstalt für Medien NRW (2012): Tipps für Eltern von Kindergartenkindern. Düsseldorf. Broschüre unter www.mfkjks.nrw.de/publikationen.

Landesanstalt für Medien NRW (2012): Mit Medien leben lernen. Tipps für Eltern von Kindergartenkindern. Düsseldorf.

Speziell für Kinder mit Migrationshintergrund

Elternmaterialien im Rucksackprojekt (für 4- bis 6-Jährige). In: http://rucksack-griffbereit.1raa.de/ [Zugriff am 24.10.2014] hier: Baustein Medienerziehung

http://www.klicksafe.de/service/weitere-sprachen/russkom/

http://www.klicksafe.de/service/weitere-sprachen/tuerkce/

www.klicksafe.de/araby

5.4 Literatur zur Vertiefung

Hunger, Uwe/Kissau, Kathrin (Hrsg.) (2010): Internet und Migration. Theoretische Zugänge und empirische Befunde. Wiesbaden.

Marcie-Boehncke, Gudrun/Rath, Matthias (2013): Kinder – Medien – Bildung. Eine Studie zu Medienkompetenz und vernetzter Educational Governance in der Frühen Bildung. München.

Strotmann, Mareike (2008): Die Rolle der Familie bei der Aneignung eines neuen Mediums am Beispiel von Jugendlichen mit türkischem Migrationshintergrund. In: Theunert, Helga (Hrsg.): Interkulturell mit Medien. Die Rolle der Medien für Integration und interkulturelle Verständigung. München, S. 125–139.

Trebbe, Joachim (2009): Ethnische Minderheiten, Massenmedien und Integration. Eine Untersuchung zu massenmedialer Repräsentation und Medienwirkungen. Wiesbaden.

Trebbe, Joachim/Heft, Annett/Weiß, Hans-Jürgen (2010): Mediennutzung junger Menschen mit Migrationshintergrund. Umfragen und Gruppendiskussionen mit Personen türkischer Herkunft und russischen Aussiedlern im Alter zwischen 12 und 29 Jahren in Nordrhein-Westfalen. Düsseldorf/Berlin.

Treibel, Annette (2006): Medienkompetenz an der Hauptschule. Zur Relevanz von Migration, Gender und Individualisierung bei russlanddeutschen und türkischstämmigen Jugendlichen. In: Treibel, Annette/Maier, Maja S./Kommer, Sven/Welzel, Manuela (Hrsg.): Gender medienkompetent. Medienbildung in einer heterogenen Gesellschaft. Wiesbaden, S. 209–233.

Wagner, Ulrike/Gebel, Christa/Lampert, Claudia (Hrsg.) (2013): Zwischen Anspruch und Alltagsbewältigung: Medienerziehung in der Familie. Schriftenreihe Medienforschung der Landesanstalt für Medien NRW, Band 72. Düsseldorf/Berlin.

Worbs, Susanne (Hrsg.) (2010): Mediennutzung von Migranten in Deutschland. Herausgegeben vom Bundesamt für Migration und Flüchtlinge (Integrationsreport), Working Paper 34 der Forschungsgruppe des Bundesamts. Nürnberg.

Modul 3

Der Umgang mit den Bildungseinrichtungen

Thema 1: Bildungseinrichtungen und Bildungswege

Ursula Boos-Nünning/Emine Ertan

Vor allem für Eltern mit Migrationshintergrund, die das deutsche Bildungssystem nicht durchlaufen haben, sind Grundinformationen über Besonderheiten des deutschen Bildungssystems sinnvoll. Allen Eltern soll die Möglichkeit gegeben werden, ihre Vorstellungen über die Bildungslaufbahnen ihrer Kinder darzustellen und überprüfen zu können. Dabei stehen der Besuch einer Kita, die Wahl der Grundschule, der weiterführenden Schule und die Überweisung an eine Förderschule im Mittelpunkt der elterlichen Überlegungen und Sorgen.

1.1 Basistext

Einige (besondere) Aspekte des deutschen Bildungssystems

Institutionelle Bildung in Deutschland weist – verglichen mit manchen anderen europäischen Ländern und mit den Herkunftsländern der Familien mit Migrationshintergrund – einige Besonderheiten auf, die es zu berücksichtigen gilt:

Schulpflicht

- In Deutschland besteht vom 6. Lebensjahr bis zum Abschluss des 9. Schulbesuchsjahres, in einigen Bundesländern bis zum Abschluss des 10. Schulbesuchsjahres, eine Vollzeitschulpflicht, gefolgt von einer Teilzeitschulpflicht von in der Regel drei Jahren. Kinder und Jugendliche müssen an einer Schule angemeldet sein und am Unterricht teilnehmen. Es gibt Länder, wie z.B. Österreich, in denen eine Unterrichtspflicht (auch in Form eines häuslichen Unterrichts) verbindlich ist, aber keine Schule besucht werden muss. In dem Herkunftsland Türkei besteht wie in Deutschland eine Schulpflicht (seit 2012 bis zum Abschluss der 12. Klasse). In Marokko gilt seit 1963 eine allgemeine Schulpflicht für Kinder von sieben bis 13 Jahren, die allerdings nicht überall verwirklicht ist. Die allgemeine Schulpflicht in Russland beginnt mit sechs Jahren und endet mit dem 15. Lebensjahr.

Bildungspolitik ist Ländersache

- Deutschland ist ein föderalistischer Staat mit einer im Grundgesetz festgelegten Kulturhoheit der Bundesländer und damit deren primärer Zuständigkeit für die Gesetzgebung und Verwaltung im Bereich der Kultur, wozu der Schul- und Hochschulbereich zählt.[1] Über die Kultusministerkonferenz (KMK) sichern die Länder in Selbstkoordination mittels Beschlüssen, Empfehlungen und Vereinbarungen das notwendige Maß an Gemeinsamkeit in Belangen, die länderübergreifend von Bedeutung sind. Im Schulbereich wird dabei von den Kultusbehörden das Ziel verfolgt, für die Schülerinnen und Schüler und damit auch für ihre Eltern das erreichbare Höchstmaß an Mobilität zu sichern und die Gleichwertigkeit der Lebensverhältnisse in den Bundesländern sicherzustellen.[2] Aus Elternsicht, wahrgenommen bei Umzügen oder bei einer Auseinandersetzung um die Bildungslaufbahn ihres Kindes, Letzteres z.B. beim Übergang in die weiterführende Schule, stellen sich die Unterschiede zwischen den Bundesländern häufig als gravierend dar. Die Konsequenz des Föderalismus im Bildungsbereich ist, dass jedes Bundesland über ein eigenes Schulgesetz

1 Eine Übersicht zum Thema Föderalismus allgemein bietet die Broschüre: Sturm, Roland (2013): Föderalismus in Deutschland, Informationen zur politischen Bildung Nr. 318.

2 So in der Homepage der KMK als Aufgabe beschrieben www.kmk.org/ [Zugriff am 28.02.2014].

mit eventuellen Begleitgesetzen verfügt, und dass trotz grundsätzlichen Bemühens um Strukturgleichheit im Bildungssystem länderspezifische Unterschiede vorhanden sind, so z.B. bei den Formen der weiterführenden Schulen. In den letzten Jahren nimmt die Heterogenität in der Benennung der Schulformen der Sekundarstufe I zu, was einen Vergleich der Schulformen dieses Bildungsabschnittes in den verschiedenen Bundesländern erschwert. Eltern mit und ohne Migrationshintergrund, die während der gesamten Schulzeit ihrer Kinder in einem Bundesland wohnen, sollten sich speziell mit den in diesem Land geltenden Regelungen und den dort vorhandenen Schulformen befassen.

Schulgesetze

- Die schulischen Belange sind, wie gesagt, in den Schulgesetzen der Länder und eventueller Begleitgesetze geregelt. In allen Bundesländern stehen Broschüren zur Information der Eltern zur Verfügung. Diese können auch im Internet abgerufen werden, so z.B. für Nordrhein-Westfalen im NRW-Bildungsportal: www.schulministeriumNRW.de/BP/Schulrecht/Gesetze.pdf oder leichter und für alle Bundesländer über den Deutschen Bildungsserver: www.bildungsserver.de

die deutsche Schullandschaft

- Trotz des Föderalismus im Bildungsbereich gibt es Ähnlichkeiten in allen Bundesländern, die bei einem Vergleich mit anderen Staaten, etwa den Herkunftsländern der Familien mit Migrationshintergrund, oder aber mit einigen europäischen Nachbarländern deutlich werden. Folgende Elemente sind besonders hervorzuheben:
  - Alle Bundesländer orientieren sich auch heute noch in der Sekundarstufe I am dreigliedrigen Schulsystem; allerdings wird in immer mehr Bundesländern eine Schulform angeboten, die Haupt- und Realschule verbindet.
  - Erziehung und Bildung außerhalb der Familie finden in allen Bundesländern für einen erheblichen Teil der Kinder halbtags statt. Bundesweit waren im Schuljahr 2011/2012 nur 30 % aller Schülerinnen und Schüler der Primarstufe und Sekundarstufe I nachmittags in der Schule. Allerdings sind in Deutschland die Unterschiede zwischen den Bundesländern erheblich. Soweit es ganztägige Betreuung gibt, handelt es sich überwiegend um ganztägig geführte Schulen mit morgendlichem Unterricht und nachmittäglicher Betreuung (offene Ganztagsschule). Für Eltern äußerst bedeutsam ist, dass die Halbtagsschule häufig am Nachmittag erbrachte Hausaufgabenbewältigung fordert, und dass damit die Schule einen Teil des schulischen Lernens in die Familie verlagert. Da die Qualität der Hausaufgabenbetreuung von der Bildung der Eltern (insbesondere der Mütter) abhängt, wird die Halbtagsschule als (Mit-)Ursache für das schlechtere Abschneiden von Kindern aus niedrigeren sozialen Schichten und Kindern mit Migrationshintergrund angeführt.[3] Die in vergleichenden Studien erfolgreichen Länder mit geringen Unterschieden bei Kindern verschiedener sozialer Schichten und unterschiedlicher ethnischer Herkunft verfügen über eine ganztägige Bildung.
  - Der vorschulische Bereich wird zwar auch in Deutschland immer mehr als Ort des Lernens und nicht der Betreuung verstanden, aber diese Veränderung ist im Vergleich zu vielen anderen Ländern spät und nicht immer konsequent eingeleitet worden.

3 Wer sich für Zahlen und weitere Informationen interessiert, sei verwiesen auf: Bertelsmann Stiftung, Institut für Schulentwicklungsforschung der Technischen Universität Dortmund, Institut für Erziehungswissenschaft der Friedrich-Schiller-Universität Jena (Hrsg.) (2013): Chancenspiegel 2013. Zur Chancengerechtigkeit und Leistungsfähigkeit der deutschen Schulsysteme mit einer Vertiefung zum schulischen Ganztag, Gütersloh, S. 52–55.

- In Deutschland besucht der weitaus größte Teil der Kinder eine öffentliche Schule. Schulen in privater Trägerschaft (z.B. von kirchlichen Organisationen, Sozialwerken, Vereinen, Personengesellschaften) sind zahlenmäßig wenig bedeutsam: Ca. 14% der Schülerinnen und Schüler besuchen eine Schule in freier Trägerschaft.[4] 2012/2013 gab es 6.881 Schulen freier Träger, wovon ca. die Hälfte (3.498) allgemeinbildende Schulen waren. Dies entspricht einem Anteil von 10,2% an den Schulen insgesamt. Die Zahl der allgemeinbildenden Schulen in privater Trägerschaft steigt seit einigen Jahren. Dabei muss zwischen Ersatzschulen, die den rechtlichen Vorgaben der öffentlichen Schulen folgen, und den Ergänzungsschulen, die nicht an die Rechtsvorschriften der öffentlichen Schulen gebunden sind und nicht zu anerkannten Abschlüssen führen, unterschieden werden. Im letzteren Fall müssen die Schülerinnen und Schüler von der Schulpflicht befreit werden. Bei dem weitaus größten Teil der Schulen in freier Trägerschaft handelt es sich um Ersatzschulen. Ergänzungsschulen sind z.B. die griechischen Schulen und Schulen des Generalkonsulats der Russischen Föderation in Bonn und der Botschaft der Russischen Föderation in Berlin.
- Der Besuch einer Kindertageseinrichtung ist überwiegend kostenpflichtig; in Nordrhein-Westfalen und Sachsen ist seit 2011 das letzte Jahr vor der Einschulung, in Berlin sind drei Jahre beitragsfrei. Die Beiträge sind nach dem Einkommen der Eltern gestaffelt. Der Besuch öffentlicher (staatlicher) Schulen ist zwar ohne Schulgeld möglich, aber dennoch mit nicht geringen Kosten verbunden. Die Eltern müssen einen Teil der Schulbücher, Hefte, Schreib- und Malgeräte, Sportbekleidung und vieles mehr, z.B. auch Klassenfahrten, finanzieren. Für den Besuch von Schulen in freier Trägerschaft müssen Eltern Schulgeld in sehr unterschiedlicher Höhe bezahlen.

Kosten

4 https://www.destatis.de/DE/Publikationen/Thematisch/BildungForschungKultur/Schulen/PrivateSchulen.html [Zugriff am 06.10.2015].

Übersicht über das Bildungssystem und die Bildungswege

Das Bildungssystem in Deutschland

Für die Struktur des deutschen Bildungswesens insgesamt sei auf die folgende Grafik verwiesen:

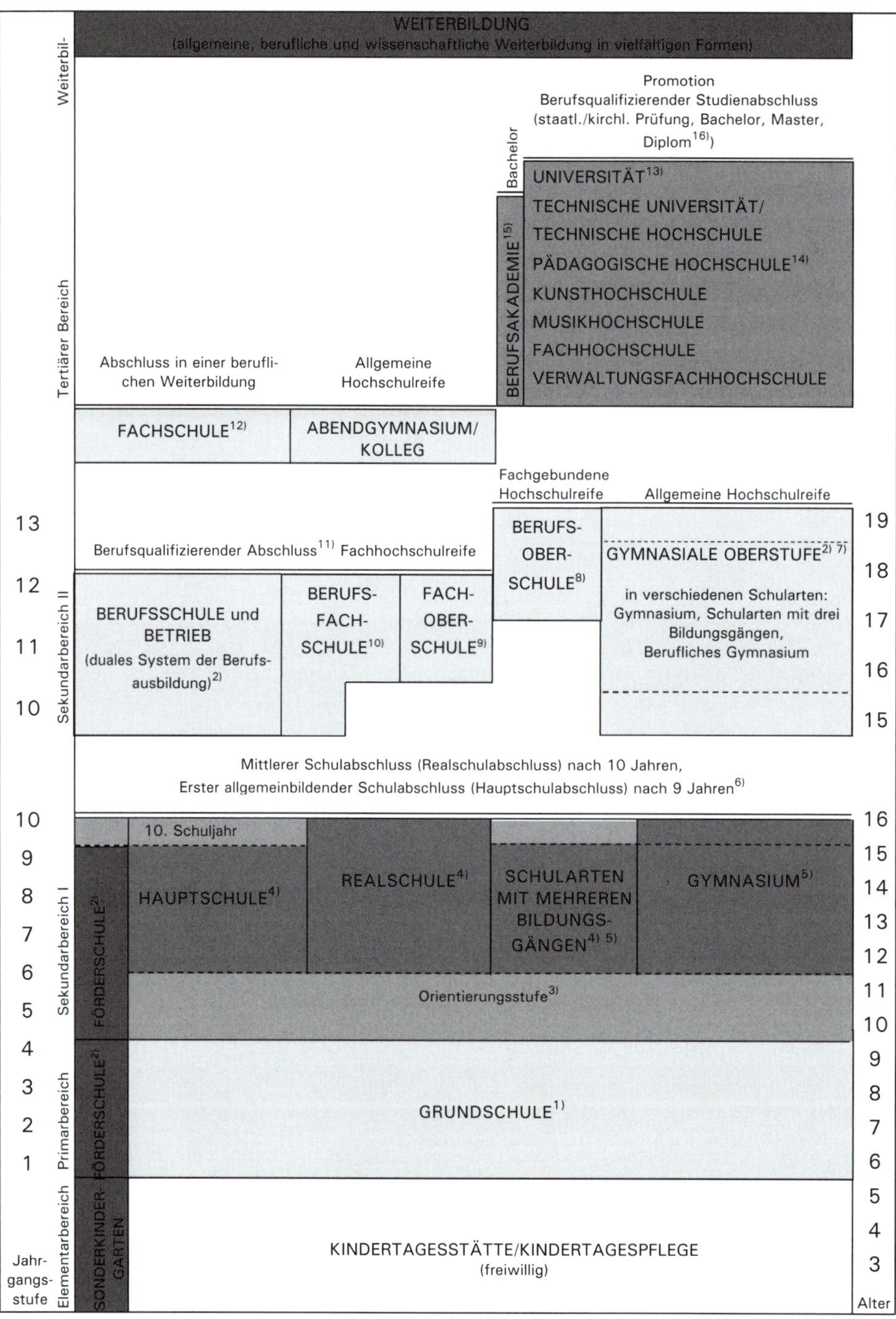

Abb.: Grundstruktur des Bildungswesens in der Bundesrepublik Deutschland[5]

5 Sekretariat der Ständigen Konferenz der Kultusminister der Länder in der Bundesrepublik Deutschland (2013): Das Bildungswesen in der Bundesrepublik Deutschland 2011/2012. Darstellung der Kompetenzen, Strukturen und bildungspolitischen Entwicklungen für den Informationsaustausch in Europa, S. 30; http://www.kmk.org/fileadmin/doc/Dokumentation/Bildungswesen_pdfs/dossier_de_ebook.pdf [Zugriff am12.03.2014].

Zum Verständnis der Grafik sind folgende Hinweise sinnvoll:

- Die Grundschule in Berlin (und in Brandenburg) hat sechs Jahrgangsstufen, in allen anderen Bundesländern sind es vier.
- Die Jahrgangsstufen 5 und 6 sind als Orientierungsstufe angelegt.
- Die Schulformen der Sekundarstufe I, ursprünglich Hauptschule, Realschule und Gymnasium wurden in den 70er Jahren um die Gesamtschule erweitert. In jüngster Zeit werden vor allem unter Zusammenfassung von Haupt- und Realschule neue Schulformen eingeführt: in Berlin die Integrierte Sekundarschule, in Hessen die Mittelstufe, in Nordrhein-Westfalen die Sekundarschule, im Saarland die erweiterte Realschule und in Sachsen die Mittelschule.
- Die gymnasiale Oberstufe kann auch an Gesamtschulen absolviert werden.
- Der Zugang zu einer Fachhochschule (Fachhochschulreife) ist über die Absolvierung einer Ausbildung im dualen System sowie mit dem Abschluss einer Berufsfachschule oder einer Fachoberschule möglich.
- Nach der erfolgreichen Beendigung der Jahrgangsstufe 9 oder 10 (je nach Bundesland) wird der erste allgemeinbildende Schulabschluss erreicht.

Stationen des Bildungsweges mit besonderer Berücksichtigung von Kindern mit Migrationshintergrund

Vorschulische Betreuung, Erziehung und Bildung

Die außerfamiliale Erziehung und Bildung beginnt für das Kleinkind in der Kindertageseinrichtung, die es im Alter von 0 bis 3 Jahren in der Kinderkrippe und im Alter von 3 bis 6 Jahren im Kindergarten besuchen kann. Die Teilnahme ist nicht obligatorisch und überwiegend kostenpflichtig. In einigen Bundesländern ist der Besuch des Kindesgartens insgesamt (Berlin) oder der Besuch des letzten Jahres (Nordrhein-Westfalen) kostenfrei. Die Betreuungsquote beträgt bei den 3- bis 6-jährigen Kindern deutschlandweit 93,4 % und ist – mit recht geringen Schwankungen zwischen den Bundesländern – als gut anzusehen. Allerdings wird in Westdeutschland nur von 28 % der Kindergartenkinder eine Betreuungszeit von mehr als sieben Stunden täglich genutzt, und bei knapp einem Viertel beträgt der Betreuungsumfang nur den halben Tag.[6]

Betreuungsquoten

In den in das Projekt „Bildungs-Brücken" einbezogenen Bundesländern, für die Daten zur Verfügung stehen, lässt sich eine Unterrepräsentanz der Kinder mit Migrationshintergrund belegen.[7] So besuchen in Berlin 2012 27 % der unter Dreijährigen mit Migrationshintergrund eine Kindertagesbetreuung – dies sind zwar deutlich mehr als im Bundesdurchschnitt (16 %), aber auch deutlich weniger als im Vergleich zu dieser Altersgruppe ohne Migrationshintergrund (52 %). Bei den älteren Kindern (3 bis unter 6 Jahre) mit Migrationshintergrund ist in Berlin der Anteil derjenigen, die ein Angebot der FBBE (Frühkindliche Bildung, Betreuung und Erziehung) nutzen, zwar höher (85 %), aber deutlich niedriger als in der Vergleichsgruppe ohne Migrationshintergrund (100 %). In Nordrhein-Westfalen sind 2012 gut 37 % der Zweijährigen und damit weniger als im west- (über 43 %) und bundesdeutschen Durchschnitt (gut 51 %) in einer Kindertagesbetreuung. Von den Dreijährigen nutzen fast 85 % eine Kita oder Kindertagespflege; dieser Anteil entspricht etwa dem west- und bundesdeutschen Durchschnitt. So gut wie alle Fünfjährigen (nahezu 99 %) besuchen in NRW eine Kindertagesbe-

6 Bock-Famulla, Kathrin/Lange, Jens (2011): Länderreport Frühkindliche Bildungssysteme 2011, Gütersloh, S. 10.

7 Ländermonitor frühkindliche Bildungssysteme. Landesberichte mit allen Indikatoren; hier Berlin, Stand Aktuell, S. 5. http://www.laendermonitor.de/downloads-presse/index.nc.html [Zugriff am 06.03.2013].

treuung.[8] In Hessen besuchen 2012 nur 15 % der unter Dreijährigen mit Migrationshintergrund (mindestens ein Elternteil nichtdeutscher Herkunft) eine Kita oder Kindertagespflege – dies sind geringfügig weniger als im Bundesdurchschnitt (16 %), aber deutlich weniger als im Vergleich dieser Altersgruppe ohne Migrationshintergrund (30 %). Hingegen nutzt von den 3- bis unter 6-jährigen Kindern mit Migrationshintergrund die Mehrzahl (94 %) eine Kindertagesbetreuung – dies ist sogar geringfügig mehr als bei der Vergleichsgruppe ohne Migrationshintergrund (93 %). Auch im Vergleich zur bundesdurchschnittlichen Teilhabequote dieser Altersgruppe mit Migrationshintergrund (87 %) ist die Beteiligung dieser Gruppe in Hessen hoch. Für das Saarland und Sachsen liegen keine Daten für Kinder mit Migrationshintergrund vor.

In neuerer Zeit sind bedeutsame Veränderungen in Angriff genommen worden:

- die verstärkte Einrichtung von Plätzen für unter 3-Jährige,
- die verstärkte Übernahme von Bildungselementen in die frühkindliche Erziehung,
- der verstärkte Blick auf die Qualität der Kitas,
- die gezielte Förderung im Hinblick auf die von der Schule erwarteten Kompetenzen, hier insbesondere im Bereich der deutschen Sprache.

Die Feststellung, dass ein Teil der Kinder mit Migrationshintergrund, aber auch ein nicht unwesentlicher Teil einheimisch deutscher Kinder bei Schulbeginn nicht über hinreichende Kompetenzen in der deutschen Sprache verfügt, um dem Unterricht folgen zu können, führte zu der Überlegung, bei allen vierjährigen Kindern eine Sprachstandserhebung vorzunehmen und – bei bestehenden Defiziten – eine Förderung anzuschließen. In den fünf Bundesländern werden folgende Verfahren angewendet:

Übersicht über die Verfahren zur Sprachstandserhebung (Stand 2010) nach Ländern[9]

Land	landesweit	Verfahren	Zielgruppe	Teilnahmepflicht	Zeitpunkt der Erhebung	Teilnahmequote
BE	ja	a) QuaSta[1] (basiert auf Sprachlerntagebuch) b) Deutsch Plus 4	a) alle Kinder, die eine Kita besuchen b) alle Kinder, die keine Kita besuchen	ja	15 Monate vor der Einschulung	a) 93,6 % b) 6,4 %
HE	ja	KiSS (Kinder-Sprach-Screening)	alle Kita-Kinder	freiwillig	2 Jahre vor der Einschulung	k. A.
NW	ja	Delfin 4[2]	alle Kinder	ja	2 Jahre vor der Einschulung	100 %
SL	ja	„Früh Deutsch lernen" (Sprachstands-beobachtung)	alle Kinder	ja	im Jahr vor der Einschulung	100 %
SN	ja	a) SSV (Sprachscreening im Vorschulalter) b) S-ENS[3]	a) alle Kinder, deren Eltern die Zustimmung erteilen b) alle Kinder	a) freiwillig b) Pflicht bei Einschulungs-untersuchung	a) 2 Jahre vor der Einschulung b) 10 Monate vor der Einschulung	k.A.

1 QuaSta: Qualifizierte Statuserhebung Sprachentwicklung 4-jähriger Kinder in Kitas
2 Delfin 4: Diagnostik, Elternarbeit, Förderung der Sprachkompetenz in NRW bei 4-Jährigen
3 S-ENS: Screnning des Entwicklungsstandes bei Einschuluntersuchungen

8 Ländermonitor frühkindliche Bildungssysteme. Landesberichte mit allen Indikatoren; hier Nordrhein-Westfalen, Stand Aktuell, S. 3. http://www.laendermonitor.de/downloads-presse/index.nc.html [Zugriff am 06.03.2013].

9 Nach Lisker, Andrea (2010): Sprachstandsfeststellung und Sprachförderung im Kindergarten sowie beim Übergang in die Schule. http://www.dji.de/fileadmin/user_upload/bibs/Expertise_Sprachstandserhebung_Lisker_2010.pdf [Zugriff am 10.03.2014].

Nur für Hessen ist die Sprachstandserhebung nicht verpflichtend. Die Ergebnisse der Sprachstandserhebungen werden wie folgt zusammengefasst:

Sprachstandserhebung

> „Der Anteil an als sprachförderbedürftig eingestuften Kindern variiert zwischen 13 % im Saarland und 42 % in der Stadtgemeinde Bremen. Betrachtet man die Quote der Kinder mit diagnostiziertem Sprachförderbedarf im Zeitverlauf, so zeigt sich, dass diese in Berlin, Nordrhein-Westfalen und Hamburg zwischen 2008 und 2010 relativ konstant geblieben ist. In der Regel werden die als sprachförderbedürftig diagnostizierten Kinder bis zur Einschulung zur Teilnahme an einer Sprachfördermaßnahme verpflichtet [...]. Vor allem bei Kindern mit Migrationshintergrund beeinflusst die zu Hause gesprochene Sprache die sprachlichen Kompetenzen im Deutschen erheblich. 39 % der Kinder mit nichtdeutscher Familiensprache wird die Notwendigkeit der Teilnahme an einer Sprachförderung bescheinigt. Insgesamt weist dies darauf hin, dass mehr als ein Fünftel der Kinder im Alter von 3 bis unter 7 Jahren eine zusätzliche Sprachförderung benötigt, um die Kompetenzunterschiede zu anderen Kindern bis zum Schulstart abbauen zu können. Diese Größenordnungen unterstreichen die Bedeutung einer frühen Bildungsteilnahme mit den Möglichkeiten einer alltagsintegrierten Sprachförderung in Kindertageseinrichtungen. Vor allem Kinder, die zu Hause wenig Deutsch sprechen, benötigen Unterstützung beim Zweitspracherwerb und einen ausreichend langen und intensiven Kontakt mit der deutschen Sprache, um sich dem Kompetenzniveau von Kindern mit deutscher Erstsprache anzugleichen."[10]

Die Sprachstandsdiagnostik wird im Grundsatz akzeptiert,[11] allerdings sind die Verfahren noch immer umstritten.[12] So soll in Nordrhein-Westfalen ab 2015 der Sprachtest Delfin 4 nicht mehr verwendet werden. Zudem ist nach wie vor problematisch, dass die sprachlichen Kompetenzen, die zwei- und mehrsprachige Kinder im familiären Umfeld erwerben – also die Muttersprache(n) – nicht berücksichtigt, anerkannt und Wert geschätzt werden. Auch für eine pädagogische Diagnostik ist es äußerst bedeutsam, über welche Kompetenzen zwei- oder mehrsprachig aufwachsende Kinder in allen ihren Sprachen verfügen. Ebenso wichtig wie eine gute Sprachdiagnostik ist eine darauf aufbauende Förderung. Hierzu liegen in den meisten Bundesländern Empfehlungen vor. Ergebnisse einer Evaluation oder auch nur eine kritische Reflexion der Förderkonzepte und der darauf bezogenen Sprachdidaktiken sind nicht einmal ansatzweise vorhanden,[13] obgleich ein beachtlicher Teil der Kinder nach den Ergebnissen der Sprachstandserhebungen als förderbedürftig eingeschätzt wurde (in Berlin 16 % der Kita-Kinder, in Nordrhein-Westfalen 23 %, im Saarland 13 %).[14]

10 Autorengruppe Bildungsberichterstattung (2012): Bildung in Deutschland 2012. Ein indikatorengestützter Bericht mit einer Analyse zur kulturellen Handlung im Lebenslauf, Bielefeld, S. 62f. www.bildungsbericht.de [Zugriff am 07.03.2014].

11 Zur Information über die aktuelle Diskussion s. Kany, Werner/Schöler, Hermann (2010): Fokus: Sprachdiagnostik. Leitfaden zur Sprachstandsbestimmung im Kindergarten, 2. erw. Auflage, Berlin.

12 Dazu vor allem Neugebauer, Uwe/Becker-Mrotzek, Michael (2013): Die Qualität von Sprachstandsverfahren im Elementarbereich. Eine Analyse und Bewertung. Mercator-Institut für Sprachförderung und Deutsch als Zweitsprache, Köln; http://www.mercator-institut-sprachfoerderung.de/fileadmin/user_upload/Institut_Sprachfoerderung/Mercator-Institut_Qualitaetsmerkmale_Sprachdiagnostik_Kita_Web.pdf [Zugriff am 07.03.2014].

13 Eine Übersicht über Maßnahmen der Sprachförderung in den einzelnen Bundesländern findet sich in: Lisker, Andrea (2010): siehe oben.

14 Für Hessen und Sachsen liegen keine Zahlen vor. Alle Daten nach Lisker, Andrea (2010), S. 46.

Bildung und Erziehung in der Grundschule

Die Zeit der Schulpflicht beginnt in Deutschland mit dem Eintritt in die (kostenfreie) Grundschule. Die Kinder werden eingeschult, wenn sie zu einem im Schulgesetz ihres Bundeslandes festgelegten Stichtag das 6. Lebensjahr vollendet haben, also sechs Jahre alt werden. Kinder können auf Antrag früher eingeschult werden, wenn sie die erforderlichen körperlichen und geistigen Voraussetzungen besitzen sowie in ihrem sozialen Verhalten ausreichend entwickelt sind. Ebenso können schulpflichtige Kinder auch zurückgestellt werden. In beiden Fällen ist ein schulärztliches Gutachten erforderlich. Um die beachtliche Zahl der rückgestellten Kinder zu verringern, wird die flexible Eingangsphase im Modellversuch erprobt. Von den in das Projekt „Bildungs-Brücken" einbezogenen Bundesländern nehmen Berlin und Nordrhein-Westfalen an diesem Versuch teil. In jahrgangsübergreifenden Klassen soll den Schülerinnen und Schülern nach diesem Konzept der Stoff der ersten und zweiten Klasse über einen Zeitraum von einem bis drei Jahren vermittelt und dadurch sowohl Unter- als auch Überforderung verhindert werden.

Schuleingangsuntersuchung

Für alle Kinder findet kurz vor dem Schulbeginn die Schuleingangsuntersuchung oder Einschulungsuntersuchung statt, für die in den meisten Bundesländern – so auch in den fünf hier einbezogenen – das Gesundheitsamt und hier der Kinder – und Jugendärztliche Dienst zuständig ist. Die Untersuchung dauert zwischen 40 und 60 Minuten. Sie umfasst neben der körperlichen Untersuchung mit Seh- und Hörtest auch die Prüfung der Wahrnehmung, die Ermittlung der deutschen Sprachkenntnisse und die Erfassung der Bewegungsfähigkeit. Außerdem werden der Impfstatus und der Stand der Vorsorgeuntersuchungen anhand entsprechender Unterlagen festgestellt. In allen Bundesländern sind die Modalitäten rechtlich geregelt, und die Teilnahme ist für Kinder verpflichtend.

Ziele der Grundschule

Aufgaben und Ziele der Grundschule bestimmen sich nach ihrer Stellung im Schulsystem. Danach soll die Grundschule ihre Schülerinnen und Schüler von den mehr spielerischen Formen des Lernens im Elementarbereich zu den systematischeren Formen des schulischen Lernens hinführen und das Lehrangebot nach Inhalt und Form den individuellen Lernvoraussetzungen und Möglichkeiten der Kinder anpassen. Ziel der Grundschule ist es, den Schülerinnen und Schülern die Grundlage für eine weiterführende Bildung sowie für das lebenslange Lernen zu vermitteln. Schwerpunkte sind dabei die durchgängige Verbesserung der Kompetenz in der deutschen Sprache und die Entwicklung eines grundlegenden Verständnisses mathematischer und naturwissenschaftlicher Zusammenhänge. Die Schülerinnen und Schüler sollen befähigt werden, ihre Umwelteindrücke erlebnisorientiert zu erfassen und zu strukturieren. Gleichzeitig sollen sie ihre psychomotorischen Fähigkeiten und ihre sozialen Verhaltensweisen weiterentwickeln. Die Grundschule sieht ihren Auftrag darin, Kinder mit unterschiedlichen individuellen Lernvoraussetzungen und Lernfähigkeiten so zu fördern, dass alle Kinder Grundlagen für selbstständiges Denken, Lernen und Arbeiten entwickeln und Erfahrungen zum gestaltenden menschlichen Miteinander gewinnen. Kinder erwerben damit eine Basis zur Orientierung und zum Handeln in ihrer Lebenswelt sowie für das Lernen in den weiterführenden Schulen im Sekundarbereich.[15]

Im Schulrecht des jeweiligen Bundeslandes ist geregelt, welche Grundschule das Kind besuchen kann oder muss. Eltern sind in der Wahl der Grundschule nach ihrer

15 Die Erläuterungen sind Auszüge aus dem nationalen Informationsdossier „Das Bildungswesen in der Bundesrepublik Deutschland", erstellt von der Informationsstelle der Länder im Sekretariat der Kultusministerkonferenz in Zusammenarbeit mit der Informationsstelle des Bundes im Bundesbildungsministerium für das „Informationsnetz zum Bildungswesen in Europa" EURYDICE. Die gesamte Broschüre ist in deutscher und englischer Sprache online verfügbar. http://www.bildungsserver.de/Primarbereich-Aufbau-und-Struktur-558.html [Zugriff am 07.03.2014].

Schulen in nichtstaatlicher Trägerschaft

Wohnadresse auf einen Schulbezirk verwiesen; die Kinder sind grundsätzlich zum Besuch der Schulen im Schulbezirk verpflichtet (auch als Schulsprengelpflicht bezeichnet). Es kann eine Auswahl zwischen mehreren Schulen bestehen (z.B. Gemeinschaftsgrundschule oder Konfessionsgrundschule). In Nordrhein-Westfalen z.B. gibt es katholische und evangelische Konfessionsschulen (Bekenntnisgrundschulen) als Schulen in der Trägerschaft der Gemeinde. Ca. 30 % der Grundschulen sind katholische, 3 % evangelische Bekenntnisschulen. Andere Religionsgemeinschaften können ebenfalls Schulen gründen. Auch in anderen Bundesländern haben die Eltern die Wahl zwischen kommunalen oder konfessionellen Schulen. Hinzu kommen Bekenntnisschulen in privater Trägerschaft; so sind an 90 Orten in Deutschland evangelikale Bekenntnisschulen in freier Trägerschaft entstanden (als unter Aufsicht der Schulbehörden stehende Ersatzschulen). Vereinzelt wurden islamische Grundschulen eingerichtet. Religiöse Privatschulen wie auch andere Angebotsschulen (z.B. Waldorfschulen) können auch außerhalb des Schulbezirks gewählt werden. Nicht alle staatlich finanzierten Schulen müssen jedes Kind aufnehmen, das im Schulbezirk seinen Wohnsitz hat. In Nordrhein-Westfalen z.B. sieht das Schulgesetz – akzeptiert nach einem Urteil des Verwaltungsgerichtes Minden 2011 – in katholischen Bekenntnisschulen eine bevorzugte Aufnahme katholischer Schülerinnen und Schüler ausdrücklich vor.[16]

Zensuren

In der Schulanfangsphase der Grundschule (i.d.R. in den ersten zwei Jahren) erhalten die Schülerinnen und Schüler am Ende des Schuljahres ein Zeugnis mit einer verbalen Beurteilung ihrer Lern-, Leistungs- und Kompetenzentwicklung (Verbalbewertung oder Verbalzeugnis). Ziffernnoten (von 1 = sehr gut bis 6 = ungenügend) werden erst ab der 3. Klasse vergeben. Es ist nicht untersucht, wie Eltern mit Migrationshintergrund Noten allgemein und Verbalbewertungen einschätzen. Es kann aber nicht falsch sein, sie zu ermuntern, Zeugnisse in Elterngruppen zu besprechen und Kontakt zu den Lehrkräften zu suchen. Am Ende der dritten Klasse werden bundesweit Vergleichsarbeiten (VERA) in Deutsch und Mathematik geschrieben.

Die Zahl der Neueinwanderer mit Kindern steigt zurzeit wieder deutlich an. Es handelt sich um Kinder aus Flüchtlingsfamilien, aber auch aus Einwandererfamilien aus der Europäischen Union. In den Grundschulen – wie auch in anderen Schulformen – werden Seiteneinsteigerklassen eingerichtet. Es wird auch mit Modellen direkter Eingliederung experimentiert.

Für Eltern mit und ohne Migrationshintergrund erhält das vierte (in Berlin das sechste) Grundschuljahr besondere Bedeutung, da in diesem Schuljahr die Entscheidung darüber fällt, welche weiterführende Schule das Kind besuchen soll oder kann. Je nach Bundesland entscheidet die Schule allein und verbindlich (so z.B. in Sachsen) oder den Eltern obliegt nach Beratung die Entscheidung über die weiterführende Schulform.

Weiterführende Schulen der Sekundarstufe I

Die Schulempfehlung oder der Elternwille – je nach Bundesland – entscheidet demnach über die Schulwahl nach vier (Berlin: sechs) Grundschuljahren. Die Schülerin oder der Schüler kommt nach dem Modell der dreigliedrigen Schule auf die Hauptschule, die Realschule oder auf das Gymnasium. Nur Letzteres führt unmittelbar zum Abitur und damit zum Hochschulzugang.

In NRW besteht neben diesen Schulformen seit 1978 die Gesamtschule, die die Differenzierung in die Schule verlagert und Schülergruppen mit unterschiedlichen Kompetenzen mittels äußerer und innerer Differenzierung zu adäquaten Abschlüssen führt.

16 Nach einem Beitrag der ZEIT-Online: http://www.zeit.de/gesellschaft/schule/2011-07/bekenntnisschule-religion-unterricht [Zugriff am 06.10.2015].

Gesamtschule

Nach der 10. Klasse kann sich eine Gymnasiale Oberstufe anschließen. Heute bestehen, bezogen auf die fünf in das Projekt „Bildungs-Brücken: Aufstieg!“ einbezogenen Bundesländer, in Nordrhein-Westfalen und Hessen Gesamtschulen. Die Gesamtschule wird von Pädagogen, Eltern und Politikern höchst unterschiedlich bewertet. Befürworter betonen, dass die – sozial und den Bildungsvoraussetzungen nach – schwächeren Schülerinnen und Schüler besonders zu fördern seien und sie daher möglichst lange mit den leistungsstärkeren Kindern gemeinsam lernen sollten. Dies habe auch positive Rückwirkungen auf diese und letztlich die gesamte Gesellschaft. Stärker als andere Schulformen steigere die Gesamtschule die sozialen Fähigkeiten der Schülerinnen und Schüler. Gegner der Gesamtschule sind der Auffassung, dass das gemeinsame Lernen den unterschiedlich begabten Kindern nicht gerecht werde: Die Schlechten würden über-, die Guten unterfordert, die Schlechten „zögen die Guten herab“.

Die Verteilung der Anmeldungen über die Schulformen verschiebt sich seit Jahren in allen Bundesländern immer mehr zugunsten der Wahl des Gymnasiums unter Abwahl der Hauptschule. So verteilen sich die Fünftklässler[17] im Schuljahr 2011/12 wie folgt (in Prozent):

Orientierungsstufe/Schulart mit mehreren Bildungsgängen	11,5
Hauptschule	12,0
Realschule	20,0
Gymnasium	42,1
Integrierte Gesamtschule	14,0
Förderschule	0,4
Alle Übergänge	100,0

Tab. 1: Wahl der Schulform beim Übergang in die fünfte Klasse im Schuljahr 2011/2012 (in Prozent)

Aktuell werden in vielen Ländern die Schulsysteme umstrukturiert, in der Sekundarstufe I mit der Tendenz, von der traditionellen Dreigliedrigkeit zur Zweigliedrigkeit zu finden. Das Gymnasium bleibt dabei erhalten und wird nach wie vor von den meisten Eltern bevorzugt. Schülerinnen und Schüler mit Migrationshintergrund verteilen sich, wie am Beispiel der Schulstatistik in Hessen dargestellt wird, deutlich anders über die einzelnen Schulformen als einheimisch deutsche Kinder:

17 Für Berlin und Brandenburg wurden die Siebtklässler zugrunde gelegt. Daten nach Bertelsmann Stiftung Chancenspiegel (2013): Zur Chancengerechtigkeit und Leistungsfähigkeit der deutschen Schulsysteme mit einer Vertiefung zum schulischen Ganztag, S. 63. http://www.chancen-spiegel.de/fileadmin/contents/publikationen/I_Chancenspiegel_2013_Langfassung_final.pdf [Zugriff am 09.03.2014].

	ohne MH	mit MH
Hauptschule	4,4	11,2
Realschule	18,6	23,2
Gymnasium	53,6	35,3
Integrierte Jahrgangsstufe	14,1	18,0
Förderstufe	3,9	4,8
Mittelstufenschule	0,3	0,3
Förderschule	5,2	7,3
Gesamt	100,1	100,1

Tab. 2: Verteilung der Schülerinnen und Schüler auf die verschiedenen Schulformen in Hessen im Schuljahr 2011/2012 (in Prozent)[18]

Gymnasium wird präferiert

Eltern mit Migrationshintergrund wünschen für ihre Kinder zu einem erheblichen Teil die Schulform Gymnasium, damit ihre Kinder studieren können. Gerade in den letzten Jahren ist der Zugang zur Fachhochschule und – wenn auch eingeschränkt – zur Universität über eine Ausbildung im dualen System oder über eine Berufsfachschule erleichtert worden. Für manches Kind und seine Eltern – nicht nur aus Familien mit Migrationshintergrund – könnte der Bildungsweg von der Real- oder Hauptschule über die Absolvierung der Berufsfachschule zu einem Studium an der Fachhochschule eine Möglichkeit sein, die Bildungsvorstellungen der Familie in Schritten zu realisieren.

Längst nicht alle Schülerinnen und Schüler, die ihre Schullaufbahn in der Sekundarstufe I im Gymnasium beginnen, verbleiben in dieser Schulform. Es lassen sich vielmehr Mechanismen nachholender Selektion im Verlauf der Sekundarstufe I registrieren. Dieses kann durch Klassenwiederholungen erfolgen, wovon Schülerinnen und Schüler mit Migrationshintergrund deutlich häufiger betroffen sind,[19] oder durch einen Wechsel in eine andere Schulform. Das Ergebnis dieses Selektionsprozesses ist, dass der Bildungsabstand zwischen den Kindern je nach Migrationshintergrund bei den Abschlüssen deutlich größer ist als bei dem Eintritt in das gegliederte Schulsystem. So verließen in Hessen im Schuljahr 2011/12 38 % der einheimisch deutschen Schülerinnen und Schüler die Schule mit allgemeiner Hochschulreife, aber nur 18,4 % der Schülerinnen und Schüler mit Migrationshintergrund.[20]

Gymnasium

In der Diskussion um die Chancengerechtigkeit von Kindern aus sozialen Unterschichten und mit Migrationshintergrund geht die Frage der Aufgaben und Inhalte der Schulformen der Sekundarstufe I zurzeit nahezu unter. Das **Gymnasium** – früher überwiegend als Weg zum Abitur und darüber hinaus zum Studium an einer Universität oder Fachhochschule angesehen – wird nach wie vor als Schulform verstanden, die eine vertiefte allgemeine Bildung vermittelt. Allerdings ist der Zugang zu vielen Fächern an vielen Hochschulen über das Erreichen einer Mindestnote geregelt und längst nicht mehr alle (ca. 70 % im ersten Jahr nach dem Schulabschluss) Abiturientinnen und Abiturienten nehmen ein Studium auf. Ein erheblicher Teil der Schülerinnen und Schüler verlässt das Gymnasium nach der 10. Klasse mit einem mittleren

18 Nach Wilkens, Ingrid (2013): Schulerfolg von Jungen und Mädchen mit Migrationshintergrund in Hessen. In: Migration und soziale Arbeit, 2, S. 143–153, hier: S. 149.

19 Bertelsmann Stiftung, Chancenspiegel (2013): Zur Chancengerechtigkeit und Leistungsfähigkeit der deutschen Schulsysteme mit einer Vertiefung zum schulischen Ganztag, S. 74. http://www.chancen-spiegel.de/fileadmin/contents/publikationen/I_Chancenspiegel_2013_Langfassung_final.pdf [Zugriff am 09.03.2014].

20 Nach Wilkens, Ingrid (2013): Schulerfolg von Jungen und Mädchen mit Migrationshintergrund in Hessen. In: Migration und soziale Arbeit, 2, S.149–159, hier S. 150.

Bildungsabschluss. Aber dennoch ist die Verlagerung der Interessen von einer Ausbildung im dualen System zu einem Studium beachtlich: 2012/13 befanden sich 1,4 Mio. Jugendliche in einer Ausbildung und 2,6 Mio. an einer Hochschule.[21] Längst nicht alle, die ein Studium aufnehmen, erreichen allerdings einen Abschluss. Junge Menschen mit Migrationshintergrund wählen, wenn sie über die Zugangsbedingungen verfügen, häufiger ein Studium; aber sowohl die zum Studium nach Deutschland gekommenen als auch die Bildungsinländerinnen und Bildungsinländer brechen das Studium häufiger ab als die einheimisch deutschen Studierenden.[22] In nahezu allen Bundesländern wurde zwischen 2010 und 2013 die Schulzeit bis zum Abitur von vorher dreizehn auf nunmehr zwölf Jahre verkürzt und es damit den Gymnasien ermöglicht, achtjährige Formen einzuführen. Allerdings wurden die Anzahl der Wochenstunden und die Stoffmenge nicht reduziert. In einigen Bundesländern (so u.a. Hessen und Nordrhein-Westfalen) wird mittlerweile den Gymnasien die Möglichkeit eröffnet, zu einer neunjährigen Form zurückzukehren.

Realschule

In der **Realschule** soll den Schülerinnen und Schülern eine erweiterte allgemeine Bildung vermittelt werden. Der Abschluss, bezeichnet als Fachoberschulabschluss (Nordrhein-Westfalen) oder Mittlerer Schulabschluss (Berlin, Hessen, Saarland), berechtigt zum Besuch von Schulformen der Sekundarstufe II. Diese Möglichkeit kann an einen bestimmten Notendurchschnitt gebunden sein oder an eine zusätzliche Qualifikation wie das 10. Schuljahr mit Qualifikationsvermerk. Auch die Wahl einer zweiten Fremdsprache kann Voraussetzung für den Übergang sein.

Hauptschule

Die **Hauptschule** ist eine allgemeinbildende Schulform der mittleren Bildung. Sie umfasst die Jahrgänge fünf bis neun bzw. zehn und wird mit dem Hauptschulabschluss abgeschlossen. In Nordrhein-Westfalen, einem Bundesland mit zehnjähriger Schulpflicht, müssen die Schülerinnen und Schüler auch nach Erwerb des Hauptschulabschlusses nach der Klasse 9 die Klasse 10 besuchen, in der zwei Abschlüsse möglich sind: der Hauptschulabschluss nach Klasse 10 und die Fachoberschulreife ebenfalls nach Klasse 10, die dem auf der Realschule erworbenen Abschluss gleichgestellt ist und einen Zugang zu Schulen der Sekundarstufe II eröffnet. Grundsätzlich steht über die Hauptschule und anschließend die Berufsfachschule der Zugang zu einer Hochschule offen. Der Besuch einer Hauptschule ist selten Folge einer freien Entscheidung, sondern kommt durch einen negativen Ausleseprozess zustande. Die Hauptschule muss die Schülerinnen und Schüler aufnehmen, die an anderen Schulformen keinen Platz finden oder die Realschule oder das Gymnasium verlassen müssen. Die Statistik zeigt, dass Kinder mit Migrationshintergrund und/oder aus unteren sozialen Schichten besonders häufig eine Hauptschule besuchen. Nach den oben genannten Zahlen ist z.B. in Hessen die Chance eines Kindes mit Migrationshintergrund, eine Hauptschule zu besuchen, zweieinhalbmal so groß wie die eines einheimisch deutschen Kindes. Es ist belegt, dass Schülerinnen und Schüler mit einem Hauptschulabschluss seltener in eine Ausbildung einmünden. Auf das gesamte Bundesgebiet bezogen, hatten 2011 32 % der Auszubildenden mit einem neu abgeschlossenen Ausbildungsvertrag einen Hauptschulabschluss (zum Vergleich: 42 % haben einen Realschulabschluss, 23 % eine Studienberechtigung und 3 % sind ohne Abschluss).[23] Die Versorgungsquote, d.h. der Anteil der Bewerberinnen und Bewerber mit Hauptschulabschluss, die 2012 in eine betriebliche Ausbildung

21 Näheres siehe Autorengruppe Bildungsberichterstattung (2012): Bildung in Deutschland 2012 – Ein indikatorengestützter Bericht mit einer Analyse zur kulturellen Bildung im Lebenslauf. Bielefeld, S. 124–127.

22 Autorengruppe Bildungsberichterstattung (2012): Bildung in Deutschland 2012 – Ein indikatorengestützter Bericht mit einer Analyse zur kulturellen Bildung im Lebenslauf. Bielefeld, S. 133, Tabelle F3-7.

23 Bundesinstitut für Berufsbildung (2013): Datenreport zum Berufsbildungsbericht 2013 – Informationen und Analysen zur Entwicklung der beruflichen Bildung. Bonn, Tabelle A4.6.2-4, S. 174; http://datenreport.bibb.de/media2013/BIBB_Datenreport_2013.pdf [Zugriff am 11.03.2014].

einmündeten, betrug 31,4 % (mit Realschulabschluss 43,7 %, mit Studienberechtigung 45,7 %).[24] Einbezogen werden dabei nur die Daten von Jugendlichen, die bei der Bundesagentur für Arbeit als ausbildungssuchend gemeldet sind und denen die notwendige Ausbildungsreife und Berufseignung zugeschrieben wird. Nur Hauptschulen mit einem differenzierten und engagierten Förderkonzept und einer starken Vernetzung mit Betrieben in der Region schaffen die Voraussetzungen, ihrer Schülerschaft eine angemessene Qualifizierung und einen Übergang in eine Ausbildung zu ermöglichen.

Wandel der Schullandschaft

Die Bildungspolitik steht vor einem Dilemma. Aufgrund des demografischen Wandels und des dadurch zu erwartenden Rückgangs an Schülerinnen und Schülern sowie aufgrund der Diskussionen über das soziale Ungleichheit produzierende deutsche Bildungssystem sind Änderungen im Bereich der Sekundarstufe I unabdingbar. Dabei wird das von den Eltern deutlich bevorzugte Gymnasium von Veränderungen ausgenommen. Haupt- und Realschulen werden entweder zu einer Schulform zusammengefasst (so in Berlin in Form der Integrierten Sekundarschule) oder aber zu einer diese beiden Formen integrierenden neuen Schulform (so in Nordrhein-Westfalen die Gemeinschaftsschule, in Hessen die Mittelstufenschule) hinzugefügt.

Die Eltern mit Migrationshintergrund stehen ebenfalls vor einem Dilemma. Sie, die die deutsche Schule für ihre Kinder zu einem erheblichen Teil als benachteiligend wahrnehmen, brauchen Hilfe bei einer Einschätzung der Leistungsfähigkeit ihrer Kinder, aber auch Unterstützung, wenn ihre Kinder der Förderung bedürfen.

Förderschulen und Inklusion

Besondere schulische Maßnahmen werden bei Kindern eingeleitet, bei denen ein Förderbedarf besteht. Ein solcher wird angenommen, wenn Schülerinnen und Schüler in ihren Bildungs-, Entwicklungs- und Lernmöglichkeiten so beeinträchtigt sind, dass sie im Unterricht der allgemeinen Schule ohne sonderpädagogische Unterstützung nicht hinreichend gefördert werden können. Bis etwa 2009 wurden diese nahezu ausschließlich an Förderschulen (früher Sonderschulen, noch früher Hilfsschulen) unterrichtet. Folgende Förderschulen können unterschieden werden, die in aller Regel die Klassenstufen eins bis zehn umfassen: Schulen für Blinde, Schulen für Gehörlose, Schulen für Körperbehinderte, Schulen für Lernbehinderte, Schulen für Schwerhörige, Schulen für Sehbehinderte, Schulen für Sprachbehinderte, Schulen für Verhaltensgestörte sowie Schulen mit dem Schwerpunkt emotionale und soziale Entwicklung, Schulen mit dem Schwerpunkt geistige Entwicklung sowie Schulen für Kinder in längerer Krankenhausbehandlung. Nicht alle Förderschulformen sind in allen Bundesländern vorhanden und nicht immer sind die Bezeichnungen gleich.

Ein Blick auf die Zahlen zeigt, dass es sich bei den förderbedürftigen Kindern keineswegs um eine zu vernachlässigende Größe handelt. Die Quote der Schülerinnen und Schüler mit sonderpädagogischem Förderbedarf an der Schülerschaft mit Vollzeitschulpflicht (1. bis 10. Jahrgangsstufe)[25] variierte in den Bundesländern 2010/11 von 4,7 bis 10,9 Prozent. Weitaus die meisten dieser Schülerinnen und Schüler besuchten eine Förderschule (Quote: 3,8 bis 8,0 %); deutlich geringer ist der Anteil derjenigen, die auf inklusiven Unterricht zurückgreifen können. Im Schuljahr 2009/2010 wurden von den knapp 500.000 Kindern und Jugendlichen mit besonderem Förderbedarf rund vier Fünftel nach wie vor in gesonderten Schulen unterrichtet. Die Inklusionsanteile sind

förderbedürftige Schülerinnen und Schüler

24 Pressemitteilung des Bundesinstituts für Berufsbildung vom 19.12.2013, http://www.bibb.de/de/pressemitteilung_323.php

25 Zu den Tabellen siehe Autorengruppe Bildungsberichterstattung (Hrsg.) (2012): Bildung in Deutschland 2012. Ein indikatorengestützter Bericht mit einer Analyse zur kulturellen Bildung im Lebenslauf. Bielefeld, S. 70.

– bei Berücksichtigung der in das Projekt einbezogenen Länder – besonders gering in Nordrhein-Westfalen (ca. 13 %) und besonders hoch in Berlin (ca. 41 %).[26]

Unter dem Aspekt der Benachteiligung rückt die am stärksten in Deutschland besuchte Förderschule für Lernbehinderte in den Mittelpunkt der Betrachtung. In den westlichen Bundesländern sind Kinder mit ausländischem Pass in Förderschulen mit dem Schwerpunkt Lernen sowie dem mit Schwerpunkt emotionale und soziale Entwicklung deutlich überrepräsentiert. Bei einem durchschnittlichen Ausländeranteil bei den unter 15-Jährigen von 10,1 % liegt ihr Anteil an den Förderschülerinnen und -schülern mit 21,4 % deutlich darüber.[27] Die Quote ist von den fünf einbezogenen Bundesländern in Nordrhein-Westfalen[28] überdurchschnittlich, nämlich doppelt so hoch wie es dem Anteil von ausländischen Kindern an der Schülerzahl entspricht. Es spricht vieles dafür, dass die deutliche Überrepräsentation bestehen bleiben würde, wenn das Merkmal „mit Migrationshintergrund" zugrunde gelegt werden könnte.

Elternrechte und Elternmitwirkung

Im Hinblick auf alle Bildungseinrichtungen sind sowohl die persönlichen Informations- und Anhörungsrechte der Eltern als auch die kollektiven Rechte der Eltern der Gruppe bzw. Klasse oder der Einrichtung gesetzlich verankert. Im Kinder- und Jugendhilfegesetz heißt es: „Die Träger der öffentlichen Jugendhilfe sollen sicherstellen, dass die Fachkräfte in ihren Einrichtungen [...] mit den Erziehungsberechtigten und Tagespflegepersonen zum Wohl der Kinder und zur Sicherung der Kontinuität des Erziehungsprozesses [zusammenarbeiten]. [...] Die Erziehungsberechtigten sind an den Entscheidungen in wesentlichen Angelegenheiten der Erziehung, Bildung und Betreuung zu beteiligen." (§ 22a Absatz 2).

Recht auf Information

Alle Eltern haben das Recht auf Information über wesentliche Ergebnisse, die die Kita insgesamt, die Gruppe oder auch das einzelne Kind betreffen. Ergänzt durch Landesgesetze wird darüber hinaus in jeder Einrichtung ein Elternbeirat eingerichtet, dem die aus den Kita-Gruppen gewählten Elternvertretungen angehören. Der Elternbeirat ist vom Träger und der Leitung über wesentliche Entscheidungen zu informieren. Ihm wird das Recht auf Anhörung und in manchen Fällen das Recht auf Zustimmung übertragen. Hierbei sollte ein Blick in das jeweilige Landesgesetz geworfen werden. Darin ist auch eine Verpflichtung der Eltern geregelt, den Erziehungsprozess gemeinsam mit den pädagogischen Fachkräften zum Wohl des Kindes zu gestalten. Um der Stimme der Eltern politisches Gewicht zu geben, sind Eltern von Kita-Kindern im Stadt- oder im Landeselternbeirat organisiert.

Landesschulgesestz

Die Elternrechte und -pflichten im Schulbereich sind in den Landesschulgesetzen niedergelegt. Individuelle Rechte reichen von der Information über das eigene Kind über das Recht auf Beratung bis zu dem Einlegen von Beschwerden. Kollektive Rechte erlauben die Teilnahme und Mitsprache an der Erziehungs- und Unterrichtsarbeit der Schule. Sie werden ausgeübt über die Wahl der Elternvertretungen und die Mitwirkungsmöglichkeiten in Ausschüssen der Schule. Neben den Elternvertretungen auf Klassenebene können Eltern über die Klassenelternversammlungen, den Schul-, Regional- und Landeselternbeirat Einfluss nehmen. Fehlende Akzeptanz der Notengebung in der Klasse oder Schule und viele andere Erlebnisse, die Kinder und damit auch El-

26 Zu den Zahlen siehe Bertelsmann Stiftung. Institut für Schulentwicklung (Hrsg.) (2012): Chancenspiegel. S. 44f.

27 Bertelsmann Stiftung (2008): Daten und Fakten zur Integrationspolitik in Kommunen. Gütersloh, S. 6. Daten für Schüler und Schülerinnen mit Migrationshintergrund liegen nicht vor.

28 Schröder, Ulrich (2012): Schülerinnen und Schüler mit Migrationshintergrund an Förderschulen. In: Matzner, Michael (Hrsg.): Handbuch Migration und Bildung. Weinheim und Basel, S. 245f.

tern belasten, können damit an die Schule herangetragen werden und – falls es sich um strukturelle Fragen und Probleme handelt – an das jeweilige Bundesland. Nach vorliegenden Untersuchungen nehmen Eltern mit Migrationshintergrund sowohl ihre individuellen als auch ihre kollektiven Rechte weniger häufig wahr als einheimisch deutsche Eltern.[29]

Das Bildungssystem als Herausforderung für Eltern mit Migrationshintergrund

Kinder und Jugendliche mit Migrationshintergrund besuchen seltener ein Gymnasium und erreichen geringere Bildungsabschlüsse, wie sich anhand von Untersuchungen belegen lässt. Eltern mit Migrationshintergrund sind – wie viele einheimisch deutsche Eltern – unglücklich, wenn sie erleben, dass sich ihre Vorstellungen und Erwartungen in Bezug auf die Bildungslaufbahn ihrer Kinder nicht verwirklichen lassen. Deswegen sind Eltern aufgerufen, sich mit der Bildungssituation in Deutschland auseinanderzusetzen, die Optionen und Schwierigkeiten ihres Kindes realistisch einzuschätzen und zu überlegen, was sie und die Familie unter Einbeziehung des sozialen Umfeldes zu einer Verbesserung beitragen können.

Möglichkeiten zur Partizipation

Eltern mit Migrationshintergrund können ihren Kindern helfen, indem sie

im Vorschulbereich

- vorschulische Bildungsmöglichkeiten nutzen und falls sie, vor allem bei unter Dreijährigen, ihr Kind nicht einer Kinderkrippe anvertrauen wollen, andere frühpädagogische Einrichtungen wie Spielgruppen wählen,
- Spiel- und Fördermöglichkeiten in der häuslichen Umgebung schaffen (siehe Modul 1), eventuell begleitet durch ein Programm wie Hippy, Rucksack[30] oder PAT (Parents as Teachers),
- die Auswahl der Kindertagesstätte steuern,
- sich in die Elternmitwirkung einbringen;

im Schulbereich

- die Übergänge reflektieren, planen und mit dem Kind gestalten (s. Modul 3.2 bis 3.6),
- den Kindern ein häusliches Lernklima bieten, das Lernen und Schulerfolge erleichtert (siehe dazu die entsprechenden Themenbereiche in Modul 2),
- schulische Unterstützungsmaßnahmen (Mentoring Programme) unter Einbeziehung der Familie und des sozialen Umfeldes suchen und einfordern,[31]
- vor allem in der Sekundarstufe, aber u.U. auch in der Primarstufe bei Lernschwierigkeiten Förderunterricht außerhalb der Schule für das Kind suchen.[32]

29 Zu den Gründen vergleiche die Themen 7, 8 und 9 dieses Moduls.

30 Siehe dazu die Übersicht bei Springer, Monika (2011): Elterntrainings und Familienbildung. In: Fischer, Veronika/Springer, Monika (Hrsg.): Handbuch Migration und Familie. Grundlagen für die soziale Arbeit mit Familien, Schwalbach/Ts., S. 473–501; zur Einschätzung der Projekte siehe Friedrich, Lena/Siefert, Manuel (2009): Förderung des Bildungserfolgs von Migranten: Effekte familienorientierter Projekte. Abschlussbericht zum Projekt Bildungserfolge bei Kindern und Jugendlichen mit Migrationshintergrund durch Zusammenarbeit mit den Eltern. In: BAMF (Bundesamt für Migration und Flüchtlinge) (Hrsg.): Working Paper 24, Nürnberg.

31 So Neumann Ursula/Schneider, Jens (2011): Mentoring-Projekte: Einschätzung der Forschungslage. In: Neumann, Ursula/Schneider, Jens (Hrsg.): Schule mit Migrationshintergrund, Münster, S. 220–231.

32 efms (Europäisches Forum für Migrationsstudien) (2009): Förderunterricht für Kinder und Jugendliche mit Migrationshintergrund. Evaluation des Projekts der Stiftung Mercator. Kurzbericht der Evaluation. http://www.efms.uni-bamberg.de/prinevud.htm [Zugriff 13.03.2014].

Im Wissen, dass ein Teil der Eltern – insbesondere in Familien mit Migrationshintergrund und aus unteren sozialen Schichten – Hilfe zur Bewältigung schulischer Probleme oder beim Aufholen von Kenntnislücken braucht, werden in immer stärkerem Umfang Hilfen außerhalb von Schule und Unterricht angeboten. Falls das Kind Hilfe benötigt, sollten Eltern sich früh genug nach einer Hausaufgabenhilfe, einer Nachhilfe oder besser noch nach einem Förderunterricht umsehen, der Qualitätsstandards genügt. Es kann auch sinnvoll sein, eine lerntherapeutische oder logopädische Fachkraft einzubeziehen. Zudem sollten Eltern von Beginn der Kitazeit oder der Schulzeit an intensiven Kontakt zu den Bildungseinrichtungen aufbauen und pflegen sowie familiäre und außerfamiliäre Ressourcen mobilisieren.

Leseempfehlung

Deutscher Bildungsserver (2014): Bildungssystem Deutschland (mit Gesamtüberblick, Bildungssysteme der Länder, Struktur, Abschlüsse und Bildungswege); http://www.bildungsserver.de/Bildungssystem-Deutschland-505.html [Zugriff am 11.03.2014].

1.2 Didaktische Vorschläge

Ausgehend von der Länderdarstellung des Bildungsservers oder von der grafischen Darstellung des Bildungssystems des jeweiligen Bundeslandes können die Bildungswege dargestellt und mit den Eltern diskutiert werden. Hilfen (Grafik mit Erläuterungen) finden sich in: Staatsinstitut für Schulqualität und Bildungsforschung München (2011): Übersicht über Schulstrukturen der Länder in der Bundesrepublik Deutschland, München. **http://www.laenger-gemeinsam-lernen.de/fileadmin/lgl/Download/Laender/Schulstrukturen_der_Laender_2011-1.pdf** [Zugriff am 11.03.2014].

1.3 Quellen/Material zur Weitergabe an Eltern

Medvedev, Alexei/Wazinski, Elisabeth (2014): Schule in Deutschland verstehen. Grundwissen für Eltern, BQM-Beratung, Qualifizierung, Migration, Hamburg.

Stadt Köln. Der Oberbürgermeister (o. J.): Informationen für Eltern von Schülerinnen und Schülern der Grundschule/Informationen für Eltern von Schülerinnen und Schülern weiterführender Schulen. In 20 Sprachen u.a. arabisch, russisch und türkisch; **http://www.bildung.koeln.de/schule/artikel/artikel_02480.html** [Zugriff am 11.03.2014].

ANE e.V. – Arbeitskreis Neue Erziehung.: Die Angebote für Schuleltern. Die neuen Elternbriefe Schule für Berlin – in deutscher Sprache. Mit 17 Schulbriefen begleitet der ANE e.V. Berliner Eltern bis in das sechste Schuljahr. Zwei- bis dreimal jährlich bringen Kindern ihren Eltern einen Schulbrief mit nach Hause. Die Elternbriefe für Grundschuleltern sind bei Bestellung durch die Gesamtelternvertretung kostenlos. **http://www.ane.de/** [Zugriff am 13.03.2014]

Folgende Elternbriefe können empfohlen werden:

Mit der Schule Hand in Hand für Ihr Kind! – Çocuğunuz için Okul ile El Ele! (Zweisprachige Schulinfos für Berliner Eltern in deutscher und türkischer Sprache). **http://www.ane.de/bestellservice/tuerkisch-deutsche-elternbriefe/** [Zugriff am 13.03.2014].

Schulinformationen für Eltern arabischer Herkunft – in arabischer Sprache als Download, Podcast und Webartikel im Elternportal. **http://www.a4k.de/uploads/media/Sprachentwicklung_Arabisch_No1.pdf** [Zugriff am 13.03.2014].

1.4 Literatur zur Vertiefung

Ständige Konferenz der Kultusminister der Länder in der Bundesrepublik Deutschland (2013): Das Bildungssystem in der Bundesrepublik Deutschland 2011/12. Darstellung der Kompetenzen und Strukturen sowie der bildungspolitischen Entwicklungen für den Informationsaustausch in Europa in Zusammenarbeit mit der Deutschen EURYDICE-Informationsstelle des Bundes im BMBF, Bonn; http://www.kmk.org/dokumentation/das-bildungswesen-in-der-bundesrepublik-deutschland/dossier-deutsch/publikation-zum-download.html [Zugriff am 11.03.2014].

Thema 2: Kooperation von Eltern und Bildungseinrichtungen

Margit Stein

Im Folgenden geht es um die Gegenüberstellung der Vorstellungen, die Fachkräfte in Bildungseinrichtungen auf der einen und die Eltern auf der anderen Seite von ihrem Beitrag zur Erziehung und Bildung des Kindes haben. Dieses geschieht mit dem Ziel, Eltern in der ihnen zugewiesenen Wahrnehmung ihrer Aufgaben zu stärken. Zudem sollen Eltern motiviert werden, am Leben der Bildungseinrichtungen teilzunehmen. Darüber hinaus sollen Hilfen diskutiert werden, um eine stärkere Beteiligung der Eltern zu fördern.

2.1 Basistext

Seitdem Kinder mit Migrationshintergrund einen hohen Anteil in den Bildungseinrichtungen stellen, wird die Frage der Beziehung zwischen Eltern und Bildungseinrichtungen thematisiert. Stets wurden und werden Mängel in der Zusammenarbeit benannt. Der Bildungserfolg von Kindern hängt entscheidend von der Bildungsunterstützung in den Familien ab.[1] Ob die Familie die notwendige Unterstützung leisten kann, ist wiederum (unter anderem) abhängig von einer gelungenen Kooperation von Eltern und Bildungseinrichtungen. Die Zusammenarbeit bezieht sich sowohl auf Kontakte zum Lehrpersonal bezüglich der Bildung des eigenen Kindes als auch auf die Teilhabe an institutioneller Mitbestimmung. Um verständlich zu machen, wie eine bessere Zusammenarbeit möglich ist, soll geklärt werden, was der Erziehungs- und Bildungsauftrag für die Eltern auf der einen und für die Bildungseinrichtungen auf der anderen Seite bedeutet.

Erziehungs- und Bildungspartnerschaft: Zusammenarbeit von Eltern mit Bildungseinrichtungen

Persönlichkeit und Fähigkeiten

Eltern und Bildungseinrichtungen haben sowohl einen Erziehungs- als auch einen Bildungsauftrag. Die Erziehung richtet sich auf die Ausbildung von Identität und Persönlichkeit, die es Kindern ermöglicht, sich eigenverantwortlich in die Familie, die Gruppe und die Gesellschaft einzubringen. Bildung im engeren Sinne ist auf das Trainieren von Fähigkeiten und Kompetenzen ausgerichtet, die nicht nur eine schulische Laufbahn und beruflichen Erfolg sichern, sondern auch die Heranführung an Kultur, Politik und andere soziale oder gesellschaftliche Bereiche ermöglichen oder erleichtern.[2] Das (vorrangige) Recht der Eltern auf Pflege und Erziehung ihrer Kinder ist in § 6 des Deutschen Grundgesetzes verankert. Betreuung, Bildung und Erziehung sind für Kindertageseinrichtungen im SGB VIII (Kinder- und Jugendhilfegesetz, § 22) und ergänzenden landesrechtlichen Bestimmungen geregelt.

---

1 Siehe dazu Boos-Nünning, Ursula (2011): Migrationsfamilien als Partner von Erziehung und Bildung. Expertise im Auftrag der Abteilung Wirtschafts- und Sozialpolitik der Friedrich-Ebert-Stiftung. Bonn, S. 36–39.

2 Häufig wird der Bildungsbegriff weiter gefasst und enthält ebenfalls die hier der Erziehung zugeordneten Elemente. Für eine vertiefte Auseinandersetzung mit den Begriffen siehe Hörner, Wolfgang/Drinck, Barbara/Jobst, Solveig (2010): Bildung, Erziehung, Sozialisation (2. Auflage). Opladen/Farmington Hills.

Erziehungsauftrag der Schulen

Auch die Rolle der Schule für die Erziehung und Bildung von jungen Menschen ist rechtlich fixiert und in den Verfassungen für die einzelnen Bundesländer und in den Unterrichts- und Schulgesetzen konkretisiert. Anders als der Bildungsauftrag wird der Erziehungsauftrag der Schulen häufig nicht explizit in den Lehrplänen, Curricula und Rahmenrichtlinien thematisiert. Es wird der erzieherischen Freiheit und Autonomie der Schule und der pädagogischen Verantwortung der einzelnen Lehrkräfte überlassen, den Erziehungsauftrag auszufüllen und in der Lebenswirklichkeit der Schule und des Unterrichts umzusetzen.

Durch die Entwicklungen der letzten Jahrzehnte hat sich der Anteil der Bildungseinrichtungen an der Erziehung und Bildung der Kinder vergrößert und gleichzeitig zumindest der zeitliche Raum für Erziehungsaufgaben in der Familie verringert.

Faktoren, die den Anteil der Bildungseinrichtungen an der Erziehung und Bildung der Kinder vergrößern, sind:

- die steigende Zahl von Kindern unter drei Jahren in der Kindertagesbetreuung,
- die zunehmende Inanspruchnahme von Ganztagsbetreuung in den Kindertageseinrichtungen,
- der zunehmende Anteil von Schülerinnen und Schülern, die im Grundschulalter an einer sich anschließenden Betreuung teilnehmen; etwa in Form der offenen Ganztagsschule, oder des Unterrichts an einer Ganztagsschule,
- das gestiegene Angebot an Ganztagsschulen in der Unterstufe der Sekundarschule, das den gewünschten Bedarf jedoch noch nicht deckt,
- der zunehmende Anteil an Schülerinnen und Schülern, die vor allem in den ersten Jahrgängen der weiterführenden Schule an einer nachmittäglichen Betreuung oder an einer Hausaufgabenhilfe teilnehmen.

Kompensation sozialer Nachteile

Der Ausbau der institutionellen Bildung und Erziehung ist bildungspolitisch vor allem aus dem Bedürfnis entstanden, Unterschiede, die aus benachteiligender Herkunft (niedrige soziale Schicht, Leben in einem Stadtteil mit schlechter Infrastruktur) entstehen, durch frühe und intensive Förderung zu kompensieren.[3] Eltern wählen und wünschen den Ausbau des institutionellen Bereiches aus unterschiedlichen Motiven, z.B. um Zeit für eine Berufstätigkeit beider Elternteile zu gewinnen oder um ihr Kind adäquat zu fördern.

Diese Entwicklungen haben Konsequenzen für die Aufgabenverteilung von Eltern auf der einen und den Bildungseinrichtungen auf der anderen Seite. Lässt es der halbtägige Besuch einer Kindertagesstätte und einer Grundschule vielleicht noch zu, die Erziehungsaufgaben eher den Eltern und die Bildungsaufgaben eher der Kindertagesstätte oder der Schule zuzuweisen, so verlangen die veränderten Bedingungen, dass die Eltern und die Schule das gemeinsame Interesse haben, die Kinder durch Erziehung und Bildung zu begleiten. Eltern können nicht länger als diejenigen angesehen werden, die vor allem für die Erziehung, also für Wertevermittlung, emotionale Förderung oder Ähnliches zuständig sind, und die Schulen können sich nicht länger vorrangig für die Bildungsförderung zuständig fühlen. Die Schule versteht sich dann zu eng als Bildungs- oder in noch engerem Sinne als Wissensvermittlungsinstitution, welche der nachwachsenden Generation lediglich eine fundierte Qualifikation, aber keine Persönlichkeitsbildung ins Leben mitgibt. Neben der Familie sollte sie aber auch die Funktion erfüllen, junge Menschen durch die Vermittlung von Werten auf die Herausforderungen der Gesellschaft vorzubereiten. Andererseits werden die Eltern in immer stärkerem Maße auch mit der Aufgabe betraut, Schule bei der Vermittlung von Wissensinhalten zu

3 Daneben werden familien- und arbeitsmarktpolitische Gesichtspunkte geltend gemacht, vor allem die Möglichkeit der Vereinbarkeit von Familie und Beruf.

unterstützen.[4] Unter diesen Voraussetzungen wird eine Zusammenarbeit zwischen Elternhaus und Bildungseinrichtung unabdingbar; das gilt auch und in besonderer Weise für Familien mit Migrationshintergrund, in denen häufiger als in einheimisch deutschen Mittelschichtsfamilien zur Bildungseinrichtung diskrepante Werte vertreten werden.[5]

Aufgaben der Bildungseinrichtungen aus Sicht der Eltern mit Migrationshintergrund

Eine Vielzahl von Untersuchungen belegt, dass in Deutschland alle Bevölkerungsgruppen unabhängig von ihrer sozialen und ethnischen Herkunft möglichst anspruchsvolle Bildungsabschlüsse anstreben. Alle Eltern wollen, dass ihre Kinder die soziale Stellung der Herkunftsfamilie halten oder verbessern.[6] Personen, die einer niedrigeren sozialen Schicht angehören, ordnen der Schulbildung einen besonders hohen Stellenwert für den Lebenserfolg zu. Der Besuch der Schule ist für sie häufiger als für Personen, die höher in der Statuspyramide stehen, der Schlüssel zum Erfolg.[7] Aufgabe der Bildungseinrichtungen ist es, dass die Kinder in der Schule das für den späteren Beruf und für das Erreichen einer gesellschaftlichen Position notwendige Wissen und die erforderlichen Kompetenzen vermittelt bekommen. Eltern mit Migrationshintergrund erwarten, dass diese Aufgaben erfüllt werden.

Die wenigen Untersuchungen, die die Einstellungen von Eltern mit Migrationshintergrund und einheimisch deutschen Eltern vergleichen, belegen, dass z.B. Eltern mit türkischem Hintergrund es stärker (80 %) als einheimisch deutsche Eltern (29 %) als wesentlich ansehen, dass in den Schulen Leistung im Vordergrund steht. 90 % der Eltern mit türkischem Hintergrund wünschen überdies eine stärkere Leistungsorientierung an Schulen (gegenüber 49 % der einheimisch deutschen Eltern).[8]

Ewartungen an Schulen von Eltern mit Migrationshintergrund

Eltern mit Migrationshintergrund erwarten aber auch häufiger als einheimisch deutsche Eltern, dass die Bildungseinrichtungen nicht nur für die Vermittlung von Wissen und für das Lernen kognitiver Fähigkeiten zuständig sind, sondern auch für die Erziehung des Kindes im oben beschriebenen Sinn. Eltern beklagen nicht selten, dass in den Bildungsreinrichtungen Regeln und Normen kaum vermittelt und Werte nur selten thematisiert würden.

Eine 2002 im Ruhrgebiet durchgeführte Befragung von Eltern mit türkischem Migrationshintergrund über ihre Einstellungen zur Bildung und Erziehung ihrer Kinder sowie nach ihren Wünschen an das deutsche Schulsystem belegt, dass die Eltern

- der Schule Erziehungsfunktionen übertragen, aber sich selbst nicht aus der Verantwortung nehmen: 98 % erachten es als wichtig, dass ihr Kind in der Schule gut er-

4 Vgl. zum Themenbereich der Familie und der Schule als Erziehungs- und Bildungsinstitution auch Stein, Margit (2008): Wie können wir Kindern Werte vermitteln? Werteerziehung in Familie und Schule. München, hier vor allem die Kapitel 4.1.1. Schule als Bildungsinstitution, S. 129–132 und 4.1.2. Schule als Erziehungsinstitution, S. 132–145.

5 Siehe Dazu: Boos-Nünning, Ursula (2011): Migrationsfamilien als Partner von Erziehung und Bildung. Expertise im Auftrag der Abteilung Wirtschafts- und Sozialpolitik der Friedrich-Ebert-Stiftung. Bonn; hier: Kapitel Erziehungsziele, S. 23–33.

6 Siehe dazu: Auflistungen der Untersuchungen in Boos-Nünning, Ursula (2013): Aufstieg durch Bildung? Bildungsansprüche und deren Realisierung. Migrationsfamilien und einheimische Familien im Vergleich. In: Boos-Nünning, Ursula/Stein, Margit (Hrsg): Familie als Ort von Erziehung, Bildung und Sozialisation. Münster, S. 217–249.

7 Siehe Paseka, Angelika (2011): Wozu ist die Schule da? – Die Aufgaben der Schule und die Mitarbeit der Eltern. In: Killus, Dagmar/Tillmann, Klaus-Jürgen (Hrsg.): Der Blick der Eltern auf das deutsche Schulsystem. Münster, S.108.

8 Tillmann, Klaus-Jürgen (2011): Kritisch und aufgeschlossen – der Blick der Eltern auf die Bildungspolitik. In: Killus, K./Tillmann K.-J. (Hrsg.): Der Blick der Eltern auf das deutsche Schulsystem. Die 1. JAKO-O Bildungsstudie. Münster, S. 35–57.

zogen wird, aber nur 6 % halten die Schule allein für die Erziehung verantwortlich. Nur etwas mehr als die Hälfte (58 %) möchte, dass das Kind in der Schule lernt, was erlaubt und was verboten ist;
- mehr Informationen über das Verhalten des Kindes gegenüber Lehrkräften sowie Mitschülerinnen und Mitschülern (92 %) und über den Leistungsstand (86 %) wünschen. Andererseits fühlen sich die meisten Befragten (65 %) über Erziehungsprobleme, aber nur gut die Hälfte (53 %) über Ziele und Vorgehensweise im Unterricht ausreichend informiert;
- eine zweisprachige Erziehung ihres Kindes wünschen und sowohl die Beherrschung der deutschen Sprache (99 %) als auch die Beherrschung der Muttersprache (98 %) für wichtig erachten.[9]

Auf die Frage, welche Personen für die Erziehung der Kinder, für deren Bildung und für die Vermittlung der deutschen Sprache auf der einen und der Muttersprache auf der anderen Seite verantwortlich sind, wird differenziert geantwortet: Die Erziehung der Kinder wird von den meisten Befragten in erster Linie den Eltern zugewiesen und hier minimal stärker der Mutter, aber etwa die Hälfte der Eltern gibt auch der Kindertagesstätte und den Lehrkräften Bedeutung. Im Bereich der Bildung wird die Lehrkraft in die Verantwortung genommen, im Bereich der deutschen Sprache die Lehrkraft sowie die Kindertagesstätte bzw. die Erzieherinnen und Erzieher.

Zusammenarbeit von Eltern und Schulen

Eine neuere Untersuchung erlaubt differenziertere Aussagen: Sie ermittelt, dass die Mehrheit der Eltern mit türkischem Migrationshintergrund sich bewusst ist, dass das Schulsystem in Deutschland auf Unterstützungsleistungen der Familien ausgerichtet ist, um den Bildungserfolg des Kindes zu sichern.[10] Eltern, die selbst die Schule in der Türkei besucht haben, haben dort ein höheres Maß der Vermittlung von Werten wie Disziplin und Respekt wahrgenommen und wünschen sich von deutschen Lehrerinnen und Lehrern mehr Durchsetzungsvermögen, Autorität und Strenge. Was den Anteil von Elternhaus und Schule an der Erziehung und Bildung der Kinder anbetrifft, so werden zwei unterschiedliche Positionen erhoben:[11]
- Eine Gruppe von Eltern weist ausschließlich der Familie die Verantwortung für das Weiterkommen der Kinder zu und hat keine weiteren Erwartungen, dass das Schulsystem die Defizite familiärer Erziehung auffängt,
- eine weitere Gruppe überwiegend gut situierter Eltern erwartet eine Kompensation nachteiliger Bedingungen in der Familie durch das Schulsystem. Dieses sei jedoch aus der Sicht dieser Elterngruppe häufig nicht gegeben.

Nach Vorstellungen von Eltern mit Spätaussiedlerhintergrund ist die Schule nicht nur für die Bildung in Form der Vermittlung von Fachkenntnissen, sondern auch für die Wertevermittlung zuständig. Eine gute Schule sollte sich daher um die Bildung des gesamten Menschen, also auch die Persönlichkeitsentwicklung und damit um die Förderung individueller und sozialer Kompetenzen kümmern.[12]

---

9 Klink, Andreas (2003): Ergebnisse der Befragung türkischer Eltern in Essen zur Bildung und Erziehung des Kindes. Im Auftrag der RAA Essen, unveröffentlichtes Manuskript.

10 Wippermann, Katja/Wippermann, Carsten/Kirchner, Andreas (2013): Eltern – Lehrer – Schulerfolg. Wahrnehmungen und Erfahrungen im Schulalltag von Eltern und Lehrern. Stuttgart, S. 284. Zur Methode muss angemerkt werden, dass alle Aussagen auf 40 qualitativ erhobene Einzelinterviews von Männern und Frauen mit türkischem oder Spätaussiedlerhintergrund mit einem Kind in der Sekundarstufe I beruhen. Es handelt sich um eine selektive Auswahl und daher sind Verallgemeinerungen nicht möglich.

11 Ebenfalls nach Wippermann, Katja, u.a. (2013), S. 294.

12 Ebenfalls nach Wippermann, Katja, u.a. (2013), S. 309.

Kooperation mit den Bildungseinrichtungen: Hindernisse und Chancen

Seit Jahrzehnten wird in der Fachliteratur und von Seiten der Praxis ausgeführt, dass die Zusammenarbeit mit Migrationsfamilien schwierig sei. Es gelingt den Bildungseinrichtungen nicht, diese Elterngruppen zu erreichen und noch seltener, sie in das Schulleben einzubeziehen sowie eine längerfristige und fruchtbare Zusammenarbeit aufzubauen.[13]

- Eltern können neben Veranstaltungen im Rahmen der Mitwirkung (z.B. Elternpflegschaft) zahlreiche Angebote nutzen, die vor allem den Austausch und die Begegnung unter Eltern fördern, etwa Elterncafés und -stammtische. Aber sie können auch an speziellen Trainings teilnehmen, wie z.B. am Projekt „Starke Eltern – starke Kinder“ des Deutschen Kinderschutzbundes. Besondere Programme richten sich an Eltern mit Migrationshintergrund.[14] Dennoch klagen die pädagogischen Kräfte in den Bildungseinrichtungen, Eltern mit Migrationshintergrund seien schwer erreichbar. Da hilft auch nur wenig, dass in den Schulgesetzen nahezu aller Bundesländer die Aufforderung enthalten ist, die Zusammenarbeit zwischen Elternhaus und Bildungseinrichtung, insbesondere der Schule, zu verbessern und Bildungs- und Erziehungspartnerschaften zu bilden.[15]

Eltern mit Migrationshintergrund häufig schwer erreichbar

Erst in neuerer Zeit und längst nicht in allen Darstellungen, die zur „interkulturellen Elternarbeit“ erschienen sind, wird die Perspektive der Eltern mit Migrationshintergrund angesprochen. Sie geben Aufschluss über die Belastung, die der Schulbesuch der Kinder für die Familien bedeutet: Bei der Betonung von Bildungserfolgen fürchten die Eltern, ihren Kindern nicht genug Unterstützung bieten zu können. Eltern mit Migrationshintergrund geben an, dass

- ihre Deutschkenntnisse oftmals nicht ausreichen, in konkreten Anforderungssituationen Unterstützungen bei auftretenden Lernschwierigkeiten und bei der Erledigung von Hausaufgaben zu leisten. So berichten einige Eltern, die in Alltagssituationen oder etwa in der Interviewsituation fließend Deutsch sprechen, dass sie sich den spezifischen sprachlichen Anforderungen von schulischen Aufgaben nicht gewachsen fühlen;
- der Mangel an schulischem Wissen sie hindert, ihren Kindern bei den Hausaufgaben zu helfen.[16]

Eltern bedauern also ihre fehlende Unterstützungskompetenz, thematisieren diese Probleme aber nicht in den Bildungseinrichtungen, hier der Schule.

Wenn Daten in Schulen erfasst werden, werden die geringe Repräsentanz von Eltern mit Migrationshintergrund in den Elternvertretungen und die geringe Kommunikation

---

13 Pfaller-Rott, Monika (2010): Migrationsspezifische Elternarbeit beim Transitionsprozess vom Elementar- zum Primarbereich. Eine explorative Studie an ausgewählten Kindertagesstätten und Grundschulen mit hohem Migrationsanteil, Berlin. Vgl. auch Boos-Nünning, Ursula (2011): Migrationsfamilien als Partner von Erziehung und Bildung. Expertise im Auftrag der Abteilung Wirtschafts- und Sozialpolitik der Friedrich-Ebert-Stiftung. Bonn, S. 39–41, abrufbar unter www.fes.de/wiso.

14 Siehe die Übersicht über die Projekte in: Friedrich, Lena/Siefert, Manuel (2009): Förderung des Bildungserfolgs von Migranten: Effekte familienorientierter Projekte. Abschlussbericht zum Projekt Bildungserfolge bei Kindern und Jugendlichen mit Migrationshintergrund durch Zusammenarbeit mit den Eltern. In: BAMF (Bundesamt für Migration und Flüchtlinge) (Hrsg.): Working Paper 24. Nürnberg.

15 Siehe Sachverständigenrat deutscher Stiftungen für Integration und Migration (2012): Baustelle Elternarbeit. Eine Bestandsaufnahme der Zusammenarbeit zwischen Schule und Elternhaus. Berlin, S. 7. In dem Feld der „schulischen Elternarbeit“ wird großer Handlungsbedarf gesehen.

16 Hawighorst, Britta (2009): Perspektiven von Einwandererfamilien. In: Fürstenau, Sara/Gomolla, Mechthild (Hrsg.): Migration und schulischer Wandel: Elternbeteiligung. Wiesbaden, S. 51–67, hier S. 57f.

zwischen dieser Elterngruppe und den pädagogischen Fachkräften bei durchaus vorhandenem Interesse an einer Zusammenarbeit hervorgehoben.[17] Aus den dargestellten Sachverhalten kann gefolgert werden, dass Barrieren in der Kooperation von Eltern mit Migrationshintergrund und Bildungseinrichtungen bestehen. Es gibt einige Untersuchungen, die Aufschluss über die Gründe für die fehlende Zusammenarbeit geben.[18] Auf Seiten der Eltern mit Migrationshintergrund spielen folgende Aspekte eine Rolle:

Hürden für Eltern mit Migrationshintergrund

- Verständigungsschwierigkeiten in der deutschen Sprache
- negative Erfahrungen mit Bildungseinrichtungen oder Behörden
- die Befürchtung von Desinteresse auf Seiten des pädagogischen Personals
- das Gefühl der Unterlegenheit und des Nicht-ernst-genommen-Werdens wie auch Angst vor formellen Kontakten mit deutschen Einrichtungen
- die Vorstellung, sich gegenüber der mit Macht ausgestatteten Lehrperson nicht behaupten zu können in Verbindung mit der Angst, dass vor allem die Formulierung kritischer Sachverhalte sich negativ auf die Bewertung des Kindes auswirken könnte
- die Furcht, dass es wegen unterschiedlicher kultureller Werte oder unterschiedlicher Formen von Religiosität zur Nichtakzeptanz oder Auseinandersetzung kommen könnte, auch und vor allem wegen des Tragens eines Kopftuches (der Mutter oder der Tochter)
- die Erschwerung der Kontaktaufnahme, wenn auftretende Schwierigkeiten wie drohender Leistungsabfall oder Konfliktsituationen in der Klasse der Anlass sind
- das fehlende Vertrauen zwischen der Schülerin oder dem Schüler und der pädagogischen Fachkraft, von der auch ein empathischer Zugang zum Kinde erwartet wird.

Hürden aus Sicht der Fachkräfte

Auf Seiten der pädagogischen Fachkräfte führen die geringe Bedeutung, die der Zusammenarbeit mit den Eltern für den Bildungsprozess der Kinder zugebilligt wird, sowie die Unterstellung von Desinteresse der Eltern zu Abwehr oder ebenfalls zu Desinteresse. Außerdem werden von den Fachkräften mangelnde Akzeptanz der Zusammenarbeit in der Einrichtung, fehlende zeitliche Ressourcen und Datenschutz als Gründe für die weitgehend fehlende Zusammenarbeit mit Eltern genannt.

Die Studien heben darüber hinaus von Fachkräfte nicht benannte, aber wirksame Faktoren heraus:

- Schwierigkeiten im Umgang mit anderen sozialen Schichten und mit Familien mit Migrationshintergrund,
- mangelnde Fähigkeit zur Kontaktaufnahme,
- fehlende oder geringe Kritikakzeptanz und daraus resultierende Kritikvermeidungsstrategien,
- durch stereotype Vorbehalte gegenüber Eltern mit Migrationshintergrund begründetes Unvermögen, auf diese Familien zuzugehen.[19]

Elternvertreterinnen oder -vertreter mit Migrationshintergrund sehen Gründe für die schwierige Kommunikation auf beiden Seiten: in den Einstellungen und dem Verhalten des Lehrpersonals wie auch der Eltern mit Migrationshintergrund. Neben negativen

17 So Sacher, Werner (2008): Elternarbeit. Gestaltungsmöglichkeiten und Grundlagen für alle Schularten. Bad Heilbrunn, S. 19.

18 Pfaller-Rott, Monika (2010): Migrationsspezifische Elternarbeit beim Transitionsprozess vom Elementar- zum Primarbereich. Eine explorative Studie an ausgewählten Kindertagesstätten und Grundschulen mit hohem Migrationsanteil. Berlin; Nabi Acho, Viviane (2011): Elternarbeit mit Migrantenfamilien. Wege zur Förderung der nachhaltigen und aktiven Beteiligung von Migranteneltern an Elternabenden und Elternbeirat. Freiburg; Kröner, Stephan (2009): Elternvertreter mit Migrationshintergrund an Schulen. Zentrales Institut für Lehr- und Lernforschung der Friedrich-Alexander Universität Erlangen-Nürnberg. Expertise für das Bundesamt für Flüchtlinge. Nürnberg.

19 Siehe vor allem die Untersuchung von Kröner, Stephan (2009), S. 53.

werden jedoch auch positive Beispiele von Lehrkraftverhalten genannt. Hingegen sind die Bilder des pädagogischen Personals und der Vertreter der Einrichtungen hinsichtlich der Familien mit Migrationshintergund durchgängig negativ.

Weniger thematisiert – und auch weniger erfragt – werden die Chancen, die eine gelungene Zusammenarbeit für die Erziehung und Bildung des Kindes bietet:

- Erziehungs- und Bildungsziele werden abgestimmt und es wird ermittelt, welchen Anteil Familie und Schule haben,
- Informationen über Lernmethoden werden ausgetauscht,
- Eltern erwerben Kenntnisse über die Verbesserung des Lernklimas in der Familie. Das pädagogische Personal erfährt, was das Elternhaus zur Erreichung besserer Bildungserfolge leistet.

Belastende Erfahrungen der Eltern

mangelnde Resonanz seitens der Schule

Drei Sachverhalte belasten allerdings das Verhältnis von Eltern mit Migrationshintergrund zu den Bildungseinrichtungen in besonders starkem Maße:

- Eltern beklagen sich über mangelnde Resonanz von Seiten der Bildungseinrichtungen, insbesondere der Schule. Wenn Eltern sich frei äußern, wird deutlich, dass sie sich von der Schule allein gelassen fühlen.[20] Eltern mit türkischem Migrationshintergrund berichten, dass die Schule selbst kaum Anstrengungen unternimmt, auftretenden Lernschwierigkeiten der Kinder entgegenzutreten. Sie machen die Erfahrung, dass die Lehrkräfte den schulischen Leistungsanspruch absolut setzen und die Familien oder außerschulische Sozialisationsinstanzen als allein verantwortlich für den Ausgleich von Leistungsschwierigkeiten ansehen. Die Frage, ob und auf welche Weise die Familien in der Lage sind, die nötigen Unterstützungsleistungen zu erbringen, wird bei dieser Einstellung ausgeblendet. Vor diesem Hintergrund erleben die Eltern die Schule selbst oftmals nicht als Ort, an dem sie Anregungen und Hilfe für ihr eigenes Engagement finden können. Aussiedlereltern mit Schulerfahrungen ihrer Kinder im Herkunftsland geben die Einschätzung wieder, dass ihre Kinder dort besser gefördert worden seien. Sie beklagen demgegenüber, dass die Schule in Deutschland nicht genügend Bildungsangebote biete und fehlende „Disziplin" und „Respektlosigkeit" gegenüber den Lehrenden zuließe. Die Lehrkräfte in Deutschland würden die Kinder zu wenig unterstützen und seien weniger engagiert als die Lehrkräfte im Herkunftsland, die sie erlebt hätten.[21]

hohe Erwartungen an die Eltern

- Eltern fühlen sich oftmals in die Rolle von „Hilfslehrkräften" gedrängt, von denen erwartet wird, dass sie Hausaufgaben qualifiziert begleiten und kontrollieren, mit dem Kind üben, schwierige Stoffe erklären, Referate gemeinsam erarbeiten und hierzu recherchieren und in erster Linie für die Aufrechterhaltung einer hohen Lernfreude, für Fleiß und Lernmotivation sorgen. Nach Befragungen sind die Eltern mit Migrationshintergrund überdurchschnittlich engagiert und in die schulische Laufbahn ihrer Kinder eingebunden und geben vielfache Hilfestellungen – anders als oftmals von Lehrkräften unterstellt wird. Über 80 % der Eltern mit türkischem Migrationshintergrund schildern, dass sie in die schulischen Aufgaben einbezogen seien. Etwa ein Viertel der Eltern bräuchte nach Eigenaussage jedoch Hilfe und Unterstützung, vor allem, wenn es um die Vermittlung der deutschen Sprache geht oder wenn

---

20 Hawighorst, Britta (2009): Perspektiven von Einwandererfamilien. In: Fürstenau, Sara/Gomolla, Mechthild (Hrsg.): Migration und schulischer Wandel: Elternbeteiligung. Wiesbaden, S. 51–67.

21 Wippermann, Katja/Wippermann, Carsten/Kirchner, Andreas (2013): Eltern – Lehrer – Schulerfolg. Wahrnehmungen und Erfahrungen im Schulalltag von Eltern und Lehrern. Stuttgart, S. 309–312.

schulische Probleme auftauchen.[22] Manche Eltern mit türkischem Migrationshintergrund unterstützen genauso oft ihre Kinder bei den Hausaufgaben wie einheimisch deutsche Eltern. Allerdings gibt fast die Hälfte an, dass ihnen die schulische Unterstützung ihres Kindes (sehr) schwer falle und sie häufig überfordert seien – hier ist der Prozentsatz der einheimisch deutschen Eltern wesentlich geringer.[23] Auch viele russischsprachige Eltern fühlen sich bei der schulischen Unterstützung und der Mithilfe bei den Hausaufgaben überfordert.[24]

- Eltern mit Migrationshintergrund nehmen den Umgang mit ihrem Kind in den Bildungseinrichtungen und hier insbesondere in der Schule als diskriminierend wahr: Nach einer neueren Untersuchung bewerten nur 64 % der türkischen Eltern den Umgang der Lehrkräfte mit dem Kind als gerecht (deutsche Eltern: 76 %); 92 % der türkischen Eltern glauben an einen hohen Zusammenhang zwischen ethnischer Herkunft und Schulerfolg (deutsche Eltern: 67 %).[25] Ähnliches zeigt sich in einer Studie mit russischsprachigen Eltern, die ebenfalls über Diskriminierung und Kommunikationsbarrieren berichten.[26] Die Eltern gestehen zwar den Lehrkräften zu, nicht bewusst zu diskriminieren, halten die Lehrkräfte jedoch oftmals für überfordert (41 %) und die Förderangebote als zu begrenzt (47 %).[27]

Diskriminierung

Junge Menschen mit Migrationshintergrund nehmen ebenfalls diskriminierendes Lehrkraftverhalten wahr, etwa durch:

- Zuweisung von „Ausländereigenschaften", wie schlechtem Deutsch,
- Nach- oder Ansprechen im „Ausländerdeutsch",
- geringe Beachtung und verweigerte Anerkennung,
- entgegengebrachtes Misstrauen,
- die Verwendung leistungsfremder Kriterien bei Schullaufbahnberatungen oder
- die Unterstellung unzureichender Kompetenzen.[28]

Kinder berichten diese wahrgenommenen Sichtweisen ihren Eltern und diskutieren Diskriminierungserfahrungen in ihren ethnischen Gemeinschaften. In den Elternverbänden, der Migrantengruppe und den Moscheegemeinden werden auch die Ergebnisse der Schulleistungsstudien thematisiert, die alle ein besonders schlechtes Abschneiden der Schülerinnen und Schüler mit Migrationshintergrund in Deutschland belegen. Auch die

22 Klink, Andreas (2003): Ergebnisse der Befragung türkischer Eltern in Essen zur Bildung und Erziehung des Kindes. Im Auftrag der RAA Essen, unveröffentlichtes Manuskript; Killus, Dagmar/Tillmann, Klaus-Jürgen (Hrsg.) (2011): Der Blick der Eltern auf das deutsche Schulsystem. Die 1. JAKO-O Bildungsstudie. Münster.

23 Institut für Demoskopie Allensbach (2012): Zwischen Ehrgeiz und Überforderung. Bildungsambitionen und Erziehungsziele von Eltern in Deutschland. Eine Studie des Instituts für Demoskopie Allensbach im Auftrag der Vodafone Stiftung Deutschland. Düsseldorf.

24 Hawighorst, Britta (2009): Perspektive von Einwandererfamilien. In: Fürstenau, Sara/Gomolla, Mechthild (Hrsg.): Migration und schulischer Wandel: Elternbeteiligung. Wiesbaden, S. 51–67.

25 Nicht, Jörg (2011): Die Ungleichheit dominiert – Schulerfolg und Bildungschancen aus Sicht der Eltern. In: Killus, Dagmar/Tillmann, Klaus-Jürgen (Hrsg.): Der Blick der Eltern auf das deutsche Schulsystem. Die 1. JAKO-O Bildungsstudie. Münster, S. 83- 104, hier S. 95. Leider wurde in den Befragungen im Rahmen der JAKO-O Bildungsstudie nur nach der Nationalität gefragt, nicht nach dem Migrationshintergrund, der auch deutsche Staatsbürgerinnen und -bürger mit ausländischen Wurzeln erfassen würde.

26 Hawighorst, Britta (2009), S. 51–67.

27 Bertelsmann Stiftung (2010): Umfrage: Eltern von Migrantenkindern haben Vertrauen in deutsche Schulen. 30.05.2010. Gütersloh. Siehe auch Wippermann, Katja, u.a. (2013), S. 293–295; S. 315–316.

28 Mansel, Jürgen/Spaiser, Viktoria (2010): Hintergründe von Bildungserfolgen und -misserfolgen junger Migrant(inn)en. In: Diskurs Kindheits- und Jugendforschung 5 (1), S. 209–225, hier S. 215.

Ergebnisse der IGLU-Untersuchungen[29] sind den Eltern bekannt: Darin werden spezifische Bildungsbenachteiligungen von Schülerinnen und Schülern mit Migrationshintergrund nach Kontrolle der Variablen „sozioökonomische Lage“ und „deutsche Sprachkompetenz“ nachgewiesen, die auf eine mit dem Migrationshintergrund verbundene Diskriminierungspraxis deuten.

Ansatzpunkte und Strategien

aktiv auf Bildungseinrichtungen zugehen

Es ist für Eltern allgemein und insbesondere für Eltern mit Migrationshintergrund mit geringen deutschen Sprachkenntnissen nicht einfach, alleine in der Kindertagesstätte oder in der Schule aufzutreten, vor allem dann, wenn Schwierigkeiten in der Einrichtung bzw. Probleme des Kindes zu besprechen sind. Laut einer Untersuchung halten 82 % der türkischen Eltern den Besuch von Elternsprechtagen und Schulveranstaltungen für wichtig (deutsche Eltern: 67 %). Trotzdem besuchen die Eltern mit Migrationshintergrund zum einen seltener Elternsprechtage, zum anderen beurteilen sie die Begegnungen mit den Lehrkräften als weniger positiv.[30] Eltern können sich Unterstützung sichern, wenn sie ihre Anliegen in einem Netzwerk besprechen oder wenn die Möglichkeit besteht, zusammen mit anderen Mitgliedern des Netzwerkes ein Gespräch mit den Vertreterinnen und Vertretern der Bildungseinrichtung zu führen. Ein solches Netzwerk kann ein informelles sein, das aus (anderen) Eltern der Klasse oder der Schule besteht, oder auch ein formelleres, dem Beratungseinrichtungen im Stadtteil oder in der Gemeinde und vor allem Migrantenorganisationen angehören.

Eltern mit Migrationshintergrund sollten nicht abwarten, bis die Bildungseinrichtung an sie herantritt. Vielmehr sollten sie gemeinsam mit anderen Eltern und mithilfe der Unterstützung der ethnischen Gemeinschaft oder der Migrantenorganisationen eigene Vorstellungen für eine Zusammenarbeit entwickeln und realisieren. Vorweg bedarf es einer Auseinandersetzung mit der Frage, was Eltern im Hinblick auf Bildung und Erziehung leisten können und leisten sollen, und ebenso, was sie von den Bildungseinrichtungen erwarten können und erwarten müssten. Auf der Grundlage einer so gewonnenen realistischen Einschätzung der Voraussetzungen für eine Zusammenarbeit können Strategien u.a. zu folgenden Themen entwickelt werden:

1. Stärkung und Pflege der Kontakte zu den Bildungseinrichtungen

Hierbei geht es in erster Linie darum, von Beginn an selbstverständliche Kontakte – bevor Problemlagen entstanden sind – aufzubauen. Wenn dann Differenzen auftauchen, ist ein Austausch über fehlende Hausaufgaben, schlechte und eventuell als ungerecht angesehene Noten, Verhaltensauffälligkeiten der Kinder, Probleme mit Mitschülerinnen und Mitschülern, übergroße Schüchternheit, ungenutzte Potenziale oder wahrgenommene Benachteiligungen leichter möglich. Wichtig ist auch, Probleme möglichst sachlich vorzutragen, auf jeden Fall aber an die Bildungseinrichtung weiter zu tragen und nicht zu verschweigen.

---

29 Bos, Wilfried, u.a. (Hrsg.): IGLU 2006. Lesekompetenzen von Grundschulkindern in Deutschland im internationalen Vergleich. Münster.

30 Sacher, Werner (2012): Elternarbeit mit Migranten. In: Matzner, Michael (Hrsg.): Handbuch Migration und Bildung. Weinheim/Basel, S. 301–314.

2. Stärkung des Engagements von Eltern mit Migrationshintergrund im Rahmen der Schulmitwirkung

Sowohl jeder Elternteil für sich als auch die Gruppe der Eltern mit Migrationshintergrund insgesamt sollte sich verantwortlich fühlen, eine ausreichende Repräsentanz in allen Gremien der Bildungseinrichtungen herzustellen. Durch Rollenspiele können sich Eltern auf ihre Aufgabe vorbereiten.

3. Wie Eltern mit Migrationshintergrund Motoren interkultureller Öffnung von Bildungseinrichtungen werden können

Im üblichen Verständnis entwickeln Bildungseinrichtungen Konzepte und Strategien für eine interkulturelle Öffnung. Eltern sind dann die Empfänger und Nutznießer. Die Initiierung einer interkulturellen Öffnung kann aber auch von den Eltern mit Migrationshintergrund ausgehen. Sie entwickeln Kriterien für eine solche interkulturelle Öffnung der Kindertagesstätte oder der Schule auf den Ebenen Konzeptentwicklung, Organisation und Personal und hinterfragen auf dieser Grundlage die Situation und die Entwicklung in der Einrichtung.

Leseempfehlung

Hawighorst, Britta (2009): Perspektive von Einwandererfamilien. In: Fürstenau, Sara/ Gomolla, Mechthild (Hrsg.): Migration und schulischer Wandel: Elternbeteiligung. Wiesbaden, S. 51–67.

Neumann, Ursula (2012): Zusammenarbeit mit Eltern in interkultureller Perspektive. Forschungsüberblick über das Modell der Regionalen Bildungslandschaften. In: DDS - Die Deutsche Schule. 104 (4), S. 363–373.

2.2 Didaktische Vorschläge

Beispiel 1: Bildung und Erziehung durch Schule und Elternhaus

Reflexion der Bildungs- und Erziehungsaufgaben von Elternhaus und Schule: Bitte notieren Sie jeweils, ob diese Bereiche eher von den Eltern oder eher von der Schule vermittelt werden sollen oder ob beide gleichberechtigt dafür zuständig sind. Die Antworten können in der Gruppe diskutiert werden. Die Antworten können auch von den Moderatorinnen oder Moderatoren eingesammelt und ausgewertet werden und zur nächsten Sitzung mitgebracht werden. Es kann auch diskutiert werden, wo diese Bereiche noch gelernt und erfahren werden können, z.B. bei Großeltern, im Freundeskreis Gleichaltriger, in der Musikschule, im Verein etc.

Förderung formalen Wissens und individueller Fertigkeiten			
Erziehungs- und Bildungsbereiche	**Eltern**	**Schule**	**Beide**
Beherrschung der deutschen Sprache	○	○	○
Beherrschung der Familiensprache(n)	○	○	○
Sicheres und flüssiges Lesen in der deutschen Sprache	○	○	○
Fehlerfreies Schreiben in der deutschen Sprache	○	○	○
Mathematisches Können	○	○	○
Naturwissenschaftliche Kenntnisse	○	○	○
Sonstiges Wissen und Fertigkeiten, nämlich: ______________________	○	○	○

Förderung kulturell-religiösen Wissens			
Erziehungs- und Bildungsbereiche	**Eltern**	**Schule**	**Beide**
Wissen über die deutsche Kultur	○	○	○
Wissen über die Kultur der Eltern/Großeltern	○	○	○
Wissen über die Religion/die Werte der Familie	○	○	○
Überblick über die Religionen in Deutschland	○	○	○
Kenntnisse über Glauben/Ethik/Werte	○	○	○
Sonstiges im Bereich Kultur/Religion, nämlich: ______________________	○	○	○

Förderung der Werteorientierung			
Erziehungs- und Bildungsbereiche	**Eltern**	**Schule**	**Beide**
Toleranz	○	○	○
Fleiß und Leistungsbereitschaft	○	○	○
Übernahme von Verantwortung in Familie und Gruppe	○	○	○
Bereitschaft zum Engagement	○	○	○
Sonstiges im Bereich Werte, nämlich: ______________________	○	○	○

Förderung musischer, künstlerischer und sportlicher Interessen und Fähigkeiten			
Erziehungs- und Bildungsbereiche	**Eltern**	**Schule**	**Beide**
Musikinteressen: Freude am Singen, Musizieren	○	○	○
Kunstinteressen: Freude am Malen, Zeichnen	○	○	○
Sportinteressen: Freude an der Bewegung	○	○	○
Schwimmen	○	○	○
Radfahren	○	○	○
Kochen	○	○	○
Handwerkliche Tätigkeiten	○	○	○
Sonstiges im Bereich Musik, Kunst, Sport, nämlich: ______________________	○	○	○

Beispiel 2: Kontakt Eltern – Schule: Erstellung eines Posters für wichtige Termine

Checkliste für den Kontakt mit der Schule: Das Poster kann erweitert werden.

Anlass	Zeit und Ort	Fragen und Aufgaben
Tag der offenen Tür	Zeit: ______ Ort: ______	1.______ 2.______ 3.______ 4.______
Elternsprechtag/Elterncafé	Zeit: ______ Ort: ______	1.______ 2.______ 3.______ 4.______
Sprechtag/-stunde der Klassenlehrerin oder des Klassenlehrers	Zeit: ______ Ort: ______	1.______ 2.______ 3.______ 4.______
Sprechtag/-zeiten weiterer Lehrkräfte	Zeit: ______ Ort: ______	1.______ 2.______ 3.______ 4.______
Projektwoche	Zeit: ______ Ort: ______	1.______ 2.______ 3.______ 4.______
Wandertag	Zeit: ______ Ort: ______	1.______ 2.______ 3.______ 4.______
Klassenfahrt	Zeit: ______ Ort: ______	1.______ 2.______ 3.______ 4.______
Ferienbeginn	Zeit: ______ Ort: ______	1.______ 2.______ 3.______ 4.______

Beispiel 3: Kontakt Eltern – Schule: Gesprächsführung[31]

Der Gesprächsleitfaden dient zur Vorbereitung auf ein Gespräch mit der Lehrkraft des Kindes, kann aber auch in das Gespräch mitgebracht werden. Mögliche Gesprächsanlässe sind etwa, wenn die Schulleistungen des Kindes sich nicht verbessern, wenn das Klassenziel nicht erreicht wurde oder werden wird, wenn Disziplinprobleme auftreten, wenn sich das Kind in der Schule unwohl fühlt etc.

1. Gesprächsbeginn
- (Beim ersten Kontakt: Stellen Sie sich der Lehrkraft vor).
- Danken Sie für die Bereitschaft zum Gespräch.
- Erörtern Sie, warum Sie das Gespräch suchen oder fragen Sie nach, warum Sie zum Gespräch gebeten wurden.
- Formulieren Sie möglichst ein Ziel, das im Gespräch erreicht werden soll.

2. Austausch und Problemdarstellung
- Erörtern Sie kurz das Problem.
- Fragen Sie die Lehrkraft nach ihrer Sichtweise zum Problem. Fragen Sie nach, wenn Sie etwas nicht verstanden haben.
- Stellen Sie dar, wie Sie die Situation sehen.

3. Konsensfindung und Problemlösung
- Gehen Sie Lösungsmöglichkeiten mit der Lehrkraft durch.
- Analysieren Sie mit der Lehrkraft zusammen mögliche Vor- und Nachteile der einzelnen Lösungen.
- Treffen Sie eine für beide Seiten realisierbare Vereinbarung.

4. Gesprächsende
- Fassen Sie gemeinsam die wichtigsten Punkte noch einmal zusammen.
- Vereinbaren Sie eventuell einen weiteren Termin und tauschen Sie Kontaktinformationen aus.
- Verabschieden Sie sich mit Dank.

2.3 Quellen/Material zur Weitergabe an Eltern

Senatsverwaltung für Bildung, Jugend und Wissenschaft, Berlin/Landesinstitut für Schule und Medien Berlin-Brandenburg (LISUM) (2008–2013): Kooperation von Schule und Eltern mit Migrationshintergrund. Fachbriefe; insbesondere Fachbrief Nr. 8 (2012) für die Zusammenarbeit mit muslimischen Gemeinden: **http://bildungsserver.berlin-brandenburg.de/fileadmin/bbb/unterricht/rahmenlehrplaene/fachbriefe_berlin/koop_eltern_mit_migrationshintergrund/fachbrief_koop_eltern_m_migrationshin tergrund_08.pdf** [Zugriff am 17.02.2014].

Arbeitskreis Neue Erziehung: Elternbriefe, Brief Nr. 40 (Schule, auch Elternabend und Sprechstunde) **http://www.ane.de/bestellservice/elternbriefe-einzeln/** [Zugriff am 20.02.2014].

31 Nach: Schlamp, Katharina/Lachnit, Petra/Kretzschmar, Annette (2005): Praxishandbuch Zusammenarbeit mit Eltern in der Schule. Die Grundlage für Ihre Kommunikation mit Eltern. Schulleitung intern. Der Managementbrief für Grund- und Hauptschulleiter. Bonn, S. 15.

2.4 Literatur zur Vertiefung

Boos-Nünning, Ursula (2011): Migrationsfamilien als Partner von Erziehung und Bildung. Expertise im Auftrag der Abteilung Wirtschafts- und Sozialpolitik der Friedrich-Ebert-Stiftung. Bonn.

Fischer, Veronika (2012): Im Blickpunkt: Migration. Eltern stärken – Teilhabe verbessern. Eine Expertise im Rahmen des Projekts: Familienbildung während der Grundschulzeit. Wuppertal.

Fürstenau, Sara/Gomolla, Mechthild (Hrsg.) (2009): Migration und schulischer Wandel: Elternbeteiligung. Wiesbaden.

Sacher, Werner (2012): Elternarbeit mit Migranten. In: Matzner, Michael (Hrsg.): Handbuch Migration und Bildung. Weinheim/Basel, S. 301–314.

Thema 3: Die Bedeutung von Übergängen im Bildungssystem als Knotenpunkte in der Biografie des Kindes

Ursula Boos-Nünning

Hier werden die Übergänge im Bildungssystem allgemein in ihrer Bedeutung für die Bildungsbiografie des Kindes und im Rahmen der Transitionsansätze und der Bindungstheorien dargestellt. Das Ziel ist, Eltern ihre eigenen (möglichen) Reaktionen und die (möglichen) Reaktionen des Kindes zu verdeutlichen und der Familie bei der Vorbereitung und Begleitung von Übergängen allgemein Hinweise zu bieten.

3.1 Basistext

Bedeutung von Übergängen

Kinder gehen zum ersten Mal in den Kindergarten, erleben den ersten Schultag, wechseln zur Hauptschule, Realschule, Gesamtschule oder zum Gymnasium, ziehen mit den Eltern um, in einen anderen Stadtteil, eine andere Stadt oder in ein anderes Land. Solche Ereignisse stellen Knotenpunkte in den Biografien dar. Es sind Lebenslaufereignisse, die zu ihrem jeweiligen Zeitpunkt als entscheidend und wegweisend empfunden werden, denen aber auch bei Rekonstruktionen der Biografie im Erwachsenenalter Bedeutung zugeschrieben wird. Wechsel bergen Chancen und Risiken in sich. Sie enthalten Chancen, da sie das Kind fordern und zur Entwicklung von Bewältigungsstrategien provozieren. Wird der Wechsel bewältigt, erfolgt ein Zuwachs an Kompetenzen und ein Schritt zu größerer psychischer Reife kann gelingen. Wenn ein schwieriger Wechsel z.B. von der Realschule zur Hauptschule vor- und nachbereitet wird, kann er dennoch von dem Kind und von der Familie positiv verarbeitet werden. In manchen Fällen verschafft ein Wechsel die Möglichkeit zu einem Neubeginn in vielleicht verfahrenen Beziehungen. Übergänge enthalten aber auch Risiken. Sie können ernsthafte Krisen einleiten oder verstärken, können nicht nur Stillstand, sondern sogar Rückentwicklung und negative Interpretationen der Ereignisse bewirken, die spätere Übergänge und Wechsel erschweren – manchmal über lange Zeit hinweg oder sogar lebenslang.

Übergänge von Kindern in Bildungseinrichtungen

Kinder erleben bis zum Alter von 10–12 Jahren mehrere Übergänge zwischen Familie, Betreungs- und Bildungseinrichtung: Von der U3-Betreuung (in Ostdeutschland häufiger in Ansprich genommen) über den Kindergarten (3–5 Jahre) und die Grundschule (ab ca. 6 Jahren) bis zur weiterführenden Schule (4, in Berlin und Brandenburg 6 Jahre später). Für einen Teil der Kinder gibt es besondere, in jedem Fall für sie persönlich und für die Familien belastende Übergänge: die Rückstellung in der ersten Klasse der Grundschule, in manchen Fällen verbunden mit dem Besuch des Schulkindergartens oder der Vorschule, die Klassenwiederholung oder der Übergang in eine Sonderschule für Lernbehinderte. Belastend ist auch der erzwungene Wechsel in eine als niedriger angesehene Schulform. Welche Übergänge im Bildungssystem erleben Kinder?

(Nahezu) alle Kinder und ihre Eltern erfahren

den Übergang in eine vorschulische Einrichtung mit folgenden Variationen:
- von der Familie in die Kinderkrippe (im Alter von unter eins bis unter drei Jahren),
- von der Familie in die Kindertagesstätte (Kita)[1] mit U 3-Plätzen (unter eins bis unter sechs Jahren),
- von der Familie in den Kindergarten (drei bis unter sechs Jahren),
- von einer Kinderkrippe in eine Kita oder einen Kindergarten,

den Übergang in eine Grundschule:
- von der Kita in die Grundschule,
- sehr selten: von der Familie in die Grundschule,

den Übergang in eine weiterführende Schule:
- von der Grundschule (nach vier- oder sechsjährigem Besuch) in eine der Formen des gegliederten Schulsystems.

Da die Vollzeitschulpflicht bis zum Ende des 9. Schulbesuchsjahres, in einigen Bundesländern bis zum Abschluss des 10. Schulbesuchsjahres besteht, handelt es sich um zwei notwendige Übergänge.

Für einen Teil der Kinder kommen **belastende Übergänge** hinzu:
- Rückstellung beim Schuleintritt und Besuch eines Schulkindergartens oder einer Vorschule,
- Klassenwiederholung („Sitzenbleiben" oder „Zurückstellung"),
- unfreiwilliger Schulwechsel, insbesondere vom Gymnasium in die Realschule oder von der Realschule in die Hauptschule.

Während nur ein Teil der Kinder eine Kinderbetreuung in Form einer öffentlichen Tageseinrichtung oder Kindertagespflege unter drei Jahren erfährt, besucht der überwiegende Teil der über Dreijährigen den Kindergarten. Nahezu alle Kinder gehen in die Grundschule und kommen nach dieser in eine der Formen der weiterführenden Schulen. Bei allen Übergängen sind spezifische Optionen und Schwierigkeiten zu berücksichtigen. Hierbei wirkt sich eine Unterstützung durch die Eltern positiv aus und es ist notwendig, Kindern und Eltern Übergangskompetenzen zu vermitteln.

Aspekte der Übergänge im Bildungssystem für das Kind und die Eltern

Übergänge sind Herausforderungen für die Persönlichkeit

Kinder gehen sehr unterschiedlich mit Übergängen um. Einige passen sich sehr schnell an, andere haben große Probleme, sich an den jeweils neuen Bildungsabschnitt zu gewöhnen. Aus individualpsychologischer Sicht wird der Übergang als ein persönliches Problem von Menschen aufgefasst und folglich sind die Lösungen auf eine Veränderung der Person angelegt. Die soziologische Sichtweise geht hingegen davon aus, dass der Übergang durch Änderungen in den Organisationen oder in den Institutionen zu lösen ist.

Welche Aspekte sind bei Übergängen im Bildungssystem für das Kind zu berücksichtigen?

1 Der Begriff „Kindertagesstätte" umschreibt die unter 3-Jährigen- und über 3-Jährigen-Betreuung (U 3- und Ü 3-Betreuung); alternativ hierzu werden im Kinderförderungsgesetz (KiföG) die Begriffe Tageseinrichtung und Kindertagespflege sowie Kindergarten verwendet. Der Begriff Kindertagesstätte steht in Zusammenhang mit der Ganztagsbetreuung von Kindern.

- Es wechselt zwischen Lebensbereichen z.B. Familie – Kita oder Kita – Grundschule,
- es nimmt eine neue Rolle ein,
- es erlebt veränderte Beziehungen,
- es erfährt einen Wandel in der Identität,
- es wird emotional beansprucht.

Um dieses Bündel an Anforderungen zu meistern, braucht das Kind Übergangskompetenzen, die ihm in der Familie, aber auch in Zusammenarbeit mit den Bildungseinrichtungen vermittelt werden. Das Kind auf Übergänge vorzubereiten, ist stets Aufgabe der Familie sowie der abgebenden Einrichtung und der aufnehmenden neuen Einrichtung. Die fünf Anforderungen beim Übergang werden für die einzelnen Übergänge in den folgenden Modulteilen beschrieben. Sie folgen der Forschungstradition, die den Eintritt in eine Bildungseinrichtung oder den Wechsel in eine neue Einrichtung als Transition (oder Übergang) beschreibt und analysiert. Eine andere Forschungsrichtung (die Bindungsforschung) stellt hingegen den Prozess der Loslösung von alten Bindungen und die Gewinnung neuer Bindungen in den Mittelpunkt.

Fachwissenschaftlicher Einschub: Transitionsansätze und Bindungstheorien

Bei der Beschreibung der Bildungsübergänge, wie auch der Erklärung des Verhaltens von Kindern und Eltern in der Situation des Übergangs, werden zwei Ansätze zugrunde gelegt: Transitionsansätze und Bindungstheorien.

Transition

Transitionskonzepte sind soziologisch ausgerichtet und stellen den Wechsel zwischen Einrichtungen mit jeweils unterschiedlichen Kulturen (Regeln, Werten und Normen) in den Mittelpunkt oder sie sind entwicklungspsychologisch auf den Wechsel im Verhalten und Erleben des Kindes und seiner Eltern ausgerichtet. Kinder und ihre Eltern sind die Akteure, die Veränderungen auf der Ebene des Individuums, der Beziehungen und des Umfeldes aktiv zu verarbeiten und zu bewältigen haben. Übergänge werden als Veränderungen (Transitionen) oder als Entwicklungsaufgaben verstanden. Dabei werden die Lebensfelder und Einrichtungen, zwischen denen das Kind den Wechsel zu leisten hat, verglichen, sei es in ihren Anforderungen oder Kulturen, sei es in den entwicklungspsychologischen Veränderungen, die der Wechsel vom Kind fordert. Die Forderung nach Veränderungen richtet sich an die Person, auf die Beziehungen und auf das nähere und weitere Umfeld. Der Ansatz bezieht die Perspektiven aller Familienmitglieder ein. Für Eltern sind die Grundlagen der Transitionsforschung von Bedeutung, da diese Übergänge verstehen lässt. Das Verstehen dessen, was das Kind erlebt oder auch erleiden könnte, bildet die Grundlage dafür, dass die Eltern die Übergänge des Kindes begleiten können.[2]

Bildungstheorie

Bindungstheorien stellen, ausgehend von der Bedeutung der emotionalen Beziehungen des Kindes zu einer Bezugsperson (häufig der Mutter), die dem Kind durch ein inneres Arbeitsmodell Grundvertrauen und dadurch psychische Stabilität vermittelt, den Wechsel der Bezugsperson(en) bei den Übergängen in den Mittelpunkt. Die Bindungshypothese geht auf Bowlby[3] zurück und besagt, dass ein Kind von Geburt an über ein biologisch angelegtes Bindungsverhalten verfügt. Verlust und

2 Vgl. Griebel, Wilfried/Niesel, Renate: Die Bewältigung von Übergängen zwischen Familie und Bildungseinrichtungen als Co-Konstruktionen aller Beteiligten. In: Textor, Martin R. (Hrsg.): Das Kita-Handbuch, http://www.kindergartenpaedagogik.de/1220.html [21.09.2015].

3 Siehe Stegmaier, Susanne: Grundlagen der Bindungstheorie. In: Textor, Martin R. (Hrsg.): Das Kita-Handbuch. http://www.kindergartenpaedagogik.de/1722.html [Zugriff am 21.04.2014].

Trennungserfahrungen führen zu emotionalen Reaktionen. Bindungen schaffen das Urvertrauen, das Kinder brauchen, um z.B. Trennungen zu verkraften und zu verarbeiten. Wichtig ist, dass Erfahrungen mit Bindungspersonen vom Kind generalisiert werden: die Mutter oder der Vater und ihr oder sein Verhalten in Krisensituationen (Trösten durch Worte und Umarmungen, Unterstützung bei Angst) wird als kontinuierliches Verhalten in ähnlichen Situationen erwartet. Dabei wird von der Annahme ausgegangen, dass Menschen ein angeborenes Bedürfnis haben, enge gefühlsmäßige Beziehungen zu Mitmenschen aufzubauen. Die Basis für ein adäquates Bindungsverhalten wird in der frühen Kindheit, also in der Familie, gelegt. Die psychologische Forschung (nach Ainsworth[4]) diskutiert verschiedene Bindungstypen, die empirisch (ermittelt durch Beobachtung) erhoben wurden:

Bindungstypen

- Kinder mit sicherer Bindung, die Nähe und Distanz der Bezugsperson angemessen regulieren können,
- Kinder mit unsicher-vermeidender Bindung, die sich durch eine Pseudounabhängigkeit (unbeeindruckt von Trennung) ausdrückt,
- Kinder mit unsicher-ambivalenter Bindung, die sich widersprüchlich anhänglich gegenüber der Bezugsperson verhalten,
- Kinder mit desorganisierter Bindung, die ein nicht auf eine Bezugsperson bezogenes Verhalten zeigen.

Kinder mit sicherer Bindung zeigen ein adäquates Sozialverhalten (auch) beim Übergang in Bildungseinrichtungen, da sie offener für neue Kontakte sowohl mit Erwachsenen als auch mit Gleichaltrigen sind als Kinder der übrigen Bindungstypen. Auf der Grundlage einer sicheren Bindung, die an die Zuversicht gebunden ist, dass die Eltern bei bedrohlichen Situationen verfügbar, einfühlsam und hilfsbereit sein werden, sind Trennungen für das Kind problemlos zu verarbeiten. Kinder mit einem unsicher-vermeidenden Bindungsverhalten, hervorgerufen durch häufige Zurückweisungen, wenden sich „fremden" Personen leichter zu, da sie weniger hohe Ansprüche im Hinblick auf Liebe und Unterstützung entwickelt haben. Unsicher-ambivalente Bindungen, hervorgerufen durch inkonsistente Zuwendung, äußern sich in Trennungsängsten und Blockaden der Kinder, wenn die Bindungspersonen nicht mehr anwesend sind. Kinder mit desorganisierter Bindung lassen sich durch unspezifische Bewegungen, wie Schaukeln oder Erstarren, die nicht auf eine Person ausgerichtet sind, erkennen. Sie können auch ein vielfältiges Muster widersprüchlichen Verhaltens zeigen: Mal schreien sie nach der Bezugsperson, dann zeigen sie wieder Desinteresse, wenn diese zurückkommt.

Alltagsdeutungen von Eltern

Wichtig ist die Beschäftigung mit der Bindungstheorie, da deren Grundannahmen sich in den Alltagsdeutungen von Eltern finden, allerdings in teilweise falscher Zuordnung. Es wird nicht selten davon ausgegangen, dass (vor allem kleine) Kinder beim Übergang in die Kita unter der Trennung von der Bezugsperson leiden und nicht nur vorübergehend, sondern nachhaltig Trennungsängste und Trennungsschmerz erleiden. Ein Kleinkind mit einer sicheren Bindung ist aber nach den vorliegenden Untersuchungen kurzfristig irritiert und weint, wenn die Bezugsperson (i.d.R. die Mutter) den Raum verlässt, beruhigt sich aber schnell und beginnt zu spielen. Es zeigt bei der Wiederkehr der Bezugsperson Freude. Keinen Trennungsschmerz zu zeigen, kann hingegen Ausdruck einer unsicher vermeidenden Bindung sein. Ein Kind, dass durch Bindungen an eine oder mehrere Bezugspersonen Identität aufgebaut hat, kann auch einen frühen Wechsel, selbst wenn er mit einem gewissen Maß an Stress verbunden ist, verkraften, wenn die aufnehmende

4 Ebd.

Bildungseinrichtung eine der Entwicklung des Kindes und der Gefühlswelt der Eltern entsprechende Übergangsgestaltung anbietet. Die Reaktionen des Kindes auf Trennungserlebnisse bei Übergängen, um die es hier geht, sind aber nicht so monokausal auf das Erziehungsverhalten der Eltern oder anderer primärer Bezugspersonen zurückzuführen, wie es die Bindungsansätze nahelegen. Kinder verfügen darüber hinaus von Geburt an über ein sehr unterschiedliches Maß an psychischer Robustheit, mit Trennungen oder anderen Frustrationen umzugehen. Aber es gilt: Übergänge im Bildungssystem sind mit Trennungserfahrungen und Notwendigkeiten zur Umorientierung verbunden. Diese beeindrucken Kinder stets und fallen ihnen je nach psychischer Disposition und Bindungsverhalten unterschiedlich schwer. Sie bedürfen der Bewältigungsstrategien. Die Trennungserlebnisse sind umso prägender, je früher sie altersmäßig liegen.

Elternverhalten bei Übergängen

Das Verhalten der Eltern kann maßgeblich dazu beitragen, die Übergänge entweder zu erleichtern oder zu erschweren; hierzu gehört auch der Aspekt der Ablösung von der Bezugsperson (Mutter) oder umgekehrt vom Kind. Wenn sich die Mutter (bzw. die Eltern) sehr schwer von ihrem Kind ablösen kann, obwohl das Kind schon dazu bereit ist, projiziert sie ihre Trennungsängste auf das Kind. Dieses fühlt sich dann ebenfalls unwohl und möchte sich dann doch nicht von der Mutter lösen. Dieses Verhalten kann zu einem schweren und langen Eingewöhnungsprozess führen. Es bleibt offen, ob Trennungserlebnisse im Kindesalter für Mütter mit dem Sohn schwerer zu bewältigen sind als mit der Tochter. In einigen Arbeiten wird betont, dass Mütter die Söhne in besonderem Maße an sich zu binden versuchten. Methodisch abgesicherte Ergebnisse gibt es dazu nicht.[5]

Einiges spricht dafür, dass Eltern mit Migrationshintergrund, vor allem Mütter, ihre Trennungsängste besonders häufig auf das Kind übertragen und meinen, es leide unendlich, wenn es bei der Verabschiedung in der Kita weint. Ob dieses Verhalten stärker zum Ausdruck kommt als bei einheimisch deutschen Müttern bzw. Eltern und Kindern, ist bisher nicht untersucht worden. Alltagserfahrungen sprechen dafür, dass Mütter mit Migrationshintergrund besondere Schwierigkeiten mit der Trennung haben, wenn das Kind in obiger Weise reagiert. Es kann auch daran liegen, dass Trennungssituationen vor dem Übergang in Bildungseinrichtungen seltener vorkommen und weniger geübt werden. Es kann aber auch sein, dass diese Müttergruppe es weniger gut ertragen kann, dass das Kind weint, und dass durch Gestaltung der Situation der angenommene Schmerz verringert werden soll, u.U. indem das Kind an diesem Tag die Kita nicht zu besuchen braucht. Es kann aber auch sein, dass die Mütter/Eltern von ihren eigenen Kindheitserfahrungen ausgehen, da sie eine Trennung von den Eltern schmerzhaft erlebt haben und ihren Kindern die gleiche Erfahrung und den gleichen Schmerz nicht zumuten möchten. Ein Teil der heutigen Elterngeneration wuchs wegen der Auswanderung zur Arbeitsaufnahme für eine bestimmte Zeit getrennt von den Eltern auf.

5 Zur Information über diese theoretischen Ansätze wird empfohlen: Griebel, Winfried/Niesel, Renate (2011): Übergänge verstehen und begleiten. Transitionen in der Bildungslaufbahn von Kindern. Berlin.

3.2 Didaktische Hinweise zur Behandlung des Themas Übergänge allgemein

Beispiel 1: Aufbau einer Sitzung

Die Begleitung des Kindes bei Übergängen im Bildungssystem macht die Entwicklung von Übergangskompetenzen bei Kindern, aber damit auch bei den Eltern notwendig. Auf der Grundlage des Verstehens der eigenen Übergänge und der Herausarbeitung der Optionen, Chancen und Risiken, die mit den Übergängen des Kindes verbunden werden, könnte ein Elternforum wie folgt aufgebaut werden. Es wird behandelt,

- was Übergänge im Bildungssystem bedeuten,
- welche Erfahrungen mit den eigenen Übergängen und solchen im Nahumfeld nutzbar gemacht werden können oder welche verarbeitet werden sollten,
- was die Übergangstheorien lehren,
- wie Kinder Übergangskompetenzen gewinnen und was Eltern tun können, um ihre Kinder darin zu stärken.

Hieran können sich konkrete Überlegungen anschließen oder Vorschläge diskutiert werden, wie z.B. die Vorbereitung des Kindes auf den (spezifischen) Übergang, Übergangsriten oder Übergangsrituale.

Beispiel 2: Reflexion über Übergänge

Es gibt kaum gesicherte wissenschaftliche Informationen über die Gedanken der Eltern mit Migrationshintergrund zu Übergängen und über ihre Alltagstheorien zur Bedeutung der Trennung für sie selbst und für ihr Kind. Daher ist es notwendig, zunächst die Vorstellungen der Eltern zu erkunden. Fragen an die Eltern:

- Welche Übergänge haben Sie erlebt und wie ist es Ihnen dabei ergangen?
- Welche Übergänge haben Sie bei älteren Kindern erlebt und wie ist es Ihnen und dem Kind ergangen?
- Was ist heute anders im Vergleich zu Ihrem Übergang?
- Mit welchen Gedanken und Gefühlen betrachten Sie als Mutter bzw. als Vater künftige Übergänge Ihres Kindes?

Beispiel 3: Übergangskompetenzen

Vorbereitung für den Übergang in die neue Einrichtung nach dem Schema

	Zuständigkeit			Sonstige
	Familie	Bildungseinrichtung		
		abgebende	annehmende	
Lernen von Regeln: • Verhalten • Soziale Anpassung • Arbeitsformen				
Lernen von Einstellungen				
Bewältigung des Umfeldes				
Kenntnis der Übergangsrituale				
Kognition: Wissen/Fertigkeiten Grundwissen, vertief-tes Wissen				
Wissen um pädagogisches Verständnis				

3.3 Literatur zur Vertiefung

Griebel, Winfried/Niesel, Renate (2011): Übergänge verstehen und begleiten. Transitionen in der Bildungslaufbahn von Kindern. Berlin.

Thema 4: Der Übergang von der Familie in die vorschulische Einrichtung

Ursula Boos-Nünning

Einen ersten Schwerpunkt dieses Beitrags bildet der Übergang von der Familie in eine Kindertagespflege-Einrichtung. In einem zweiten Schwerpunkt wird auf den Übergang in die Kindertagesstätte (Kita) und die damit verbundenen Anforderungen an das Kind und die Eltern eingegangen. Zudem sollen Überlegungen der Eltern zum Zeitpunkt des Eintritts in die Kita und zur Wahl der konkreten Kita reflektiert werden. Es folgen Hinweise, wie ein Kind in der Familie auf diesen Übergang vorbereitet werden kann.

4.1.a Basistext 1: Von der Familie in die Kindertagespflege

Die heutige Situation

Bis vor wenigen Jahren war der Übergang in eine Betreuung für Kinder unter drei Jahren (hier: U 3-Betreuung) in Westdeutschland kein Thema, das viele Eltern bewegte, denn es gab kaum Kinder, die in einem Alter von unter drei Jahren in „Krippen" betreut wurden. In Ostdeutschland gab und gibt es deutlich mehr Betreuungsplätze für Kinder unter drei Jahren. Seit dem Jahr 2010 wurde die Zahl der Plätze bundesweit deutlich erhöht. Dieses geschah in Zusammenhang mit einem Rechtsanspruch auf einen Platz in einer Tageseinrichtung oder in der Kindertagespflege für Kinder ab Vollendung des ersten Lebensjahres, den die Kommunen seit dem 1. August 2013 erfüllen müssen. Kinder mit Migrationshintergrund im Alter von unter drei Jahren besuchen in Deutschland seltener als einheimisch deutsche Kinder eine Kindertageseinrichtung.

In den Bundesländern, die in das Projekt „Bildungs-Brücken: Aufstieg!" einbezogen wurden und für die eine Versorgungsquote berechnet werden kann, nutzen Familien mit Migrationshintergrund das Angebot einer Kindertagespflege-Einrichtung deutlich seltener als Familien ohne Migrationshintergrund. In Berlin beträgt die Versorgungsquote von Kindern mit Migrationshintergrund ca. 29 %; (ohne: 50 %), in Nordrhein-Westfalen mit Migrationshintergrund 9 % (ohne: 17 %). Für das Saarland und Sachsen liegen keine Zahlen vor, da Daten zu den Anteilen von Migrationskindern in der Bevölkerung fehlen (alle Zahlen für 2010).[1] Auf Deutschland insgesamt bezogen ließen 2011 nur 14 % der Eltern mit Migrationshintergrund vor dem dritten Lebensjahr ihre Kinder betreuen, bei den einheimisch deutschen Eltern waren es 30 %.[2] Allerdings gibt es große Unterschiede zwischen den Einwanderergenerationen. Eltern, die selbst nach Deutschland eingewandert sind, betreuen ihr Kind meistens zu Hause. Bei in Deutschland aufgewachsenen Eltern sowie bei Eltern, die in einer binationalen Partnerschaft leben, hängt die Entscheidung für oder gegen die frühkindliche Betreuung von der Schulbildung ab. Eltern mit höherer Schulbildung bevorzugen häufiger eine

1 Zu den Zahlen siehe Bock-Famulla, Kathrin/Lange, Jens (2011): Länderreport Frühkindliche Bildungssysteme 2011. Gütersloh, S. 304.

2 Autorengruppe Bildungsberichtserstattung (Hrsg.) (2012): Bildung in Deutschland 2012. Ein indikatorengestützter Bericht mit einer Analyse zur kulturellen Bildung im Lebenslauf. Bielefeld, S. 56–58.

U 3-Betreuung als Eltern mit niedrigerer Schulbildung – unabhängig davon, ob sie über einen Migrationshintergrund verfügen oder nicht.[3]

Barrieren für Eltern mit Migrationshintergrund

Nach der Expertise des Sachverständigenrates deutscher Stiftungen für Integration und Migration (2013) gibt es vier Gründe, die Eltern mit Migrationshintergrund davon abhalten, ihr Kind in eine Kinderkrippe zu geben:

- Normative Vorstellungen über einen späteren, angemesseneren Zeitpunkt für den Eintritt in eine Kindertagesbetreuung. So ist bei Eltern mit türkischem Hintergrund ermittelt worden, dass sie in der frühen Erziehung mehr Wert auf die enge Beziehung zwischen ihnen und dem Kind legen als auf eine frühe Entwicklung zur Unabhängigkeit und einen frühen Kompetenzerwerb. Ersteres ist in der Familienbetreuung eher gesichert.
- In einer Untersuchung des Deutschen Jugendinstituts aus dem Jahr 2012 wurden Gründe wie der „Wunsch, das Kind selbst zu erziehen" und „Kind ist noch zu jung" von 78 % der deutschen Eltern bzw. 79 % der Eltern mit Migrationshintergrund genannt.
- Wahrnehmung von praktischen Hürden, die einen Zugang erschweren, wie z.B. ungünstige Betreuungszeiten (11 %), (zu) hohe Kosten der Betreuung (37 %) sowie eine zu große Entfernung zwischen Wohnort und Einrichtung (8 %). Hinzukommen kann die Angst vor einer Entfremdung des Kindes in einem Umfeld, das in den kulturellen und religiösen Vorstellungen von denen des Elternhauses abweicht.
- Familiäre Betreuungsmöglichkeiten stehen als Alternative zur Verfügung.

Allerdings lässt die Betrachtung der Barrieren, die es auf Seiten der Eltern gibt, zwei Hürden außer Acht:

- Fehlender Zugang zu einem Betreuungsplatz: In der Untersuchung des Deutschen Jugendinstituts[4] gibt rund ein Viertel der befragten Eltern an, keinen Betreuungsplatz für ihr ein- oder zweijähriges Kind erhalten zu haben. Bei Familien mit geringerer Bildung ist der Anteil deutlich höher. Es gibt wohl Auswahlmechanismen, die kundige und strategisch kluge Eltern bevorzugen. Diese Mechanismen benachteiligen Familien mit niedrigerem Bildungsstand und (wahrscheinlich) Familien mit Migrationshintergrund.
- Wahrnehmung fehlender oder geringer Qualität des Angebotes, ausgedrückt u.a. im Betreuungsschlüssel (von 43 % genannt) oder in der Gruppengröße (39 %).

Kinder mit Migrationshintergrund sind demnach aus mehreren Gründen in U 3-Betreuungseinrichtungen unterrepräsentiert, sie profitieren aber in besonderem Maße von einem frühen Besuch. Eine mehrjährige Förderung ist neben einer hohen Qualität der Betreuung entscheidend für die kindliche Entwicklung und wirkt sich auf eine bessere Bildungslaufbahn aus.[5]

Das ab dem 1. August 2013 eingeführte Betreuungsgeld, das an Eltern ausgezahlt wird, die ihr ein- oder zweijähriges Kind nicht in einer öffentlich geförderten Kindertageseinrichtung betreuen lassen, schafft einen (zusätzlichen) Anreiz, das Kind zu Hause zu betreuen. Es ist zumindest wahrscheinlich, dass einige Eltern mit Migrationshintergrund statt der kostenpflichtigen Kindertagesstätte die mit finanziellem Anreiz ausgestattete Familienbetreuung wählen.

3 Sachverständigenrat deutscher Stiftungen für Integration und Migration (2013): Hürdenlauf zur Kita. Warum Eltern mit Migrationshintergrund ihr Kind seltener in die frühkindliche Tagesbetreuung schicken. Berlin, S. 5 und S. 11; http://www.svr-migration.de/wp-content/uploads/2014/03/SVR_FB_Huerdenlauf-zur-Kita_Web.pdf [Zugriff am 21.02.2014].

4 Sachverständigenrat deutscher Stiftungen für Integration und Migration (2013), S. 15.

5 Siehe dazu die Belege aus den Untersuchungen des Sachverständigenrates, ebd., S. 6.

Betreuung in Kindertagespflege-Einrichtungen

Es ist für Eltern mit Migrationshintergrund eine wichtige Entscheidung, ob ihr Kind eine Kindertagesstätte besuchen soll. Die Diskussion um den Ausbau von U 3-Betreuungsplätzen auf der einen und um das an Familien gezahlte Betreuungsgeld bei Nichtinanspruchnahme auf der anderen Seite kommt bei den Eltern so widersprüchlich an, wie die Situation ist. Das Bild vom Kind, wie es teilweise bei den Eltern vorhanden ist, und ihre Sorge oder gar Angst vor einer Trennung befördern eher die Entscheidung gegen eine außerfamiliäre Kinderbetreuung.

Trennungsängste überwinden

Eltern mit Migrationshintergrund, die Kinder in den ersten Lebensjahren überwiegend mit hoher Emotionalität erziehen, können zudem die Befürchtung haben, dass die Fachkräfte dem Kind nicht genügend Wärme und Zuneigung entgegen bringen und dass die Tochter oder der Sohn sich abgelehnt oder mit zu wenig Aufmerksamkeit bedacht fühlen könnte. Sie können einen altersmäßig so frühen Kontakt mit einer Einrichtung, die partiell andere Werte vertritt, und mit Fachkräften und Kindern, die andere Einstellungen und Orientierungen an das Kind herantragen, als falsche Wahl ansehen. Nicht zuletzt können Eltern, wahrscheinlich vor allem Mütter, Sorge haben, die exklusive Beziehung zu dem Kind früh zu verlieren.

Müttern und Vätern von Kleinkindern kann aber vermittelt werden, dass ihre Kinder zu mehreren Personen – und zwar auch zu Personen außerhalb des Familienkreises – Bindungsbeziehungen aufbauen können, ohne dass dies für das Kind schädlich ist. Sie müssen befähigt werden, die neuen Beziehungen, etwa zu der Erzieherin oder dem Erzieher, nicht als Konkurrenz zur Bindung an die Eltern zu sehen, sondern sowohl die Bindungen im Familienkontext als auch die zu den Betreuungspersonen als einzigartig zu betrachten. Dabei wird – auch bei ganztägigem Krippenaufenthalt – die Bindung an die Eltern fast immer eine besondere sein. Auf diesem Wissen (und Fühlen) aufbauend, müssten Eltern auch ihr ein- oder zweijähriges Kind in der Kindertagesstätte abgeben können. In der Diskussion ist darüber hinaus die Bedeutung eines frühen Besuches einer Kindertagesstätte für die Entwicklung des Kindes und für dessen aktuellen und späteren Lernprozess anzusprechen. Es bedarf der Verringerung der Ängste vor der Entfremdung von der Familie durch einen Besuch von Einrichtungen, die interkulturell geöffnet sind. Selbstverständlich sollte die Einrichtung sich auf die Kleinkinder unter drei Jahren eingestellt haben: durch ein altersgerechtes pädagogisches Konzept und entsprechend ausgestaltete Räume sowie Spiel- und Lernmaterialien.

Den Übergang gestalten

Auch für kleine Kinder sollte der Übergang geplant und gestaltet werden:

- Für Kinder bis zu drei Jahren ist es wichtig, dass sie in der Eingewöhnungsphase eine feste Person in der Kindertagesstätte als zusätzliche Bezugsperson kennenlernen und annehmen können.
- Es ist gut, wenn es gleichaltrige Spielkameradinnen oder -kameraden in der Gruppe gibt.
- Es ist wichtig, sich zu Beginn und auch später regelmäßig mit der Erzieherin oder mit dem Erzieher auszutauschen.
- Kontakte mit anderen Eltern, die Kinder im gleichen Alter haben, erleichtern den Lösungsprozess, und Gespräche helfen bei eventuell auftretenden Fragen und Problemen.

4.1.b Basistext 2: Von der Familie in die Kindertagesstätte

Anforderungen an das Kind und die Eltern

Mit dem Eintritt des Kindes in die Kindertagesstätte beginnt ein Hin- und Herwechseln zwischen zwei sehr unterschiedlichen Lebenswelten. Die Bewältigung der Situation stellt hohe Anforderungen an das Kind und an die Eltern. Nach den Dimensionen des Transitionsmodells lässt sich das Anforderungsprofil wie folgt beschreiben:[6]

- **Wechsel zwischen zwei Lebensbereichen:** Mit dem Besuch der Kindertagesstätte wechselt das Kind regelmäßig für feste Tageszeiten zwischen der häuslichen Umgebung und der Einrichtung. Das Kind muss sich auf neue Räume, auf einen bestimmten Zeitablauf und Zeitrhythmus, auf neue Regeln sowie vor allem auf eine neue soziale Situation einstellen: Es wird Mitglied einer größeren Gruppe von Kindern. Auch für die Eltern ändert sich viel: Der Tagesablauf wird vom Kindergarten mitbestimmt; das Lernen ihres Kindes erfolgt in pädagogisch vorbereiteten und strukturierten Kontexten und nicht mehr ausschließlich in einem auf das Kind ausgerichteten spontanen Umfeld. Auch fallen für die Eltern zusätzliche Termine wegen Elternabenden und Elternmitarbeit an.
- **Neue Rolle:** Zur Rolle des Kindes in der Familie kommt die Rolle als Kindergartenkind hinzu. Damit verbunden erlebt das Kind eine Reihe von Erwartungen an seine Fähigkeiten und an sein Verhalten: die Beherrschung des Körpers (Sauberkeitstraining), das Zeigen von Selbstständigkeit (sich alleine an- und umziehen) und die Beherrschung seiner Gefühle (zeigen und bewältigen von Emotionen ohne direkte Unterstützung durch vertraute Bezugspersonen). Es kann sein, dass das Kind nicht mehr im Mittelpunkt der Aufmerksamkeit und des Interesses seiner Umgebung steht.
- **Veränderte Beziehungen:** Mit dem Eintritt des Kindes in den Kindergarten verändern sich seine familialen Beziehungen, weil das Kind unabhängiger und selbstständiger wird. Das Kind entwickelt neue Beziehungen zu Kindern sowie zu Erzieherinnen und Erziehern, die die Exklusivität der Elternbindung verringern. Auch die Eltern haben sich damit auseinanderzusetzen, dass das Kind Beziehungen außerhalb der Familie und Nachbarschaft aufbaut. Gleichzeitig entstehen auch für die Eltern neue Beziehungen: zu den Erzieherinnen, zu anderen Kindern und zu den Eltern der anderen Kindergartenkinder.
- **Wandel der Identität:** Das Kind erlebt einen neuen Status: Es fühlt sich „älter" und „größer", es entwickelt ein „Wir-Gefühl" für seine Kindergartengruppe.
- **Emotionen:** Übergänge sind von Emotionen begleitet. Bei aller Vorfreude und Neugier auf das Kommende, bei allem Stolz auf den neuen Status ist der Eintritt eines Kindes in den Kindergarten mit Gefühlen von Verlust und Abschied verbunden. Für das Kind ist dies die Erfahrung von regelmäßiger zeitweiser Abwesenheit der Eltern, die es zu verarbeiten gilt. Es erlebt emotional berührende Situationen, wenn es zeitweise auf die Verfügbarkeit vertrauter Bezugspersonen verzichten muss, wenn es sich an einen neuen Tagesrhythmus in einer zunächst unüberschaubaren Kindergruppe gewöhnen muss und sich einer neuen Bezugsperson, neuen sozialen Regeln und einer Vielzahl von Angeboten gegenübersieht. Manches Kind und manche Mutter haben emotional die erste Ablösung zwischen Kind und wichtigster Bezugsperson zu verarbeiten.

6 Vgl. Griebel, Wilfried/Niesel, Renate (2003): Der Eintritt in den Kindergarten – eine bedeutsame Transition. Staatsinstitut für Frühpädagogik. München, S. 1–14. http://www.familienhandbuch.de/cms/Kindertagesbetreuung-Transition.pdf [Zugriff am 19.02.2014].

Der Kindergarten stellt Anforderungen an Kinder mit Migrationshintergrund wie an einheimisch deutsche Kinder. Es gilt soziale Kompetenzen zu erlernen, wie z.B. Kontakte und Freundschaften zu knüpfen, Konflikte angemessen zu regeln, sich neue Verständigungsmöglichkeiten zu erarbeiten, Spielzeug auszuwählen und sich mit gleichaltrigen Kindern zu messen. Für einen Teil der Kinder mit Migrationshintergrund kommt hinzu, dass der Eintritt in den Kindergarten den – manchmal ersten – Kontakt mit einer anderen Sprache und mit anderen kulturellen Mustern darstellt. Manchmal werden auch neue Räume und neue Spielsachen kennengelernt.

Es gibt Unterschiede beim Übergang in den Kindergarten zwischen einheimisch deutschen Kindern und einem Teil der Kinder mit Migrationshintergrund:

Kontakt zwischen einheimisch deutschen Familien und Familien mit Migrationshintergrund

- Kinder mit Migrationshintergrund kommen manchmal aus Familien, die außerhalb der Bildungseinrichtung und des Arbeitsbereiches wenig Kontakt zur deutschen Gesellschaft haben. Dieses gilt vor allem, aber nicht ausschließlich, für Stadtteile mit einem hohen Anteil an Migrationsbevölkerung. So kommt z.B. eine neuere Untersuchung in Duisburg zu dem Ergebnis, dass zwischen einheimisch Deutschen und Menschen mit Migrationshintergrund eine ausgeprägte Distanz besteht, was Kontakte und den Wunsch ihnen, Partnerschaften oder die Teilnahme an den Veranstaltungen der „anderen“ anbetrifft. Distanzierungen werden von der einheimisch deutschen Bevölkerung stärker formuliert als von den Eingewanderten. Dieses gilt auch für die Bereitschaft, Kontakte aufzunehmen: Die eingewanderten Duisburger und ihre Kinder sind nicht nur kontaktbereiter im Hinblick auf ihre Verwandten und ihre eigene ethnische Gruppe, sondern auch deutlich aufgeschlossener, auf die deutsche Nachbarschaft und Mitbewohnerinnen und Mitbewohner zuzugehen, als umgekehrt einheimisch Deutsche eine solche Bereitschaft gegenüber den eingewanderten Gruppen zeigen. Die Autorinnen und Autoren der Studie folgern aus den Ergebnissen, dass die Beziehungen zwischen Einwanderern und Mehrheitsbevölkerung weitgehend von der „Distanz eines Nebeneinanderlebens“ gekennzeichnet sind.[7] Auch Untersuchungen in anderen Städten zeigen, dass ein Teil der Migrationsfamilien außerhalb des beruflichen Bereichs kaum Kontakte zu einheimisch deutschen Familien unterhält.

erster Kontakt zum deutschen Bildungssystem

- Einige Eltern mit Migrationshintergrund lernen mit dem Kindergarteneintritt ihres Kindes zum ersten Mal eine deutsche Bildungs- und Betreuungseinrichtung kennen, wenn sie vorher mit ihrem Kind beispielsweise keine Spielgruppe besucht, an Sportangeboten für Kleinkinder oder an musikalischer Früherziehung teilgenommen haben. Ihre Haltung zum Kindergartenbesuch des Kindes ist manchmal ambivalent. Positiv bewerten die Eltern, dass das Kind Gelegenheit hat Deutsch zu lernen und dadurch der spätere Schulbesuch erleichtert wird, dass es im Kindergarten auf den Besuch der Schule vorbereitet wird und dass es eine Orientierungshilfe für den Zugang zur deutschen Gesellschaft bekommt. Gleichzeitig haben nicht wenige Eltern die Vorstellung und den Wunsch, dass das Kind nicht der Herkunftskultur entfremdet wird und den familiären Orientierungen verbunden bleiben soll.

konfliktierende Erziehungsvorstellungen

- Konkrete Inhalte vorschulischer Erziehung, insbesondere im Bereich der geschlechtsspezifischen Erziehung wie auch in der Sexualerziehung, können zu Konflikten zwischen pädagogischem Anspruch des Kindergartens und der Familienorientierung führen. Dieses gilt nicht nur für Kinder aus muslimischen Familien, sondern auch für Kinder aus evangelikalen Familien, wahrscheinlich auch für andere Gruppen von Eltern oder einzelne Eltern.

religiöse Vorstellungen

- Unterschiedliche religiöse Vorstellungen (wiederum nicht allein bei muslimischen Familien) und damit zusammenhängende Ess- und Kleidungsgewohnheiten können ebenfalls Konfliktpotenziale darstellen.

7 Stadt Duisburg (2009): Integration zwischen Distanz und Annäherung. Die Ergebnisse der Ersten Duisburger Integrationsbefragung. Duisburg, S. 116–127.

Eltern aus dem bildungsnahen Milieu strukturieren auch schon vor der Kindergartenzeit den Tag des Kindes, vereinbaren Absprachen und setzen gezielt Elemente zur Bildungsförderung ein. Von Eltern mit geringerer Schulbildung und niedrigerem sozialen Status wird dies weniger geleistet. Ähnliches gilt für Migrationsfamilien, die zwar an der Bildung ihrer Kinder sehr interessiert sind, aber seltener als einheimisch deutsche Mittelschichtseltern Bildungsanreize und gezielt Mittel zur Bildungsförderung einsetzen. Daher variieren die Anforderungen an Kinder beim Übergang in die Kita je nach familiären Bedingungen stark. Das kaum offen diskutierte „Curriculum des Herkunftsmilieus" erleichtert oder erschwert den Übergang.

Die konkrete Planung und Bewältigung des Übergangs

Beim Übergang von der Familie in eine Kindertagesstätte haben sich alle Eltern mit drei für das Kind wichtigen Themen auseinanderzusetzen:

- Sie müssen entscheiden, ob und ab welchem Alter das Kind eine Kita besucht,
- sie müssen die Auswahl der Kita vornehmen,
- sie müssen/sollten ihr Kind auf den Übergang vorbereiten.

In diesen Bereichen werden von allen Eltern ähnliche Strategien gefordert; für Eltern mit Migrationshintergrund kommen spezifische Gesichtspunkte hinzu.

Besuch einer Kita: ob und wann

Versorgungsquote Kita

Die Bildungsbeteiligung von Kindern mit Migrationshintergrund im Alter von drei bis unter sechs Jahren in Kindertagesstätten oder Kindertagespflege-Einrichtungen ist zwar deutlich gestiegen, aber immer noch geringer als bei einheimisch deutschen Kindern. Die Bildungsbeteiligung von Kindern mit Migrationshintergrund im Kindergartenalter (auf der Grundlage einer Sonderauswertung des Mikrozensus im Jahr 2009) beträgt in Westdeutschland 85 Prozent (von Kindern ohne Migrationshintergrund: 95 Prozent).[8] Für die in das Projekt „Bildungs-Brücken: Aufstieg!" einbezogenen Bundesländer ließen sich 2011 folgende Versorgungsquoten[9] ermitteln:

Berlin	mit Migrationshintergrund	87 %
	ohne Migrationshintergrund	98 %
Hessen	mit Migrationshintergrund	86 %
	ohne Migrationshintergrund	97 %
NRW	mit Migrationshintergrund	91 %
	ohne Migrationshintergrund	92 %

8 Autorengruppe Bildungsberichtserstattung (Hrsg.) (2012): Bildung in Deutschland 2012. Ein indikatorengestützter Bericht mit einer Analyse zur kulturellen Bildung im Lebenslauf. Bielefeld.

9 Einen Überblick über die Zahlen nach Bundesländern bietet Bock-Famulla, Kathrin/Lange, Jens (2011): Länderreport. Frühkindliche Bildungssysteme 2011. Gütersloh.

Für das Saarland und Sachsen lassen sich keine Zahlen ermitteln. Es ist nicht bekannt, welche Elterngruppen mit Migrationshintergrund (nach Ethnie, Aufenthaltsstatus oder Bildung) ihre Kinder nicht in einer Kita anmelden. Zudem besuchen gerade Kinder aus Familien mit Migrationshintergrund die Kita kürzer als drei Jahre und sie sind seltener in einer ganztägigen Betreuung zu finden.

Eintrittsalter

Lange Zeit stand die Problematisierung des Sachverhalts, dass Kinder aus Familien mit Migrationshintergrund deutlich seltener als solche aus einheimisch deutschen Familien eine Kindertagesstätte besuchen, im Mittelpunkt. Heute, da nahezu alle Kinder eine Kita besuchen, wird hingegen das Eintrittsalter des Kindes thematisiert und damit die Frage, wie früh das Kind (auch) eine außerfamiliäre Betreuung und Bildung erhält. Kinder profitieren umso stärker von dem Besuch, je länger ihre Kindergartenzeit dauert, d.h. je früher sie neben der familiären eine institutionelle Förderung erhalten und in ein deutschsprachiges Lernumfeld kommen. So wurde in einer Schuleingangsuntersuchung in Osnabrück[10] ein erhebliches Maß an ethnischer Bildungsungleichheit schon zu Beginn der Schulzeit festgestellt, die sich auch auf einen kürzeren oder qualitativ unzureichenden Kitabesuch zurückführen lässt. Eine längere Dauer des Kindergartenbesuchs wirkt sich positiv auf die deutsche Sprachkompetenz aus. Wichtig ist eine Besuchszeit von über drei Jahren. Da ein mehrjähriger Kitabesuch nicht nur für die Verbesserung der deutschen Sprachkompetenz sinnvoll und notwendig ist, sondern auch für die allgemeine und soziale Entwicklung des Kindes, sollten Eltern mit Migrationshintergrund Argumente für einen frühen Kitabesuch nahegebracht werden. Argumente, die für **alle Kinder** gelten, können sein:

- die frühzeitige Förderung und Vermittlung formaler Bildung; beides vergrößert die Bildungschancen in der Schule, außerdem wird formell und informell auf den Übergang in die Grundschule vorbereitet;
- das Lernen von Selbstständigkeit, indem Teile des Tagesablaufs eigenverantwortlich gestaltet werden können und müssen;
- das Lernen, mit anderen (auch gleichaltrigen) Kindern umzugehen, Kontakte aufzubauen, Streitigkeiten in angemessenen Formen auszutragen;
- der Kitabesuch ist wichtig für die allgemeine und soziale Entwicklung des Kindes.

Für **Kinder mit Migrationshintergrund** kommen zusätzliche Argumente hinzu:

- die Möglichkeiten von Kontakten mit einheimisch deutschen Kindern und Kindern aus Familien mit anderen Migrationshintergründen;
- das Vertraut-Werden mit der Kultur und den Umgangsformen des Einwanderungslandes der Eltern oder Großeltern außerhalb der Nachbarschaft und der Medien und damit ein spezifischer und verbesserter Zugang zur deutschen Kultur;
- der Zugang zu Kindern verschiedener sozialer Schichten oder Milieus.

Frühzeitige vorschulische Erziehung und Bildung kann primäre Herkunftseffekte, die aus familiärer Sozialisation herrühren und die spätere Bildung beeinträchtigen, kompensieren und die Bildungschancen der Kinder verbessern. Die Effekte vorschulischer Bildung sind nachgewiesen. Schülerinnen und Schüler, die eine vorschulische Einrichtung besucht haben, haben eine höhere Chance auf eine erfolgreiche Bildungslaufbahn.[11]

Bei der Diskussion um einen möglichst frühen Kitabesuch des Kindes sollten vorhandene Bedenken der Eltern ernst genommen und diskutiert werden. Solche Bedenken können sein,

10 Becker, Birgit/Biedinger, Nicole (2006): Ethnische Bildungsungleichheit zu Beginn der Schulzeit. In: Kölner Zeitschrift für Soziologie und Sozialpsychologie 58, S. 660–684.

11 Siehe dazu die Untersuchungen bei Biedinger, Nicole/Becker, Birgit (2006): Der Einfluss des Vorschulbesuchs auf die Entwicklung und den langfristigen Bildungserfolg von Kindern: Ein Überblick über internationale Studien im Vorschulbereich. Mannheim.

Bedenken der Eltern

- dass der Kitabesuch dazu führt, das Kind den kulturellen oder religiösen Vorstellungen zu entfremden (z.B. dem Familialismus, dem Wunsch nach Zwei- oder Mehrsprachigkeit, der Achtung religiöser Gebote und Einhaltung religiöser Riten);
- dass das Kind Umgangsformen erfährt und lernt, die den familiären Vorstellungen widersprechen (z.B. Respektlosigkeit vor allem gegenüber Älteren, Schimpfworte, Frechheiten gegenüber den Eltern);
- dass die religiösen Regeln nicht beachtet werden (Essen unerlaubter Speisen) oder Riten anderer Religionen gefordert werden (z.B. Teilnahme an christlichen Gebeten und das Feiern christlicher Feste).

Die Wahl der Kita

Kita = Schulvorbereitung

Eltern mit Migrationshintergrund, wie einheimisch deutsche Eltern auch, haben die Vorstellung, dass ihr Kind in der Kita nicht nur betreut, sondern gefördert wird: in der deutschen Sprache, der Vorbereitung auf die Schule sowie in notwendigen oder nützlichen Kompetenzen als Basis für das Lernen, die Bildung und die Persönlichkeitsentwicklung. Alle Eltern wünschen sich für ihre Kinder einen „guten" Kindergarten in diesem Sinne. Viele überprüfen verschiedene Einrichtungen nach den oben genannten Kriterien oder hinterfragen Einrichtungen nach ihren eigenen Kriterien.

Zunächst muss berücksichtigt werden, dass für viele Eltern bei der Wahl der Kita auch pragmatische Überlegungen eine beachtliche Rolle spielen:

- die räumliche Nähe oder die Erreichbarkeit der Einrichtung,
- die familiär passenden Öffnungszeiten.

In neuerer Zeit wird aber auch thematisiert, dass sich die Einrichtungen in Bezug auf die Qualität der Betreuung und in Bezug auf die Zusammensetzung der Gruppen unterscheiden. Beides hat Einfluss auf die Lernmöglichkeiten der Kinder. Dabei schwingt mit, dass nicht jede Kita das Kind in gleichem Maße fördert. Bei Familien mit Migrationshintergrund spielt eine Rolle, ob das Kind eine Kita mit hohem Anteil von Kindern mit Migrationshintergrund, eventuell auch derselben Ethnie und derselben Familiensprache, oder eine Einrichtung mit einem höheren Anteil einheimisch deutscher Kinder besucht. Im Juni 2012 wurde in den Medien aufgegriffen, dass in Berlin die Hälfte der Vier- bis Fünfjährigen, die eine spezielle Förderung in der deutschen Sprache brauchen, jahrelang (zwei bis vier Jahre) eine Kita besucht hat. Ob dies auf den hohen Anteil der Kinder, die nicht Deutsch als Muttersprache sprechen, auf fehlende oder qualitativ unzureichende Förderung in der deutschen Sprache oder auf eine zu geringe in der Kindertagesstätte verbrachte Zeit zurückzuführen ist, ist nicht belegt.[12]

Migrationskinder starten nach einem Kitabesuch oft mit schlechteren Voraussetzungen in die Schule, wenn ihnen die Förderung in der Familie fehlt, sie nur unregelmäßig eine Kita besucht haben oder der Besuch zu kurz war. Wissenschaftliche Untersuchungen belegen aber auch, dass allein die Dauer des Kitabesuches nicht unbedingt Bildungserfolge sichert. Die soziale und ethnische Zusammensetzung der Kitagruppen begrenzt oder erweitert das Lernpotenzial der Kinder ebenso wie die Qualität der Einrichtung. Es lässt sich nicht bestreiten, dass in einer Stadt oder in einem Stadtteil nicht alle Kindertagesstätten gleich qualitätsvoll sind. Und nicht jede Kita ist für jedes Kind geeignet und/oder entspricht den Interessen und den Vorstellungen der Eltern. Daher muss die Auswahl der konkreten Kita zum Thema gemacht werden.

---

12 Vieth-Entus, Susanne (2012): Kitabesuch garantiert keine ausreichenden Sprachkenntnisse. In: Zeit online http://www.zeit.de/gesellschaft/schule/2012-02/berlin-kita-sprachfoerderung [Zugriff am 19.02.2014].

interkulturelle Kita-Konzepte

Längst nicht jede Kindertagesstätte ist auf die Heterogenität der Kinder eingestellt. Zwar gibt es mittlerweile eine große Zahl an Studien über „Multikulturalität“ in der Kita und eine Vielzahl von Einrichtungen hat sich interkulturell geöffnet, jedoch gilt das längst nicht für alle und viele öffnen sich nicht konsequent. Eltern sollten das Konzept der Einrichtung und den pädagogischen Alltag der Kinder auf Interkulturalität hinterfragen Ähnliches gilt für integrative Kindertagesstätten. Ist ein Kind behindert, ist nur danach zu fragen, ob die Kita ein integratives Modell verfolgt, sondern auch danach, ob und wie entsprechende Qualitätskriterien erfüllt werden. Zu fragen ist darüber hinaus, ob Gender-Aspekte in das Erziehungskonzept der Kita eingehen. Für Eltern ist es sinnvoll, die in der Familie gepflegten Vorstellungen einer Geschlechtererziehung mit den in der Kita vorhandenen (expliziten wie impliziten) Erziehungsmustern abzugleichen und in beiden Kontexten zu thematisieren.

In der Praxis sind Eltern mit Migrationshintergrund bei ihrer Wahl deutlich eingeschränkt. Längst nicht alle Kindertagesstätten im Stadtteil stehen ihnen und ihren Kindern offen. Sie wünschen häufig eine Kita mit einem geringen Anteil an Kindern mit Migrationshintergrund und sie meiden christliche Träger keineswegs – im Gegenteil würde ein Teil der Eltern muslimischer Religion einen christlichen Kindergarten vorziehen, wenn er die Auswahl hätte.

Qualitätskriterien

Eltern erkennen die pädagogische Qualität einer Kita an folgenden Punkten:

an den Rahmenbedingungen

- Räume und Raumausstattung, Außenanlagen, Geräte und Spielzeug
- Öffnungszeiten, flexible Handhabung des Bringens/Abholens der Kinder
- Betreuungsschlüssel und Ausbildung der Erzieherinnen und Erzieher

an der Darstellung und der Verwirklichung des pädagogischen Konzeptes

- Übergabe eines schriftlich formulierten Konzeptes
- Aussagen zu Strategien der Eingewöhnung und des Umgangs mit den Kindern sowie zu den Anregungen für den Umgang der Kinder miteinander
- Kompetenzen des Personals (Ausbildung, Weiterbildung, Supervision) sowie interkulturelle (eventuell auch interreligiöse) Kompetenz
- demokratische Erziehungsgestaltung und altersgerechte Beteiligung der Kinder
- Umgang mit Mehrsprachigkeit, vor allem Wertschätzung und Berücksichtigung der Muttersprache(n) des Kindes
- Umgang mit verschiedenen Kulturen und Wertschätzung sowie Berücksichtigung anderer kultureller Muster und Vorstellungen
- Umgang mit verschiedenen Religionen und Berücksichtigung von Regeln und Ritualen anderer Religionen
- Konzepte für eine individuelle Förderung der Kinder unter Einbeziehung von Sprach(en)förderkonzepten und Sprach(en)förderung in der Praxis

an den Konzepten für die Zusammenarbeit mit den Eltern und deren Verwirklichung

- systematische Einbeziehung der Eltern in die Weiterentwicklung und Verwirklichung des pädagogischen Konzeptes
- Formen der Beteiligung der Eltern, insbesondere die Vermittlung des Eindruckes, dass Mitwirkung erwünscht ist
- regelmäßige Informationen über die Entwicklung des Kindes unter Zugrundelegung ausgewerteter Beobachtungen und Materialien

an der Öffnung in die Gemeinde oder in den Stadtteil
- Bildungspartnerschaften in der Region
- Zusammenarbeit mit den Grundschulen, auch um den nächsten Übergang vorbereiten zu können
- Zusammenarbeit mit relevanten Migrantenorganisationen.[13]

Eltern erhalten Entscheidungshilfen bei der Auswahl der Kita durch:
- einen Besuch der Erzieherinnen und Erzieher in den Migrationsfamilien oder/und in den Migrantenorganisationen, in dem diese einen Eindruck von dem Konzept und dem pädagogischen Alltag in der Kita vermitteln;
- den Besuch der ausgewählten Kita oder Kitas oder stundenweises Probeteilnehmen;
- Verbesserung der Informationen durch Bücher oder Filme, um Kriterien für die Wahl der Kita zu erhalten.

Bildungsungleichheit schon vor der Schule

Eltern mit Migrationshintergrund stellen Kriterien für die Wahl der Kita auf, besuchen die Kitas im Umfeld der Wohnung und treffen eine begründete Wahl. Dennoch können sie erfahren, dass ihr Kind in der Wunscheinrichtung keinen Platz erhält. Nicht jede gewünschte Kita steht jedem Kind offen. Insbesondere gilt dieses für die nicht geringe Zahl von Eltern mit Migrationshintergrund, die – wie vorne beschrieben – eine Kita mit einem geringen Anteil an Migrationskindern mit unzureichenden deutschen Sprachkompetenzen suchen. Sie haben die – richtige – Vorstellung, dass solche Bedingungen die Möglichkeiten zum Lernen und zum Erwerb deutscher Sprachkenntnisse verbessern.

Ethnische Bildungsungleichheit wird nicht nur durch das Fehlen eines Kitabesuches und durch eine verkürzte Kitazeit, sondern auch durch den Besuch einer Einrichtung, die Migrationskinder nicht ausreichend fördert, schon vor Schulbeginn verstärkt. Viele Eltern mit Migrationshintergrund wissen, dass ein geringerer Migrantenanteil sich positiv auf die Beherrschung der deutschen Sprache ihres Kindes auswirkt, ebenso wie eine soziale Mischung in der Kita positiven Einfluss auf die Entwicklung des Kindes hat. Belegt ist aber, dass einheimisch deutsche Eltern mit hohem Informationsniveau konsequent Kitas mit einem geringen Anteil an Kindern anderer Ethnien und Muttersprachen wählen. Migrationsfamilien mit hohem Informationsniveau folgen diesem Wahlverhalten, haben aber weniger Optionen, zum einen, weil andere Kriterien wie räumliche Nähe und Öffnungszeiten ebenso wichtig sind oder sogar als wichtiger angesehen werden, zum anderen, weil ihnen ein Teil der Kitas nicht offensteht. Einrichtungen mit konfessionellen Trägern müssen z.B. muslimische Kinder nicht aufnehmen.

Vorbereitung auf den Übergang in den Kindergarten

Übergang als begeiteter Prozess

Eltern sollten ihr Kind und sich selbst auf den Besuch einer Kita vorbereiten, da sich sowohl für den Sohn oder die Tochter als auch für sie selbst neue soziale Bindungen ergeben. Günstig ist, wenn vorher an einer Spiel- oder Krabbelgruppe teilgenommen wurde, weil es dann dem Kind leichter fällt, sich an die vielen fremden Kinder, den Lärm, die Auseinandersetzung um Platz oder Spielzeug oder das Teilen der Bezugspersonen zu gewöhnen; eben weil die Situation nicht mehr ganz neu ist. Es ist ebenfalls sinnvoll, die Kita vorher mit dem Kind besucht zu haben, um die Räume, die Umgebung und die

13 Siehe Bertelsmann Stiftung: Checkliste Kita-Platz (PDF): https://www.bertelsmann-stiftung.de/de/publikationen/publikation/did/checkliste-kita-platz/ [Zugriff am 07.10.2015]. Für Kinder unter drei Jahren siehe: https://www.bertelsmann-stiftung.de/de/publikationen/publikation/did/checkliste-fuer-eltern-kinder-unter-drei-in-kitas/ [Zugriff am 07.10.2015].

Erzieherinnen und Erzieher kennenzulernen. Viele Kitas bieten eine Eingewöhnungszeit (Zeit mit Mutter oder Vater) an; diese zu nutzen – falls möglich – ist ebenfalls sinnvoll.

Kinder, die im muttersprachlichen Milieu aufgewachsen sind, sollten auf das deutschsprachige Umfeld vorbereitet werden. Eltern sollten berücksichtigen, dass der Übergang nicht am ersten Tag im Kindergarten beginnt und nicht an eben diesem Tag endet. Es handelt sich um einen Prozess, der mit den Vorbereitungen in der Familie, etwa bei der Auswahl der Kita, dem Sprechen über den Besuch u.a. beginnt und dann beendet ist, wenn sich – wie es heißt – das Kind eingewöhnt hat. Dieses kann einige Tage oder mehrere Wochen dauern.

Organisatorische und persönliche Anpassungs- und Bewältigungsstrategien beim Übergang können sein:

- Die Familie bereitet das Kind in ihrem Kontext auf den Kitabesuch vor.
- Die Kita bezieht in einer Zeit der Orientierung die Familie ein (Mütter oder Väter verbringen einige Stunden in der Kita.
- Die Kita schafft familienähnliche Bedingungen und Beziehungen.

Die mögliche Strategie hängt sowohl von den Ressourcen der Familie als auch von den Möglichkeiten der Kita ab. Meistens gelingt aber der Übergang in die Kindertagesstätte bei dreijährigen oder älteren Kindern problemlos. Relativ wenige Kinder reagieren mit Anklammern und Weinen als Zeichen von Angst oder Unbehagen, wenn die Trennung von der Begleitperson erfolgt. In solchen Fällen könnten unter Berücksichtigung der zu Beginn referierten Bindungstheorie und damit der Einsicht, dass Trennungsschmerz auf eine sichere Bindung verweisen kann, im Zusammenwirken von Eltern und Kita Trennungsrituale eingesetzt werden.

Leseempfehlung

Biedinger, Nicole/Becker, Birgit (2010): Frühe ethnische Bildungsungleichheit: Der Einfluss des Kindergartenbesuchs auf die deutsche Sprachfähigkeit und die allgemeine Entwicklung. In: Becker, Birgit/Reimer, David (Hrsg.): Vom Kindergarten bis zur Hochschule. Die Generierung von ethnischen und sozialen Disparitäten in der Bildungsbiographie. Wiesbaden, S. 49–79.

4.2 Didaktische Vorschläge

Entwicklung eines Rasters von Kriterien für die Wahl einer Kita

Kriterium	Rangfolge	Begründung

Beispiele zur Wahl der Kita

Mein Kind wird auf die Schule vorbereitet
Beispiel 1: „Unsere Kita hat ein pädagogisches Konzept. Es beinhaltet unter anderem die gezielte Förderung von sprachlichen und kognitiven Fähigkeiten. Es ist sehr wichtig, dass das Kind durch spielerische Übungen seine logische Denkweise entwickelt und durch das Lernen von Liedern, das Singen und Vorlesen im sprachlichen Bereich auf die Schule vorbereitet wird." Wie lässt sich feststellen, ob eine Kita dieses leistet?
Raum für eigene Notizen:

____

____

____

____

____

Beispiel 2: „Meine Tochter benutzt häufiger das Wort „Danke" als es bei uns zu Hause benutzt wurde. Sie lernt von den Erzieherinnen und Erziehern, höflich und freundlich zu sein. Durch das Zusammensein mit anderen Kindern entwickelt sie Hilfsbereitschaft und Aufmerksamkeit." Wie lässt sich feststellen, ob die gewählte Kita dieses Ziel verfolgt?
Raum für eigene Notizen:

____

____

____

____

____

Beispiel 3: Russischsprachige Eltern haben häufig folgende Anforderungen an die deutschen Kitas (was mit dem System der Kitas in den Heimatländern verbunden ist): Struktur im Tagesablauf, gesunde Ernährung, Hygiene und Sauberkeit, genügende und ordentliche Schlafplätze. Dies sind die wichtigsten Aspekte bei der Wahl der Kita. Wie können diese Vorstellungen bei der Kitawahl berücksichtigt werden?
Raum für eigene Notizen:

____

____

____

____

____

Beispiel 4: In interkulturellen Kitas ist es erforderlich, dass das Personal interkulturell sensibilisiert ist, damit Konfliktsituationen für das Kind vermieden werden oder damit adäquate Lösungen gefunden werden.

- Wie stellen wir (die Eltern) fest, ob das Personal in der Kita über interkulturelle Kompetenz (interkulturelle Sensibilisierung) verfügt?
- Was können wir als Eltern beitragen, damit die interkulturelle Sensibilisierung des Personals in der Kita erreicht oder verbessert wird?

Raum für eigene Notizen:

____

____

____

____

____

4.3 Quellen/Material zur Weitergabe an Eltern

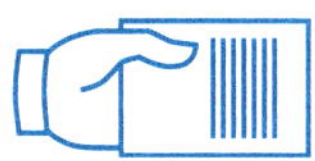

Allgemein

Arbeitskreis Neue Erziehung: Elternbriefe zum Thema Kindergarten. Brief Nr. 19, 24, 26, 28.

Speziell für türkische Migrationsfamilien: Türkisch-deutscher Elternbrief 4, Thema: Canan soll in einen Kindergarten. **http://www.ane.de/bestellservice/elternbriefe-einzeln/** [Zugriff am 20.02.2014].

Zur Wahl der Kindertagesstätte

Bertelsmann Stiftung: *Checkliste Kita-Platz (PDF):* **https://www.bertelsmann-stiftung.de/de/publikationen/publikation/did/checkliste-kita-platz/** [Zugriff am 07.10.2015.

Bertelsmann Stiftung: *Checkliste* für *Eltern*: *Kinder unter DREI* in *Kitas* **https://www.bertelsmann-stiftung.de/de/publikationen/publikation/did/checkliste-fuer-eltern-kinder-unter-drei-in-kitas/** [Zugriff am 07.10.2015].

Zur Vorbereitung auf den Kitabesuch

Kindergarten – Tipps für den Einstieg | Kindheitsblog
www.kindheitsblog.de/kindergarten-tipps-fuer-den-einstieg/ [Zugriff am 19.02.2014].

4.4 Literatur zu Vertiefung

Von der Familie in die Kindertagespflege-Einrichtung

Sachverständigenrat deutscher Stiftungen für Integration und Migration (2013): Hürdenlauf zur Kita. Warum Eltern mit Migrationshintergrund ihr Kind seltener in die frühkindliche Tagesbetreuung schicken. Berlin; http://www.svr-migration.de/wp-content/uploads/2014/03/SVR_FB_Huerdenlauf-zur-Kita_Web.pdf [Zugriff am 02.09.2015].

Von der Familie in die Kindertagesstätte

Becker, Birgit (2010): Ethnische Unterschiede bei der Kindergartenselektion: Die Wahl von unterschiedlich stark segregierten Kindergärten in deutschen und türkischen Familien. In: Becker, Birgit/Reimer, David (Hrsg.): Vom Kindergarten bis zur Hochschule. Die Generierung von ethnischen und sozialen Disparitäten in der Bildungsbiographie. Wiesbaden, S. 49–79.

Becker, Birgit/Biedinger, Nicole (2006): Ethnische Bildungsungleichheit zu Beginn der Schulzeit. In: Kölner Zeitschrift für Soziologie und Sozialpsychologie 58, S. 660–684.

Biedinger, Nicole/Becker, Birgit (2006): Der Einfluss des Vorschulbesuchs auf die Entwicklung und den langfristigen Bildungserfolg von Kindern. Ein Überblick über internationale Studien im Vorschulbereich. Mannheimer Zentrum für Europäische Sozialforschung (MZES). Arbeitspapier 97.

Thema 5: Der Übergang in die Grundschule

Ursula Boos-Nünning

Die Anforderungen an die Eltern und das Kind beim Übergang in die Schule und die konkreten Planungen zum Schulbeginn (Zeitpunkt der Einschulung, Wahl der Grundschule) sowie die Vorbereitung und Begleitung des Kindes beim Übergang stehen im Mittelpunkt dieses Kapitels.

5.1 Basistext

Während der Besuch einer Kita zwar erwünscht aber nicht verpflichtend ist, müssen alle Kinder etwa mit Beginn des sechsten Lebensjahres in einer Grundschule angemeldet werden. In Deutschland besteht eine Schulpflicht für alle Kinder (nicht nur eine Bildungspflicht wie in manchen anderen Ländern). Wann genau die Anmeldung zur Grundschule erfolgen muss, welche Spielräume Eltern besitzen, ihr Kind früher oder später einzuschulen, welche Auswahl an Grundschulen vorhanden ist, alles das ist in den Schulgesetzen der einzelnen Bundesländer geregelt. In das Projekt „Bildungs-Brücken: Aufstieg!" sind die Bundesländer Berlin, Hessen, Niedersachsen, Nordrhein-Westfalen, Saarland und Sachsen einbezogen. Deutschland ist ein föderalistischer Staat mit 16 Bundesländern. Jedes Bundesland hat ein eigenes Schulgesetz, in dem auch die Einschulung und der Grundschulbesuch geregelt sind. Damit aber trotz länderspezifischer Zuständigkeiten eine gewisse Einheitlichkeit gewahrt bleibt, gibt es ein Koordinierungsgremium: die Kultusministerkonferenz.

Für die Frage der rechtlichen Bedingungen des Übergangs in die Schule ist es deshalb sinnvoll, sich das Schulgesetz des Bundeslandes, in dem das Kind eingeschult werden soll, anzusehen.[1]

Einige Bundesländer (unter den einbezogenen Bundesländern Sachsen und Saarland) haben neben dem Schulgesetz ein eigenes Gesetz über Schulen in freier Trägerschaft. Im Saarland ist darüber hinaus auch die Schulpflicht, die u.a. Mitbestimmung und Mitwirkung umfasst, in eigenen Gesetzen geregelt.

Schulgesetz NRW

In Nordrhein-Westfalen lauten die für den Übergang in die Grundschule bedeutsamen rechtlichen Bestimmungen:[2]

§ 10 Die Primarstufe besteht aus der Grundschule.
§ 11 Grundschule

(1) Die Grundschule umfasst die Klassen 1 bis 4. Sie vermittelt ihren Schülerinnen und Schülern grundlegende Fähigkeiten, Kenntnisse und Fertigkeiten, führt hin zu systematischen Formen des Lernens und legt damit die Grundlage für die weitere Schullaufbahn. Die Grundschule arbeitet mit den Eltern, den Tageseinrichtungen für Kinder und den weiterführenden Schulen zusammen.

(2) Die Klassen 1 und 2 werden als Schuleingangsphase geführt. Darin werden die Schülerinnen und Schüler nach Entscheidung der Schulkonferenz entweder getrennt nach Jahrgängen oder in jahrgangsübergreifenden Gruppen unterrichtet. Die

---

1 http://www.kmk.org/dokumentation/rechtsvorschriften-und-lehrplaene-der-laender/uebersicht-schulgesetze.html [Zugriff am 20.02.2014].

2 Schulgesetz für das Land Nordrhein-Westfalen (Schulgesetz NRW – SchulG). Vom 15.02.2005 (GVBI, Nordrhein-Westfalen 59.2005,8, S. 102ff.), zul. geändert durch Gesetz vom 22.12.2011 (GVBI, Nordrhein-Westfalen 65.2011,34, S. 728f.) Schulgesetz für das Land Nordrhein-Westfalen.

Schulkonferenz kann frühestens nach vier Jahren über die Organisation der Schuleingangsphase neu entscheiden. Die Schuleingangsphase dauert in der Regel zwei Jahre. Sie kann auch in einem Jahr oder in drei Jahren durchlaufen werden.
(3) Die Klassen 3 und 4 sind aufsteigend gegliedert. Sie können durch Beschluss der Schulkonferenz auf der Grundlage eines pädagogischen Konzeptes mit der Schuleingangsphase verbunden und jahrgangsübergreifend geführt werden.

Schulgesetz Berlin

Die rechtlichen Bestimmungen für Berlin (in Berlin umfasst die Grundschule sechs Schuljahre) lauten:[3]

§ 20 Grundschule
(1) [...] Sie umfasst die Schulanfangsphase (Jahrgangsstufen 1 und 2) und die Jahrgangsstufen 3 bis 6.
(2) Die Schulanfangsphase knüpft an die individuelle Ausgangslage der Schülerinnen und Schüler, ihre vorschulische Erfahrung sowie ihre Lebensumwelt an. Sie hat das Ziel, die Fähigkeiten der Schülerinnen und Schüler durch Formen des gemeinsamen Lernens, Arbeitens und Spielens zu entwickeln und zu erweitern und dabei die soziale Kompetenz zu fördern. Zum Aufbau von Lernkompetenzen in der Schulanfangsphase gehören insbesondere
1. das sprachliche Verarbeiten von gemeinsamen Erfahrungen und deren gezielte inhaltliche Klärung und Erweiterung,
2. die Schulung des Denkens, um die natürliche und mediale Umwelt zu erfassen und die eigenen Bedürfnisse artikulieren zu können,
3. der Erwerb von Grundfertigkeiten im Lesen, Schreiben, im mathematischen Denken und im musisch-künstlerischen Bereich,
4. der Erwerb motorischer Grundfertigkeiten und -fähigkeiten.
(3) Die Schulanfangsphase ist eine pädagogische Einheit; ein Aufrücken von der ersten in die zweite Jahrgangsstufe entfällt. Schülerinnen und Schüler, die die Lern- und Entwicklungsziele der Schulanfangsphase erreicht haben, können auf Antrag der Erziehungsberechtigten vorzeitig in die Jahrgangsstufe 3 aufrücken. Schülerinnen und Schüler, die am Ende der Schulanfangsphase die Lern- und Entwicklungsziele noch nicht erreicht haben, können auf Beschluss der Klassenkonferenz (§ 59 Abs. 4) oder auf Antrag der Erziehungsberechtigten (§ 59 Abs. 5) ein zusätzliches Schuljahr in der Schulanfangsphase verbleiben, ohne dass dieses Schuljahr auf die Erfüllung der allgemeinen Schulpflicht angerechnet wird.
(7) Grundschulen arbeiten mit Kindertageseinrichtungen sowie mit weiterführenden allgemein bildenden Schulen insbesondere in ihrer Umgebung zusammen und schließen Vereinbarungen über das Verfahren und den Inhalt ihrer Zusammenarbeit. Die Kooperationen dienen der Verbesserung des Übergangs in die Grundschule und in die weiterführende Schule.

Die Gesetzestexte machen deutlich, dass der Einschulung von Seiten der Schulpolitik eine besondere Bedeutung gegeben wird. Den Schwierigkeiten bei der Eingewöhnung wird durch eine besondere und eigens gestaltete Schuleingangsphase Rechnung getragen. Sicherlich ist der Wechsel weniger einschneidend und mit weniger Anforderungen an das Kind und die Eltern verbunden, wenn vorher eine Kita besucht wurde. Fand kein Kitabesuch statt, was in Deutschland bei 15 % der Kinder mit Migrationshintergrund

3 Schulgesetz für das Land Berlin (Schulgesetz – SchulG). Vom 26.01.2004 (GVBI, Berlin 60.2004,4, S. 26ff.), zul. geändert durch Gesetz vom 13.07.2011 (GVBI, Berlin 67.2011,18, S. 347ff.) Schulgesetz für Berlin.

der Fall ist, so gelten die in Modul 3, Thema 4 („Von der Familie in die Kindertagesstätte") beschriebenen Veränderungen in dieser Übergangsphase.

Anforderungen an die Eltern und an das Kind

Schuleintritt bringt zentrale Veränderungen für Kind und Eltern

Es existieren zahlreiche Fachbücher und praktische Ratgeber zum Übergang vom Kindergarten in die Grundschule bzw. zur Einschulung. Ein Grund für das besondere Interesse an dieser Phase ist daraus abzuleiten, dass die problemlose Einschulung möglichst aller Schulanfänger seit Einführung der allgemeinen Grundschulen als besondere Herausforderung angesehen wird. Es wird angenommen, dass die neue Situation hohe Anforderungen an die Fähigkeiten von Kindern stellt, sich zurechtzufinden und Unsicherheit emotional zu verarbeiten. Kinder sehen sich mit neuen Bedingungen und Verhaltensanforderungen in vielen Bereichen konfrontiert, in motorischen ebenso wie in kognitiven und sozialen. Unter ungünstigen Bedingungen kann der Schulanfang zu einer „Bruchstelle" in der Biografie werden. Ein flexibler Schulanfang – heute eher die Regel – erleichtert es Kindern, sich an die Regelmäßigkeit des Schulalltags und an ein strukturiertes Unterrichtsangebot zu gewöhnen. Der Transitionsansatz beschreibt den Wechsel zum Schulkind, für das Kind selbst und für die Eltern des Schulkindes. In vielen Ländern wird der Eintritt in die Grundschule als Übergang in das formale Bildungssystem als bedeutsamer Schritt angesehen und durch Eingangsrituale begleitet. Solche Rituale sind vor allem die Übergabe von Schultüten, die bei einem Teil der Kinder in der Kita gebastelt wurden, das Herstellen eines Klassenfotos am ersten Schultag und deutlich vor dem Tag der Einschulung die Besichtigung der Schule und des Klassenraums. Wie ausgeführt, haben die meisten Kinder (sowohl mit als auch ohne Migrationshintergrund) eine Kita besucht. Dennoch findet ein für das Kind und die Eltern bedeutsamer Wechsel statt, der sich mit den folgenden fünf Punkten beschreiben lässt:

Herausforderungen beim Übergang

- **Wechsel zwischen zwei Lebensbereichen:** Mit dem Besuch der Grundschule beginnt der verpflichtende Teil von Bildung. Das Kind kann nicht mehr ohne Grund fehlen und muss die Schulstunden einhalten, Unterrichtszeit und Pausen sind in der Regel vorgegeben, der Zeitrhythmus wird länger und er wird strenger eingehalten. Die Räume sind mit den Schulbänken und der Tafel auf Lernen und nicht mehr – wie in der Kita überwiegend – auf Spielen ausgerichtet. Für die Eltern kommen zusätzliche Verpflichtungen hinzu: Die Verantwortung für die Schulsachen und das Sicherstellen, dass Hausaufgaben gemacht werden, sind die wichtigsten; hinzu kommt die Verantwortung, für genügend Schlaf sowie den Fernsehkonsum oder Mediengebrauch des Kindes zu kontrollieren.
- **Neue Rolle:** Das Schulkind wird sehr früh damit konfrontiert, dass es sich einem Leistungs- und Fähigkeitsvergleich zu stellen hat. Es kommen Kinder mit Fertigkeiten im Lesen, manchmal auch Schreiben, und mit Kenntnissen über Zahlen und Rechenoperationen in die Schule. Anderen Kindern fehlen solche Fertigkeiten. Das Kind wird nicht mehr ausschließlich nach seinem Verhalten bewertet, sondern auch nach seinen Kompetenzen und Fertigkeiten. Unabhängig davon, wie sehr die Eltern ihr Kind als einzigartige Persönlichkeit wahrnehmen, sie werden dennoch auf die Leistungen des Kindes schauen.
- **Veränderte Beziehungen:** Mit dem Eintritt in die Grundschule erweitert sich das räumliche und soziale Umfeld des Kindes. Die gleichaltrigen Gruppen (*peers*) gewinnen zunehmend an Bedeutung. Auch für die Eltern kommen neue Kontakte hinzu: zu der Schulleitung, den Lehrkräften und den Eltern der neuen Klassengemeinschaft.
- **Wandel der Identität:** Das Kind hat zu verarbeiten, dass es vom „großen Jungen oder Mädchen" wiederum zu dem oder der Jüngsten wird.

- **Emotionen:** Wie Kinder selbst den Schulbeginn wahrnehmen, wurde häufig untersucht. Alle Erhebungen zeichnen ein einheitliches Bild: Die meisten Kinder freuen sich auf die Schule. Sie verbinden mit dem Schulanfang konkrete Erwartungen. Sie wissen, dass es mehr Reglementierungen als im Kindergarten gibt, sie bejahen die Ausrichtung auf das Lernen, sie freuen sich auf die neue Rolle als Schulkind, weil sie sich ernster genommen fühlen und größere Anerkennung zu erreichen glauben, sie erwarten das Lernen neuer Fähigkeiten, sie versprechen sich mehr Unabhängigkeit und denken an neue soziale Erfahrungen. Eine wichtige Rolle nimmt dabei die Person der Lehrerin oder des Lehrers ein. Kinder scheinen den Schulanfang erst einmal als Chance zu begreifen, als positive Herausforderung an sich selbst. Daneben gibt es einige wenige Kinder, die Angst haben oder ambivalente Gefühle zeigen. Bei diesen wird das Bild von Mitschülerinnen und Mitschülern durch Vorstellungen von Konkurrenz geprägt, das Bild von der Lehrkraft durch die Befehls- und Beurteilungsfunktion und das Bild der Schule von der Antizipierung möglicher Misserfolge. Auch nach Schuleintritt bereitet Schule den meisten Kindern noch einige Zeit Freude. Für einen Teil ändert sich jedoch das Bild sehr bald. Fehlende Erfolge bei Schulleistungen und Ärgernisse mit Mitschülerinnen und Mitschülern beeinträchtigen die Lust an der Schule.

Auch beim Übergang in die Grundschule spielen die erfahrenen Bindungsbeziehungen eine Rolle: Eine positive Zeit in der Kita mit positiven Beziehungen zum Erziehungspersonal lässt das Kind gestärkt mit Vertrauen in die eigenen Fähigkeiten in die Grundschule eintreten.

Die konkrete Planung und Bewältigung des Übergangs

Beim Übergang in die Schule sollten sich alle Eltern mit drei für das Kind wichtigen Themen auseinandersetzen:

- Bei einem Teil der Kinder müssen die Eltern entscheiden, in welchem Jahr das Kind eingeschult wird.
- Sie müssen die konkrete Grundschule auswählen.
- Sie müssen/sollten ihr Kind auf den Übergang vorbereiten dies geschieht meist in Zusammenarbeit mit der Kita.

migrationsbedingte Faktoren des Übergangs

Der Übergang in die Grundschule ist für alle Kinder von großer Bedeutung; auch hier sind aber Besonderheiten in (manchen) Familien mit Migrationshintergrund zu berücksichtigen. Eine neue Untersuchung zu Einschulungsentscheidungen von Familien mit türkischem Migrationshintergrund[4] führt zu der Erkenntnis, dass es schwierig ist, aus sozialer Herkunft resultierende von migrationsbedingten Ursachen zu entkoppeln. Trotz Überlagerung von sozialen Ungleichheiten gibt es migrationsbedingte Faktoren, die im Verlauf des Übergangs vom Kindergarten in die Grundschule eine Rolle spielen.

Der Übergang in die Grundschule kann als eine Schnittstelle angesehen werden, die Ungleichheiten aufgrund eines Migrationshintergrundes verstärkt.[5] Als Ursachen werden genannt:

---

4 Siehe Kratzmann, Jens (2011): Türkische Familien beim Übergang vom Kindergarten in die Grundschule. Einschulungsentscheidungen in der Migrationssituation. Münster; hier: S. 224.

5 Siehe Kratzmann, Jens (2013): Migrationsgekoppelte Ungleichheit beim Übergang in den Kindergarten in die Grundschule. In: Bellenberg, Gabriele/Forell, Matthias (Hrsg.): Bildungsübergänge gestalten. Ein Dialog zwischen Wissenschaft und Praxis. Münster, S. 81–88; hier: S. 85.

- strukturelle Rahmenbedingungen, wie der Kindergartenbesuch in höherem Alter und der Besuch einer Kindertagesstätte mit einem hohen Anteil an Kindern mit Migrationshintergrund,
- ethnische Stereotype von Erzieherinnen und Erziehern und damit reduzierte Erwartungen und Unterschätzung der Fähigkeiten von Kindern mit Migrationshintergrund, was dazu führt, dass das Entwicklungspotenzial dieser Kinder ungenutzt bleibt,
- unzureichende oder fehlerhaft Diagnostik und unzureichende Beratung und Förderung im Hinblick auf die deutschsprachigen Kompetenzen.[6]

Der richtige Zeitpunkt für die Einschulung

In Deutschland besteht eine allgemeine Schulpflicht. Sie regelt, dass alle Kinder eingeschult werden. Das Einschulalter liegt zwischen fünf und sieben Jahren; es variiert in Abhängigkeit zum Bundesland, in dem die Familie lebt. Das Kind muss zu einem Stichtag (je nach Bundesland zwischen dem 30. Juni und dem 31. Dezember des Einschulungsjahres) das sechste Lebensjahr vollendet haben. Es kann auf Antrag früher oder ein Jahr später eingeschult werden. Eltern können sich Informationen über die rechtlichen Bedingungen aus den Länderdarstellungen holen, so z.B. für Nordrhein-Westfalen im Bildungsportal des Ministeriums für Schule und Weiterbildung des Landes NRW.

Sobald es um Fragen der Einschulung und den Schulbesuch geht, werden sich Eltern mit Vorstellungen von Schulreife oder Schulfähigkeit beschäftigen. „Hat mein Kind wirklich die Kompetenzen, die es für die Schule braucht?", lautet die Frage.

Kompetenzen

Kann es
- lange genug ruhig sein und zuhören,
- mit anderen Kindern umgehen,
- sich mit einer Aufgabe längere Zeit beschäftigen,
- sich an Regeln halten,
- dem Schulstoff folgen,
- motorische Kompetenzen zeigen?

In Migrationsfamilien werden zusätzliche Fragen gestellt: Kann das Kind
- sich in der deutschen Sprache verständigen,
- genügend Deutsch, um dem Unterricht zu folgen?

Deutschkenntnisse

Bei der Einschulung werden spezielle Fähigkeiten und Fertigkeiten vorausgesetzt. Studien verweisen darauf, dass ungefähr ein Drittel der Kinder, die in einem Elternhaus aufwachsen, in dem Deutsch nicht die Familiensprache darstellt, in einem familienexternen Umfeld betreut wird, in dem nur eine Minderheit der Gleichaltrigen Deutsch als Erstsprache spricht. Darüber hinaus haben Kinder aus sozioökonomisch schwächeren Familien mit einem niedrigen Bildungsniveau – darunter viele mit Migrationshintergrund – nicht nur einen eingeschränkten Zugang zu frühkindlicher Bildung, sondern sie nehmen häufig auch an qualitativ schlechteren Angeboten teil.[7] Fehlendes kulturelles Kapital der Familien wird in der institutionellen Vorschulerziehung nicht kompensiert. Ein Teil der Kinder mit Migrationshintergrund startet mit Nachteilen in die Schule.

---

6 Kratzmann, Jens (2013), S. 81–84.

7 Dieses nach Edelmann, Doris (2012): Frühe Förderung von Kindern aus Familien mit Migrationshintergrund: Ansätze zwischen Integration, Kompensation und Befähigung. In: Malzner, Michael (Hrsg.): Handbuch Migration und Bildung. Weinheim und Basel, S. 182–195, hier S. 186.

Förderung vor und während des Übergangs

Die Einschulung (vorzeitige oder verspätete) variiert zudem nach dem sozioökonomischen Status und dem Migrationshintergrund. „Kinder mit hohem sozioökonomischem Status der Eltern werden häufiger vorzeitig eingeschult. Während Eltern bei der Entscheidung für einen vorzeitigen Schulbeginn ihrer Kinder eine wichtige Rolle spielen, gilt dies kaum bei Rückstellungen, die auf der Grundlage der Ergebnisse der Schuleingangsuntersuchung entschieden werden. Überproportional davon betroffen sind Kinder mit Migrationshintergrund und/oder Kinder mit niedrigem sozioökonomischen Status. Daher ist es notwendig, diesen Kindern frühzeitig altersgerechte Bildungsangebote zu unterbreiten, um ihre Entwicklung durch gezielte Förderung bis zur Einschulung zu unterstützen".[8] Verspätet eingeschulte Kinder zeigen allgemein niedrigere Schulleistungen. Erforderlich ist eine besondere Förderung dieser Kinder sowohl in der Vorbereitung auf die Einschulung als auch beim Übergang in die Schule. Bei Kindern mit Migrationshintergrund wird häufig eine Förderbedürftigkeit in der deutschen Sprache festgestellt und sie werden häufiger verspätet eingeschult. Jungen werden häufiger zurückgestellt als Mädchen. Beide Ergebnisse weisen auf die Notwendigkeit einer gezielten Förderung in der Kita und auf besondere Unterstützung beim Übergang in die Grundschule hin – beides unter Einbeziehung der Eltern und letzteres längerfristig (etwa über zwei Jahre) angelegt.

Flexible Eingangsphasen erleichtern an vielen Schulen den Schuleintritt der Kinder. Aber auch heute verläuft der Übergang nicht immer problemlos. Trotz fachlicher Kritik gehen auch heute noch manche Lehrerin und mancher Lehrer davon aus, dass Kinder den Anforderungen der Schule mehr oder weniger genügen und dass es einen – wenn auch geringen – Anteil gibt, der für die Schule noch nicht fähig oder geeignet ist. Es werden beim Schulanfang (in nicht wenigen Schulen) Erwartungen an Kinder gerichtet (Motorik, Konzentration, Verhalten), denen bestimmte Gruppen, insbesondere ein Teil der Kinder aus sozial benachteiligten Familien und Kinder mit Migrationshintergrund, nicht gewachsen sind.

In manchen Punkten hat sich die Situation in den Eingangsklassen der Grundschule eher verschärft. Schon zu Beginn der Grundschule in der ersten Klasse werden in Untersuchungen niedrigere Leistungen von Kindern mit Migrationshintergrund in Mathematik und in der Lesekompetenz ermittelt. Hingegen trainieren immer mehr Mittelschichtsfamilien ihre Kinder auch in den fachlichen Bereichen für den Besuch der Schule. Diese Kinder kennen bei Schulbeginn nicht nur die Buchstaben, sondern sie können kleine Sätze lesen. Sie kennen nicht nur die Zahlen, sondern sie können rechnen. Sie sind in Sach- und Naturkunde mit dem Stoff der ersten und vielleicht weiteren Schuljahre vertraut. Die Voraussetzungen der Kinder sind schon am ersten Schultag in jeder Hinsicht heterogen. In einer ersten Klasse mit einer so heterogenen Schülerschaft fällt es der Lehrperson schwer, jedem Kind in der Eingangsphase die notwendige Zeit zu widmen und ihm die erforderlichen Hilfen anzubieten, um aufholen und dazulernen zu können.

Eltern mit Migrationshintergrund – belegt wurde dies für Eltern mit türkischem Migrationshintergrund[9] – sind sich (fast) alle bewusst, dass ausreichende bzw. gute deutsche Sprachkompetenzen eine notwendige Voraussetzung für eine erfolgreiche Schullaufbahn sind, wie sie auch die Notwendigkeit einer Förderung in anderen Bereichen vor Schulbeginn sehen. Während einige Eltern neben den Maßnahmen in der Kita keine besondere Förderung in der Familie oder in Kursen vorsehen, greifen andere zu vielfältiger und intensiver Förderung im familiären Kontext oder durch Institutionen. Nicht selten fühlen sie sich aber den wahrgenommenen Anforderungen nicht gewachsen.

8 So Autorengruppe Bildungsberichterstattung (Hrsg.) (2010): Bildung in Deutschland 2010. Ein indikatorengestützter Bericht mit einer Analyse zu Perspektiven des Bildungswesens im demographischen Wandel. Bielefeld, S. 59.

9 So bei Kratzmann, Jens (2011): Türkische Familien beim Übergang vom Kindergarten in die Grundschule. Einschulungsentscheidungen in der Migrationssituation. Münster, S. 112–122.

Die Wahl der „richtigen" Grundschule

Der Bildungserfolg der Schülerinnen und Schüler, hier mit Blick auf die Fertigkeiten zum Ende der Grundschulzeit, ist nicht allein von den Fähigkeiten der Kinder und von den familiären Rahmenbedingungen abhängig, sondern auch von den Lernbedingungen, die in der Grundschule vorzufinden sind. Die Grundschulen in einer Stadt haben unterschiedlich gute Lernbedingungen, die sich an dem pädagogischen Konzept der Schule, den Motivationen und Kompetenzen des Lehrpersonals, der Ausstattung der Schule mit Lernmaterialien, manchmal sogar an den Standards des Schulgebäudes und nicht zuletzt an der Zusammensetzung der Schülerschaft ablesen lassen.

Migrantenanteil und Lernerfolg

Die Schülerinnen und Schüler wiederum sind nicht zufällig über die Grundschulen einer Stadt verteilt. Kinder mit Migrationshintergrund besuchen häufiger eine Schule, die weniger positive – d.h. dem Lernen der Kinder förderliche – Merkmale aufweist als dies bei einheimisch deutschen Kindern der Fall ist. Mit einem höheren Anteil an Schülerinnen und Schülern mit Migrationshintergrund und einheimisch deutschen Kindern aus sozial benachteiligten Familien sinken die Schülerleistungen, wenn die Grundschule nicht über ein besonderes Schulmodell und entsprechende Ressourcen verfügt. In der Migrations- und Bildungsforschung wird breit diskutiert, welche Auswirkungen ein hoher Migrantenanteil auf die Lernprozesse und Bildungserfahrungen von Migrantenkindern in der Grundschule haben könnte. Wie sich dieser Anteil auf den Lernerfolg und Kompetenzerwerb von einzelnen Schülern auswirkt, ist dabei jedoch nicht wirklich eindeutig bewiesen und immer in Verbindung mit dem Schulmodell, Lehrpersonal und auch schulischen und außerschulischen Fördermöglichkeiten zu sehen. Für die TIES-Befragten gilt, dass vor allem Unterschiede zwischen den Personen mit türkischem Migrationshintergrund und der Kontrollgruppe auszumachen sind.[10] Schülerinnen und Schüler, die im Hinblick auf sozialen Hintergrund, kognitive Grundfähigkeit, familiäre Unterstützung und Migrationshintergrund vergleichbar sind, erzielen tendenziell in Schulen derselben Schulform, die von einem höheren Anteil von Schülerinnen und Schülern besucht werden, deren Umgangssprache in der Familie nicht Deutsch ist, geringere Leistungen.

TIES-Studie

Entscheidung für Schulen mit schlechterem Ruf

Gründe für die Entscheidung für Schulen, die das Lernen weniger fördern, liegen meist nicht in der freien Wahl der Eltern; vielmehr sind zwei Rahmenbedingungen entscheidend: Eine erste Einschränkung der Wahl wird in der Fachdiskussion unter dem Begriff der „Bildung im geteilten Raum" thematisiert. Immer mehr Kinder und Jugendliche leben in Stadtteilen, die durch einen hohen Anteil an Sozialhilfeempfängerinnen und -empfängern charakterisiert sind. Stadtteilanalysen belegen diesen Sachverhalt für alle Großstädte. Armut konzentriert sich in geografisch deutlich umrissenen Räumen und zwar in den sozialen Brennpunkten der Großstädte. Das sind in Westdeutschland die Viertel, in denen vornehmlich Menschen mit Migrationshintergrund leben. Das Phänomen „Armut" ist mit Einkommensarmut nur unzulänglich beschrieben; vielmehr wird Armut gleichermaßen durch ökonomische, sozialökologische, soziokulturelle und sozialpsychologische/biografische Faktoren bestimmt. Kinder in sozial vernachlässigten Populationen besuchen oft Grundschulen, die ihnen deutlich weniger Wissen und Fertigkeiten mitgeben (können) als es Kinder in sogenannten „besseren" Stadtteilen erhalten. Kennzeichnend für diese Schulen ist ein hoher Anteil von Kindern aus Migrationsfamilien, hinzukommen Kinder aus sozial „schwierigen" Verhältnissen, deren Eltern meist ein geringes Bildungsniveau haben und die in schwierigen sozioökonomischen Verhältnissen leben. In Stadtteilen, in denen Menschen mit Migrationshintergrund

10 So nach Sürig, Inken/Wilmes, Maren (2011): Die Integration der zweiten Generation in Deutschland. Ergebnisse der TIES-Studie zur türkischen und jugoslawischen Einwanderung. Osnabrück, S. 39; siehe auch Baur, Christine (2013): Schule Stadtteil, Bildungschancen. Wie ethnische und soziale Segregation Schüler/innen mit Migrationshintergrund benachteiligen. Bielefeld.

einen Großteil der Wohnbevölkerung darstellen, entstehen vielfach „Ausländerschulen“ oder „Ausländerklassen“. Kinder, die diese besuchen, haben in der Regel deutlich schlechtere Chancen im Hinblick auf ihre weitere Bildungskarriere. Das wird spätestens beim Übergang in eine der weiterführenden Schulen sichtbar.

Eltern sind auf die Grundschulen in ihrem Schulbezirk angewiesen, wenn von der eher seltenen Möglichkeit, eine Privatschule zu besuchen (z.B. eine Montessori-Schule) abgesehen wird. Untersuchungen belegen, dass einheimisch deutsche Eltern durch einen Privatschulbesuch oder durch einen Umzug in ein anderes Wohnviertel versuchen, für ihre Kinder den Besuch einer besseren Schule zu erreichen.[11]

Eine zweite Einschränkung findet durch Ausdifferenzierung der Grundschulen in Gemeinschaftsgrundschulen und (in der Regel evangelische oder katholische) Bekenntnisschulen statt. Zwar nehmen auch christliche Bekenntnisschulen Schülerinnen und Schüler mit Migrationshintergrund auf, auch solche muslimischer Religion, doch sind deren Anteile deutlich geringer als in den Gemeinschaftsgrundschulen. Nicht selten kommt es daher vor, dass in unmittelbarer Nachbarschaft eine Bekenntnisgrundschule mit geringem und eine Gemeinschaftsgrundschule mit hohem Migrantenanteil vorhanden sind. Auch wenn nicht davon ausgegangen werden darf, dass es sich bei Schülerinnen und Schülern aus zugewanderten Familien durchweg um „Risiko“-Kinder handelt, prägt ein hoher Anteil von Kindern mit nichtdeutscher Muttersprache Schule und Unterricht, insbesondere, wenn zusätzlich weitere als schwierig angesehene Schülerinnen und Schüler hinzukommen.

Die Vorbereitung auf den Übergang und die Begleitung des Kindes beim Übergang

Ausgangsbedindungen von Kindern mit Migrationshintergrund

Wie Untersuchungen ergeben haben, startet ein Teil der Kinder mit Migrationshintergrund mit schlechteren Bedingungen in die Grundschule als einheimisch deutsche Kinder. Kinder mit Migrationshintergrund haben eher kürzer eine vorschulische Einrichtung besucht; in den Tests zur Messung der deutschen Sprachkompetenzen und der kognitiven Fähigkeiten, falls diese erhoben werden, schneiden sie schlechter ab. Gerade für Kinder, die sprachliche Schwierigkeiten haben, ist es von Bedeutung, die nicht leistungsbezogenen Faktoren zu stärken und dadurch die Freude an der Schule und am Lernen sowie ein positives Selbstkonzept aufrecht zu erhalten. Vor allem gilt es, Kinder vor einem baldigen Schulversagen zu bewahren und den Kreislauf aus Versagenserlebnissen und Verlust an Selbstvertrauen zu verhindern. Dabei ist eine pauschal negative Bewertung von Familien mit Migrationshintergrund in ihren Leistungen beim Übergang in die Grundschule unangebracht. Wie in allen Themenbereichen ist ein differenzierter Blick notwendig.

Die Transitionsforschung stellt bis heute die Sichtweise der Bildungseinrichtungen – Kita und Grundschule – in den Mittelpunkt und beschreibt die Anforderungen an beide unter Einbeziehung der Eltern. Nur wenige Studien haben den Schwerpunkt auf die Erfahrungen und Bedürfnisse der Eltern mit Migrationshintergrund gelegt. Zwei Untersuchungen,[12] eine zu Familien mit türkischem Migrationshintergrund, die andere

11 Studien, die das Wahlverhalten einheimisch deutscher Eltern belegen: Lohmann, Henning/Spieß, Katharina/Feldhaus, Christian (2009): Der Trend zur Privatschule geht an den bildungsfernen Eltern vorbei. In: DIW-Wochenbericht 76 (38), S. 630–646; oder Merkle, Tanja/Wippermann, Carsten (2008): Eltern unter Druck. Stuttgart. Siehe auch: Baumert, Jürgen/Stanat, Petra/Watermann, Rainer (Hrsg.) (2006): Herkunftsbedingte Disparitäten im Bildungswesen. Differenzielle Bildungsprozesse und Probleme der Verteilungsgerechtigkeit. Vertiefende Analysen im Rahmen von PISA 2000. Wiesbaden.

12 Kratzmann, Jens (2011): Türkische Familien beim Übergang vom Kindergarten in die Grundschule. Einschulungsentscheidungen in der Migrationssituation. Münster; Pfaller-Rott, Monika

zu Eltern mit türkischem und russischem Hintergrund, stellen ein recht großes Wissen der (antwortenden) Eltern zur Schulfähigkeit und den Erwartungen an sie als Eltern zur Schulvorbereitung ihrer Kinder fest oder ergeben eine positive Rückmeldung zu den Übergangserfahrungen: Kinder gehen gerne zur Schule, haben schnell Freundinnen und Freunde gefunden, kommen mit der Lehrkraft zurecht und erledigen gerne ihre Hausaufgaben. Der konkrete Übergang, der von Eltern mit Migrationshintergrund wie von einheimisch deutschen Eltern von Ritualen begleitet wird, verläuft eher problemlos.

Demnach sollten die nachfolgenden Rituale mitbesprochen werden:

- die Vorbereitung in der Familie (z.B. das Abgehen des Schulweges),
- die Begleitung der Übergangsaktivitäten in der Kita,
- die Planung des ersten Schultages (einschließlich Schultüte usw.).

Schuleintrittskrisen

Bei nicht wenigen Kindern kommt es aber zu Schuleintrittskrisen. Sie werden bei manchen Kindern nach Tagen, nach Wochen oder erst Monate nach dem Schuleintritt wahrnehmbar. Die Euphorie zu Beginn weicht einer Bedrücktheit, die unterschiedliche Ausdrucksformen finden kann. Krisen haben verschiedene Auslöser wie z.B. äußere Umstellungen (Veränderungen im Zeit- und Raumerleben) oder die Sozialbeziehungen sowohl mit altershomogenen Gruppen als auch mit der Lehrerin oder dem Lehrer. Weitere Auslöser können die didaktisch-methodischen Arrangements (systematisches Lernen nimmt mehr Raum ein), Auseinandersetzungen mit anderen, eventuell auch älteren Schülerinnen und Schülern oder die Notwendigkeit sein, neue Regeln für soziale Beziehungen lernen zu müssen, die eher affektiv neutral, spezifisch, universal und an Leistung sowie kollektiven Normen orientiert sind. Schuleintrittskrisen können ferner entstehen, wenn die Schule eine Korrektur des Fähigkeitsbildes verlangt. Das Selbstkonzept und das Selbstwertgefühl müssen neu definiert werden. Die Schule wird damit zur Prüfstelle der eigenen Leistungsfähigkeit. Übergangsschwierigkeiten können auch als Folge von Ablösungskonflikten entstehen. Nicht zuletzt bedeutet der Übergang in die Schule eine Veränderung der Familiensituation. Nunmehr zu beaufsichtigende Hausaufgaben und die Reaktion der Eltern auf schulische Leistungen spielen dabei eine entscheidende Rolle.

Eine besondere Bedeutung haben die Sozialereignisse in der Gruppe selbst. Der Umgang mit Mitschülerinnen und Mitschülern ist ein großes Thema für Kinder. Vorsätzliche physische und psychische Verletzungen werden von den Kindern beklagt und beeinträchtigen die Schulfreude. Dabei sind die Erfahrungen von Jungen und Mädchen stark von rollentypischem Verhalten geprägt: die robusten und raufenden Jungen mit Formen körperlicher Gewalt im Umgang und die verbal-aggressiven und rivalisierenden Mädchen. Schon bei Schulbeginn grenzen sich Mädchen und Jungen voneinander ab. Die Auseinandersetzungen mit Mitschülerinnen und Mitschülern spielen für deutsche wie für Kinder mit Migrationshintergrund eine entscheidende Rolle.

Mit zwei Thematiken sollten sich Eltern (mit Migrationshintergrund wie auch einheimisch deutsche) auseinandersetzen:

- Wie gehen sie mit den eventuellen Leistungsanforderungen an die Kinder beim Schuleintritt um?
- Welche Hilfen können sie ihren Kindern bei der Einbindung in die Schulklasse geben?

(2010): Migrationsspezifische Elternarbeit beim Transitionsprozess vom Elementar- zum Primarbereich. Eine explorative Studie an ausgewählten Kindertagesstätten und Grundschulen mit hohem Migrationsanteil. Berlin.

Die Vorbereitung auf Leistungsanforderungen bei Beginn der Grundschulzeit

Erwartungen an die Familien

Schon in der Grundschule werden von der Familie Leistungen im Hinblick auf das Lernen der Kinder eingefordert. Es bestehen bei Lehrerinnen und Lehrern implizite Erwartungen, was die Familie leisten muss. „Partiell existiert ein erstaunlich konkreter Erwartungskatalog an Kompetenzen, deren Übermittlung als Aufgabe der Familie gilt (Kommunikation, Gestaltung, zwischenmenschliche Beziehungen, Arbeitshaltung, Konzentration, Sprechen, Schreiben, Rücksichtnahme). Hausaufgabenbetreuung und ‚Erziehung' im allgemeinen Sinne zählen ebenfalls zu den selbstverständlichen Aufgaben der Familie."[13] Es geht aber nicht nur um diese Fähigkeiten, sondern auch um Fachwissen und Kompetenzen bei Schulbeginn. Schulanfängerinnen und Schulanfänger unterscheiden sich stark in ihren schulbezogenen Fähigkeiten. Dieses gilt für die Kompetenzen in der deutschen Sprache, für die Kenntnis von Zahlen und einfachen Rechenoperationen, aber auch für die Kombinationsfähigkeit und das räumliche Vorstellungsvermögen. Es gilt aber auch für das Sachwissen über Tiere, Landschaft, Soziales: Untersuchungen zeigen, dass Kinder aus Familien mit niedrigerem sozialen Status und aus Familien mit Migrationshintergrund in vielen Fällen schlechter abschneiden als Kinder aus sozialen Mittelschichten. Selbstverständlich gilt dies nicht für alle, aber manche der Kinder mit Migrationshintergrund sind beim Übergang in die Grundschule schlechter aufgestellt. Der Unterschied wirkt sich nicht nur beim Schulanfang aus, sondern hat in vielen Fällen Auswirkungen auf die gesamte Grundschulzeit. Dieses ist dadurch bedingt, dass die Schule Mängel, oder besser fehlende Kompetenzen, die aus dem frühkindlichen Aufwachsen resultieren, nicht oder nicht ausreichend kompensiert.

Nun ist es schwierig, aus dieser Beschreibung heraus Ratschläge für Familien mit Migrationshintergrund zu entwickeln, damit diese das Kind im Übergang begleiten können. Hier ist die schwierige Frage zu diskutieren, ob und inwieweit Familien der Vorbereitung ihrer Kinder nachkommen sollen oder müssen bzw. ob sie sie ignorieren können.

Fähigkeiten im Vorfeld trainieren

Einige Autorinnen und Autoren empfehlen unter Berücksichtigung der internationalen Forschung, Kindern in der Familie die Kompetenzen zu vermitteln, die sie bei Schulbeginn brauchen. So heißt es etwa:

> „Im Hinblick auf einen optimalen Schriftspracherwerb im Grundschulalter ist es sinnvoll, die Vorläuferfähigkeiten dafür im Vorschulalter zu Hause zu fördern und zu trainieren. Entscheidend sind dabei sowohl die Instruktionsqualität der Mütter bei Leseaktivitäten (Vorlesen) als auch die Instruktionsqualität der Mütter sowie die sozio-emotionale Qualität bei Problemlöseaktivitäten. Eine gezielte Förderung in diesem Bereich hat nachhaltige Auswirkungen auf die Sprachkompetenz im Allgemeinen sowie auf das Leseverständnis im Grundschulalter im Speziellen. Darüber hinaus lassen sich die mathematischen Kompetenzen und Rechenfähigkeiten (Vorläuferfähigkeiten) von Vorschulkindern – insbesondere von denen aus Risikofamilien – durch ein Elterntraining zur Förderung des numerischen, logischen und räumlichen Denkens von Kindern verbessern [...] Aus diesem Grund ist es sinnvoll, Eltern spezifische mathematische Curricula in Trainingsprogrammen zu vermitteln, damit sie die Mathematikkompetenzen ihrer Kinder zu Hause fördern können."[14]

13 So nachzulesen bei Xyländer, Margret (2011): „Ko-Produktion" oder „Irritation"? Passungsverhältnisse von Familie und Schule. In: Lange, Andreas/Xyländer, Margret (Hrsg.): Bildungswelt Familie. Theoretische Rahmung, empirische Befunde und disziplinäre Perspektiven. Weinheim und München, S. 95–116; hier: S. 113.

14 Schneider, Sybille (2011): Bildungsrelevante Unterstützungsleistungen in der Familie. Ein Literaturbericht zum internationalen, insbesondere US-amerikanischen Forschungsstand unter Be-

Im Grunde wird empfohlen, dass Eltern in Vorbereitung auf den Übergang ihres Kindes in die Grundschule trainiert werden sollen oder müssen, um dem Kind Grundkenntnisse in zentralen Fächern vermitteln zu können. Sonst könnte das Kind Startschwierigkeiten bei Schulbeginn bekommen. Nach dem Schulbeginn sei dann eine Unterstützung bei den Hausaufgaben erforderlich.

Eltern spüren teilweise den Druck, ihre Kinder möglichst früh, bevor es zu schlechten Noten kommt, zu unterstützen. Wenn Eltern sich nicht in der Lage sehen, über eine formale Kontrolle der Zeit, die das Kind verwendet, oder des niedergeschriebenen Ergebnisses hinaus bei den Hausaufgaben zu helfen, stellt sich für die Familien die Frage nach Unterstützung außerhalb des Elternhauses, z.B. durch die Hinzuziehung institutioneller Förderung. Befragte Eltern mit türkischem Migrationshintergrund[15] äußern sich eher dahingehend, alles Nötige zu veranlassen, damit ihr Kind im Bildungssystem erfolgreich sein wird – einschließlich vorschulischer und die Grundschule begleitender institutioneller Förderungen. So nehmen auch Kinder mit Migrationshintergrund teilweise an speziellen schulvorbereitenden Maßnahmen und schon in der Grundschule an Hausaufgabenhilfen teil.

Die Aufarbeitung von Erfahrungen mit der Schulklasse

soziale Bindung in der Schulklasse

Weitaus weniger als die Frage, ob das Kind den Leistungsanforderungen bei Schulbeginn gewachsen ist, wird die soziale Einbindung in die Schulklasse thematisiert. Es existieren kaum Hinweise, wie Eltern mit den Einbindungsprozessen allgemein und insbesondere mit schwierig verlaufenden Entwicklungen umgehen können. Die Rahmenbedingungen für Freundschaften oder Akzeptanz in der Klassengemeinschaft sind sehr unterschiedlich. Wechselt das Kind mit einigen guten Freundinnen oder Freunden aus der Kita in die Grundschule, kann der Übergang erleichtert werden. Aber nicht selten wird ein Kind sehr bald nach Schulbeginn zum Außenseiter gemacht. Es ist wichtig, dass Eltern mit ihrem Schulkind von Anfang an nicht nur über das sprechen, was das Kind gelernt hat, sondern auch über seine Erlebnisse mit der Lehrperson und mit den Kindern in der Klasse. Letzteres ist ausdrücklich anzusprechen und es sollte Zeit für die Beschreibung positiver wie auch negativer Erfahrungen und die damit verbundenen Gefühle gegeben werden (s. auch Einheit Schaffung eines Lernklimas in der Familie).

Leseempfehlung

Kratzmann, Jens (2013): Migrationsgekoppelte Ungleichheit beim Übergang vom Kindergarten in die Grundschule. In: Bellenberg, Gabriele/Forell, Matthias (Hrsg.): Bildungsübergänge gestalten. Ein Dialog zwischen Wissenschaft und Praxis. Münster, S. 81–88; http://www.waxmann.com/fileadmin/media/zusatztexte/2954Volltext.pdf [Zugriff am 24.02.2014].

rücksichtigung der interkulturellen Perspektive. In: Lange, Andreas/Xyländer, Margret (Hrsg.): Bildungswelt Familie Theoretische Rahmung, empirische Befunde und disziplinäre Perspektiven. Weinheim und München, S. 236–266, hier: S. 247–248, S. 249.

15 Kratzmann, Jens (2011): Türkische Familien beim Übergang vom Kindergarten in die Grundschule. Einschulungsentscheidungen in der Migrationssituation. Münster, S. 124–126.

5.2 Didaktische Vorschläge

Im Seminar lassen sich folgende Fallbeispiele behandeln:

- Fall 2: Vermeidung einer späten Einschulung aufgrund von Angst vor Beginn einer negativen Schulkarriere
- Fall 4: Zurückstellung als Wunsch nach Verbesserung der Startchancen

Beide aus:

Kratzmann, Jens (2011): Türkische Familien beim Übergang vom Kindergarten in die Grundschule. Einschulungsentscheidungen in der Migrationssituation. Münster u.a., S. 171–178 und 186–196.

5.3 Quellen/Material zur Weitergabe an Eltern

Wegen des föderalistischen Bildungssystems ist es schwierig, Materialien für Eltern anzugeben, deren Informationen für alle Bundesländer zutreffen. Daher soll hier auf Broschüren und Internetinformationen der Länder und der Kommunen hingewiesen werden, so z.B. für Köln:

- Informationen für Eltern von Schülerinnen und Schülern – Stadt Köln: **http://www.stadt-koeln.de/leben-in-koeln/** [Zugriff am 20.02.2014]
- Elterninformationen zum deutschen Schulsystem: **www.bildung.koeln.de/schule/artikel/artikel_02480.html** [Zugriff am 20.02.2014]

Arbeitskreis Neue Erziehung e.V.

Elternbrief 37, 40; **http://www.ane.de/bestellservice/elternbriefe-einzeln/** [Zugriff am 20.02.2014]

Speziell für türkische Migrationsfamilien: Arbeitskreis Neue Erziehung e.V., Türkisch-Deutscher Elternbrief 10; Thema: Mama, bin jetzt ein Schulkind; **http://www.ane.de/bestellservice/tuerkisch-deutsche-elternbriefe/**

Außerdem:

Graßhoff, Günther/Olich, Heiner/Binz, Christine/Pfaff, Annika/Schmenger, Sarah (2013): Eltern als Akteure im Prozess des Übergangs vom Kindergarten in die Grundschule. Wiesbaden.

5.4 Literatur zur Vertiefung

Kratzmann, Jens (2011): Türkische Familien beim Übergang vom Kindergarten in die Grundschule. Einschulungsentscheidungen in der Migrationssituation. Münster.

Thema 6: Der Übergang von der Grundschule in die weiterführende Schule

Ursula Boos-Nünning

Eltern sollen unterstützt werden, sich mit der Vielfalt an Schulformen im Sekundarbereich und mit den besonderen Anforderungen der weiterführenden Schulen (sowohl für das Kind als auch für die Familie) auseinanderzusetzen. Sie haben die Wahl der Schulform unter Berücksichtigung der Voraussetzungen des Kindes zu leisten und die Konsequenzen, die sich aus der Wahl ergeben, abzuwägen. Auch bei diesem Übergang geht es um die Vorbereitung und um die Begleitung beim konkreten Übergangsgeschehen.

6.1 Basistext

Vielfalt an Schulformen

Nahezu alle Kinder und ihre Eltern erfahren den Übergang von der Grundschule in eine der Formen der weiterführenden Schulen. In den meisten Bundesländern findet der Wechsel nach vier Jahren Grundschule statt; nur in Berlin erst nach sechs Jahren gemeinsamer Schulzeit. Der Übergang zur Sekundarstufe bedeutet einen Wechsel in das gegliederte Schulsystem. Vereinfacht, und in der Grobstruktur in den meisten Bundesländern vorhanden, fächern sich die Schulformen auf in:

- das Gymnasium (bis zur Klasse 12 oder 13),
- die Realschule (bis zur Klasse 10),
- die Hauptschule (bis zur Klasse 9 oder 10).

Neben diesen Grundformen haben sich in manchen Bundesländern weitere Formen entwickelt. So gibt es z.B. in Nordrhein-Westfalen zusätzlich seit langem

- die Gesamtschule (bis zur Klasse 13).

In mehreren Bundesländern gibt es weiterführende Schulformen, in denen die Bildungsgänge der Hauptschule und der Realschule organisatorisch zusammengefasst sind:

- die Mittelschule (Sachsen),
- die Integrierte Sekundarstufe (Berlin),
- die Erweiterte Realschule (Saarland),
- die Gemeinschaftsschule (Nordrhein-Westfalen).

Hinzu kommen Ersatzschulen (dies sind Schulen privater Träger, die aber dem öffentlichen Schulrecht folgen und überwiegend staatlich finanziert werden), wie Freie Waldorfschulen oder Schulen konfessioneller oder sonstiger privater Träger. Möglich ist auch die Absolvierung der Schulpflicht an einer Ergänzungsschule (das sind Schulen, die in den meisten Bundesländern zwar staatlich kontrolliert werden, aber nicht dem Curriculum und den Lehrplänen des Landes folgen) wie z.B. die Japanischen Schulen, die Griechischen Schulen und die Internationalen Schulen. Diese Form der fast immer mit hohen Kosten verbundenen Beschulung spielt nur eine untergeordnete Rolle in der Schulformenvielfalt.

Noch dringlicher als beim Übergang in die Grundschule ist die Beschäftigung mit den Schulgesetzen des Bundeslandes, in dem das Kind und seine Eltern leben.[1] Es wird nahegelegt, sich mit dem Schulgesetz des entsprechenden Bundeslandes – und zwar unbedingt in der neuesten Fassung – vertraut zu machen; gerade 2011 und 2012 sind in den Schulgesetzen der meisten Bundesländer Veränderungen eingefügt worden. In einigen Bundesländern sind neue Schulformen eingerichtet worden (so in Nordrhein-Westfalen die Gemeinschaftsschule und in Berlin die Integrierte Sekundarstufe). In den Schulgesetzen sind auch die Übergangsregelungen rechtlich fixiert. Es wird ferner empfohlen, beim Schulamt der jeweiligen Stadt Informationsmaterialien zu suchen, die zwar knapp und kurz sind, aber den neuesten Stand wiedergeben. Sie bieten darüber hinaus konkrete Informationen über die lokale Schullandschaft beim Übergang in die weiterführenden Schulen.

Anforderungen an das Kind und die Eltern

Beim Übergang von der Grundschule (in der Regel nach vier gemeinsamen Schuljahren) wird vor allem die Bedeutung angesprochen, die die Wahl der weiterführenden Schule für spätere Berufslaufbahnen und -möglichkeiten und damit Lebenschancen der Kinder besitzt. Die unterschiedlichen Einschätzungen der Grundschullehrerinnen und Grundschullehrer sowie der Eltern bezüglich der Schulform, die für das Kind geeignet erscheint, sind Auslöser zahlreicher Diskussionen. Weniger thematisiert werden die Nöte der Kinder bei dem erneuten Neuanfang und der Eingewöhnung in eine andere Schulform. Erst in neuerer Zeit gibt es Untersuchungen darüber, wie Schülerinnen und Schüler selbst den Abschied von der Grundschule sehen, welche Ängste sie haben und welche Chancen sie wahrnehmen. Bisher geben nur wenige Studien Auskunft darüber, wie ihnen der Übergang in die weiterführende Schule gelingt. Dabei müssen auch beim Übergang in die Sekundarstufe Kinder und Eltern besondere Anforderungen in den fünf Ebenen bewältigen, wie sie im Thema 3 dieses Moduls „Die Bedeutung von Übergängen" beschrieben wurden. Wenn der Transitionsansatz berücksichtigt wird, lassen sich folgende Übergangselemente darstellen:

Herausforderungen beim Übergang

- **Wechsel zwischen zwei Lebensbereichen:** Räumlich und zeitlich gesehen wird der Schulweg in vielen Fällen länger; nicht wenige Kinder müssen mit dem Bus oder der Straßenbahn, in ländlichen Regionen auch mit dem Zug fahren. Das Gebäude ist größer, es gibt mehr Klassenräume. Am wichtigsten ist aber, dass es zwar noch eine Klassenlehrerin oder einen Klassenlehrer gibt, aber der Unterricht nach dem Prinzip der Fachlehrerinnen und Fachlehrer erteilt wird. Der häufige, zeitlich kleinschrittige Wechsel der Lehrerinnen und Lehrer ist für manche Kinder nicht einfach zu verarbeiten. Die Hausaufgaben bekommen einen (noch) höheren Umfang und Stellenwert; das Kind muss zwischen den Aufgaben verschiedener Lehrkräfte und verschiedener Fächer balancieren. Für die Eltern bedeutet der Wechsel erhöhte Sorge für die Durchführung der schriftlichen und mündlichen Hausaufgaben. Das Kind, von dem mehr Selbstbestimmung und Mitbestimmung gefordert wird, benötigt nach dem Übergang gute Rahmenbedingungen für das nachmittägliche Lernen. Dieses gilt insbesondere für Kinder, die keine Ganztagsschule besuchen.
- **Neue Rolle:** Das Grundschulkind wird nicht Sekundarstufenkind, sondern Hauptschülerin oder Hauptschüler, Realschülerin oder Realschüler oder aber Gymnasiastin oder Gymnasiast, in einigen Bundesländern auch Gesamtschülerin oder Gesamtschüler oder anderes. Diese Ausdifferenzierung ist dem gegliederten Schulsystem

1 Verwiesen sei auch hier auf http://www.kmk.org/dokumentation/rechtsvorschriften-und-lehrplaene-der-laender/uebersicht-schulgesetze.html [Zugriff am 18.02.2014].

geschuldet und wird mit viel Aufmerksamkeit diskutiert. Die Schülerin oder der Schüler wechselt nicht einfach von der Grundschule in eine andere Schule, sondern erfährt erstmalig eine ausdrückliche soziale Platzierung in einer der Formen des gegliederten Schulsystems und zugleich in der Gesellschaft. Nur wenn sie oder er in Nordrhein-Westfalen einen Gesamtschulplatz bekommen hat, bleibt das Kind vor einer offensichtlichen Positionierung bewahrt. Es muss sich auch innerhalb der Klasse neu platzieren: Besucht es z.B. ein Gymnasium, hat es sich damit auseinanderzusetzen, dass es nicht mehr unbedingt an seine erfolgreiche Karriere (zum obersten Drittel der Klasse gehörend) in der Grundschule anknüpfen kann, sondern sich mit guten Schülerinnen und Schülern aus anderen Grundschulen messen muss. Kompetenzen und Fähigkeiten werden neu eingeordnet. Nicht selten sinken schon in den ersten Wochen nach dem Wechsel die Noten (manchmal deutlich) ab. Auch die Rolle in der Klassengemeinschaft wird neu definiert: Der Klassenstar muss sich ebenso neu positionieren wie die Außenseiterin oder der Außenseiter eine Chance bekommt, diese Rolle abzulegen. Der deutlich höhere Leistungsdruck, den die Schülerinnen und Schüler beim Übergang in die Sekundarstufe wahrnehmen, wirkt sich auch auf die Eltern und auf ihr Verhältnis zum Kind aus, und sei es nur, weil die Hausaufgaben und das Lernen für Klassenarbeiten nun mehr Raum einnehmen.

- **Veränderte Beziehungen:** Mit dem Wechsel zur weiterführenden Schule erweitern sich der räumliche Bewegungsradius und die sozialen Kontakte des Kindes. Gleichzeitig verlieren die Kontakte zu den Klassenkameradinnen und Klassenkameraden der Grundschule an Bedeutung, sobald verschiedene Schulen und vor allem andere Schulformen besucht werden. Auch die Kontakte der Eltern verändern sich: Sie haben nicht mehr eine Lehrkraft als Ansprechperson, sondern mehrere Fachlehrkräfte; sie bekommen Beziehungen zu Kindern anderer sozialer und ethnischer Gruppen sowie zu deren Eltern, zumindest im schulischen Bereich, vielleicht aber auch im privaten Rahmen.
- **Wandel der Identität:** Noch einmal wird das Kind zu der oder dem Jüngsten in der Bildungseinrichtung. Aber diese Wiederzuordnung zur Gruppe der Kleinen und Jungen ist weniger bedeutsam als diejenige zu einer der Formen des gegliederten Schulsystems. Hauptschülerin oder Hauptschüler zu sein hat ebenso Einfluss auf das Selbstwertgefühl und auf das Selbstkonzept, wie dieses durch den Besuch eines Gymnasiums oder einer Realschule entscheidend geprägt wird.
- **Emotionen:** Zunächst einmal sprechen Untersuchungsergebnisse, so z.B. einer Befragung aus Dortmund,[2] dafür, dass die Kinder sich überwiegend auf und über den Wechsel freuen und dass sie ihn als positive Herausforderung erleben – und zwar unabhängig von der besuchten Schulform. Allerdings zeigen 17 % der Hauptschülerinnen und Hauptschüler gegenüber nur 6 % der Gymnasiastinnen und Gymnasiasten mehr Besorgnis als Freude. Schon im Vorfeld des Übergangs müssen sie sich mit den Bewertungen der Klassenkameradinnen und -kameraden und des sozialen Umfeldes auseinandersetzen. Sorgen macht sich auch ein erheblicher Teil der Eltern. Die Freude darüber, dass das Kind den Schritt in das Gymnasium geschafft hat, kann sich mit der Furcht verbinden, dass es vielleicht doch scheitern oder den Anforderungen nicht gewachsen sein könnte. Der Hauptschule zugewiesen zu werden, ist angesichts des gesellschaftlichen Status dieser Schulform sehr häufig das Ende von Enttäuschungen in der Leistungsbilanz der Grundschule oder von erfahrenen Ungleichbehandlungen, die es im Übergang zu verarbeiten gilt. Von nicht wenigen Eltern mit Migrationshintergrund wird ein solcher Übergang als Scheitern von Bildungswünschen und als Zerstörung von Zukunftsplänen für das Kind bewertet.

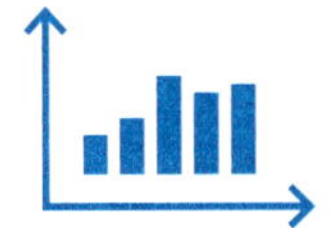

Vorfreude und Sorgen beim Schulübergang

2 Empirische Bildungsforschung und evidenzbasierte Reformen im Bildungswesen; http://aepf2013.de/assets/Abstraktband.pdf [Zugriff am 24.02.2014].

Nach Aussagen der Eltern (einheimisch deutschen wie Eltern mit Migrationshintergrund) nimmt die Schulfreude ihres Kindes von der Grundschule (87 %) auf die Gesamtschule (84 %) und das Gymnasium (81 %) kaum, jedoch im Hinblick auf die Hauptschule (72 %) deutlich ab.[3] Die Schülerin oder der Schüler nehmen die erfüllten oder enttäuschten eigenen Erwartungen und familiären Hoffnungen als „Startkapital" oder als „Hypothek" in die neue Schule mit.[4]

Die konkrete Planung und Bewältigung des Übergangs

Familien mit Migrationshintergrund haben sich – wie einheimisch deutsche Familien auch – beim Übergang in diesen Themenbereich vier Anforderungen zu stellen:

- Sie müssen die für das Kind richtige Schulform finden, wobei neben ihren Wünschen die Leistungen des Kindes in der Grundschule und die Empfehlungen der Lehrkraft eine Rolle spielen;
- sie müssen die konkrete Schule auswählen;
- sie müssen/sollten ihr Kind auf den Übergang vorbereiten. Die Vorbereitung beginnt schon lange bevor das Kind wechselt und endet keineswegs mit dem Besuch der neuen Schule;
- sie müssen/sollten ihr Kind beim Übergang begleiten.

Die Wahl der Schulform

Die Aufteilung in Schulformen folgt der Vorstellung, dass es unterschiedliche Begabungen gibt: Mehr theoretisch-fachliche Kompetenzen befähigen zum Besuch des Gymnasiums und mehr praktische zu dem der Hauptschule. Außerdem sollen die Kinder durch die unterschiedlichen Schulformen in möglichst homogene Lerngruppen aufgeteilt werden, in denen sie weder über- noch unterfordert werden.

Gymnasium wird deutlich bevorzugt

Nach den Wünschen der meisten in Deutschland lebenden Eltern, ganz gleich, ob die Familie einen Migrationshintergrund hat oder nicht, soll für das Kind eine Schulform gewählt werden, die ein Abitur und damit einen Zugang zu einem Studium ermöglicht. So würden in der schon zitierten Dortmunder Untersuchung 94 % der Eltern mindestens eine Realschule und wiederum davon 57 % eine Schule mit einer Option für das Abitur bevorzugen. Für die Hauptschule bleiben 6 %. In einer Untersuchung bei Familien mit Migrationshintergrund (Eltern und Kindern) mit türkischer, italienischer oder russischer Muttersprache (28 Eltern mittels qualitativer Befragungen) in Karlsruhe[5] wird deutlich, dass nahezu allen Eltern und Kindern – leistungsstarken wie leistungsschwachen – gute Noten und der Besuch der Realschule oder des Gymnasiums wichtig sind. Die Schulform Hauptschule wird nicht aktiv gewählt, das Kind wird ihr zugewiesen.

Der Übergang in die weiterführende Schule ist rechtlich in den Bundesländern in sehr unterschiedlicher Form geregelt. Einbezogen in den Entscheidungsprozess sind die Lehrkräfte mit ihrer Empfehlung für eine bestimmte Schulform und die Eltern. Oftmals wirkt sich ein begrenzter Zugang zu einer bestimmten Schulform aus: So übersteigen

3 Siehe dazu: Killus, Dagmar (2011): Lob und Tadel – Eltern beurteilen die Qualität von Schule und Unterricht. In: Killus, Dagmar/Tillmann, Klaus-Jürgen (Hrsg.): Der Blick der Eltern auf das deutsche Schulsystem. Die 1. JAKO-O Bildungsstudie. Münster, S. 59–82.

4 So nachzulesen in einer Studie speziell zum angesprochenen Thema: Denner, Liselotte (2007): Bildungsteilhabe von Zuwandererkindern. Eine empirische Studie zum Übergang zwischen Primar- und Sekundarstufe. Karlsruhe, S. 56.

5 So Denner (2007), S. 256–273ff.

in Nordrhein-Westfalen die Anmeldezahlen an Gesamtschulen in nahezu allen Orten deutlich die Zahl der zur Verfügung stehenden Plätze, so dass ein erheblicher Teil der Bewerberinnen und Bewerber abgelehnt wird.

Der Übergang auf das Gymnasium ist in den einbezogenen Bundesländern wie folgt geregelt:

Regelungen zum Übergang auf das Gymnasium

Berlin	Grundschule berät, die Eltern entscheiden über die Schulform. Geregelt im GSVO § 24 Abs. 1, 2, 3, 5[324]
Hessen	Wahl des Bildungsgangs ist grundsätzlich Sache der Eltern, die von den Lehrkräften der Grundschule und der weiterführenden Schulen Informationen und Unterstützung erhalten. Geregelt im Hessischen Schulgesetz, §§ 77 - 81[325]
Nordrhein-Westfalen	Mit dem Halbjahreszeugnis der Klasse 4 erhalten die Eltern eine Empfehlung für den weiteren Bildungsweg ihres Kindes. Diese begründete Empfehlung soll ihnen helfen, die richtige Schulform für das Kind zu wählen und eine geeignete Schule zu finden. Sie ist als Hilfestellung der Grundschule gedacht, aber nicht bindend. Geregelt im Schulgesetz NRW, § 11 Abs. 5, zuletzt geändert im Nov. 2013[326]
Saarland	Geregelt im Schulgesetz des Saarlandes, § 3 a Abs. 3, zuletzt geändert im Nov. 2013
Sachsen	Grundschule erteilt verbindliche Gymnasialempfehlung ab 2010/2011, erforderlicher Notendurchschnitt 2,0 (in Deutsch, Mathematik und Sachunterricht). Geregelt in der Schulordnung Grundschulen (GOGS), § 6 Abs. 4 und 5; § 21

Die Zuweisung in eine Schulform der Sekundarstufe erfolgt mit unterschiedlicher Gewichtung:

- nach den schulischen Leistungen in der Grundschulzeit, vorwiegend ausgedrückt durch die Noten,
- nach der Empfehlung der Lehrerin oder des Lehrers, die weitgehend den Noten folgt,
- nach dem Willen der Eltern.

Übergangsempfehlung

Unabhängig davon, welchen Einfluss das Schulrecht den Eltern zubilligt, hat die Übergangsempfehlung am Ende der Grundschulzeit im Zuweisungsprozess einen besonderen Stellenwert. Sie stellt für die Eltern und für das Kind eine besondere Form der Leistungsrückmeldung dar, die in großer Deutlichkeit klar macht, wo und wie das Kind am Ende der Grundschulzeit eingestuft wird. Für manche Eltern bedeutet die Schulempfehlung erstmalig eine Auseinandersetzung mit den (Schul-)Leistungen ihrer Kinder: Die Kompetenzen in der deutschen Sprache, die von den Eltern als gut oder hervorragend eingeschätzt wurden (manchmal im Vergleich zu den eigenen deutschen Sprachkompetenzen), werden von der Schule teilweise nur als ausreichend oder unzureichend für eine andere Schulform als die Hauptschule beurteilt.

Wesentlicher als die Bildungsorientierungen und -wünsche von Eltern und Kindern wirken sich die tatsächlichen Leistungen der Schülerinnen und Schüler in der Grundschule und die damit verbundenen Bewertungen der Lehrkräfte in Form von Zensuren und Bildungsempfehlungen für den Übergang aus. Die Eltern folgen mehrheitlich dieser Empfehlung,[9] auch wenn sie nicht bindend ist:

6 Siehe: Wohin nach der Grundschule? http://www.berlin.de/sen/bildung/bildungswege/uebergang.html [Zugriff am 25.02.2014].

7 https://kultusministerium.hessen.de/schule/schulformen/grundschule/uebergang-die-weiterfuehrende-schule [Zugriff am 25.02.2014].

8 http://www.schulministerium.nrw.de/docs/Schulsystem/Schulformen/Grundschulen/Uebergang-in-die-weiterfuehrenden-Schulen/index.html [Zugriff am 25.02.2014].

9 Vgl. Bos, Wilfried/Lankes, Eva-Maria/Prenzel, Manfred/Schwippert, Knut/Valtin, Renate/Walther, Gerd (Hrsg.) (2003): Erste Ergebnisse aus IGLU: Schülerleistungen am Ende der vierten Jahrgangsstufe im internationalen Vergleich. Münster: Waxmann, S. 132.

Elternentscheidung für verschiedene Schulformen in den Bundesländern, in denen die Lehrkräfteempfehlung nicht bindend ist

	Entscheidung der Eltern			
	Hauptschule	**Realschule**	**Gymnasium**	**Integrierte Gesamtschule**
Bei einer Empfehlung für die Hauptschule	74,7 %	16,1 %	1,4 %	7,9 %
Bei einer Empfehlung für die Realschule	10,1 %	66,0 %	14,5 %	9,3 %
Bei einer Empfehlung für das Gymnasium	0,2 %	7,1 %	90,7 %	2,0 %

Die rechtlichen Regelungen für den Übergang in die Sekundarstufe variieren zwischen den Bundesländern. Bedeutsam wird dies vor allem für Eltern, wenn ihr Wunsch und die Empfehlung der Grundschule nicht übereinstimmen, z.B. wenn sie den Besuch eines Gymnasiums wünschen, die Schulempfehlung aber auf den Besuch der Real- oder Hauptschule ausgerichtet ist. Je nach Bundesland kann ein (zusätzliches) Beratungsgespräch mit anschließendem Stattgeben des Elternwunsches oder eine zusätzliche Eignungsprüfung stattfinden.[10]

Fachwissenschaftlicher Einschub: Chancen, Konsequenzen und Anforderungen

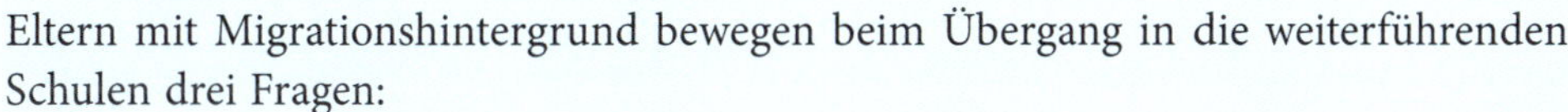

Eltern mit Migrationshintergrund bewegen beim Übergang in die weiterführenden Schulen drei Fragen:

- Ist die Zuweisung meines Kindes oder die Empfehlung an die entsprechende Schulform „gerecht" oder wirken sich Gesichtspunkte, die nicht mit der Leistung des Kindes im Zusammenhang stehen, bei der Entscheidung aus?
- Welche Konsequenzen hat die Wahl der Schulform für die Entwicklung und das Weiterkommen meines Kindes?
- Sind wir den Anforderungen gewachsen, die der Besuch der gewählten/gewünschten Schulform an uns stellt?

Alle drei Fragen lassen sich am ehesten durch die Auseinandersetzung mit theoretischen Überlegungen und empirischen Ergebnissen zum Übergang in die Sekundarstufe beantworten.

1. Chancengerechtigkeit beim Übergang in die weiterführende Schule

Schulform und sozioökonomischer Status

Beim Übergang in die Sekundarstufe wird das schlechtere Abschneiden von Kindern mit Migrationshintergrund gegenüber einheimisch deutschen Kindern wie auch von Kindern aus niedrigeren gegenüber Kindern aus höheren sozialen Schichten offensichtlich. 2009 besuchten 61 % der 15-Jährigen aus Elternhäusern mit hohem, aber nur 16 % aus solchen mit niedrigem sozioökonomischen Status das Gymnasium, während es sich beim Besuch der Hauptschule umgekehrt verhielt (5 % gegenüber

10 Siehe auch Füssel, Hans-Peter/Gresch, Cornelia/Baumert, Jürgen/Maaz, Kai (2010): Der institutionelle Kontext von Übergangsentscheidungen: Rechtliche Regelungen und die Schulformwahl am Ende der Grundschulzeit. In: Maaz, Kai/Baumert, Jürgen/Gresch, Cornelia/McElvany, Nele (Hrsg.): Der Übergang von der Grundschule in die weiterführende Schule. Leistungsgerechtigkeit und regionale, soziale und ethnisch kulturelle Disparitäten. Berlin, S. 87–106, hier S. 96f.

27 %).[11] Schülerinnen und Schüler mit Migrationshintergrund besuchen vornehmlich Haupt- und Realschulen. Es ist durch eine Vielzahl von Untersuchungen belegt, dass Kinder aus unteren sozialen Schichten bei der Notenvergabe und bei Empfehlungen zum Besuch des Gymnasiums benachteiligt sind. Bei gleicher Leistung sind die Chancen der Kinder aus oberen sozialen Schichten, eine Gymnasialempfehlung zu bekommen, deutlich höher als die der Kinder aus unteren sozialen Schichten. Widersprüchlich sind die Ergebnisse von Untersuchungen[12] in Bezug auf den Nachweis eines zusätzlichen diskriminierenden Effektes für Kinder aus (vor allem türkischen) Familien mit Migrationshintergrund. Der Vergleich mit einheimisch deutschen Kindern zeigt: Bei vergleichbarer sozioökonomischer Lage sind die Chancen auf ein Abitur geringer bei Herkunft aus der Türkei und Italien, jedoch höher als bei Herkunft aus der GUS. Kinder mit Migrationshintergrund erhalten häufiger eine Empfehlung für die Hauptschule und seltener für das Gymnasium als einheimisch deutsche Kinder (2,6-mal bzw. 2-mal höhere bzw. geringere Zuweisungschance).[13] Die Zahlen für die 15-Jährigen (nicht die Altersgruppe der Kinder, deren Eltern im Projekt „Bildungs-Brücken: Aufstieg!" einbezogen wurden) lassen sich als Ergebnis unterschiedlicher Übergangsquoten interpretieren. Im Zeitvergleich lässt sich feststellen, dass Familien mit Migrationshintergrund bei der Bildungsplatzierung ihrer Kinder zwar an dem in Deutschland allgemein vorhandenen Aufstieg partizipieren konnten, dass sich aber gleichzeitig der Abstand zwischen Schülerinnen und Schülern mit Migrationshintergrund und einheimisch deutschen nicht verringert hat.

Nun lässt sich die belegte Unterrepräsentation von Schülerinnen und Schülern mit Migrationshintergrund nicht notwendigerweise mit Benachteiligung oder gar Diskriminierung erklären. Sie könnte auch ausschließlich auf schlechtere Leistungen dieser Gruppe oder auf fehlende Bildungsansprüche zurückzuführen sein. Einige Untersuchungen belegen aber, dass Schülerinnen und Schüler mit Migrationshintergrund bei gleichen Kompetenzen seltener für das Gymnasium empfohlen werden als einheimisch deutsche Kinder. Andere Untersuchungen finden solche Zusammenhänge nicht.

Schulform und Migrationshintergrund

So heißt es im Bundesbildungsbericht 2010: Für 15-jährige Schülerinnen und Schüler ohne Migrationshintergrund war 2006 die Gymnasialquote mit 37 % deutlich höher als für diejenigen mit mindestens einem im Ausland geborenen Elternteil (22 %). Letztere waren hingegen mehr als doppelt so häufig in Hauptschulen zu finden (16 % gegenüber 36 %). Der Migrationshintergrund hat neben der sozialen Lage einen eigenen Effekt auf den Schulartbesuch, da selbst unter Beachtung des sozioökonomischen Status migrationsspezifische Unterschiede bestehen bleiben: Die Schulartverteilung ist für Jugendliche mit Migrationshintergrund in allen Statusgruppen ungünstiger als für diejenigen, deren Eltern beide in Deutschland geboren wurden.[14] Auch andere Untersuchungen kommen zu dem Ergebnis, dass Schülerinnen und Schüler mit Migrationshintergrund aus höheren Sozialschichten ein 2,5-mal größeres „Risiko" haben, eine Hauptschulempfehlung zu erhalten, als ein-

11 Autorengruppe Bildungsberichterstattung (2012): Bildung in Deutschland 2012. Ein indikatorengestützter Bericht mit einer Analyse zur kulturellen Bildung im Lebenslauf. Bielefeld, S. 70.

12 Autorengruppe Bildungsberichterstattung (2010): Bildung in Deutschland 2010. Ein indikatorengestützter Bericht mit einer Analyse zu Perspektiven des Bildungswesens im demographischen Wandel. Bielefeld, S. 6.

13 Sonderauswertungen von IGLU-E 2001.

14 Autorengruppe Bildungsberichterstattung 2010: Bildung in Deutschland 2010. Ein indikatorengestützter Bericht mit einer Analyse zu Perspektiven des Bildungswesens im demographischen Wandel. Bielefeld, S. 65.

heimisch deutsche Schulkinder aus den höheren Sozialschichten.[15] Bei guten Schulleistungen gibt es allerdings keine Unterschiede bei der Gymnasialempfehlung.

Seit es die Schulleistungsstudien gibt, ist belegt, dass Schülerinnen und Schüler mit Migrationshintergrund (statistisch) schlechter abschneiden als einheimisch deutsche Kinder. Vom Vorschulbereich über die Grundschule bis in die Sekundarstufe verfügen wenige von ihnen über hohe Kompetenzen und deutlich mehr über geringe Kompetenzen, insbesondere nachgewiesen für die Bereiche Lesen, Mathematik und Naturwissenschaften. Besonders schlecht schneiden die Schülerinnen und Schüler mit türkischem Migrationshintergrund ab. Allerdings sind die ungleichen Chancen aufgrund der sozialen Schicht oder Bildung der Eltern größer als die zusätzlichen Disparitäten nach Migrationshintergrund.

primäre und sekundäre Herkunftseffekte

Die Beschäftigung mit den Ursachen der schlechteren Bildungsbilanz von Kindern mit Migrationshintergrund verlangt eine Differenzierung zwischen primären und sekundären Herkunftseffekten. Hier sind einerseits herkunftsspezifische und damit auch migrationshintergrundbedingte Einflüsse auf den Kompetenzerwerb und andererseits die Übergangsentscheidungen zu unterscheiden. Die primären Herkunftseffekte müssen nochmals differenziert werden. Sie umfassen die Kompetenzen, über die Kinder beim Übergang in die weiterführenden Schulen verfügen oder die sie aktivieren können, aber auch die Kompetenzen einschließlich der zu aktivierenden Ressourcen, die ihnen von Seiten der am Überleitungsprozess beteiligten Personen zugeschrieben werden. Die Beschäftigung mit den primären Herkunftseffekten verweist auf die Förderung der Kinder im familiären Kontext und damit – abhängig von den ökonomischen Bedingungen – auf die kulturellen und sozialen Ressourcen (den Kapitalien) der Familien. Sie verweist aber auch auf den Grad der Vertrautheit oder Distanz zu den Einrichtungen höherer Bildung. Beides ist von der sozialen Schicht und – so wird behauptet – vom Migrationshintergrund (mit-)abhängig.

Bildungschancen im internationalen Vergleich

Kinder aus Familien mit Migrationshintergrund beginnen ihre Schullaufbahn aufgrund ihrer familiären Bedingungen mit schlechteren Voraussetzungen als Kinder aus einheimisch deutschen Mittelschichten und sie erfahren weniger familiäre Unterstützung. Diese Faktoren wirken sich vor allem in Deutschland aus. Die Einwandererkinder derselben Herkunftsgruppe schneiden in verschiedenen Ländern ganz unterschiedlich ab, wie am Beispiel der Schülerinnen und Schüler mit türkischem Migrationshintergrund unter der provokativen Überschrift „Sind die Kinder meiner Schwester in Holland wirklich schlauer als meine Kinder?" diskutiert wird. Besonders die Zahl der Hochschulabschlüsse im internationalen Vergleich verdeutlicht, wie sehr die Bildungsabschlüsse und damit die Bildungschancen der Kinder mit Migrationshintergrund in den unterschiedlichen Bildungssystemen voneinander abweichen.[16]

15 Becker, Rolf/Schubert, Frank (2011): Die Rolle von primären Herkunftseffekten für Bildungschancen von Migranten im deutschen Schulsystem. In: Becker, Rolf (Hrsg.): Integration durch Bildung. Bildungserwerb von jungen Migranten in Deutschland. Wiesbaden, S. 161–194.

16 In Deutschland erwerben 3 % (!) der Schülerinnen und Schüler mit türkischem Migrationshintergrund einen Hochschulabschluss, die nächstschlechteren Werte weisen die Schweiz mit 13 % und Österreich mit 15 % auf, die höchsten Werte Schweden mit 37 % und Frankreich mit 40 %. Die Autoren betonen, dass es sich bei den türkischen Einwanderern in allen Ländern um eine Gruppe handelt, die sich von ihren familiären Ausgangsvoraussetzungen her nur wenig unterscheidet, denn auch in den anderen Ländern kommen die Befragten aus türkischen Familien mit vorrangig ländlicher Herkunft und niedrigem Bildungsstand der Eltern. Die aus der TIES-Studie gewonnenen Daten verweisen auf die Mängel des deutschen Bildungssystems in seinen einzelnen Stationen. S. dazu Wilmes, Maren/Schneider, Jens/Crul, Maurice (2011): Sind die Kinder türkischer Einwanderer in anderen Ländern klüger als in Deutschland? Bildungsverläufe in Deutsch-

Die schulischen Leistungen in der Grundschule, ausgedrückt in den Zensuren der Schülerinnen und Schüler am Ende der Grundschulzeit, ja schon die Bewertungen ab Ende der dritten Klasse, sind von großer Bedeutung für die weitere Schullaufbahn. Von ihnen ist abhängig, welche Schulform den Kindern offensteht. Die Noten bilden die Grundlage für die von der Grundschule ausgesprochene Bildungsempfehlung, und selbst wenn sie für die Eltern nicht zwangsläufig die Schulwahl bestimmen, haben sie auf die Entscheidung großen Einfluss.

Leistungsniveau in Kita und Grundschule

Nun legen Forschungsergebnisse nahe, dass ein unzureichendes Lernmilieu im Elternhaus der Kinder und eine eventuell fehlende Kompensierung in der Kita und in der Grundschule sich bis in die letzte Klasse der Grundschule auswirken. Hinzu kommen Differenzierungen in der Leistungsbewertung des Lehrpersonals in den Grundschulen. Die Ergebnisse sind nicht eindeutig. Einige Untersuchungen belegen, dass die soziale Position der Familie die Zensurvergabe der Lehrkräfte in den Fächern Deutsch und Mathematik in starkem Ausmaß prägt[17] und dass Kinder, deren Eltern seltener die Elternabende besuchen, schlechter bewertet werden.

Eine neuere Untersuchung, durchgeführt in Bayern, erlaubt Differenzierungen: So zeigt sich am Anfang der Grundschulzeit ein deutlich niedrigeres Kompetenzniveau vor allem in der Rechtschreibung, aber auch beim Lesen und – wenn auch mit geringeren, aber noch deutlichen Differenzen – in den Mathematikleistungen zu Ungunsten der Kinder mit Migrationshintergrund. Am schlechtesten schneiden Kinder mit türkischem Migrationshintergrund ab, gefolgt von der Gruppe der Kinder nichtdeutscher Staatsangehörigkeit und mit eigener Migrationserfahrung. Was die Leistungsverteilungen im Mathematiktest betrifft, erreichen Kinder aus der GUS und den „sonstigen" Herkunftsländern in der ersten Klasse ähnliche Werte wie Kinder ohne Migrationshintergrund.[18] Diese Unterschiede werden bis zum Ende der Grundschulzeit kaum verringert. Die Grundschule kompensiert Unterschiede in den Leistungsbilanzen von Kindern mit Migrationshintergrund zum Zeitpunkt der Einschulung teilweise in der Rechtschreibkompetenz und nur minimal in der Lese- und der Mathematikkompetenz. Erklären lässt sich das Ergebnis zum Teil damit, dass sich der vorschulische Stand in der deutschen Sprache negativ auswirkt. Oder anders ausgedrückt: Wird der Stand in der deutschen Sprache kontrolliert, reduzieren sich die Effekte des Migrationshintergrundes. Als weitere Einflussfaktoren wirken sich das kognitive Leistungsniveau und der familiäre Hintergrund der Schülerinnen und Schüler aus, allerdings wenig oder nicht bei Kindern mit türkischem Hintergrund. Vor allem in Bezug auf die Rechtschreibkompetenz bleiben – so heißt es in der Studie – ausgeprägte Differenzen in den Ausgangsniveaus zwischen Kindern mit und ohne Migrationshintergrund, insbesondere zwischen Kindern türkischer Herkunft und Kindern ohne Migrationshintergrund, bestehen. Worauf diese zurückzuführen sind, ob auf schulische und unterrichtliche Faktoren oder auf nicht einbezogene familiäre, kulturelle oder individuelle Faktoren, kann anhand der vorliegenden Daten nicht geklärt werden. Das zu Beginn der Erhebung festgestellte Ausgangsniveau prägt die Notenverteilung am Ende der Grundschulzeit in besonderem Maße. Es bleiben substantielle migrationsbedingte Notendifferenzen, die durch die Untersuchung nicht erklärt werden. Sie können an der Beurteilung oder der Benotung der

land und im europäischen Vergleich: Ergebnisse der TIES-Studie. In: Neumann, Ursula/Schneider, Jens (Hrsg.): Schule mit Migrationshintergrund. Münster, S. 30–46.

17 Siehe Stocké, Volker (2010): Schulbezogenes Sozialkapital und Schulerfolg der Kinder: Kompetenzvorsprung oder statistische Diskriminierung durch Lehrkräfte? In: Becker, Birgit/Reimer, David (Hrsg.): Vom Kindergarten bis zur Hochschule. Die Generierung von ethnischen und sozialen Disparitäten in der Bildungsbiographie. Wiesbaden, S. 81–115.

18 Mehringer, Volker (2013): Weichenstellungen in der Grundschule. Sozialintegration von Kindern mit Migrationshintergrund. Münster, S. 244–250.

Lehrkräfte liegen, in die neben den Kompetenzen der Kinder auch deren ethnische und/oder soziale Herkunft wertend einfließen.[19]

Leistungsfördernde Rahmenbedingungen

Weiter kommt hinzu: Das Lernen der Schülerinnen und Schüler, deren Stand und Fortschritt in Leistungsmessungen ermittelt wird, ist aber nicht nur von den Fähigkeiten der Kinder abhängig, sondern wird von anderen Bedingungen beeinflusst. Wichtige Einflussfaktoren sind:

- Hohe Erwartungen von Lehrerinnen und Lehrern stärken das Lernverhalten der Schülerinnen und Schüler und wirken sich positiv auf die kognitive Entwicklung aus; niedrige wirken negativ. Schülergruppen, deren Familien einen geringen sozioökonomischen Status haben und/oder einen Migrationshintergrund besitzen, wird ein geringeres Leistungspotenzial zugeschrieben. Die negative Bewertung wird durch gesellschaftlich verbreitete Bilder (in jüngster Zeit durch negative Charakterisierung des Leistungspotenzials muslimischer/türkischer junger Menschen) gestützt und verstärkt.[20]
- Der Besuch leistungsstarker Klassen oder die Zuweisung in leistungsstarke Gruppen innerhalb einer Klasse führt bei allen Schülerinnen und Schülern zu größeren Leistungszuwächsen; hingegen verringern schwächere Klassen oder Gruppen mit niedrigem Leistungsniveau auch den Leistungsstand des einzelnen Kindes. Der Leistungsstand von Schülerinnen und Schülern hängt ferner von der Zusammensetzung der Schulklasse ab.[21] Eine hohe Quote an Migrantinnen und Migranten mit geringeren Kompetenzen in der deutschen Sprache und geringerem Bildungsstand setzt das Leistungsniveau der Klasse herab und verringert damit die Wahrscheinlichkeit des einzelnen Kindes, den Übergang auf die Realschule oder das Gymnasium zu schaffen.
- Lehrerinnen und Lehrer, so belegen einige Untersuchungen, haben (negative) Stereotype über die Leistungsfähigkeit bzw. die -schwächen der Schülerinnen und Schüler mit Migrationshintergrund aufgebaut und zwar mit nationalitäten- oder herkunftsspezifischen Differenzierungen. Diese wirken sich auf die Wahrnehmungen der Lehrkräfte aus. Sie haben aber auch Einfluss auf eine Verringerung der Leistungsfähigkeit der Schülerinnen und Schüler.
- Eine neue Analyse, die nach den Gerechtigkeitsdimensionen Integrationskraft, Durchlässigkeit, Kompetenzförderung und Zertifikatsvergabe differenziert, stellt große Unterschiede zwischen den Bundesländern fest, wobei kein Bundesland in allen Bereichen gut abschneidet. In der Durchlässigkeit sind von den einbezogenen Bundesländern Hamburg, das Saarland und Sachsen als überdurchschnittlich offen, Niedersachsen und Nordrhein-Westfalen als unterdurchschnittlich offen anzusehen. Was die Kompetenzförderung anbetrifft, stellt sich nur Sachsen als überdurchschnittlich dar, dagegen erweisen sich Berlin und Hamburg als unterdurchschnittlich.[22]

---

19 Vgl. Mehringer, Volker (2013), S. 247.

20 Grundschülerinnen und Grundschüler werden stärker durch Erwartungen beeinflusst als ältere Schülerinnen und Schüler, was mit dem noch weniger stabilen Selbstbild zusammenhängt. Siehe dazu Schofield, Janet Ward/Alexander, Kira Marie (2012): Stereotype Threat, Erwartungseffekte und organisatorische Differenzierung: Schulische Leistungsbarrieren und Ansätze zu ihrer Überwindung. In: Fürstenau, Sara/Gomolla, Mechthild (Hrsg.): Migration und schulischer Wandel: Leistungsbeurteilung. Wiesbaden, S. 65–87.

21 Kristen, Cornelia (2003): Ethnische Unterschiede im deutschen Schulsystem. In: Aus Politik und Zeitgeschichte, Heft B 21–22, S. 26–32.

22 Bertelsmann Stiftung, Institut für Schulentwicklungsforschung (Hrsg.) (2012): Chancenspiegel. Zur Chancengerechtigkeit und Leistungsfähigkeit der deutschen Schulsysteme. Gütersloh, S. 100–101.

2. Konsequenzen aus der Wahl der Schulform

eingeschränkte Möglichkeit des Schulformwechsels

Die Wahl der Schulform nach der Grundschule bedeutet Eltern und Kindern sehr viel, aber sie besagt noch nicht, dass die Schullaufbahn damit vorgegeben ist. Das System ist – in Grenzen – grundsätzlich zwischen den Schulformen durchlässig. Es erlaubt einen Wechsel von einer niedrigeren Schulform (z.B. Realschule) in eine höhere (in das Gymnasium) wie auch einen Wechsel von einer höheren in eine niedrigere, also vom Gymnasium in eine Real- oder Hauptschule. In der Praxis besteht diese Durchlässigkeit allerdings nach wie vor fast nur „nach unten". Auch nach Abschluss einer Schule ist ein Wechsel in eine weitere Schulform möglich, um etwa die Fachhochschulreife oder das Abitur zu erlangen.

In Deutschland findet der erste entscheidende Wechsel altersmäßig früh und damit zu einer Zeit statt, in der sich Aussagen über Bildungs- und Lernpotenziale des Kindes in vielen Fällen noch nicht abschließend machen lassen. Kinder entwickeln sich in unterschiedlichen Lernmilieus sehr verschieden. Höhere Anforderungen können Potenziale ausschöpfen, niedrigere zu Desinteresse und Leistungsabfall führen. Ständig zu hohen Anforderungen und damit Überforderungen ausgesetzt zu sein, kann ein Kind ebenfalls demotivieren und einen Leistungsabfall zur Folge haben. Kinder mit hohen Leistungspotenzialen, die sich nicht in den Noten der vierten Klasse und der Empfehlung der Lehrkraft ausdrücken, werden in einem Lernmilieu, das nicht ihren Fähigkeiten entspricht, nicht nur nicht gefördert, sondern sie verlieren Kompetenzen. Schülerinnen und Schüler mit Migrationshintergrund haben häufig schulische Bedingungen, die verhindern, dass sie ihr intellektuelles Potenzial voll entfalten können.

3. Anforderungen an Eltern

hohe Leistungserwartungen

Die Theorien gehen davon aus, dass Bildungschancen und Bildungsweg von Kindern nach der Grundschule von den Bildungsansprüchen und -entscheidungen der Familien abhängen. Zunächst kann eindeutig festgehalten werden, dass Eltern mit Migrationshintergrund für Bildung (und Ausbildung) hoch motiviert sind. Frühere und neuere empirische Untersuchungen[23] belegen die hohen Bildungsvorstellungen sowohl der Eltern als auch der Kinder und Jugendlichen selbst. Dies gilt für alle Familien mit Arbeitsmigrationshintergrund. Leistungserwartungen spielen in der Erziehung von Familien mit Migrationshintergrund eine erhebliche Rolle und sind auf schulische Erfolge – möglichst als Voraussetzung für ein Studium – ausgerichtet. Eltern wünschen sich für ihre Söhne wie für ihre Töchter eine gute Schulbildung. Vor allem Mütter vermitteln ihren Töchtern die Bedeutung von Bildung und Berufstätigkeit zur Wahrung ihrer Autonomie.

Der größte Teil des Wissens über die Bildungserwartungen in Familien mit Migrationshintergrund wurde nicht durch Befragungen der Eltern über ihre Ansprüche an die Bildung ihrer Kinder, sondern durch Befragungen von Jugendlichen über die Bildungsvorstellungen in ihrer Familie ermittelt. Das Erziehungsziel „Erbringung von Leistung" wird in allen themenbezogenen Untersuchungen genannt. Dies gilt für frühere sowie aktuelle Erhebungen und wird von Jungen in gleicher Weise gefordert wie von Mädchen. Über Lernen und Leistungsstreben sollen die Kinder einen höheren Bildungsstand erlangen. Die Eltern mit Migrationshintergrund sind mit der Hoffnung, ihre Lebensbedingungen und die ihrer Kinder zu verbessern, in die westlichen Industrieregionen eingewandert. Sie haben – so ist belegt – nicht nur ihre familialistischen Haltungen mitgebracht, sondern auch den Wunsch nach Bildung und wirtschaftlichem Erfolg ihrer Kinder. Auch in der nächsten und

23 Die Untersuchungen sind u.a. nachzulesen in Dollmann, Jörg (2010): Türkischstämmige Kinder am ersten Bildungsübergang. Primäre und sekundäre Herkunftseffekte. Wiesbaden.

übernächsten Elterngeneration bleibt diese Orientierung erhalten. Bildungsziele, die auf Erfolge im deutschen Schulsystem ausgerichtet sind, werden dann im Zusammenhang mit familialistischen Werten gesehen, wie Respekt, Gehorsam und Beachtung von Hierarchie.

Erwartungen von Eltern und Schulen sind nicht kongruent

Es bleibt die Frage, warum die größtenteils sehr hohen Bildungserwartungen von Familien mit Migrationshintergrund sich in den meisten Fällen nicht in schulischen Erfolgen, der Schulempfehlung oder den Schulabschlüssen niederschlagen. Familien mit Migrationshintergrund verfügen nicht über die Mittel und Möglichkeiten, die Bildungsansprüche in Schulerfolge zu transformieren. Für Deutschland (aber auch für viele andere Vergleichsländer) lassen sich familiäre Bedingungen beschreiben, die dazu führen, dass ein erheblicher Teil der Kinder mit Migrationshintergrund ihre Schullaufbahn mit schlechteren Voraussetzungen als einheimisch deutsche Mittelschichtskinder beginnt. Es ist belegbar, dass junge Menschen mit Migrationshintergrund häufiger in Familien mit geringem kulturellem Kapital (wie Anzahl der Bücher im Haushalt) und sozialem Kapital (die sozialen Netzwerke begrenzen sich häufiger auf die ethnische Eigengruppe) aufwachsen. Sie erhalten weniger elterliche Unterstützung bei der Bewältigung der schulischen Anforderungen. Die Bildungsansprüche der Familien werden zudem nicht begleitet durch konkrete Unterstützungen. (Einheimisch deutsche) Mittelschichtseltern fördern nicht nur über die hohen Bildungsorientierungen, sondern sie begleiten ihre Kinder intensiv, vor allem bei den Übergängen. Eltern mit Migrationshintergrund haben hingegen die Erwartung, dass die Kindertagesstätten und später die Schulen kompensatorisch Lücken in der familialen Sozialisation aufarbeiten, sowohl was den Erwerb der deutschen Sprache als auch was die gezielte Vorbereitung auf die Übergänge anbetrifft.

Die deutsche Schule fordert sehr viel: Die erwarteten Unterstützungsleistungen der Eltern umfassen die Kontrolle der Kleidung und der Schultasche, die Einbeziehung außerschulischer Bildungsangebote sowie das Sprechen über den Unterricht und Zeit für schulische Belange. Darüber hinaus wird das Wissen um die Anforderungen der Schule in den einzelnen Fächern, die Beschaffung von Material (wie Lernspiele), die Organisation von Nachhilfe (bei Bedarf) sowie die Wahl angemessener Schulen vorausgesetzt. Begleitend zum Gymnasialbesuch, teilweise aber schon in der Grundschule, glauben manche Eltern das Vor- und Nacharbeiten des Lernstoffes leisten zu müssen und setzen damit Standards für das Erwartungsniveau der Lehrkräfte. Das Ausmaß an Hilfen und Unterstützungen, die erwartet werden, damit die Schülerinnen und Schüler im Schulsystem erfolgreich sind, ist in Deutschland deutlich höher als in anderen Ländern.

Die konkrete Wahl der Schule

Steht die Schulform fest, die das Kind besuchen soll, haben Eltern häufig die Auswahl zwischen mehreren Schulen, da es für den Wechsel auf die weiterführende Schule keine Bindung an einen Schulbezirk gibt. Die Schulen ein und derselben Schulform vor Ort unterscheiden sich oft beträchtlich. Die (staatlichen) Schulen bieten unterschiedliche Rahmenbedingungen und pädagogische Konzepte an. Aspekte für die Auswahl der Schule können sein:

- die Ausstattung der Schule: Eindruck von den Schulgebäuden, dem Schulhof und den Klassenräumen,
- ein besonderes Konzept oder Profil der Schule,
- das Vorhandensein von zusätzlichen Unterrichtsangeboten (z.B. bilinguale Zweige),

- das Vorhandensein zusätzlicher unterrichtsergänzender Aktivitäten (wie Arbeitsgemeinschaften im musischen und sportlichen Bereich),
- das Vorhandensein zusätzlicher Förderangebote, z.B. in der deutschen Sprache, Hausaufgabenhilfe und gezielte Unterstützung bei Lernproblemen,
- Ganztagsschulbetrieb oder die Möglichkeit einer Nachmittagsbetreuung; beides verbunden mit der Möglichkeit eines Mittagessens in der Schule,
- die Einbeziehung der Eltern und Elternvertretungen über das rechtlich Geregelte hinaus,
- die Ansprechbarkeit und das Interesse des Lehrpersonals für die individuellen Belange des Kindes sowie für Fragen der Eltern,
- positive Vorerfahrungen durch ein Geschwisterkind in Zusammenhang mit einer schulinternen Vorzugsregelung für Geschwisterkinder.

Darüber hinaus spielen auch noch in dieser Phase praktische Überlegungen wie räumliche Nähe und verkehrsmäßige Erreichbarkeit eine Rolle.

Die notwendigen Informationen für eine Einschätzung der in Frage kommenden Schule lassen sich durch (z.T. digital verfügbare) Schriften der Stadt oder des Kreises oder das Schulamt der Stadt oder des Kreises, über Elternvertretungen und spezifische Einrichtungen für Migrationsangehörige, aber auch Migrationsberatungen einschließlich der Jugendmigrationsdienste sowie Migrantenorganisationen gewinnen. Es kann sinnvoll sein, dass sich Eltern zusammenschließen und die Informationen in Gesprächen bündeln. Mögliche konkrete Fragen sind unter Abschnitt III. Didaktische Vorschläge aufgeführt.

Vorbereitung auf den Übergang zur weiterführenden Schule

Die Voraussetzungen für die Bildungsentscheidung am Bildungsübergang zur weiterführenden Schule werden während der gesamten Grundschulzeit geschaffen. Es könnte auch so formuliert werden: Die Übergangsüberlegungen und -strategien der Eltern beginnen spätestens in der dritten Klasse der Grundschule. Die Noten in der vierten Klasse resultieren aus dem Lernen und den Leistungen in den Klassen vorher. Daher fühlen sich Eltern, einheimisch deutsche wie Eltern mit Migrationshintergrund, von der Grundschule an unter erheblichem Druck, ihrem Kind die bestmöglichen Lernvoraussetzungen zu schaffen.[24] Ein Teil fühlt sich überfordert und meint, den Anforderungen, die die Schule an sie als Eltern stellt, nicht gerecht werden zu können. Der überwiegende Teil der Eltern (90 %) hält die Unterstützung bei den Schularbeiten durch die Eltern für einen Aspekt, von dem der Schulerfolg des Kindes auch abhängt. Eltern mit türkischer Staatsangehörigkeit – Migrationshintergrund wird unverständlicherweise nicht erfasst – bewerten diesen Faktor nicht anders, sehen aber deutlich häufiger die Nationalität der Eltern wie auch die Teilnahme an Elternsprechtagen als maßgeblich für den Schulerfolg an. Nach ihren Unterstützungsleistungen gefragt, geben drei Viertel der befragten Eltern an, gezielt vor Klassenarbeiten und Referaten zu helfen sowie die Schulaufgaben zu betreuen und zu kontrollieren. Nur gut die Hälfte der Schulkinder kommt allein mit den Anforderungen der Schule zurecht. Von Kindern, die eine weiterführende Schule besuchen, kommen nach Aussage ihrer Eltern 58 % alleine zurecht, 29 % nur mit Unterstützung der Eltern und Geschwister und 13 % nur mit Hilfe von Nachhilfe. Ge-

Unterstützung und Nachhilfe

24 Siehe dazu Killus, Dagmar (2011): Lob und Tadel – Eltern beurteilen die Qualität von Schule und Unterricht. In: Killus, Dagmar/Tillmann, Klaus-Jürgen (Hrsg.): Der Blick der Eltern auf das deutsche Schulsystem. Die 1. JAKO-O Bildungsstudie. Münster, S. 88, S. 95, S. 117f., S. 130ff.

nauer nachgefragt erhalten ein Drittel der Kinder gelegentlich (20 %) oder regelmäßig (14 %) Nachhilfe.

familiäre Ressourcen

Beim Übergang in die Sekundarstufe spielen die Ressourcen, über die die Familien verfügen, eine besondere Rolle. Es ist in der Fach-, aber auch in der Alltagsdiskussion üblich, diese Ressourcen als Kapitalien auszudifferenzieren in:

- ökonomisches Kapital, als finanzielle Ressource, die einen Einsatz für die Bildung erlaubt (z.B. Wahl einer kostenpflichtigen Privatschule, Nachhilfeunterricht),
- kulturelles Kapital, bestehend aus in der Familie tradiertem kulturellen Wissen und tradierten Fertigkeiten (z.B. in Form von Gesprächen über Kultur),
- kulturelle Güter (z.B. Bücher, Instrumente und Kunstwerke) oder Bildungstitel (z.B. akademische Abschlüsse),
- soziales Kapital, als Beziehungsgefüge, das dem Kind eröffnet wird (durch Einbindung in entsprechende Netzwerke: Freundesgruppen, Clubs).

Es gibt Konstellationen, die Kindern eine Kapitalausstattung ermöglichen, welche beim Übergang in die Sekundarstufe einen Wettbewerbsvorteil gegenüber Kindern mit geringerer Kapitalausstattung schafft. Und es gibt Kapitalausstattungen, die beim Übergang (wie auch vorher und nachher im Bildungssystem) nicht verwertet werden können, wie z.B. eine Muttersprache, die weder im Schulsystem positiv bewertet oder gefordert wird noch sich gesellschaftlicher Wertschätzung erfreut.

Gerade im Übergang zu den weiterführenden Schulen gewinnen die Unterstützungsleistungen in der Familie an Bedeutung. Dabei reicht der Wunsch nach einer guten Schulbildung durch den Besuch eines Gymnasiums, also ein hoher Bildungsanspruch, nicht aus – einen solchen besitzen die meisten Familien mit Migrationshintergrund. Vielmehr bedarf es des Wissens und der Informationen darüber, wie das Kind zusätzlich und begleitend zur Grundschule und später in den ersten zwei Klassen des Gymnasiums oder der Realschule gefördert werden kann, durch Unterricht, durch entsprechende Übungshefte oder Einheiten im Internet. Es geht aber auch um die Kenntnis, ab welchem Ausmaß Schulschwierigkeiten problematisch für die gewünschte Schullaufbahn werden, wie sich die Probleme erkennen lassen und welche Unterstützungsleistungen zur Kompensation geeignet sind.[25]

Die Begleitung beim Übergang

Kinder brauchen gerade beim hier angesprochenen Übergang die Unterstützung der Eltern. Eltern können dies leisten, indem sie

- ihre Kinder bei ihren schulischen Aufgaben begleiten, wobei die Hilfen bei fachlichen Fragen und hier insbesondere bei den Hausaufgaben eine entscheidende Rolle spielen; eventuell aber auch durch das Suchen nach einer Hausaufgabenhilfe oder Nachhilfe, besser noch nach einem Förderunterricht,
- den schulischen Kontext in das Familienleben einbeziehen und Kontakte zur Schule aufbauen und pflegen; etwa indem sie Elternabende besuchen und die Verbindung zu den Lehrerinnen und Lehrern herstellen,
- das Kind emotional beim Übergang begleiten, ihm Lob bei Erfolgen und Trost bei Misserfolgen bieten und einen „vernünftigen" Umgang mit den nach Hause gebrachten Noten entwickeln.

25 So beschrieben bei Dollmann, Jörg (2010): Türkischstämmige Kinder am ersten Bildungsübergang. Primäre und sekundäre Herkunftseffekte. Wiesbaden, S. 53.

Kontakte der Eltern zur Schule wirken sich positiv auf den Schulerfolg der Kinder aus. Gründe sind darin zu sehen, dass die Häufigkeit und Intensität der Kontakte sowohl das Lernklima in der Familie fördert als auch das Förderverhalten im familiären Kontext lenkt. Zudem ermöglichen Kontakte zur Schule den Eltern einen Überblick über den Leistungsstand des Kindes und erlauben ein schnelles Eingreifen und eine entsprechende Förderung bei Leistungsproblemen.

Leseempfehlung

Denner, Liselotte (2010): Bildungsteilhabe von Zuwandererkindern – Zufall oder Ergebnis gemeinsamer Bemühungen von Kind, Familie und Grundschule? In: Lin-Klitzing, Susanne/Di Fuccia, David/Müller-Frerich, Gerhard (Hrsg.): Übergänge im Schulwesen. Chancen und Probleme aus sozialwissenschaftlicher Sicht. Bad Heilbrunn, S. 81–104.

6.2 Didaktisches Material

Ergebnisse der Lehrerempfehlungen/Wahl der Schulform

Die IGLU-Studie[26] aus dem Jahr 2006 belegt, dass die Lehrerempfehlung nur teilweise mit den bei IGLU gemessenen Kompetenzen (im Bereich Rechtschreibung) übereinstimmt:

Schulformempfehlungen

	Kompetenzstufe 1 (sehr schlechte Rechtschreibung)	Kompetenzstufe 2	Kompetenzstufe 3	Kompetenzstufe 4 (sehr gute Rechtschreibung)
Lehrerempfehlung für die Hauptschule	75,4 %	56,8 %	25,6 %	5,8 %
Lehrerempfehlung für die Realschule	22,1 %	36,0 %	41,8 %	18,2 %
Lehrerempfehlung für das Gymnasium	2,5 %	7,1 %	32,7 %	76,0 %

Es wird kritisiert, dass besonders Kinder von Arbeiterinnen und Arbeitern benachteiligt seien, weil sie seltener die Lehrerempfehlung für das Gymnasium oder die Realschule bekämen. Die Studie beanstandet, dass die Benachteiligung von Arbeiterkindern sich noch vergrößert habe:

26 Bos, Wilfried, u.a. (Hrsg.): IGLU 2006. Lesekompetenzen von Grundschulkindern in Deutschland im internationalen Vergleich. Münster.

Gymnasialempfehlungen 2007		
Mindestpunktzahl für den Übergang zum Gymnasium (Werte 2001 in Klammern)		
	der Lehrer der Kinder	**der Eltern der Kinder**
Kinder aus der oberen Dienstklasse	537 (551)	498 (530)
Kinder aus der unteren Dienstklasse	569 (565)	498 (558)
Kinder von Eltern aus dem Bereich Routinedienstleistungen	582 (590)	578 (588)
Kinder von Selbstständigen	580 (591)	556 (575)
Kinder von Facharbeiterinnen und Facharbeitern und leitenden Angestellten	592 (603)	583 (594)
Kinder von un- und angelernten Arbeiterinnen und Arbeitern sowie Landarbeiterinnen und Landarbeitern	614 (601)	606 (595)

Auch das Ergebnis bezüglich der Gymnasialempfehlung verweist auf soziale Ungerechtigkeiten:

- Lehrkräfte empfehlen Kinder von Eltern aus der oberen Dienstklasse bereits mit 537 Punkten zum Gymnasium, Kinder un- und angelernter Arbeiterinnen und Arbeiter müssen hierfür aber 614 Punkte erreichen,
- Eltern aus der Oberschicht sehen ihre Kinder bereits mit 498 Punkten gymnasialtauglich, Arbeiterinnen und Arbeiter erst ab 606 Punkten,
- Akademikerinnen und Akademiker setzen sich gegenüber dem Lehrpersonal besser durch als Arbeiterinnen und Arbeiter, wenn sie ihre Kinder aufs Gymnasium schicken wollen.

Wer erwartet was?

Ranking: Voraussetzungen für das Gelingen des Schulübergangs aus der Sicht der Beteiligten

Voraussetzungen	**Kinder**	**Eltern mit Migrationshintergrund**	**Lehrerinnen und Lehrer**
Körperliche Reife/Grundfertigkeiten: Motorik, Konzentration			
Soziale Angepasstheit			
Schulwissen			
Beherrschung schulischer Regeln			
Einstellungen zur Schule			
Unterstützung in der Familie			
Schaffung eines Lernumfeldes außerhalb der Familie			

Überlegungen zur Wahl der Schulform

Wahl der Schulform

Wie werden Leistungen, Fähigkeiten und Begabungen des Kindes ermittelt?
- Entscheidungshilfe „Zeugnis"
- Entscheidungshilfe „Gutachten"
- Entscheidungshilfe „Prüfarbeiten und Probeunterricht"
- Entscheidungshilfe „Beratungsgespräch" (3. und 4. Klasse)
- Entscheidungshilfe „Psychologisches Testverfahren"
- Entscheidungshilfe „Die eigene Erfahrung und die Ressourcen der Familie"

Zum Letzteren kann gefragt werden: Wie ist das Lern- und Arbeitsverhalten des Kindes?
- Wie arbeitet es im Unterricht mit? Kann sie oder er sich über einen längeren Zeitraum konzentrieren?
- Geht sie oder er mit Selbstvertrauen auf neue Aufgaben zu?

Welche familiären Bedingungen bestehen?
- Findet das Kind Unterstützung?
- Welche Erwartungen verbinden Kind und Eltern mit der neuen Schule und mit dem (möglichen) weiterführenden Bildungsweg?
- Ist das Kind Belastungen, z.B. durch Krankheit von Familienmitgliedern ausgesetzt?

Fragen an die gewünschte Schulform:
- Welchen Bildungsauftrag nehmen Haupt- und Realschule (bzw. deren ländertypische Äquivalente) sowie Gymnasium und Gesamtschule wahr?
- Wo und wann sind spätere Wechsel möglich?
- Wie sind die jeweiligen Anforderungen einzuschätzen?
- Mit welchen Unterrichtsmethoden wird vorrangig gearbeitet?
- Welche Förderungsmöglichkeiten und schulischen Angebote findet das Kind vor?
- Welches Schulprofil weisen die Schulen aus?

Fragen nach Schulen in der Stadt:
- Welche weiterführende Schule – Hauptschule, Realschule, Gymnasium oder Gesamtschule – ist für das eigene Kind geeignet?
- Welche Lernmöglichkeiten findet es dort vor?
- Wird es die Anforderungen meistern und die Förderung finden, die es benötigt?
- Trifft es auf verständnisvolle Lehrerinnen und Lehrer?
- Ist die Schule erreichbar, sind Kontakte zu Mitschülerinnen und Mitschülern auch außerhalb der Schule möglich?
- Welche finanziellen Belastungen verbinden sich mit der gewählten Schullaufbahn?

Fragen zur konkreten Wahl der Schule:[27]

Wahl der Schule

Um Antworten auf die nachfolgenden Fragen zu erhalten, können Eltern
- die Informationsabende oder Schnuppertage besuchen, die immer mehr Schulen vor Beginn der Anmeldungszeiten veranstalten,
- im Schulsekretariat nach Unterlagen über die Schule fragen,
- die Homepage der Schule im Internet besuchen,
- die Schulleiterin oder den Schulleiter oder auch Lehrkräfte ansprechen.

Schulkonzept
- Was lernen die Schülerinnen und Schüler an dieser Schule?
- Wie lernen die Schülerinnen und Schüler an dieser Schule?
- Hat die Schule ein Schulprogramm?

Lehrerinnen und Lehrer
- Arbeiten die Lehrkräfte im Team? Tauschen sie sich regelmäßig aus?
- Bildet sich das Kollegium systematisch weiter?
- Bewertet die Schule regelmäßig die Qualität der pädagogischen Arbeit?

Zusammenarbeit mit Eltern und Schülerinnen/Schülern
- Werden die Schülerinnen und Schüler sowie die Eltern regelmäßig nach ihrer Zufriedenheit mit der Schule gefragt?[28]
- Bezieht die Schulleitung das Lehrerkollegium, die Kinder und Eltern in Entscheidungen und Planungen ein?
- Fördert die Schule die aktive Elternarbeit? Gibt es Spuren, die auf Öffnung, Transparenz und Engagement von Lehrkräften und Eltern hinweisen?

Kooperationen
- Welche Zusammenarbeit findet zwischen Grundschule und weiterführender Schule statt?
- Arbeitet die Schule mit anderen Partnern zusammen?

Förderung im Schulkontext
- Findet eine ganztägige Bildung statt?
- Wie hält es die Schule mit den Hausaufgaben (Aussage und Wirklichkeit)?
- Was geschieht mit Kindern, die in einem oder zwei Fächern Schwierigkeiten haben?
- Welche Angebote/Veranstaltungen gibt es außerhalb des Unterrichts?

Äußere Rahmenbedingungen
- Wie lange und schwierig/leicht ist der Schulweg?
- Wie wirkt das Schulgebäude, wie ist es eingerichtet?
- Gibt es Pausenräume?
- Sozialer Kontakt in der Klasse und Klassenstruktur: Welche besten Freundinnen oder Freunde wechseln auf diese Schule?
- Welche unbeliebten Klassenkameradinnen oder Klassenkameraden wechseln mit?
- Nach welchen Gesichtspunkten stellt die Schule die Eingangsklassen zusammen?

---

27 In Überarbeitung und Weiterentwicklung: Bertelsmann Stiftung (2002): Was ist eine gute Schule für mein Kind? http://www.bertelsmann-stiftung.de/cps/rde/xbcr/SID-A71345EF-3587F32A/bst/TippsfuerElternzurSchulwahl.pdf [Zugriff am 02.09.2015].

28 Es können vorhandene Internetplattformen genutzt werden, siehe z.B. http://www.schulradar.de/ [Zugriff am 24.02.2014 – Seite wird z.Zt. überarbeitet].

- Wie sehen Klassenstärke und -struktur (Wohngebiet, abgebende Grundschule) der Klasse aus?

Zusätzliche Fragen für Eltern mit Migrationshintergrund
- Gibt es Möglichkeiten zur Teilnahme am herkunftssprachlichen Unterricht mit Förderung in der Schriftsprache?
- Besteht eine kulturelle Offenheit und Vielfalt oder sogar ein interkulturelles Leitbild?
- Wie geht die Schule mit religiösen Überzeugungen um?

6.3 Quellen/Material zur Weitergabe an Eltern

Tschüss Grundschule! Tipps für den Übergang in die weiterführende Schule **http://www.bildungsxperten.net/bildungschannels/schule/tschuss-grundschule-tipps-fur-den-ubergang-in-die-weiterfuhrende-schule/** [Zugriff am 24.02.2014].

Ganz wichtig ist die Empfehlung bundeslandspezifischer und möglichst stadt- oder kreisbezogener Materialien, so z.B. für die Stadt Köln: **http://www.stadt-koeln.de/leben-in-koeln/bildung-und-schule/schulformen/weiterfuhrende-schulen-koln**

Zum Übergang in die weiterführenden Schulen – Berlin.de **www.berlin.de/sen/bildung/bildungswege/uebergang.html** [Zugriff am 24.02.2014].

Der Berliner Schulwegweiser – Berlin.de **http://www.berlin.de/imperia/md/content/sen-bildung/bildungswege/schulwegweiser_web.pdf** [Zugriff am 24.02.2014].

6.4 Literatur zur Vertiefung

Denner, Liselotte (2007): Bildungsteilhabe von Zuwandererkindern. Eine empirische Studie zum Übergang zwischen Primar- und Sekundarstufe. Karlsruhe.

Kristen, Cornelia (2007): Schulwahlentscheidungen und ethnische Schulsegregation: Grundschulwahl in türkischen Familien. In: Wohlrab-Sahr, Monika/Tezcan, Levent (Hrsg.): Konfliktfeld Islam in Europa. Soziale Welt. Sonderband 17, S. 419–445.

Kristen, Cornelia/Dollmann, Jürgen (2009): Sekundäre Effekte der ethnischen Herkunft: Kinder aus türkischen Familien am ersten Bildungsübergang. In: Baumert, Jürgen/Maaz, Kai/Trautwein, Ulrich (Hrsg.): Bildungsentscheidungen. Zeitschrift für Erziehungswissenschaft. Sonderheft 12/2009, S. 205–229.

Maaz, Kai/Baumert, Jürgen/Gresch, Cornelia/McElvany, Nele (Hrsg.) (2010): Der Übergang von der Grundschule in die weiterführende Schule. Leistungsgerechtigkeit und regionale, soziale und ethnisch-kulturelle Disparitäten. Berlin. https://www.bmbf.de/pub/bildungsforschung_band_vierunddreissig.pdf [Zugriff am 24.02.2014].

Thema 7: Belastende Übergänge

Ursula Boos-Nünning

Hier wird darauf eingegangen, was belastende Übergänge, wie die Zurückstellung bei Schulbeginn, die Klassenwiederholung (in der Umgangssprache als „Sitzenbleiben" bezeichnet), die Überweisung an eine Förderschule für Lernbehinderte oder die Rückstufung auf eine niedrigere Schulform für Eltern und Kind bedeuten.

7.1 Basistext

Neben den Übergängen, die fast alle Kinder betreffen, gibt es solche, die nur für den Teil der Kinder gelten, die im Schulsystem nicht „mitkommen". Diese Übergänge werden im Verständnis von Eltern und Kindern häufig als belastend erfahren. Von Seiten der Schule, von Lehrerinnen und Lehrern, werden sie als Chance verstanden, als Möglichkeit der Verbesserung der Lernbedingungen und damit der Aussicht, die Klasse besser zu durchlaufen, in der neuen Schulform bessere Erfolge aufzuweisen oder, im Falle des Besuchs der Förderschule, doch den Hauptschulabschluss zu bekommen. Es handelt sich um Übergänge, die nicht aus eigenem Ermessen aktiv gewählt werden, sondern um solche, die von außen vorgegeben werden. Solche belastende Übergänge sind:

- die Zurückstellung bei Schulbeginn,
- die Klassenwiederholung,
- die Überweisung an eine Förderschule für Lernbehinderte,
- die Rückstufung auf eine andere Schulform,
- die Zuweisung zu einer Hauptschule im Kontext des Wechsels von der Primar- in die Sekundarstufe.

„Deutschland, Land der Schulabsteiger" wurde aufgrund der Veröffentlichung des Chancenspiegels im März 2012 in den Medien formuliert.[1] Neben der seit Beginn der Veröffentlichung der Schulleistungsstudien belegten Chancenungleichheit der Kinder aus sozial niedrigeren Schichten wird die weitaus größere Zahl von Bildungsabstiegen gegenüber Bildungsaufstiegen problematisiert. Alle genannten belastenden Übergänge werden von Kindern und Eltern (mit und ohne Migrationshintergrund) als Abstiege eingeordnet. Sie betreffen Schülerinnen und Schüler mit Migrationshintergrund weitaus überproportional.

Rückstellungen bei Schulbeginn

Kinder aus sozial benachteiligten Familien werden später eingeschult

Von Rückstellungen auf der Grundlage der Ergebnisse der Schuleingangsuntersuchung sind Kinder mit Migrationshintergrund und/oder Kinder aus Familien mit niedrigem sozioökonomischen Status überproportional betroffen.[2] Allerdings nehmen die Zahlen der Kinder, die ein Jahr später eingeschult werden, als es (altersgerecht) vorgesehen wäre, in den letzten Jahren in vielen sozialen Gruppen deutlich zu. Eltern befürchten,

1 Bertelsmann Stiftung. Institut für Schulentwicklungsforschung (Hrsg.) (2012): Chancenspiegel. Zur Chancengerechtigkeit und Leistungsfähigkeit der deutschen Schulsysteme. Gütersloh.

2 Nach Autorengruppe Bildungsberichterstattung 2010: Bildung in Deutschland 2010. Ein indikatorengestützter Bericht mit einer Analyse zu Perspektiven des Bildungswesens im demografischen Wandel. Bielefeld, S. 59.

dass das Kind dem Leistungsdruck in der Grundschule nicht gewachsen ist. Sie meinen vorausschauend, dass es aufgrund dessen den Übergang nach der vierten Klasse in die weiterführende Schulform Gymnasium eventuell nicht schaffen könnte. Die Rückstellung von Kindern, die zunächst termingemäß eingeschult werden, wird teilweise auch heute noch als eine die Kinder fördernde Maßnahme angesehen. Es soll verhindert werden, dass Kinder durch einen „zu frühen" Schulbeginn Anforderungen ausgesetzt werden, denen sie nicht gewachsen sind. Innerhalb einer Beobachtungsphase nach Schulbeginn können „nicht schulfähige" Kinder zurückgestellt werden. Die Quoten der Rückstellungen schwanken länderspezifisch und regional, insbesondere nach Stadt und Land, und es bestehen beträchtliche Unterschiede selbst zwischen den Schulen einer Stadt. In einigen Bundesländern gibt es Einrichtungen, die schulpflichtige, aber „nicht schulfähige" Kinder während eines Jahres soweit fördern sollen, dass sie danach eingeschult werden können. Meist handelt es sich um Schulkindergärten oder um Schulförderklassen, die nur von zurückgestellten Kindern besucht werden. Seit Jahrzehnten werden Rückstellungen wegen nachgewiesener Erfolglosigkeit dieser Maßnahme (trotz Rückstellung häufigeres Scheitern in der Schullaufbahn) und psychischer Belastungen für das Kind (im Hinblick auf das Selbstwertgefühl) kritisiert und immer mehr Bundesländer führen integrierte Eingangsstufen oder flexible Modelle für den Schulbeginn ein. Über die Reaktionen von Kindern oder Eltern auf die Rückstellungen ist nichts bekannt.

Klassenwiederholungen

Quoten: Klassenwiederholungen

Klassenwiederholungen begleiten seit Jahrzehnten die Schullaufbahn eines Teils der Schülerinnen und Schüler. Die Wiederholerquote betrug 2009/10 2,1 %; aufgeschlüsselt in geringere Quoten in der Grundschule (0,5 %) und etwa gleich hohe in der Sekundarstufe I und II (2,9 % bzw. 2,8 %). Besonders hoch sind mit 4,5 % die Anteile in der Realschule.[3] Die Nichtversetzung in die nächsthöhere Klassenstufe aufgrund mangelnder Leistungen wird – im internationalen Vergleich – in Deutschland besonders häufig angewendet. Pädagogisch ist diese Maßnahme seit längerem umstritten. Hauptkritikpunkt ist die ausbleibende nachhaltige Leistungsverbesserung der betroffenen Schülerinnen und Schüler nach der Wiederholung.[4] Wie bei allen pädagogischen Sondermaßnahmen sind die Unterschiede zwischen den Bundesländern beträchtlich; so variieren die „Sitzenbleiberquoten" in der Sekundarstufe zwischen 1,6 % (Baden-Württemberg) und 4,7 % (Bayern) pro Jahr. Für die einbezogenen Bundesländer betragen sie in Berlin ca. 4 %, in Hamburg, Hessen und Niedersachsen ca. 3 %, in Nordrhein-Westfalen und im Saarland ca. 2,5 % und in Sachsen ca. 2 %. In den letzten Jahren sind die Quoten aufgrund bildungspolitischer Initiativen der Bundesländer gesunken (von 2,7 % in 2007/08 auf 2,2 % in 2009/10).

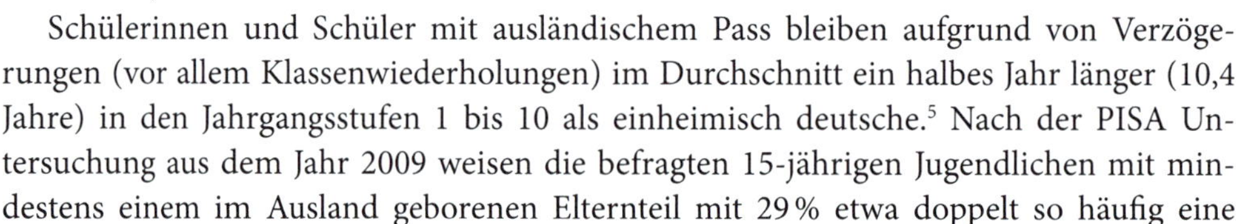

Schülerinnen und Schüler mit ausländischem Pass bleiben aufgrund von Verzögerungen (vor allem Klassenwiederholungen) im Durchschnitt ein halbes Jahr länger (10,4 Jahre) in den Jahrgangsstufen 1 bis 10 als einheimisch deutsche.[5] Nach der PISA Untersuchung aus dem Jahr 2009 weisen die befragten 15-jährigen Jugendlichen mit mindestens einem im Ausland geborenen Elternteil mit 29 % etwa doppelt so häufig eine

3 Bertelsmann Stiftung. Institut für Schulentwicklungsforschung (Hrsg.) (2012): Chancenspiegel, S. 61–63; S. 159–160.

4 Siehe Klemm, Klaus (2009): Klassenwiederholungen – teuer und unwirksam. Eine Studie zu den Ausgaben für Klassenwiederholungen in Deutschland. Gütersloh, S. 10. Hier wird auch auf die hohe Quote in den Realschulen eingegangen und diese mit einer tendenziellen Überschätzung erklärt.

5 Zu den Tabellen vgl. Autorengruppe Bildungsberichterstattung (2012): Bildung in Deutschland 2012 – Ein indikatorengestützter Bericht mit einer Analyse zur kulturellen Bildung im Lebenslauf. Bielefeld, S. 75–76.

verzögerte Schullaufbahn (mindestens einmal eine Klasse wiederholt) auf, als jene ohne Migrationshintergrund (14 %). Die Untersuchung belegt, dass unter Berücksichtigung des sozioökonomischen Status deutliche Unterschiede in den Wiederholeranteilen nach Migrationshintergrund bestehen bleiben. Es sind keine Untersuchungen zu den Reaktionen von Eltern mit Migrationshintergrund oder von Schülerinnen und Schülern auf Klassenwiederholungen bekannt.

Übergang in eine Förderschule für Lernbehinderte

Seit Beginn der Diskussion um die Platzierung von (je nach Erfassungsmerkmal) ausländischen Schülerinnen und Schülern oder aber von solchen mit Migrationshintergrund (seit Anfang der 70er Jahre) wird deren Überrepräsentation in den Förderschulen für Lernbehinderte (früher Sonderschulen genannt) thematisiert. Seit Mitte der 90er Jahre wird bei Lern- und Entwicklungsstörungen (dazu zählen Lernbehinderungen, Sprachbehinderungen und Erziehungsschwierigkeiten) erst nach Ausschöpfung aller Fördermöglichkeiten durch die allgemeinbildende Schule ein Verfahren eröffnet (auf Antrag der Schule oder der Erziehungsberechtigten), auf dessen Grundlage über die bestmögliche Förderung der Schülerin oder des Schülers entschieden werden soll. Immer stärker wird auf Inklusion gedrängt, was die Vorstellung beinhaltet, dass Kinder mit Behinderungen unter der Schaffung besonderer Rahmenbedingungen für eine personenbezogene individuelle Förderung in den Regelschulen am Unterricht teilnehmen können. Dabei handelt es sich keineswegs um eine zu vernachlässigende Zahl von Schülerinnen und Schülern. Die Förderquote der Schülerinnen und Schüler mit sonderpädagogischem Förderbedarf an der Schülerschaft mit Vollzeitschulpflicht (1. bis 10. Jahrgangsstufe)[6] variiert in den Bundesländern 2010/11 von 4,7 % bis 10,9 %. Weitaus die meisten Schülerinnen und Schüler besuchen eine Förderschule (Quote: 3,8 % bis 8,0 %). Deutlich geringer ist demnach der Anteil der Schülerinnen und Schüler mit Förderbedarf, der auf inklusiven Unterricht zurückgreifen kann. Im Schuljahr 2009/10 sind von den knapp 500.000 Kindern und Jugendlichen mit besonderem Förderbedarf rund vier Fünftel nach wie vor in gesonderten Schulen unterrichtet worden. Die Inklusionsanteile sind – bei Berücksichtigung der in das Projekt einbezogenen Länder – besonders gering in Niedersachsen und Nordrhein-Westfalen (ca. 13 %) und eher hoch in Berlin (ca. 41 %).[7]

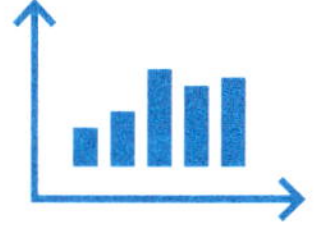

Quoten: Förderschule und Inklusion

Ausländische Kinder bzw. Kinder mit Migrationshintergrund werden nicht differenziert erfasst. Diese Gruppe ist auch heute noch in den Sonder- bzw. Förderschulen für Lernbehinderte deutlich überrepräsentiert. Ihre Sonderschulbesuchsquote liegt 2009 etwa doppelt so hoch wie die der einheimisch deutschen Schülerinnen und Schüler. Besonders hoch ist sie in Baden-Württemberg, Niedersachsen und im Saarland. Besonders häufig betroffen sind Kinder mit italienischem, portugiesischem oder türkischem Hintergrund. Noch höher sind die Anteile an Kindern, die aus den Kriegsgebieten des Balkans geflüchtet sind. Auch heute noch sind fehlende deutsche Sprachkenntnisse Anlass für eine Überweisung, obgleich nach wie vor „faktisch kein Beleg dafür gefunden werden kann, dass Sonderschulen besondere Kompetenzen in der Vermittlung von (Fremd-)Sprachen und der Anwendung von Didaktik besitzen, die zur Überwindung von Problemlagen nichtdeutscher Jugendlicher beitragen.[8]

6 Zu den Zahlen vgl. Autorengruppe Bildungsberichterstattung (2012), S. 70.

7 Zu den Zahlen siehe Bertelsmann Stiftung. Institut für Schulentwicklungsforschung (Hrsg.) (2012): Chancenspiegel, S. 44f.

8 Powell, Justin J. W./Wagner, Sandra, J. (2002): Zur Entwicklung der Überrepräsentation von Migrantenjugendlichen an Sonderschulen in der BRD seit 1991. In: Gemeinsam Leben 10 (2), S. 66–71; hier S. 66f.

Wahrnehmung der Förderschule

Der Übergang in eine Förderschule für Lernbehinderte wird in der Fachdiskussion als entscheidende und kaum mehr korrigierbare Weichenstellung für Exklusions-Karrieren[9] angesehen. Eltern mit Migrationshintergrund folgen dieser Bewertung, wie durch einige wenige Studien belegt wird. Migrationsfamilien leiden und fühlen sich hilflos, wenn ihre Kinder eine Förderschule für Lernbehinderte besuchen sollen. Sie verbinden den Besuch mit dem Gefühl, sich gegen eine ungerechtfertigte Zuweisung nicht wehren zu können. Das Verfahren wird als „Zwangseinweisung“ erfahren. Eltern mit Migrationshintergrund sind wie die Schülerinnen und Schüler selbst bei einem Sonderschulbesuch besonders belastet und beschämt. Sie befürchten eine doppelte Diskriminierung, wenn zum ethnischen Minderheitenstatus der Sonderschulstatus hinzukommt.[10] Partnerschaftliche Beratung und fallbezogene Vernetzung, im Rahmen derer mit den Eltern Lösungen erarbeitet werden, sind selten. Ein Praxisbericht zum „Fluchtpunkt Sonderschule“[11] belegt die Möglichkeiten der Förderung vor oder statt einer Überweisung. In den meisten Fällen wurde die Überweisung an eine Förderschule und ein Scheitern an der Schule verhindert. Bei drohender oder vorgenommener Überweisung an eine Förderschule für Lernbehinderte werden die Eltern mit Migrationshintergrund allein gelassen.

Eine Untersuchung im Ruhrgebiet[12] hat ergeben, dass der Wechsel zu einer Förderschule auch von den betroffenen Schülerinnen und Schülern als großer Einschnitt wahrgenommen wird, der mit der kränkenden Erfahrung des Sich-Abgeschoben-Fühlens und fehlender Anerkennung und Akzeptanz durch die Lehrerin oder den Lehrer verbunden ist. Sie fühlen sich teilweise auch in der Familie emotionalem Druck ausgesetzt. Der Übergang wird als beschämend wahrgenommen, von 41 % der Schülerinnen und Schüler mit Migrationshintergrund fast genau so häufig wie von einheimisch deutschen. Schülerinnen und Schüler mit Migrationshintergrund nehmen aber deutlich häufiger wahr, dass es den Eltern schwer fällt, sich zu ihrer neuen Schulform zu bekennen und ihnen eine Benennung peinlich ist. Die Mütter reagieren mit Traurigkeit und Enttäuschung gegenüber dem Sohn oder der Tochter. Die Ergebnisse – so die Autorin – „lassen den Rückschluss zu, dass im Vergleich zu herkunftsdeutschen Kindern Kinder mit Migrationshintergrund sehr viel häufiger und intensiver von den Schamgefühlen und dem Schamverhalten ihrer Eltern belastet sind und auch die Enttäuschung der Eltern sehr viel häufiger als emotionale Belastung erfahren wird. Es kann angenommen werden, dass sie es unter diesen Bedingungen besonders schwer haben, ihre Schamgefühle zu verarbeiten und ein positives Selbstkonzept zu entwickeln.“[13] Es spricht alles dafür, dass der Übergang in die Förderschule von Eltern und Kindern als äußerst belastendes Erlebnis wahrgenommen wird.

---

9 Helsper, Werner/Hummrich, Merle (2005): Erfolg und Scheitern in der Schulkarriere: Ausmaß, Erklärungen, biografische Auswirkungen und Reformvorschläge. In: Sachverständigenkommission. Zwölfter Kinder- und Jugendbericht (Hrsg.): Materialien zum Zwölften Kinder- und Jugendbericht. Band 3: Kompetenzerwerb von Kindern und Jugendlichen im Schulalter. München, S. 95–173; hier S. 102.

10 So nachzulesen in Schumann, Brigitte (2007): „Ich schäme mich ja so!“ Die Sonderschule für Lernbehinderte als „Schonraumfalle“. Bad Heilbrunn, S. 171–179.

11 Zaschke, Wolfgang (2010): Praxisbericht: Fluchtpunkt Sonderschule. In: Heilpädagogik online 2/10, S. 47–67 http://www.sonderpaedagoge.de/hpo/heilpaedagogik_online_0210.pdf [Zugriff am 27.02.2014], S. 49ff.

12 Schumann, Brigitte (2007): „Ich schäme mich ja so!“ Die Sonderschule für Lernbehinderte als „Schonraumfalle“. Bad Heilbrunn, S. 100–104.

13 Schumann, Brigitte (2007), S. 106.

Vom Gymnasium in die Realschule, von der Realschule in die Hauptschule – der Abstieg in eine geringer bewertete Schulform

Während der Übergang von der Grundschule zur weiterführenden Schule, sowohl was die Chancen einzelner Gruppen als auch was das Erleben der Schülerinnen und Schüler betrifft, immer wieder angesprochen wird, wird ein späterer Wechsel der Schulform seltener zum Thema gemacht. Grundsätzlich ist ein Schulformwechsel möglich, damit Bildungsentscheidungen, die beim Übergang in die Sekundarstufe falsch getroffen wurden, korrigierbar sind. Ein Wechsel ist überwiegend erst ab der 7. Jahrgangsklasse vorgesehen. Wird die 7. bis 9. Jahrgangsstufe betrachtet, so wechseln in dieser Zeitspanne zwischen 1,1 % (Baden-Württemberg) und 12,3 % (Rheinland-Pfalz) der Schülerschaft. Werden nur die Wechsel betrachtet, bei denen es sich um einen Aufwärtswechsel in eine als anspruchsvoller bewertete Schulform oder einen Abwärtswechsel in eine als weniger anspruchsvoll bewertete Form handelt, so lässt sich der weitaus überwiegende Teil als Abwärtswechsel einordnen.

Schulformwechsel: Auf- und Abstieg

In den einbezogenen Bundesländern beträgt das Verhältnis von Aufwärts- zu Abwärtswechslern:[14]

Verhältnis Aufwärts- zu Abwärtswechslern		
	Verhältnis	**Zahl absolut**
Berlin	1 : 13,9	892
Hessen	1 : 8,7	3137
Nordrhein-Westfalen	1 : 8,5	9815
Saarland	1 : 3,3	293
Sachsen	1 : 11,2	770

Die Durchlässigkeit ist demnach überwiegend eine nach unten. In diesen Fällen geht es überwiegend darum, dass Schülerinnen und Schüler in der empfohlenen oder von den Eltern gewählten Schulform der Realschule oder des Gymnasiums nicht die erwarteten oder erhofften Leistungen erbringen. Bei nicht nur vorübergehenden und sich auf mehrere Fächer beziehenden Schwierigkeiten steht eine Klassenwiederholung oder der Wechsel in eine andere, weniger anspruchsvolle Schulform zur Auswahl. In beiden Fällen handelt es sich um belastende Übergänge.

In der geringen Zahl der Aufwärtswechsler sind Schülerinnen und Schüler aus Förderschulen enthalten, die in eine andere Schulform aufsteigen (so in Berlin 79 von 3014 Förderschülern = 2,6 %, in Nordrhein-Westfalen 228 von 25.824 Förderschülern = 0,9 %).

Es liegen keine Zahlen vor, die beim Wechsel nach dem Migrationshintergrund differenzieren, dennoch liegt die Vermutung nahe, dass Schülerinnen und Schüler mit Migrationshintergrund in der Gruppe der Absteiger in eine geringer bewertete Schulform überrepräsentiert sind. Es ist nicht dokumentiert, wie die Kinder selbst und die Eltern auf diesen sicher als hoch belastend einzustufenden Übergang reagieren.

14 Alle Daten aus Bertelsmann Stiftung (2012): Chancenspiegel, S. 60, S. 154–155.

Wechsel in die Hauptschule als belastender Übergang?

Hauptschule = „unteres Milieu"?

Ein schwieriges Thema ist der Wechsel an die Hauptschule. Im Verständnis von Bildungspolitikerinnen und -politikern sowie Fachleuten bietet diese Schulform im dreigliedrigen Schulsystem spezifische Vorteile und Chancen. Von den Eltern (mit und ohne Migrationshintergrund) wird der Wechsel in diese Schulform vielfach als belastender Übergang eingeordnet. In nahezu allen Regionen verstärkt sich die Tendenz, den Wechsel auf eine Hauptschule zu vermeiden – nicht zuletzt wegen der sozialen Verarmung des Lernmilieus an vielen Schulen dieser Form mit negativen Folgen für die Leistungsentwicklung der Schülerinnen und Schüler.[15] Konkret verbinden sich für einen Teil der Eltern mit der Zuweisung ihrer Tochter oder ihres Sohnes an eine Hauptschule die Befürchtungen,

- dass sich durch die Ansammlung von Schülerinnen und Schülern aus bildungsfernen Familien, durch die Konzentration von Wiederholern und Absteigern aus anderen Schulen sowie durch den hohen Anteil von Schülerinnen und Schülern aus belasteten Familienverhältnissen ein negativ bewertetes „unteres" Milieu etabliert,
- dass sich durch diese soziale Homogenisierung der Schülerschaft eine Verarmung des Lernumfeldes mit negativen Erfolgen für die Leistungsentwicklung des Kindes ergibt,
- dass das Kind ein als negativ bewertetes Verhalten und ebensolche Einstellungen aus der Schule mitbringt,
- dass sich die Chancen des Kindes auf einen Ausbildungsplatz und einen guten Beruf verringern.[16]

Junge Menschen mit Migrationshintergrund fühlen sich ebenso wie ihre Eltern in vielen Fällen zu Unrecht auf die Hauptschule verwiesen. Sie führen an, dass sie bei gleichen Leistungen (Noten) seltener für das Gymnasium empfohlen oder diesem zugewiesen werden als einheimisch deutsche Kinder. Sie haben teilweise Recht. Die Schulleistungsstudien belegen, dass Empfehlungen für das Gymnasium nicht ausschließlich nach leistungsbezogenen Kriterien erfolgen. Vielmehr sind bei gleicher Leistung die Chancen eines Kindes aus oberen Sozialschichten größer, eine Gymnasialempfehlung zu bekommen.[17] Die Hauptschulempfehlung kann für die Schülerinnen und Schüler eine große Belastung und Kränkung darstellen, auch unter dem Gesichtspunkt, dass diese für die Eltern eine Enttäuschung bedeutet.[18] Die Nöte der Kinder bleiben den Lehrkräften eher verborgen.[19]

---

15 Solga, Heike/Wagner, Sandra (2004): Die Zurückgelassenen – Die soziale Verarmung der Lernumwelt von Hauptschülern und Hauptschülerinnen. In: Becker, Rolf/Lauterbach, Wolfgang (Hrsg.): Bildung als Privileg? Ursachen von Bildungsungleichheit aus soziologischer Sicht. Wiesbaden, S. 195–224.

16 Für die Beschäftigung mit den Konsequenzen des Hauptschulbesuchs s. Zaborowski, Karin U./Breidenstein, Georg (2010): „Geh lieber nicht hin! – Bleib lieber hier." Eine Fallstudie zu Selektion und Haltekräften an der Hauptschule. In: Krüger, Heinz Hermann u.a. (Hrsg.): Bildungsungleichheit revisited. Bildung und soziale Ungleichheit vom Kindergarten bis zur Hochschule. Wiesbaden, S. 127–144.

17 Maaz, Kai/Baumert, Jürgen/Trautwein, Ulrich (2010): Genese sozialer Ungleichheit im institutionellen Kontext der Schule: Wo entsteht und vergrößert sich soziale Ungleichheit? In: Krüger, Heinz Hermann u.a. (Hrsg.), siehe oben, S. 69–102; hier S. 77; Arnold, Karl-Heinz/Bos, Wilfried/Richert, Peggy, u.a. (2007): Schullaufbahnpräferenzen am Ende der vierten Klassenstufe. In: Bos, Wilfried, u.a. (Hrsg.): IGLU 2006. Lesekompetenzen von Grundschulkindern in Deutschland im internationalen Vergleich. Münster, S. 271–297; hier S. 271ff.

18 Siehe das Beispiel einer Schülerin mit türkischem Migrationshintergrund. Denner, Liselotte (2007): Bildungsteilhabe von Zuwandererkindern. Eine empirische Studie zum Übergang zwischen Primar- und Sekundarstufe. Karlsruhe, S. 264–268.

19 A.a.O., S. 285.

Leseempfehlung

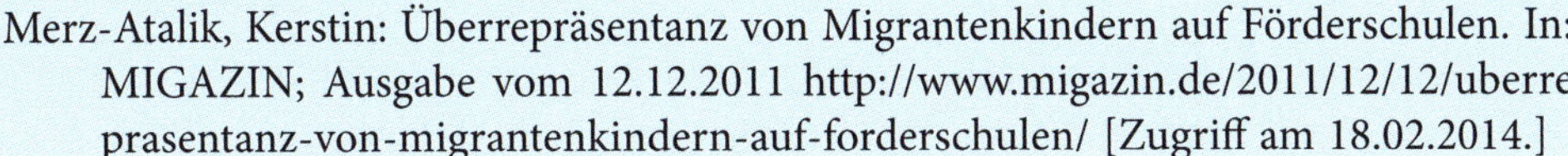
Merz-Atalik, Kerstin: Überrepräsentanz von Migrantenkindern auf Förderschulen. In: MIGAZIN; Ausgabe vom 12.12.2011 http://www.migazin.de/2011/12/12/uberre prasentanz-von-migrantenkindern-auf-forderschulen/ [Zugriff am 18.02.2014.]

7.2 Didaktisches Material

Da es sich um sehr unterschiedliche Formen von belastenden Übergängen handelt, die zudem nur in Elternforen zur Sprache gebracht werden, an denen betroffene Eltern teilnehmen, sollten der Einstieg und das didaktische Vorgehen spezifisch entwickelt werden.

7.3 Quellen/Material zur Weitergabe an Eltern

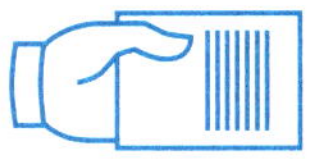

Arbeitskreis Neue Erziehung: Elternbriefe. Welche Schule für unser behindertes Kind, Brief Nr. 34 (2001).

7.4 Literatur zur Vertiefung

Schumann, Brigitte (2007): „Ich schäme mich ja so!“ Die Sonderschule für Lernbehinderte als „Schonraumfalle“, Bad Heilbrunn.

Kemper, Thomas/Weishaupt, Horst (2011): Zur Bildungsbeteiligung ausländischer Schüler an Förderschulen – unter besonderer Berücksichtigung der spezifischen Staatsangehörigkeit. Zeitschrift für Heilpädagogik 62 (10), S. 419–431.

Thema 8: Lösungen bei Konflikten zwischen Eltern und Bildungseinrichtungen

Emine Ertan

Manchmal kommt es aufgrund diskrepanter Vorstellungen (Sexualerziehung, Sport, Klassenausflüge), bei der Wahrnehmung oder Zuschreibung von Ungerechtigkeiten (z.B. als ungerecht empfundene Notengebung) oder bei der Wahrnehmung von Mobbing oder Fremdenfeindlichkeit zu ernsthaften Konflikten mit den Bildungseinrichtungen. Gerade in solchen Situationen ist es wichtig zu wissen, wie die Gesprächsbasis zwischen den Eltern und dem pädagogischen Personal aufrechterhalten werden kann oder wie Lösungen gefunden werden können.

8.1 Basistext

Bildungseinrichtungen sind soziale Systeme mit spezifischen Strukturen und Regeln. Für Schulen gilt das in stärkerem Maße als für Kindertagesstätten. Alle in die Einrichtung einbezogenen Personengruppen sind bestimmten Rollenanforderungen unterworfen, haben aber auch Leistungen, d.h. definierte und vorgegebene Ergebnisse zu erbringen. Die Schule hat z.B. die Selektionsfunktion zu erfüllen. Sie vergibt Abschlüsse, die die Bildungslaufbahnen (mit)bestimmen und eine der Grundlagen für die soziale Positionierung junger Menschen bilden. Aber gleichzeitig soll die Bildungseinrichtung – heute wieder in besonderem Maße gefordert – Chancengerechtigkeit sichern. In dieser Konstellation sind Konflikte zwischen Kindern und ihren Eltern mit den Bildungseinrichtungen nicht ausgeschlossen. Diese Konflikte kommen bei Eltern mit Migrationshintergrund ebenso wie bei einheimisch deutschen Eltern vor. Allerdings sind Unterschiede in den Konfliktanlässen und -verläufen zu berücksichtigen. Es gibt Konfliktanlässe, die nahezu ausschließlich Kinder mit Migrationshintergrund betreffen; es gibt Konfliktbereiche, in denen Familien mit Migrationshintergrund häufiger betroffen sind oder sich betroffen fühlen, und es gibt unterschiedliche Umgangs- und Bewältigungsstrategien bei Konflikten. Zu einer Eskalation von Konflikten, wie sie im Folgenden beschrieben wird, kommt es nur in sehr wenigen Fällen. Konstellationen, aus denen schwerwiegende Konflikte entstehen können, kommen jedoch häufiger vor.

Migrationsspezifische Konfliktanlässe

1. Geschlechtererziehung

Ein wichtiger Bereich mit Konfliktpotenzial, den Familien mit Migrationshintergrund von Seiten des Fachpersonals wahrnehmen oder vermuten, ist eine fehlende Akzeptanz familienspezifischer Werte und Einstellungen, und hier insbesondere die Geschlechtererziehung.[1] Spezifische Normen in Bezug auf die Sexualität und Geschlechtertrennung wurden und werden von den eingewanderten Eltern einem erheblichen Teil der jungen muslimischen Frauen, aber auch einer nicht geringen Zahl der jungen muslimischen Männer, vermittelt und als Erziehungsvorstellungen in den Familien wirksam. Auch in

1 Siehe dazu die Beschreibung der familienspezifischen Werte nach vorliegenden Untersuchungen in: Boos-Nünning, Ursula (2011): Migrationsfamilien als Partner von Erziehung und Bildung. Expertise im Auftrag der Abteilung Wirtschafts- und Sozialpolitik der Friedrich-Ebert-Stiftung. Bonn, S. 28–31.

christlichen freikirchlichen Gruppen wie Baptisten und Mennoniten wird eine – nach Vorstellungen vieler einheimisch Deutscher – konservative Sexualmoral vertreten, die vor allem voreheliche Sexualbeziehungen nicht akzeptiert. Diese Auffassung galt auch für die Familien in der ehemaligen Sowjetunion und nach der Einwanderung wird teilweise daran festgehalten. Auch nicht religiöse Eltern aus der ehemaligen Sowjetunion und aus manchen anderen Ländern haben Probleme mit der Art der Sexualerziehung an den deutschen Schulen; umstritten sind das Alter der Kinder (zu früh) und die Formen, in denen Wissen über Sexualität vermittelt wird (zu derb und unsensibel).[2] Konflikte entstehen, wenn sich Eltern mit Migrationshintergrund in ihren Wertorientierungen nicht akzeptiert fühlen. Es sind über Jahrzehnte hinweg dieselben Problemstellungen, die Kontroversen zwischen Familien mit Migrationshintergrund und Bildungseinrichtungen auslösen:

potenzielle Konfliktthemen

- die Teilnahme von Mädchen am koedukativen Sportunterricht;
- das Tragen eines Kopftuches bei muslimischen Mädchen, vor allem, wenn dieses sehr früh geschieht (etwa im Alter von 8 bis 12 Jahren);
- die Teilnahme an der Sexualerziehung allgemein oder an spezifischen Inhalten dieses Lerngegenstandes;
- weniger öffentlich diskutiert, aber durchaus bedeutsam: die Auseinandersetzung um bestimmte Inhalte des Biologieunterrichtes (Evolutionstheorie) bei Vertretung des Kreationismus als einer Theorie, nach der alles Leben auf der Erde von einem übernatürlichen Wesen (Gott) erschaffen wurde.

Die Auseinandersetzungen um diese Werthaltungen beginnen zuerst in den Bildungseinrichtungen und werden in einigen Fällen juristisch fortgesetzt. Die Auswirkungen beschäftigen die Lehrkräfte sowie einen sicher nicht sehr großen, aber zahlenmäßig nicht bedeutungslosen Teil der Eltern mit Migrationshintergrund.

2. Verwendung der Muttersprache

Ein zweiter migrationsspezifischer Konfliktpunkt liegt in der Auseinandersetzung um die Verwendung der Muttersprache der Kinder. Nahezu alle Eltern mit Migrationshintergrund wünschen und wollen, dass ihre Kinder die deutsche Sprache wie einheimisch deutsche Kinder beherrschen. Sie wissen, dass ihre Kinder in der deutschen Schule und danach im Beruf nur unter dieser Voraussetzung Chancen haben. Eltern mit Migrationshintergrund wollen aber überwiegend auch, dass ihre Kinder die Sprache ihrer Eltern und Großeltern – die Herkunfts- oder Muttersprache – behalten. Manchmal sind es auch zwei, seltener drei Herkunftssprachen. Dieses gilt für verschiedensprachige Eltern, aber auch, wenn aus den Herkunftsländern mehrere Sprachen mitgebracht wurden, z.B. Türkisch und Kurdisch oder eine Berbersprache, Arabisch und Französisch. Es ist gesichert, dass ein erheblicher Teil der Migrantinnen und Migranten auch zwei und mehr Generationen nach ihrer Einwanderung ein Interesse hat, die Sprache der Eltern und Großeltern als Teil ihres kulturellen Kapitals an die nächste Generation weiterzugeben. Nach allen Untersuchungen, die Wünsche von Eltern oder jungen Menschen mit Migrationshintergrund über die sprachliche Sozialisation ihrer Kinder erheben, sind die

2 Siehe dazu Beiträge im Radio „Stimme Russlands“ (heute SNA Radio), in denen z.B. am 22. Januar 2014 über eine Demonstration von 1000 Eltern berichtet wurde, die nicht wollten, dass ihre Kinder am Sexualkundeunterricht teilnehmen (siehe http://de.sputniknews.com/german.ruvr.ru/2014_01_22/Gefangnis-fur-Eltern-die-ihre-Kinder-vor-Sexualkundunterricht-schutzen-5732/ [Zugriff am 08.10.2015]). Dazu ist anzumerken, dass eine solche Bewertung auch bei einheimisch deutschen Eltern vorkommt; vgl. dazu die Auseinandersetzung um die Bildungsplanreform 2015 für Baden-Württemberg, innerhalb derer von den Gegnern der Reform die Sexualerziehung als Kernbestand des elterlichen Erziehungsrechtes erklärt wird (vgl. z.B. http://www.faz.net/aktuell/politik/inland/umstrittene-sexualerziehung-angst-vor-pornografisierung-der-schule-13260124.html [Zugriff am 08.10.2015]).

meisten an einer zwei- oder mehrsprachigen Erziehung ihrer Kinder interessiert. Der öffentliche Umgang mit diesem Wunsch der Eltern ist schwierig und auch das Personal in den Bildungseinrichtungen hat sich bis heute teilweise nicht mit der Anwesenheit zwei- und mehrsprachiger Kinder und Jugendlicher arrangiert.

Deutschpflicht?

In der Auseinandersetzung um das Verbot der Muttersprache und damit um die Deutschpflicht auf Schulhöfen hat sich die Kultusministerkonferenz (KMK) 2010 zugunsten der sprachlichen Vielfalt positioniert, auch unter Bezugnahme auf den UNESCO-Gedenktag zur „Förderung sprachlicher und kultureller Vielfalt und Mehrsprachigkeit" (seit 2000). Seitdem ist es um diese Frage ruhiger geworden, aber auch danach gab es weitere kontroverse Diskussionen wegen der Verwendung einer anderen Sprache als Deutsch auf dem Schulhof und in den Pausen.[3]

Immer noch wird der Gebrauch der Mutter- oder Familiensprache tendenziell negativ, als Belastung für das Kind und als Störung beim Lernen der deutschen Sprache eingestuft. Den Eltern wird dann abgesprochen, dass ihr Bildungsziel Zwei- oder Mehrsprachigkeit legitim und dem Aufwachsen des Kindes förderlich sei. Diese Meinung wird vor allem dann vertreten, wenn es sich – wie beim Türkischen, Arabischen und Russischen – um Sprachen handelt, die international keine hohe Wertschätzung genießen. Ein Teil der Eltern ist sich bewusst, dass ihre Muttersprache zu den „unsympathischen", d.h. in Deutschland nicht positiv bewerteten Sprachen gezählt wird.

3. Wahrnehmung von ungleicher Behandlung

Sehr viele Eltern mit Migrationshintergrund haben hohe Bildungserwartungen für ihr Kind. Sie werden von dem Gedanken geleitet, dass die Bildungseinrichtungen, die Kita, aber insbesondere die Schule, die Fertigkeiten vermitteln, die das Kind braucht, um eine gute Position in der deutschen Gesellschaft zu erreichen. Die Kinder sollen besser gestellt sein als die Eltern selbst.

Eltern mit Migrationshintergrund sind aufgrund verschiedener (belastender) Konstellationen, wie z.B. Unkenntnis über die Erwartungen von Seiten der Bildungsinstitutionen an sie, unsicherer bzw. schwerer Arbeitsbedingungen, Arbeitslosigkeit, schlechter Wohnverhältnisse, unsicherem Aufenthaltsstatus, Schwierigkeiten mit der deutschen Sprache oder geringen eigenen Bildungsvoraussetzungen, nicht immer in der Lage, ihr Kind optimal zu unterstützen. Sie wissen in vielen Fällen durchaus um ihre eigenen geringen Möglichkeiten. Sie erwarten von den Bildungseinrichtungen, dass ihr Kind rechtzeitig und angemessen gefördert wird, und dass ihnen rechtzeitig seitens der Bildungseinrichtungen der Förderbedarf und vor allem der Förderweg für ihr Kind aufgezeigt werden. Geschieht das nicht oder nicht in ausreichendem Maße, fühlen sie sich und ihre Kinder durch die Bildungseinrichtungen (zu) wenig unterstützt.

Nicht wenige Eltern mit Migrationshintergrund nehmen die Schulzeit ihrer Kinder als Zeit der ungleichen Behandlung und der Benachteiligung wahr. Sie fühlen sich durch die Chancenungleichheit ihrer Kinder in der Bildungseinrichtung sehr betroffen.[4] Sie erleben und/oder haben das Gefühl, dass ihre Kinder bei gleichen Leistungen schlechter bewertet werden, als dies bei den einheimisch deutschen Kindern der Fall ist. Nach einer Umfrage von 2011, in der 1256 Eltern von Kindern im Alter zwischen 3 und 19

---

3 Vgl. dazu Eichinger, Ludwig M./Plewnia, Albrecht/Steinle, Melanie (Hrsg.) (2011): Sprache und Integration. Über Mehrsprachigkeit und Migration. Tübingen. Siehe vor allem den Beitrag von Plewnia, Albrecht/Rothe, Astrid: Spracheinstellungen und Mehrsprachigkeit. Wie Schüler über ihre und andere Sprachen denken; ebd., S. 215–253.

4 So nach Wippermann, Katja/Wippermann, Carsten/Kirchner, Andreas (2013): Eltern-Lehrer-Schulerfolg. Wahrnehmungen und Erfahrungen im Schulalltag von Eltern und Lehrern. Stuttgart, S. 289; S. 293–295 für Eltern mit türkischen und S. 315 für Eltern mit Aussiedlerhintergrund.

Jahren nach der Chancengleichheit befragt wurden,[5] davon 214 Eltern mit türkischem Migrationshintergrund, gaben 59 % der Eltern dieser Gruppe an, dass Kinder aus Familien mit Migrationshintergrund nicht die gleichen Chancen hätten wie einheimisch deutsche Schülerinnen und Schüler. Dies führten die Eltern u.a. auf die Vorurteile seitens der Lehrpersonen (63 %), wenig Förderung ihrer Kinder (54 %), aber auch auf eine ungleiche Bewertung bei gleicher Leistung (51 %) zurück.[6] Diese Problematik wird speziell an den Übergängen zu den weiterführenden Schulen deutlich.

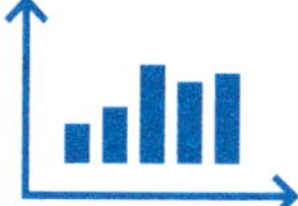

Umfrage zur Chancengleichheit von Kindern mit Migrationshintergrund

Eine Mutter merkt dazu an:

> „Als mein Sohn sein Zeugnis von der sechsten Klasse bekam, war ich baff. Drei Kinder hatten den gleichen Notendurchschnitt, nämlich 2,3, und nur mein Sohn hat keine Gymnasialempfehlung bekommen. Wir haben alle angefangen zu weinen, mein Mann, mein Sohn, ich. Wir haben die Lehrerin um einen Termin gebeten: Wieso kriegen die zwei anderen Kinder diese Empfehlung und wir nicht? Mein Sohn ist kein faules Kind. Er hatte nicht mal eine Vier. Trotzdem hat sie gesagt, sie will ihre Empfehlung nicht geben. Punkt, aus. Ich war fix und fertig, ich konnte nicht arbeiten. Bis mir meine Chefin geholfen hat. Wir haben alle Oberschulen angerufen, bis uns jemand sagte: Wir gucken nicht auf diese Empfehlung, sondern auf die Noten. Das war mein Kennenlernen des deutschen Schulsystems."[7]

Die Eltern haben Recht. Es ist belegt, dass Schülerinnen und Schüler mit Migrationshintergrund (wie auch solche aus unteren sozialen Schichten) in der Bildungslaufbahn schlechter gestellt werden. Die Ergebnisse der IGLU-Leistungsstudien in der Grundschule[8] belegen Bildungsbenachteiligungen von Schülerinnen und Schülern aus sozialen Unterschichten, auch wenn sie über entsprechende Kompetenzen verfügen. Auch nach der 2. World Vision Kinderstudie steigt die Wahrscheinlichkeit, eine Gymnasialempfehlung zu erhalten, mit dem sozialen Status der Eltern.[9] In den IGLU-Untersuchungen werden darüber hinaus spezifische Bildungsbenachteiligungen von Schülerinnen und Schülern mit Migrationshintergrund bei Kontrolle der Variablen soziökonomische Lage und deutsche Sprachkompetenz nachgewiesen, die auf eine mit dem Migrationshintergrund verbundene Diskriminierungspraxis deuten. Selbst bei Kontrolle der Variablen Leseleistungen und Sozialmerkmale der Herkunftsfamilie ist für einheimisch deutsche Kinder gegenüber Kindern, deren Eltern beide im Ausland geboren wurden, die Chance, eine Gymnasialempfehlung zu erhalten, um das 1,7-fache erhöht. Junge Menschen mit Migrationshintergrund nehmen diskriminierendes Verhalten des Lehrpersonals wahr, etwa durch Zuweisung von „Ausländereigenschaften" wie schlechtes Deutsch, durch Nachsprechen von oder Ansprechen im „Ausländerdeutsch",

IGLU

2. World Vision Kinderstudie

5 Vgl. http://www.eltern-bildung.net/pages/publikationen/studien_und_policy_papers/allensbach_studie_2011_-_zwischen_ehrgeiz_und_ueberforderung/index.html [Zugriff am 25.02.2014].

6 http://www.migazin.de/2011/10/12/bildung-turkische-eltern-glauben-nicht-an-chancengleichheit/ [Zugriff am 25.02.2014]. Wer die Studie lesen möchte: Zwischen Ehrgeiz und Überforderung. Bildungsambitionen und Erziehungsziele von Eltern in Deutschland. Eine Studie des Instituts für Demoskopie Allensbach im Auftrag der Vodafone Stiftung Deutschland (2011).

7 FAZ, „Mein Sohn ist kein faules Kind" http://www.faz.net/aktuell/gesellschaft/familie/bildungsdebatte-mein-sohn-ist-kein-faules-kind-11568045-p4.html [Zugriff am 18.02.2014]. Vgl. dazu auch die Darstellung weiterer Elternpositionen im Artikel.

8 So nach Bos, Wilfried/Homberg, Sabine/Arnold, Karl-Heinz, u.a. (Hrsg.) (2010): IGLU 2006 – Die Grundschule auf dem Prüfstand. Vertiefende Analysen zu Rahmenbedingungen des schulischen Lernens. Münster.

9 Hurrelmann, Klaus/Andresen, Sabine (2010): Kinder in Deutschland 2010. 2. World Vision Kinderstudie. Frankfurt/Main, S. 162.

durch geringe Beachtung, verweigerte Anerkennung oder entgegengebrachtes Misstrauen, durch die Verwendung leistungsfremder Kriterien bei Schullaufbahnberatungen und Unterstellung unzureichender Kompetenzen.[10]

4. Mobbing in der Kindertagesstätte oder in der Schule

Kinder werden in der Kindertagesstätte wie auch in der Schule gemobbt. Das gab es schon immer, nur wurde es anders genannt (zum Außenseiter oder zur Außenseiterin gemacht u.a.). Mobbing trifft einheimisch deutsche Schülerinnen und Schüler wie auch solche mit Migrationshintergrund. Beim Mobben der letzteren Gruppe wird der Ton oft rassistisch und damit in einer spezifischen Weise verletzend. Es geht dann nicht nur um Ablehnungen aufgrund persönlicher Eigenschaften, sondern aufgrund der Zugehörigkeit zu einer anderen Ethnie oder Religion. Mobbing in dieser Form kommt nicht nur zwischen einheimisch deutschen und Kindern mit Migrationshintergrund vor, sondern auch zwischen Kindern aus unterschiedlichen Migrantengruppen. Es fällt den pädagogischen Fachkräften schwer, Mobbing allgemein wie auch als rassistisch einzuordnende Übergriffe zu thematisieren. Da aber die Lösung solcher Konflikte in der Bildungseinrichtung entscheidend vom Eingreifen der pädagogischen Kraft abhängt, sind Eltern enttäuscht, wenn diese nicht reagiert und die Kränkungen übersieht.

Cyber-Mobbing

Noch schwieriger wird es bei einem neuen Phänomen, das an Bedeutung gewinnt und immer jüngere Kinder betrifft, nämlich beim Cyber-Mobbing. Unter Cyber-Mobbing wird das absichtliche Beleidigen, Bedrohen, Bloßstellen oder Belästigen anderer mit Hilfe moderner Kommunikationsmittel verstanden – meist über einen längeren Zeitraum. Es findet z.B. über die Sozialen Netzwerke, etwa durch Videos auf Internetportalen, statt. Die Angriffe sind hinterhältig, da die Opfer oft nicht wissen, von wem sie gemobbt werden. Meist kommen die Täterinnen und Täter aus dem Umfeld (Schule, Wohnviertel, Vereine) des Opfers. Bestehende Spannungen innerhalb einer Klassengemeinschaft werden zunehmend im Internet oder mittels des Handys ausgetragen.[11]

Schon beim „offenen“ Mobbing einzelner Schülerinnen und Schüler sind die Lehrkräfte längst nicht immer fähig oder bereit einzugreifen. Erfahren sie vom Cyber-Mobbing, reagieren sie abwehrend.

Steigerung des Konfliktpotenzials und Gründe für Konfliktverschärfungen

Die Konflikte zwischen Eltern mit Migrationshintergrund und einer Bildungseinrichtung werden bei bestimmten Konstellationen verstärkt:

- Nicht wenige Eltern sind bestrebt, die Erwartungen der Bildungseinrichtungen an sie zu erfüllen; sie wissen aber oft nicht, was von ihnen konkret gefordert wird. Die Bildungseinrichtung unterstellt dann Unwillen von Seiten der Eltern.
- Die ungleiche Machtverteilung zwischen den Eltern und den Bildungseinrichtungen (Eltern wünschen sich Schulerfolge für ihre Kinder, die Bildungseinrichtungen haben die Entscheidungsmacht) führt beim Übergang zu den weiterführenden Schulen zu Konflikten und unter Umständen zu Enttäuschungen der Eltern mit Migrationshintergrund, die teilweise aus dem Erleben von Ohnmacht entstanden sind.
- Eltern mit Migrationshintergrund nehmen wahr (oder sie unterstellen), dass die Bildungseinrichtungen kein oder wenig Interesse an ihren Fragen und Problemen und an der Bildungssituation ihres Kindes zeigen.

10 Mansel, Jürgen/Spaiser, Viktoria (2010): Hintergründe von Bildungserfolgen und -misserfolgen junger Migrant(inn)en. In: Diskurs Kindheits- und Jugendforschung, Heft 2, S. 209–225; hier S. 213–218.

11 Cybermobbing – Schau hin! (http://www.schau-hin.info/extrathemen/cybermobbing.html [Zugriff am 08.10.2015]).

Respekt

Das Verhältnis zwischen Fachkräften bzw. dem Lehrpersonal und den Eltern verschlechtert sich weiter, wenn die Fachkräfte in bestimmten Situationen nicht respektvoll mit den Schülerinnen und Schülern oder den Eltern umgehen. Dieser Eindruck kann durch ein Gespräch nach einem Konflikt hervorgerufen werden, der durch Vorwürfe belastet ist, ohne Handlungs- und Problemlösestrategien anzubieten.

Kontaktvermeidung

Ein Teil der Eltern mit Migrationshintergrund nimmt von sich aus ungern Kontakt zu den Bildungseinrichtungen auf. Sie fühlen sich einem Gespräch mit dem Lehrpersonal nicht gewachsen. Durch Erfahrungen aus dem Umgang mit anderen Behörden – beispielsweise mit der Ausländerbehörde – haben sie Sorgen, in die Rolle des Bittstellers oder der Bittstellerin verwiesen zu werden. So vermeiden sie solange wie möglich Kontakte zu den Bildungseinrichtungen. Meistens hat sich das Problem schon äußerst zugespitzt, bevor es zu einem ersten Kontakt kommt. Zu diesem Zeitpunkt ist auch seitens des Personals in den Bildungseinrichtungen kaum noch ein an der Problemlösung orientiertes Zugehen auf die Eltern möglich. Die Grundlage für ein konstruktives Gespräch ist dann auf beiden Seiten häufig nicht mehr vorhanden.

Sprachbarrieren

Eltern entwickeln aus unterschiedlichen Gründen Hemmungen im Umgang mit Bildungseinrichtungen. Durch negative Erfahrungen, vor allem beim Bringen und Abholen ihres Kindes, fühlen sie sich manchmal nicht willkommen. Eltern mit Migrationshintergrund fühlen sich schnell (vielleicht zu schnell) schlechter angesehen oder behandelt. Der Eindruck fehlender Akzeptanz verfestigt sich, wenn sich das Personal mit den einheimisch deutschen Eltern mehr zu unterhalten und sich gegenüber deren Anliegen interessierter zu zeigen scheint. Auch fühlen sie sich bei den Elternsprechtagen verunsichert und unterlegen. Insbesondere kann die Verwendung von Fachbegriffen bei Eltern mit Migrationshintergrund und niedrigem Bildungsstatus und mit Sprachbarrieren Unterlegenheitsgefühle und Vorstellungen von Inkompetenz auslösen.[12] Eltern nehmen dann wahr, dass ihre Meinungen zu bestimmten Entscheidungen nicht berücksichtigt werden. Nicht selten fühlen sie sich fehl am Platze. Aus ihrer Sicht gibt es wenig Bemühen von Seiten der Bildungseinrichtungen, die bestehenden Barrieren – sowohl sprachliche als auch kulturelle – zu überwinden. Um sich solchen Situationen nicht aussetzen zu müssen, meiden Eltern mit Migrationshintergrund das Aufsuchen von Elternsprechtagen sowie die Teilnahme an Elternpflegschaftssitzungen oder an anderen Gremien. Ein anderer Teil der Eltern fühlt sich der deutschen Sprache nicht ausreichend mächtig; will allerdings auch bei Problemen andere Eltern nicht um Hilfe bitten. Oft sagen Eltern: „Würde ich gut Deutsch sprechen, dann könnte ich meine Situation besser darstellen bzw. dann hätte ich der Lehrperson das und das gesagt. Aber so …" Viele Eltern mit Migrationshintergrund schämen sich sogar für ihr „gebrochenes" Deutsch und meiden deswegen den Kontakt zu den Bildungseinrichtungen. Mit der „gebrochenen" Sprache fühlen sie sich inkompetent und schlecht („Ich bin ein türkischstämmiger Vater, ich lebe seit 1972 in Berlin. Wie sie merken, spreche in gebrochenes Deutsch. Ich kann mich verständigen, aber nicht sehr gut, das ist für mich eine Schande").[13] Zudem erleben sie, dass sie mit ihren unzureichenden Kompetenzen in der deutschen Sprache nicht als gleichberechtigt wahrgenommen werden bzw. Abwertung erfahren. Es kommt zum Rückzug, der allerdings die Probleme mit den Bildungseinrichtungen verhärten und die Lösungen immer schwieriger werden lässt.

Erfahrungen aus der Schulzeit der Eltern

Manche Eltern werden durch ihre Erfahrungen aus der eigenen Schulzeit beeinflusst. Die zweite Generation der Eltern mit Migrationshintergrund hat die Schule teilweise oder vollständig in Deutschland besucht. Die eigenen Erfahrungen mit den Bildungs-

12 So Gomolla, Mechthild (2009): Elternbeteiligung in der Schule. In: Fürstenau, Sara/Gomolla, Mechthild (Hrsg.): Migration und schulischer Wandel: Elternbeteiligung. Wiesbaden, S. 21–49; hier S. 30.

13 FAZ: „Mein Sohn ist kein faules Kind" http://www.faz.net/aktuell/gesellschaft/familie/bildungsdebatte-mein-sohn-ist-kein-faules-kind-11568045-p4.html [Zugriff am 25.02.2014].

einrichtungen sind oftmals mit Erinnerungen aus der eigenen Schulzeit an Diskriminierung – auch seitens der Mitschülerinnen und Mitschüler – oder an Chancenungleichheiten verbunden.

Ein Teil der Eltern geht bewusst oder unbewusst davon aus, sich in der Rolle des „Verlierers" zu befinden und deswegen kaum Möglichkeiten zu haben, auf Augenhöhe mit den Fachkräften in den Bildungseinrichtungen zu sprechen bzw. Probleme durch Aushandeln lösen zu können. Dazu zwei Beispiele:

Beispiel 1

Frau A. erzählt in einer Begegnung, dass sie in Kasachstan mit Deutsch als Erstsprache aufgewachsen und im Alter von 13 Jahren mit Russisch als dominanter Sprache nach Deutschland gekommen sei. Heute beherrscht sie beide Sprachen auf hohem Niveau. Ihre Tochter wächst ebenfalls zweisprachig auf. Sie besucht die 4. Klasse und zeigt hohe Anstrengungsbereitschaft, um den Übergang in das Gymnasium zu erreichen. Die in Baden-Württemberg verbindliche Grundschulempfehlung sieht für das Mädchen bei einem Notendurchschnitt von 2,6 in Deutsch und Mathematik jedoch den Übergang in die Realschule vor. Die Lehrerin warnt vor einer Überforderung im Gymnasium. Zudem wären die Aufsätze nicht gymnasial. Die Familie überlegt, ob sie von der Möglichkeit des Widerspruchs gegen die Grundschulempfehlung Gebrauch machen und ein Beratungsgespräch anstreben soll. Sie fürchtet jedoch, das Kind könne am Beratungsverfahren oder im Gymnasium scheitern. Frau A. gibt mir zu verstehen: „Ich hatte so gehofft, dass Sie mal vorbeikommen."[14]

Beispiel 2

Zeki ist ein aufgeweckter Junge, der im Unterricht gut mitkommt. Die Chancen, dass er auf das Gymnasium kommt, sind gut. Das sagt auch seine Klassenlehrerin der Mutter am Elternsprechtag. Die Mutter ist über diese Nachricht sehr erfreut. Nur – so die Klassenlehrerin – solle er sein Verhalten im Unterricht verbessern, in dem er sich ruhiger verhält. Da den Eltern von Zeki der Wechsel auf das Gymnasium sehr wichtig ist, bitten sie Zeki sich im Unterricht mehr zurückzunehmen. Die Mutter geht nun davon aus – da auch die Lehrerin ihr nichts mehr sagt, wenn sie den Sohn von der Schule abholt bzw. ihn in die Schule bringt – dass dem Gymnasialbesuch nichts mehr im Wege stehen würde. Sie schaut sich am Tag der Offenen Tür mehrere Gymnasien an und entscheidet sich nach gründlicher Überlegung, in die sie auch Zeki einbezieht, für ein bestimmtes Gymnasium. Später erfährt sie völlig überraschend, dass Zeki keine Gymnasialempfehlung erhält. Auf ihre Nachfrage, warum ihr Sohn keine Gymnasialempfehlung bekommen habe, antwortet die Lehrerin, dass sich Zeki in den letzten Monaten im Unterricht sehr ruhig verhalten habe; er sei mehr in sich gekehrt gewesen. Die Lehrerin fragt die Mutter, ob zu Hause alles in Ordnung gewesen sei. Die Mutter ist sprachlos und fühlt sich hintergangen. Sie sagt, dass ihr Kind immer negativ bewertet würde: War das Kind lebhaft, wäre es falsch; war es ruhig, würde sein Verhalten auf familiäre Probleme zurückgeführt. Sie hat die Entscheidung der Lehrerin hingenommen, ohne sich dagegen zu wehren. Mit der Rektorin wollte sie nicht reden, da sie davon ausgegangen ist, dass sie – die Mutter – die Situation nicht ändern könne, da die Lehrerin und die Rektorin sowieso zusammenhalten würden. Letztendlich hat sie keine andere Möglichkeit gesehen, als sich nach einer Realschule umzusehen und Zeki dort anzumelden.

14 Aus Denner, Liselotte (2010): Bildungsteilhabe von Zuwandererkindern – Zufall oder Ergebnis gemeinsamer Bemühungen von Kind, Familie und Grundschule. In: Lin-Klitzing, Susanne/Di Fuccia, David/Müller-Frerich, Gerhard (Hrsg.): Übergänge im Schulwesen. Chancen und Probleme aus sozialwissenschaftlicher Sicht. Bad Heilbrunn, S. 81–104; hier S. 81f.

In diesen beiden wie in vielen anderen Fällen haben sich die Eltern nicht an die Schule gewandt.

Wenn sich Konflikte andeuten, fühlen sich viele Eltern mit Migrationshintergrund nicht in der Lage, Differenzen und Missverständnisse im Vorfeld zu klären. Aktuelle Untersuchungen verweisen darauf, dass das Verhältnis von Eltern allgemein und in noch stärkerem Maße von Eltern mit Migrationshintergrund zu den Bildungseinrichtungen und insbesondere zur Schule angespannt ist. Die Mehrzahl der Eltern insgesamt hat wenig Vertrauen in das öffentliche Bildungssystem.[15] Seltener beschrieben, aber häufiger negativ bewertet, stellt sich die Beziehung zwischen Eltern mit Migrationshintergrund und Schule dar.[16] Die Gründe dafür sind die schon oben angeführten Verständnisschwierigkeiten in der deutschen Sprache, die negativen Erfahrungen mit Bildungseinrichtungen oder anderen Behörden, die Befürchtung von Desinteresse auf Seiten des pädagogischen Personals, das Gefühl der Unterlegenheit und Nicht-ernst-genommen-Werdens wie auch die Angst vor formellen Kontakten mit deutschen Einrichtungen, die Vorstellung, sich gegenüber der mit Macht ausgestatteten Lehrperson nicht behaupten zu können in Verbindung mit der Angst, dass vor allem die Formulierung kritischer Sachverhalte sich negativ auf die Bewertung des Kindes auswirken könnte. Die Furcht, dass es wegen unterschiedlicher kultureller Werte oder Religiosität zur Nichtakzeptanz oder Auseinandersetzung kommen könnte (z.B. und vor allem wegen des Tragens eines Kopftuches der Mutter oder der Tochter), ist ein weiterer Faktor, der diese Elterngruppe hindert, Kontakte aufzunehmen. Wenn Eltern Benachteiligungen oder Kränkungen ihres Kindes wahrnehmen oder wenn die Konflikte eskalieren, fühlen sie sich deswegen teilweise nicht in der Lage, die Interessen der Familie oder des Kindes gegenüber den Lehrkräften zu vertreten.

Die Bedeutung nicht gelöster Konflikte für das Kind

Anzeichen für ungelöste Konflikte

Wenn sich das Kind in der Schule beschuldigt, benachteiligt oder diskriminiert fühlt und über diese Wahrnehmungen oder Gefühle den Eltern berichtet, erwartet es in erster Linie Verständnis und darüber hinaus Unterstützung von Seiten seiner Eltern. Es kann sein, dass Kinder erst auf Nachfragen ihren Eltern von dem Erlebten berichten. Eltern sollten daher ihr Kind beobachten: Zieht es sich in letzter Zeit häufiger zurück? Wirkt es bedrückt? Geht es in jüngster Zeit ungern zur Schule? Wird es öfter ohne spezifischen Grund krank? Dabei ist es Aufgabe der Eltern, in ruhiger Atmosphäre nachzufragen, was das Kind in der jeweiligen Bildungseinrichtung erlebt hat, wie es sich fühlt bzw. ob es negative Erfahrungen gibt. Wichtig ist für das Kind – auch wenn es altersbedingt seine Erfahrungen, Gefühle oder Enttäuschungen nicht immer zum Ausdruck bringen kann –, dass es das Gefühl bekommt, dass die Eltern sich für seine Erlebnisse interessieren, dass es nicht alleine gelassen ist und dass es ernst genommen wird. Erst

Vertrauen zwischen Eltern und Kind

15 Beides nachzulesen in: Solzbacher, Claudia (2009): Zusammenarbeit von Elternhaus und Schule. In: Mertens, Gerhard (Hrsg.): Handbuch der Erziehungswissenschaft. 3.1 Familie, Kindheit, Jugend, Gender. Paderborn, S. 247–266.; Merkle, Tanja/Wippermann, Carsten (2010): Eltern unter Druck. Selbstverständnisse, Befindlichkeiten und Bedürfnisse von Eltern in verschiedenen Lebenswelten. Stuttgart. Lehrerinnen und Lehrer werden in ihren Leistungen deutlich positiver bewertet als die Aufgabenerfüllung der Schule, siehe dazu: Killus, Dagmar/Tillmann, Hans-Jürgen (Hrsg.) (2012): Eltern ziehen Bilanz. Ein Trendbericht zu Schule und Bildungspolitik in Deutschland. Die 2. JAKO-O Bildungsstudie. Münster; so auch Wipperman, Katja/Wipperman, Carsten/Kirchner, Andreas (2013): Eltern – Lehrer – Schulerfolg. Wahrnehmungen und Erfahrungen im Schulalltag von Eltern und Lehrern. Stuttgart.

16 Hawighorst, Britta (2009): Perspektiven von Einwandererfamilien. In: Fürstenau, Sara/Gomolla, Mechthild (Hrsg.): Migration und schulischer Wandel: Elternbeteiligung. Wiesbaden, S. 51–67.

dann können Eltern herausfinden, ob und in welchen Situationen sich das Kind schlecht behandelt gefühlt bzw. welche Verletzungen es erfahren hat.

Wiederholen sich Berichte über problematische Erlebnisse in der Bildungseinrichtung, sollten sich die Eltern an das Lehrpersonal wenden und um einen Gesprächstermin bitten. Bei dem Treffen ist es bedeutsam für die Eltern, darauf zu achten, dass das gesamte Gespräch ohne Vorwürfe geführt und dass sie die Vorkommnisse vor allem aus der subjektiven Wahrnehmung des Kindes beschreiben. Wenn das Eltern-Lehrkraft-Gespräch konstruktiv verläuft, können erste Konsequenzen gezogen werden – etwa, dass das Kind bestimmte Regeln einhalten soll oder aber, dass die Lehrkraft in bestimmten Situationen reflektierter reagiert. Bei einem solchen Vorgehen erfährt das Kind, dass die Eltern durch den Kontakt zu dem Lehr- oder Betreuungspersonal seine schwierige Situation aufklären wollen, und dass versucht wird, gemeinsam Lösungswege zu finden. Das Kind wird sich immer öfter trauen, eine als unangenehm erlebte Situation zum Ausdruck zu bringen, und es lernt zudem, dass Probleme durch Gespräche gelöst werden können.

Reagieren Eltern jedoch nicht auf die vom Kind als ungerecht oder unzumutbar empfundene Situation, fühlt es sich von seinen Eltern alleine gelassen und den Problemen in der Schule (in manchen Fällen auch in der Kindertagesstätte) ausgeliefert. Dies kann nicht nur zur Schulunlust, schlechteren Noten und Rückzug führen, sondern auch das Vertrauen zu den Eltern beeinträchtigen.

Handlungsmöglichkeiten

Die meisten Eltern mit Migrationshintergrund wünschen sich ein gutes Verhältnis zu den in den Bildungseinrichtungen tätigen Personen. Sie wissen, dass die Zukunft ihres Kindes von einer guten Bildung(-sförderung) abhängt. Jedoch gibt es Hemmschwellen, die ein Zugehen der Eltern auf die Bildungseinrichtungen verhindern, obgleich es unbedingt erforderlich ist, Problemlösungen für einen positiv verlaufenden Bildungsprozess oder sogar für das gesunde Aufwachsen des Kindes zu finden. Dabei können – je nach der Verfestigung der Konflikte zwischen Eltern mit Migrationshintergrund und Bildungseinrichtung – unterschiedliche Bewältigungsstrategien diskutiert und nach Abwägen der Vor- und Nachteile angewendet werden.

Konfliktlösungen durch Gespräche

Kontakt zum Schulpersonal

Es muss ein wichtiges Bestreben von Eltern mit Migrationshintergrund sein, aufkeimende Konflikte nicht eskalieren zu lassen und noch besser, Konfliktkonstellationen so früh zu erkennen, dass eine Bewältigung von Unstimmigkeiten im Vorfeld möglich ist. Dieses gelingt am ehesten, wenn von vorneherein – unabhängig von Fragen oder Problemen – eine gute Beziehung zwischen den Eltern und dem Personal in den Bildungseinrichtungen hergestellt wurde. Bei vorhandenen Kontakten, die von wechselseitigem Respekt bestimmt werden, lassen sich viele Problemlagen klären. In der Fachliteratur werden häufig die Probleme der Zusammenarbeit thematisiert und Ratschläge zur Verbesserung ausgeführt. Alle diese Ausführungen wenden sich an die Bildungseinrichtungen und das dort tätige Personal. Hier geht es aber darum, was Eltern mit Migrationshintergrund tun können und sollten, um die Beziehung von Anfang an positiv zu gestalten. Sie können:

- von Beginn an Kontakte aufbauen, etwa informell durch Teilnahme an Schulfesten oder formell bei den Elternsprechtagen oder Klassenkonferenzen;
- bei entsprechenden Gelegenheiten kurze Gespräche mit dem Lehrpersonal führen und somit zum gegenseitigen Kennenlernen und Austausch beitragen;
- bei Anliegen zeitnah um einen Gesprächstermin bitten;
- Gespräche vorbereiten, um als kompetenter Partner oder kompetente Partnerin aufzutreten.

Checklisten für Eltern-Lehrer-Gespräche

Im Internet existieren „Checklisten für Gespräche mit Lehrerinnen und Lehrern"; in diesen wird empfohlen:[17]

- nicht mit dem Gefühl, keine Chancen zu haben, in die Sprechstunde zu gehen;
- das Gespräch selbst gestalten;
- kein Feindbild aufbauen;
- versuchen die Perspektiven aller Beteiligten zu sehen;
- keine Vorwürfe machen;
- freundlich bleiben, z.B. erwähnen, was Vater oder Mutter bzw. das Kind an der Lehrerin oder dem Lehrer schätzen;
- nicht ins Wort fallen;
- nicht versuchen, zu überzeugen;
- sich auf das Gespräch gut vorbereiten, ggf. Notizen mitnehmen, damit alle Punkte angesprochen werden können (in manchen Situationen ist eine Vorrecherche notwendig);
- das Befinden des Kindes und die damit verbundenen Belastungen als Mutter oder Vater benennen;
- das Kind zum Gespräch mitnehmen, um bestimmte Vorkommnisse besser zu verstehen oder um die Sichtweise des Kindes mit einbringen zu können;
- das Gespräch als Anfang eines Prozesses betrachten.

Elternvereine

Eltern mit Migrationshintergrund können sich auch an die bestehenden Elternvereine wenden, die sich u.a. die Aufgaben und Ziele gesetzt haben, die Eltern bei schulischen Angelegenheiten, in Fragen der Bildung, Erziehung und Entwicklung ihrer Kinder zu unterstützen.[18] Aber das Wichtigste, was Eltern berücksichtigen sollten, ist, dass sie Gespräche früh suchen. Dieses gilt, wenn Probleme, wie schlechtere Noten des Kindes auftreten. Eltern sollten in diesem Fall Kontakt mit den Lehrkräften aufnehmen, um die Gründe für die schlechten Ergebnisse zu erfahren und um geeignete und erforderliche Fördermaßnahmen für das Kind rechtzeitig in Erfahrung zu bringen. Das gilt auch in anderen Situationen, wie bei Schulunlust, Berichten über Ablehnung oder Mobbing. Frühe Kontakte sind auch sinnvoll, wenn Entscheidungen anstehen. Insbesondere vor den Übergängen sollten Eltern rechtzeitig das Gespräch zu den Bildungseinrichtungen suchen, insbesondere vor dem Übergang in die weiterführenden Schulen.

17 So http://eltern.lerntipp.at/Eltern-Lehrer-Probleme.shtml [Zugriff am 25.02.2014].

18 Viele Sprach- oder ethnische Gruppen haben in den größeren Städten Vereine gegründet, siehe die Darstellung der fünf am Projekt „Bildungs-Brücken: Aufstieg!" beteiligten Organisationen in Kapitel 1 dieses Handbuchs.

Konfliktlösungen mit Hilfe von „Vermittlungsagenten"

Oftmals gelingt es nicht, die Eskalation von Konflikten zu vermeiden. Oder die Konflikte sind so schwerwiegend, dass deren Lösung eine Aufarbeitung der Konfliktursachen notwendig macht. Dann ist eine Lösung nur prozesshaft möglich und erfordert Anstrengungen von allen Beteiligten. Die Eltern erfahren in der Regel von dem Konflikt aus der Sicht des Lehrpersonals. Selten werden ihnen die Entstehungsgründe vermittelt. Eine Intervention von Seiten der Bildungseinrichtung wird manchmal mit der Vorstellung verbunden, die Eltern sollten ihr Kind „zurechtweisen". In nicht wenigen Fällen ist dann schon eine Stigmatisierung des Kindes durch das Lehr- oder Betreuungspersonal erfolgt. Zu einer weiteren Eskalation kommt es oft dann, wenn sich das Kind zu Unrecht bestraft fühlt und wenn die Eltern dann eingreifen. In solchen Situationen helfen vielfach Gespräche zwischen dem Personal der Einrichtung und den Eltern nicht mehr weiter.

Sprach- und Integrationsmittler (SprInt)

Mittlerweile werden Unterstützungsmöglichkeiten für eine bessere Kommunikation und Zusammenarbeit zwischen den Bildungseinrichtungen und Eltern mit Migrationshintergrund von unterschiedlichen Einrichtungen angeboten, an die sich die Eltern oder aber die Bildungseinrichtungen bei Fragen, Beratungsbedarf oder bei Problemen wenden können. Dazu zwei Beispiele: „Sprach- und Integrationsmittler" (abgekürzt als „SprInt") sollen eine Vermittlung zwischen Menschen mit Migrationshintergrund und Regeldiensten, so u.a. auch Bildungseinrichtungen, leisten. Sie können Eltern mit Migrationshintergrund zu verschiedenen Institutionen – unter anderem auch in die Schulen – begleiten. Seit einigen Jahren besteht das bundesweite SprInt-Netzwerk, dass mittels verschiedener Träger in elf Bundesländern Vermittlungszentralen aufgebaut hat. Die Vermittlungszentralen haben sich auf gemeinsame Qualitätsstandards für die SprInt-Einsätze geeinigt. Eine koordinierende und beratende Funktion übernimmt die Servicestelle Sprach- und Integrationsvermittlung der Diakonie Wuppertal.[19]

Nach der Selbstdarstellung der Einrichtung wird durch die Begleitung zu einem besseren Gesprächs- und Verständigungsklima zwischen Bildungseinrichtungen und Eltern mit Migrationshintergrund beigetragen, da die Sprach- und Integrationsmittler mit beiden Seiten respektvoll umgehen, die Sichtweisen beider Seiten verstehen und zwischen unterschiedlichen Positionen vermitteln können. Darüber hinaus kennen sie sich nicht nur im deutschen Sozial-, Gesundheits- und Bildungswesen aus, sondern können sowohl den Bildungsinstitutionen als auch den Eltern mit Migrationshintergrund eventuell Unverständliches der „anderen Seite" erklären. Die Einbeziehung der Sprach- und Integrationsmittler kann gerade bei zugespitzten Situationen Vorteile mit sich bringen, da sie als Vermittler nicht nur die sprachlichen Barrieren überwinden, sondern auch Missverständnisse zwischen Eltern und den Bildungseinrichtungen auflösen kann. Behörden, wie z.B. die Schulen, können einen Sprach- und Integrationsmittler buchen. Auch Eltern mit Migrationshintergrund können sich an die Vermittlungsstelle richten, müssen jedoch Beratungsgebühren bezahlen.

Beschwerdenmanagement

Manche Gymnasien wie z.B. das Humboldt-Gymnasium in Solingen oder die UNESCO-Schule in Essen haben, um Probleme zwischen Eltern und Lehrern im Vorfeld zu lösen, ein Beschwerdemanagement eingeführt.[20] Dadurch soll die Kommunikation zwischen Eltern und Lehrkräften verbessert werden. Eltern können ihren Ärger erst einmal in einem Vorgespräch bei einer Beratungslehrerin bzw. einem Beratungslehrer oder bei der Rektorin oder dem Rektor vortragen. Damit das Problem nicht „zwischen Tür und Angel" besprochen wird, werden Termine für das Zusammentreffen zwischen

19 http://www.sprachundintegrationsmittler.org/index.php/sprach-und-integrationsmittler [Zugriff am 25.02.2014].

20 http://www.humboldtgymnasium-solingen.de/index.php?option=com_content&view=article&id=708&Itemid=264 [Zugriff am 25.02.2014].

Eltern und Lehrkraft vereinbart. In einer oder auch in mehreren Sitzungen soll das bestehende Problem besprochen und möglichst gelöst werden. Zudem trägt das Beschwerdemanagement dazu bei, dass nicht Stufen übersprungen werden und sofort die Schulleitung oder gar die Schulaufsichtsbehörde angesprochen wird, sondern dass zunächst auf der unteren Ebene versucht wird, die Probleme in den Griff zu bekommen – ggf. unter Hinzuziehung weiterer Personen. Die Gespräche finden idealerweise in einem großen Konferenzraum statt, damit die Beteiligten aus einer gewissen Distanz miteinander sprechen können und dadurch nicht das zwischenmenschliche Problem zum Thema wird, sondern das Sachproblem in den Mittelpunkt rückt. Eltern oder Elternvertretungen können die Einrichtung eines solchen Beschwerdemanagement an ihrer Schule anregen.

Umgang mit verhärteten Konflikten

Zahlenmäßig nicht sehr häufig, aber in den Auswirkungen für das Kind und die Familie kaum zu bewältigen, sind langanhaltende und schwerwiegende Konflikte. Diese können aus allen vorne genannten Anlässen entstanden sein: Auseinandersetzungen um die Teilnahme am Sport- oder Biologieunterricht, die Verfestigung des Eindrucks, ständigen Ungerechtigkeiten ausgesetzt zu sein oder häufiges Mobbing durch Mitschülerinnen oder Mitschüler. Irgendwann haben sich die Konfliktlinien verfestigt und es kommt zu Prozessen der Stigmatisierung in der Gruppe oder Klasse. Das Kind übernimmt die Rolle des Außenseiters oder des Stigmatisierten. In solchen Fällen bieten sich Eltern zwei sehr unterschiedliche Konfliktlösungsstrategien:

interkulturelle Mediation

- Wenn die Situation verfahren ist, kann die interkulturelle Mediation einen Lösungsansatz bieten.[21] Eltern mit Migrationshintergrund sollten anregen – auch unterstützt durch Organisationen wie die Jugendmigrationsdienste oder Migrantenorganisationen –, dass eine Mediation eingerichtet wird, die in der Regel für die Eltern kostenfrei ist. Eine interkulturelle Mediation folgt den Grundsätzen und methodischen Verfahrensschritten der Mediation allgemein, berücksichtigt aber die besondere Ausgangslage der Kontrahenten des Konflikts. Der Mediator sollte über spezifische Qualifikationen verfügen, die deutlich mehr als das Beherrschen von interkulturellen Kompetenzen beinhalten.

Wechsel der Gruppe, Klasse oder Schule

- Falls Eltern mit Migrationshintergrund die Situation ihres Kindes in der Bildungseinrichtung als untragbar empfinden und die vorher beschriebenen Lösungsansätze nicht realisiert werden können oder keine Lösung bieten, sollte ein Wechsel in eine andere Einrichtung in Erwägung gezogen werden. Ein Klassen- oder Gruppenwechsel in derselben Einrichtung (Schule oder Kita), im Schulbereich unter Umständen eine Klassenwiederholung, bietet die Möglichkeit, sich in neuem Umfeld neu aufzustellen, neue Freundschaften zu knüpfen, Anschluss an den Leistungsstand zu finden. Nicht immer kommt das Kind jedoch unvorbelastet in die neue Gruppe oder Klasse; Informationen oder Gerüchte verbreiten sich und Stigmatisierungen bleiben. Eltern sollten Vor- und Nachteile eines Wechsels abwägen und ihn – falls sie sich zu dieser durch Beratung abgesicherten Lösung entschieden haben – den Fach- oder Lehrkräften vorschlagen.

Noch schwieriger ist ein Wechsel der Kindertagesstätte bzw. der Schule. Die Kindertagesstätte zu wechseln ist grundsätzlich möglich, wenn ein Platz in einer anderen Ein-

21 Siehe dazu die Übersicht in Kügler, Nicolle (2008): Konfliktbearbeitung in interkulturellen Kontexten. Stand und Entwicklung der (Praxis-)Forschung im Spiegel der Fachliteratur. Berlin/Hamburg/Mainz, S. 20–25.

richtung zur Verfügung steht. Ein Schulwechsel innerhalb der gleichen Schulform ist mit Hürden verbunden. Eltern sollten gegenüber der „neuen“ Schule begründen, warum sie einen Wechsel vornehmen möchten. Negative Vorinformationen können den Start des Kindes erschweren. Die in Betracht gezogene Schule hat unter Umständen kein Interesse, eine Schülerin oder einen Schüler mit Schwierigkeiten in einer anderen Schule aufzunehmen. Eltern sollten zudem berücksichtigen, dass das Kind seine Persönlichkeit und seine Vorgeschichte mitnimmt. Dennoch beinhaltet ein Wechsel in vielen Fällen die Chance, neu zu beginnen, weil die belastende Situation abgelegt werden kann. Zudem besteht die Option, in eine Einrichtung zu wechseln, die über ein dem Kind entsprechendes pädagogisches Konzept – etwa in Form einer interkulturellen Öffnung – verfügt. Eltern sollten unbedingt das Kind aktiv in allen Fragen des Klassen- oder Schulwechsels einbeziehen, auch dieses erleichtert den Übergang des Kindes in die neue Klasse oder in die neue Schule. Dieses gilt auch bei einem Wechsel in eine andere Kindertagesstätte. Allerdings sollten Eltern wissen, dass ein Schulwechsel durch (negative) Stellungnahmen der abgebenden Schule mittels informeller Kommunikation zwischen den Schulleitungen der alten und der neuen Schule, fehlende Möglichkeiten der ausgewählten Schulen, das Kind in der jeweiligen Klasse aufzunehmen u.a.m. erschwert und nur mit größten Aufwand und unter enormen psychischen Belastungen der ganzen Familie bewältigt werden kann. In nicht wenigen Fällen ist er nicht realisierbar.

Leseempfehlung

Kügler, Nicolle (2008): Konfliktbearbeitung in interkulturellen Kontexten. Stand und Entwicklung der (Praxis-)Forschung im Spiegel der Fachliteratur. Berlin/Hamburg/Mainz.

Der Text ist auf eine andere Altersgruppe (Jugendliche) ausgerichtet, enthält aber viel Allgemeines zur Konfliktbearbeitung im interkulturellen Kontext.

8.2 Didaktische Vorschläge

1. Vorschlag

Im Folgenden wird eine E-Mail-Korrespondenz zwischen einer Mutter (deren Sohn ihr berichtete, dass die Vertretungslehrerin ihm zu Unrecht seine Klassenarbeit während der Deutscharbeit weggenommen habe) und der Deutschlehrerin aufgeführt. Es handelt sich um einen authentischen Fall vom Januar 2014. Die Namen wurden geändert.

Sehr geehrte Frau Weiß,
Alper hat mir gestern erzählt, dass ihm seine Klassenarbeit durch Frau Schmidt mitten in der Arbeit wegen angeblichen „Abschreibens“ weggenommen wurde. Alper hat mir versichert, dass er nicht abgeschrieben hat. Daher würde ich gerne diesen Vorfall mit Ihnen besprechen und klären und bitte Sie, mir einen Gesprächstermin – in dem Alper und auch Frau Schmidt anwesend sein sollten – zu geben.
Als Terminvorschlag könnte ich Ihnen gerne den Freitag, den 17.01.2014 ab 14.00 Uhr anbieten. Gerne richte ich mich auch nach Ihren Terminvorschlägen.
Mit bestem Dank und freundlichen Grüßen,
Ela Budak

Sehr geehrte Frau Budak,
ich werde die Situation zunächst einmal mit Frau Schmidt besprechen. Da Sie mir die Arbeiten persönlich nach der Aufsicht übergeben hat, bin ich eigentlich bisher davon ausgegangen, dass es keine Vorkommnisse gab. Sollte ein Gespräch trotzdem nötig sein, melde ich mich bei Ihnen.
Mit freundlichen Grüßen
Sonja Weiß

Sehr geehrte Frau Weiß,
ich erwarte Ihre Nachricht.
Mit freundlichen Grüßen,
Ela Budak

Sehr geehrte Frau Budak,
nach Rücksprache mit Frau Schmidt halte ich ein Gespräch nicht für nötig.
Frau Schmidt nahm Alper die Arbeit nach Ende der 2. Stunde weg, die Arbeitszeit war also vorüber. Der Grund für die Wegnahme war der Versuch des Abguckens durch Alper, was auch von seinen Mitschülern bestätigt wird.
Mit freundlichen Grüßen
Sonja Weiß

- Wie können Eltern in so einer Situation vorgehen? Wie lässt sich ein Gespräch mit der Deutschlehrerin und eventuell unter Einbeziehung der Klassenlehrerin gestalten?

2. Vorschlag

Checkliste zur Deeskalation und Bewältigung von Konflikten zwischen Eltern und Schule.[22] Was Eltern (sich) fragen sollten:

		Ja, finde ich wichtig	Ja, habe ich versucht	Nein, finde ich nicht wichtig	Kenne ich nicht
	I. Kontakt Lehrperson – Eltern				
1	Ich bin bestrebt, von Beginn an Kontakte mit dem Personal der Bildungseinrichtung herzustellen.				
2	Ich versuche, für die Elterngespräche eine atmosphärisch angenehme Umgebung zu schaffen.				
3	Ich ziehe in meine Planung der Gespräche ein, die Atmosphäre zu verbessern oder das gute Klima aufrecht zu erhalten.				
	II. Elternabende				
4	Ich versuche an den Elternabenden teilzunehmen und melde mich ab, wenn ich nicht hingehen kann.				
5	Falls geringe Deutschkenntnisse vorhanden sind: Ich frage, ob ich mit einem Dolmetscher (z.B. aus der Familie/dem Freundeskreis) kommen kann.				
6	Ich trage dazu bei, auf dem Elternabend eine persönliche Atmosphäre herzustellen.				
7	Ich rege an, dass bei Elternabenden auch Inhalte thematisiert werden, wie z.B. • Erwartungen von Eltern an die Schule • Hintergrundinformationen zum deutschen Schulsystem • Informationen zur pädagogischen Arbeit der Schule.				
	III. Mehrsprachigkeit				
8	Ich frage nach, ob es an der Schule Personal (Lehrkräfte/Sozialpädagogen) gibt, das dolmetschen und vermitteln kann.				
9	Ich rege an der Schule an, mehrsprachige Elternabende einzuführen (mögliche Themen: Schulsystem, Leistungsbewertung, Schullaufbahn, Konflikte etc.).				
10	Ich mache zum Thema, dass die Mehrsprachigkeit der Kinder in Unterricht und Schulleben einbezogen werden könnte.				
	IV. Elternbildung				
11	Ich frage nach der Möglichkeit, im Unterricht zu hospitieren, um die pädagogische Arbeit in der Schule besser kennenzulernen.				
12	Ich rege an, für Eltern mit Migrationshintergrund spezifische Informationsveranstaltungen in Form eines Themenzyklus anzubieten (z.B. zu den Übergängen oder zum familiären Lernklima, das von der Schule erwartet wird).				

22 Anregungen und veränderte Übernahmen aus: http://www.daz-mv.de/fileadmin/team/Handreichung/8_c_i_Liste_Eltern.pdf [Zugriff am 25.02.2014].

	V. Elterngremien				
13	Ich bin bereit, mich in der Klassenelternvertretung zu beteiligen.				
14	Ich spreche mit anderen Eltern mit Migrationshintergrund, damit wir im Elternrat beteiligt sind.				
	VI. Mithilfe/Mitarbeit der Eltern in der Schule				
15	Ich bespreche mit dem Lehrpersonal, dass ich bereit bin, meine Fähigkeiten in den Unterricht oder in das Schulleben einzubringen.				
16	Ich nehme am regelmäßigen Nachmittagstreff (Café/Teestube) der Schule teil oder rege an, einen solchen einzuführen.				
	VII. Öffnung der Schule				
17	Ich rege an, Migranten- oder Integrationseinrichtungen im Stadtteil oder in der Nachbarschaft in den schulischen Kontext einzubeziehen.				
18	Ich spreche mit dem Lehrpersonal über eine Zusammenarbeit mit Bildungseinrichtungen (z.B. Förderunterricht freier Träger) im Stadtteil.				
19	Ich frage nach der Durchführung von Elternsprechtagen in Kooperation mit Migrantenorganisationen.				
	VIII. Konfliktbewältigung				
20	Ich spreche mit den Lehrkräften, wenn ich erfahre, dass in der Schule Konflikte „ethnisiert“ werden, d. h. die Ursachen von Differenzen der anderen Kultur, Ethnie oder Religion zugeschrieben werden.				
21	Ich rege die Einführung eines interkulturellen Konfliktmanagements an.				
22	Ich frage nach Kontakten der Schule zu Institutionen (bei Sprachschwierigkeiten auch zu Dolmetschern), die bei Konflikten vermitteln können.				
23	Ich vermittle der Bildungseinrichtung Kontakte zu Migrantenorganisationen und Elternverbänden, die die Eltern mit Migrationshintergrund in Konfliktfällen unterstützen können.				
24	Ich rege an, Eltern mit Migrationshintergrund für eine Fortbildung zur Konfliktbewältigung zu gewinnen, die von der Schule oder im Stadtteil organisiert wird.				
25	Ich frage nach, ob eine interkulturelle Konfliktbewältigung und Streitschlichtung im Schulprofil vorgesehen ist (und wenn ja, wie sie verwirklicht wird).				
26	Ich frage, ob Schülerinnen und Schüler, darunter auch Kinder mit Migrationshintergrund, als Streitschlichter ausgebildet wurden oder werden (sollen).				

3. Vorschlag

Beschreibung möglicher Hemmnisse

Hemmnisse	**Beschreibung**
Sprachbarrieren und Verständnisprobleme	Eltern befürchten, dass sie den Lehrerinnen und Lehrern, die berufsbedingt sprachgewandt sind, rhetorisch nicht gewachsen sind. Sie haben Angst, sich zu blamieren. Es kostet sie Überwindung, sich vor einem größeren Personenkreis, z.B. während eines Elternabends, zu äußern. Eltern werden bei diesen Anlässen durch pädagogische Fachbegriffe und Fremdwörter eingeschüchtert, können inhaltlich kaum folgen. Das Zutrauen, das Eltern in ihre sprachlichen Fähigkeiten haben, wirkt sich auf die Bereitschaft zum Engagement, z.B. als Elternvertretung aus. *Bei Eltern mit Migrationshintergrund verstärkt die schlechtere Beherrschung der Verkehrssprache Deutsch die Situation.*
Negative Folgen von Kritik	Eltern befürchten, dass es ihnen nicht gelingt, ihre Kritik auf angemessene Weise vorzutragen und die Lehrperson für ihr Anliegen zu gewinnen. Damit ihr Kind nicht die negativen Folgen von Kritik tragen muss, halten sie sich lieber zurück. *Die Folgen einer Diskriminierung ihrer Kinder fürchten insbesondere auch Eltern mit Migrationshintergrund.*
Familiäre „Geheimnisse"	Manche Eltern verschweigen häusliche oder familiäre Probleme, weil sie befürchten, ein schlechtes Bild von sich und ihrem Kind zu vermitteln. Auch die Angst davor, dass die Lehrerin oder der Lehrer das Vertrauen missbrauchen könnte, spielt eine Rolle. Bei familiären Problemen, die das Kind belasten, ist es von besonderer Bedeutung, dass die Lehrerin oder der Lehrer informiert ist, denn nur so können Auffälligkeiten des Kindes entsprechend eingeordnet werden. *Aufgrund der kulturellen Unterschiede und der dadurch entstehenden Unsicherheit besteht eine gegenseitige Angst vor dem Fremden. Diese will man verringern, indem man die familiären Hintergründe von der Schule fernhält.*
Soziale Eingebundenheit	Die Befürchtung, dass der Besuch der Sprechstunden dem sozialen Ansehen schaden könnte, sorgt dafür, dass die Sprechstunde häufig nur in Notsituationen oder nach Vorladung aufgesucht wird. *Eltern mit Migrationshintergrund, die überwiegend hohe Bildungsansprüche für ihre Kinder besitzen, fühlen sich bei tatsächlichem oder vermeintlichem Versagen der Kinder in besonderer Weise sozial (d.h. in der ethnischen Gemeinschaft) bloßgestellt.*
Hemmnisse durch gegenseitige Stereotypisierungen	Die Eltern trauen sich nicht zu, in Schul- und Unterrichtsfragen mitzureden, da sie sich fachlich unterlegen fühlen. Sie empfinden die Lehrerin oder den Lehrer als arrogant, was durch ein ungünstiges Arrangement der Zusammenkünfte verstärkt wird, z.B. wenn die Lehrperson hinter dem Pult sitzt, während sich die Eltern auf die Stühle ihrer Kinder zwängen. Schwierig wird es, wenn Lehrpersonen signalisieren, dass Eltern prinzipiell desinteressiert seien und nichts vom Unterrichten verstünden. *Eltern mit Migrationshintergrund, die nicht in Deutschland die Schule besucht haben, wird die Kompetenz abgesprochen, Schule, Unterricht und das deutsche Schulsystem zu kennen und zu verstehen. Der Schulbesuch der Kinder kann bei Eltern auch Angst vor der Entfremdung ihrer Kinder auslösen.*
Verständnisschwierigkeiten durch unterschiedliche Sichtweisen	Lehrpersonen sehen die Kinder aus der Perspektive ihres Unterrichts und als Teil der Klasse. Sie wissen wenig darüber, wie sie sich zu Hause verhalten. Eltern hingegen haben eine ganzheitliche Sichtweise auf ihr Kind. Sie sehen nicht nur die Defizite in einem Fach, sondern auch alle positiven Seiten. Es ist notwendig, dass auch Lehrkräfte diese erkennen und bei Gesprächen erwähnen, damit die Eltern sich öffnen und man gemeinsam nach Wegen für ein erfolgreiches Lernen des Kindes suchen kann. *In der Schule bekommt das Zuwandererkind möglicherweise unzureichende Deutschkenntnisse testiert, während es in der Familie wichtige Übersetzungsaufgaben bei Arztbesuchen oder Behördengängen übernimmt. In einem Kontext ist das Kind der leistungsschwache Schüler, im anderen Experte der Familie für die deutsche Sprache.*

Nach Reck-Hog, Ursula (1990): Psychische und soziale Hemmnisse seitens der Elternschaft. In: Hepp, Gerd (Hrsg.): Eltern als Partner und Mit-Erzieher in der Schule. Wege und Möglichkeiten zu einer pädagogischen Kooperation. Stuttgart, S. 167–175. Erweitert um migrationsspezifische Anmerkungen nach Denner, Liselotte (2007): Bildungsteilhabe von Zuwandererkindern. Eine empirische Studie zum Übergang zwischen Primar- und Sekundarstufe. Karlsruhe, S. 181–182; mit Veränderungen und Erweiterungen.

8.3 Literatur zur Vertiefung

Bertels, Ursula/Hellmann de Marique, Irmgard (Hrsg.) (2011): Interkulturelle Streitschlichter. Interkulturelle Kompetenz als Schlüsselqualifikation für Jugendliche. Münster.

Fechler, Bernd (2003): Dialog der Anerkennung – Möglichkeiten und Grenzen der Mediation bei „interkulturellen" Konflikten an der Schule. In: Kloeters, Ulrike/Lüddecke, Julian/Quehl, Thomas (Hrsg.): Schulwege in die Vielfalt. Handreichung zur interkulturellen und antirassistischen Pädagogik in der Schule. Frankfurt/M., S. 103–148; http://www.inmedio.de/papers/Fechler_Dialog%20der%20Anerkennung_IKO.pdf [Zugriff am 25.02.2014].

Lubig-Fohsel, Evelin/Müller-Boehm, Eva (2010): Kooperation von Schule und Eltern mit Migrationshintergrund – Wie kann sie gelingen? Eine Handreichung für Schulen in sozial benachteiligten Quartieren. Berlin (Senatsverwaltung für Bildung, Wissenschaft und Forschung).

Thema 9: Stärkung der Voraussetzungen für die Kooperation mit und die Partizipation in Bildungseinrichtungen durch Einbeziehung von Migrantenorganisationen

Sait Başkaya/Ursula Boos-Nünning/Rabia Daoudi/Emine Kahraman/Elena Reifenröther/Tülay Usta

Migrantenorganisationen können Eltern mit Migrationshintergrund Hilfen anbieten, um den Anforderungen der Bildungseinrichtungen, insbesondere der Schule, nachzukommen. Sie können aber auch dabei Unterstützung leisten, die Interessen der Eltern gegenüber den Bildungseinrichtungen zu vertreten. Dadurch werden Kooperationsmöglichkeiten erweitert und gestärkt, die es den Eltern erlauben, eine Partizipation mit den Fachkräften oder dem Lehrpersonal und damit eine Kommunikation auf Augenhöhe aufzubauen.

9.1 Basistext

Suche nach Unterstützung

Familien mit Migrationshintergrund fühlen sich in Fragen, die die Bildungseinrichtungen betreffen, häufig allein gelassen. Wenn sie wahrnehmen, dass ihre Kinder (zu) schlecht abschneiden, wissen sie oft nicht, was sie tun können, um sie zu unterstützen. Sie wissen jedoch, dass sie allgemein, und insbesondere in Krisensituationen, einen häufigeren und intensiveren Kontakt mit den Bildungseinrichtungen pflegen sollten und müssten, fühlen sich aber nicht dazu in der Lage. In zwei Bereichen bestehen daher Probleme für Eltern mit Migrationshintergrund:

- Sie kommen mit den Anforderungen der Bildungseinrichtungen, insbesondere der Schule und hier mit der geforderten Mithilfe der Eltern bei den Hausaufgaben, nicht zurecht.
- Sie fühlen sich nicht in der Lage, ihre Interessen einzubringen und – wo es ihnen wichtig und notwendig erscheint – durchzusetzen.

Hilfe bei Lernproblemen

Im ersten Bereich geht es um die Erfüllung von Erwartungen der Bildungseinrichtungen und hier wiederum insbesondere der Schule bezüglich familiärer Hilfen. Schon die Grundschule erwartet von den Eltern nicht nur die Kontrolle der Kleidung, der Schultasche und die formale Prüfung der Hausaufgaben ihrer Kinder, sondern darüber hinaus die Unterstützung bei schwierigen Aufgaben, beim Lernen für Klassenarbeiten sowie – dies gilt allerdings verstärkt für die Sekundarstufe – nachhaltige Hilfen in Fächern, in denen es Lücken aufzuarbeiten gilt. Da vor allem Eltern mit höherem Bildungsniveau begleitend zum Gymnasialbesuch, teils aber schon in der Grundschule, den Lernstoff mit ihren Kindern vor- und nachbereiten, geraten Eltern, die diesen Part nicht übernehmen können – und das gilt für einen erheblichen Teil der Eltern mit Migrationshintergrund – unter Druck. Sie suchen Hilfe außerhalb der Familie.

Hilfen bei der Interessenvertretung

Der zweite Bereich betrifft, über konkrete Hilfestellungen im häuslichen Umfeld hinaus, die Ängste der Eltern, die Interessen ihres Kindes in der Bildungseinrichtung nicht adäquat vertreten zu können.[1] Eltern mit Migrationshintergrund – Väter wie Mütter –, die als Erwachsene nach Deutschland eingewandert sind, scheuen aufgrund tatsächlicher oder vermuteter Verständigungsschwierigkeiten in der deutschen Sprache Kontakte mit dem pädagogischen Personal. Aber auch gut Deutsch sprechende Eltern nehmen Mitwirkungsrechte, z.B. die Übernahme von Funktionen in den Elternvertretungen, nicht wahr.

Elternrechte

„Es gibt nichts, woran Eltern nicht beteiligt werden können!" heißt es in einem Text der Stadt Wolfsburg. Dieses gilt selbstverständlich für Eltern mit Migrationshintergrund ebenso wie für einheimisch deutsche Eltern. In diesem Fall geht es um die Beteiligung im Kitabereich, die bundesweit im Kinder- und Jugendhilfegesetz geregelt ist. Ergänzt durch Landesgesetze wird in jeder Einrichtung ein Elternbeirat gebildet, dem die aus den Kitagruppen gewählten Vertreterinnen oder Vertreter und deren Stellvertreterinnen und Stellvertreter angehören. Der Elternbeirat ist vom Träger und von der Leitung über wesentliche Entscheidungen zu informieren. Alle Eltern haben das Recht auf Informationen über wesentliche Ereignisse, die die Kita insgesamt, die Gruppe oder auch das einzelne Kind betreffen. Dem Elternbeirat wird das Recht auf Anhörung und in bestimmten Fällen das Recht auf Zustimmung übertragen. Um Genaueres zu erfahren, sollte ein Blick in das Landesgesetz geworfen werden. Darin geregelt ist auch eine Verpflichtung der Eltern, den Erziehungsprozess gemeinsam mit den pädagogischen Fachkräften zum Wohl des Kindes zu gestalten. Um der Stimme der Eltern politisches Gewicht zu geben, sind Eltern von Kitakindern im Stadt- und im Landeselternbeirat organisiert.

Information

Beratung

Die Elternrechte und Elternpflichten im Schulbereich sind in den Landesschulgesetzen niedergelegt. In allen Bundesländern werden darin individuelle Elternrechte aufgeführt. Bei den individuellen Rechten können Beratungs- und Informationsrechte, (Mit-)Bestimmungsrechte bei der Wahl der Schullaufbahn und die persönlichen Mitwirkungsrechte unterschieden werden. Zu den ersteren zählen Informationen über den Leistungsstand und die Bewertungsmaßstäbe und damit z.B. das Recht auf Einsichtnahme in die das Kind betreffende Unterlagen, aber auch über die die Klasse betreffenden pädagogisch bedeutsamen Ereignisse. Welche Wahlfreiheit Eltern bei einem Wechsel der Schullaufbahn haben, ist in den einzelnen Bundesländern unterschiedlich geregelt. Bedeutung hat diese Frage vor allem beim Übergang von der Grundschule in die weiterführende Schule. Mitwirkungsrechte eröffnen die Möglichkeit, im Unterricht des Kindes zu hospitieren. Formen individueller Elternrechte sind Information, Anhörung, Herstellung des Benehmens, Abstimmung, Herstellung des Einvernehmens, Einholung von Stellungnahmen vor Entscheidungen, Anforderung von Beratung, Unterbreitung von Vorschlägen und Einlegen von Beschwerden.

Mitwirkung

Mitsprache

Kollektive Rechte erlauben die Teilnahme und Mitsprache in Bezug auf die Erziehungs- und Unterrichtsarbeit der Schule. Sie werden ausgeübt über die Wahl der Elternvertretungen und die Mitwirkungsmöglichkeiten in Ausschüssen der Schule. Neben den Elternvertretungen auf Klassenebene können Eltern über die Klassenelternversammlungen, den Schulelternbeirat, den Regionalelternbeirat und den Landeselternbeirat Einfluss

1 Siehe dazu vor allem die Untersuchungen von Nabi Acho, Viviane (2011): Elternarbeit mit Migrantenfamilien. Wege zur Förderung der nachhaltigen und aktiven Beteiligung von Migranteneltern an Elternabenden und im Elternbeirat. Freiburg; sowie Kröner, Stephan (2009): Elternvertreter mit Migrationshintergrund an Schulen. Zentrales Institut für Lehr- und Lernforschung der Friedrich-Alexander-Universität Erlangen-Nürnberg. Expertise für das Bundesamt für Flüchtlinge, Nürnberg. http://www.bamf.de/SharedDocs/Anlagen/DE/Publikationen/Expertisen/expertise-elternvertreter-migrationshintergrund.html [Zugriff am 17.03.2014].

nehmen. Fehlende Akzeptanz der Notengebung in der Klasse oder Schule und viele andere Erlebnisse, die Kinder und damit auch Eltern belasten, können damit an die Schule und, falls es sich um strukturelle Fragen und Probleme handelt, an das Land herangetragen werden.

Elternpflichten

Eltern haben die Pflicht, daran mitzuwirken, dass ihr Kind seine schulischen Pflichten erfüllt. Von ihnen wird demnach erwartet, dass sie daran mitarbeiten, die Aufgaben der Schule zu erfüllen, damit das Bildungsziel erreicht werden kann. Eltern, so heißt es beispielsweise im Nordrhein-Westfälischen Schulgesetz (§ 42), sollen sich aktiv am Schulleben, in den Mitwirkungsgremien und an der schulischen Erziehung ihres Kindes beteiligen. In den einzelnen Bundesländern haben die zuständigen Ministerien Broschüren zur Elternmitwirkung herausgegeben, in denen die rechtlichen Grundlagen erläutert, die Mitwirkungsgremien vorgestellt, die Verfahren erklärt und Hinweise auf Elternverbände gegeben werden.[2]

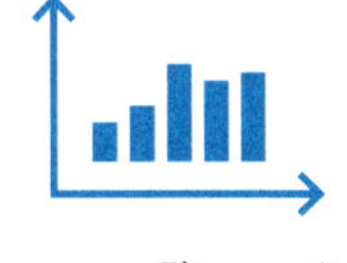

Mitwirkung von Eltern mit Migrationshintergrund

In Bezug auf die Rechte und Pflichten sind Eltern mit Migrationshintergrund den einheimisch deutschen Eltern gleichgestellt. In der Wahrnehmung der Rechte wird in den vorliegenden Untersuchungen ein geringeres Engagement der Eltern mit Migrationshintergrund belegt oder vermutet. Eine 2009 veröffentlichte Expertise[3] mit einer Befragung an Schulen in Frankfurt und Nürnberg ermittelt eine Unterrepräsentanz von Eltern mit Migrationshintergrund in der Elternmitwirkung an allen Schulformen, insbesondere aber an Gymnasien. Das Verhältnis des Anteils von Schülerinnen und Schülern mit Migrationshintergrund zum Anteil der Elternvertretungen derselben Gruppe ändert sich von 1,6 an Grundschulen auf 3,6 an Gymnasien, zu Ungunsten der Mitwirkung an Gymnasien. Bei gleicher Repräsentanz müsste der Wert 1,0 sein. Elternvertreterinnen und Elternvertreter mit Migrationshintergrund sind umso stärker unterrepräsentiert, je geringer der Anteil der entsprechenden Schülerinnen und Schüler an der Schule ist. Aber auch in Elternvertretungen an Schulen mit einem hohen Migrationsanteil sind sie nicht hinreichend vertreten. Mittels einer intensiven Befragung bei einer kleinen Zahl von Elternvertreterinnen und Elternvertretern mit Migrationshintergrund (n=34) wird ermittelt, dass die Gründe für das Engagement streuen zwischen den Wünschen, dem Lehrpersonal und der Schule die eigene Kultur nahezubringen, den Schülerinnen und Schülern mit Migrationshintergrund zu nützen sowie Schulleben und Schulpolitik für deren Belange zu verändern. Diese sehr ambitionierten Ziele werden häufig nicht erreicht. Ein Blick auf die Einschätzungen der Eltern mit Migrationshintergrund, die über Erfahrungen als Funktionsträger verfügen, ermöglicht einen Zugang zu Optionen und Problemen. Positiv verläuft das Engagement der Eltern bei Offenheit gegenüber Personen mit Migrationshintergrund von Seiten des Lehrpersonals und der Schulleitung, aber auch von Seiten der Eltern ohne Migrationshintergrund. Deutlich häufiger als positive Erlebnisse werden jedoch Probleme benannt, wie etwa fehlende Offenheit gegenüber den Wünschen und Bedürfnissen oder sogar mangelndes Interesse für die Anliegen der Elternvertretungen, für die Belange der Eltern allgemein oder für die spezifischen Anliegen der Eltern mit Migrationshintergrund. Genannt wird auch eine fehlende Professionalität der Lehrkräfte und der Schulleitung in der Zusammenarbeit mit Eltern allgemein oder mit Eltern mit Migrationshintergrund. Auch negative Einstellungen der Eltern ohne Migrationshintergrund belasten in manchen Fällen die Arbeit. Darüber hinaus

2 So z.B. in NRW die Elternbroschüre „Einfach mitwirken", für den Schulbereich zu erreichen über das Bildungsportal des Landes Nordrhein-Westfalen oder für die Kita Bereich LEBNRW – Landeselternbeirat der Kindertageseinrichtungen - Elternmitwirkung in Kindertageseinrichtungen. Informationen unter www.lebnRW.de [Zugriff am 26.02.2014].

3 Kröner Stephan (2009); vgl. auch Kröner, Stephan/Schüller, Elisabeth u.a. (2012): Elternvertreter mit Migrationshintergrund an allgemeinbildenden Schulen – eine qualitative Interviewstudie zu ihren Beweggründen für und gegen ein Engagement. Zeitschrift für Erziehungswissenschaft 15 (4), S. 707–726.

werden Ursachen genannt, die den Eltern mit Migrationshintergrund zuzuschreiben sind, wie geringe Kompetenzen in der deutschen Sprache, soziale Ängste und fehlendes Wissen über das deutsche Schulsystem, aber auch ein Mangel an Interesse und Engagement sowie fehlende Zeit.

Einbeziehung der Migrantenorganisationen in die Bildungsarbeit

Eltern mit Migrationshintergrund können die ihnen von den Bildungseinrichtungen, insbesondere den Schulen, zugewiesenen Bildungsaufgaben nicht alleine leisten. Sie bedürfen der Unterstützung. Hilfe brauchen sie auch in der Darstellung und Durchsetzung ihrer Interessen im Rahmen der Mitwirkung in Bildungseinrichtungen. In beiden Feldern tauchen seit längerem, verstärkt aber in den letzten zehn Jahren, neue Anbieter von Hilfen auf. Gruppen von Eingewanderten kümmern sich selbst um die Bildungsfragen, überwiegend bezogen auf die eigene ethnische oder nationale Gruppe. In neuerer Zeit engagieren sich vermehrt Migrantenorganisationen, um die Defizite der Bildungseinrichtungen aufzufangen. Der Begriff „Migrantenorganisation" bezieht sich nicht nur auf Vereine, sondern beinhaltet auch Organisationsformen wie religiöse Gemeinden und andere Initiativen. Unter einer Migrantenorganisation wird der freiwillige Zusammenschluss von Personen mit Migrationshintergrund zur Verfolgung bestimmter gemeinsamer Ziele verstanden. In solchen Gruppen, Vereinen oder Organisationen sind Personen mit Migrationshintergrund und deren Ziele und Bedürfnisse maßgebend. Migrantenorganisationen üben eine wichtige Funktion in der kommunalen Gesellschaft aus, denn sie stellen soziale Netzwerke mit integrierender Funktion dar. Sie geben durch ihre niederschwelligen Hilfeangebote notwendige Orientierung und Unterstützung für Familien mit Migrationshintergrund, um sich in der Mehrheitsgesellschaft zurechtzufinden. Wenn professionelle soziale Dienste wegen der hohen Zugangsbarrieren von Migrantinnen und Migranten zu spät in Anspruch genommen werden, kann die Einbindung in eine Migrantenorganisation dazu beitragen, Probleme schon im Anfangsstadium durch Aufklärung und Stärkung der Selbsthilfekräfte zu lösen. Daneben haben sich bei einigen Einwanderergruppen ethnische Gemeinschaften ohne formale Struktur entwickelt. Lehrerinnen und Lehrer, Anwältinnen und Anwälte mit Migrationshintergrund haben beispielsweise als Schlüsselpersonen in den ethnischen Gemeinschaften eine hervorgehobene Rolle erworben und werden auch in Erziehungs- und Bildungsfragen um Rat gebeten. In jüngster Zeit gründen Migrantenorganisationen eigene schulbegleitende Bildungseinrichtungen, private Kindertagesstätten oder private Schulen.

soziale Netzwerke

Aufklärung und Stärkung der Selbsthilfekräfte

Dass die Migrantenorganisationen in das Blickfeld von Erziehungs- und Bildungseinrichtungen gelangen, die sich mit der Zusammenarbeit mit Familien mit Migrationshintergrund beschäftigen, lässt sich durch neuere Entwicklungen belegen. Ein wichtiges Indiz ist, dass sich die Kultusministerkonferenz nach einer früheren gemeinsamen Erklärung von 2007 nochmals dieser Frage angenommen hat und 2013 durch eine erneute gemeinsame Erklärung im Schulbereich für die Kultusbehörden der Länder Standards gesetzt hat. Die gemeinsame Erklärung der Kultusministerkonferenz (Beschluss vom 10.10.2013)[4] und der Organisationen von Menschen mit Migrationshintergrund zur

Mittlerfunktion zwischen Eltern und Bildungseinrichtungen

4 Gemeinsame Erklärung der Kultusministerkonferenz und der Organisationen von Menschen mit Migrationshintergrund zur Bildungs- und Erziehungspartnerschaft von Schule und Eltern (Beschluss der Kultusministerkonferenz vom 10.10.2013; Gemeinsame_Erklaerung-KMK-Migranten verbaende-Schule-Eltern.pdf [Zugriff am 28.02.2014]; siehe auch: Gemeinsame Erklärung der Kultusministerkonferenz und der Organisationen von Menschen mit Migrationshintergrund „Integration als Chance – gemeinsam für mehr Chancengerechtigkeit" (Beschluss der Kultusministerkonferenz vom 13.12.2007); http://www.kmk.org/index.php?id=1682&type=123 [Zugriff am 17.03.2014].

Bildungs- und Erziehungspartnerschaft von Schule und Eltern stellt die Bedeutung der Migrantenorganisationen heraus: „Die Organisationen von Menschen mit Migrationshintergrund genießen aufgrund der sprachlichen und kulturellen Nähe zu den Eltern mit Migrationshintergrund deren Vertrauen. Sie können somit in Kooperation mit den Schulverwaltungen und Schulen eine wichtige Mittlerfunktion übernehmen. Die Länder unterstützen unter Beteiligung der Organisationen von Menschen mit Migrationshintergrund die Schulen darin, entsprechende Konzepte einer interkulturellen Elternbeteiligung zu entwickeln und umzusetzen. Den Schulen wird empfohlen, den Aufbau von Erziehungspartnerschaften voranzutreiben. Um Irritationen und Rückzug zu vermeiden, sollten für diese Eltern in Zusammenarbeit mit Organisationen von Menschen mit Migrationshintergrund konkrete Beratungs- und Mitwirkungsangebote geschaffen werden.“ Es wird ferner betont, dass die Migrantenorganisationen Hilfestellung geben könnten und sollten, den Eltern mit Migrationshintergrund Angebote der Unterstützung für die Arbeit in den Elternvertretungen nahezubringen. Als konkrete Maßnahmen werden vereinbart:[5]

Maßnahmen der Bildungsverwaltungen

Erziehungs- und Bildungspartnerschaften unterstützen

Die Länder

- schaffen die Rahmenbedingungen für tragfähige Bildungs- und Erziehungspartnerschaften zwischen Schulen und Eltern;
- entwickeln Konzepte und Implementierungsstrategien für nachhaltige Bildungs- und Erziehungspartnerschaften zwischen Schulen und Eltern;
- unterstützen die Qualitätsentwicklung für eine gelingende Bildungs- und Erziehungspartnerschaft zwischen Schulen und Eltern, z.B. durch die Konkretisierung der Aufgaben von Schulleitungen in diesem Kontext oder durch die Erarbeitung von Qualitätsstandards bzw. die Berücksichtigung in den Handlungsrahmen für die Qualitätsentwicklung von Schule; die Länder tauschen ihre Erfahrungen aus und berichten sich gegenseitig über die Ergebnisse ihrer Arbeit;
- tragen dafür Sorge, dass die Bedeutung von Erziehungs- und Bildungspartnerschaften in der Lehreraus- und -fortbildung Berücksichtigung findet;
- nutzen ressortübergreifende Kooperationen, um insbesondere Elternbildungsprogramme auf die Gestaltung von Übergängen und den schulischen Kontext auszurichten;
- realisieren eine gute Kommunikation und Kooperation mit den Elternverbänden;
- informieren Eltern über die Möglichkeiten der Partizipation an schulischen Prozessen;
- beteiligen sich ggf. an internationalen und europäischen Programmen zur Verbesserung von Bildungs- und Erziehungspartnerschaften;
- setzen sich weiterhin im Rahmen der verfügbaren Haushaltsmittel für die Unterstützung von Angeboten der Migrantenorganisationen ein.

5 Zitiert aus: Gemeinsame Erklärung der Kultusministerkonferenz und der Organisationen von Menschen mit Migrationshintergrund zur Bildungs- und Erziehungspartnerschaft von Schule und Eltern (Beschluss der Kultusministerkonferenz vom 10.10.2013; Gemeinsame_Erklaerung-KMK-Migrantenverbaende-Schule-Eltern.pdf [Zugriff am 28.02.2014].

Angebote der Organisationen von Menschen mit Migrationshintergrund

Die Organisationen von Menschen mit Migrationshintergrund

- führen Informationsveranstaltungen in den eigenen Gremien über Erziehungs- und Bildungspartnerschaften zwischen Schulen und Eltern durch; Information
- organisieren in Kooperation mit den Schulen Informationsveranstaltungen für die Eltern, auch in den Herkunftssprachen, zu grundlegenden Fragen von Bildung und Erziehung sowie über die Struktur des deutschen Bildungssystems (Schulbesuchspflicht, Übergänge und Abschlüsse, aber auch Schullaufbahn-, Berufs- und Studienberatung); Kooperation
- motivieren und qualifizieren Eltern für eine Mitwirkung in den schulischen Gremien; Motivation
- entwickeln gemeinsam mit den Eltern Lösungsvorschläge zu Problemen von Schülerinnen und Schülern;
- klären die Eltern über die Bedeutung der deutschen Sprache für den Schulerfolg ihrer Kinder und über die Bedeutung mehrsprachigen Aufwachsens auf und bieten Unterstützung für Eltern bezüglich mehrsprachiger Erziehung; Unterstützung
- unterstützen Eltern bei der Entwicklung ihrer Erziehungskompetenzen;
- bieten, auch in Zusammenarbeit mit Schulen, Sprachförderangebote für Eltern an;
- motivieren Eltern, an Projekten zur Förderung von Mehrsprachigkeit in Schulen (z.B. mehrsprachige Vorlese- und Sprachförderprojekte) aktiv teilzunehmen;
- setzen sich weiterhin dafür ein, dass die Herkunftssprachen möglichst als reguläres schulisches Unterrichtsfach eingerichtet werden;
- pflegen einen Erfahrungsaustausch über *Best Practice* Modelle der Zusammenarbeit mit Eltern und übertragen diese auf andere Eltern- und Sprachgruppen;
- bieten Fortbildungen für Lehrkräfte, Erzieherinnen und Erzieher sowie Eltern an;
- wirken bei der Erstellung von Elterninformationsbroschüren mit;
- organisieren neben Elterntreffs für Mütter auch solche für Väter und bilden zudem männliche zweisprachige Moderatoren aus;
- begleiten Eltern zu Elternsprechtagen.

Zum Schluss wird auf mögliche Unterstützungssysteme verwiesen: „Um ein zielgruppen- und sozialraumbezogenes Konzept der Zusammenarbeit mit Eltern zu entwickeln, können Schulen über die Kooperation mit den Organisationen von Menschen mit Migrationshintergrund hinaus weitere Kooperationspartner, z.B. Sportvereine und Sportorganisationen, Religionsgemeinschaften, Konsulate, Stiftungen und gemeinnützige Einrichtungen einbeziehen.“[6]

Weniger bedeutsam, aber erwähnenswert, ist die Einbeziehung der Zusammenarbeit mit Migrantenorganisationen in praxisorientierte Veröffentlichungen zur Elternarbeit mit Familien mit Migrationshintergrund.[7]

---

6 Folgende Migrantenorganisationen haben 2013 das Abkommen unterschrieben: Türkische Gemeinde in Deutschland e.V., Verband Griechischer Gemeinden in Deutschland e.V./OEK, Bundesverband Deutsch-Arabischer-Vereine in Deutschland e.V., Bundesarbeitsgemeinschaft der Immigrantenverbände e.V. (BAGIV), Italienisches CGIL-Bildungswerks e.V., Verein „Dièn Hóng“ – Gemeinsam unter einem Dach e.V., Verband binationaler Familien und Partnerschaften (IAF e.V.), Kurdische Gemeinde Deutschland e.V., Polnischer Sozialrat e.V.

7 Als Beispiele: Deutscher Paritätischer Wohlfahrtsverband – Gesamtverband e.V. (Hrsg.) (2010): Gemeinsam stark. Perspektiven der partizipativen Elternarbeit von Migrantenorganisationen, Berlin; http://www.der-paritaetische.de/uploads/tx_pdforder/broschuere_elternarbeit_web.pdf [Zugriff am 28.02.2014]; Boos-Nünning, Ursula (2011): Migrationsfamilien als Partner von Erziehung und Bildung. Friedrich-Ebert-Stiftung. Wiso Diskurs, Bonn; hier 7.3: Erweiterung des Netzwerkes, Migrantenorganisationen in der Erziehungs- und Bildungsarbeit, S. 61–63; Altan, Melahat/Foitzik, Andreas/Goltz, Jutta (2009): Eine Frage der Haltung. Eltern(bildungs)arbeit in

Zudem gibt es eine deutliche Zunahme an Fachtagungen über Eltern- und Bildungsarbeit mit (oder in) Migrantenorganisationen oder -vereinen, Angeboten in unterschiedlichen Städten und Landkreisen oder bezogen auf Netzwerke.[8] Das Bundesamt für Migration und Flüchtlinge fordert die Stärkung der Rolle von Migrantenorganisationen in der Elternarbeit und Elternbildung unter der Voraussetzung der Schaffung besserer Rahmenbedingungen der Vereine.[9] Der Sachverständigenrat deutscher Stiftungen veröffentlicht eine Expertise über Migrantenorganisationen in der kooperativen Elternarbeit mit Beschreibung der Notwendigkeit der Stärkung der Migrantenorganisationen im Hinblick auf die zur Verfügung stehenden Ressourcen (Geld und Personal, die gleichwertige Partnerschaft und die Professionalisierung der Arbeitsprozesse der Qualitätssicherung).[10] Elternnetzwerke in den Bundesländern, so z.B. in Nordrhein-Westfalen, ermöglichen einen Zusammenschluss von Vereinen und Interessenvertretungen von Eltern mit Migrationshintergrund.

Längst nicht immer ist der paternalistische Blick überwunden: Migrantenorganisationen werden für Kooperationen gewonnen, aber nicht immer wird die Gleichrangigkeit der Mitglieder in Migrantenorganisationen (sehr häufig ehrenamtlich tätig) und der Mitarbeiterinnen und Mitarbeiter in den Diensten oder „deutschen Einrichtungen“ (häufig hauptamtlich angestellt) thematisiert und vor allem belegt.[11] In vielen Veröffentlichungen laufen Migrantenorganisationen unter „weitere Akteure“, und längst nicht alle Organisationen, sondern häufig nur eine kleine Auswahl, werden in das Netzwerk oder in die Partizipation einbezogen.

Bildungs- und Erziehungspartnerschaften unter Einbeziehung von Migrantenorganisationen

Migrantenorganisationen als „Anker“

Unstrittig ist zwar in der politischen Diskussion wie in den Fachgesprächen, dass über Migrantenorganisationen der Zugang zu sonst nicht erreichbaren Familien mit Migrationshintergrund geschaffen wird, und dass sie wichtige (Ver-)Mittlerfunktionen übernehmen können und in vielen Städten auch heute schon übernehmen. Ein größerer Teil der Familien ist in formelle oder informelle, eigenethnische Netzwerke eingebunden, wie sie zuvor beschrieben wurden. Diese Netzwerke sind, wird der soziale Raum in den Blick genommen, vielfältig und unterschiedlich und konstituieren sich aus einer großen Zahl von Vereinen oder Anlaufstellen. Relativ feste Elemente, also Anker, stellen die Migrantenorganisationen dar. Aber auch diese sind für die Bildungseinrichtungen längst nicht immer „Partner auf Augenhöhe.“

---

der Migrationsgesellschaft. Eine praxisorientierte Reflexionshilfe. Stuttgart, hier 4.2: Kooperation mit Migrantenorganisationen, S. 113–127.

8 Das Bundesnetzwerk Bürgerschaftliches Engagement (BBE) hat mehrere Publikationen zum Thema Migration und Integration veröffentlicht. Darunter: BBE (2011): Integrationsförderung durch Elternvereine und Elternnetzwerke. Berlin. Siehe auch entsprechende Beiträge in: Krüger-Potratz, Marianne/Reich, Hans H. (Hrsg.) (2012): Familien- und Jugendpolitik in der Einwanderungsgesellschaft. Göttingen, Otto-Benecke-Stiftung.

9 Bundesamt für Migration und Flüchtlinge (2010): Bundesweites Integrationsprogramm. Angebote der Integrationsförderung in Deutschland – Empfehlungen zu ihrer Weiterentwicklung, Berlin, S. 103–105; siehe auch S. 116–142.

10 Sachverständigenrat deutscher Stiftungen für Integration und Migration (Hrsg.) (2014): Migranten-organisationen in der kooperativen Elternarbeit: Potentiale, Strukturbedingungen, Entwicklungsmöglichkeiten, Berlin. http://www.svr-migration.de/content/wp-content/uploads/2014/02/SVR-FB_Elternarbeit_Migrantenorganisationen.pdf [Zugriff am 17.03.2014].

11 Siehe zu den aus solchen Differenzen entstehenden Schwierigkeiten Goltz, Jutta (2011): Migrantenorganisationen als Bildungsakteure: zwischen Empowerment und Funktionalisierung. In: ajs-Informationen, 1, S 4–11, hier S. 9–10. http://www.ajs-bw.de/media/files/ajs-info/2011/AJS-Info_1-2011_RZ_Web.pdf [Zugriff am 17.03.2014].

Nähe und Distanz kultureller Institutionen

Im Hinblick auf die Kooperationspraxis von Bildungseinrichtungen, z.B. von Kindertagesstätten oder von Schulen, mit den Einrichtungen im Stadtteil oder in der Region, über die sie Unterstützung bei der Beratung von Eltern und Kinder suchen, sind innere Grenzen erkennbar, die selten diskutiert und mehr aus Gewohnheiten eingehalten als von sachlichen Notwendigkeiten diktiert werden. Es kann von kultureller Nähe und kultureller Distanz der Fachkräfte in den Bildungseinrichtungen zu potenziellen Kooperationspartnern gesprochen werden. Lehrkräfte deutscher Nationalität und deutscher Sprache (meist monolingual) haben zu manchen Kooperationspartnern mehr, zu anderen weniger Zugang. Nähe und Ferne ergeben eine Skala: Leicht erreichbar sind andere deutsche staatliche Institutionen (Agentur für Arbeit, Ämter), dann folgen deutsche nichtstaatliche Institutionen (Wohlfahrtsorganisationen, Kirchen), entfernter sind nichtdeutsche staatliche Institutionen (Konsulate, Kulturinstitute) und am entferntesten schließlich nichtdeutsche nichtstaatliche Institutionen (Organisationen der Einwanderer). Kulturelle Nähe und kulturelle Distanz stellen sich bei den Familien mit Migrationshintergrund grundlegend anders dar: Sie haben einen direkten Zugang sowohl in Bildungsfragen wie auch in anderen Fragen der Lebensbewältigung zu der ethnischen Gemeinschaft und zu der Migrantenorganisation, der sie sich zugehörig fühlen. Am weitesten entfernt sind für sie deutsche staatliche Institutionen. Daher ist es wichtig, die Rolle der Migrantenorganisationen als Partner zu stärken, damit sie wirksam werden können. Dieses verlangt die Zusammenarbeit auf Augenhöhe.

Es fällt deutschen Einrichtungen und insbesondere Schulen allerdings häufig schwer, unbefangen und offen mit Migrantenorganisationen zu kooperieren. Dass eine solche Kooperation gelingen kann, lässt sich z.B. durch die Projektarbeit belegen, die von der Otto Benecke Stiftung e.V. und von verschiedenen Migrantenorganisationen gemeinsam geleistet wurde.[12] Die Situation im lokalen Raum ist für die Bildungseinrichtungen zu unübersichtlich; zu schnell werden (emotionale) Grenzziehungen aufgebaut und Vormeinungen herausgestellt. Hier sind die Migrantenorganisationen, aber auch die Eltern mit Migrationshintergrund, aufgerufen, Vermittlungsarbeit zu leisten.

Elternvereine und Migrantenorganisationen als Interessenvertreter

Vorhandene Einrichtungen engagieren sich in immer stärkerem Maße im Bereich der Bildung. Daneben werden von verschiedenen Einwanderergruppen unabhängig oder in Verbindung mit Dachverbänden Elternvereine gegründet, die sich ausschließlich und spezifisch der Verbesserung der Bildungslage der Kinder sowie der Beratung und Unterstützung der Eltern widmen. Migrantenorganisationen oder Elternvereine bieten für Eltern mit Migrationshintergrund also eine wichtige, wenn nicht die wichtigste Unterstützung im Erziehungs- und Bildungsprozess ihrer Kinder, weil:

- Eltern zu ihnen – besser: zu der Organisation ihrer Wahl – einen leichten und unmittelbaren Zugang haben und sich in ihren Anliegen aufgehoben fühlen,
- sie in ihrer Einrichtung konkrete Erziehungs- und Bildungshilfen anbieten, insbesondere in Form von Nachhilfe- oder Förderunterricht,
- sie Beratung in Konflikten mit den Bildungseinrichtungen leisten können,
- sie Interessen von Elterngruppen gebündelt an die Bildungseinrichtungen weitergeben und mit diesen Problemlösungen erarbeiten können.

In den meisten Großstädten, häufig auch in Klein- und Mittelstädten sind Migrantenorganisationen vertreten, in der Regel mehrere für unterschiedliche Elterngruppen, die über spezielle Möglichkeiten verfügen, Eltern mit Migrationshintergrund bei Fragen

12 Siehe dazu: Krüger-Potratz, Marianne/Reich, Hans (Hrsg) (2012): Familien- und Jugendpolitik in der Einwanderungsgesellschaft, Göttingen. Hier besonders interessant die Beiträge von Bärsch, Jürgen: Vom Tandem zum Duo. Erfahrungen einer neuen Art der interkulturellen Zusammenarbeit unterschiedlicher Organisationen, S. 95–104; sowie Boos-Nünning, Ursula/Öğütlü, Seyfi/ Rummel, Peter/Neumann, Boris: Eine gleichberechtigte Partnerschaft: Das Projekt Partimo – verstärkte Partizipation von Migrantenorganisationen, S. 127–141.

oder Problemen Unterstützung anzubieten. Nahezu alle Migrantenorganisationen bieten Hausaufgabenhilfe oder Nachhilfe an. Viele Einrichtungen nehmen zusätzlich die Aufgabe wahr, Eltern in Bildungs- und nicht selten auch in Erziehungsfragen zu beraten. Immer mehr Vereine und Organisationen bieten über die engere Unterstützungsleistung zur Verbesserung des schulischen Lernens hinaus allgemeine Bildungs- und Freizeitaktivitäten an. So ist eine sehr vielfältige und breite Palette entstanden, die Eltern mit Migrationshintergrund zur Verfügung steht. Die in das Projekt „Bildungs-Brücken: Aufstieg!" einbezogenen Migrantenorganisationen bieten auf lokaler Ebene eine große Zahl von Anlaufstellen für Eltern und Kinder. DITIB (Türkisch-Islamische Union der Anstalt für Religion) hat bundesweit 904 Ortsvereine aufgebaut, der VIKZ (Verband der Islamischen Kulturzentren) ist in 300 Gemeinden vertreten, in seinen Vereinen für Integration und Bildung wird meist auch Bildungs- sowie Kinder- und Jugendarbeit geleistet. In der FÖTED (Föderation türkischer Elternvereine in Deutschland) als nicht weltanschaulich und nicht religiös gebundener Verband sind 80 lokale und auf Ebene der Bundesländer organisierte Elternvereine als Mitglieder eingebunden. Zu PHOENIX-Köln e.V., einer Migrantenorganisation für russischsprachige Eltern, gehören bundesweit 40 Vereine und Zentren, die alle im Bereich der Elternarbeit und Elternbildung sowie der Kinder- und Jugendarbeit tätig sind. Auch andere religiöse und ethnische Organisationen (z.B. Milli Görüs, Vereine, die der Gülen-Bewegung angehören, der Bundesverband Deutsch-Arabischer Vereine, spanische Elternvereine) sowie viele lokale Migrantenvereine bieten Hausaufgabenhilfe und Nachhilfe an.

In vielen Städten und Gemeinden haben Migrantenorganisationen (so auch PHOENIX-Köln e.V. DITIB, VIKZ und FÖTED) Formen der Elterninformation und -beratung institutionalisiert, die der Unterstützung von Eltern in Fragen der Erziehung und Bildung dienen. Das Aufgabenspektrum wird auf die Elternbildung erweitert, die darauf abzielt, Eltern auf ihre Rolle, die sie in der Zusammenarbeit mit den Bildungseinrichtungen einnehmen können und auf Aufgaben der Elternmitwirkung vorzubereiten.

Mittlerweile wird die Institutionalisierung der Elternarbeit weiter vorangetrieben. Bestimmt von dem Bemühen, Interessenvertretungen für Eltern aufzubauen, hat DITIB in jüngster Zeit Elternverbände in mehreren Bundesländern gegründet, die ihrerseits die Bundeselternvertretung bilden. Auch FÖTED hat schrittweise Landesverbände eingerichtet. PHOENIX-Köln e.V. unterstützt und professionalisiert Elterninitiativen und Elternnetzwerke auch mittels einer Dachorganisation, dem „Bundesverband russischsprachiger Eltern e.V." Über die Landes- und Bundesverbände sind Beteiligungen und Mitsprache an kinder- und jugendpolitischen Fragen möglich.

Begleitend zu den Bildungsaufgaben, die die Migrantenorganisationen im kommunalen und regionalen Kontext übernommen haben, wurde ein breit gefächertes Freizeitangebot entwickelt, das künstlerische Bereiche wie Theater, Chor, Musik sowie bildende Kunst, Malen und Gestalten, aber auch Sport und Schach enthalten kann (so bei DITIB). Ein ebenso komplexes und vielseitiges Konzept bieten die Zentren des PHOENIX-Netzwerks an, in denen Eltern und Familien parallel zu Freizeitangeboten im Kultur- und Sportbereich auch Erziehungshilfen finden. Auch FÖTED und VIKZ widmen sich der Freizeit von Kindern und Familien als Bildungsfaktor.[13]

13 Zu den einzelnen Aktivitäten der Verbände siehe die Einzeldarstellungen in der Einleitung.

Konsequenzen: Eltern mit Migrationshintergrund und ihre Organisationen

Wenn Eltern mit Migrationshintergrund merken, dass die Leistungen ihres Kindes in einzelnen Fächern immer größere Lücken aufweisen, die Noten schlechter werden und sie gleichzeitig wahrnehmen, dass sie ihm bei den Hausaufgaben nicht helfen können, suchen sie eine Einrichtung, etwa einen Bildungsverein, der ihr Kind unterstützt. Im lokalen Kontext können sie sich bei den oben genannten Verbänden, aber auch anderen Organisationen über die Rahmenbedingungen (auch die Kosten) und das pädagogische Konzept für die Hausaufgabenhilfe oder den Förderunterricht informieren. In jeder größeren und in vielen mittleren Städten stehen Einrichtungen zur Auswahl; neben solchen, die von Migrantenorganisationen getragen werden, auch kommerzielle Institute oder solche von sozialen Trägern. Wenn Eltern Zweifel haben, welche Schulform für ihr Kind die richtige ist, wenn es Probleme mit dem Lehrpersonal oder der Schule, nachhaltigere Probleme in der Klassengemeinschaft gibt oder andere Fragen Eltern und Kind quälen, dann bedürfen sie der Unterstützung durch eine Person außerhalb der Familie.

über nahestehende Organisationen informieren

Die Aufgabe, Familien mit Migrationshintergrund im Bildungsbereich durch Aufklärung, Information, Beratung und Begleitung im Umgang mit den Bildungseinrichtungen zu unterstützen, kann von Migrantenorganisationen wahrgenommen werden und wird in neuerer Zeit von diesen immer häufiger angeboten und geleistet.

Eltern mit Migrationshintergrund können sich über die Bildungsaktivitäten einer ihnen nahestehenden Organisation in ihrer Stadt oder in ihrem Kreis kundig machen:

- durch Nachfrage bei dem Dachverband des von ihnen ausgewählten Vereins,
- durch Erkunden des Umfeldes, um herauszufinden, welche Einrichtungen bildungsunterstützende Maßnahmen anbieten (auch mithilfe des Internets),
- durch Information über Mitglieder der ethnischen Gemeinschaft oder bei Eltern von Mitschülerinnen und Mitschülern.

Es ist wichtig, Auskunft über die Qualität der Einrichtung und über das pädagogische Konzept zu erhalten.

Beispiel: PHOENIX-Köln e.V.

Die Leistungen von Migrantenorganisationen können am Beispiel der Arbeit von PHOENIX-Köln e.V. für russischsprachige Familien mit Migrationshintergrund verdeutlicht werden:

Die dritte Einwanderungswelle aus den Ländern der ehemaligen Sowjetunion begann vor 20 Jahren. Das Beispiel der sowjetischen Schule, die Bildung mit Erziehung vereinte, ist bei den eingewanderten Eltern und dem Lehrpersonal gefestigt gewesen. In der Heimat war die Schule für die Bildung und für die Erziehung zuständig. Ob dies positiv oder negativ war, sei dahingestellt. Die Situation in Deutschland war für die Eingewanderten eine andere, da die elterlichen Erfahrungen bezüglich der Rollenverteilung Schule-Eltern-Kinder in den Heimatländern der Realität des deutschen Bildungssystems nicht entsprachen. Für sie war die Rolle der Eltern im deutschen Erziehungs- und Bildungssystem völlig neu und erklärungsbedürftig: Wer ist für die Erziehung von Kindern verantwortlich? Sind es die Lehrkräfte oder die Erziehenden? Russischsprachige Eltern stammen größtenteils aus der ehemaligen UdSSR, wo die Elternrolle in Schule und Ausbildung gänzlich anders verstanden und ausgeführt wurde. Daher verstehen diese Eltern die deutschen Strukturen und die im deutschen Bildungssystem enthaltenen Möglichkeiten für Eltern, Förderung für ihre Kinder zu erhalten, oftmals kaum. Kitas und Schulen haben oft große Schwierigkeiten, Eltern mit Migrationshintergrund zu erreichen und in ihre Arbeit einzubeziehen. Die Ausbildungschancen der Kinder mit Migrationshintergrund sind nicht zuletzt auch dadurch gefährdet. Die aktuellen Integrationsprobleme auf der schulischen Ebene beginnen beim fehlenden Wissen der Eltern über das hiesige Bildungs- und Ausbildungssystem und dessen unterschiedliche Formen und Erfordernisse, die für einen erfolgreichen Einstieg in das Erwerbsleben nötig sind, und reichen bis zur Unkenntnis über die Rolle, die die Schule, die Organisationen der Wirtschaft und die sozialen Netzwerke dabei spielen. Diese Aufklärungsarbeit wurde teilweise auch von den Vereinen übernommen und in Beratungs- und Bildungsangeboten verankert.

Die neue, in Deutschland aufgewachsene Elterngeneration ist eine heterogene Gruppe: Ein Teil dieser Eltern hat das deutsche Bildungssystem „miterlebt" und darin Erfahrungen gesammelt. Sie kommen nicht nur im Bildungsbereich, sondern auch in der deutschen Gesellschaft zurecht. Diese Eltern investieren in ihre Kinder und erfüllen ihre elterlichen Verpflichtungen sowie ihre erzieherische Verantwortung. Ein anderer Teil der Eltern hat ein verschwommenes Bild von der Elternrolle – oftmals eine Mischung von Vorstellungen, die aus der Heimat ihrer Eltern tradiert wurden, und solchen, die dem hiesigen System entsprechen. Sie können leider häufig keine Vorbildfunktion für ihre Kinder einnehmen, da sie sich selbst in der hiesigen Gesellschaft nicht angekommen fühlen. Diese Eltern brauchen spezifische Hilfen und Aufklärung, wie sie ihre Kinder im Erziehungs- und Bildungssystem unterstützen können. Diese Hilfen werden vom Kultur- und Integrationszentrum PHOENIX-Köln e.V. und seinem bundesweiten Netzwerk zur Verfügung gestellt.

unterschiedliches Schulsystem in der Türkei

Ein nicht unerheblicher Teil der Kinder mit türkischem Migrationshintergrund wächst mit einem Elternteil auf, der im Rahmen der Heiratsmigration nach Deutschland eingewandert ist. Schätzungen gehen davon aus, dass von den Ehen in der türkischen Gemeinschaft mehr als ein Viertel dem transnationalen Muster folgt.[14] Die Mutter oder der Vater hat in diesem Fall ausschließlich die Schule in der Türkei besucht und verfügt nicht über persönliche Erfahrungen mit dem deutschen Schulsystem. Das türkische Schulsystem unterscheidet sich im Aufbau, in den Schul- und Ausbildungsabschlüssen, in den Lehrplänen und vor allem in den Unterrichtsmethoden wesentlich vom deutschen Schulsystem. Während dieses vertikal gegliedert ist und nach der vierten (in Berlin nach der sechsten Klasse) eine Entscheidung über die Schullaufbahn verlangt, ist das türkische Schulsystem stufenförmig aufgebaut und weitestgehend durchlässig, wenn die entscheidenden Prüfungen bestanden werden. Die gesetzliche Schulpflicht beginnt im sechsten Lebensjahr des Kindes und dauert seit 1997 acht Jahre. Danach findet der Übergang in die Sekundarstufe II statt, in der es gymnasiale und berufsbildende Zweige gibt. Während in Deutschland das gegliederte Schulsystem Ungleichheiten schafft, sind es in der Türkei nach wie vor vorhandene regionale Unterschiede und die Differenz zwischen den öffentlichen und den privaten Schulen, die Chancen von Kindern auf eine gute Bildung verbessern oder verringern.

Es würde den Eltern helfen, wenn sie Informationen über das deutsche Bildungssystem erhielten, die den Vergleich mit dem türkischen System leistet und die darüber hinaus auf Unterschiede in den Lehrplänen, Unterrichtsmethoden und in der Rolle der Lehrkräfte eingehen könnten.

Türkischsprachige Familien finden in vielen Städten und Gemeinden ein breites Spektrum an ethnisch (nationalen) Vereinen auf der einen und islamischen Vereinen auf der anderen Seite. In allen Fällen stellen die Migrantenorganisationen ihren (einer bestimmten ethnischen oder religiösen Gruppe angehörenden) Eltern Hilfen zur Verfügung, die diese anderswo nicht erhalten.

Arabischsprachige Familien finden Unterstützung in spezifischen Netzwerken, deren Aktivitäten zum Teil in Bundesverband Deutsch-Arabischer Vereine in Deutschland gebündelt wird. Für die einzelnen nationalen Gruppen gibt es spezifische Verbände und Vereine wie das Deutsch-Marokkanische Kompetenzennetzwerk und Deutsch-Tunesi-

14 Nach Straßburger, Gabi (2011): Heiratswünsche und Heiratsverhalten der zweiten Generation türkischer Herkunft. In: Fischer, Veronika/Springer, Monika (Hrsg.): Handbuch Migration und Familie. Grundlagen für die soziale Arbeit mit Familien. Schwalbach, S. 217–230; hier S. 224.

sche Vereine. Andere Vereine sind lokal tätig wie die Arabische Elternunion e.V. und Al-Dar e.V., die beide in Berlin arabischsprachige Familien beraten und betreuen.

Leseempfehlung

Bärsch, Jürgen (2010): MIGELO Migranten-Eltern-Lotsen. In: Henry-Huthmacher, Christine/Hoffmann, Elisabeth (Hrsg.): Wie erreichen wir Eltern? Aus der Praxis für die Praxis. Sankt Augustin/Berlin, S. 238–248.

Boos-Nünning, Ursula/Öğütlü, Seyfi/Rummel, Peter/Neumann, Boris (2012): Eine gleichberechtigte Partnerschaft: Das Projekt PARTIMO – verstärkte Partizipation von Migrantenorganisationen. In: Krüger-Potratz, Marianne/Reich, Hans H. (Hrsg.): Familien- und Jugendpolitik in der Einwanderungsgesellschaft. Akzente – Analysen – Aktionen. Göttingen, S. 127–141.

9.2 Didaktische Vorschläge

Ermittlung der Migrantenorganisationen in der Stadt/im Stadtteil/im Kreis:

- Auflistung der Migrantenorganisationen in einem definierten Raum,
- Auswahl der Migrantenorganisationen im Erziehungs- und Bildungsbereich,
- Beschreibung einer Migrantenorganisation in ihren Zielen, der Arbeit vor Ort und unter bestimmten Fragestellungen.

9.3 Quellen/Material zur Weitergabe an Eltern

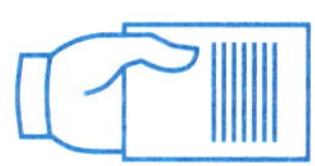

PHOENIX-Köln e.V./Otto Benecke Stiftung e.V. (Hrsg.) (2012): Broschüre „MIGELO (Migranten-Eltern-Lotsen). Проект для русскоязычных родителей“, Köln.

PHOENIX-Köln e.V. (Hrsg.) (2008): „Hallo … auch wir sind Deutschland“. Köln.

Verband binationaler Familien und Partnerschaften (Hrsg.) (2013): „In vielen Sprachen zu Hause.“ Frankfurt; jeweils zweisprachig in Deutsch-Türkisch, Deutsch-Italienisch, Deutsch-Spanisch, Deutsch-Russisch, Deutsch-Englisch erschienen.

9.4 Literatur zur Vertiefung

Boos-Nünning, Ursula (2011): Migrationsfamilien als Partner von Erziehung und Bildung. Expertise im Auftrag der Abteilung Wirtschafts- und Sozialpolitik der Friedrich-Ebert-Stiftung. Bonn; hier Kapitel 4.3: Eltern und Bildungseinrichtungen – Kooperation und Kooperationshindernisse, S. 39–41 und 7.3: Erweiterung des Netzwerkes: Migrantenorganisationen in der Erziehungs- und Bildungsarbeit, S. 61–63.

Bundesnetzwerk Bürgerliches Engagement (BBE) (Hrsg.) (2011): Integrationsförderung durch Elternvereine und Elternnetzwerk. Ein Beitrag von Migrantenorganisationen in Ost- und Westdeutschland. Dokumentation zur Fachtagung am 7. und 8. Mai 2011 in Halle/Saale. Berlin.

Deutscher Paritätischer Wohlfahrtsverband – Gesamtverband e.V. (Hrsg.) (2010): Gemeinsam stark. Perspektiven der partizipativen Elternarbeit von Migrantenorganisationen. Berlin; http://www.der-paritaetische.de/uploads/tx_pdforder/broschuere_elternarbeit_web.pdf [Zugriff am 28.02.2014].

Kröner, Stephan/Schüller, Elisabeth u.a. (2012): Elternvertreter mit Migrationshintergrund an allgemeinbildenden Schulen – eine qualitative Interviewstudie zu ihren Beweggründen für und gegen ein Engagement. Zeitschrift für Erziehungswissenschaft 15 (4), S. 707–726.

Sachverständigenrat deutscher Stiftungen für Integration und Migration (Hrsg.) (2014): Migrantenorganisationen in der kooperativen Elternarbeit: Potentiale, Strukturbedingungen, Entwicklungsmöglichkeiten. Berlin; http://www.svr-migration.de/content/wp-content/uploads/2014/02/SVR-FB_Elternarbeit_Migrantenorganisationen.pdf [Zugriff am 17.03.2014].

Autorinnen und Autoren

Sait Başkaya, wissenschaftlicher Mitarbeiter und Promovend an der Universität Duisburg-Essen, Diplom-Kaufmann, Studium der Betriebswirtschaftslehre an der RWTH Aachen. 2011–2014 Bildungsreferent in der Zentrale des Verbandes der Islamischen Kulturzentren (VIKZ e.V.) in Köln, dort war er mit dem Projekt „Bildungs-Brücken: Aufstieg!" betraut. Beratung und Unterstützung von Eltern bezüglich der schulischen Ausbildung ihrer Kinder mit Fokus auf die Übergänge zur und von der Sekundarstufe I.

Prof. em. Dr. Ursula Boos-Nünning, Professur für Migrationspädagogik an der Universität Duisburg/Essen (1981–2009). Von 1998 bis 2002 Prorektorin und danach Rektorin der Universität Essen. Studium der Soziologie in Köln und Linz/Österreich. Promotion 1971, (Linz), Habilitation 1980 (Düsseldorf). Seit 1971 Durchführung interdisziplinärer Forschungsprojekte zu Kindern und Jugendlichen mit Migrationshintergrund und ihren Familien. Beratung zahlreicher politischer und gesellschaftlicher Gruppierungen: u.a. Mitglied des Bundesjugendkuratoriums (1999–2007) und des Zukunftsrates NRW (2001–2004). Zahlreiche Veröffentlichungen u.a. zu den Themen Migration, Interkulturelle Erziehung, Bildungsarbeit von Migrationsorganisationen und Migrationsfamilien und zur Religiosität in der Einwanderungsgesellschaft.

Dr. Kemal Bozay, Sozial- und Erziehungswissenschaftler, Studium an der Universität zu Köln und Bonn, Promotion 2004. Tätigkeiten in der Jugend- und Erwachsenenbildung (Projektarbeit, Übergang Schule-Beruf, medienpädagogische Arbeit u.ä.), in der interkulturellen sozialen Arbeit (z.B. Kinder- und Jugendhilfe, interkulturelle Mehrgenerationenarbeit, sozialraumorientierte Stadtteil- und Migrationsarbeit, Netzwerkarbeit mit Migrantenselbstorganisationen) sowie in Forschungsprojekten zu den Lebenswelten von Jugendlichen. Seit 2014 Vertretungsprofessor am Fachbereich Angewandte Sozialwissenschaften der Fachhochschule Dortmund, Publikationen und Vorträge zu Themen der Migrationsforschung und -praxis.

Rabia Daoudi, Diplom-Sozialpädagogin, Studium an der FH Düsseldorf, Diplom 1996. Kinderschutzfachkraft, Zusatzausbildungen in Gestaltberatung, Systemische Beratung, und Case-Management. Tätigkeiten in der Migrationsberatung mit den Schwerpunkten Mädchenarbeit und alleinerziehende Migrantinnen. Entwicklung und Leitung des Projekts „Berufliche Integrationsberatung", klassische Erziehungsberatung. Gründungsmitglied und Vorsitzende des Vereins „Oum El Banine" e.V., Vorstandsmitglied des Vereins „Das Deutsch-Marokkanische Kompetenznetzwerk", Leitung der Arbeitsgruppe „Jugend, berufliche Bildung und Soziales".

Eberhard Diepgen, Regierender Bürgermeister von Berlin a.D., ist seit seiner Studentenzeit der Otto Benecke Stiftung verbunden und seit vielen Jahren der Vorsitzende des Kuratoriums der Stiftung. Er studierte an der Freien Universität Berlin Rechtswissenschaften, engagierte sich in der Studentenschaft in Berlin und im Verband Deutscher Studentenschaften, deren stellvertretender Vorsitzender er im Gründungsjahr der OBS (1965) war. Als Vertreter der CDU war er von 1971 bis 2001 Mitglied des Abgeordnetenhauses von Berlin und kurzfristig auch Mitglied des Deutschen Bundestages. Von 1984 bis 1989 und nochmals von 1991 bis 2001 war er Regierender Bürgermeister Berlins. Eberhard Diepgen war als Rechtsanwalt in einer überregionalen Kanzlei tätig und engagiert sich seit 2012 vornehmlich ehrenamtlich in Vereinigungen mit sozialen und kulturellen Zielsetzungen.

Emine Ertan, Diplom-Pädagogin, Studium der Erziehungswissenschaften an der Universität Duisburg-Essen mit dem Schwerpunkt Interkulturelle Erziehung, Diplom 1998. Tätigkeiten als wissenschaftliche Mitarbeiterin an der Universität Duisburg-Essen, in der Erwachsenenbildung und der Sprachförderung von Vorschulkindern mit Migrationshintergrund. Seit 2010 Sekretärin an der Universität Duisburg-Essen.

Hans-Georg Hiesserich, Diplom-Pädagoge, Studium der Erziehungswissenschaften in Essen, Diplom 1979. Tätigkeiten in der Erwachsenenbildung (Eltern- und Familienbildung), der Entwicklungszusammenarbeit (berufliche Bildung für Flüchtlinge und Rückkehrer in Afrika und Nahost sowie Verbands- und Jugendarbeit mit ethnischen Minderheiten in Mittel- und Osteuropa und in Zentralasien) und in der Migrations- und Flüchtlingsarbeit (Ausbildungs- und Stipendienprogramme, Integrationsprojekte, Zusammenarbeit mit Migrantenorganisationen, Fachtagungen). Seit 1985 Leiter des Projektreferats der Otto Benecke Stiftung e.V. Veröffentlichungen zu Themen der Integrationspraxis.

Emine Kahraman, 2003 Abschluss als anerkannte Erzieherin, 2009 als Diplom-Sozialpädagogin. Tätigkeitsbereiche: Eltern- und Familienbildung (u.a. in den Rucksack- und Griffbereitprojekten sowie im Projekt „Bildungs-Brücken: Aufstieg!"), sozialpädagogische Familienhilfe und Arbeit in der ambulanten Betreuung psychisch kranker Migrantinnen und Migranten. Übernahme von Referentinnentätigkeiten.

Dr. Anja Leist-Villis, Diplom-Pädagogin, Promotion 2004 an der Universität Essen. Wissenschaftliche Mitarbeit an der Universität Essen (Interkulturelle Pädagogik), am Sozialpädagogischen Institut NRW (Abteilung Kinder), im BLK-Projekt „Förderung von Kindern und Jugendlichen mit Migrationshintergrund (FörMig)" (Bereich Evaluation) an der Universität Köln (Humanwissenschaftliche Fakultät). Seit 1998 freiberufliche Durchführung von Fortbildungen in den Bereichen Spracherwerb, Zweisprachigkeit, Sprachförderung und Literacy. Forschungsaufenthalte in Athen und Thessaloniki. Empirische Studien zu griechisch-deutscher Zweisprachigkeit. Publikationen zu Themen der interkulturellen Kommunikation und zur Zweisprachigkeit.

Birol Mertol, Diplom-Erziehungswissenschaftler, Studium der Erziehungswissenschaften in Essen mit dem Schwerpunkt Interkulturelle Pädagogik, Diplom 2006. Seit 2007 Bildungsreferent bei der FUMA Fachstelle Gender NRW im Bereich der Kinder- und Jugendhilfe. Arbeitsschwerpunkte: Gender- und Cultural Mainstreaming, Gender- und Migrationspädagogik, Anti-Bias-Ansatz.

Umut Ali Öksüz, seit 2011 Diplom-Türkischlehrer (Universität Ankara); Diplom-Sozialtrainer, Trainer und Dozent für Fachkräfte; Lehrer, Pädagoge, Elterncoach (Zusammenarbeit mit türkischsprachigen Eltern) und Projektleiter für außerschulische Förderung von Kindern und Jugendlichen in NRW. Studiert Erziehungswissenschaften und Religionspädagogik in Münster und wird zur Kinderschutzfachkraft nach § 8a SGB VIII ausgebildet. Trainer für Selbstverteidigung, Selbstbehauptung und Gewaltprävention (Kids WingTsun). Ausgezeichnet mit dem deutschen Bürgerpreis in der Kategorie „Alltagsheld" (2015).

Elena Reifenröther, M.A. in Soziologie, Master of Public Policy an der Willy-Brandt-School of Public Policy in Erfurt. Tätigkeit in der Erwachsenenbildung mit dem Schwerpunkt Eltern- und Familienbildung; Projektentwicklung und -management in der

Integrationsarbeit und ehrenamtliche Tätigkeit sowie Beratung von Migrantenorganisationen. Seit Juli 2015 Stadtteilkoordinatorin in Eppinghofen in Mülheim an der Ruhr.

Prof. Dr. med. Rainer Georg Siefen, Diplom-Psychologe. Medizin- und Psychologiestudium in Frankfurt a.M. und Gießen. Klinische Ausbildung und Lehrtätigkeiten (Psychiatrie, Neurologie, Kinder- und Jugendpsychiatrie, Medizinische Psychologie) in Gießen, Marburg und Köln. Derzeit Kinder- und Jugendpsychiater und Psychotherapeut an der Universitätsklinik für Kinder- und Jugendmedizin der Universität Bochum mit dem Schwerpunkt Kinder- und Jugendpsychosomatik. Mitglied des Wissenschaftlichen Beirats der Türkisch-Deutschen Gesundheitsstiftung in Gießen und des International Centre for the Study of Occupational and Mental Health in Düsseldorf. Vielfältige Veröffentlichungen zu Migration sowie kulturangemessener Diagnostik und Gesundheitsversorgung.

Prof. Dr. phil. habil. Margit Stein, Diplom-Psychologin, Diplom-Pädagogin. Studium der Psychologie und Erziehungswissenschaften in Eichstätt, Diplome 1999 und 2000. Promotion in Sozialpädagogik zur Kompetenzdiagnostik und Kompetenzentwicklung sowie beruflichen Bildung von besonders leistungsstarken Auszubildenden 2004. 2008 Habilitation in Pädagogik im Bereich Werteforschung. Seit 2009 Professorin an der Fachhochschule Nordhausen für Soziale Arbeit. Seit 2010 Professorin für Allgemeine Pädagogik an der Universität Vechta und stellvertretende Direktorin des Zentrums für Lehrerinnen- und Lehrerbildung. Arbeitstätigkeiten für das Auswärtige Amt und das Entwicklungshilfeministerium. Ihre Arbeitsschwerpunkte sind die Kindheits- und Jugendforschung, Migrationspädagogik, Berufliche Bildung und Werteorientierung.

Tülay Usta, Industrieelektronikerin und Netzwerktechnikerin, Dozentin, Schulmediatorin, Elternlotsin. Tätigkeiten in Projekten der Erwachsenenbildung (Eltern- und Familienbildung). Engagement bei Fachtagungen des DRK, der AWO, des Paritätischen Wohlfahrtsverbandes und der Otto Benecke Stiftung e.V. Arbeitsschwerpunkt ist die „Erziehung und Bildung in der Migration". Empfängerin der Paritätischen Ehrennadel in Silber für das ehrenamtliche Engagement in unterschiedlichen NGOs und Migrantenorganisationen.

FörMig Material

Herausgegeben von İnci Dirim, Ingrid Gogolin, Drorit Lengyel, Ute Michel, Ursula Neumann, Hans H. Reich, Hans-Joachim Roth und Knut Schwippert

■ Band 8 — In Vorbereitung

Hanne Brandt, Ingrid Gogolin
Unter Mitarbeit von Margit Maronde-Heyl und Heidi Scheinhardt-Stettner

Sprachförderlicher Fachunterricht

Erfahrungen und Beispiele

2016, ca. 80 S., br., ca. 24,90 €, mit DVD, ISBN 978-3-8309-3378-6

Sprache ist ein wichtiger Schlüssel für Bildungserfolg. Deshalb ist die Vermittlung bildungssprachlicher Kompetenzen in den Bildungs- oder Rahmenplänen vieler Bundesländer als gemeinsame Aufgabe aller Fächer festgeschrieben. Doch wie kann es gelingen, diese Aufgabe unter der Bedingung sprachlicher Heterogenität der Schülerschaft zu erfüllen?
Lehrerinnen und Lehrer aus sechs Bundesländern haben sich auf den Weg gemacht, diese Frage in ihrer Praxis zu beantworten. Auf der beiliegenden DVD werden Beispiele dafür, wie sprachliche Bildung in den (Fach-)Unterricht integriert werden kann und wie Schulen sich zu bildungssprachförderlichen Institutionen entwickeln gezeigt und kommentiert.

■ Band 7

Ursula Neumann, Marika Schwaiger

Interkulturelles Schülerseminar (IKS)

Ein Mentoringprogramm der Universität Hamburg zur Qualifizierung von Lehramtsstudierenden und Schülerinnen und Schülern mit Migrationshintergrund

2015, 96 S., br., 19,90 €, ISBN 978-3-8309-3230-7
E-Book: 18,99 €, ISBN 978-3-8309-8230-2

IKS ist ein Mentoring-Programm zur Sprachbildung von Schülerinnen und Schülern mit Migrationshintergrund in Hamburg und zur Qualifizierung von Studierenden für den Unterricht in sprachlich und kulturell heterogenen Lerngruppen. Ziel des Projektes ist es, die sprachlichen, fachlichen und überfachlichen Kompetenzen motivierter Schülerinnen und Schüler durch systematischen schulbegleitenden Unterricht zu stärken, damit sie auch nach Beendigung der Schulzeit einen ihrem Potenzial und ihren Interessen entsprechenden Bildungsweg gehen.

■ Band 6

Friederike Dobutowitsch, Ursula Neumann, Ute Michel, Tanja Salem
Unter Mitarbeit von Ingrid Deserno, Manfred Enzinger, Gabriele Grosser, Sandra Harder, Franz Kaiser Trujillo, Burkhard Leber, Claudia Schanz

Netzwerke für durchgängige Sprachbildung 2

Qualitätsmerkmale für Sprachbildungsnetzwerke

2013, 44 S., geheftet, 14,90 €, ISBN 978-3-8309-2986-4
E-Book: 13,99 €, ISBN 978-3-8309-7986-9

Dieser zweite Teil der Handreichung „Netzwerke für durchgängige Sprachbildung“ liefert Anregungen, wie Netzwerke sprachlicher Bildung aufgebaut und Hürden im System gemeistert werden können. Er bietet eine Zusammenfassung von Praxiserfahrungen in neun Aspekten, welche mit Beispielen illustrierte Kriterien benennen, die für die Zusammenarbeit in Sprachbildungsnetzwerken sinnvoll und notwendig sind, Strategien für die Umsetzung aufzeigen und Tipps und Literatur zum Thema bieten.

■ Band 5

Tanja Salem, Ursula Neumann, Ute Michel, Friederike Dobutowitsch (Hrsg.)

Netzwerke für durchgängige Sprachbildung 1

Grundlagen und Fallbeispiele

2013, 100 S., br., 19,90 €, ISBN 978-3-8309-2985-7
E-Book: 18,99 €, ISBN 978-3-8309-7985-2

Die Etablierung von Sprachbildungsnetzwerken im FÖRMIG-Konzept der „Durchgängigen Sprachbildung“ ist das Thema dieses Buches, das als erster Teil einer zweibändigen Handreichung erscheint. Die Beiträge erläutern die Bedingungen und Voraussetzungen für den Aufbau und die Etablierung von Sprachbildungsnetzwerken und zeigen an Fallbeispielen aus Transferprojekten, welche Wege gefunden wurden, um das Strukturprinzip in die Praxis umzusetzen.

FörMig Edition

Herausgegeben von İnci Dirim, Ingrid Gogolin, Drorit Lengyel, Ursula Neumann, Hans H. Reich, Hans-Joachim Roth und Knut Schwippert

■ Band 10

Dagmar Knorr, Ursula Neumann (Hrsg.)

Mehrsprachige Lehramtsstudierende schreiben

Schreibwerkstätten an deutschen Hochschulen

2014, 234 S., br., 29,90 €, ISBN 978-3-8309-3011-2
E-Book: 26,99 €, ISBN 978-3-8309-8011-7

Dieser Band gibt einen Einblick in die aktuelle Situation der Schreibdidaktik in Deutschland. Er versammelt im ersten Teil Beiträge, die sich der Situation mehrsprachiger Lehramtsstudierender aus unterschiedlichen Perspektiven nähern. Im zweiten Teil stellen Schreibzentren und -werkstätten ihre Konzepte vor und beschreiben, wie sie auf die Bedürfnisse mehrsprachiger Lehramtsstudierender eingehen. Der Band richtet sich an Lehrende an gymnasialen Oberstufen und an Hochschulen ebenso wie an Studierende, die einen Einblick in aktuelle Entwicklungen und in die angewandte Forschung der Schreibdidaktik gewinnen möchten.

■ Band 9

Ingrid Gogolin, Imke Lange, Ute Michel, Hans H. Reich (Hrsg.)

Herausforderung Bildungssprache – und wie man sie meistert

2013, 304 S., br., 34,90 €, ISBN 978-3-8309-1995-7
E-Book: 30,99 €, ISBN 978-3-8309-6995-2

Die hier versammelten Beiträge zeigen, dass die Idee einer „Durchgängigen Sprachbildung“, die bildungssprachliche Fähigkeiten fördert, nicht in der Luft hängt, sondern Anhaltspunkte in Theorie und Empirie ebenso wie in der Praxis hat. Der Band liefert nicht nur Definitionen und theoretische Fundierungen, sondern auch illustrative Beispiele für die Realisierung der Idee in der Praxis und richtet sich an Interessierte in Wissenschaft und Forschung, in der pädagogischen Praxis und nicht zuletzt an Studierende der Erziehungs- und Sprachwissenschaft sowie des Lehramts.

■ Band 8

Marion Döll

Beobachtung der Aneignung des Deutschen bei mehrsprachigen Kindern und Jugendlichen

Modellierung und empirische Prüfung eines sprachdiagnostischen Beobachtungsverfahrens

2012, 180 S., br., 24,90 €, ISBN 978-3-8309-2702-0
E-Book: 20,99 €, ISBN 978-3-8309-7702-5

Im Modellpogramm FÖRMIG wurde das Konzept der Durchgängigen Sprachbildung entwickelt und praktisch erprobt. Mit diesem wird bezweckt, Schülerinnen und Schülern mit und ohne Migrationshintergrund bessere Voraussetzungen für eine erfolgreiche Bildungslaufbahn zu ermöglichen. In diesem Band werden zunächst zentrale Diskussionen und Kontroversen aus dem Themenfeld Sprachdiagnostik nachgezeichnet (z.B. zu Verfahrensarten, Kompetenzmodellen sowie Normen und Maßstäben bei der Leistungsbeurteilung). Sodann werden die Niveaubeschreibungen selbst sowie das Vorgehen und die Ergebnisse einer Prüfung von Validität, interner Konsistenz, Reliabilität und Beobachtergenauigkeit vorgestellt.

■ Band 7

Ingrid Gogolin, Inci Dirim, Thorsten Klinger, Imke Lange, Drorit Lengyel, Ute Michel, Ursula Neumann, Hans H. Reich, Hans-Joachim Roth, Knut Schwippert

Förderung von Kindern und Jugendlichen mit Migrationshintergrund FörMig

Bilanz und Perspektiven eines Modellprogramms

2011, 276 S., br., 29,90 €, ISBN 978-3-8309-2517-0
E-Book: 26,99 €, ISBN 978-3-8309-7517-5

Die Förderung von Kindern und Jugendlichen mit Migrationshintergrund an deutschen Schulen liegt vielen am Herzen. Was aber ist diesem Ziel dienlich? Wie kann man es wenigstens schrittweise erreichen?
Solche Fragen lagen der Einrichtung des Modellprogramms FÖRMIG – Förderung von Kindern und Jugendlichen mit Migrationshintergrund – zugrunde. Es endete 2009 nach fünfjähriger Laufzeit.
In diesem Band wird vorgestellt, was im Modellprogramm erreicht wurde. Dazu gehören Erläuterungen zum Begriff „Bildungssprache“ ebenso wie Berichte über die Erfahrungen mit der Praxis eines bildungssprachförderlichen Unterrichts und seiner Rahmenbedingungen. Und dazu gehört schließlich eine Bilanz der Feldforschung, die zur Evaluation des Modellprogramms durchgeführt wurde.